누구나 쉽게 활용하는 디자인 플랫폼
캔바하는 교사

수업 & 업무

누구나 쉽게 활용하는 디자인 플랫폼

캔바 하는 교사

수업 & 업무

김주현   김수진   서인애   양진영   윤혜정   조창호

Canva

netmaru

C 서문 & 저자 인터뷰
창의적 수업 디자인의 시작

　디지털 기술이 빠르게 확산하면서 교육의 근본적인 패러다임이 변화하고 있습니다. 이제 교실은 더 이상 칠판과 분필, 교과서로 구성된 고정된 공간이 아닙니다. 다양한 디지털 도구와 함께 유연하게 구성되고 확장되는 학습의 장이 되어가고 있습니다. 이러한 변화는 단순한 기술의 도입을 넘어 수업의 설계 방식, 학생이 학습에 참여하는 태도, 학교의 운영 방식까지 모두 새롭게 바꾸고 있습니다. 그렇다면 변화의 한가운데 선 교사들은 도대체 어떤 준비를 해야 할까요? 디지털 교육에 대한 기대가 커지는 만큼 실제 수업에서 혼란을 겪거나 부담을 호소하는 목소리도 함께 커지고 있습니다. 교사는 점점 더 '기술을 잘 아는 수업 디자이너'로서의 역량을 요구받고 있습니다. 이러한 고민에 대한 답을 찾아보고자 이 책을 기획했습니다. 이 책을 통해 디지털 교육의 현재와 미래, 교실에서 실제 적용한 사례, 그리고 캔바(Canva)를 중심으로 한 수업 디자인의 가능성을 살펴보고자 합니다. 캔바는 디자인 도구이면서 동시에 교육 콘텐츠 제작, 협업, 발표, 피드백 등 수업의 여러 단계에서 강력한 기능을 발휘할 수 있는 효과적인 플랫폼입니다. 캔바를 활용하여 교사와 학생 모두의 창의적 표현을 끌어낼 수 있을 것입니다.

　이 책에서는 교사, 학생, 그리고 교육 행정 및 학교 조직 각각의 입장에서 디지털 수업 도구로서 캔바가 어떤 역할을 할 수 있을지 다양한 가능성과 실천 전략을 제시합니다. 여러분은 이를 기반으로 앞으로 디지털 기술과 창의적 교육의 접점을 탐구해 나갈 수 있게 될 것입니다. 디지털 전환 시기, 캔바를 통해 교실을 새롭게 디자인하고자 하는 모든 분들께 작은 출발점이자 소중한 영감이 되기를 바랍니다.

Q 디지털 교육이 필요한 이유는 무엇인가요?

A 디지털 시대의 거대한 흐름은 이미 거스를 수 없는 현실이 되었습니다. 디지털 교육은 선택이 아닌 필수입니다. 이제 학생들은 수동적으로 수업을 듣지 않고, 디지털 도구를 통해 주도적으로 학습에 참여하고 생각을 표현합니다. 이 같은 변화에 발맞춰 교사 역시 디지털 역량을 키워야 하겠지요. 어떻게 하면 더 다양한 학습 경험을 제공할 수 있을지, 어떻게 하면 수업을 더욱 창의적이고 효과적으로 설계할 수 있을지, 교사로서 깊은 고민이 필요한 시점입니다.

Q 디지털 교육이 가져다주는 긍정적인 변화는 무엇일까요?

A 디지털 교육으로 인한 가장 큰 변화이자 장점은 바로 학생 맞춤형 학습이 가능하다는 것입니다. 기존의 일률적이고 정형화된 학습 방식에서 벗어나, 학생 개개인의 수준과 학습 속도에 따라 차별화된 자료를 제공할 수 있습니다. 또한, 디지털 교육은 학생의 자기 주도적 학습 능력의 성장에도 크게 기여합니다. 학생은 디지털 교육을 통해 다양한 자료를 검색하고 분석하여 자신의 생각을 정리하고 표현할 수 있습니다. 이러한 과정은 학생의 정보 활용 능력과 비판적 사고력을 키워줍니다. 이 같은 디지털 교육의 성과는 단지 학습 성과에만 그치는 것이 아닙니다. 실제 삶의 문제를 해결하는데 필요한 중요한 역량을 갖출 수 있게 됩니다. 반면 우려되는 점도 있습니다. 과도한 디지털 기기 사용이 오히려 집중력의 저하를 불러올 수 있다는 점입니다. 더불어 디지털 리터러시 부족, 교사의 적응 어려움, 디지털 기기에 대한 과도한 의존은 오히려 디지털 교육의 문제가 될 수 있습니다. 따라서 이러한 부작용을 줄이기 위해 디지털 윤리와 정보 활용 교육이 함께 병행되어야 합니다. 즉, 교사와 교육자들은 기술 중심 수업이 가져올 수 있는 부작용과 한계에 대해서도 면밀하게 검토하고 대응할 필요가 있습니다. 디지털 교육에 대한 가능성과 과제를 동시에 직시하고 균형 있게 접근해야 하며, 이를 기반으로 건강하고 지속 가능한 디지털 학습 환경을 만들어나가야 합니다.

Q | 특히 어떤 도구가 디지털 교육에 효과적일까요?

A | 이미 수많은 디지털 도구가 등장했으며 수업의 질 향상을 위해 중요한 역할을 하고 있습니다. 그중 캔바는 직관적인 인터페이스와 다양한 디자인 템플릿을 제공하여, 교사가 복잡한 기술을 몰라도 손쉽게 콘텐츠를 제작할 수 있도록 도와줍니다. 그 결과 수업 준비의 효율성이 올라가고 학생들의 흥미와 참여도 역시 함께 높아집니다.

Q | 캔바의 특징은 무엇인가요?

A | 캔바는 단순 디자인 플랫폼을 넘어, 전 세계 교육자와 학생들이 함께 협업하여 창의적인 콘텐츠를 만들 수 있도록 돕는 강력한 도구입니다. 가장 큰 특징은 누구나 쉽게 사용할 수 있다는 점인데요. 복잡한 디자인 프로그램과 달리 드래그 앤 드롭 방식으로 작업할 수 있어 전문적인 디자인 지식 없이도 포스터, 프레젠테이션, 인포그래픽, 카드뉴스 등 다양한 시각 자료를 제작할 수 있습니다. 수업 준비에 부담을 느끼는 교사에게 큰 도움이 되며, 수업 콘텐츠를 빠르고 효과적으로 구성할 수 있는 환경을 제공합니다. 캔바는 클라우드 기반으로 작동하기 때문에 장소에 구애받지 않고 언제 어디에서나 작업을 이어갈 수 있습니다. 인터넷만 연결되어 있다면 PC는 물론 태블릿 PC나 스마트폰에서도 동일한 디자인을 수정하거나 완성할 수 있어 유연한 학습 환경을 제공합니다. 이는 교사와 학생 모두에게 큰 장점이 되며, 특히 공동 프로젝트나 팀 과제를 수행할 때 유용합니다.

Q | 실제 학교 현장에서 캔바는 어떻게 활용되고 있나요?

A | 먼저 교사는 캔바를 활용하여 다양한 교과목 수업을 설계할 수 있습니다. 예를 들어 미술 수업에서는 캔바를 활용해 직접 나만의 굿즈를 디자인하는 활동을 진행할 수 있습니다. 학생들이 티셔츠, 에코백, 스티커 등의 디자인을 직접 제작하는 과정에서 색상의 조합, 배치, 글꼴 등을 고민해 볼 수 있도록 수업을 설계할 수 있습니다. 사회 수업의 경우 사회 문제에 대한 설문 조사를 진행한 뒤 이를 인포그래픽으로 제작하는 활동을 진행할 수 있습니다. 설문 결과를 정리하고 토론하여 시각적 결과물로 만드는 과정에서 학생들의 협업 능력과 논리적 사고력을 함께 기를 수 있도록 수업을 설계할 수 있습니다. 그 밖에도 역사나 수학 수업 등 다양한 수업에 캔바를 활용할 수 있습니다.

미술 수업 활용 예 – 나만의 굿즈 디자인

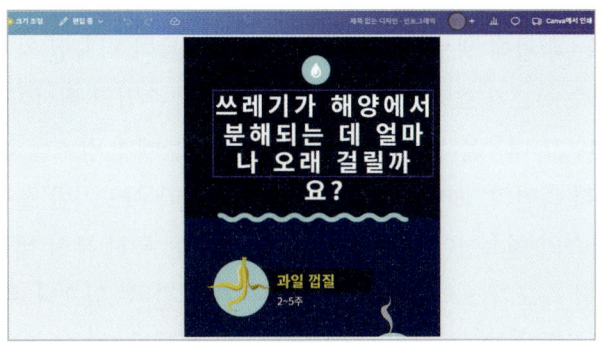

사회 수업 활용 예 – 사회 문제 인포그래픽

캔바는 수업뿐만 아니라 학급 운영에도 적극적으로 활용할 수 있습니다. 가령 학급 규칙을 소개하는 동영상을 제작하는 활동을 진행해볼 수 있습니다. 학생들이 스스로 규칙을 정리하고 발표까지 하게 함으로써 프레젠테이션 제작 능력과 발표력을 함께 기를 수 있습니다.

학급 운영 활용 예 – 학급 규칙 만들기

Q 캔바 사용 시 유의해야 할 점이 있을까요?

A 가장 우선적으로 저작권에 대한 부분을 고려해야 합니다. 캔바는 다양한 이미지, 아이콘, 템플릿 등을 제공하지만 이 중 일부는 상업적 사용이나 외부 공유에 제약이 있을 수 있습니다. 따라서 사전에 각 요소의 사용 조건을 반드시 확인해야 합니다. 교사와 학생 모두 저작권 의식을 가지고 콘텐츠를 제작하는 태도를 갖출 수 있도록 합니다. 개인정보 보호 역시 중요한 부분입니다. 캔바에서 학생의 이름, 사진, 목소리 등을 포함하는 자료를 제작할 경우, 해당 내용이 외부로 유출되지 않도록 각별한 주의를 기울여야 합니다. 더불어 캔바를 수업 도구로 활용할 시 수업 시간의 관리에 주의해야 합니다. 캔바의 디자인 요소는 수업에 생동감을 불어넣지만, 학생들이 디자인 자체에 지나치게 몰입하여 본래의 학습 목표가 흐려질 수 있습니다. 따라서 수업의 핵심이 '학습 내용'이고 캔바는 어디까지나 그 내용을 보조하는 도구임을 학생들에게 강조할 필요가 있습니다. 마지막으로 기술적 측면의 고려사항입니다. 캔바는 클라우드 기반 플랫폼이므로 인터넷 연결 상태가 학습의 연속성에 영향을 줄 수 있습니다. 특히 무선 네트워크가 불안정한 환경에서는 로딩 속도가 느려지거나 저장 오류가 생길 수 있으니 수업 전에 미리 네트워크 상태를 점검해야 합니다. 그리고 캔바는 PC, 태블릿 PC, 스마트폰 등 다양한 기기에서 사용할 수 있으나 일부 고급 기능은 특정 환경에서 제한될 수 있습니다. 따라서 실제 수업 전 시범적으로 각 기능을 시험하고, 학생들이 사용할 기기와 환경에 맞는 수업 자료를 구성해야 합니다.

Q 마지막으로 캔바는 미래 교육에 어떤 역할을 할까요?

A 디지털 도구는 개념적 이해를 넘어 직접 체험하고 익혀야 진정한 효과를 발휘할 수 있습니다. 캔바는 이러한 실천 중심의 학습 환경 조성에 적합한 도구이며, 직관적이고 유연한 기능을 통해 누구나 쉽고 간편하게 창의적인 수업 자료를 만들 수 있도록 돕습니다. 간편한 사용법, 풍부한 디자인 템플릿, 여러 명과 협업할 수 있는 기능까지 갖춘 캔바는 교사와 학생이 함께 창의적인 수업 환경을 만들어 갈 수 있도록 든든한 동반자가 되어줄 것입니다. 교사가 캔바의 기능을 익히고 이를 수업에 접목한다면 교실 안에서 훨씬 생동감 있고 의미 있는 학습 경험을 만들 수 있을 것입니다. 캔바는 그저 '예쁜 자료'를 만드는 도구가 아닙니다. 학생의 창의적 사고와 정보 전달 능력을 일깨우는

강력한 교육 플랫폼으로 받아들여야 합니다. 앞으로 학교의 다양한 교육 활동 안에서 캔바가 유용하게 활용되기를 기대하며, 모든 교사가 디지털 도구를 활용한 창의적 수업 디자인을 실현할 수 있기를 응원하겠습니다.

Contents

Part.1 수업편

CH.1 캔바 기본 기능

캔바 첫걸음! 쉽고 빠르게 캔바 시작하는 법	015
캔바 기본 기능으로 디지털 시화(詩畫) 만들기	046
템플릿을 활용하여 쉽고 빠르게 디자인하기	064
과학 실험을 더 생생하게! 실험 영상과 데이터 정리	083

CH.2 캔바 앱 활용

브랜드 센터와 캔바 앱 기능 100% 활용하기	113
다양한 캔바 앱으로 살아나는 영어 단어장 만들기	140

CH.3 캔바와 생성형 AI

AI와 창작의 만남! 캔바 AI로 새로운 예술 표현하기	165
스토리텔링의 힘! 캔바로 쓰고 그리는 나만의 이야기	185
과거를 생생하게 재현하다! 캔바로 완성하는 역사 프로젝트	208
데이터 정리 끝판왕, 시각적이고 체계적인 자료 만들기	224
원소의 세계를 한눈에, 나만의 원소 카드 만들기	240
풍성한 수업을 위한 다채로운 활동지 제작하기	254
미래를 그려보는 시간! 진로·직업 프로젝트	269

Part.2 업무편

CH.1 효율적인 학급 운영을 위한 캔바 활용

워크시트로 완벽하게 준비하는 새 학기 첫날	285
캔바 화이트보드로 그리는 1년 학급 운영 계획	306
캔바 스토리로 교단 일기 작성하기	330
동아리 로고 디자인하기	344
영상으로 추억을 기록하는 우리 반 이야기	362
학급 홈페이지 제작하기	378
우리 반 전자 문집 만들기	397

CH.2 캔바와 함께 준비하는 학교 행사

캔바 Docs로 업무와 행사 준비하기 노하우	417
SNS 게시물 디자인하기	436
우리 반 이벤트 기획하기	462
학급 1인 1역 포스터 디자인하기	480
학교 교육과정 설명회 준비하기	500

CH.3 캔바로 자료 제작하는 방법

수업 영상 제작 비밀: 캔바 프레젠테이션 녹화 활용법	523
데이터 시각화의 힘! 캔바 차트로 정보 나타내기	538
쇼츠 퀴즈로 자투리 시간 해결하기	559

Part.1
수업편

CH.1 캔바 기본 기능
- 캔바 첫걸음! 쉽고 빠르게 캔바 시작하는 법
- 캔바 기본 기능으로 디지털 시화(詩畫) 만들기
- 템플릿을 활용하여 쉽고 빠르게 디자인하기
- 과학 실험을 더 생생하게! 실험 영상과 데이터 정리

CH.2 캔바 앱 활용
- 브랜드 센터와 캔바 앱 기능 100% 활용하기
- 다양한 캔바 앱으로 살아나는 영어 단어장 만들기

CH.3 캔바와 생성형 AI
- AI와 창작의 만남! 캔바 AI로 새로운 예술 표현하기
- 스토리텔링의 힘! 캔바로 쓰고 그리는 나만의 이야기
- 과거를 생생하게 재현하다! 캔바로 완성하는 역사 프로젝트
- 데이터 정리 끝판왕, 시각적이고 체계적인 자료 만들기
- 원소의 세계를 한눈에, 나만의 원소 카드 만들기
- 풍성한 수업을 위한 다채로운 활동지 제작하기
- 미래를 그려보는 시간! 진로·직업 프로젝트

CH.1
캔바 기본 기능

캔바 첫걸음!
쉽고 빠르게 캔바 시작하는 법

캔바와 친해지기

01. 캔바 접속하기

캔바는 웹 기반 디자인 프로그램입니다. 컴퓨터, 스마트폰 등 디지털 기기가 있고 인터넷을 사용할 수 있다면 언제 어디서든 접속 가능합니다.

먼저 컴퓨터를 사용할 때 캔바에 접속하고 로그인하는 방법을 알아보겠습니다.

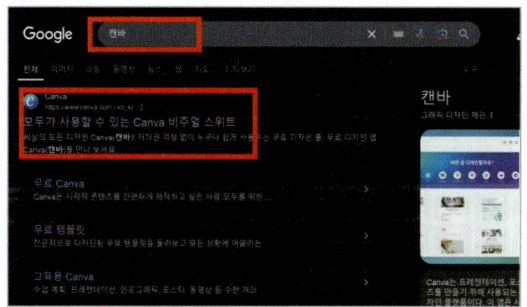

❶ 인터넷 검색창에 '캔바'를 검색한 뒤 접속합니다.

❷ 캔바 접속 화면에서 [로그인]을 누릅니다.

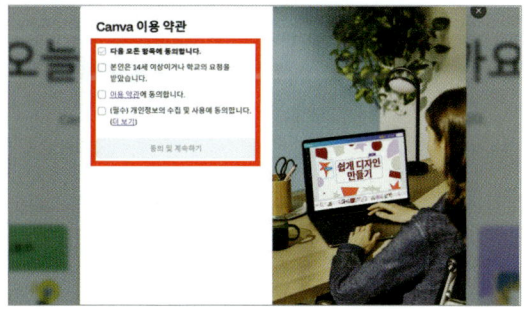

❸ 이용 약관에 동의한 후, 계속하기를 누릅니다.

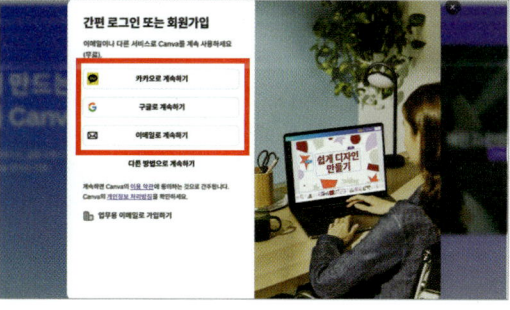

❹ 카카오톡, 구글, 이메일 등 편한 방법을 선택하여 로그인합니다.

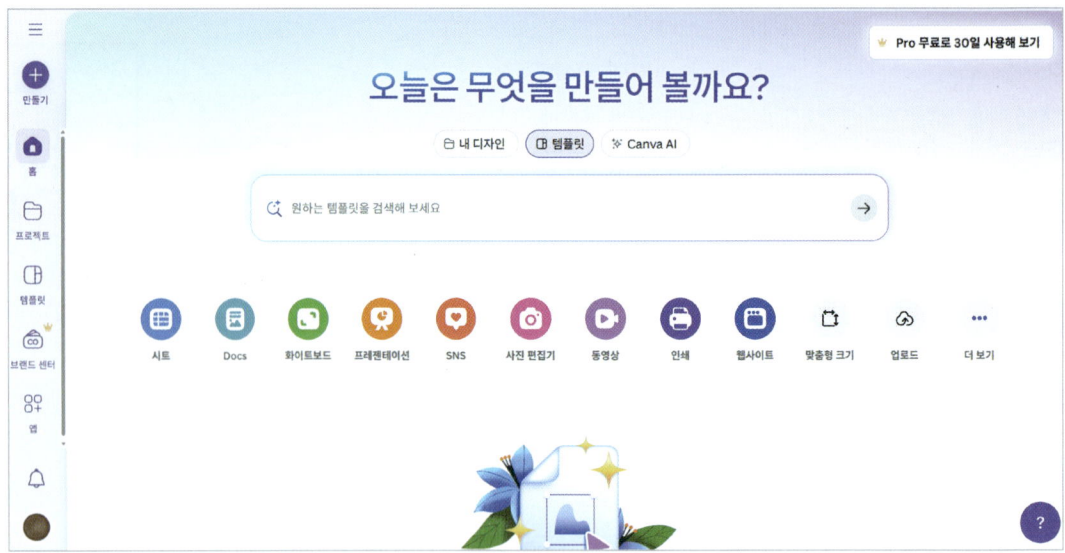

❺ 접속 완료된 화면입니다.

다음으로 모바일 기기를 사용할 때 캔바에 접속하는 방법을 알아보겠습니다.

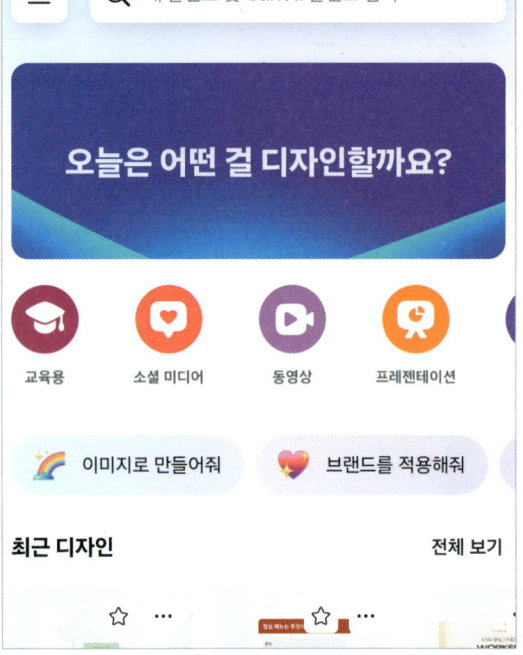

❶ 플레이스토어나 앱스토어에서 '캔바'를 다운로드합니다.

❷ 앱을 활성화한 후 로그인합니다.

02. 교사 계정으로 캔바 가입하기

캔바는 무료 버전과 Canva Pro 버전으로 나뉩니다. Canva Pro 버전은 디자인 요소와 다양한 기능을 추가로 지원합니다. Canva Pro 버전은 무료 버전보다 훨씬 많은 기능을 지원하기에 캔바의 모든 기능을 사용하고 싶다면 요금을 내고 Canva Pro 버전을 사용하는 것을 추천합니다.

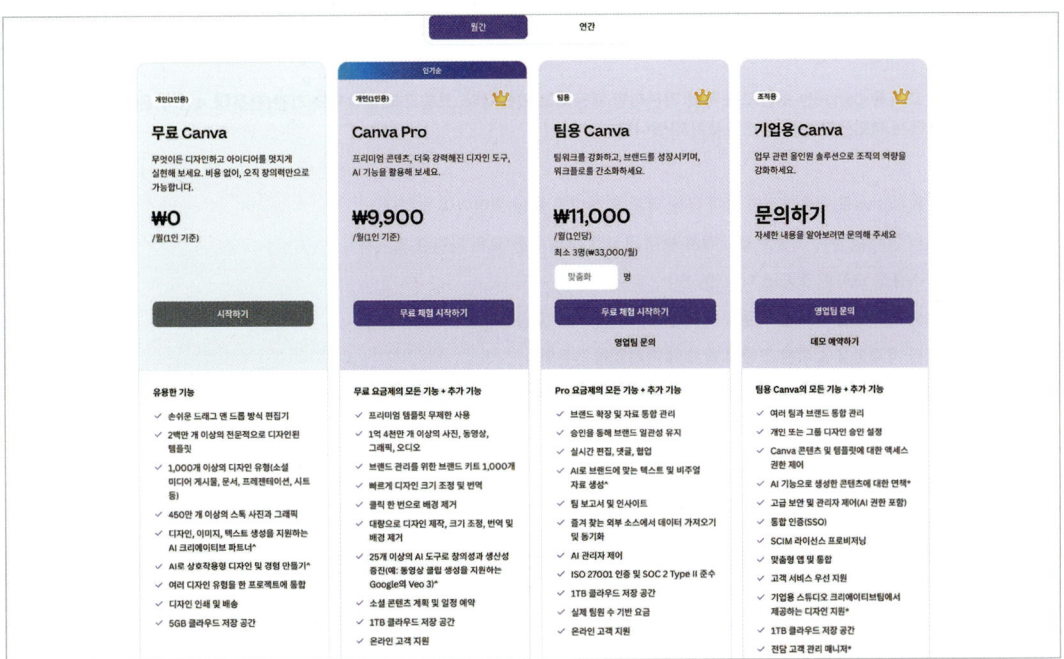

캔바는 정말 고맙게도 '교육용 Canva'라는 이름으로 자격을 갖춘 교육시설의 교사와 학생들에게 Canva Pro의 기능을 100% 무료로 제공합니다. 선생님의 효율적인 업무와 학생들의 디자인 제작 경험을 위해서 교육용 Canva의 사용을 추천합니다. 그럼 캔바 계정을 교육용 계정으로 업그레이드해 보겠습니다.

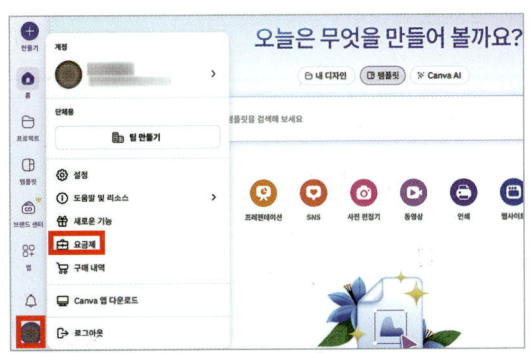

❶ 왼쪽 하단 계정 아이콘을 누르고 '요금제'를 선택합니다.

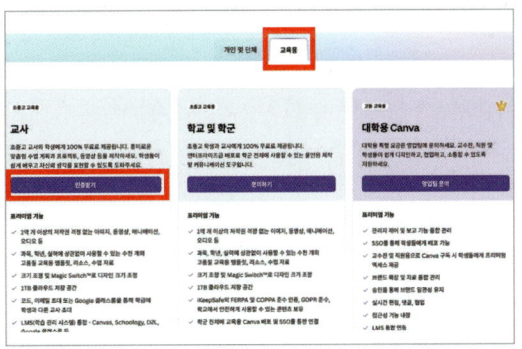

❷ [교육용] 탭을 누릅니다. '교사' 부분의 '인증받기'를 클릭합니다.

아래는 교사 자격 요건에 해당하는 내용입니다. 초중고 교사와 기관이라면 인증을 받을 수 있습니다.

자격 요건 가이드라인

Canva는 교육은 선물이라고 생각합니다. 이러한 이유로 Canva는 자격을 갖춘 교사와 학생들에게 교육용 Canva를 무료로 제공합니다. 교육용 Canva는 전 세계에서 사용할 수 있고, 어떤 나라에서도 사용이 제한되지 않습니다.

현재 교육용 Canva는 초중고 교사와 기관에만 제공되고 있습니다. 고등교육 교육자와 기관(전문대, 4년제)은 지원 대상에서 제외된다는 점 참조하시기 바랍니다.

교육용 Canva를 이용하려면 현재 다음 역할 중 하나로 활동 중이어야 합니다.
- 정식 인가를 받은 초중고 학교에서 현재 교사로 재직 중인 교원 자격증 소지자
- 자격증을 소지한 초중고 학교의 사서
- 교원 자격증을 소지한 초중고 학교의 보조교사 또는 교사
- 교원 자격증을 소지한 초중고 학교의 커리큘럼 전문가
- 기술 학교나 직업 학교에서 초중고(또는 이에 해당하는 학년) 학생을 가르치고 있는 교원 자격증 소지 교사

출처: 캔바 자격 요건 가이드라인 | 교육용 Canva

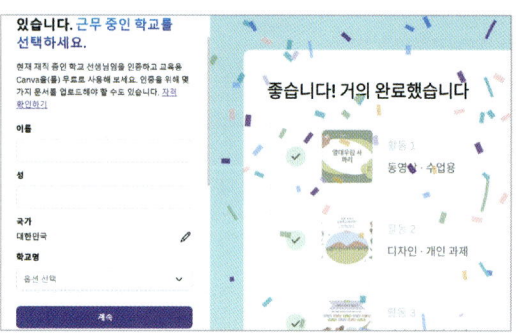

❸ 이름, 성, 국가, 학교명, 학교 주소 등 정보를 입력하고 [계속]을 누릅니다.

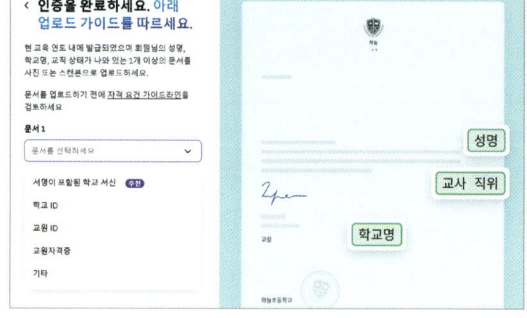

❹ 가입 연도 내에 발급된 문서를 스캔본으로 업로드합니다.

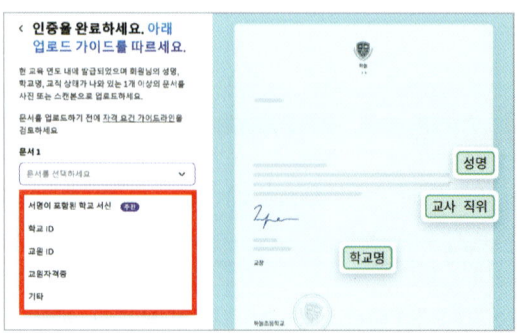

❺ 증명 서류는 위 조건을 만족하는 서류라면 모두 가능합니다. 여기서는 '재직증명서'를 활용한 증명을 설명하겠습니다.

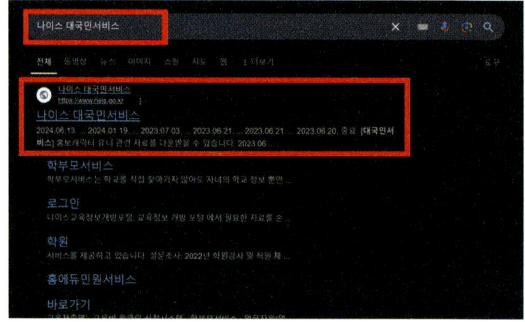

❻ 검색창에 '나이스 대국민서비스'를 검색한 후, 해당 홈페이지에 접속합니다.

❼ '교육제증명'을 클릭합니다.

❽ '온라인 민원 현황'의 [인사]에서 '재직증명서' 우측의 [바로가기]를 클릭합니다.

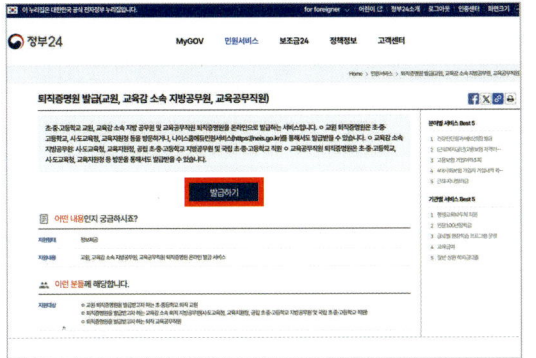

❾ 정부 24에서 [발급하기]를 클릭합니다.

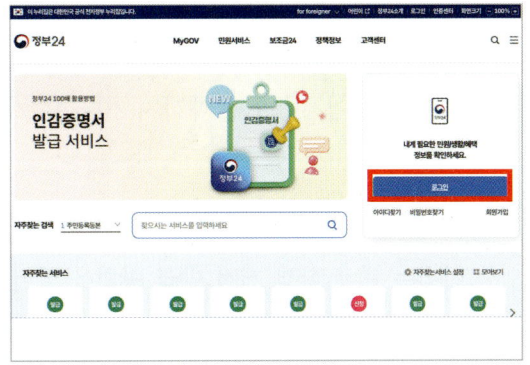

❿ 로그인한 뒤 재직증명서를 발급합니다. 발급 시 주민등록번호는 가려도 무방합니다.

⓫ 재직증명서를 발급하여 PDF 파일로 컴퓨터에 저장합니다. 스캔, PDF로 발급 등 편한 방법으로 선택합니다.

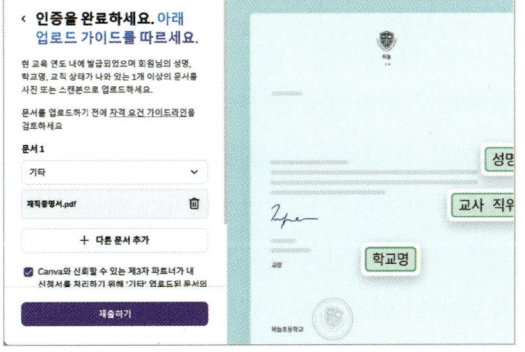

⓬ 문서 종류를 '기타'로 설정한 다음 재직증명서를 첨부하고 [제출하기]를 누릅니다.

⑬ 증명이 완료되면 가입했던 이메일 주소로 완료 메일이 발송됩니다. 일반적으로 48시간 정도가 소요됩니다. 이제 승인될 때까지 기다려주시면 됩니다.

03. 캔바 학생 계정 발급 및 수업 가입 방법 알아보기

이번에는 캔바 학생 계정 발급 방법을 알아보도록 하겠습니다. 캔바는 구글 클래스 연동 및 캔바 내부의 클래스 기능을 통해 학급 운영을 지원합니다. 그렇기에 학생들이 캔바를 사용하기 위해서는 학생 개인별로 별도의 계정이 필요합니다. 다양한 방법이 있지만 여기서는 현업에서 가장 자주 쓰이는 '구글 계정'으로 설명하겠습니다.

■ Google Workspace for Education 계정(학교/기관에서 발급)

구글 워크스페이스는 학교나 기관에서 학생들이 사용할 수 있도록 별도의 학생용 계정을 발급하는 기능을 제공합니다. 학생이 본인의 계정 아이디와 비밀번호를 잘 기억하지 못하는 경우가 생길 수 있으며, 학생의 개인정보 보호나 교사의 관리 편의성 등 여러 이유에서 학생이 직접 만든 계정보다 구글 워크스페이스 계정을 사용하기를 권장합니다. 해당 계정은 각 학교의 정보 업무 담당자가 관리하는 경우가 많습니다. 담당자에게 요청하여 사용하고자 하는 '학급 계정'을 확보한 뒤 이를 한글 파일 등으로 정리합니다. 그리고 학급 한 편에 게시하여 학생들에게 계정을 안내하면 학생 계정을 관리하기 훨씬 쉽습니다.

💬 학급 지스윗 계정으로 아이디와 비밀번호를 관리한 예

반	번호	성명	아이디	비번
2	1		244201@cnees.kr	
2	2		244202@cnees.kr	
2	3		244203@cnees.kr	
2	4		244204@cnees.kr	
2	5		244205@cnees.kr	
2	6		244206@cnees.kr	
2	7		244207@cnees.kr	
2	8		244208@cnees.kr	
2	9		244209@cnees.kr	
2	10		244210@cnees.kr	
2	11		244211@cnees.kr	

■ 캔바에서 수업 만들기

학생이 개별적으로 사용할 수 있는 계정과 디지털 기기가 준비되었다면 이제 캔바에서 수업을 만들어보겠습니다. 수업을 만드는 방법은 다음과 같습니다.

수업 만드는 방법

- 구글 클래스 수업 가져오기
- 캔바 자체 수업 만들기

두 가지 방법을 모두 살펴보겠습니다. 단, 교사 계정 인증이 완료되어 있어야만 캔바에서 수업을 만들 수 있습니다.

1) 구글 클래스 수업 가져오기

먼저 구글 클래스 수업 가져오기는 '구글 클래스'가 이미 생성되어 있어야 실습 가능합니다. 구글 클래스를 사용하지 않는 경우에는 바로 캔바 자체 수업 만들기 방법으로 넘어가도 좋습니다.

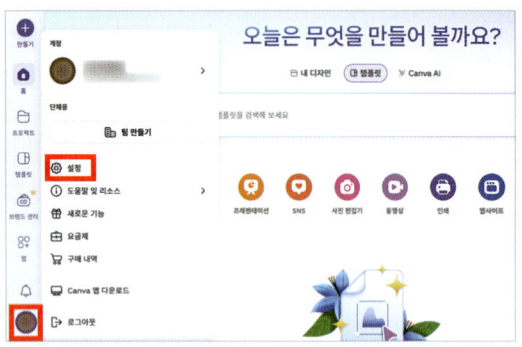

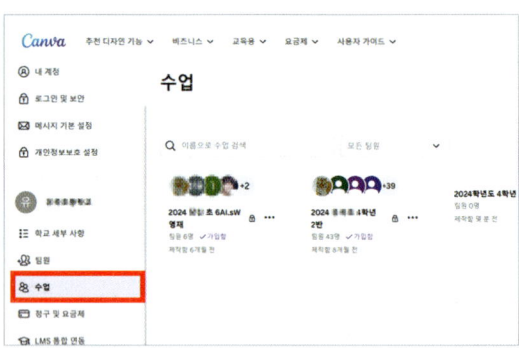

❶ 왼쪽 하단의 계정 아이콘을 누른 뒤 '설정'을 누릅니다.

❷ 왼쪽 메뉴바에서 [수업]을 누릅니다.

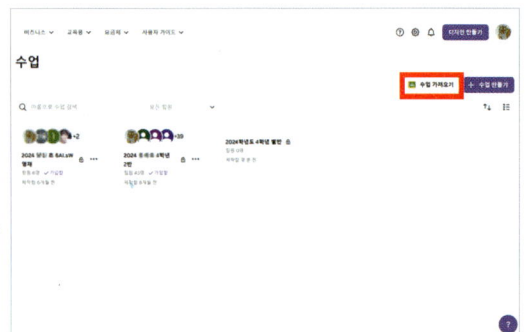

❸ [수업 가져오기]를 누릅니다.

❹ [Google 클래스룸 연결하기]를 누른 후, 해당 클래스가 구축된 구글 클래스 계정으로 로그인합니다.

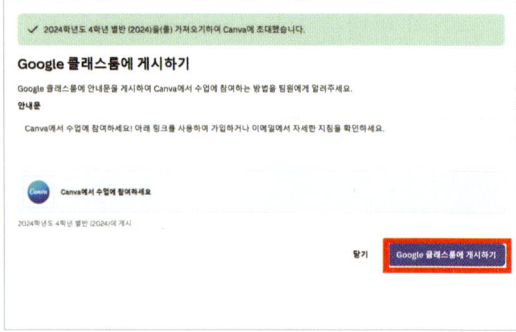

❺ 가져오고자 하는 클래스를 선택한 후, [수업 가져오기]를 누릅니다.

❻ [Google 클래스룸에 게시하기]를 클릭하면 해당 클래스에 가입 안내 게시물이 게시됩니다.

❼ 해당 클래스에 올라간 게시물 모습입니다. 학생들은 게시물을 눌러 캔바 클래스에 들어올 수 있습니다.

이제 학생 화면에서 '캔바 클래스'에 가입하는 방법을 살펴보겠습니다.

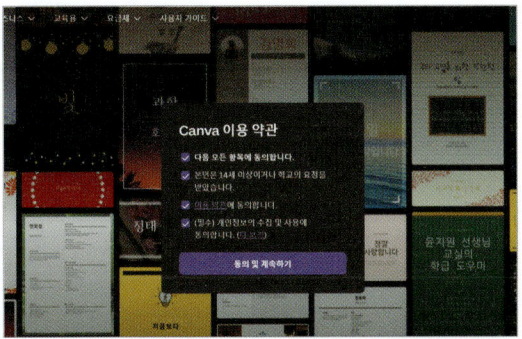

❶ 구글 클래스에 접속해 해당 게시물을 누르면 학생은 캔바 회원가입창으로 이동합니다.

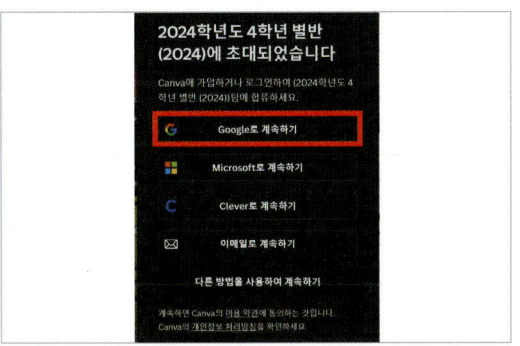

❷ 위와 같은 초대창이 뜨면 'Google로 계속하기'를 눌러 로그인합니다.

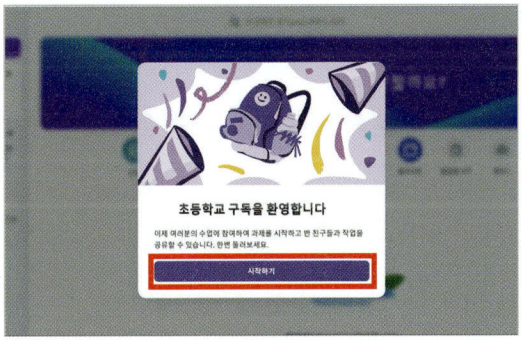

❸ 수업 참여가 완료되었다는 팝업이 나옵니다. [시작하기]를 눌러줍니다.

❹ 메인화면 메뉴바에서 [수업 과제]를 눌러 '내 수업 과제'를 확인할 수 있습니다.

2) 캔바 자체 수업 만들기

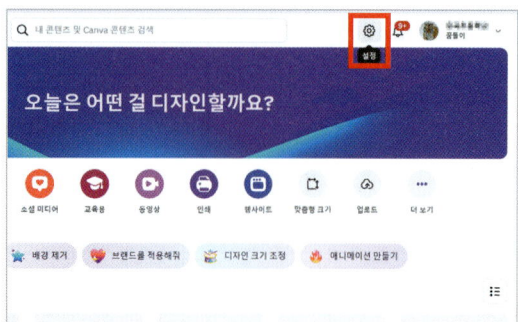

❶ 캔바 메인화면 오른쪽 상단의 [설정]을 누릅니다. 톱니바퀴 모양의 아이콘입니다.

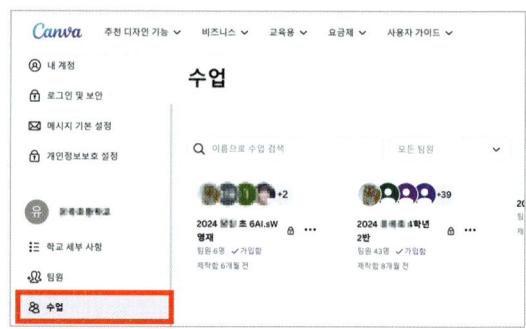

❷ 좌측 메뉴바에서 [수업]을 누릅니다.

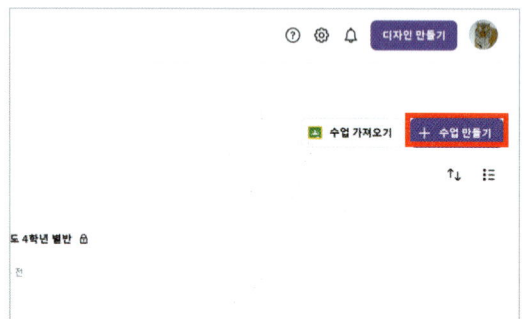

❸ [+ 수업 만들기]를 누릅니다.

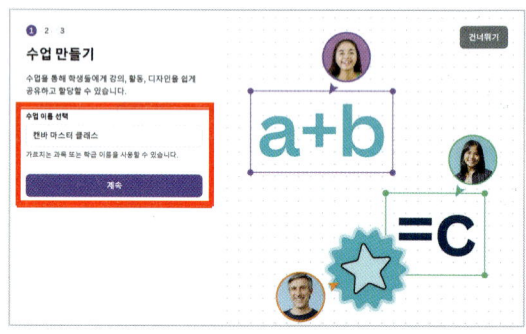

❹ 수업 이름을 입력합니다. '캔바 마스터 클래스'라고 이름 지어보았습니다.

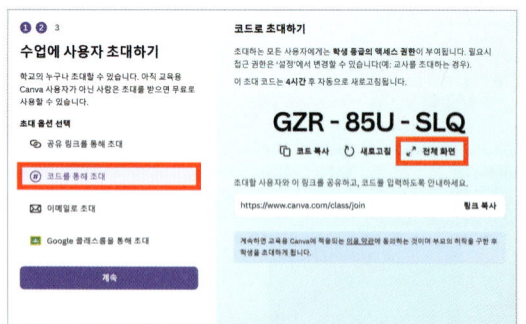

❺ 사용자 초대하기 화면이 뜹니다. 4가지 방법 중 추천하는 방법은 상대적으로 접속이 쉬운 '코드를 통해 초대'입니다.

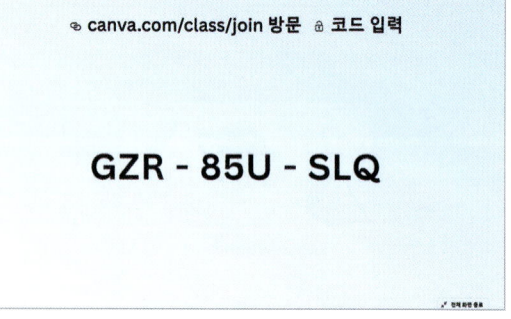

❻ 이제 학생들이 잘 볼 수 있도록 전체 화면을 눌러 코드를 보여줍니다.

이제 교사가 해당 초대 화면을 학생들에게 보여준 상태에서 어떻게 학생 계정으로 클래스에 참여할 수 있는지 함께 알아볼까요? 학생 입장에서 로그인하는 방법을 소개하겠습니다. 참고로 초대 링크를 복사하여 카카오톡 PC 버전이나 적절한 웹사이트를 통해 바로 가입하는 것이 더 편하다면 해당 방법을 이용해도 좋습니다.

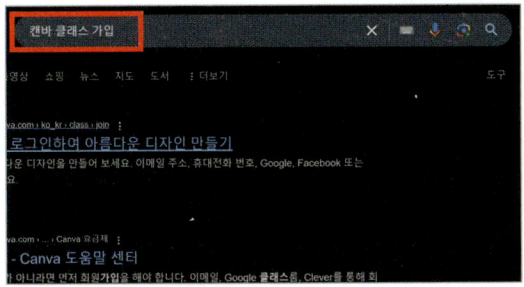 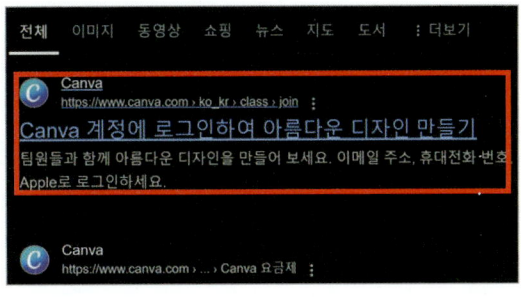

❶ 학생들은 검색창에 '캔바 클래스 가입' 또는 'canva.com/class/join'을 검색합니다.

❷ 웹페이지를 클릭합니다.

❸ 선생님이 보여주는 초대 코드를 입력합니다.

❹ 이용 약관에 동의합니다.

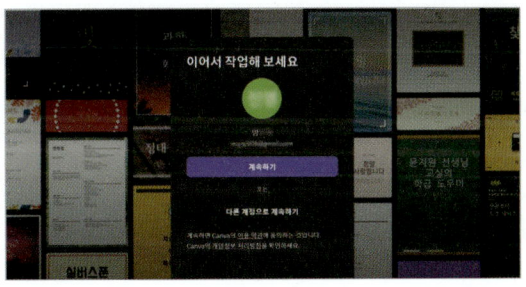 

❺ 선생님이 알려준 구글 계정으로 캔바에 회원 가입 및 로그인을 합니다.

❻ 초대장을 확인하고 'Google로 계속하기'를 누릅니다.

❼ 수업 참여가 완료되었다는 팝업이 나옵니다. [시작하기]를 눌러줍니다.

❽ 홈 메뉴바에서 [수업 과제]를 눌러 '내 수업 과제'를 확인할 수 있습니다.

04. 캔바 화면 구성 알아보기

1) 캔바 홈 화면 구성

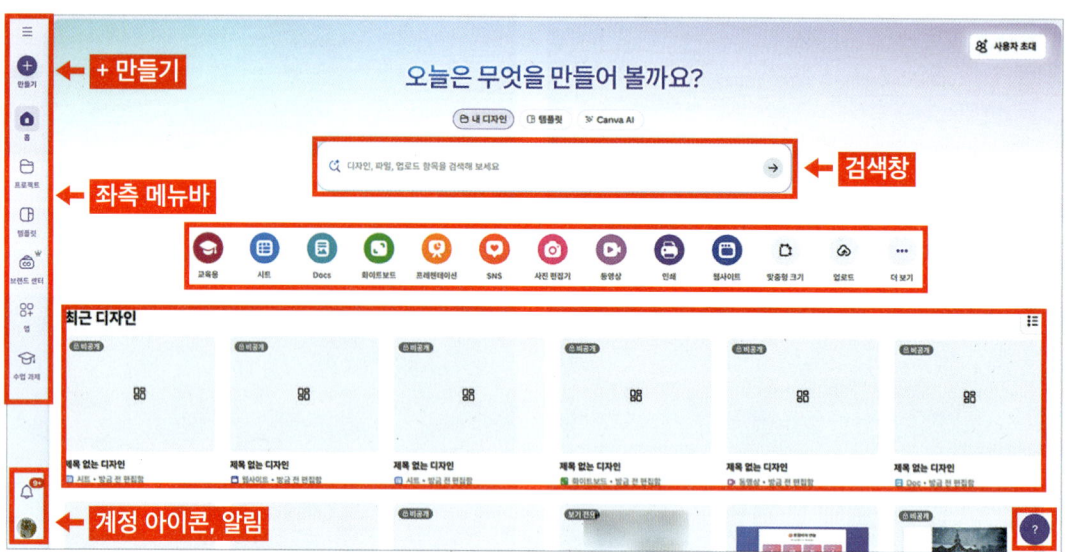

- 좌측 메뉴바: 홈, 프로젝트, 템플릿, 브랜드 센터, 앱, 수업 과제가 있습니다.
- + 디자인 만들기: 버튼을 눌러 새롭게 디자인을 생성할 수 있습니다.
- 검색창: 파일을 검색할 수 있는 검색창입니다.
- 중앙: 디자인 생성 아이콘이 있습니다.
- 최근 디자인: 최근에 작업했던 디자인 파일들이 보입니다.
- 왼쪽 하단 계정 아이콘과 알림: 설정을 바꾸고 싶다면 계정 아이콘을 눌러야 합니다.
- 오른쪽 하단 물음표 버튼: 캔바 챗봇으로, 궁금한 사항을 문의할 수 있습니다.

2) 디자인 편집

　캔바의 홈 화면 구성을 알아보았으니 이제 편집 화면 구성을 알아보겠습니다. 디자인 화면으로 들어가기 위해 아래의 작업을 수행해주세요.

❶ [+ 디자인 만들기]를 누릅니다. 다양한 디자인 형식 중 원하는 것을 고릅니다. 여기서는 '프레젠테이션(16:9)'을 눌러보겠습니다.

❷ 디자인 편집 화면이 뜹니다. 세부 내용을 하나씩 알아보겠습니다.

먼저 '상단 메뉴바'입니다.

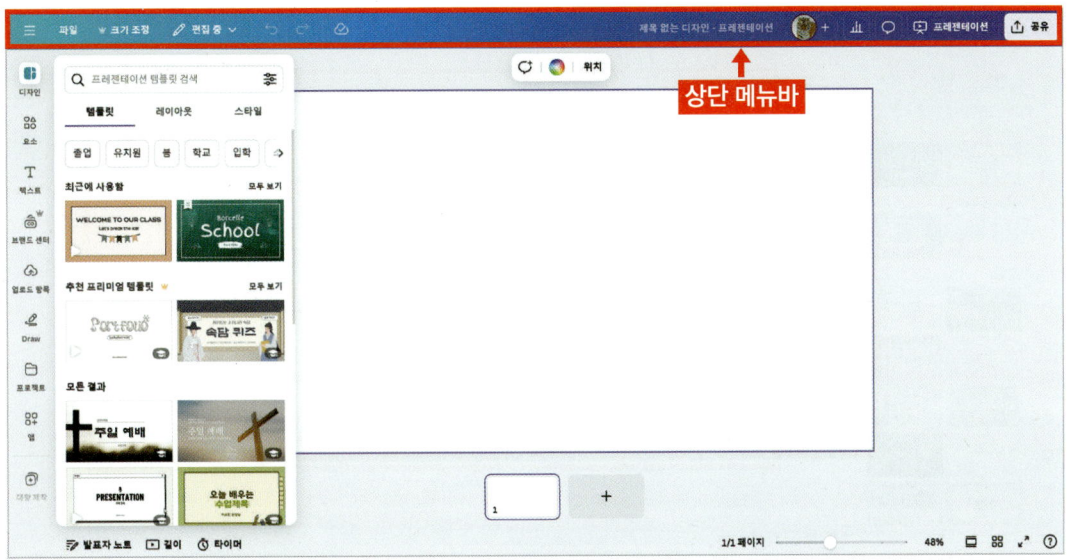

- 맨 왼쪽부터 메뉴 열기, 파일 설정, 크기 조정, 편집 중, 실행 취소, 다시 실행, 클라우드 저장 아이콘이 있습니다.
- 우측으로는 제목, 접속자, 분석, 댓글, 재생, 공유 버튼이 위치합니다.

다음으로 '좌측 메뉴바'입니다. 디자인을 위한 필수 요소가 모여 있습니다.

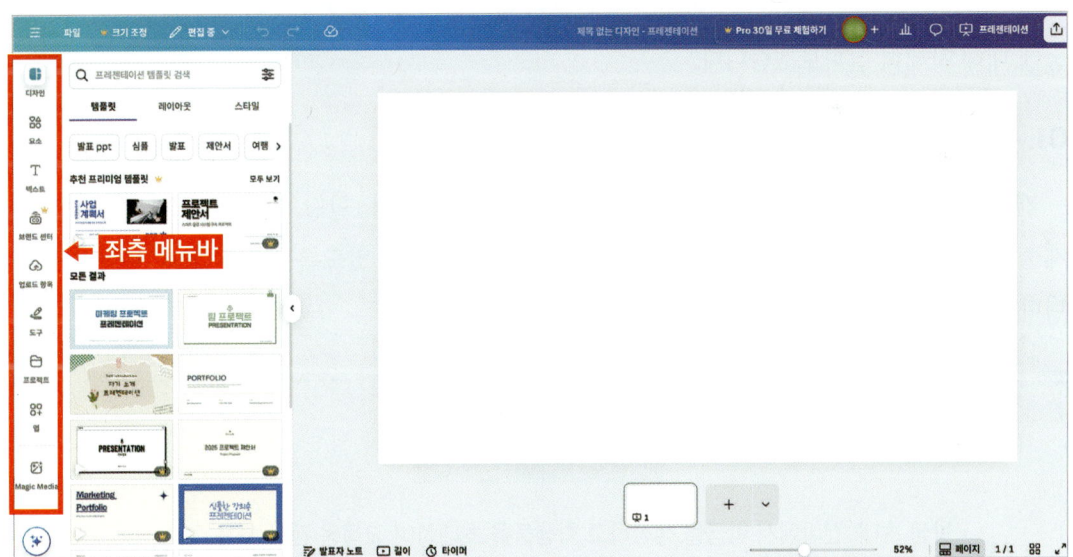

- 디자인, 요소, 텍스트, 브랜드 센터, 업로드 항목, 도구, 프로젝트, 앱, Magic Media 등의 메뉴가 있습니다.

다음으로 '아트보드'입니다. 디자인 편집이 이루어지는 공간입니다.

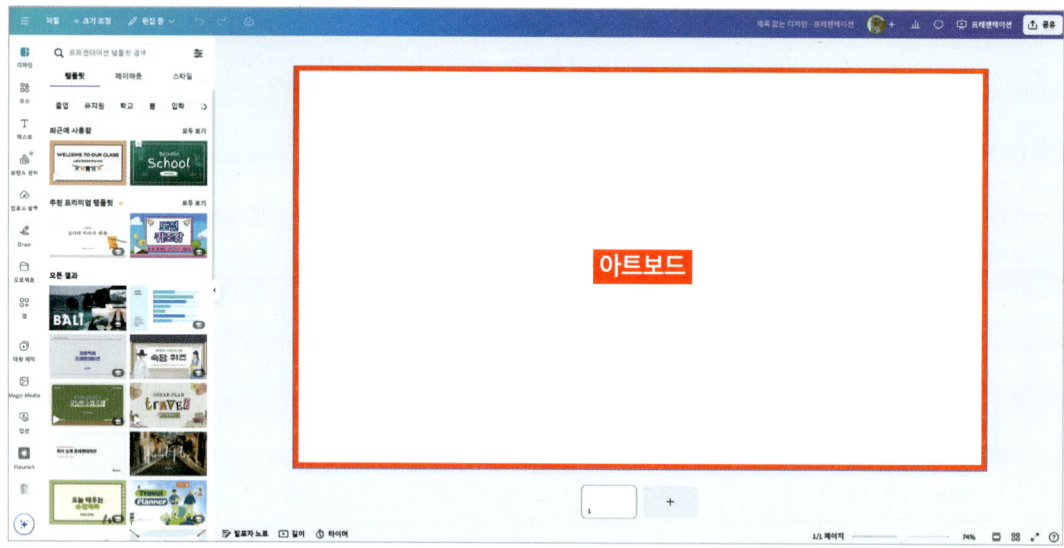

- 발표자 노트, 길이, 타이머, 페이지, 보기 설정 등의 기능을 활용할 수 있습니다.

캔바에서 만나기

캔바를 활용한 수업에서는 크게 두 가지 기능을 활용할 수 있습니다. '과제'와 '레슨(프로젝트 수업)'입니다. 이 두 가지 기능의 이해는 효과적인 디지털 수업 진행에 있어 필수적입니다. 각 기능에 대해 자세히 살펴보겠습니다.

01. 캔바 과제 기능: 학생 중심 학습의 맞춤형 도구

캔바의 과제 기능은 교사가 학생들에게 디자인 과제를 생성, 할당, 관리하고 학생들의 과제 제출 및 진행 상황을 실시간으로 확인하며 피드백을 제공할 수 있도록 설계된 교육 특화 기능입니다. 과제 기능의 주요 특징은 다음과 같습니다.

캔바 과제 기능 특징

- 학생 초대: 캔바에서 학급을 생성하고 학생들을 초대하여 교육용 캔바 사용
- 과제 부여: 학생들에게 개별 과제나 그룹 과제 부여. 캔바의 다양한 템플릿을 활용한 과제 디자인 가능
- 과제 제출 및 공유: 학생들은 완성된 과제를 캔바를 통해 제출하고 교사는 이를 확인하여 피드백 제공. 제출된 과제를 전체 학급과 공유하여 공동 학습 기회 마련

그럼 이제 교사 입장에서 학생들에게 과제를 부여하는 방법, 학생 입장에서 과제를 수행하고 제출하는 방법, 교사 입장에서 과제를 검토하는 방법을 하나씩 알아보겠습니다.

1) 교사 입장에서 과제를 부여하는 방법

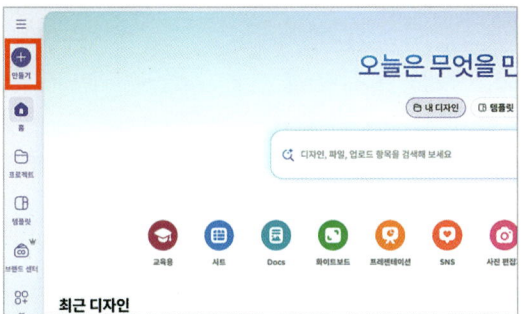

❶ 메뉴바에서 [+ 디자인 만들기]를 선택합니다.

❷ 학생들에게 부여하고 싶은 과제를 생성할 수 있습니다. 먼저 디자인 형식을 선택해보겠습니다. '프레젠테이션(16:9)'을 선택합니다.

❸ 편집 화면에 접속되었습니다. 상단 메뉴바에서 제목을 '캔바 과제 부여하기 연습'으로 입력한 뒤 [배정]을 누릅니다.

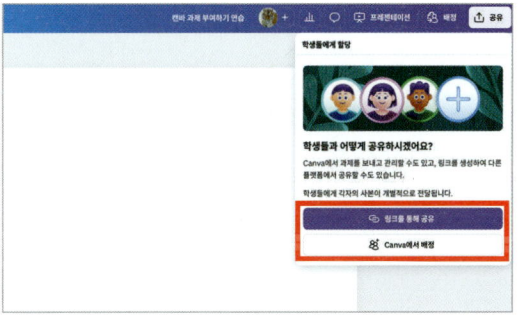

❹ 공유 방법은 '링크를 통해 공유'와 'Canva에서 배정' 2가지가 있습니다.

❺ '링크를 통해 공유'는 학생들이 이미 캔바 계정이 있을 때, 링크를 알려주는 것만으로 손쉽게 접속할 수 있는 방법입니다. 링크를 생성하고 생성된 링크를 학생들에게 알려준 뒤 접속하게 합니다.

❻ 주소창에 링크를 입력하기 어려워하는 학생들에게는 '과제 코드' 안내가 적절합니다.

❼ www.canva.com/assignment/join을 주소창에 입력합니다.

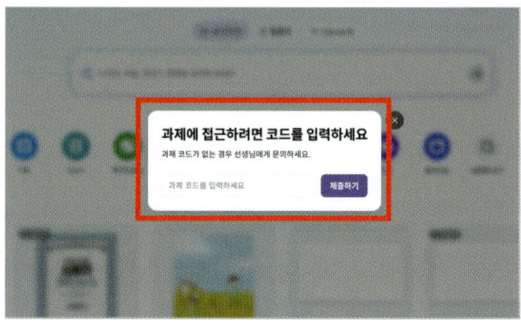

❽ 학생이 교사가 안내한 과제 코드를 입력하면 과제에 접속할 수 있습니다.

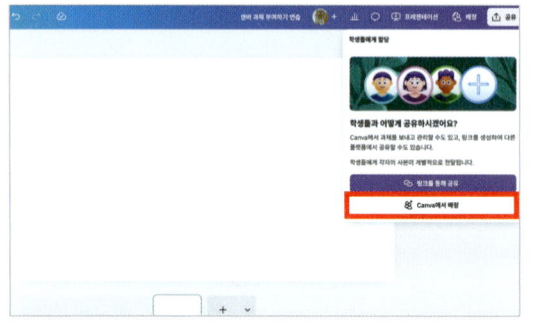

❾ 'Canva에서 배정'은 학생들이 이미 학급에 가입되어 있을 때 사용하는 방법입니다.

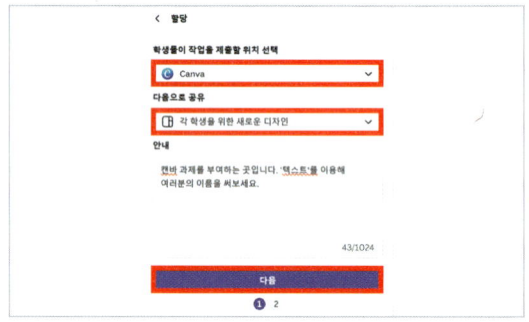

❿ '할당'은 학생들에게 방금 만든 디자인이 과제로 부여된다는 의미입니다. '학생들이 작업을 제출할 위치 선택'은 구글 클래스 혹은 Canva로 설정합니다. '다음으로 공유'는 각 학생을 위한 새로운 디자인으로 설정합니다. '안내'를 작성한 후, [다음]을 누릅니다.

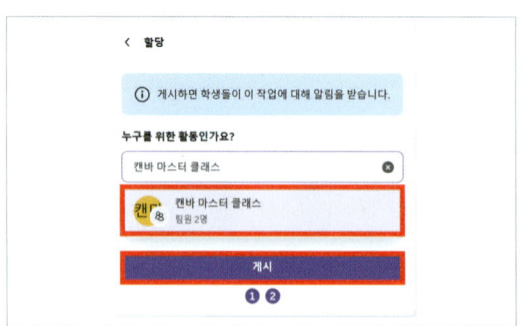

⓫ 이제 누구에게 과제를 부여할 것인가 지정하는 탭이 나왔습니다. 미리 만들어 둔 '캔바 마스터 클래스'를 검색하여 선택합니다. 선택을 완료한 후, [게시]를 눌러 과제를 부여합니다.

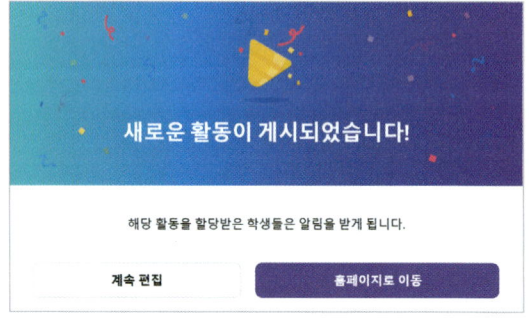

⓬ 과제가 성공적으로 부여되었습니다.

2) 학생 입장에서 과제를 수행하고 제출하는 방법

❶ 교사가 과제를 부여하면 학생 계정의 [알림]에서 '캔바 과제 부여하기 연습'이 게시되었다고 표시됩니다. 해당 알림을 클릭합니다.

❷ 다음과 같이 편집 화면으로 이동합니다.

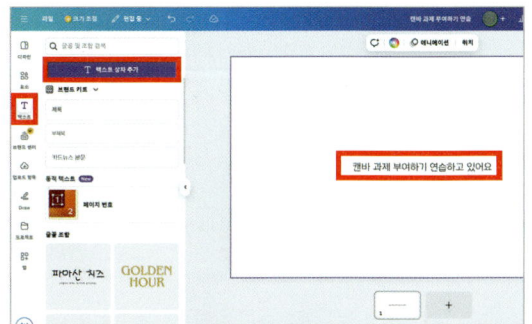

❸ 좌측 메뉴바의 [텍스트]-[텍스트 상자 추가]를 누릅니다. 아트보드에서 텍스트 상자를 누르고 '캔바 과제 부여하기 연습하고 있어요'를 적습니다.

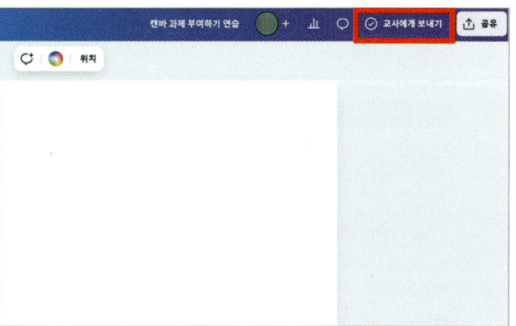

❹ 오른쪽 상단 [교사에게 보내기]를 클릭합니다.

❺ 교사를 선택하고 [보내기]를 누릅니다.

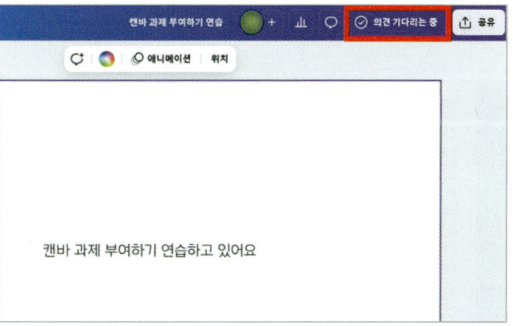

❻ 교사에게 파일을 보냈습니다. 교사가 검토하는 동안 학생에게는 '의견 기다리는 중'이라는 표시가 나옵니다.

3) 교사 입장에서 검토하는 방법

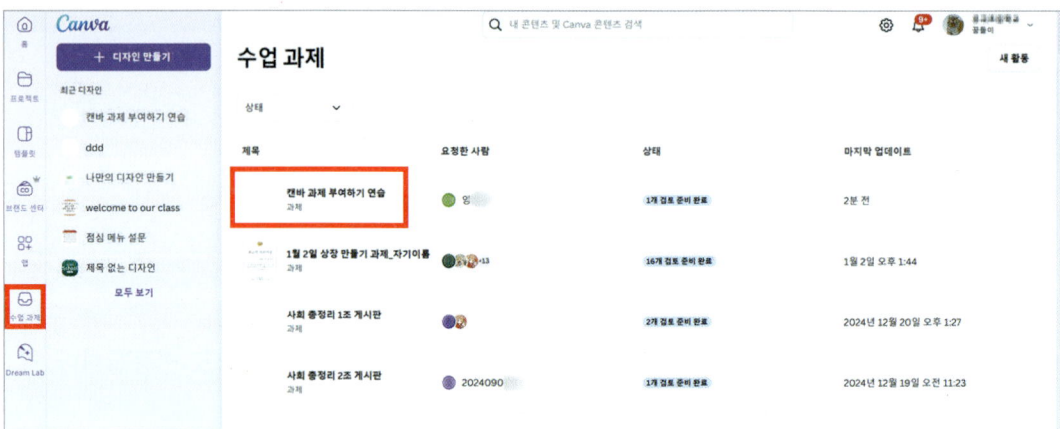

❶ 메뉴바의 [수업 과제]를 누릅니다. 앞서 할당했던 '캔바 과제 부여하기 연습'이 보입니다. 해당 과제를 눌러봅시다.

❷ 학생 계정으로 보내놓은 파일이 있습니다. 과제 검토를 요청한 학생의 이름과 '검토 준비 완료' 라고 나옵니다. 학생의 과제를 눌러 검토해 보겠습니다.

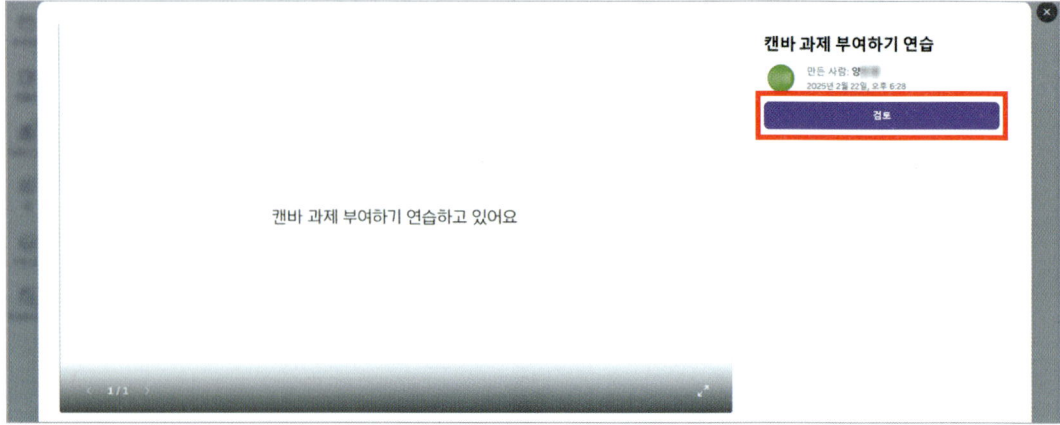

❸ 미리보기 화면이 나옵니다. [검토]를 누릅니다.

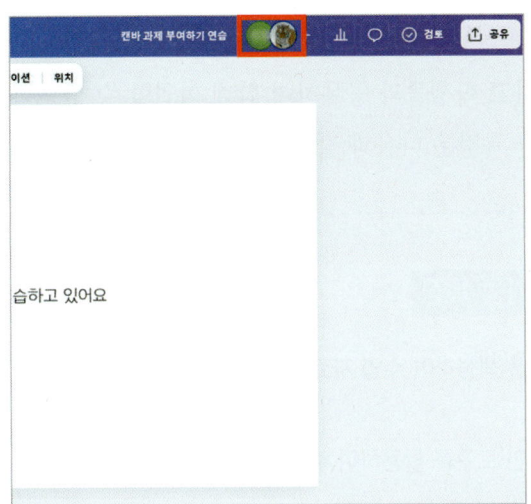 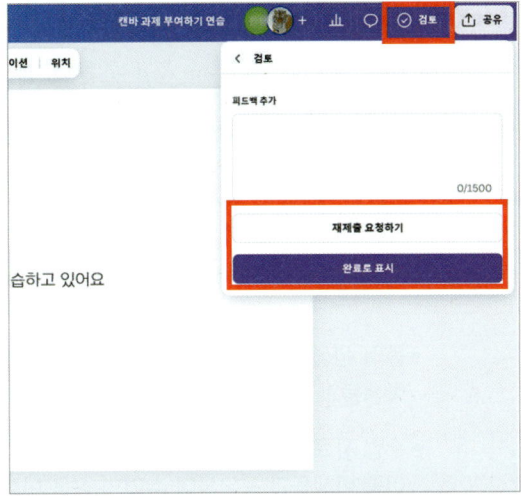

❹ 상단 메뉴바를 보면 현재 접속 인원이 2명으로 나옵니다. 여기서 교사는 학생의 작품을 직접 수정할 수 있습니다. 또한 교사는 학생에게 실시간으로 피드백을 주고 진행 상황을 확인할 수 있습니다.

❺ 수정이 완료되면 검토를 누릅니다. 피드백을 작성한 뒤 [재제출 요청하기]과 [완료로 표시] 중 하나를 택합니다. 재제출은 수정 사항을 반영하여 다시 제출하라는 의미이고, 완료는 작업을 완료했다는 의미입니다. 여기서는 [완료로 표시]를 클릭하겠습니다.

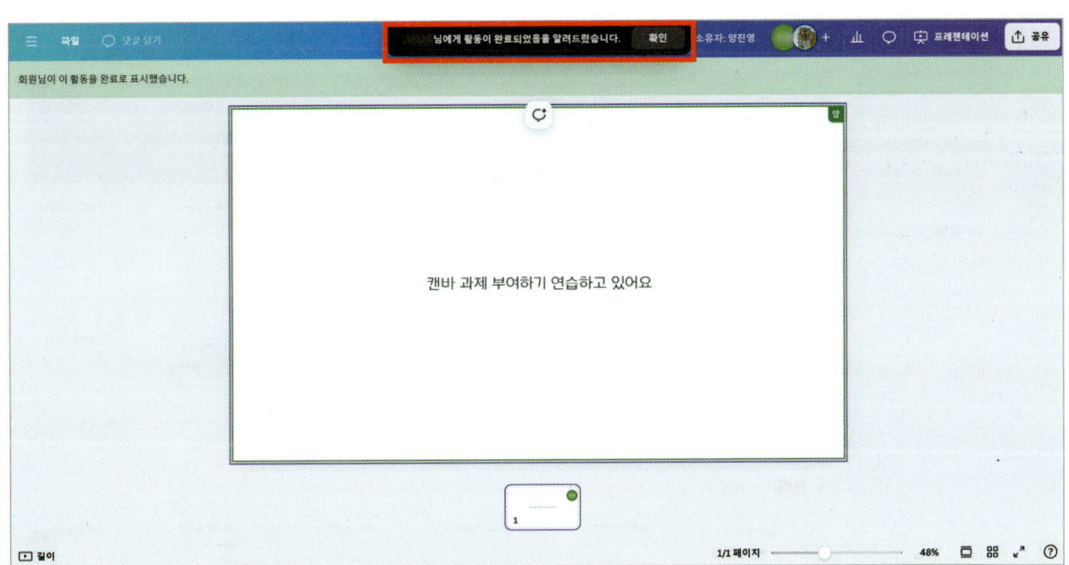

❻ 학생에게 과제 완료 알림이 전달되었다는 창이 뜹니다.

02. 캔바 레슨 기능: 교사-학생 소통의 허브

캔바의 레슨 기능은 교사가 수업 자료를 제작하고 학생들과 공유하며 함께 협업할 수 있도록 설계된 교육 특화 기능입니다. 레슨 기능의 주요한 특징은 다음과 같습니다.

캔바 레슨 기능 특징

- 폴더 생성 및 관리: 캔바에서 프로젝트 폴더를 생성하여 수업 자료를 체계적으로 관리. 학생들과 원활한 협업 가능
- 수업 자료 제작 및 공유: 캔바의 다양한 디자인 도구를 활용하여 수업 자료를 제작하고, 이를 학생들과 공유하여 수업의 질을 향상

그럼 이제 학생들에게 교사 입장에서 레슨과 수업 자료를 만들어 할당하는 방법, 학생 입장에서 레슨에 참가하는 방법을 하나씩 알아보겠습니다.

1) 교사 입장에서 레슨과 수업 자료를 만들어 학생에게 할당하기

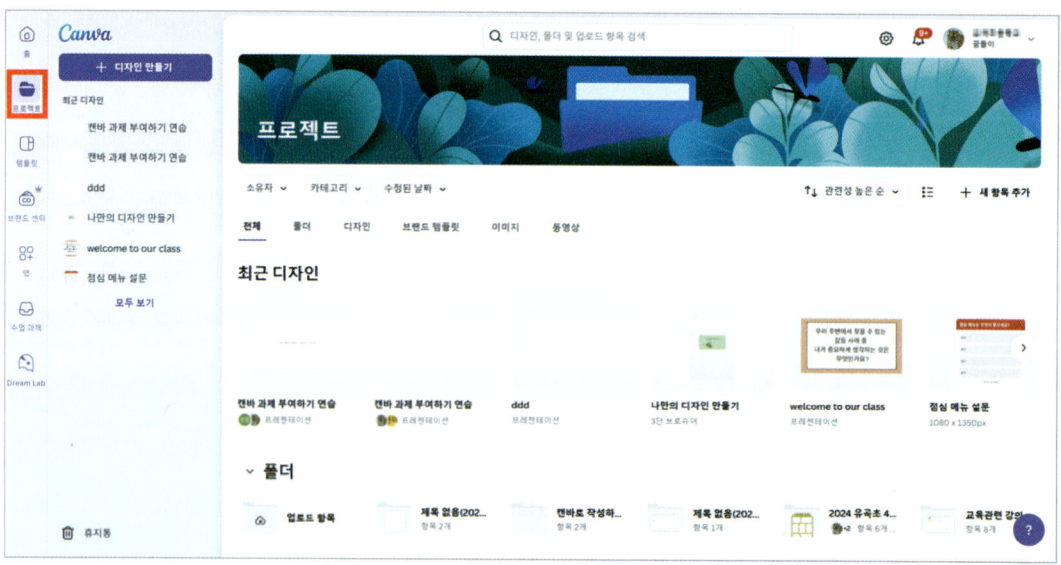

❶ 메뉴바에서 [프로젝트]를 누릅니다.

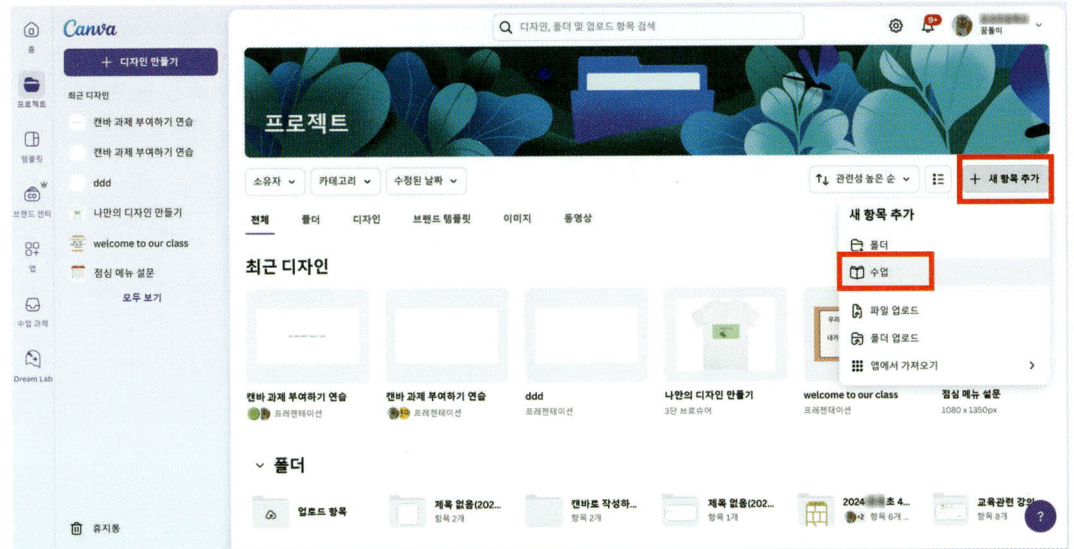

❷ [+ 새 항목 추가]에서 '수업'을 누릅니다.

❸ '레슨(수업)' 화면이 나왔습니다. 새 레슨 이름을 '캔바 화면 구성 알아보기 수업'으로 설정합니다.

❹ '설명'은 레슨 전반에 대한 내용을 적는 곳입니다. '설명'에 수업에 대한 내용을 적어 줍니다.

❺ 먼저 활동을 추가해 보겠습니다. '레슨에 활동 추가하기'를 누릅니다. '새로 만들기'를 누릅니다.

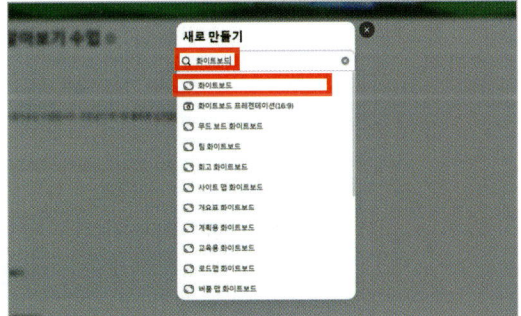

❻ '화이트보드'를 검색하여 디자인을 생성합니다.

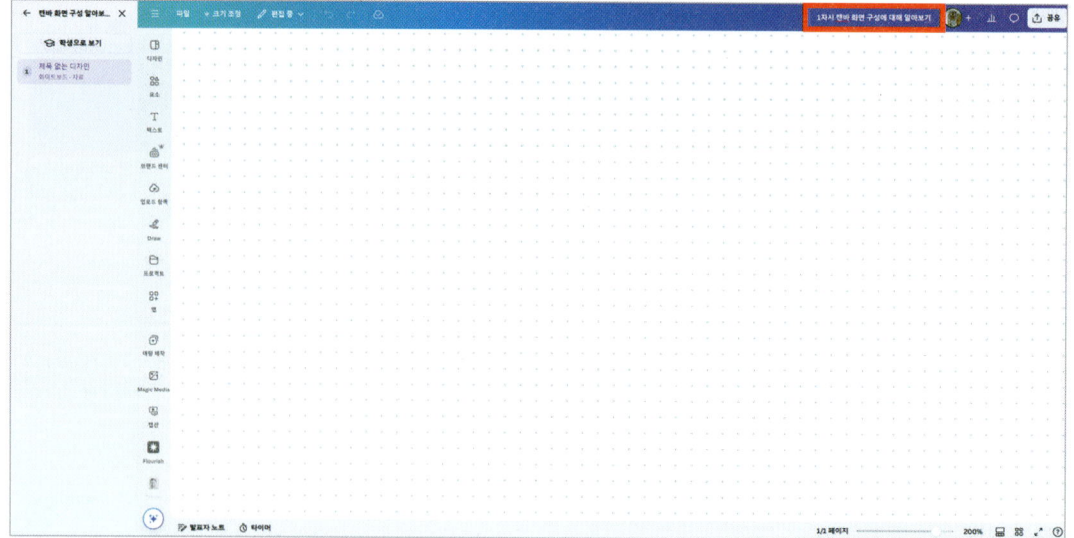

❼ '1차시 캔바 화면 구성에 대해 알아보기'로 디자인 제목을 변경합니다. 제목을 눌러 변경할 수 있습니다.

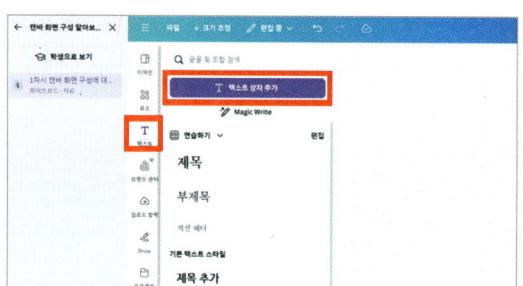

❽ [텍스트]-[텍스트 상자 추가]를 누릅니다.

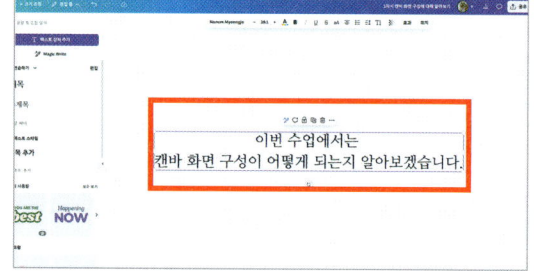

❾ 텍스트 상자를 눌러 '이번 수업에서는 캔바 화면 구성이 어떻게 되는지 알아보겠습니다.'라고 내용을 수정합니다.

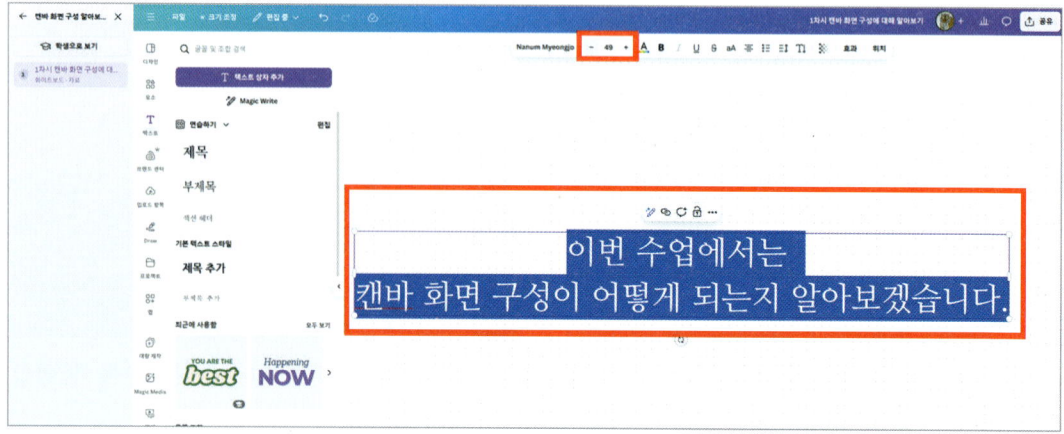

❿ 글자 크기가 작다면 텍스트 상자를 누른 뒤 드래그 혹은 Ctrl + A를 눌러 모든 텍스트를 선택한 다음 글자 크기를 적당한 크기로 키웁니다.

그럼 학생 입장에서는 해당 디자인이 어떻게 보이는지 확인해 보겠습니다.

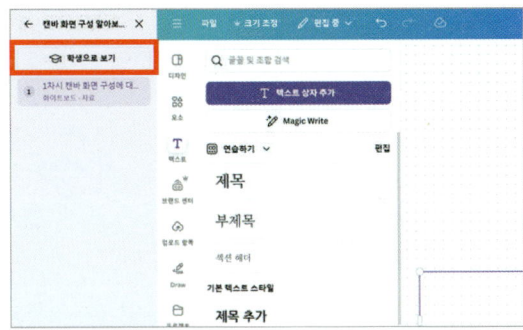 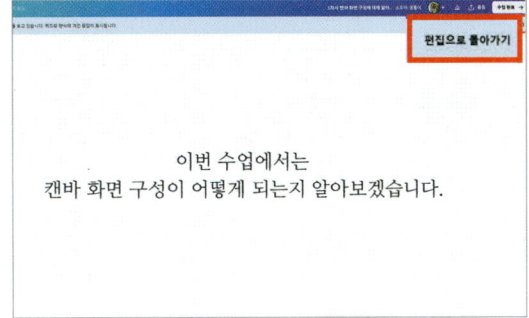

❶ 왼쪽 상단의 [학생으로 보기]를 누릅니다.

❷ 학생 입장에서 보이는 화면입니다. 교사가 지금까지 작성한 내용이 보입니다. 교사는 이렇게 수업 자료를 만드는 중간중간 학생 입장에서는 어떻게 보일지 확인할 수 있습니다. 오른쪽 상단의 [편집으로 돌아가기]를 누릅니다.

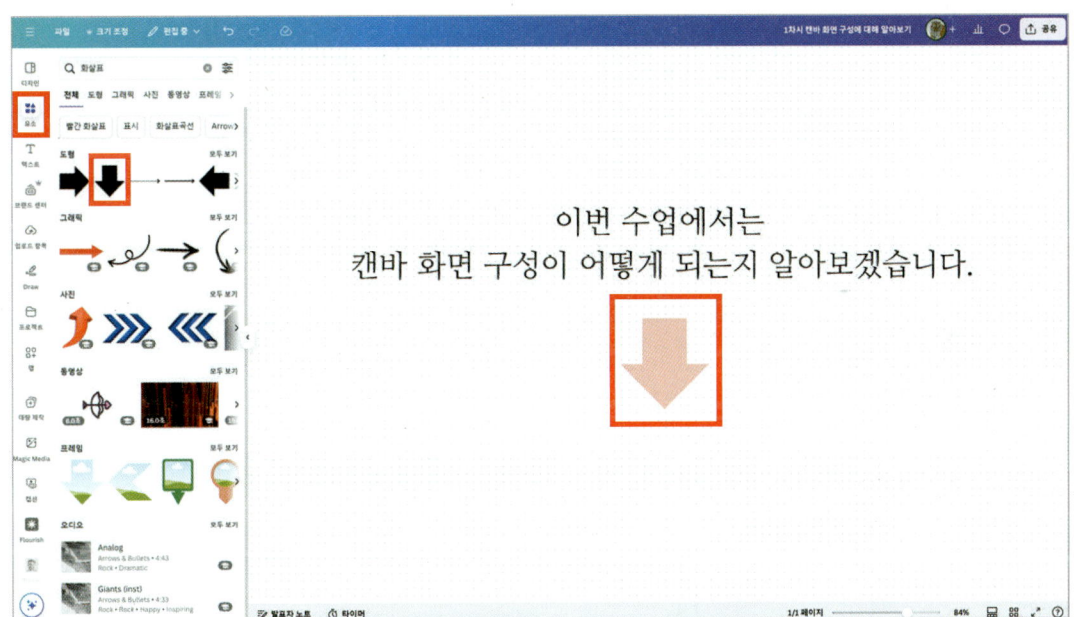

❸ [요소]에서 '화살표'를 검색합니다. 아래 방향 화살표를 더블클릭하여 아트보드에 넣고 적당한 크기와 위치로 조절합니다. 만일 아트보드 화면이 너무 작거나 크다면 Ctrl 키를 누른 채 마우스 휠 버튼을 위아래로 움직이거나 Ctrl + (+, -) 키를 눌러 화면 크기를 조절할 수 있습니다.

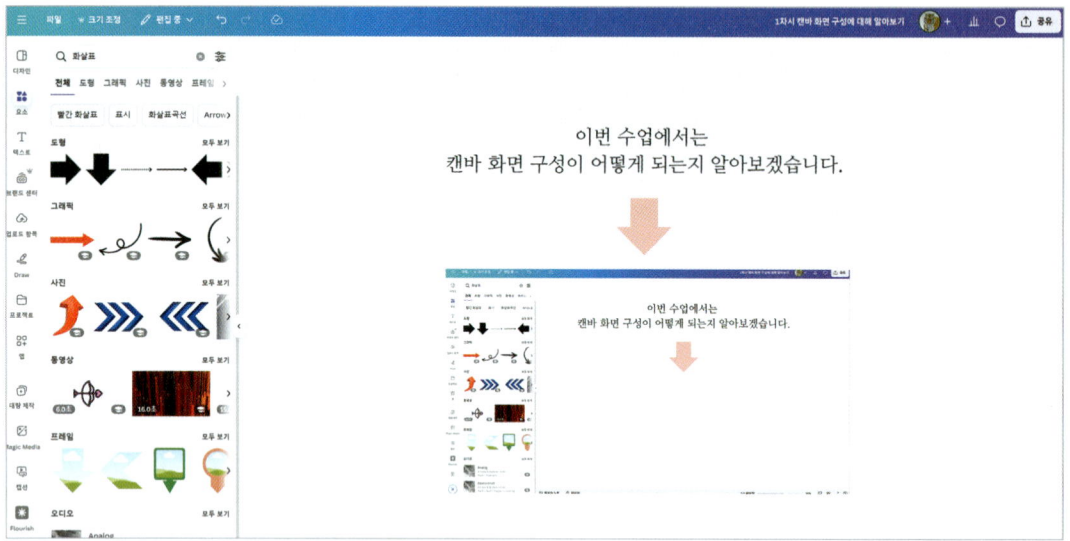

❹ 아트보드 화면을 이동하려면 Space 키를 누른 채 화면 잡아 끌어줍니다. 캡처 도구를 사용해 편집 화면을 캡처해 아트보드에 넣습니다.

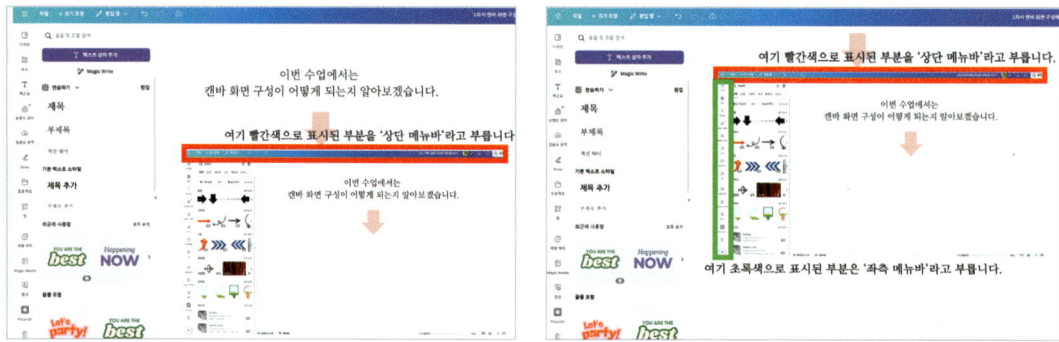

❺ 편집 화면의 상단 메뉴바를 설명하는 글 상자를 넣습니다.

❻ 이어서 좌측 메뉴바를 설명하는 글 상자를 넣습니다.

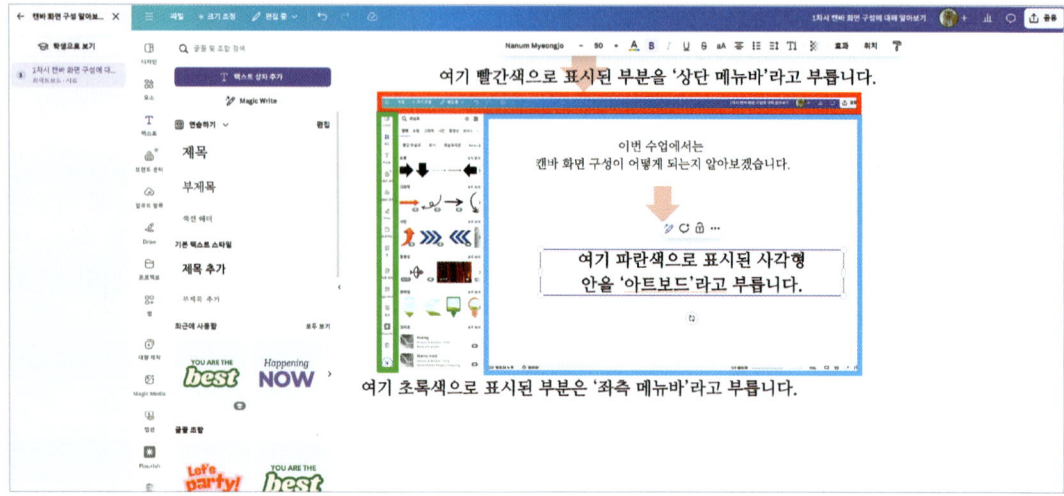

❼ 아트보드를 설명하는 표시와 글 상자를 넣습니다.

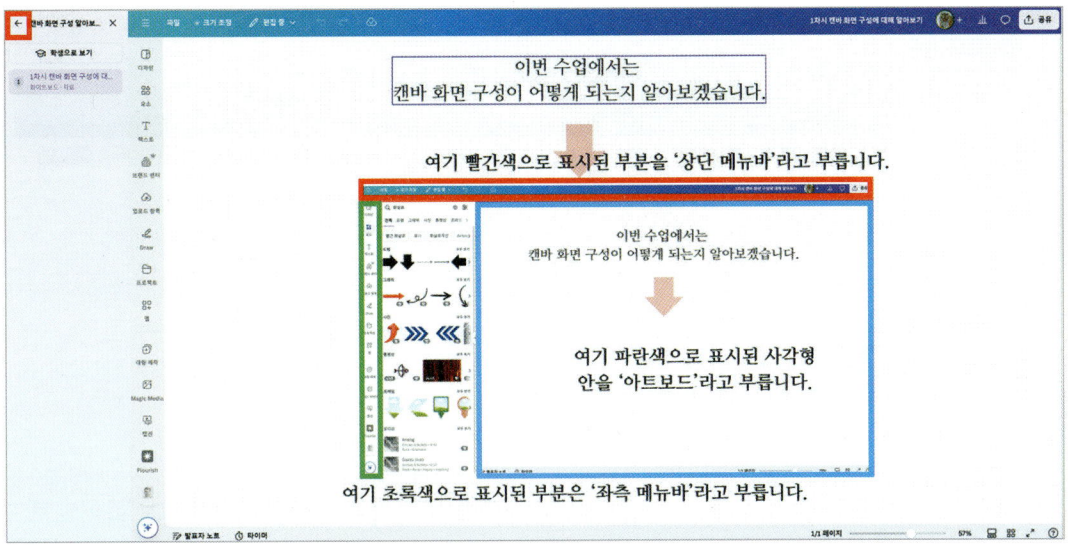

❽ 1차시 디자인을 완성하였습니다. 왼쪽 상단에서 좌측으로 향하는 화살표를 눌러 레슨으로 돌아갑니다.

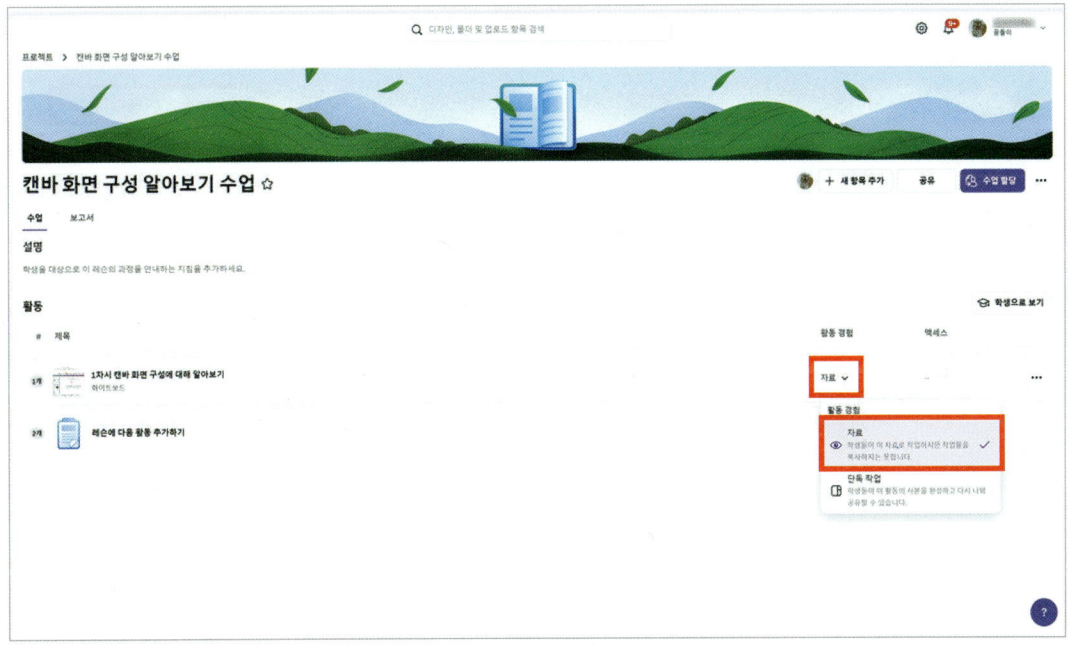

❾ '활동 경험'에서 '자료'를 누릅니다. 1차시 활동은 학생들이 보기만 할 수 있도록 '자료'로 설정합니다. 이렇게 설정하면 학생들이 자료를 보며 작업할 수 있지만 복사는 할 수 없습니다.

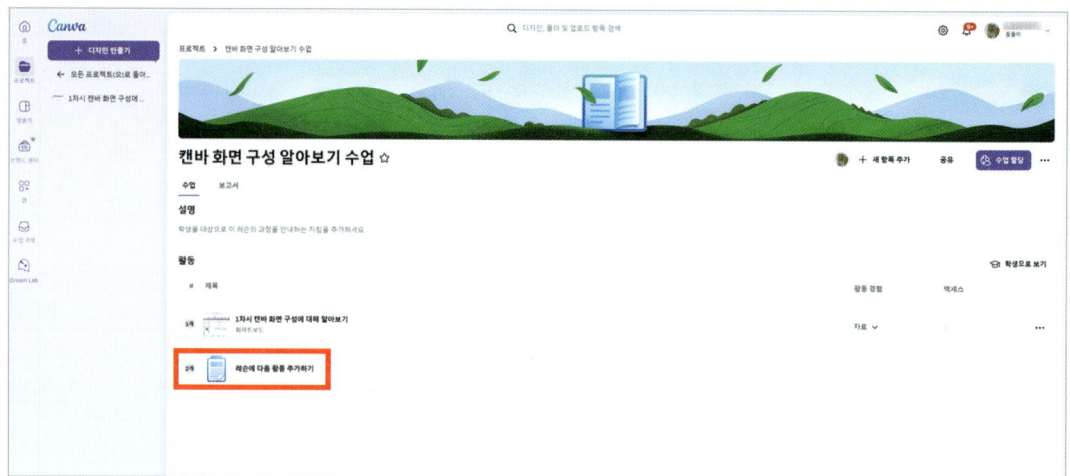

⑩ '레슨에 다음 활동 추가하기'를 누릅니다. 1차시와 마찬가지로 '새로 만들기'-'화이트보드(무제한)'로 설정합니다.

 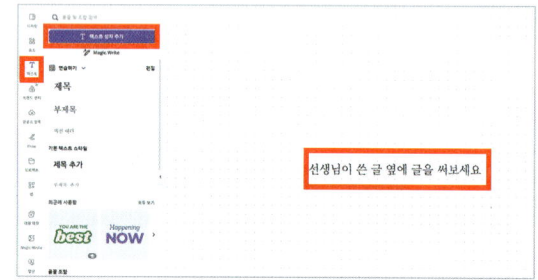

⑪ 제목을 '2차시 화이트보드에 글쓰며 소통하기'로 입력합니다.

⑫ 텍스트 상자를 추가하고 안내 사항을 적습니다. '선생님이 쓴 글 옆에 글을 써보세요'라고 적었습니다.

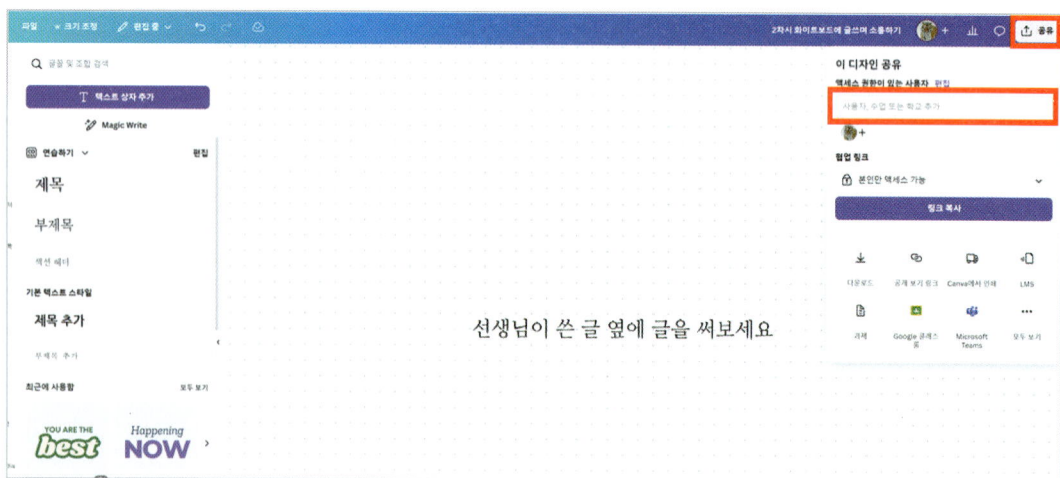

⑬ 학생들이 2차시 디자인에 직접 글을 쓸 수 있도록 설정해 보겠습니다. [공유]에서 '사용자, 수업 또는 학교 추가'를 누릅니다.

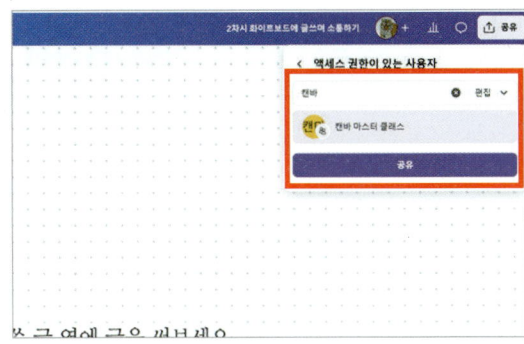

⓮ 수업을 함께 진행하는 학급 이름을 검색한 후, 편집 권한을 줍니다. 권한 부여가 완료되면 [공유]를 누릅니다.

⓯ 해당 학급에 편집 권한이 공유되었습니다. 이제 학생들과 함께 해당 디자인에서 소통할 수 있습니다. 세 번째 디자인 제작을 위해 레슨으로 돌아갑니다.

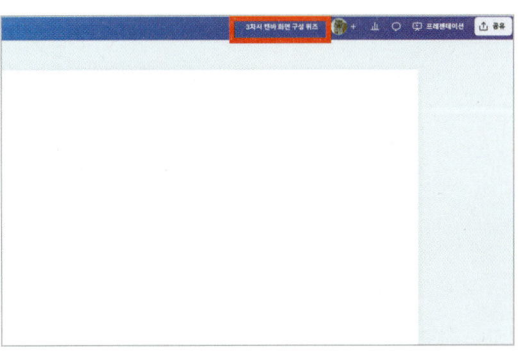

⓰ 학생들이 배운 내용을 잘 알고 있는지 개별 과제를 내기 위한 3차시 활동을 생성합니다. '새로 만들기'-'프레젠테이션(16:9)'을 누릅니다.

⓱ 제목을 '3차시 캔바 화면 구성 퀴즈'로 적었습니다.

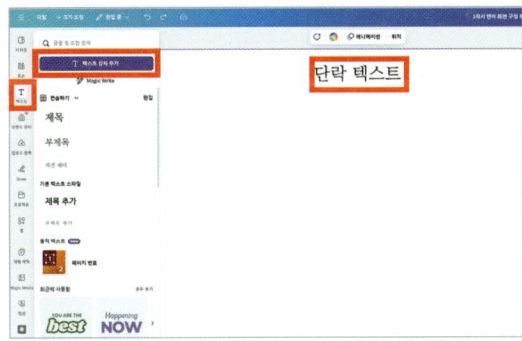
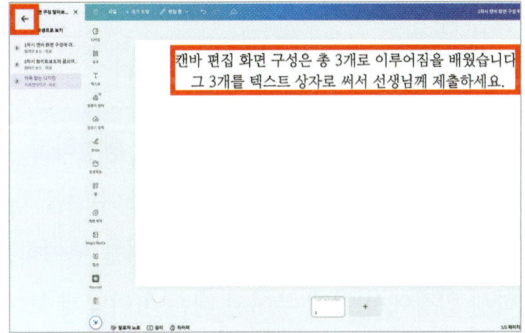

⓲ 텍스트 상자를 넣은 후, 크기와 위치를 적절히 조절합니다.

*텍스트 예: 캔바 편집 화면 구성은 총 3개로 이루어짐을 배웠습니다. 그 3개를 텍스트 상자로 써서 선생님께 제출하세요.

⓳ 학생들에게 전달할 과제 조건을 적은 후, 왼쪽 상단의 돌아가기 화살표를 눌러 레슨으로 돌아갑니다.

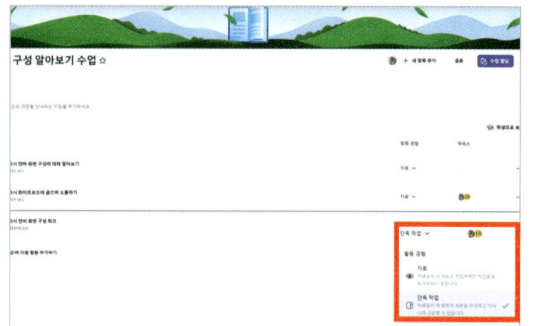 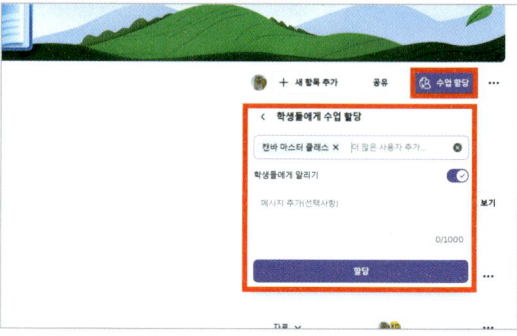

⑳ 3차시 활동의 '활동 경험'을 '단독 작업'으로 수정합니다. '단독 작업'은 학생들이 사본을 완성하고 이를 교사에게 제출하는 기능입니다.

㉑ [수업 할당]을 눌러 우리 반 학생들에게 수업을 할당합니다.

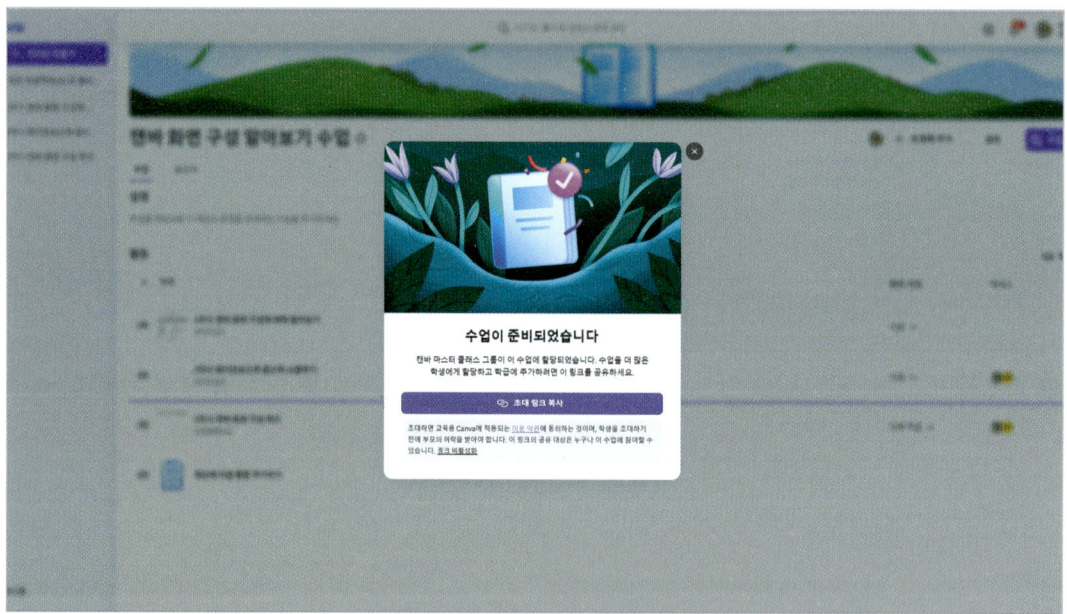

㉒ 수업(레슨) 할당이 완료되었습니다.

　여기까지 교사 입장에서 레슨을 생성하고 우리 반 학생들에게 할당하는 작업을 완료했습니다. 레슨은 과제와 달리 연속적으로 수업을 진행할 수 있습니다. 때때로 학생들에게 학습 자료를 보여주거나 소통하고, 개별 과제를 부여하는 등 다양한 방식으로 진행할 수 있습니다. 이제 학생 입장에서 현재 부여된 레슨이 어떻게 보이는지 살펴보겠습니다.

2) 학생 입장에서 레슨에 참가하는 방법

❶ 학생 계정으로 로그인한 뒤 [알림] 표시를 눌러봅니다. 교사가 할당한 수업이 표시됩니다.

❷ '캔바 화면 구성 알아보기 수업'을 눌러 수업에 참여합니다.

❸ 1차시 활동을 눌러 수업에 참여합니다.

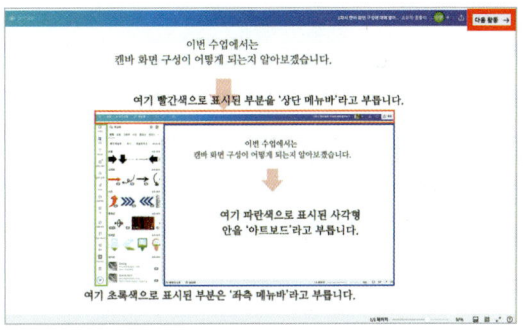

❹ 캔바 화면 구성에 대한 내용입니다. 학생은 이를 꼼꼼하게 읽고 내용을 파악합니다. 다 읽었으면 [다음 활동]을 누릅니다.

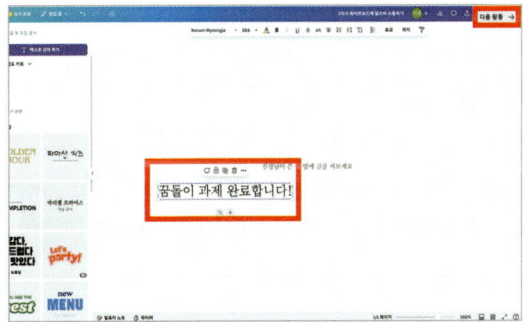

❺ 2차시 활동입니다. 조건에 맞춰 글을 쓴 후, [다음 활동]을 누릅니다.

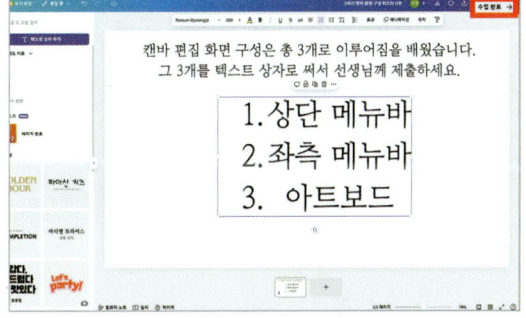

❻ 3차시 활동입니다. 조건에 따라 답변을 글로 쓴 후, [수업 완료]를 누릅니다.

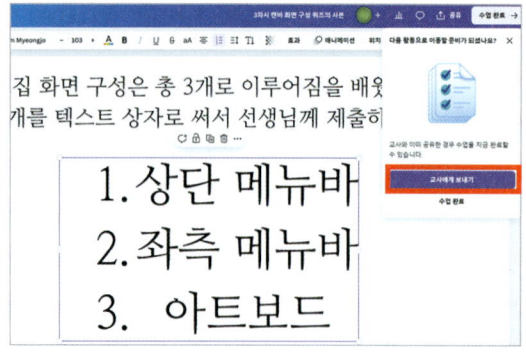
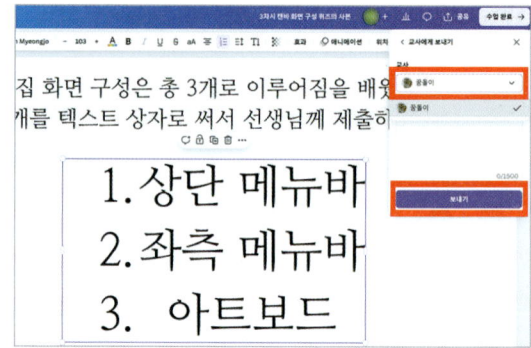

❼ [교사에게 보내기]를 누릅니다.

❽ 과제를 제출할 교사를 선택한 후, [보내기]를 누릅니다.

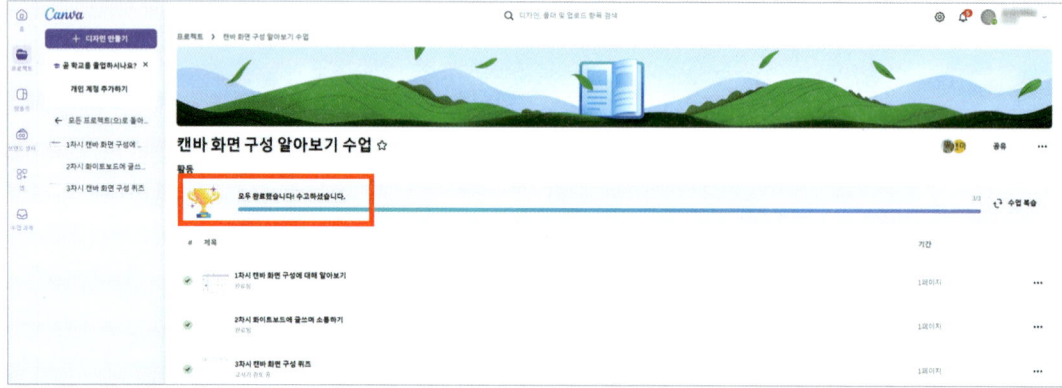

❾ 수업이 완료되었다는 표시가 뜹니다.

학생 입장에서 레슨에 참여하는 과정을 살펴보았습니다. 이제 다시 교사 입장에서 학생이 제출한 과제 결과물을 확인하는 방법을 살펴보겠습니다.

3) 교사 입장에서 학생이 제출한 과제 확인하는 방법

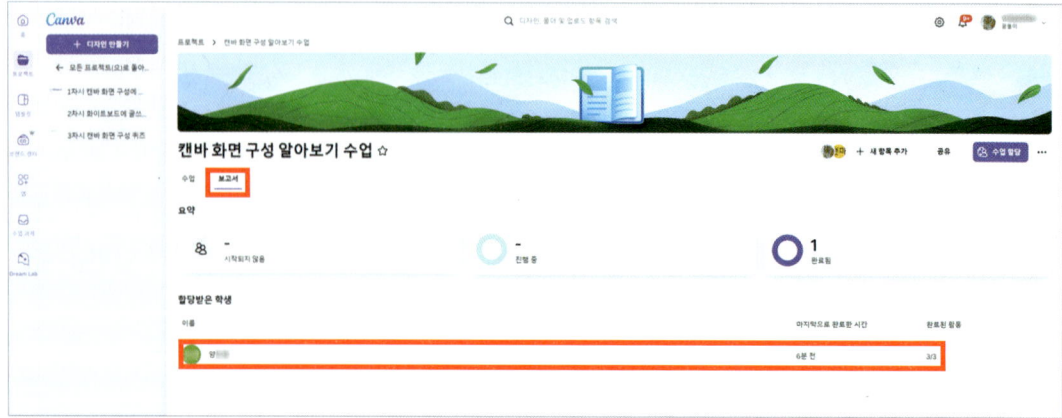

❶ 레슨에서 '보고서'를 누릅니다. 어떤 학생이 과제를 할당받았는지, 마지막으로 완료한 시간, 완료된 활동 등 학생의 레슨 참여 정보를 확인할 수 있습니다.

❷ 메뉴바에서 [수업 과제]를 누릅니다. 레슨에서 다룬 '3차시 캔바 화면 구성 퀴즈' 과제를 클릭합니다.

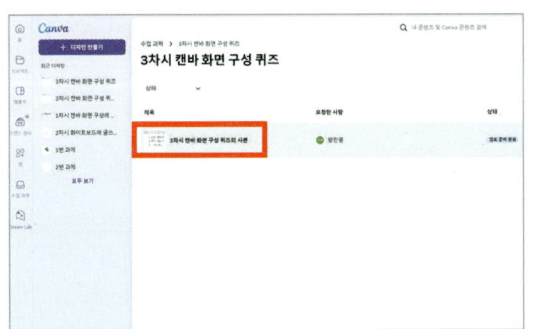

❸ 검토를 요청한 학생이 보입니다. 해당 학생의 과제를 클릭합니다.

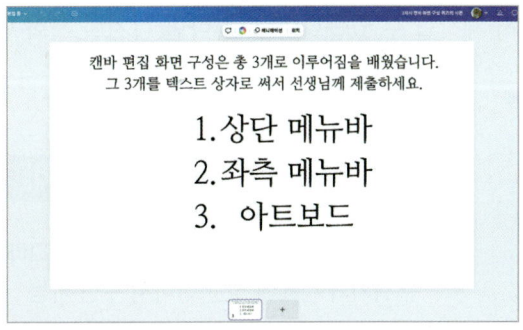

❹ 학생의 과제물을 확인할 수 있습니다.

지금까지 캔바에 접속하고 계정 만들기, 교사 계정 가입 방법, 학생 계정 발급 및 수업 가입 방법, 캔바의 화면 구성에 대해 알아보았습니다. 그리고 디지털 수업을 진행하면서 많은 도움을 받을 수 있는 필수 기능! 캔바의 과제와 레슨 기능까지 살펴보았습니다. 오늘 배운 내용을 바탕으로 학생들과 함께 효과적인 수업을 진행해보기 바랍니다.

캔바 기본 기능으로
디지털 시화(詩畵) 만들기

캔바는 국어 수업에서 학생이 자신의 생각과 감정을 시와 그림으로 표현하도록 하는 데 매우 유용한 플랫폼입니다. 캔바를 활용한 디지털 시화 만들기 활동을 통해 학생들은 문학적 감수성과 미적 감각을 동시에 키울 수 있습니다. 디지털 시화는 캔바의 기본적인 기능만 잘 익힌다면 충분히 제작할 수 있습니다. 그렇다면 디지털 시화 만들기를 위해 캔바의 어떤 기능이 필요할까요?

캔바 기본 기능

- 도형 및 그래픽 요소: 다양한 도형과 그래픽 요소를 제공하고 있어 이를 활용하여 시의 분위기와 주제에 맞는 이미지 구성 가능
- 스티커 및 아이콘: 다양한 스티커와 아이콘을 통해 시의 내용을 더욱 풍부하게 표현
- 텍스트 편집: 다양한 폰트와 텍스트 효과를 사용하여 시의 감정을 효과적으로 전달
- 사진 삽입 및 편집: 자신이 찍은 사진을 업로드하거나, 캔바의 방대한 사진 라이브러리를 활용하여 시화의 배경이나 주요 이미지 구성

캔바의 기본 기능을 숙지한 뒤 다음과 같은 단계로 디지털 시화를 제작할 수 있습니다.

디지털 시화 제작 단계

1. 시 주제 선정 및 구상: 학생들이 표현하고자 하는 시의 주제를 선정하고, 그에 맞는 이미지와 색상 구상
2. 템플릿 선택 또는 빈 캔버스 사용: 캔바가 제공하는 다양한 템플릿을 활용하거나, 빈 캔버스를 선택하여 자신만의 독창적인 디자인 가능

3. 배경 설정: 시의 분위기에 맞는 배경 색상이나 이미지 선택
4. 텍스트 입력 및 꾸미기: 시의 내용을 입력하고, 폰트, 크기, 색상 등을 조절하여 시각적 효과 표현
5. 그래픽 요소 추가: 도형, 스티커, 아이콘 등을 활용하여 시의 내용을 보완하고, 디자인의 완성도 향상
6. 레이어 및 정렬 기능 활용: 여러 요소의 순서와 위치를 조정하여 깔끔하고 조화로운 레이아웃 제작
7. 최종 검토 및 수정: 완성된 시화를 전체적으로 검토하고, 필요한 부분을 수정하여 완성

캔바 기본 요소 알아보기

01. 도형, 그래픽, 스티커 알아보기

캔바에서는 손쉽게 다양한 디자인 요소를 활용할 수 있습니다. 특히 도형, 그래픽, 스티커와 같은 기능을 통해 시각적으로 풍부한 표현을 할 수 있습니다. 이러한 요소는 캔바의 '요소' 탭에서 찾아볼 수 있으며, 검색창을 통해 특정 요소를 검색하거나 추천 컬렉션을 둘러볼 수 있습니다.

요소를 선택하면 디자인에 바로 추가됩니다. 이때 크기, 색상, 위치 등을 자유롭게 조정하여 원하는 대로 편집할 수 있습니다. 다양한 스티커와 아이콘을 활용하면 디자인에 생동감을 더할 수 있습니다. 이 같은 기능을 통해 학생들은 자신의 창의력을 발휘하여 독특하고 감각적인 시화를 제작할 수 있습니다.

❶ 캔바 메인화면 왼쪽 상단의 [+ 디자인 만들기]를 선택합니다.

❷ [교육용]에서 '교실형 포스터'를 선택합니다.

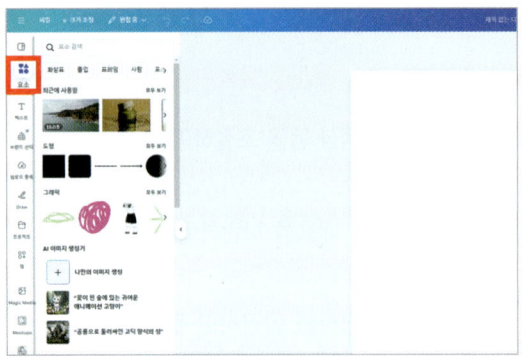

❸ 좌측 메뉴바 [요소]를 클릭하면 다양한 기능을 볼 수 있습니다.

❹ '최근에 사용함'은 내가 최근에 사용했던 요소를 빠르게 확인할 수 있는 기능입니다.

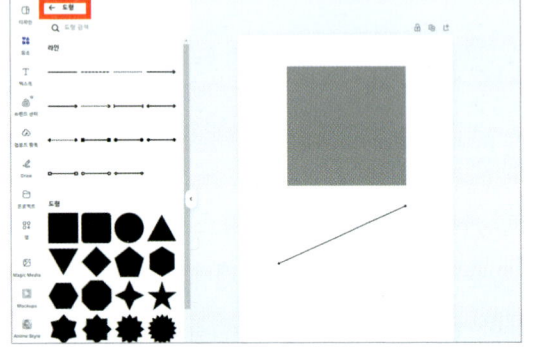

❺ '도형'에서 '모두 보기'를 클릭합니다. 라인과 도형을 선택할 수 있습니다. 원하는 도형을 선택하면 캔버스에 나타납니다.

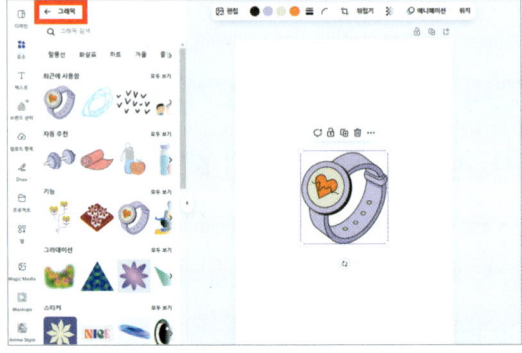

❻ '그래픽'에서 '모두 보기'를 클릭합니다. 자동 추천, 기능, 그라데이션, 스티커, 컬렉션 등 다양한 그래픽을 선택할 수 있습니다.

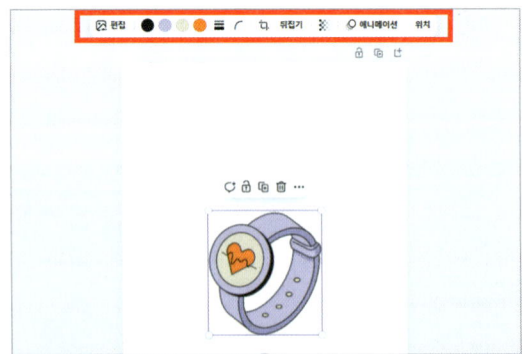

❼ 캔버스의 오브젝트를 클릭하면 클릭한 오브젝트의 편집 메뉴가 나타납니다.

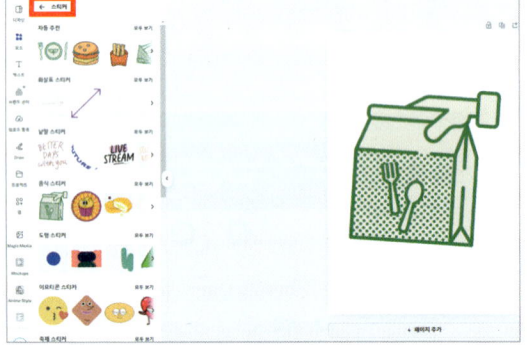

❽ '스티커'에서 '모두 보기'를 클릭합니다. 자동 추천, 화살표 스티커, 낱말 스티커, 음식 스티커, 도형 스티커, 이모티콘 스티커 등 다양한 스티커를 선택할 수 있습니다.

02. 사진, 프레임, 그리드 알아보기

캔바는 자체적으로 다양한 이미지를 제공합니다. 사용자는 직접 이미지를 업로드하거나, 제휴된 업체의 이미지, AI가 생성한 이미지 등을 활용할 수 있습니다. 이 같은 이미지는 캔바의 '업로드' 혹은 '요소' 탭에서 손쉽게 추가할 수 있습니다. 추가된 이미지는 크기 조절, 자르기, 필터 적용 등 다양하게 편집할 수 있습니다. 이때 캔바의 사진, 프레임, 그리드 기능을 활용하면 더욱 풍성하고 체계적으로 디자인 작업을 할 수 있습니다.

프레임 기능은 사진이나 영상을 특정한 형태로 마스킹하여 디자인에 독특한 모양을 부여합니다. '요소' 탭에서 '프레임'을 검색하여 원하는 모양을 선택한 후, 사진이나 영상을 해당 프레임 안으로 끌어다 놓으면 자동으로 프레임 형태에 맞게 바뀝니다. 이를 통해 디자인에 통일감과 창의성을 더할 수 있습니다.

그리드 기능을 활용하면 디자인을 여러 구역으로 나누어 사진이나 요소를 정렬하고 배치할 수 있습니다. '요소' 탭에서 '그리드'를 검색하여 다양한 레이아웃을 선택할 수 있으며, 선택한 그리드를 캔버스에 추가한 후 각 섹션에 사진이나 색상을 채워 넣을 수 있습니다. 그리드는 사진 콜라주나 정렬된 레이아웃을 만들 때 특히 유용하며, 각 섹션의 크기와 간격을 조절하여 원하는 디자인을 구현할 수 있습니다.

그럼 지금부터 캔바 '요소' 탭을 눌러 사진, 프레임, 그리드 기능을 직접 활용해 보겠습니다.

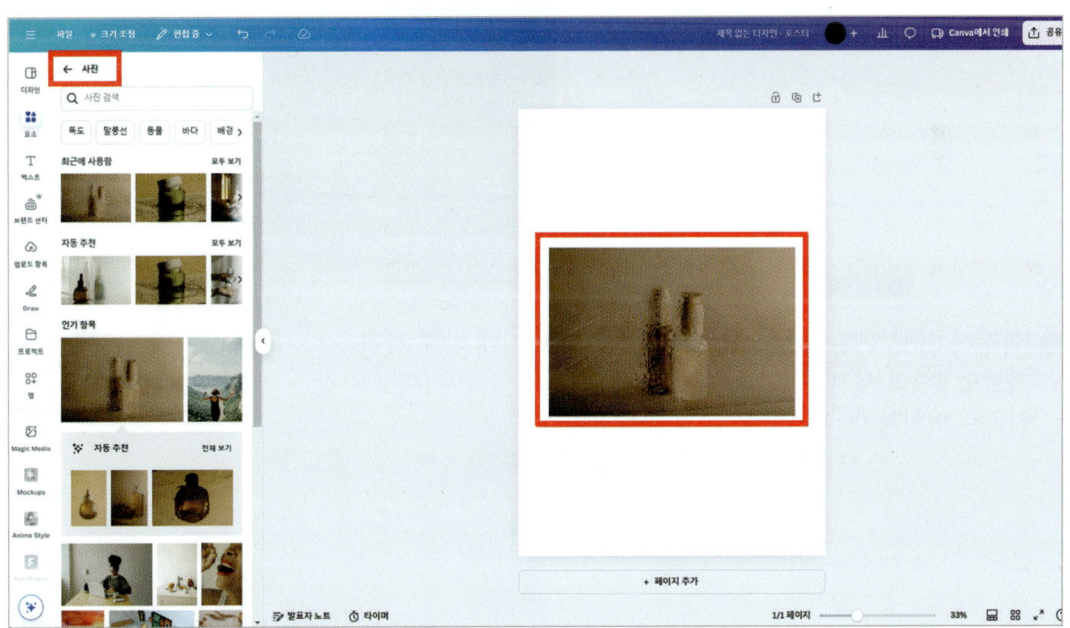

❶ [요소]의 '사진'을 클릭합니다. 마음에 드는 사진을 하나 선택합니다. 사진을 2번 클릭하면 좌측에 편집 메뉴가 열립니다.

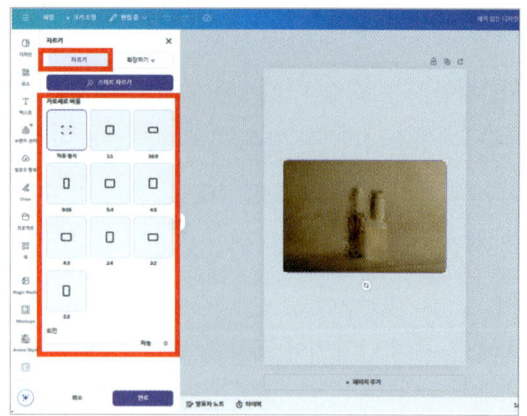
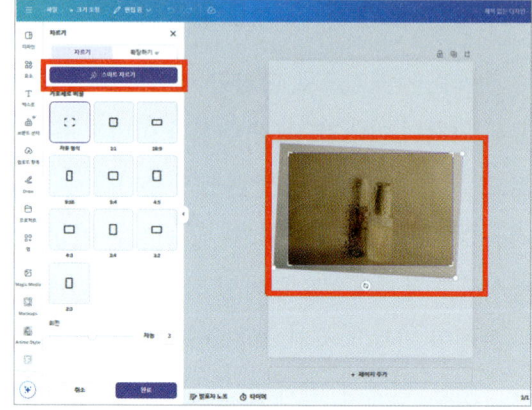

❷ [자르기] 탭 메뉴에서는 내가 원하는 비율에 따라 사진을 자를 수 있으며, 각도에 따라 사진을 회전하는 것도 가능합니다.

❸ [스마트 자르기]는 사진에서 가장 중요한 부분을 자동으로 감지하여 적절한 크기와 구도로 잘라주는 기능입니다.

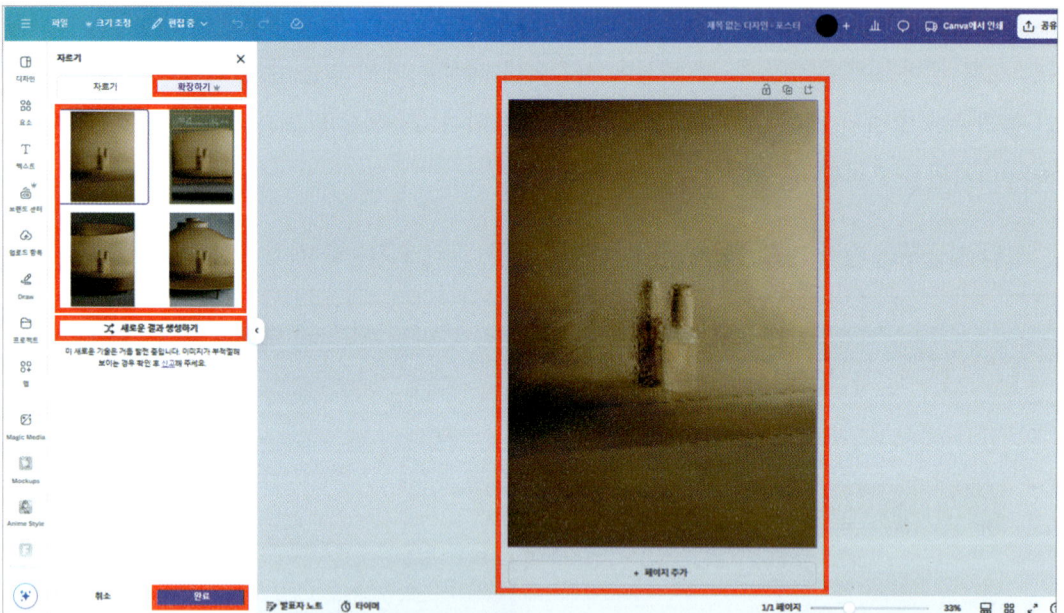

❹ [확장하기] 탭 메뉴에서는 AI를 이용하여 페이지에 맞게 사진을 다시 만들 수 있습니다. 기본적으로 4개의 사진을 추천하며, 원하는 사진이 없다면 [새로운 결과 생성하기]를 클릭합니다. 원하는 이미지가 나오면 [완료]를 클릭합니다.

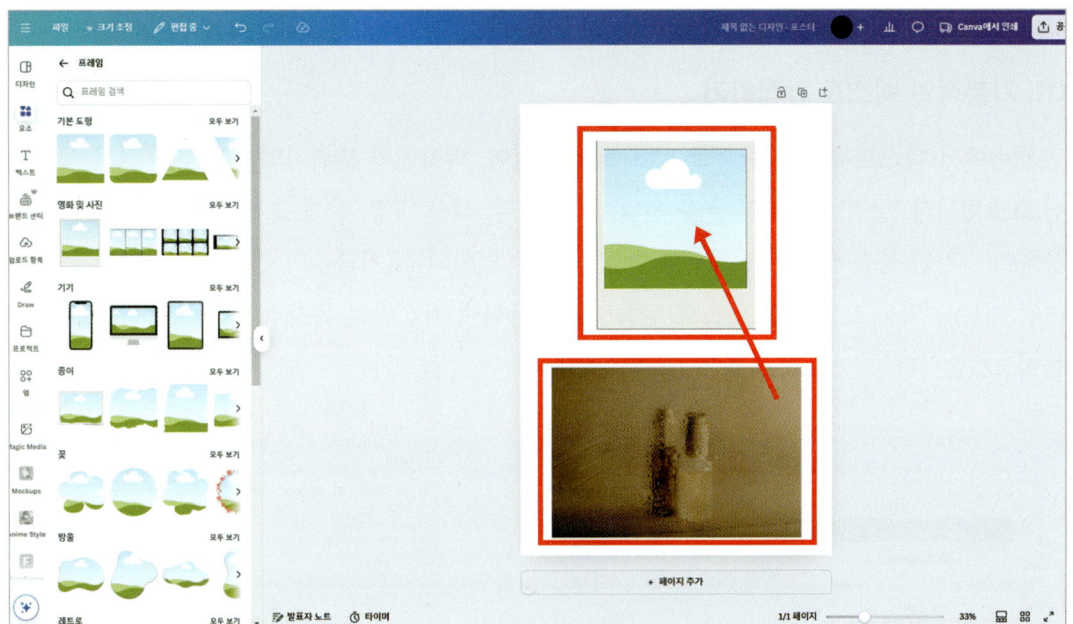

❺ [요소]의 '프레임'을 클릭하여 적절한 프레임을 선택합니다. 사진을 프레임 안쪽으로 드래그하면 프레임 안에 사진이 쏙 들어갑니다. 프레임 안에 들어간 사진을 더블클릭하여 위치를 조정하거나 자르기를 할 수 있습니다.

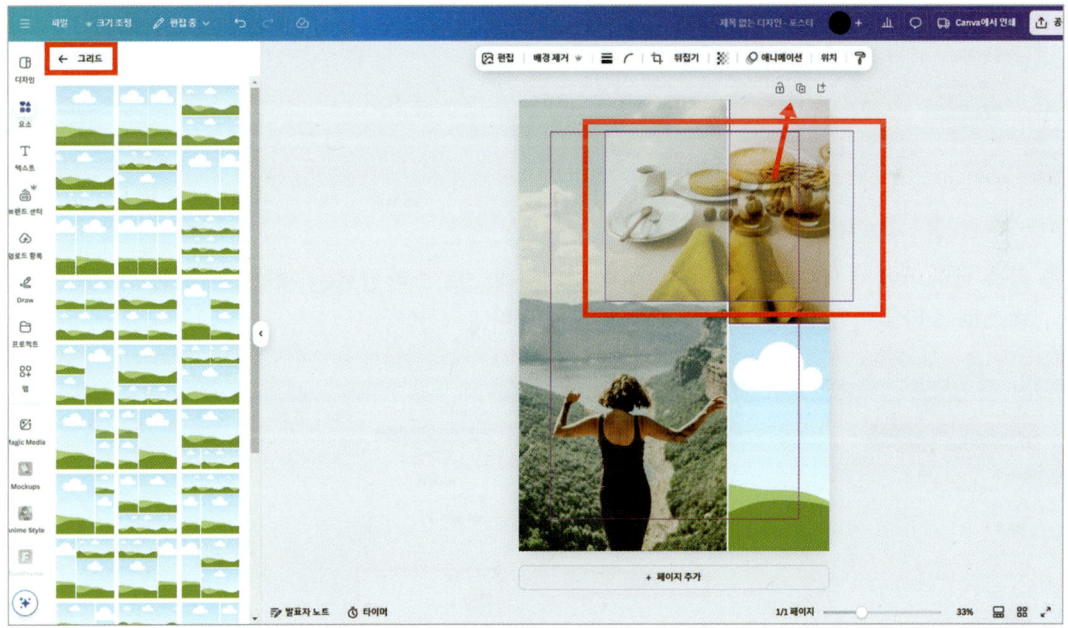

❻ '그리드'를 활용해 여러 개의 이미지 요소를 깔끔하고 균형 있게 배치합니다. 다양한 레이아웃을 통해 일관성 있는 디자인을 완성할 수 있습니다.

텍스트, 업로드, 드로우 알아보기

01. 기본적인 텍스트 편집하기

캔바에서 텍스트 편집은 단순한 정보 전달을 넘어, 디자인의 분위기와 스타일을 결정하는 핵심 요소입니다. 글자 입력부터 글꼴 선택, 크기 조절, 색상 변경, 간격 조정 등 다양한 기능을 활용하여 디자인 목적에 맞는 조화로운 연출을 할 수 있습니다. 지금부터 캔바의 기본적인 텍스트 편집 기능을 익히고, 다양한 텍스트 템플릿을 활용하여 자신만의 독창적인 텍스트 디자인을 만들어보겠습니다.

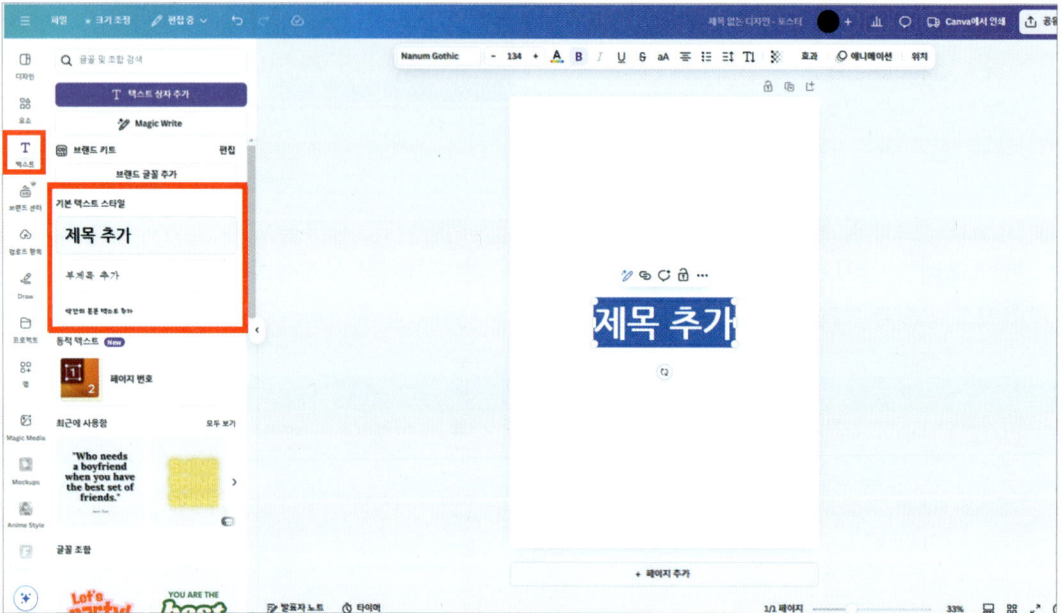

❶ 좌측 메뉴바에서 [텍스트]를 클릭합니다. 기본 텍스트 스타일로는 제목, 부제목, 약간의 본문 텍스트 스타일이 있어 편하게 사용할 수 있습니다.

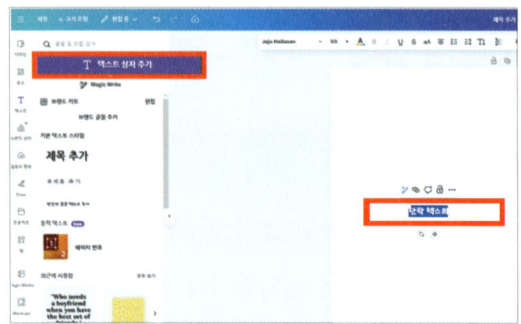

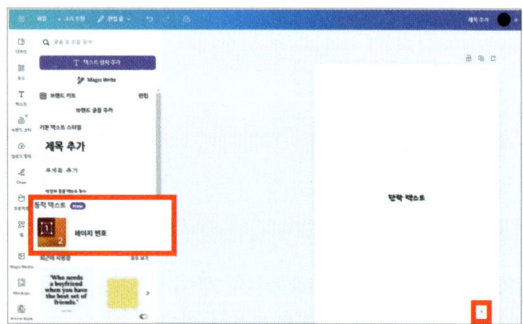

❷ [텍스트 상자 추가] 버튼을 클릭하면 '약간의 본문 텍스트 추가'에 해당하는 스타일의 텍스트가 생성됩니다.

❸ '동적 텍스트'에서 '페이지 번호'를 선택하면 오른쪽 하단에 제시되는 페이지 번호의 형식을 지정할 수 있습니다.

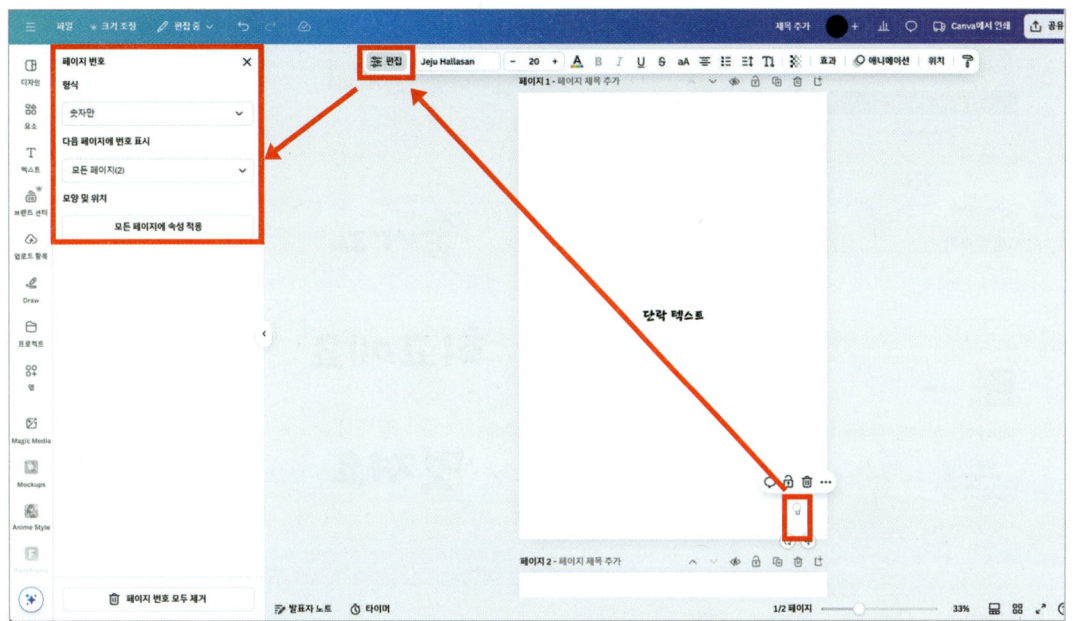

❹ 페이지 번호 요소를 클릭한 뒤 편집 버튼을 누르면 속성 메뉴를 볼 수 있습니다. '다음 페이지에 번호 표시' 기능을 통해 페이지 번호를 선택적으로 지정할 수 있습니다.

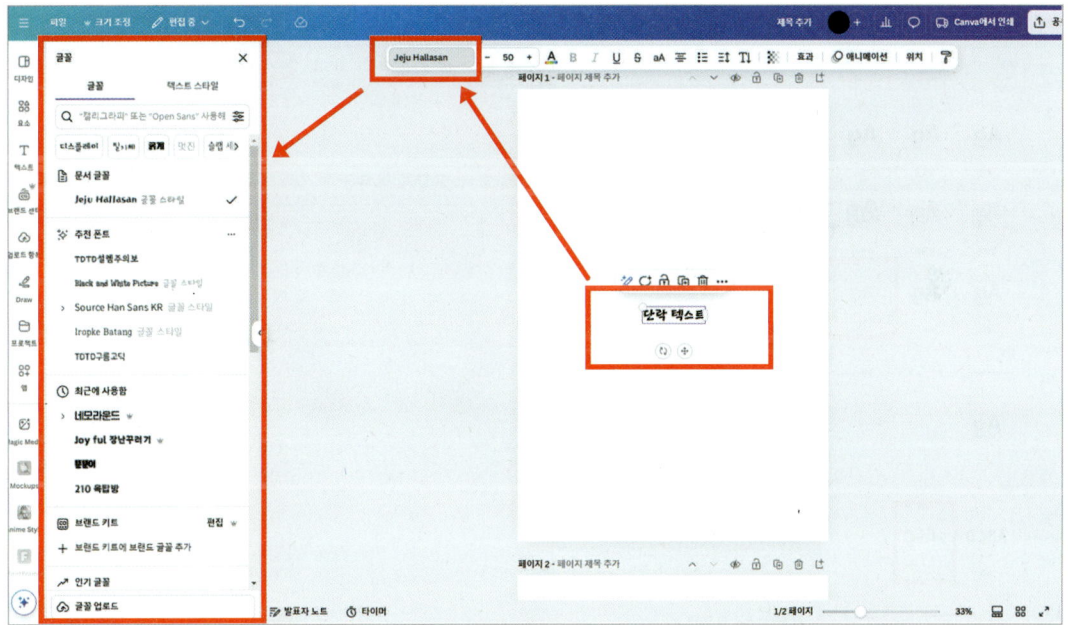

❺ 텍스트 요소를 클릭한 후 상단 메뉴에서 글꼴을 선택하여 변경할 수 있습니다. 캔바는 자체 제작 글꼴, 제휴 파트너사 글꼴, 오픈 소스 프로젝트 글꼴, 그리고 사용자가 업로드한 글꼴 등 다양한 글꼴을 제공합니다.

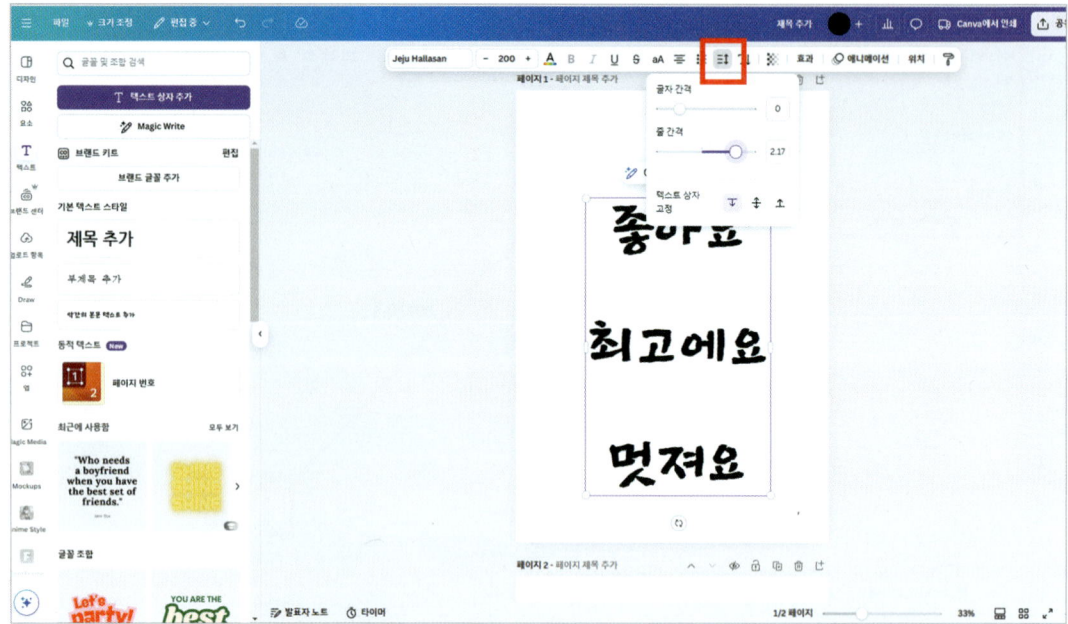

❻ 상단 메뉴의 [간격] 아이콘을 눌러 글자 간격, 줄 간격, 텍스트 상자 위치 맞춤을 할 수 있습니다.

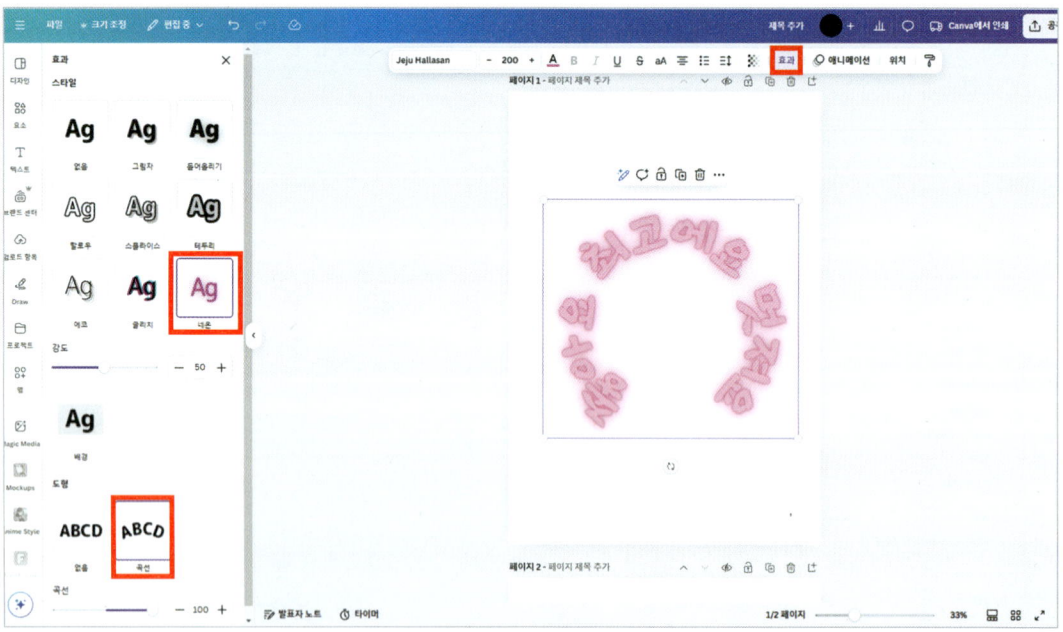

❼ 상단 메뉴의 [효과] 기능을 통해 텍스트 스타일을 적용하고, 글자 구조를 곡선 형태로 배치할 수 있습니다.

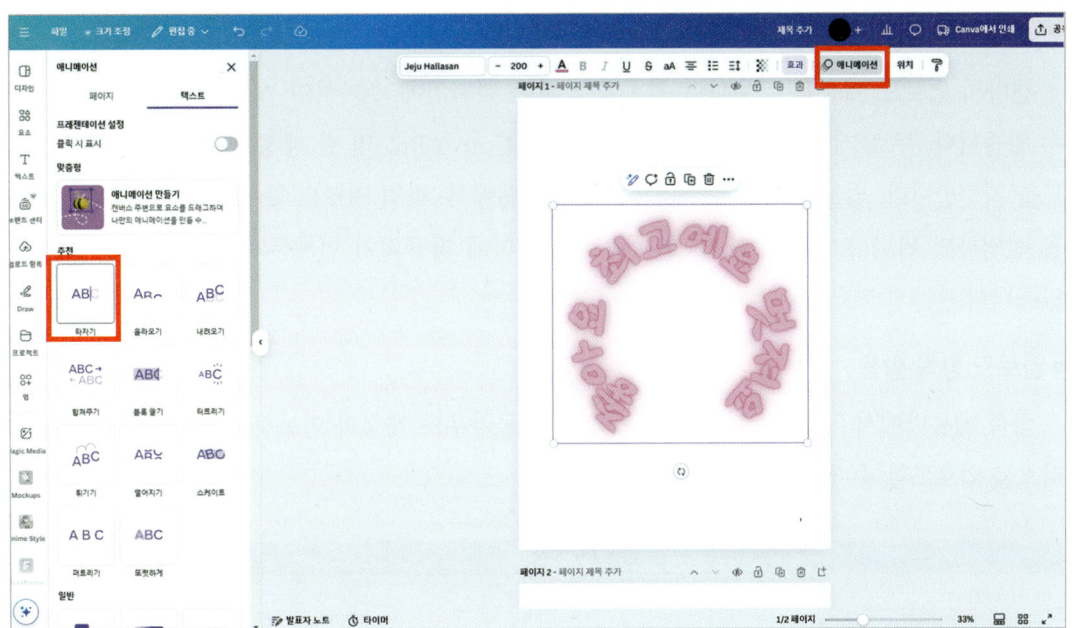

❽ 캔바에서 텍스트 상자를 선택한 후 상단 메뉴의 [애니메이션] 버튼을 선택하면, 파워포인트의 애니메이션 효과와 유사한 다양한 텍스트 애니메이션을 적용할 수 있습니다.

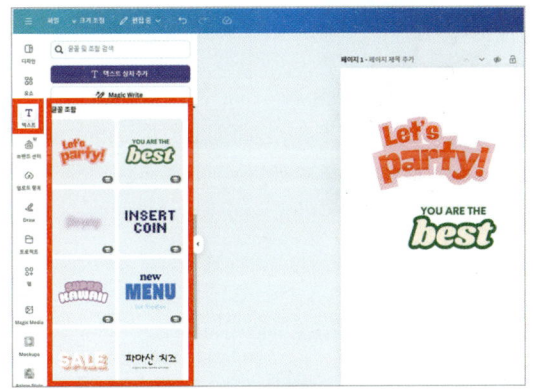

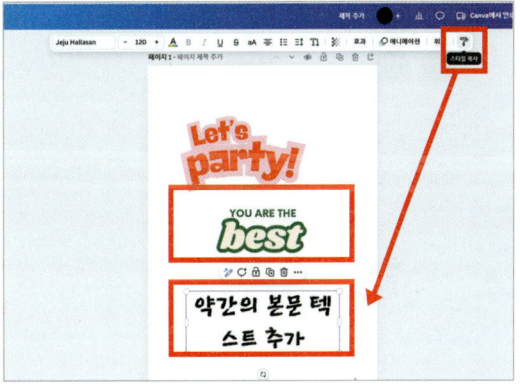

❾ [텍스트] 메뉴의 '글꼴 조합' 기능은 초보자도 손쉽게 전문적인 텍스트 디자인을 구현할 수 있도록 도와줍니다. 해당 기능을 통해 다양한 글꼴을 조합하여 시각적으로 매력적인 디자인을 만들 수 있습니다.

❿ 텍스트 [스타일 복사]는 글꼴, 크기, 색상, 정렬, 효과를 복사하여 다른 텍스트에 똑같이 적용할 수 있습니다. 원본 텍스트를 선택한 뒤 상단 메뉴의 [스타일 복사] 아이콘을 클릭한 다음 적용하고자 하는 텍스트 상자를 클릭합니다.

02. 업로드 항목, 드로우 알아보기

　캔바의 업로드 기능을 활용하면 자신의 자료를 디자인에 추가하여 개인화된 결과물을 만들 수 있습니다. 무료 계정은 최대 5GB까지, 그리고 Canva Pro 및 팀 계정은 최대 1TB까지 업로드를 지원합니다. 업로드 방법은 캔바의 '업로드' 탭에서 '파일 업로드'를 선택하고, 원하는 파일을 선택하면 됩니다. 업로드한 파일은 업로드 폴더에 저장되어 언제든지 디자인에 삽입할 수 있습니다.

■ 업로드 항목 활용

　좌측 메뉴바에서 '업로드 항목'을 클릭합니다. 클라우드 계정과 연동하여 이미지, 동영상, 오디오를 업로드할 수 있습니다.

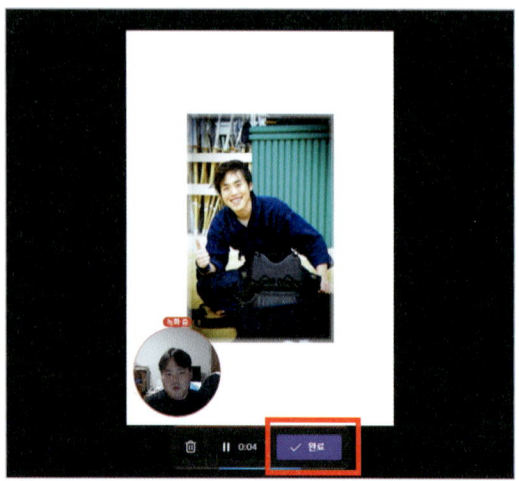

'직접 녹화하기' 기능을 활용하면 프레젠테이션, 영상 제작 등 자신의 모습이 화면에 나오도록 할 수 있습니다.

캔바의 드로우 기능을 이용하면 직접 손으로 그린 스케치나 그림을 디자인에 추가할 수 있습니다. 좌측 메뉴바의 'Draw'를 선택한 뒤 펜, 마커, 하이라이터, 지우개 등의 도구를 활용하여 원하는 선과 도형을 그릴 수 있습니다. 선의 두께, 색상, 투명도 등을 조절하여 다양하게 표현할 수 있습니다.

■ **드로우 활용**

드로우는 직접 그리는 기능으로, Draw 메뉴에서 원하는 종류의 펜과 색깔, 굵기를 선택할 수 있습니다.

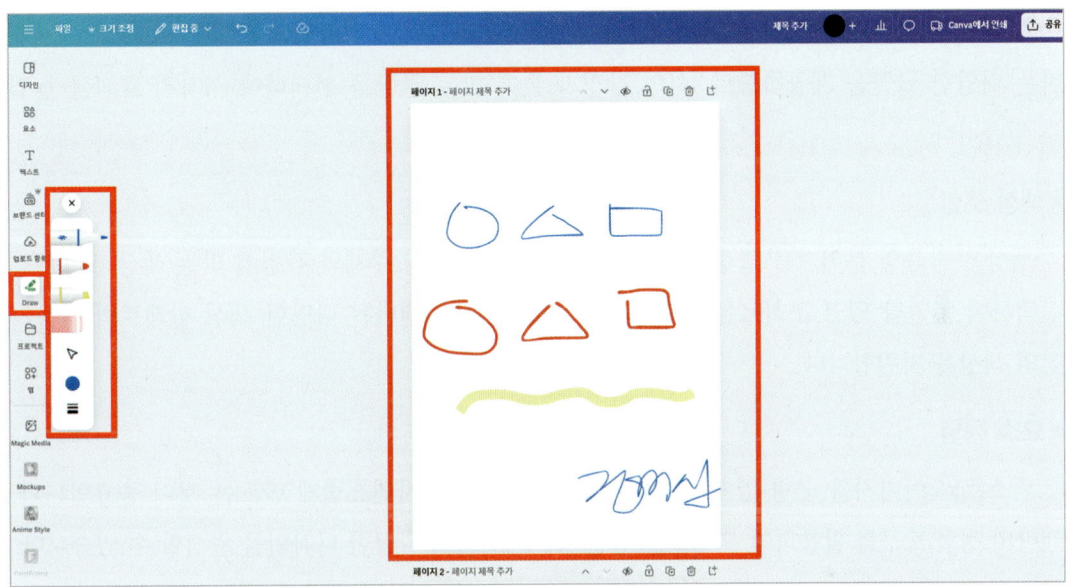

Draw 메뉴 중 '포인터' 기능은 직접 그린 오브젝트를 선택할 수 있도록 해줍니다.

<국어> 디지털 시화 만들기

01. 시화 디자인을 위한 글꼴, 색상, 정렬, 레이어 활용하기

캔바를 활용해 시화를 제작하는 수업에서는 학생이 창의적으로 시와 이미지를 결합한 작품을 만들 수 있습니다. 사용이 간편하고 다양한 디자인 요소를 제공하는 캔바는 시화 제작에 매우 적합한 도구입니다. 이번 활동에서는 캔바의 기본 기능인 글꼴, 색상, 정렬 등을 활용하여 시화 디자인을 만들어보겠습니다.

■ **글꼴 선택**

시의 분위기와 내용에 어울리는 글꼴을 선택하는 것은 시화 디자인의 중요한 요소입니다. 캔바는 다양한 글꼴을 제공하므로, 시의 감정과 톤에 맞는 글꼴을 선택하여 시각적 효과를 높일 수 있습니다.

■ **색상 조합**

색상은 작품의 분위기를 결정짓는 핵심 요소입니다. 시의 주제와 감정에 맞는 색상 팔레트를 선택하여 통일감 있고 조화로운 디자인을 만들어보세요. 캔바는 다양한 색상 팔레트와 사용자 정의 색상을 지원합니다.

■ **요소 정렬**

텍스트와 이미지를 균형 있게 배치하여 시각적 흐름을 자연스럽게 만드는 것이 중요합니다. 캔바의 정렬 도구를 활용하여 요소들을 정렬하고 배치하여 깔끔한 디자인을 완성할 수 있습니다.

활동 관련 성취기준은 다음과 같습니다.

초등학교 교육과정

- 교과: 국어
- 관련 성취기준(2022 개정교육과정)

[2국05-04] 자신의 생각이나 겪은 일을 시나 노래, 이야기 등으로 표현한다.
[4국03-04] 읽는 이를 고려하며 자신의 마음을 표현하는 글을 쓴다.
[6국01-05] 자료를 선별하여 핵심 정보를 중심으로 내용을 구성하고 매체를 활용하여 발표한다.

중학교 교육과정

- 교과: 국어
- 관련 성취기준(2022 개정교육과정)

[9국01-06] 다양한 자료를 재구성하여 내용을 체계적으로 조직하고 청중이 이해하기 쉽게 발표한다.

[9국03-08] 영상이나 인터넷 등의 매체 특성을 고려하여 생각이나 느낌, 경험을 표현한다.

고등학교 교육과정

- 교과: 공통국어1 외
- 관련 성취기준(2022 개정교육과정)

[10공국1-06-02] 소통 맥락과 매체 특성을 고려하여 다양한 목적의 매체 자료를 제작한다.

[12매의01-06] 개인적·사회적 관심사에 대한 자신의 관점이 드러나는 주제를 선정하여 설득력 있는 매체 자료를 제작하고 공유한다.

그럼 지금부터 시화의 '시'에 해당하는 텍스트 부분을 만들어보겠습니다.

❶ 캔바 메인화면에서 [+ 디자인 만들기]-[교육용]에서 '교실용 포스터'를 선택합니다.

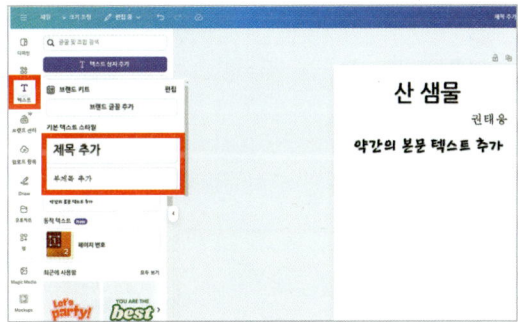

❷ 좌측 메뉴바 [텍스트]에서 기본 텍스트 스타일의 제목과 부제목을 추가하고 제목과 지은이를 입력합니다.

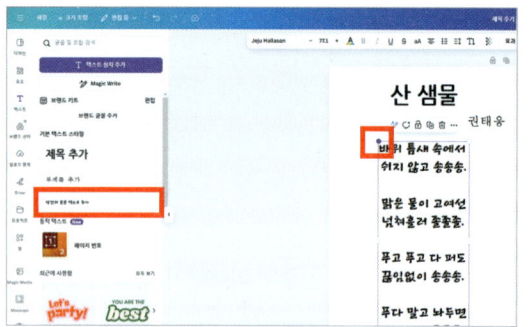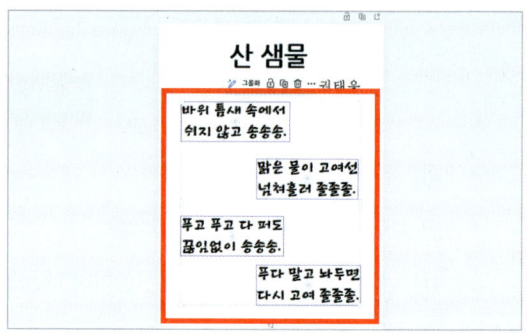

❸ '약간의 본문 텍스트 추가'를 누르고 시 내용을 입력합니다. 대각선 점을 활용하여 텍스트 상자를 늘이고 줄이면서 텍스트의 크기를 조절할 수 있습니다.

❹ 텍스트 상자를 여러 개 만들어 행 또는 열별로 나눠 입력하면 각각 별개의 스타일을 적용할 수 있어 유용합니다.

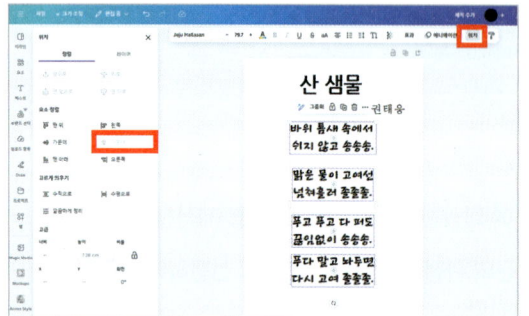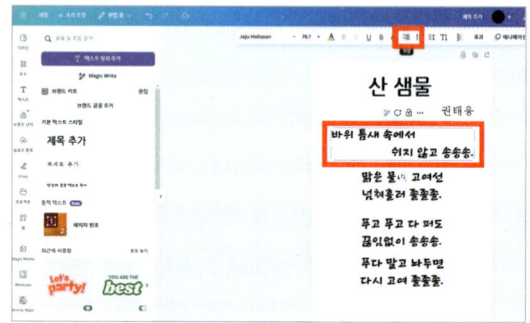

❺ 텍스트 상자 여러 개를 선택한 다음 상단 메뉴바의 [위치]를 클릭하여 '요소 정렬'의 '가운데'를 선택하면, 선택한 텍스트 상자들이 가운데 정렬됩니다.

❻ 텍스트 상자별 각 문장의 정렬은 상단 메뉴바의 정렬 버튼을 통해 별도로 지정할 수 있습니다.

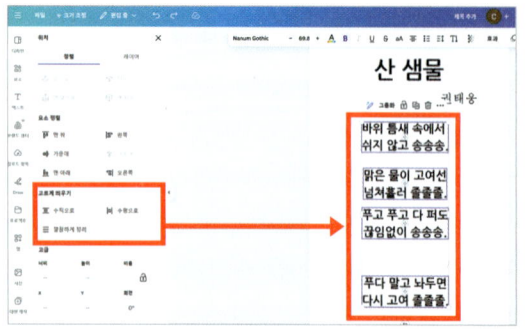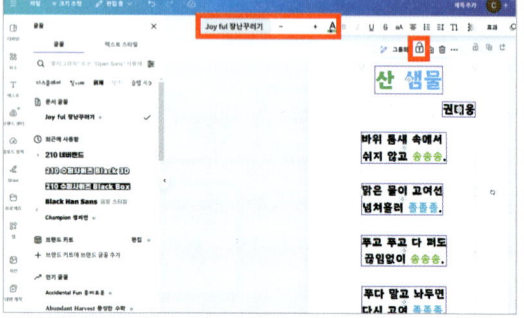

❼ 단락 간 간격은 [위치]에서 '고르게 띄우기'를 통해 적절하게 배치할 수 있습니다.

❽ 글꼴, 크기, 색상 변경으로 시를 꾸민 다음 시 개체가 움직이지 않도록 잠급니다.

02. 배경, 사진 삽입, 레이어, 드로우를 활용하여 시화 완성하기

다음으로 시화의 '화' 부분, 즉 그림과 배경을 넣어보겠습니다. 캔바의 기본 기능만 잘 활용해도 시의 분위기에 맞는 배경과 이미지를 만들 수 있습니다. 레이어와 드로우 기능을 통해 작품을 더욱 풍성하게 만들어보겠습니다.

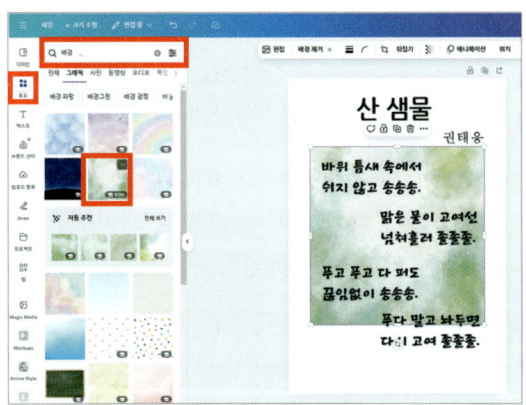

❶ 좌측 메뉴바의 [요소]를 클릭 후 검색 기능을 통해 시와 어울리는 배경을 찾아 선택합니다.

*검색 키워드: 배경

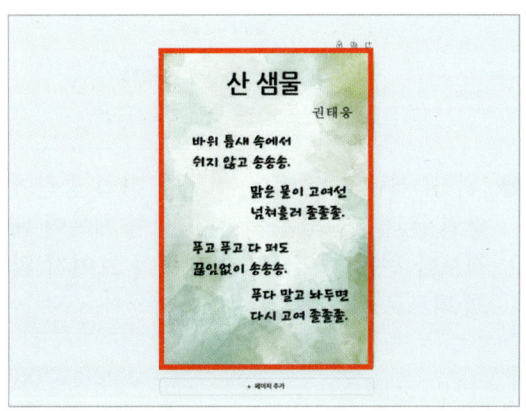

❷ 모든 그래픽 요소는 크기 조절이 가능합니다. 시화에 어울리는 배경이 될 수 있도록 크기를 늘립니다.

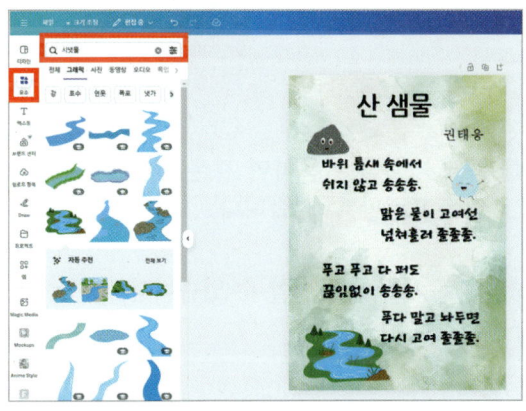

❸ 시와 어울리는 이미지를 검색하여 삽입하고, 이미지를 회전하여 구도를 맞춥니다.

*검색 키워드: 바위 캐릭터, 물 캐릭터, 시냇물

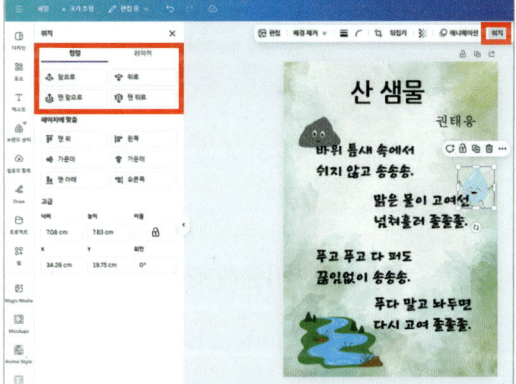

❹ 이미지가 글자 위에 있는 경우 [위치]-[정렬]에서 이미지를 뒤로 옮길 수 있습니다. 필요한 경우 이미지를 글자의 앞으로 옮길 수 있습니다.

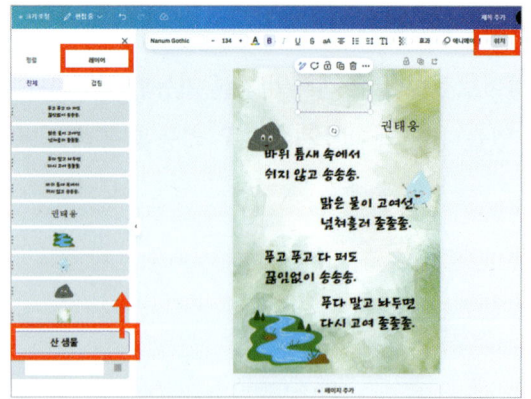

❺ [위치] 메뉴의 [레이어]는 현재 작업 공간에 쌓인 글과 그림의 순서입니다. 시 제목이 배경보다 먼저 들어갔다면 제목이 보이지 않게 되므로 위치를 조정합니다.

❻ 이미지를 선택하면 [위치]-[레이어]-[겹침]에서 해당 이미지에 요소별로 레이어가 어떻게 쌓여 있는지 확인할 수 있습니다.

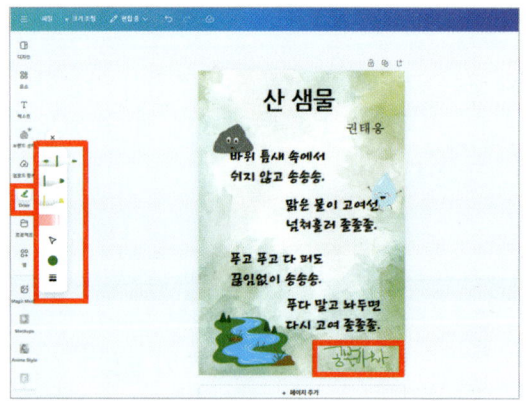
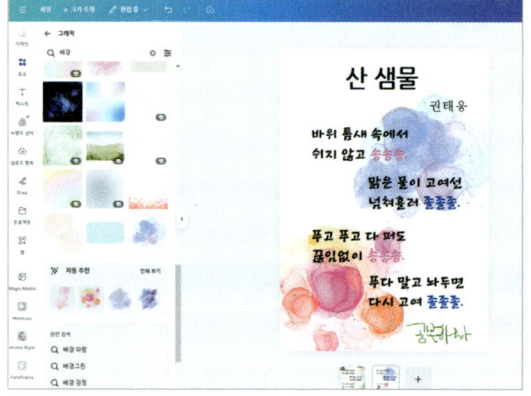

❼ [Draw] 기능을 이용하여 오른쪽 아래에 나만의 서명을 추가합니다.

❽ 복제 기능을 이용하여 같은 시를 다른 느낌으로 표현할 수 있습니다.

자동 추천 기능을 이용해 같은 시라도 다양한 느낌으로 시화를 완성할 수 있습니다.

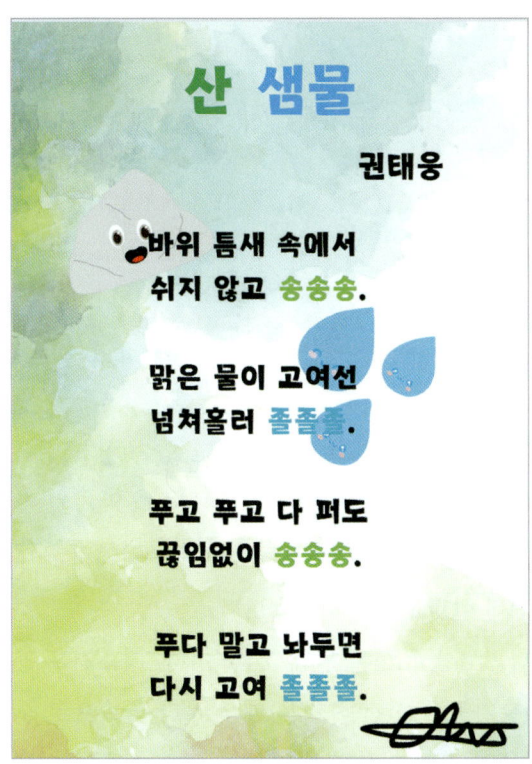 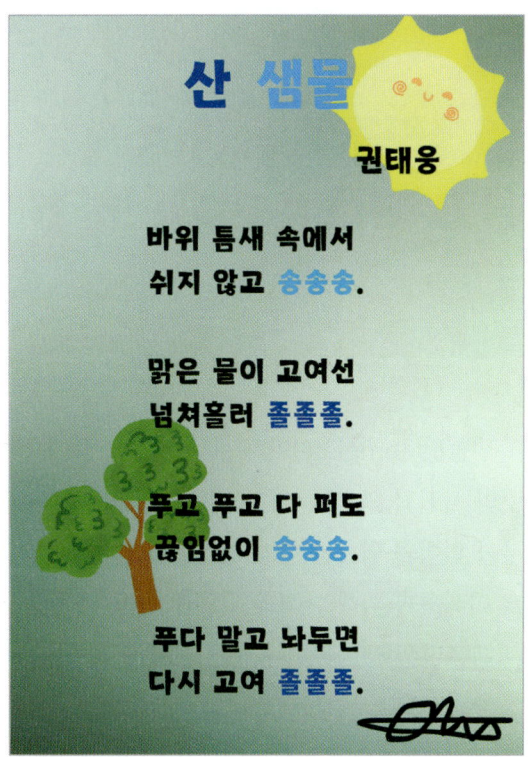

 이렇게 학생들은 클릭 몇 번만으로 자신만의 멋진 시화를 완성할 수 있습니다! 교사는 캔바를 통해 국어 수업을 다채롭게 꾸려나갈 수 있으며, 다른 교과와 연계 수업을 통해 교수학습의 일관성을 유지할 수 있습니다.

 캔바의 도형, 그래픽, 스티커, 사진, 프레임, 그리드 등 다양한 디자인 기본 요소와 기능을 익혀보았습니다. 텍스트 편집, 업로드 항목, 드로우 기능을 통해 창의적인 표현 방법을 탐구하고, 글꼴과 색상, 정렬, 레이어를 활용하여 시화 디자인의 완성도를 높이는 방법도 배웠습니다. 오늘 배운 기능을 바탕으로 주제에 적합한 창의적인 아이디어를 마음껏 펼치고 멋진 작품을 완성할 수 있는 수업 활동을 만들어보기 바랍니다.

템플릿을 활용하여
쉽고 빠르게 디자인하기

 템플릿(Template)이라는 단어는 일상 속 다양한 분야에서 폭넓게 사용되고 있습니다. 템플릿의 사전적 의미는 '미리 만들어진 틀' 혹은 '양식'을 뜻합니다. 그러나 그 속에는 더욱 깊고 풍부한 의미와 역사가 담겨 있습니다. 캔바의 템플릿을 알아보기에 앞서, 템플릿이 무엇인지 제대로 이해하기 위해 단어의 어원과 의미, 가치를 자세히 살펴보도록 하겠습니다.

 템플릿은 라틴어 'Templum'에서 유래했습니다. Templum은 원래 '신전'이나 '성스러운 공간'을 의미하는 단어였습니다. 고대 로마 시대 건축가들은 신전을 지을 때 나무나 금속으로 본(本)을 만들었습니다. 본은 신전의 기둥이나 장식을 똑같이 반복하여 만들기 위한 기준이 되는 틀 역할을 했습니다. 바로 이 '본'을 라틴어로 Templum이라고 불렀으며 이것이 영어로 변화하여 Template이 되었습니다.

 템플릿의 의미는 단순한 '틀' 이상의 가치를 가집니다. 오늘날 템플릿은 건축 분야뿐만 아니라 디자인, 문서 작성, 웹 개발, 소프트웨어 등 다양한 분야에서 활용되고 있습니다. 이에 따라 템플릿이 내포하는 다양한 의미와 가치는 다음과 같이 정리할 수 있습니다.

템플릿의 의미

■ 표준과 기준

 템플릿은 특정 작업이나 결과물의 표준과 기준을 제시합니다. 템플릿을 사용하면 모든 결과물이 일관된 품질과 형식을 유지할 수 있습니다. 마치 건축에서 쓰이는 본이 건축물의 규격과 형태를 통일하는 것처럼, 템플릿은 다양한 분야에서 표준화된 작업 방식을 확립하는 데 기여합니다.

■ 효율성과 생산성

 템플릿은 반복적인 작업 과정을 자동화하고 불필요한 노력을 줄여 효율성과 생산성을 향상합니다. 처음부터 모든 것을 만드는 대신, 템플릿이라는 이미 만들어진 기반 위에서 작업을 시작함으로써 시간과 노력을 절약할 수 있습니다. 이는 마치 대량 생산 공장에서 '규격화된 부품'을 사용하여 제품 생산 속도를 높이는 것과 유사합니다.

■ 접근성과 편의성

템플릿은 전문 지식이 없더라도 누구나 쉽게 고품질 결과물을 만들 수 있도록 접근성과 편의성을 제공합니다. 디자인 템플릿을 활용하면 전문 디자이너가 아니더라도 세련된 디자인을 쉽게 만들 수 있고, 문서 템플릿을 이용하면 문서 작성 형식을 몰라도 깔끔한 문서를 빠르게 완성할 수 있습니다. 이는 마치 조립식 가구를 사용하면 전문가 도움 없이도 누구나 쉽게 가구를 만들 수 있는 것과 같습니다.

■ 창의성의 발판

템플릿은 창의성을 제한하는 틀이 아니라, 오히려 창의성을 발휘할 수 있는 발판이 될 수 있습니다. 템플릿이라는 기본적인 구조 위에서 자신만의 개성과 아이디어를 더하여 더욱 독창적이고 완성도 높은 결과물을 만들 수 있습니다. 마치 스케치 템플릿 위에 자신만의 그림을 자유롭게 그려나가는 것과 같습니다.

캔바 템플릿 알아보기

01. 교사를 위한 캔바 템플릿의 가치

캔바는 수십만 개의 템플릿을 제공하여 디자인 제작자의 다양한 필요를 충족해줍니다. 캔바 사용자는 자신이 만든 템플릿을 템플릿 제공 플랫폼에 공유하여 일정 수익을 얻을 수 있습니다. 디자인 사용자가 곧 생산자가 될 수 있는 플랫폼인 캔바에는 정말로 다양하고 많은 템플릿이 존재합니다. 그렇다면 교사에게 캔바 템플릿은 어떤 특별한 가치를 가질까요? 모든 디자이너에게 풍부한 템플릿 자원이 축복이듯이, 교사에게 캔바 템플릿은 다양한 이점을 제공합니다.

■ 수업 준비 시간 단축

템플릿을 활용하여 자료 제작 시간을 획기적으로 줄여, 수업 연구 및 학생 지도에 더 많은 시간을 할애할 수 있습니다.

■ 수업 자료의 질 향상

전문적인 디자인 템플릿을 활용하여 시각적으로 매력적이고 완성도 높은 수업 자료를 제작할 수 있습니다.

■ 온라인 수업 최적화

비대면 수업 자료 제작에 용이하며, 온라인 학습 환경을 효과적으로 지원합니다.

■ **학교 프로젝트일 경우, 콘텐츠 사용 허용**

캔바 내에서 제공하는 디자인 요소 및 폰트는 학교 프로젝트일 경우, 저작권 걱정 없이 안심하고 사용할 수 있습니다. 단, 상업적 이용이 아닌 교육 목적으로 사용해야 합니다.

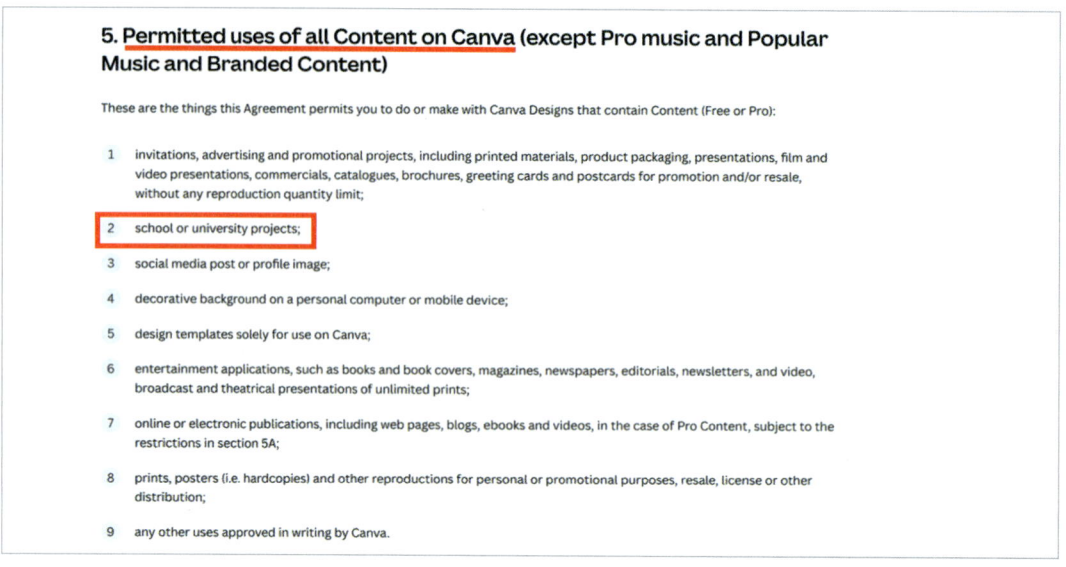

출처: https://www.canva.com/policies/content-license-agreement/

02. 캔바 템플릿 알아보기

그럼 이제부터 캔바 템플릿을 세부적으로 살펴보겠습니다.

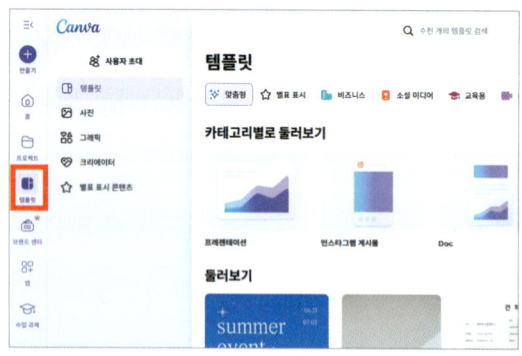
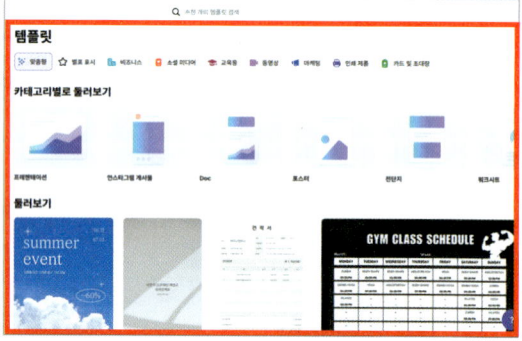

❶ 캔바 홈 메뉴바 좌측의 [템플릿]을 눌러보겠습니다. 캔바에서 제공하는 다양한 템플릿이 보입니다.

❷ 템플릿 화면 구성을 살펴보면 캔바는 사용자가 사용 목적에 따라 빠르게 템플릿을 살펴볼 수 있도록 조직화해 두었습니다.

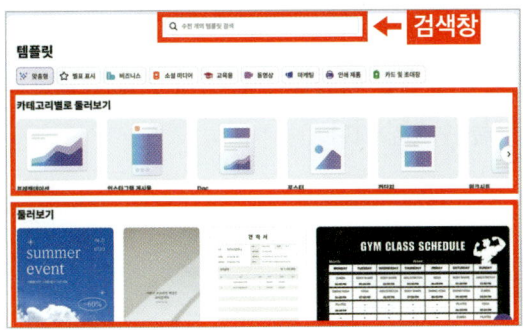 

❸ 템플릿 화면은 '검색창', '카테고리별 둘러보기', '둘러보기' 등으로 구성되어 있습니다.

❹ 왼쪽의 목록에서 사용하고자 하는 파일을 검색할 수 있습니다.

 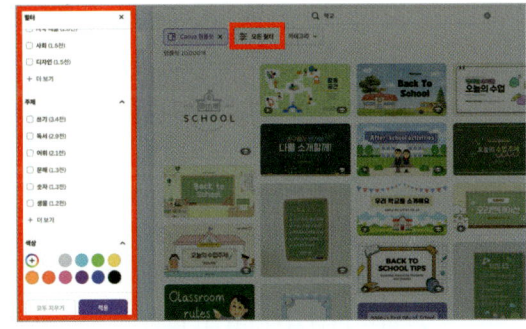

❺ 검색창에 '학교'를 검색해 보겠습니다. 학교와 관련된 템플릿이 나옵니다.

❻ 더 상세하게 검색할 때는 '모든 필터'를 사용합니다. 세부 조건을 반영하여 원하는 템플릿을 추려낼 수 있습니다.

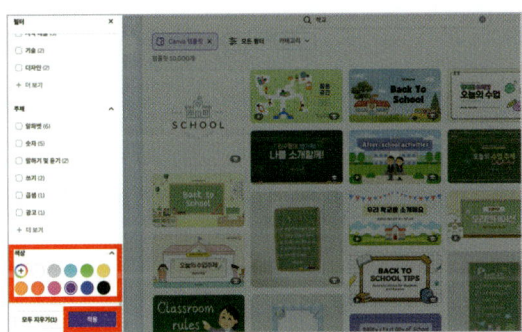 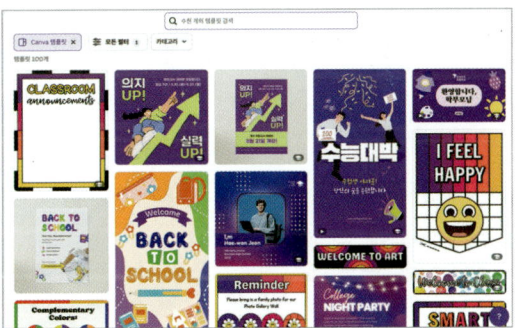

❼ 예를 들어 '학교' 주제 템플릿 중 보라색 템플릿이 필요하다면, 먼저 검색창에 '학교'를 검색한 다음 '모든 필터'에서 보라색을 선택하고 적용을 누릅니다.

❽ '학교'와 '보라색' 조건을 만족하는 템플릿을 한눈에 살펴볼 수 있습니다.

분류된 템플릿을 살펴보았으니 캔바에서 바로 제공하는 '디자인 형식'을 알아보겠습니다. 바로 위에서 설명한 '카테고리'와 동의어로 이해하셔도 무방합니다.

■ **디자인 형식(Design Format)이란?**

디자인 형식은 특정한 목적과 용도에 맞게 디자인된 규격을 의미합니다. 마치 옷을 종류별로 분류하듯이 디자인도 목적에 따라 다양한 형태로 나눌 수 있습니다.

디자인 형식의 다양한 종류

- **소셜 미디어**: 인스타그램, 페이스북, 트위터 등 각 플랫폼에 최적화된 크기와 비율로 디자인된 게시물 형태입니다.
- **프레젠테이션**: 청중에게 정보를 효과적으로 전달하기 위해 슬라이드 형태로 구성된 디자인입니다. 텍스트, 이미지, 그래프 등 다양한 요소를 활용하여 발표 내용을 시각적으로 뒷받침합니다.
- **인쇄물**: 브로슈어, 포스터, 전단지 등 인쇄를 목적으로 제작된 디자인입니다. 종이 재질, 크기, 인쇄 방식을 고려하여 디자인됩니다.
- **마케팅 자료**: 배너 광고, 이메일 템플릿, 소셜 미디어 광고 등 마케팅 캠페인에 활용되는 디자인입니다. 제품이나 서비스를 홍보하고 잠재 고객의 관심을 유도하는 것을 목표로 합니다.
- **문서**: 보고서, 이력서, 편지 등 전문적인 문서 작성을 위한 디자인입니다. 깔끔하고 가독성이 높은 레이아웃과 서체를 사용하여 정보를 효율적으로 전달합니다.
- **웹사이트 디자인**: 웹 페이지의 구조와 레이아웃을 설계하는 디자인입니다. 사용자 경험을 고려하여 탐색하기 쉽고 직관적인 인터페이스를 제공하는 것이 중요합니다.

그렇다면 캔바는 어떤 디자인 형식을 지원하고 있을까요?

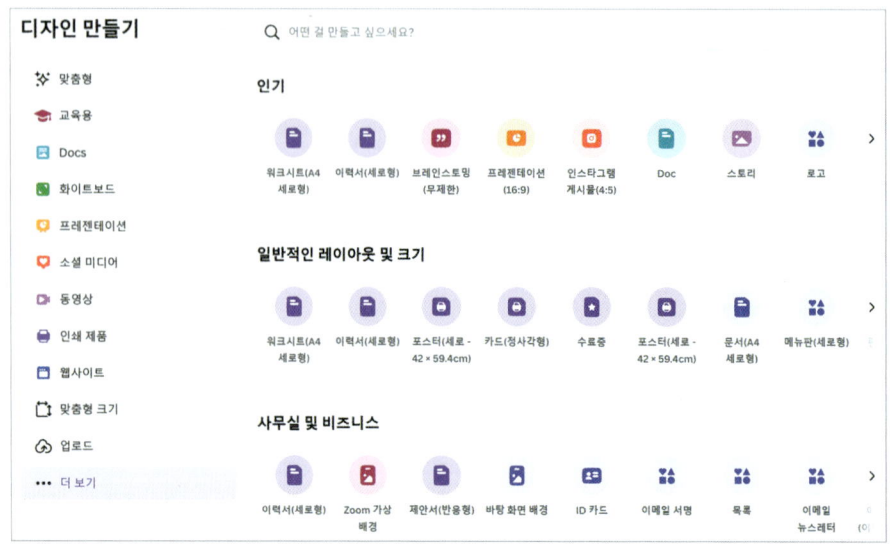

보시는 것처럼 캔바는 매우 다양한 디자인 형식과 각 형식에 맞는 템플릿을 지원합니다. 이러한 디자인 형식은 캔바 편집 화면의 '크기 조정'에서도 살펴볼 수 있습니다.

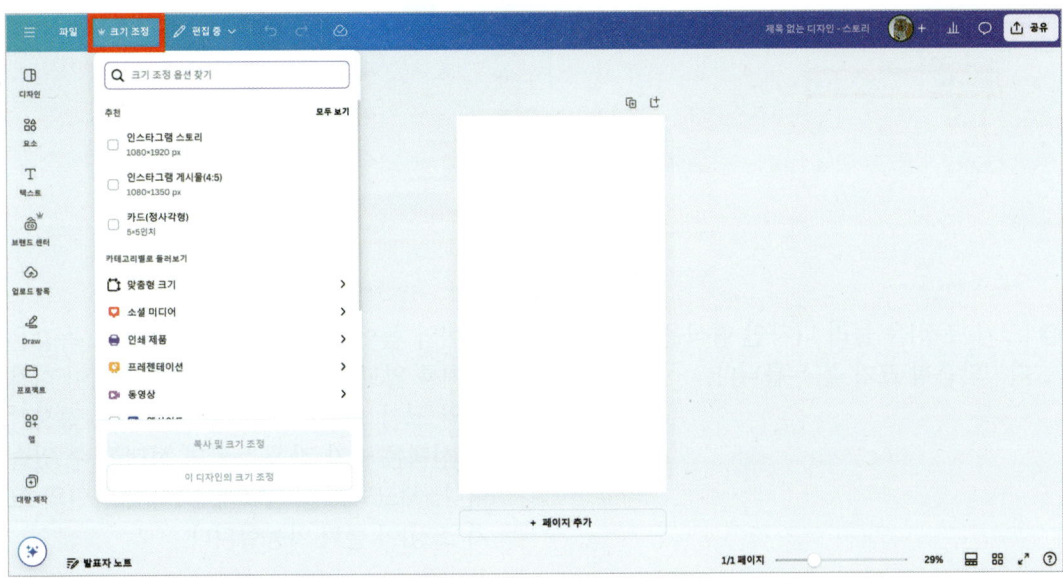

'크기 조정'은 작업 중 디자인 형식을 바꿀 수 있도록 하는 기능입니다. 예를 들어 다음 제시된 화면은 프레젠테이션 디자인 형식으로, 1920×1080 px 크기의 디자인입니다. 만일 해당 디자인을 정사각형 형식으로 바꾸고 싶다면 어떻게 해야 할까요?

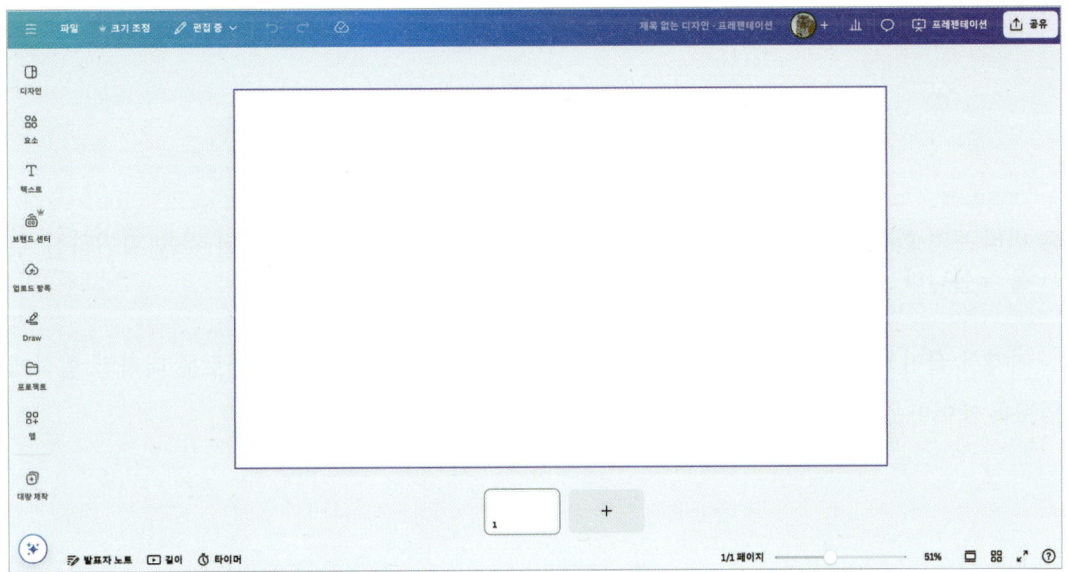

'크기 조정'을 눌러 직접 적용해 봅시다.

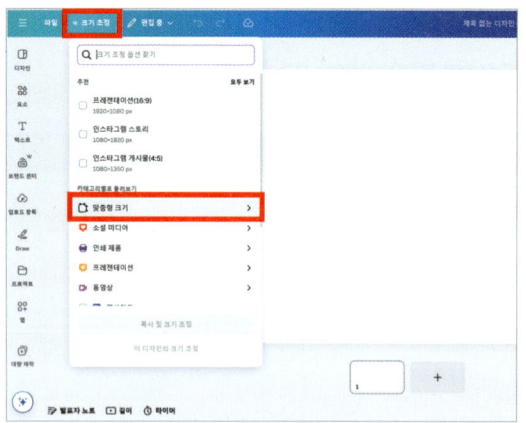

❶ [크기 조정]을 눌러 디자인 형식을 변경합니다. '맞춤형 크기'를 누릅니다.

❷ 너비와 높이 값에 각각 '1920'으로 똑같은 수치를 넣고 정사각형을 선택한 후, [이 디자인의 크기 조정]을 눌러보겠습니다. 정사각형 선택은 숫자 칸을 누르면 선택할 수 있습니다. 체크박스를 선택해야 [이 디자인의 크기 조정]이 클릭 가능합니다.

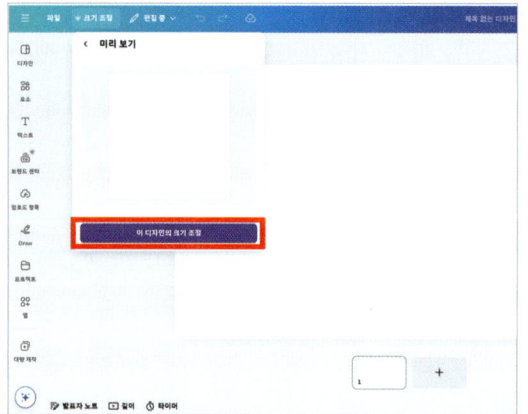

❸ 미리 보기 화면에서 [이 디자인의 크기 조정]을 누릅니다.

❹ 디자인의 크기가 조정된 것을 확인하실 수 있습니다.

여기서 끝이 아닙니다. 캔바 '크기 조정'은 이전에 적용했던 디자인을 새로운 디자인 형식에 맞도록 레이아웃을 변경해줍니다.

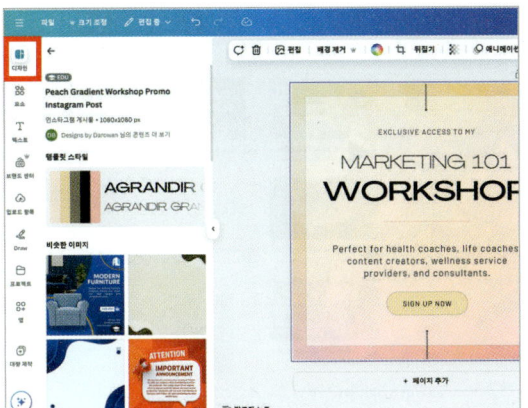 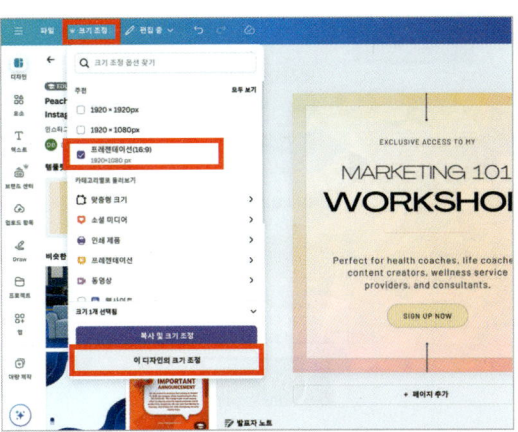

❶ 좌측 메뉴바에서 [디자인]을 누른 뒤, 적당한 템플릿을 더블클릭하여 아트보드에 적용합니다.

출처: 캔바 크리에이터 Designs by Darowan

❷ 이제 [크기 조정]을 눌러 디자인 형식을 변경해 보겠습니다. '프레젠테이션(16:9)'을 누르고 [이 디자인의 크기 조정]을 누릅니다. 미리보기가 생성됩니다.

❸ 다시 한 번 [이 디자인의 크기 조정]을 누릅니다.

❹ 크기 조정이 완료된 모습입니다. 새로운 디자인 형식에 맞게 레이아웃이 변경된 모습을 볼 수 있습니다.

03. 캔바 템플릿 검색 방법 알아보기

　캔바 템플릿 종류, 디자인 형식, 크기 조정 등에 대해 알아보았습니다. 이제는 캔바 템플릿을 효과적으로 활용하기 위한 검색 방법에 대해 알아보도록 하겠습니다. 캔바 템플릿을 검색하는 방법은 크게 2가지 방법으로 나뉩니다. 먼저 하나는 메인화면 좌측 메뉴의 '템플릿'에서 검색하는 방법입니다.

❶ 캔바 메인화면의 좌측 메뉴바에서 [템플릿]을 누릅니다.

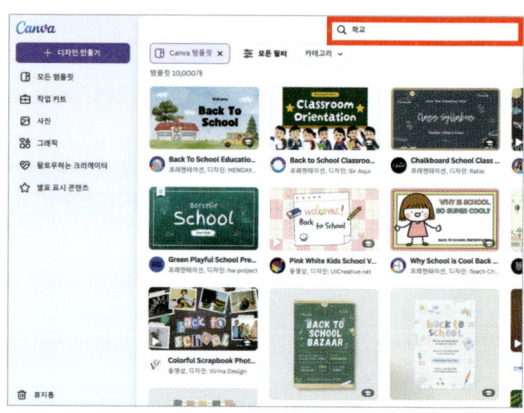

❷ 검색창에 주제어를 입력합니다.

*검색어 예: 학교

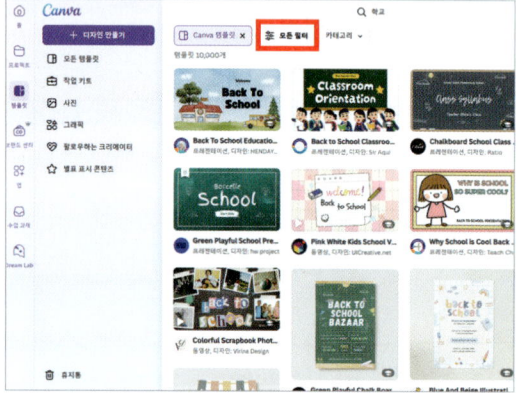

❸ '모든 필터'를 누릅니다.

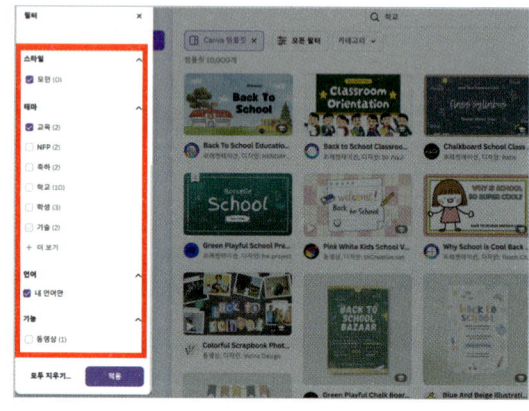

❹ 예를 들어 '인스타그램 게시물'에서 '스타일'은 모던을, '테마'는 교육을 체크하고 [적용]을 눌러보겠습니다.

❺ 조건이 적용된 템플릿이 나왔습니다.

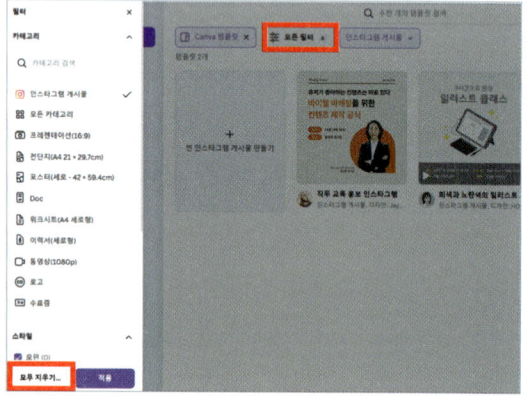

❻ 다시 '모든 필터'를 누르고 [모두 지우기]를 누릅니다.

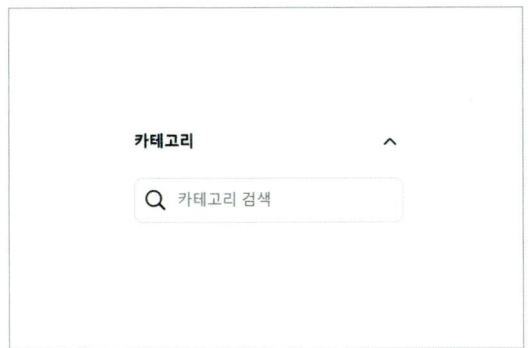

❼ '모든 필터'에서는 스타일, 테마, 언어, 기능, 학년, 제목, 주제, 색상 등 카테고리별 세부 조건을 선택할 수 있습니다.

다음은 두 번째 방법으로, 디자인 편집 화면에서 템플릿을 검색하는 방법입니다.

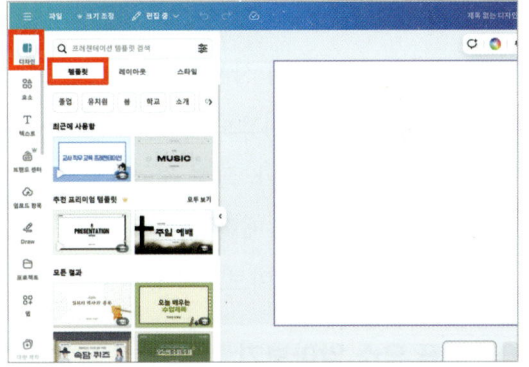

❶ [+ 디자인 만들기]에서 '프레젠테이션(16:9)'을 눌러 디자인을 생성합니다.

❷ 좌측 메뉴바의 [디자인]에서 '템플릿'을 클릭합니다.

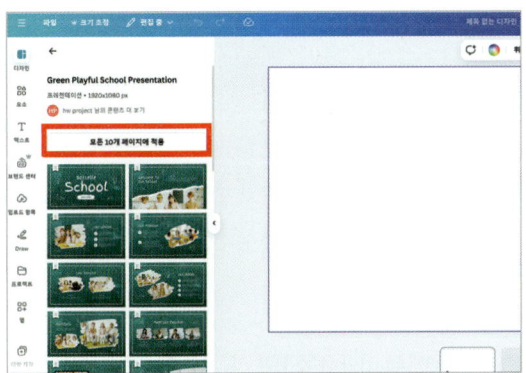
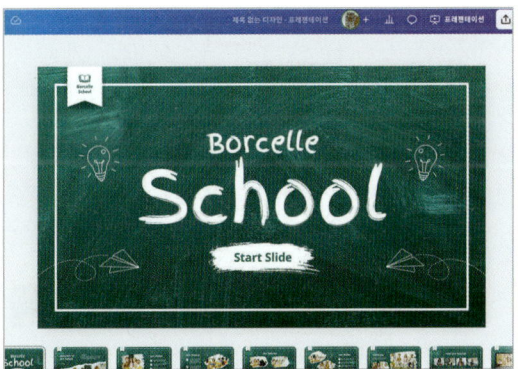

❸ 검색창에 '학교'를 검색하고 마음에 드는 템플릿을 클릭한 후, [모든 10개 페이지에 적용]을 누릅니다.

출처: 캔바 크리에이터 Green Playful School Presentationhw project

❹ 템플릿이 디자인에 적용되었습니다.

출처: 캔바 크리에이터 Green Playful School Presentationhw project

캔바 투표와 퀴즈 알아보기

투표와 퀴즈는 수업 참여도를 높이고, 학생들의 이해도를 확인하며, 피드백을 수렴하는 데 효과적인 도구입니다. 투표를 활용하면 학생들의 의견을 손쉽게 파악할 수 있으며, 수업 후 설문 조사를 통해 수렴한 의견을 다음 수업에 반영할 수 있습니다. 그리고 퀴즈는 학생들의 흥미를 유발하고 수업에 대한 기대감을 높여줍니다. 수업 내용과 관련된 간단한 퀴즈를 통해 학생들의 기존 지식을 활성화하고 학습 동기를 부여할 수 있습니다. 교사는 캔바의 다양한 템플릿과 디자인 요소를 활용하여 학생의 참여를 유도하는 투표와 퀴즈를 손쉽게 만들 수 있습니다.

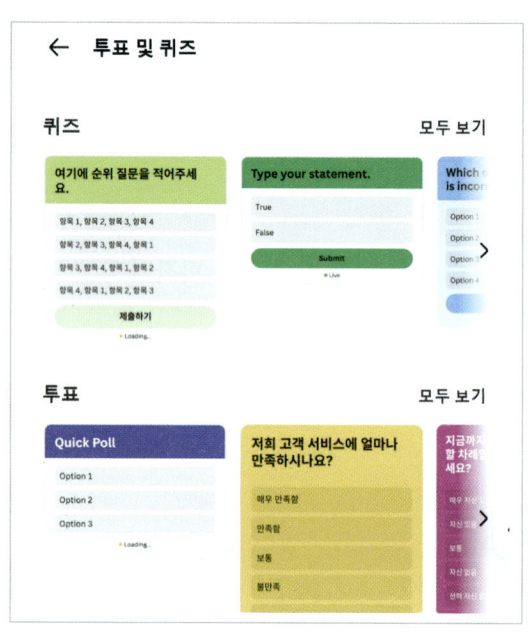

캔바는 '투표'와 '퀴즈' 양식을 지원합니다. '투표'는 정답이 없는 디자인 요소로 구성원들의 의견을 수렴할 때 사용합니다. 반면 '퀴즈'는 정답이 있는 형식으로 형성평가와 같은 문제 풀이에 활용됩니다. 그럼 지금부터 캔바를 활용해 시각적으로 매력적인 투표와 퀴즈를 제작하는 방법을 알아보도록 할까요?

01. 투표 요소 알아보기

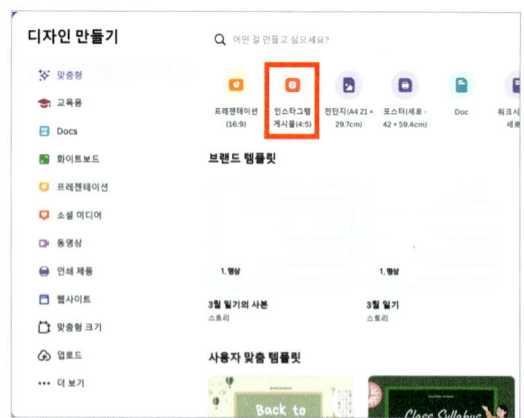

❶ [+ 디자인 만들기]에서 '인스타그램 게시물(4:5)'을 눌러 디자인을 생성합니다.

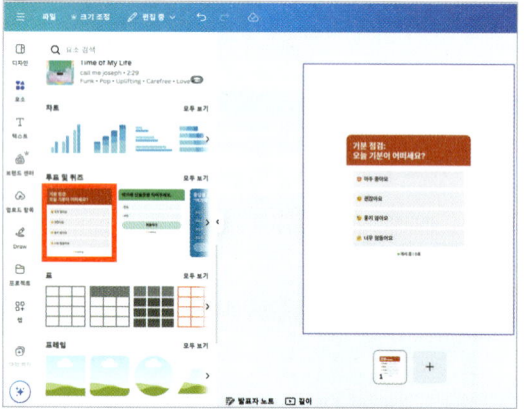

❷ 좌측 메뉴바 [요소]의 '투표 및 퀴즈'에서 마음에 드는 투표를 누릅니다.

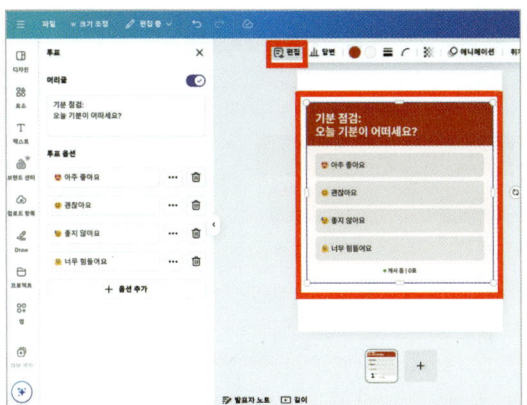

❸ 디자인 크기와 위치를 적절히 조절한 후 [편집]을 누릅니다.

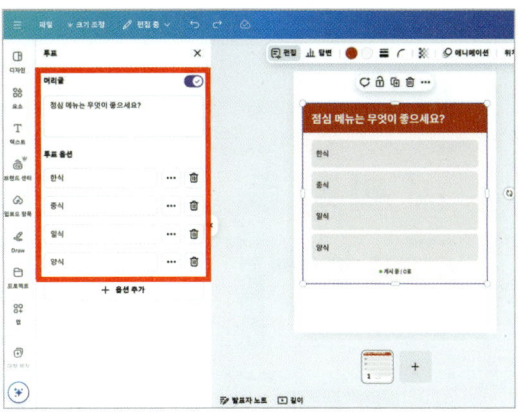

❹ '머리글'과 '투표 옵션'을 변경해 보겠습니다.

*머리글 예: 점심 메뉴는 무엇이 좋으세요?

*옵션 예: 한식, 중식, 일식, 양식

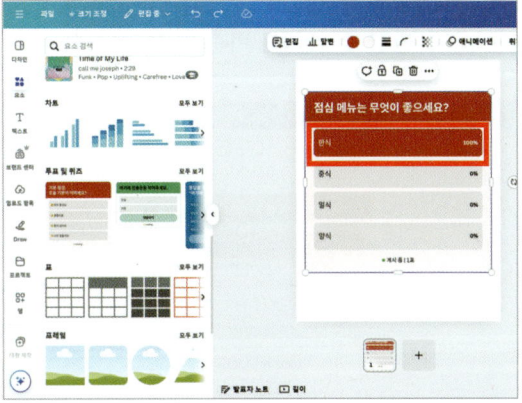

❺ 편집 화면에서 '한식'을 눌러봅니다. 답변이 입력되는 것을 확인할 수 있습니다.

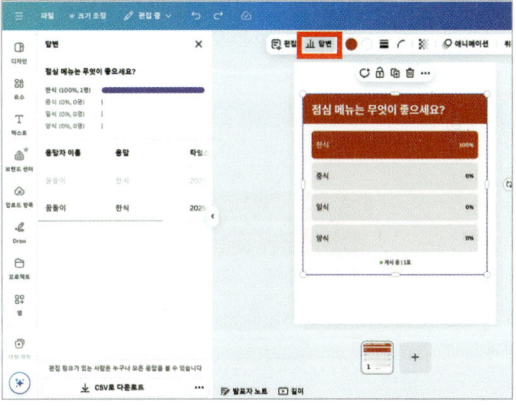

❻ 상단 메뉴바에서 [답변]을 눌러보겠습니다. 응답자 이름과 결과가 나옵니다.

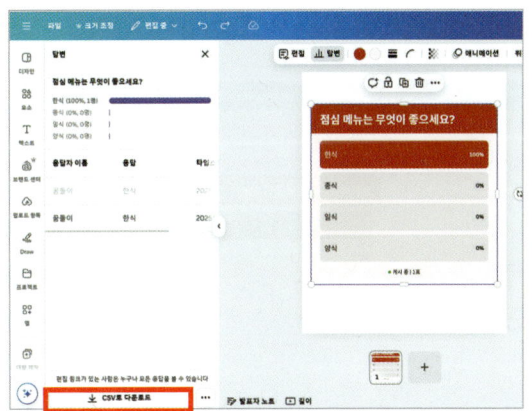

❼ [CSV로 다운로드]를 누르면 응답 결과를 엑셀로 다운로드할 수 있습니다.

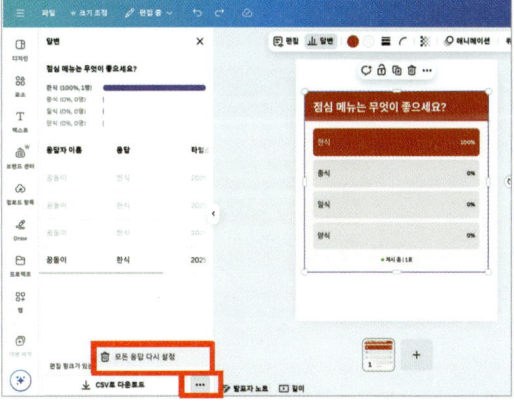

❽ [CSV로 다운로드] 옆의 점 3개 버튼을 누릅니다. [모든 응답 다시 설정]을 눌러 응답을 초기화할 수 있습니다.

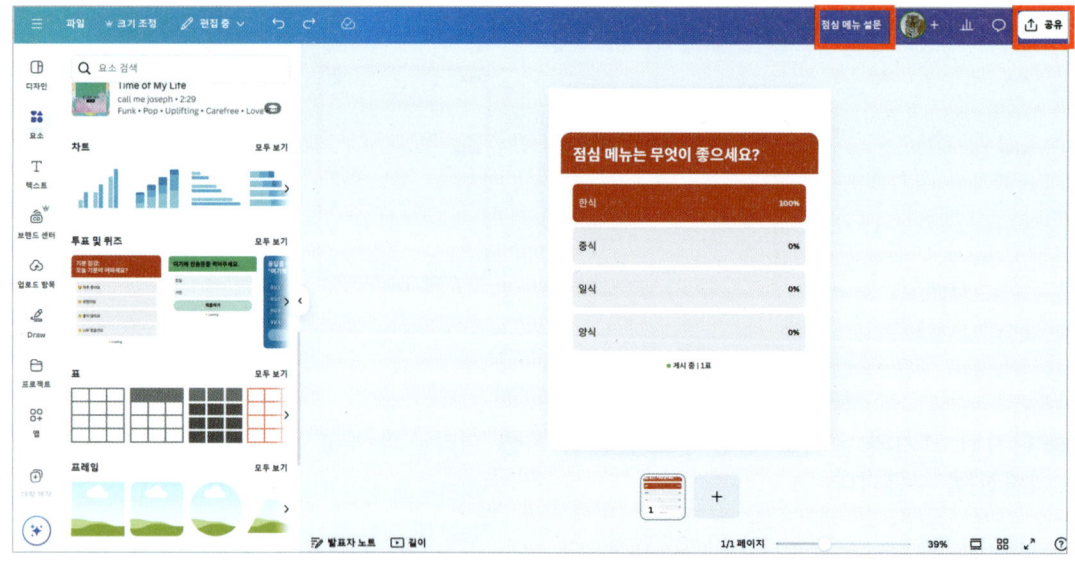

❾ 이제 설문을 공유해 보겠습니다. '투표 및 설문'은 학생들에게 개별로 공유되어야 결과를 수집할 수 있습니다. 설문의 제목을 '점심 메뉴 설문'으로 변경 후 [공유] 버튼을 누릅니다.

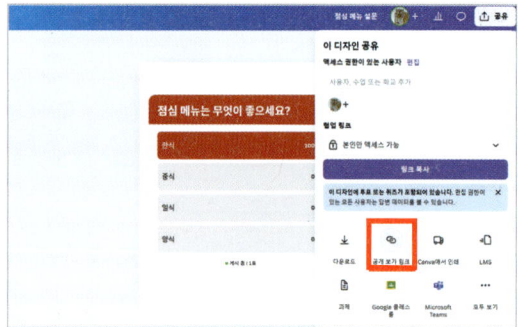

❿ '공개 보기 링크'를 누릅니다.

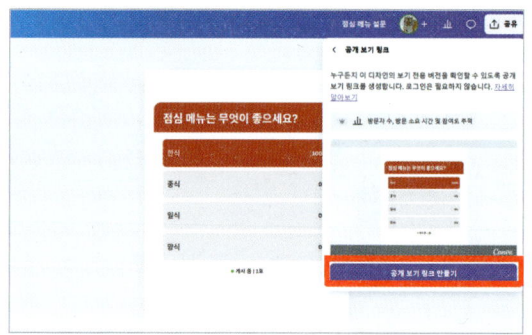

⓫ [공개 보기 링크 만들기]를 누릅니다. 편집자는 방문자 수, 방문 소요 시간을 통계 자료로 살펴볼 수 있습니다.

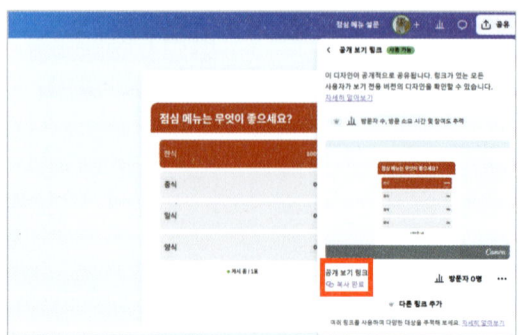

⓬ '링크 복사'를 누릅니다. 복사가 완료되면 '복사 완료' 표시가 나옵니다.

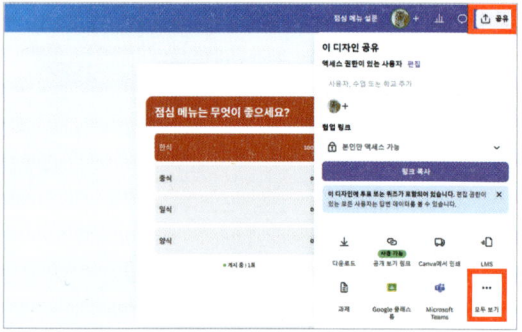

⓭ 학생들이 링크 주소를 직접 입력하여 접속하는 것은 어려우므로 QR 코드를 만들어 공유하는 것이 좋습니다. 다시 [공유]를 누른 뒤 '모두 보기'를 누릅니다.

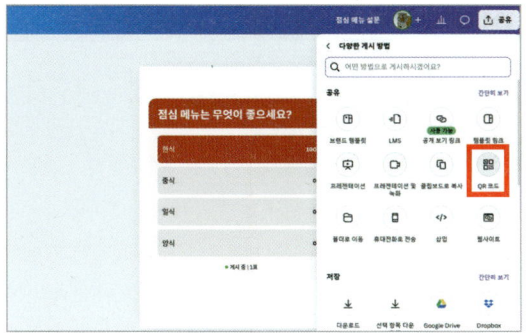

⑭ 'QR 코드'를 누릅니다.

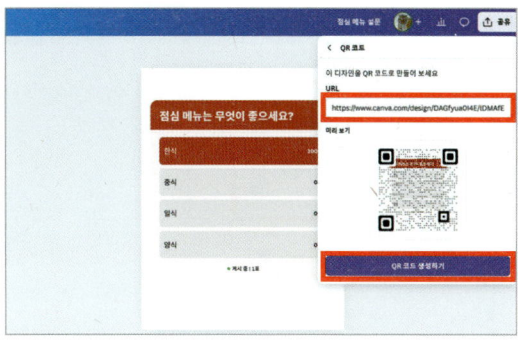

⑮ 앞서 복사해둔 공개 보기 링크를 QR 코드 URL 입력란에 붙여넣고 [QR 코드 생성하기]를 누릅니다.

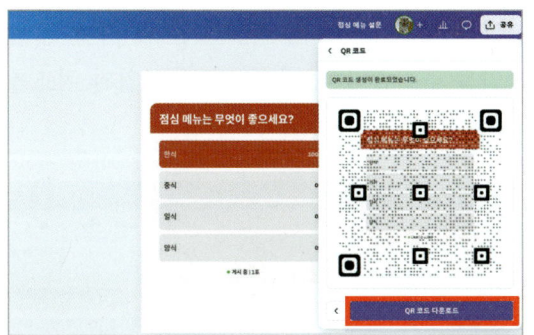

⑯ QR 코드를 다운로드하여 학생들에게 보여주면 직접 접속하여 투표를 할 수 있습니다.

⑰ 실제로 생성한 QR 코드입니다. 스마트폰으로 QR 코드를 찍어 투표해보기 바랍니다.

02. 퀴즈 요소 알아보기

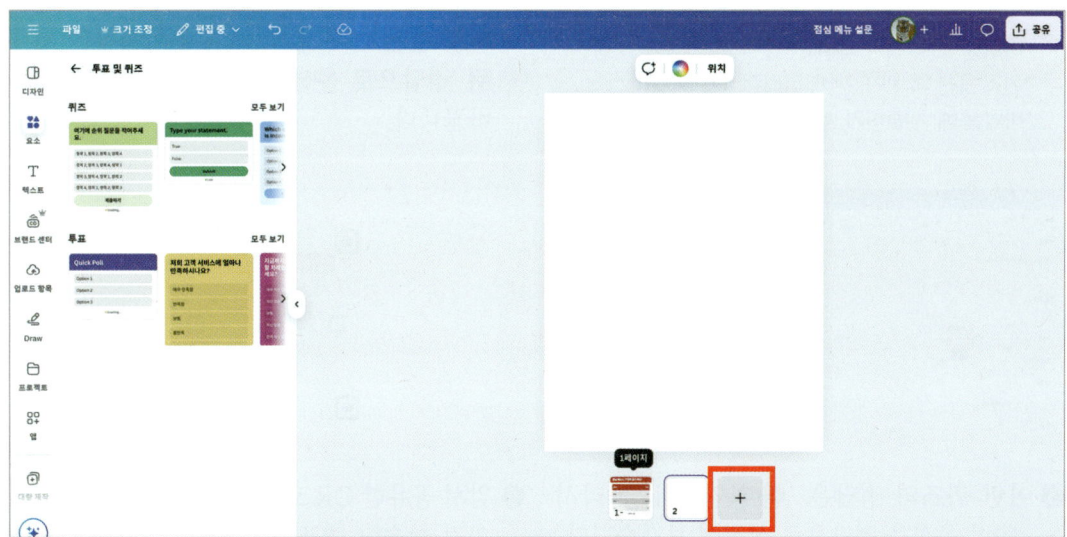

❶ + 버튼을 눌러 페이지를 추가합니다.

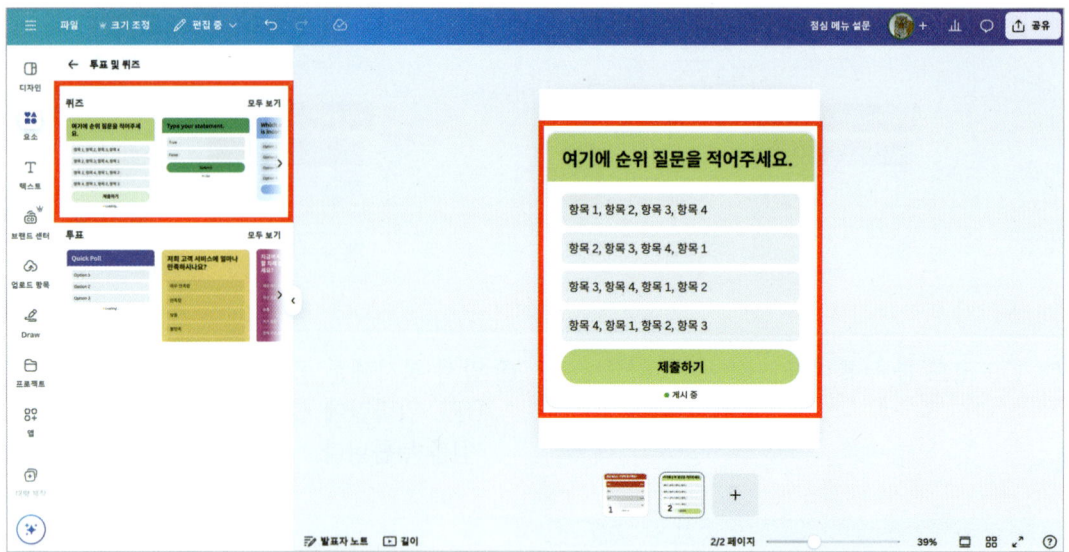

❷ [요소]에서 '퀴즈'를 선택하여 마음에 드는 디자인을 클릭합니다. 아트보드에 삽입된 퀴즈를 적당한 크기로 조절하여 배치합니다.

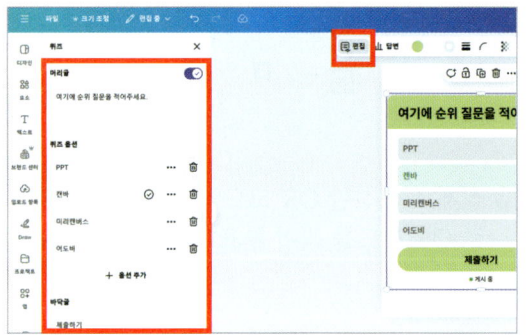

❸ [요소]를 선택한 후, 상단 메뉴바의 [편집]을 누릅니다. 각 항목을 임의대로 수정합니다.

*머리글 예: 우리가 배우고 있는 디자인 도구 이름은?
*퀴즈 옵션 예: PPT, 캔바, 미리캔버스, 어도비
*바닥글 예: 제출하기

❹ '퀴즈 옵션'을 보면 정답 표시가 되어있습니다. 정답 옵션을 바꿔보겠습니다. 정답으로 하고 싶은 옵션 옆의 점 3개 아이콘을 누른 뒤 '정답으로 옵션 표시'를 선택하여 정답을 바꿉니다.

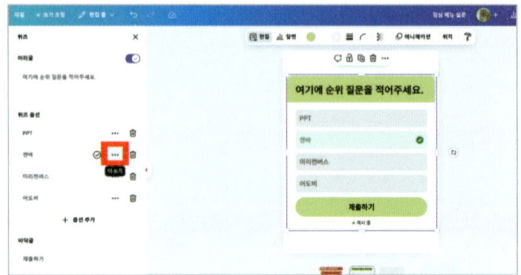

❺ 이번 퀴즈의 정답은 '캔바'입니다. 따라서 '캔바' 옵션을 정답으로 설정해 보겠습니다.

❻ 앞서 공유한 QR 코드 두 번째 페이지에 지금까지 실습한 퀴즈가 들어가 있습니다. 들어가서 퀴즈에 참여해보기 바랍니다.

<사회> 캔바 템플릿으로 사회 문제 설문 조사하기

지금까지 배운 '템플릿'과 '투표 및 설문' 기능을 이용해 수업에 활용할 수 있는 교육 자료를 만들어보겠습니다. 수업 과목은 사회입니다. 자료 제작 목적은 생활 주변에서 생기는 갈등과 차별 사례에 대한 학급 구성원들의 생각을 조사하는 것입니다. 조사 결과를 추후 토의 수업 등에 활용할 수 있습니다.

초등학교 교육과정

- 교과: 사회
- 관련 성취기준(2022 개정교육과정)

[4사09-01] 생활 주변에서 찾을 수 있는 여러 가지 문제를 파악하고, 그 문제를 합리적으로 해결하는 능력을 기른다.

중학교 교육과정

- 교과: 사회
- 관련 성취기준(2022 개정교육과정)

[9사(일사)01-03] 우리 사회에 나타나는 다양한 갈등과 차별의 사례를 조사하고, 이에 대처하는 시민의 자질에 대해 토의한다.

고등학교 교육과정

- 교과: 사회와 문화
- 관련 성취기준(2022 개정교육과정)

[12사문01-03] 사회현상에 대한 다양한 자료 수집 방법의 특징을 비교하고, 각 자료 수집 방법을 활용한 연구 사례를 분석한다.

캔바 템플릿을 활용해 사회 문제 설문 조사 교육 자료를 만들어보겠습니다.

❶ [+ 디자인 만들기]에서 '프레젠테이션(16:9)'을 눌러 디자인을 생성합니다.

❷ 검색창에서 적절한 템플릿을 골라 사용합니다.

출처: 캔바 크리에이터 Takeaway Team

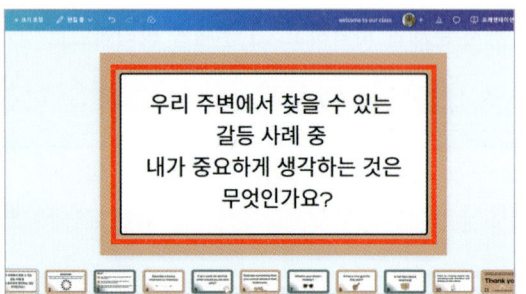

❸ 1페이지에서 내용을 바꿔보겠습니다.

*입력 예: 우리 주변에서 찾을 수 있는 갈등 사례 중 내가 중요하게 생각하는 것은 무엇인가요?

❹ 2페이지의 디자인 요소를 모두 지워줍니다.

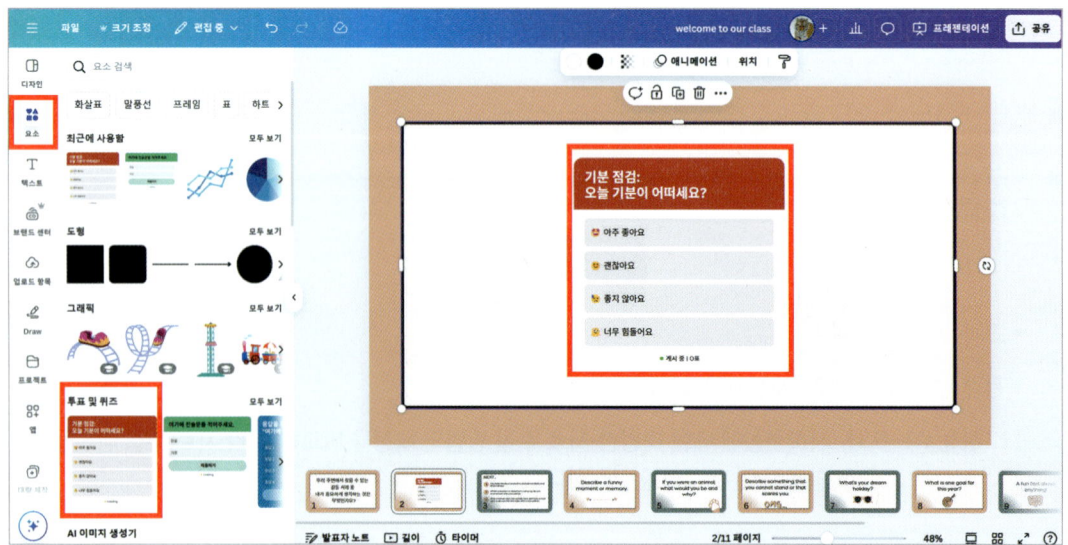

❺ 좌측 메뉴바 [요소]의 '투표 및 퀴즈'에서 마음에 드는 투표 요소를 선택해 아트보드에 삽입합니다.

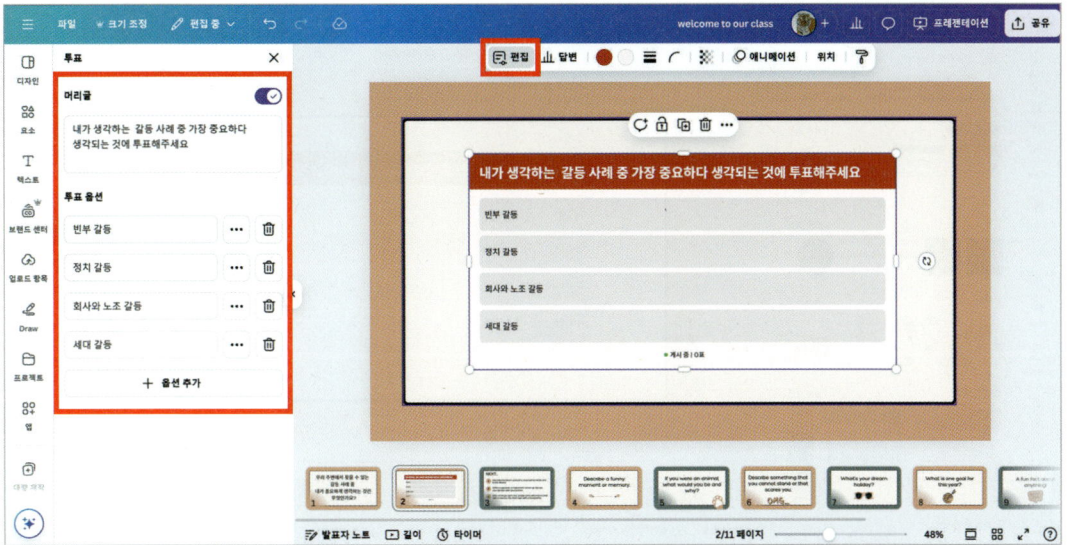

❻ 투표 요소의 크기를 조절하여 적절히 배치한 후, 머리글과 옵션 등을 작성합니다.

*머리글 예: 내가 생각하는 갈등 사례 중 가장 중요하다 생각되는 것에 투표해주세요.
*옵션 예: 빈부 갈등, 정치 갈등, 회사와 노조 갈등, 세대 갈등

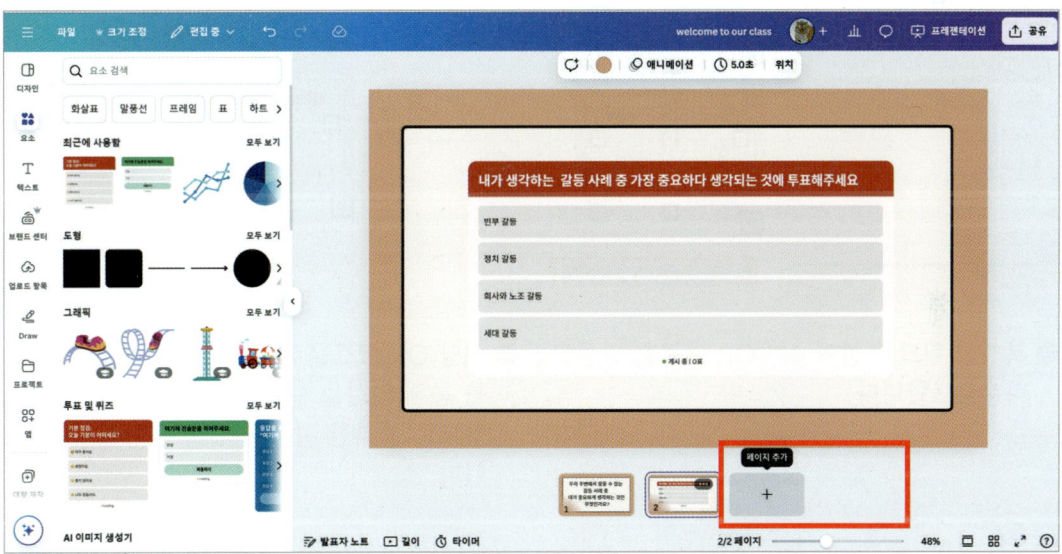

❼ 투표와 관계없는 페이지는 모두 삭제합니다.

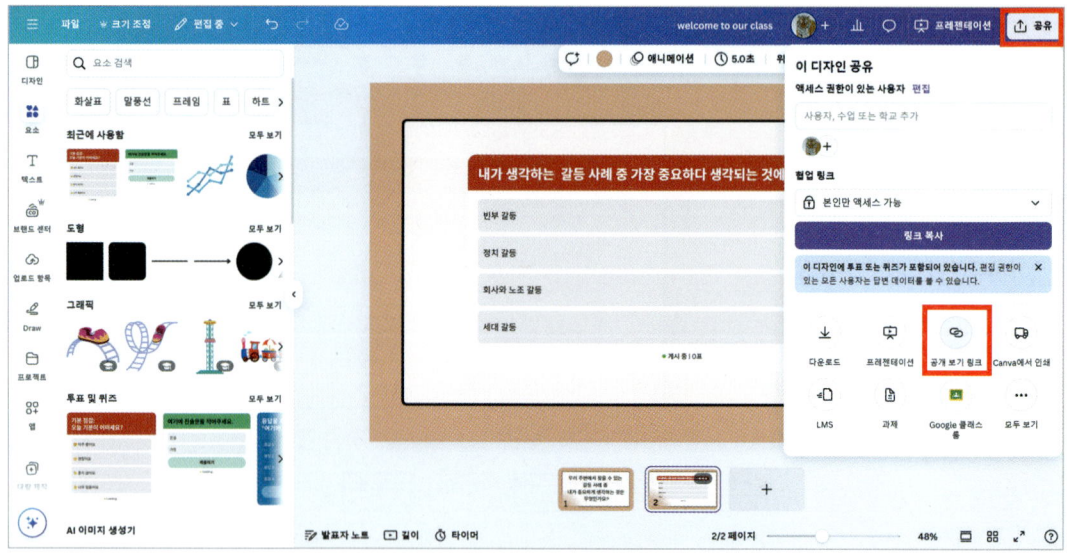

❽ [공유] 버튼을 눌러 '공개 보기 링크'를 만들고 링크를 복사합니다.

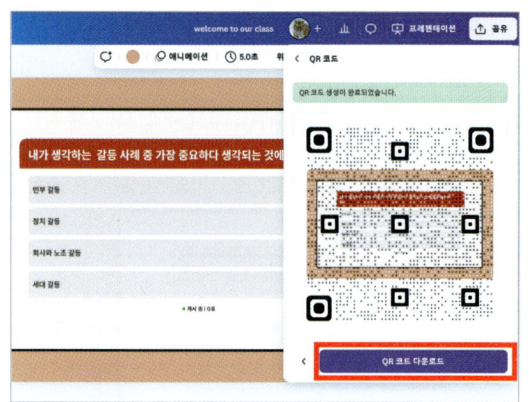

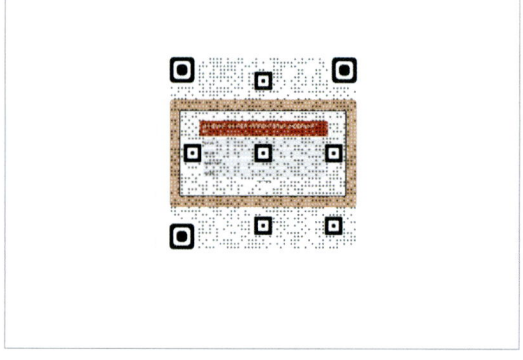

❾ 복사한 링크를 붙여넣어 QR 코드를 만들고 다운로드합니다.

❿ 해당 QR 코드를 학생들에게 보여주고 투표를 통해 의견을 수집합니다. 투표 결과를 바탕으로 풍부한 사회 수업을 진행할 수 있습니다.

지금까지 캔바의 템플릿, 투표, 퀴즈 요소를 각각 자세히 살펴보고 이를 활용하여 사회 수업 자료까지 만들어봤습니다. 템플릿을 활용하여 양질의 디자인을 신속하게 제작할 수 있을 뿐만 아니라, 투표 및 퀴즈 기능을 통해 학생들과의 소통을 강화하는 수업을 효과적으로 진행할 수 있을 것입니다.

과학 실험을 더 생생하게! 실험 영상과 데이터 정리

과학 수업에서 실험 과정을 효과적으로 기록하고 데이터를 명확하게 정리하는 일은 매우 중요합니다. 캔바를 활용하면 과학 실험을 생생하고 체계적으로 정리할 수 있습니다. 캔바의 동영상, 표, 차트 기능을 활용하여 실험 영상을 삽입하고, 데이터를 표와 차트로 시각화하는 방법을 알아보겠습니다. 이러한 기능을 통해 학생은 실험 결과를 직관적으로 이해하고, 과학적 탐구 과정을 시각적으로 정리할 수 있습니다.

캔바 동영상 기능 알아보기

01. 동영상 요소 알아보기

캔바 동영상 요소는 사용자가 디자인에 동영상을 추가하여 콘텐츠를 더욱 생동감 있게 만들 수 있도록 도와줍니다. 해당 기능을 활용하면 프레젠테이션, 소셜 미디어 게시물, 교육 자료 등 다양한 디자인에 동영상을 삽입하여 메시지를 효과적으로 전달할 수 있습니다.

캔바에서 동영상 요소를 활용하는 방법

1. **동영상 삽입**: 캔바의 디자인 편집 화면에서 좌측의 '요소' 탭을 클릭한 후, '동영상'을 선택합니다. 여기에서 제공되는 다양한 무료 및 유료 동영상 클립을 검색하여 디자인에 추가할 수 있습니다.

2. **개인 동영상 업로드**: 물론 자신만의 동영상을 활용하는 것도 가능합니다. '업로드' 탭에서 '파일 업로드'를 클릭하여 컴퓨터에 저장된 동영상을 불러올 수 있습니다. 업로드한 동영상은 디자인에 드래그 앤 드롭하여 쉽게 추가할 수 있습니다.

3. **동영상 편집**: 디자인에 추가된 동영상은 크기 조절, 자르기, 필터 적용, 투명도 조절 등 다양한 편집 기능을 통해 원하는 대로 수정할 수 있습니다. 그리고 여러 개의 동영상을 하나의 디자인에 배치하여 다채로운 콘텐츠를 제작할 수 있습니다.

구체적인 활용 예시

- 프레젠테이션: 슬라이드에 동영상을 삽입하여 청중의 이해를 돕고 관심을 끌 수 있습니다.
- 소셜 미디어 콘텐츠: 동영상이 포함된 게시물은 시각적 효과를 높여 참여도를 향상시킵니다.
- 교육 자료: 학습 자료에 관련 동영상을 추가하여 학습자의 흥미를 유발하고 내용을 보강할 수 있습니다.

이처럼 캔바의 동영상 요소는 디자인의 품질과 전달력을 향상할 수 있는 훌륭한 도구입니다. 다양한 프로젝트에 적극적으로 활용해 보시기 바랍니다. 그럼 지금부터 캔바에서 동영상을 활용하는 방법을 함께 따라해 볼까요?

❶ 메인화면 왼쪽 상단에서 [+ 디자인 만들기]를 선택합니다.

❷ [교육용] 탭에서 '교육 프레젠테이션(16:9)'을 선택합니다.

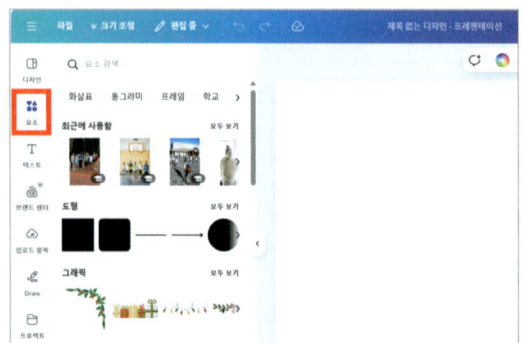

❸ 좌측 메뉴바 중 [요소]를 클릭하면 다양한 기능을 볼 수 있습니다.

❹ '동영상'에서 '모두 보기'를 클릭합니다. 원하는 동영상의 주제를 검색창에 검색하거나 스크롤바를 움직여 원하는 동영상을 선택하면 해당 동영상이 캔버스에 나타납니다.

02. 동영상 요소 편집 기능 알아보기

캔바는 자체적으로 다양한 동영상을 제공하고 있으며, 사용자가 직접 동영상을 업로드하거나, 제휴된 업체의 동영상, 그리고 AI가 생성한 동영상 등을 활용할 수 있습니다. 추가된 동영상을 클릭하면 편집 버튼을 통해 조정, Magic Studio(배경 제거 및 하이라이트), 필터, 오디오, 재생 등을 조절할 수 있고, 다듬기, 테두리 스타일, 모서리 둥글게 만들기, 자르기, 뒤집기, 투명도, 애니메이션, 위치 등 다양한 편집이 가능합니다.

그럼 지금부터 캔바 동영상 요소의 편집 기능을 자세히 알아보도록 하겠습니다.

동영상을 한 번 클릭하면 동영상 상단에 편집 메뉴가 열립니다. '편집'에서 '조정' 또는 '필터' 탭을 누르면 동영상의 색감을 조정할 수 있습니다.

동영상 상단에 있는 편집 메뉴 중 가위 모양의 버튼 '다듬기'는 내가 원하는 대로 동영상 길이를 조절하는 기능입니다.

'자동 다듬기'는 AI가 불필요한 장면을 자동으로 삭제하여 영상 길이를 다듬는 기능이고, '하이라이트'는 AI가 중요한 장면을 자동으로 분석하여 특정 장면을 강조하여 영상 길이를 다듬는 기능입니다.

내가 원하는 동영상 길이(초)를 입력하여 동영상을 다듬을 수 있으며, 보라색의 재생 범위 조절 바를 좌우로 움직여 내가 원하는 특정 구간만 선택하여 영상의 길이를 다듬는 것도 가능합니다. 동영상 길이 다듬기가 완료되면 완료를 클릭합니다.

동영상 상단의 편집 메뉴 중 '배경 제거'는 AI가 동영상에서 피사체(사람, 사물 등)만 남기고 배경을 자동으로 삭제해 주는 기능입니다.

동영상 상단에 있는 편집 메뉴 중 '재생'은 동영상의 재생 속도를 조절하고, 반복 재생, 자동 재생을 설정하는 기능입니다.

동영상 상단에 있는 편집 메뉴 중 '테두리 스타일'은 영상에 다양한 스타일의 테두리를 추가하여 디자인을 강조할 수 있는 기능입니다. 테두리의 색상과 두께도 조절할 수 있습니다.

　　동영상 상단에 있는 편집 메뉴 중 '모서리 둥글게 만들기'는 영상의 모서리를 둥글게 조정하여 부드러운 느낌을 줄 수 있는 기능입니다.

　　동영상 상단에 있는 편집 메뉴 중 '자르기'를 누르면 이와 같은 화면이 보입니다. 자르기는 영상의 크기와 프레임을 조정하여 내가 원하는 영역만 표시할 수 있는 기능입니다. 원하는 가로세로 비율을 선택하고 완료를 클릭합니다.

동영상 상단에 있는 편집 메뉴 중 '뒤집기'는 영상을 좌우 또는 상하 반전하여 원하는 방향으로 조정하는 기능입니다.

동영상 상단에 있는 편집 메뉴 중 '투명도'는 영상의 불투명도를 조절하여 배경과 조화롭게 만들거나 강조 효과를 줄 수 있습니다.

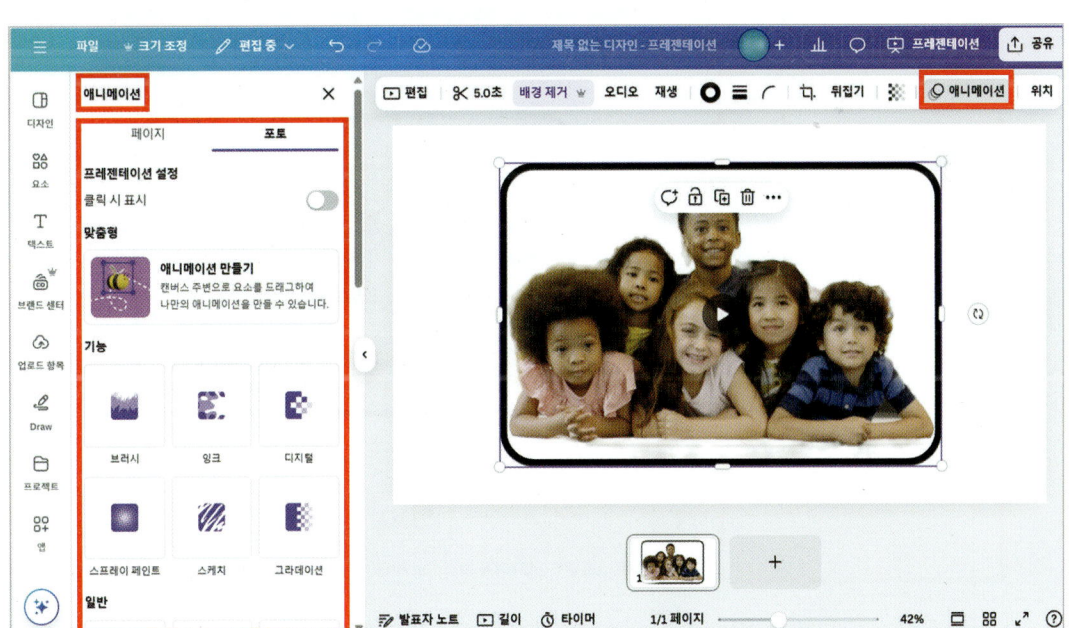

동영상 상단에 있는 편집 메뉴 중 '애니메이션'은 영상이 화면에 나타나는 방식(페이드 인, 확대, 회전 등)을 설정하여 더욱 역동적인 효과를 줄 수 있는 기능입니다.

동영상 상단에 있는 편집 메뉴 중 '위치'를 누르면 이와 같은 화면이 보입니다. 위치에서 '정렬'을 눌러 동영상이나 요소를 화면의 가운데, 좌측, 우측, 상단, 하단 등 특정 위치로 자동 정렬할 수 있습니다.

'위치'의 '레이어'는 동영상과 다른 요소의 앞뒤 순서를 조정하는 기능입니다.

캔바 표, 차트 기능 알아보기

01. 표 요소 알아보기

캔바의 표는 단순한 데이터 정리를 넘어, 디자인의 가독성을 높이고 정보를 효과적으로 전달하는 중요한 요소입니다. 표 삽입부터 행·열 추가 및 삭제, 색상 변경, 테두리 조정 등 다양한 기능을 활용하여 데이터를 체계적으로 정리할 수 있습니다. 지금부터 이러한 기본적인 표 편집 기능을 익히고, 다양한 표 요소를 활용하여 여러분만의 실용적인 표 디자인을 만들어 봅시다.

먼저 2행 3열로 된 표를 만들고 데이터를 입력해 보겠습니다.

❶ 표 삽입을 위해 동영상의 크기와 위치를 조절하고 동영상 상단에 자물쇠 모양의 '부분 잠금'을 클릭해 동영상 요소를 고정합니다. 동영상 데이터 중 남학생과 여학생 수를 2열 3행의 표로 나타내보겠습니다.

❷ 좌측 메뉴바 중 [요소]를 클릭하고, 요소 검색창에 '표'를 검색한 뒤, '표'-'모두 보기'를 클릭합니다.

*검색 키워드: 표

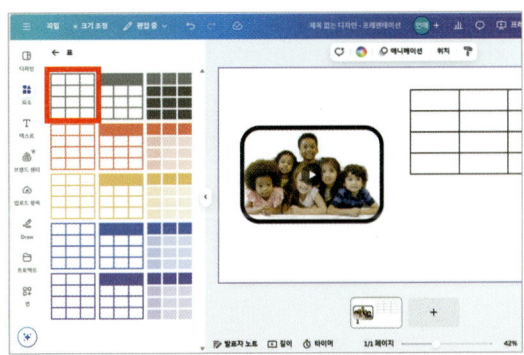

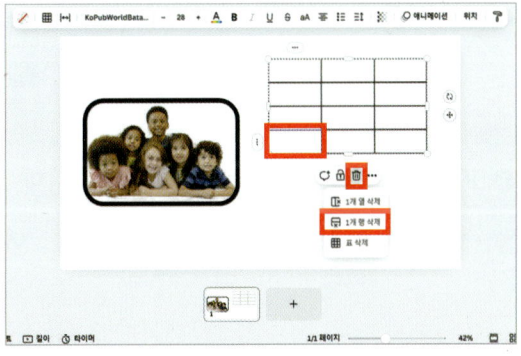

❸ 다양한 디자인의 표가 나타납니다. 그중 원하는 디자인의 표를 클릭합니다. 여기서는 검은색 테두리의 기본 디자인을 선택하겠습니다.

❹ 표를 2행 3열로 만들기 위해 편집할 셀을 클릭하고 삭제 아이콘을 눌러 '1개의 행 삭제'를 클릭합니다. 두 번 반복하여 원하는 2행 3열 표를 만듭니다.

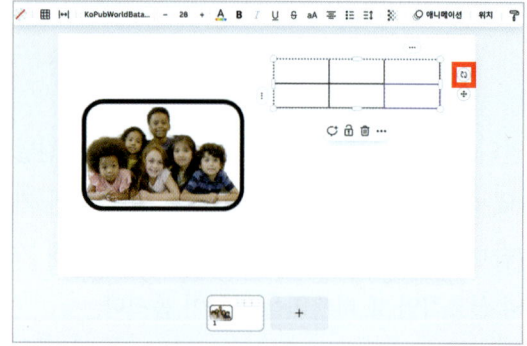 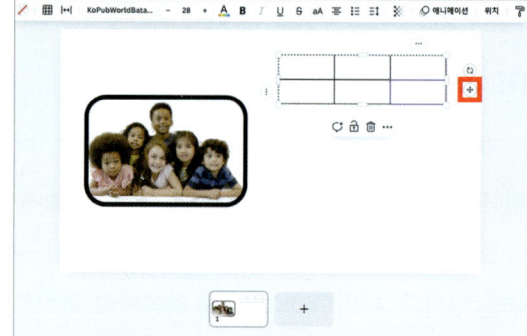

❺ 표를 클릭하면 표 우측에 두 가지 아이콘이 활성화됩니다. 회전 아이콘을 클릭하여 원하는 방향으로 드래그하면 표를 원하는 각도로 회전시킬 수 있습니다.

❻ 이동 아이콘을 클릭하여 드래그하면 원하는 위치로 이동시킬 수 있습니다. 표를 작성하기 적절한 위치로 이동시킵니다.

❼ 표의 셀을 클릭하여 데이터를 입력합니다.

*입력 예:

	남자	여자
학생 수(명)	2	4

이제 만들어진 표를 편집해 보겠습니다.

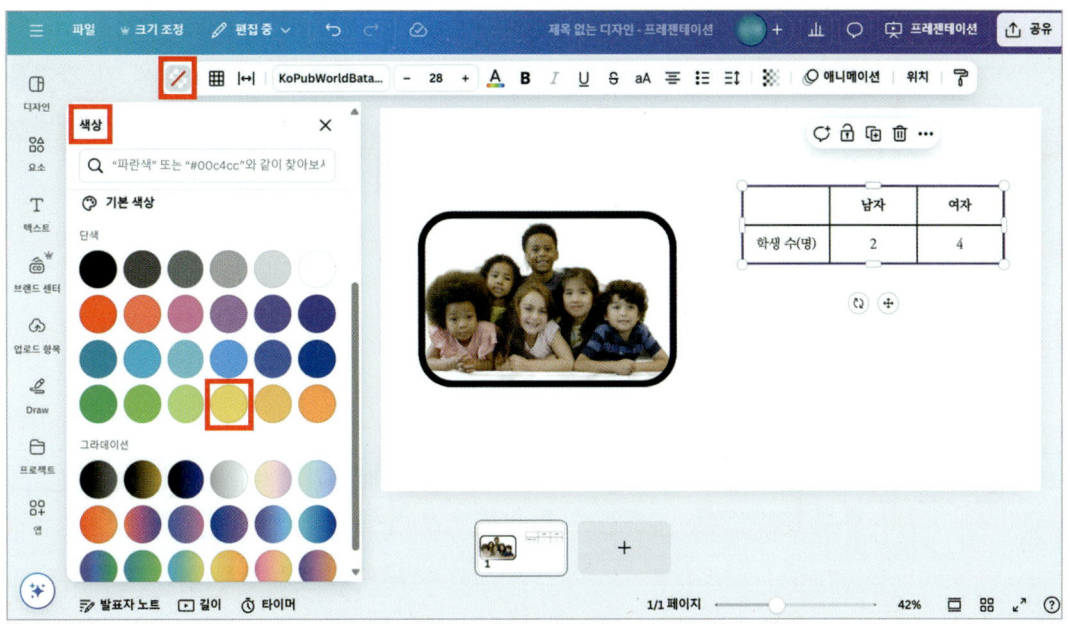

표의 테두리를 클릭하면 표 상단에 편집 메뉴가 활성화됩니다. 편집 메뉴 중 '색상'은 표의 배경색과 개별 셀의 색상을 변경할 수 있습니다. 여기서는 노란색을 선택해 보겠습니다.

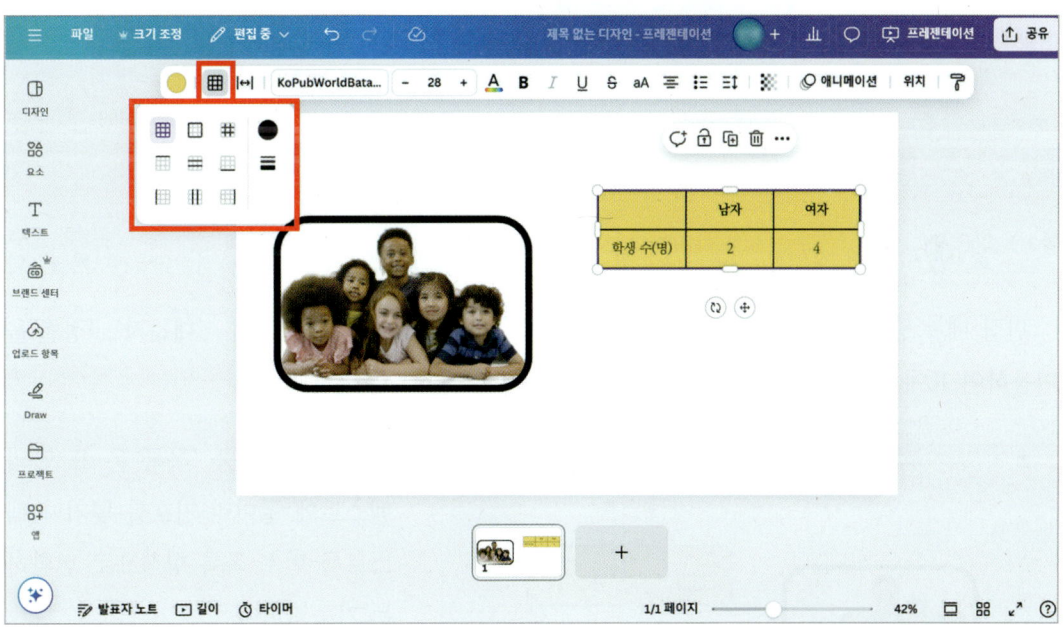

편집 메뉴 중 '테두리'는 표의 테두리 두께, 색상, 스타일(점선, 실선 등)을 조정할 수 있습니다.

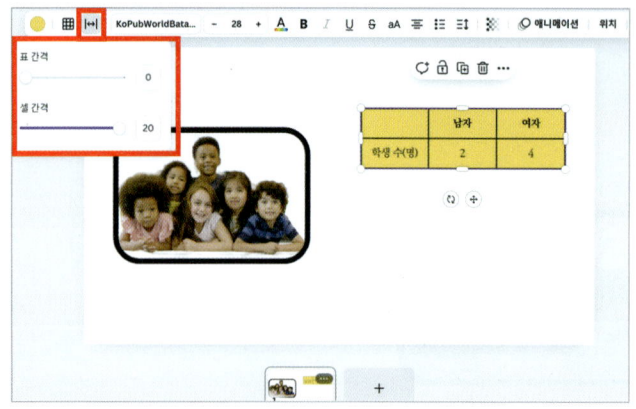

편집 메뉴 중 '줄 간격'은 표 칸 간 간격이나 내부의 셀 간 간격을 조정하는 등 표의 레이아웃을 변경할 수 있습니다.

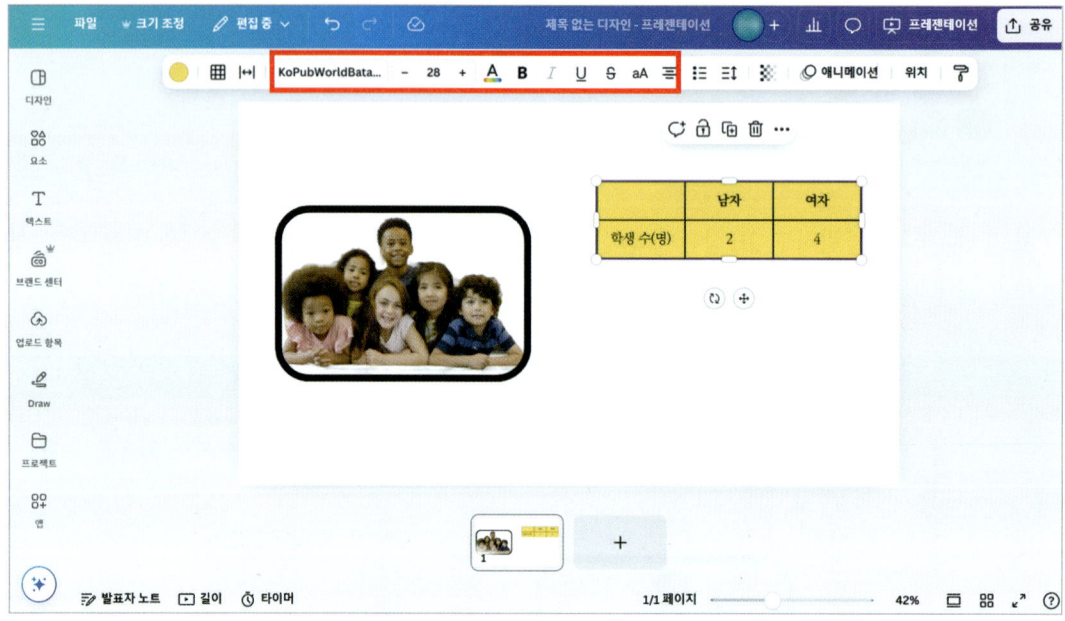

편집 메뉴 중 '글꼴', '글꼴 크기', '텍스트 색상', '굵게', '밑줄', '취소선', '대문자', '정렬'을 이용하여 표에 입력한 텍스트를 편집할 수 있습니다.

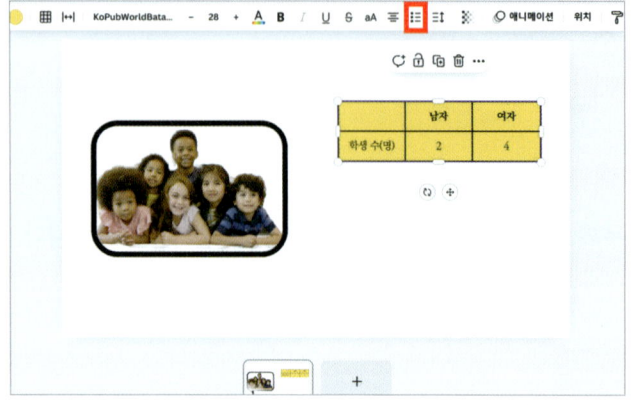

편집 메뉴 중 '목록'은 표 안의 텍스트에 글머리 기호를 넣거나 텍스트를 번호 목록 형식으로 변환하는 기능입니다.

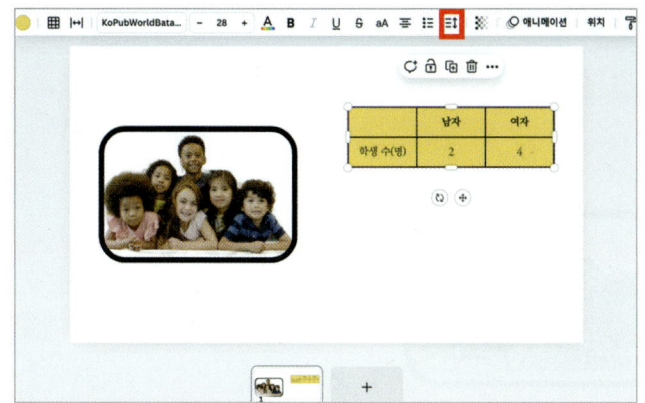

편집 메뉴 중 '간격'은 표 안의 텍스트와 셀 테두리 사이의 여백을 조절할 수 있습니다.

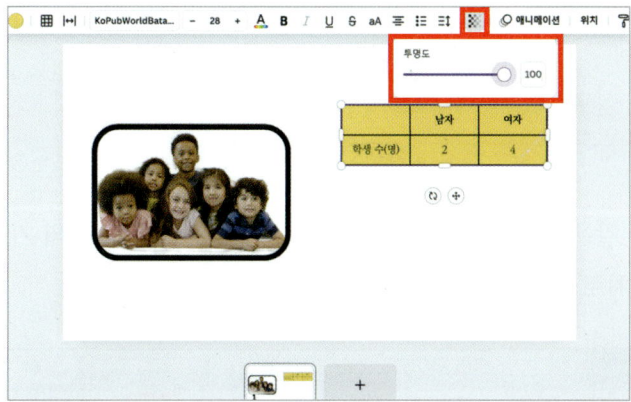

편집 메뉴 중 '투명도'는 표의 불투명도를 조절하여 배경과 조화롭게 만들거나 강조 효과를 줄 수 있는 기능입니다.

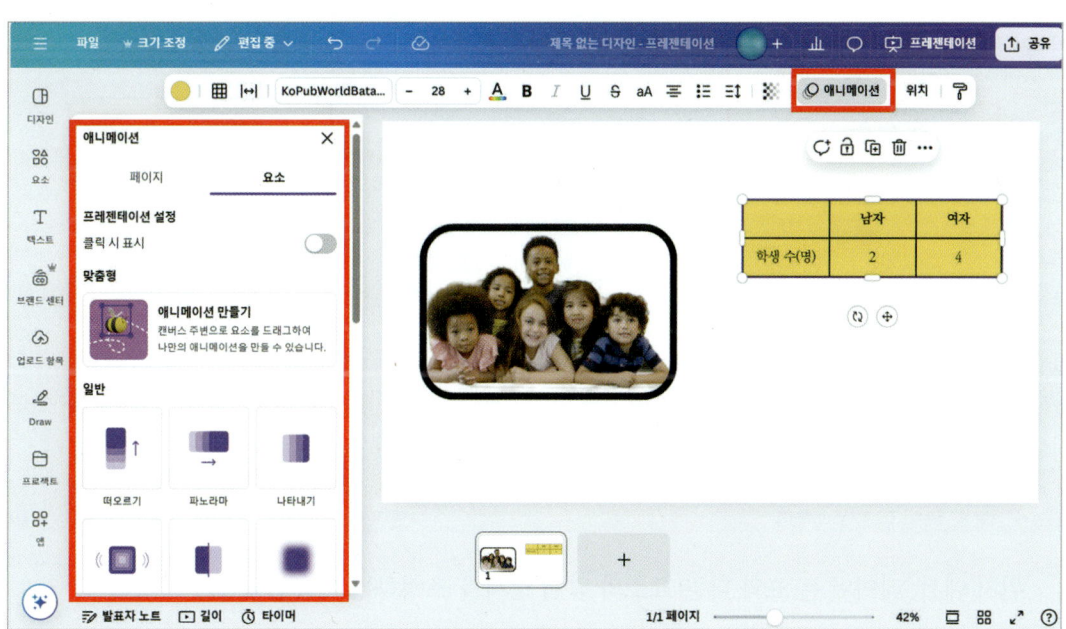

편집 메뉴 중 '애니메이션'은 표가 화면에 나타나는 방식(페이드 인, 확대, 회전 등)을 설정하여 더욱 역동적인 효과를 줄 수 있는 기능입니다.

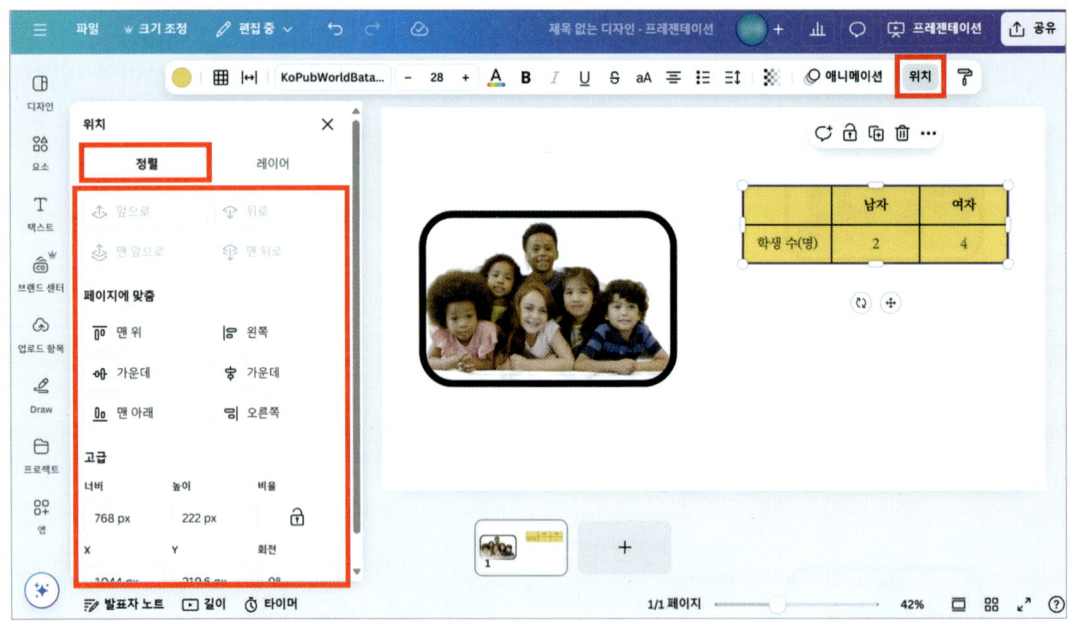

편집 메뉴 중 '위치'를 클릭하면 이와 같은 화면이 보입니다. 위치의 '정렬'은 표를 화면의 가운데, 좌측, 우측, 상단, 하단 등 특정 위치로 자동 정렬하는 기능입니다.

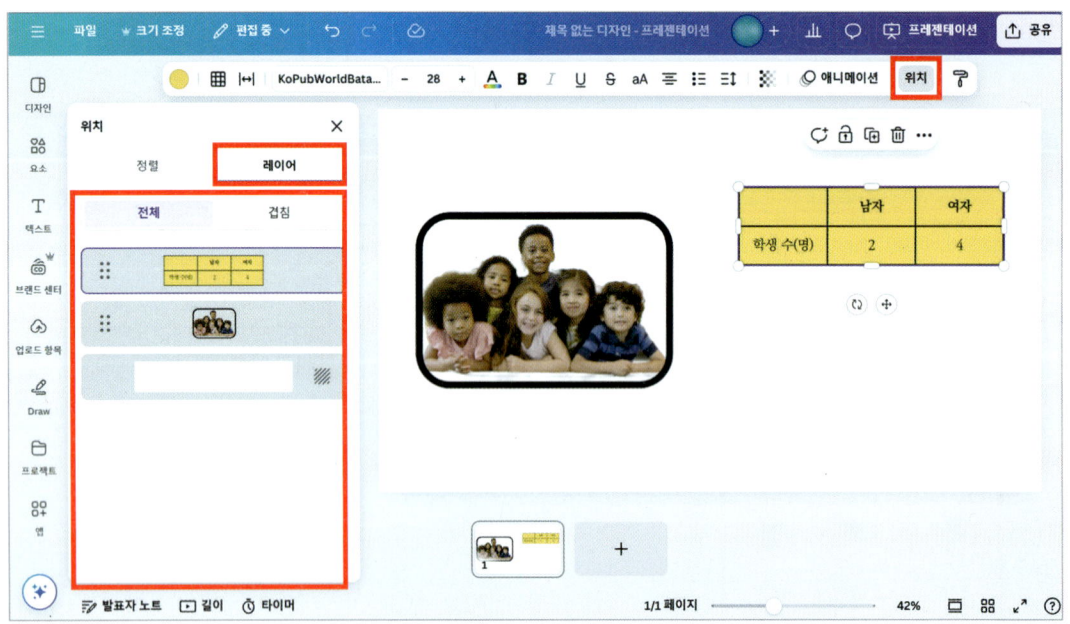

'위치'에서 '레이어'는 표와 다른 요소의 앞뒤 순서를 조정하는 기능입니다.

02. 차트 요소 알아보기

　캔바의 차트는 데이터를 시각화하고, 정보를 효과적으로 전달하는 중요한 요소입니다. 막대 그래프, 원형 차트, 꺾은선 그래프 등 다양한 유형의 차트를 활용하면 복잡한 데이터를 한눈에 알기 쉽게 정리할 수 있습니다. 차트 삽입부터 데이터 입력, 색상 변경, 스타일 조정 등 다양한 기능을 통해 디자인의 목적에 맞는 차트를 만들 수 있습니다. 지금부터 예시 디자인을 따라하며 기본적인 차트 편집 기능을 익히고, 다양한 차트 요소를 활용해 데이터를 시각적으로 표현해 보겠습니다.

　앞서 표로 만들었던 데이터를 활용해 도넛 차트를 만들어 보겠습니다.

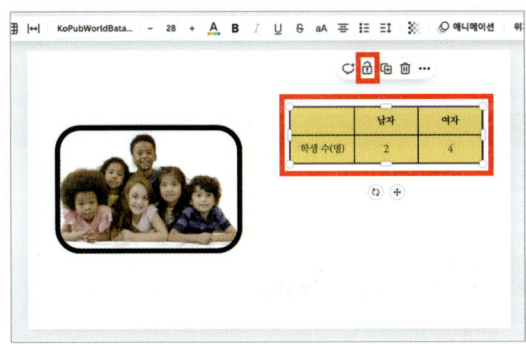

❶ 차트 삽입을 위해 표 상단 자물쇠 모양의 '부분 잠금' 아이콘을 클릭해 표 요소를 고정합니다.

❷ 메뉴바에서 [요소]를 클릭하고, 요소 검색창에 '차트'를 검색한 뒤, '차트'-'모두 보기'를 클릭합니다.

*검색 키워드: 차트

❸ 다양한 디자인의 차트가 나타납니다. 그중 도넛 차트를 클릭합니다.

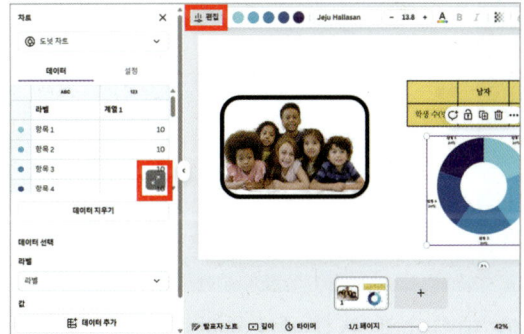

❹ 추가한 차트를 클릭하면 상단에 편집 메뉴가 활성화됩니다. 편집 메뉴 중 '편집'을 누르고 '데이터 표 확대'를 클릭합니다.

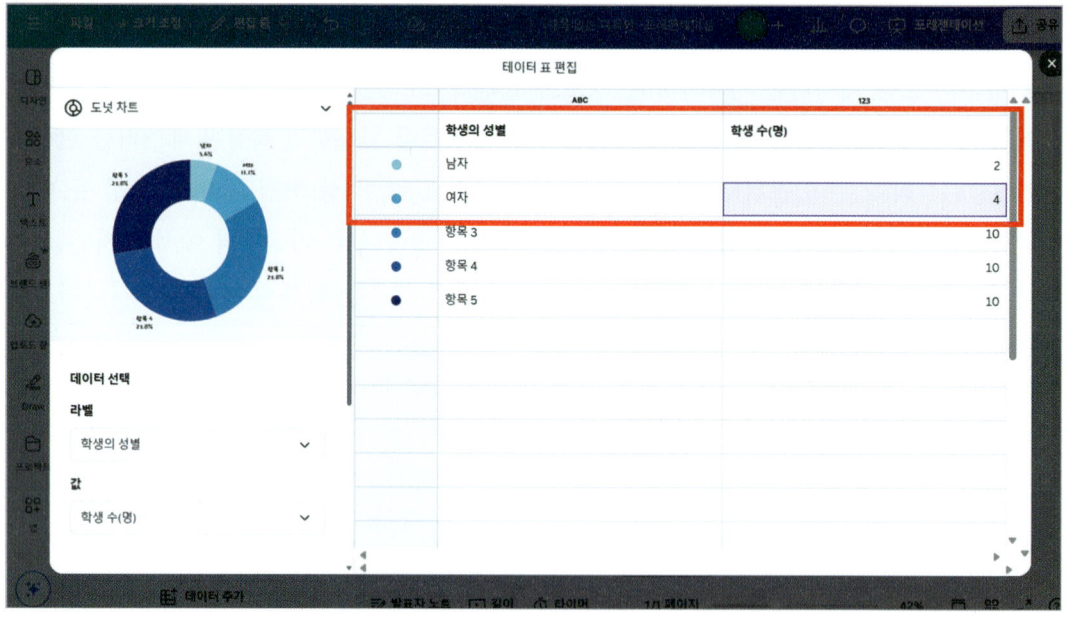

❺ '데이터 표 편집'에서 데이터 내용을 입력합니다.

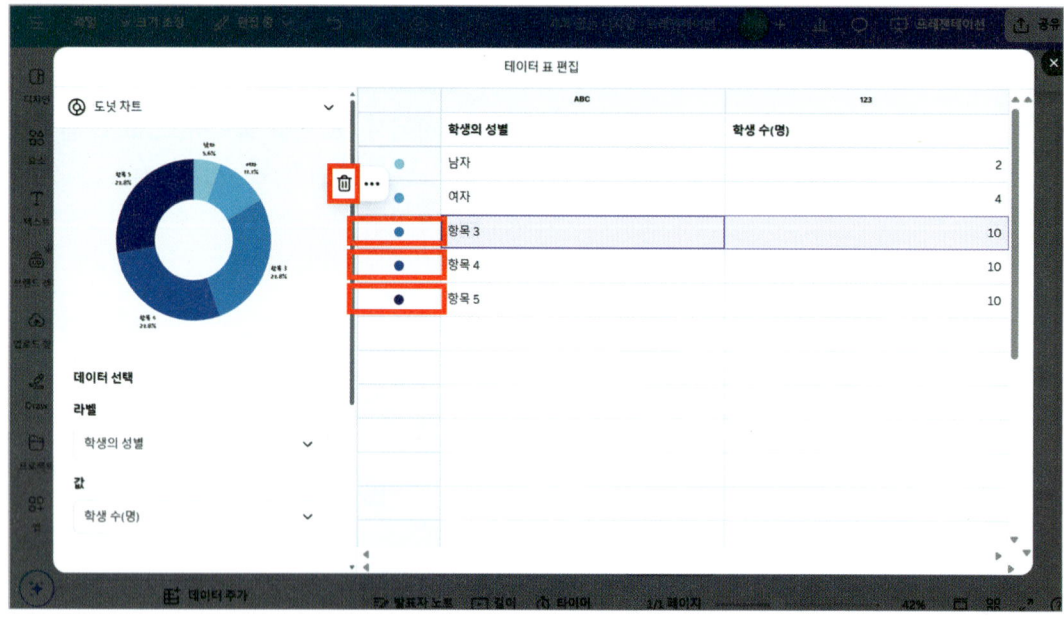

❻ '데이터 표 편집'에서 불필요한 데이터가 적힌 행의 색상 아이콘을 클릭하고 휴지통 모양의 아이콘을 클릭하여 데이터를 삭제할 수 있습니다.

❼ '데이터 표 편집'에서 스크롤을 내리면, '값을 다음으로 형식 지정' 항목이 보입니다. 여기서 입력한 학생 수 데이터를 '백분율' 또는 '숫자' 형식으로 도넛 차트에 표시할 수 있습니다. 여기서는 '백분율'로 지정하겠습니다. 모든 작업이 완료되면 상단 우측에 '닫기'를 클릭하면 됩니다.

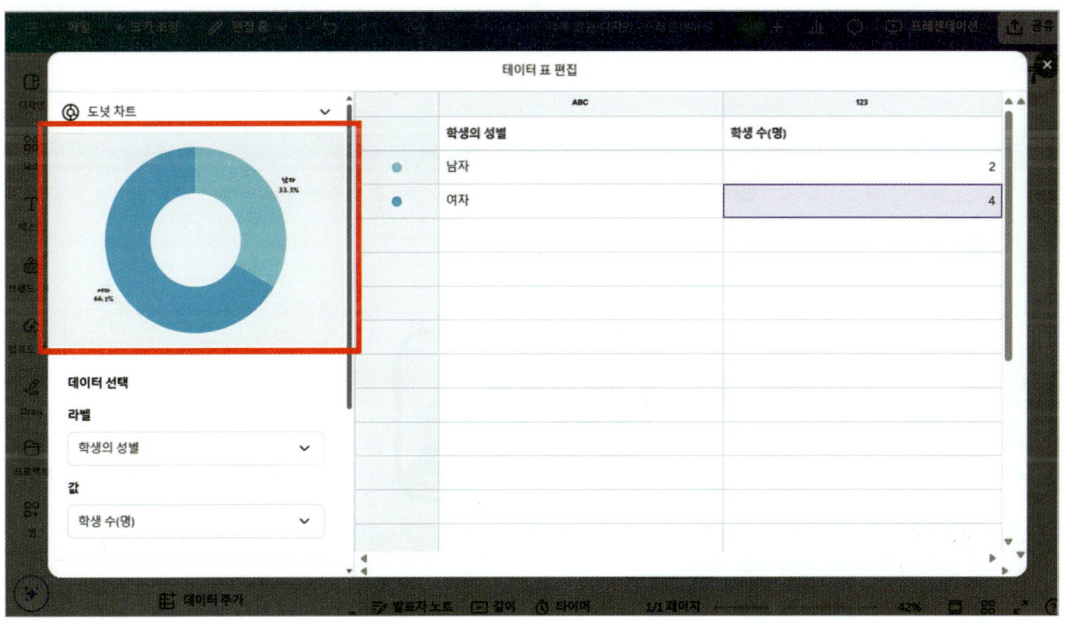

❽ '데이터 표 편집'에서 차트를 미리 볼 수 있어 데이터가 적절하게 작성되었는지 확인할 수 있습니다.

만들어진 차트를 편집해 보겠습니다.

차트 편집 메뉴 중 '색상'은 그래프의 요소(막대, 선, 영역 등) 색상을 변경하여 데이터 가독성을 높이고 디자인에 맞게 조정할 수 있도록 돕는 기능입니다. 색상을 클릭하여 남자는 파란색으로 변경합니다.

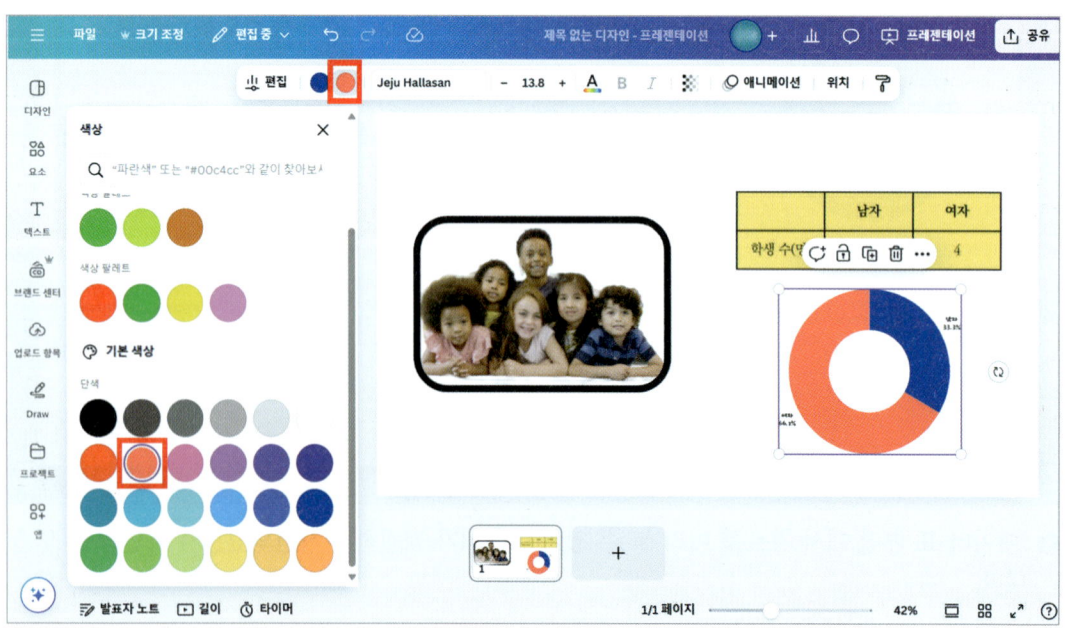

같은 방식으로 여자는 빨간색으로 변경합니다.

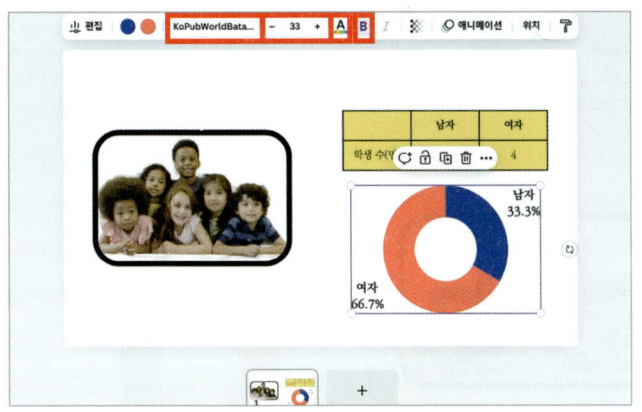

편집 메뉴 중 '글꼴', '글꼴 크기', '텍스트 색상', '굵게'를 이용하여 차트에 입력한 텍스트를 편집할 수 있습니다.

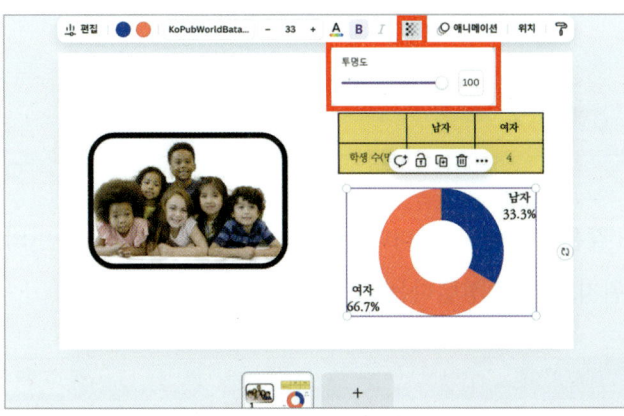

편집 메뉴 중 '투명도'는 차트의 불투명도를 조절하여 배경과 조화롭게 만들거나 강조 효과를 줄 수 있는 기능입니다.

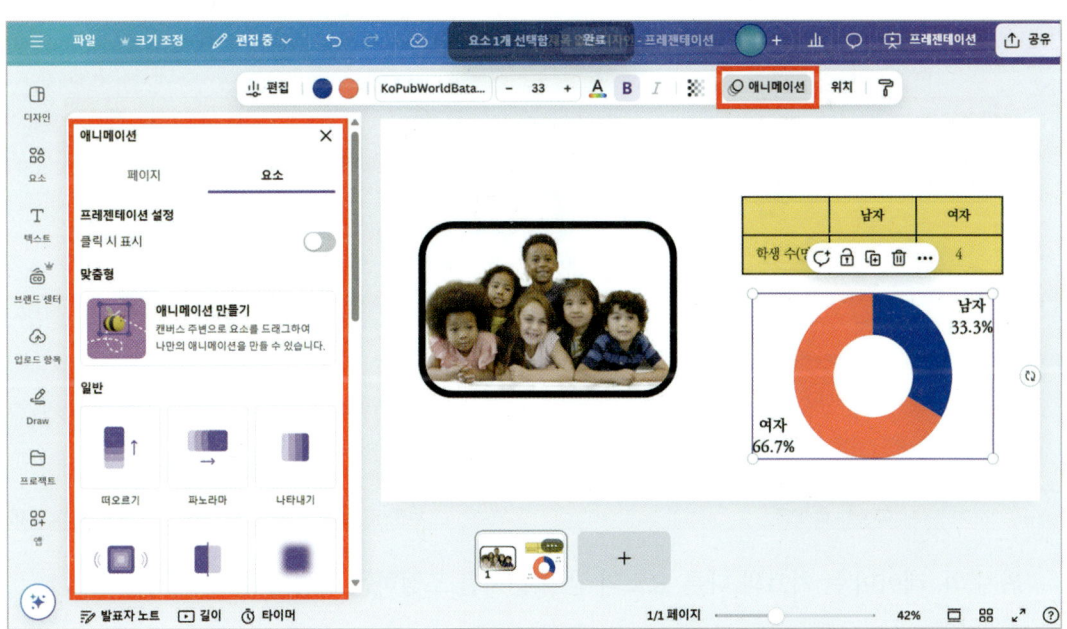

편집 메뉴 중 '애니메이션'은 차트가 화면에 나타나는 방식(페이드 인, 확대, 회전 등)을 설정하여 더욱 역동적인 효과를 줄 수 있는 기능입니다.

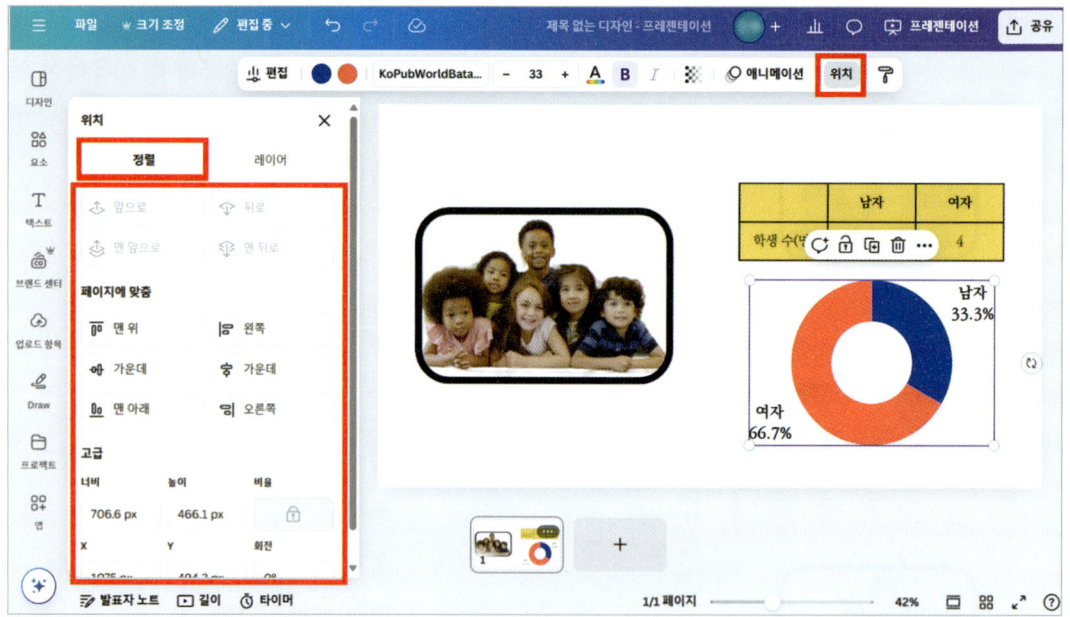

편집 메뉴 중 '위치'를 클릭하면 이와 같은 화면이 보입니다. 위치의 '정렬'은 차트를 화면의 가운데, 좌측, 우측, 상단, 하단 등 특정 위치로 자동 정렬하는 기능입니다.

'위치'의 '레이어'는 차트와 다른 요소의 앞뒤 순서를 조정하는 기능입니다.

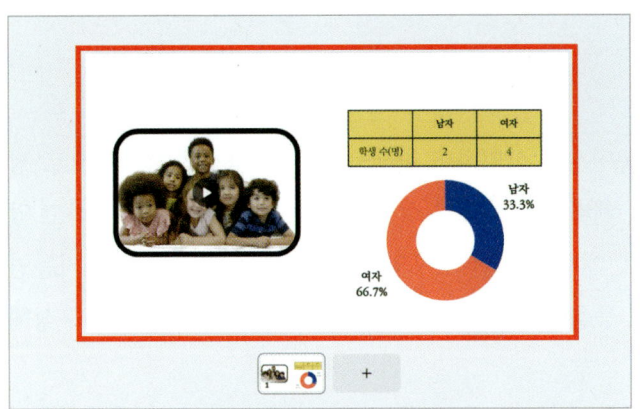

완성된 차트를 확인하고 부족한 디자인이 있는지 확인합니다. 상단에 제목을 입력해 보겠습니다.

좌측 메뉴바 [텍스트]에서 '기본 텍스트 스타일'-'제목 추가'를 클릭하여 상단에 제목을 입력할 텍스트 상자를 추가합니다.

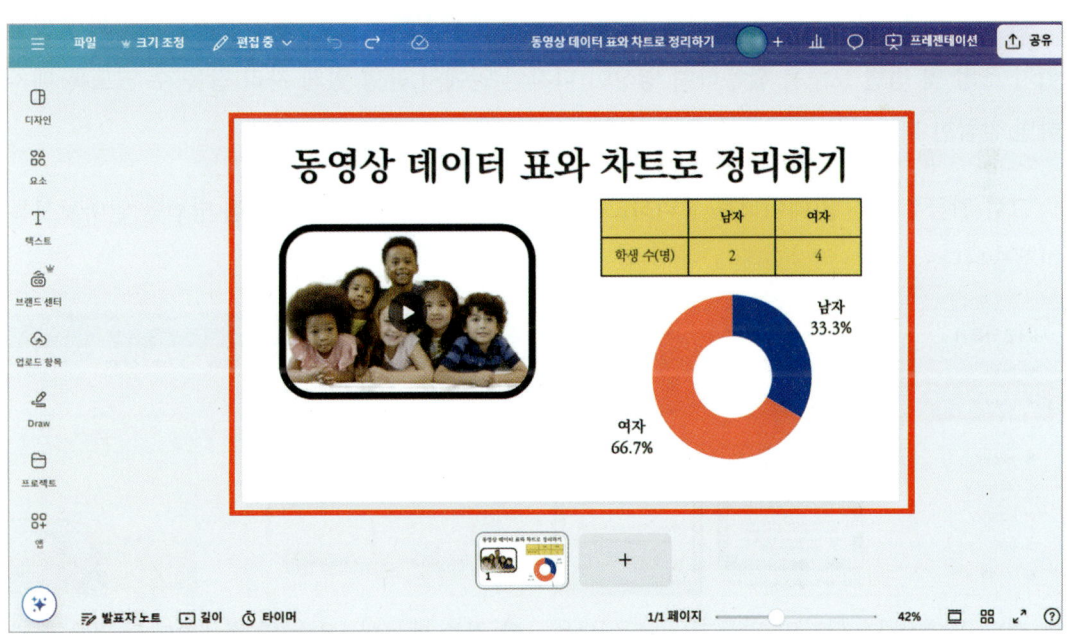

완성된 결과물을 확인합니다.

<과학> 실험 데이터 정리하기

01. 실험 동영상 삽입 방법 알아보기

과학 수업에서 캔바를 활용해 실험 동영상을 삽입하면 학생들이 실험 과정을 효과적으로 정리하고 시각적으로 표현할 수 있습니다. 캔바는 다양하고 쉬운 동영상 편집 기능을 제공하고 있어, 실험 동영상을 삽입하고 편집하는데 매우 적합한 도구입니다. 캔바 동영상의 기본 기능인 다양한 동영상 지원, 자르기, 위치 조정 등을 활용해 실험 영상을 삽입하고 효과적으로 구성해 보겠습니다.

■ **다양한 동영상 지원**

캔바는 MP4, MOV, GIF 등 다양한 형식의 동영상 파일을 지원하여 원하는 콘텐츠를 손쉽게 디자인에 추가할 수 있습니다. 실험 과정이 잘 전달될 수 있도록 적절한 영상을 선택하는 것이 중요합니다.

■ **자르기**

실험 영상에서 중요한 부분만 강조하고 싶다면 자르기 기능을 활용할 수 있습니다. 불필요한 부분을 제거하고, 실험의 핵심 과정이 돋보이도록 조정할 수 있습니다.

■ **위치 조정**

동영상을 텍스트나 이미지 등 다른 요소와 조화롭게 배치하는 것이 중요합니다. 캔바의 동영상 위치 조정 및 정렬 도구를 활용하여 영상이 디자인 안에서 균형 있게 자리 잡을 수 있도록 배치하면 깔끔한 디자인을 완성할 수 있습니다.

그럼 지금부터 실험 데이터를 정리하고, 실험 동영상 추가 및 동영상 편집 방법을 알아보도록 하겠습니다.

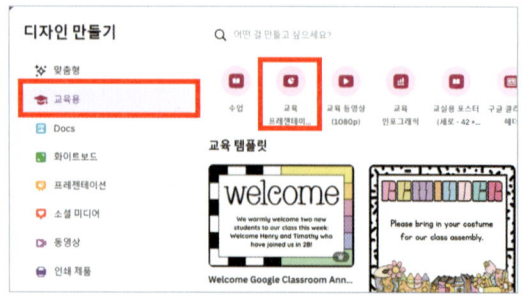

❶ 캔바 홈에서 [+ 디자인 만들기]-[교육용]을 누른 뒤 '프레젠테이션(16:9)'을 선택합니다.

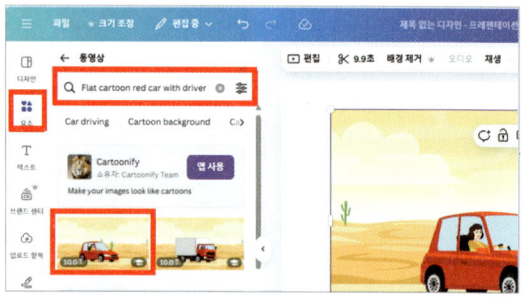

❷ 좌측 메뉴바 [요소]의 검색창에서 필요한 키워드를 검색하여 동영상을 추가합니다.

*검색 키워드: Flat cartoon red car with driver woman character drive along desert

❸ 동영상 상단의 편집 메뉴 중 '자르기'를 이용하여 동영상을 5:4 비율로 자르고, 대각선 점을 활용하여 늘이고 줄이면서 동영상의 크기를 조절합니다.

❹ 동영상 상단의 편집 메뉴 중 '다듬기'를 이용하여 동영상 길이를 5초로 편집하고 '완료'를 클릭합니다.

02. 실험 데이터 표와 그래프로 작성하기

다음으로 실험 데이터를 정리하기 위해 실험 데이터를 표와 그래프로 시각화해 보겠습니다. 캔바의 기본 기능만으로도 데이터를 체계적으로 정리하고 이해하기 쉽게 표현할 수 있습니다. 표 삽입 및 차트 기능을 활용하여 데이터를 정리하고 이를 그래프로 만들어 보겠습니다.

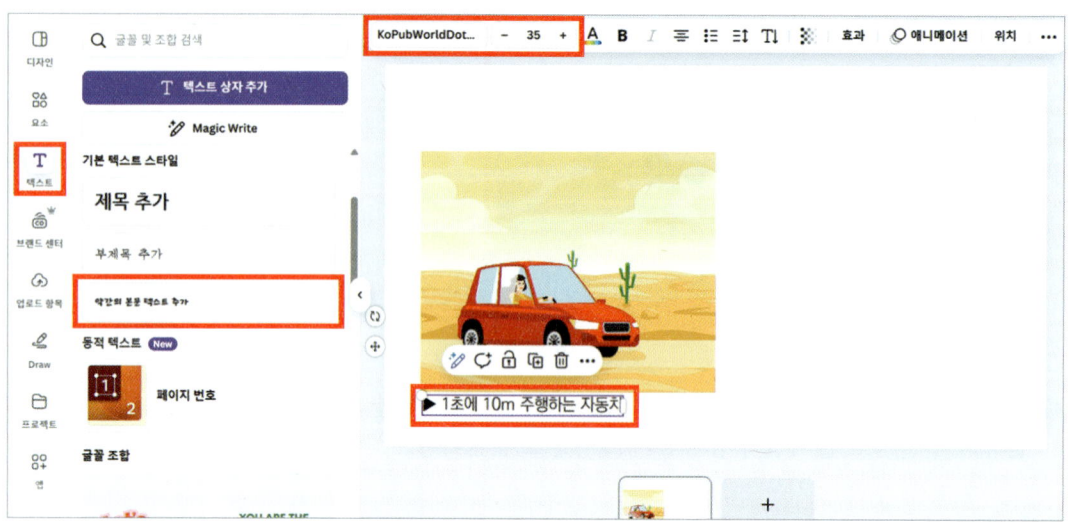

❶ 좌측 메뉴바 [텍스트]에서 '약간의 본문 텍스트 추가'를 클릭하고 '1초에 10m 주행하는 자동차'라는 텍스트를 입력합니다. 텍스트 상자 편집 메뉴에서 글꼴과 글꼴 크기를 조절합니다.

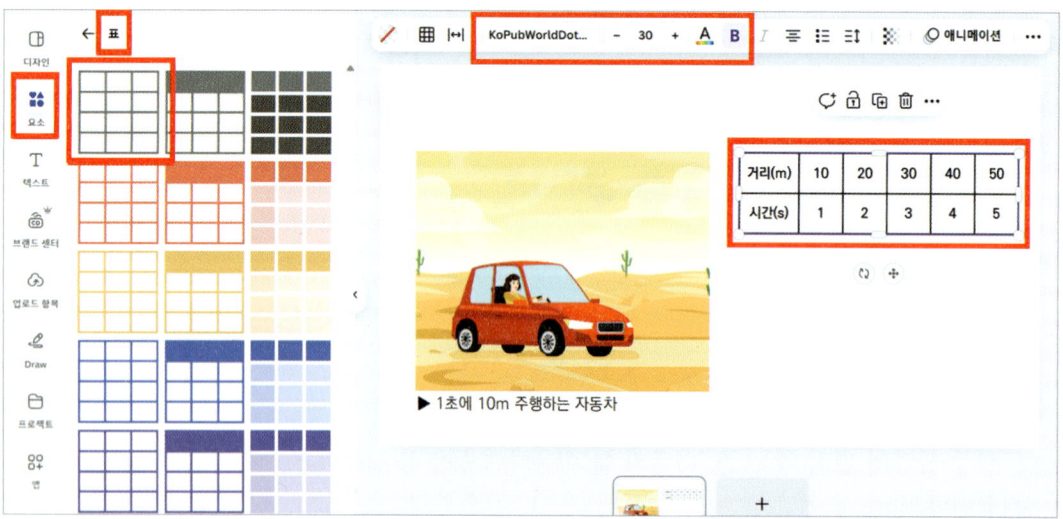

❷ 좌측 메뉴바 [요소]에서 '표'를 누르고 '모두 보기'를 클릭한 다음 검정색 테두리 표를 추가합니다. 표의 레이아웃 편집(행 삭제, 열 추가)을 통해 2행 6열 표를 추가합니다. 추가한 표에 동영상의 데이터를 입력한 뒤, 표의 편집 메뉴를 이용하여 표 안의 텍스트를 디자인에 적절하게 수정합니다.

* 입력 예:

거리(m)	10	20	30	40	50
시간(s)	1	2	3	4	5

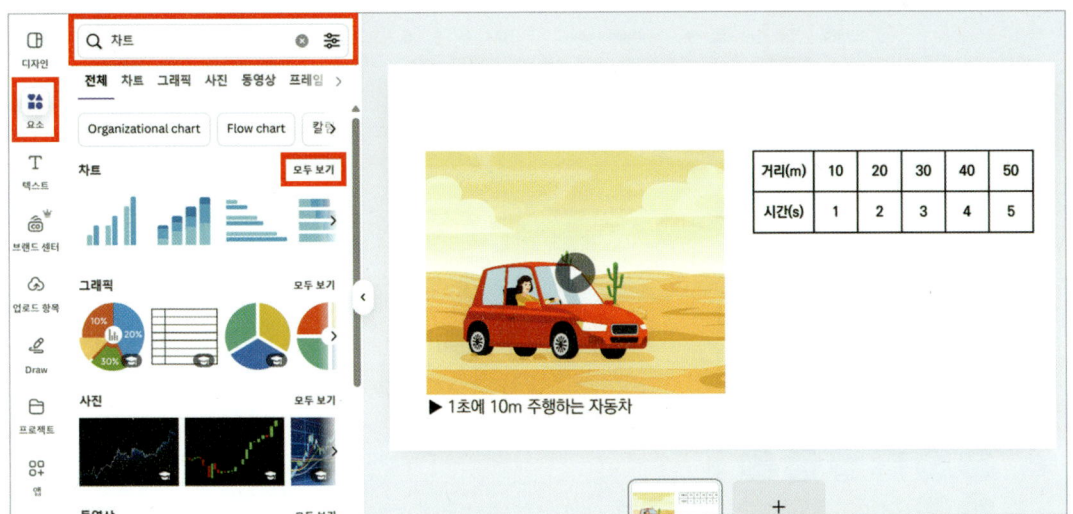

❸ 좌측 메뉴바 [요소]의 검색창에서 '차트'를 검색하고 '차트'에서 '모두 보기'를 누른 뒤 '선 차트'를 선택합니다. 다음으로 '데이터 표 확대'를 클릭합니다.

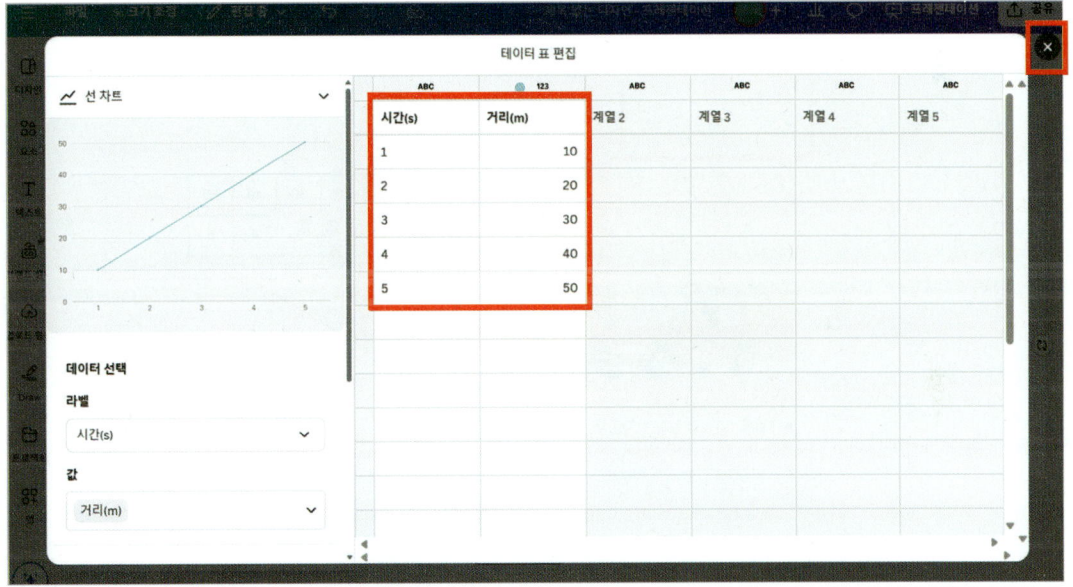

❹ 차트의 '데이터 표 편집'에 표의 데이터를 입력하고 '닫기'를 클릭합니다.

* 입력 예:

시간(s)	거리(m)
1	10
2	20
3	30
4	40
5	50

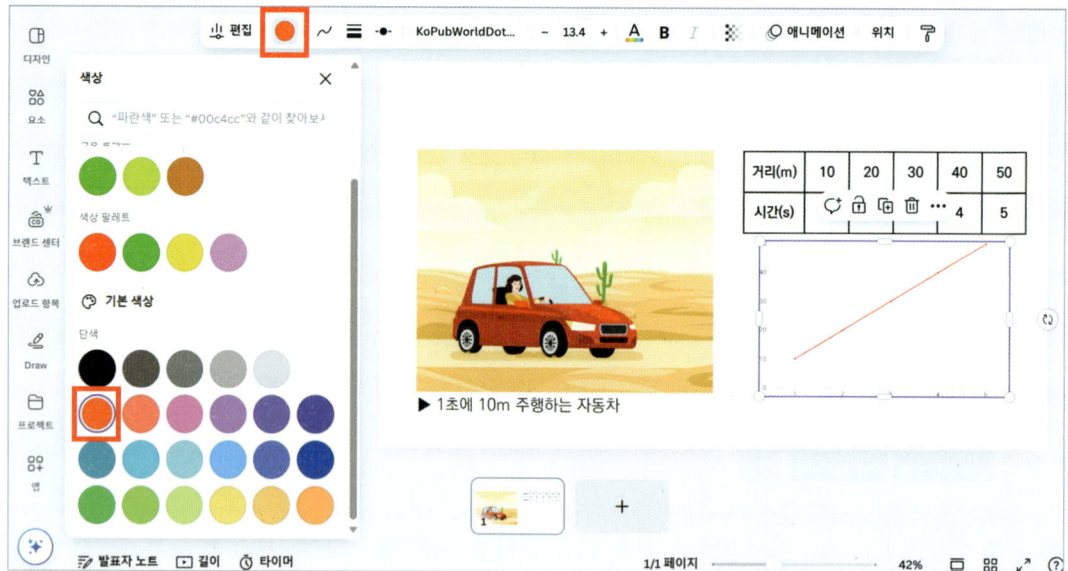

❺ 만들어진 차트를 선택하고, 차트의 편집 메뉴의 '색상'에서 빨간색으로 수정합니다.

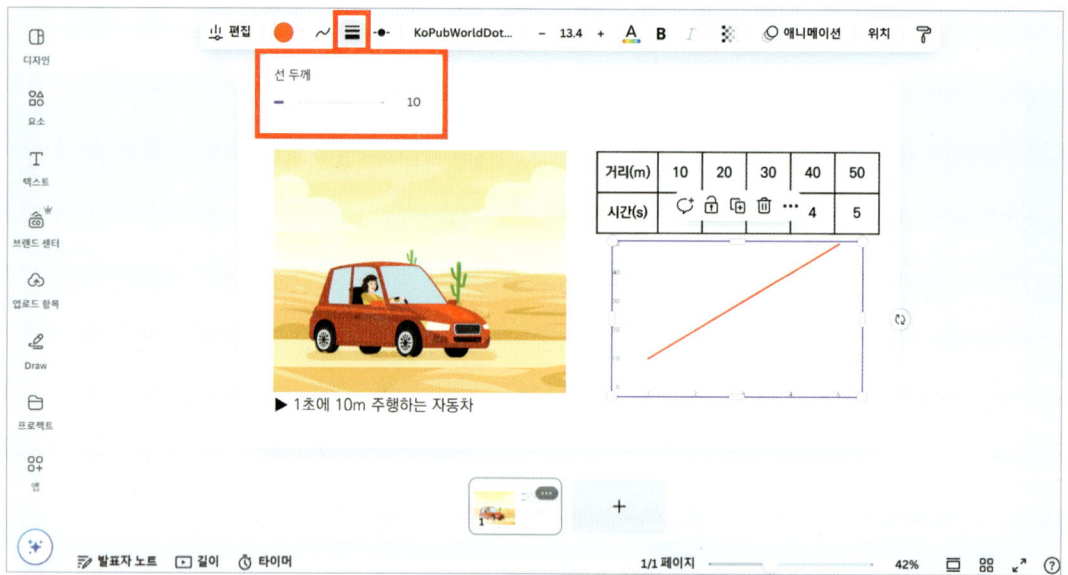

❻ 차트의 편집 메뉴 '선 두께'에서 선의 두께를 10으로 수정합니다.

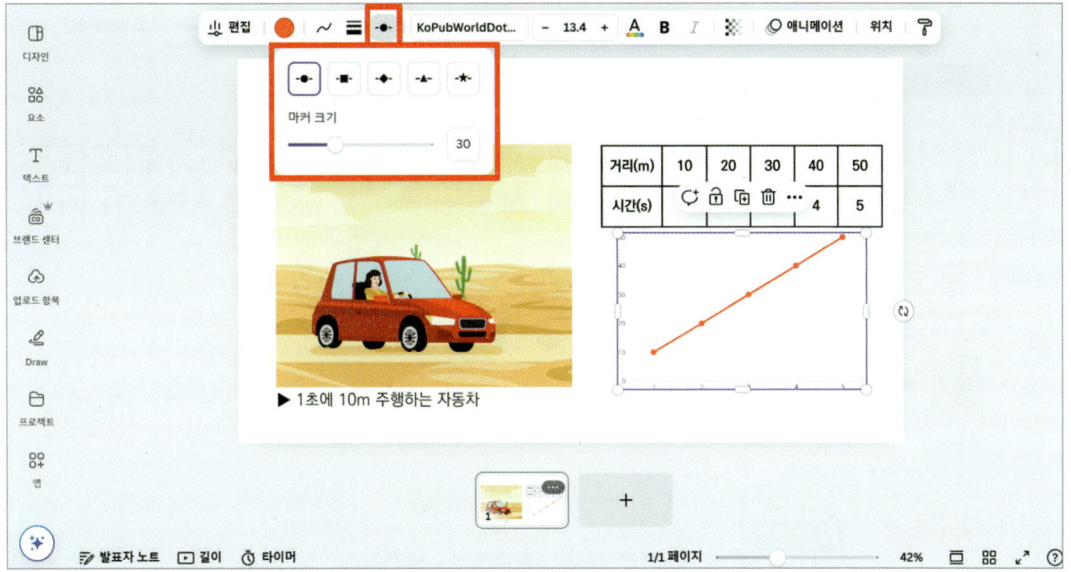

❼ 차트의 편집 메뉴 중 '마커'를 클릭하고, 마커 크기를 10으로 수정합니다.

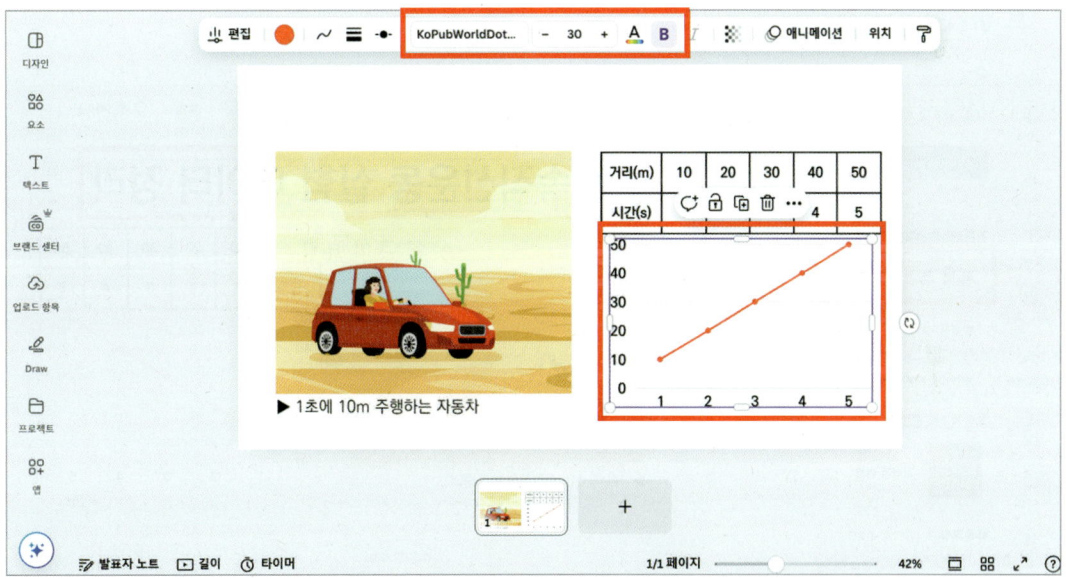

❽ 차트의 편집 메뉴에서 '글꼴'과 '글꼴 크기', '텍스트 색상', '굵기' 등을 눌러 원하는 대로 수정합니다.

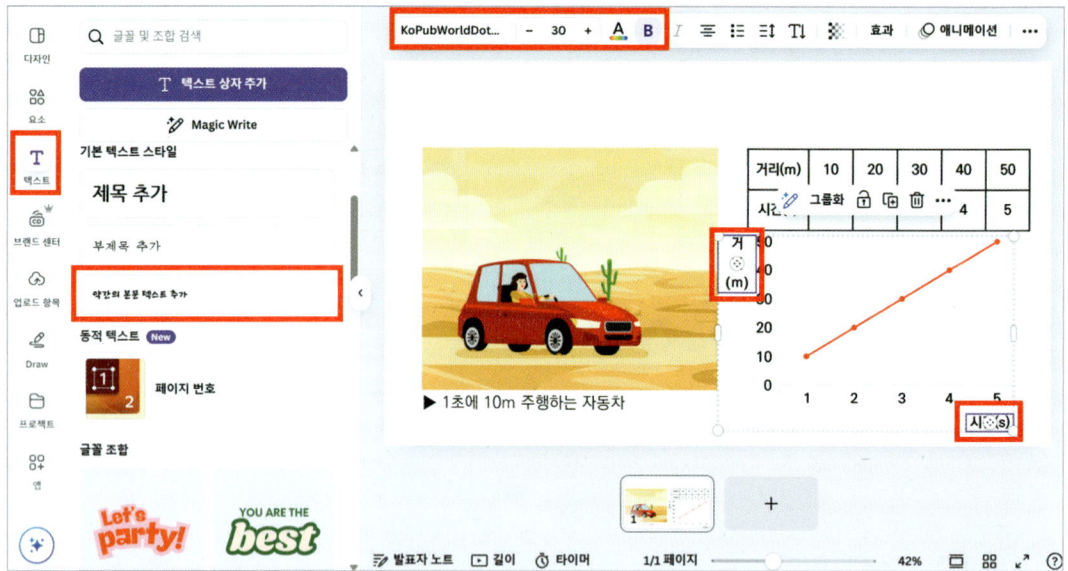

❾ 좌측 메뉴바 [텍스트]에서 '약간의 본문 텍스트 추가'를 클릭하여 선 차트의 X축과 Y축의 데이터 정보를 추가합니다. 텍스트의 편집 메뉴에서 글꼴과 글꼴 크기, 텍스트 색상, 텍스트 굵기를 수정해 줍니다.

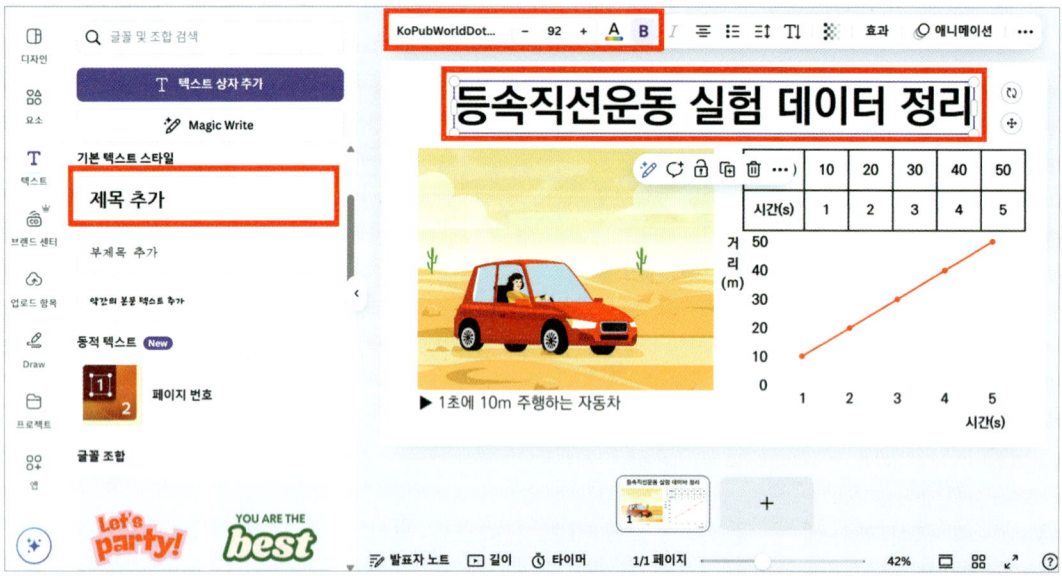

❿ '제목 추가'를 클릭하여 실험 데이터의 제목을 입력합니다. 텍스트의 편집 메뉴에서 글꼴과 글꼴 크기, 텍스트 색상, 텍스트 굵기를 수정해 줍니다.

*제목 입력 예: 등속직선운동 실험 데이터 정리

등속직선운동 실험 데이터 정리

거리(m)	10	20	30	40	50
시간(s)	1	2	3	4	5

▶ 1초에 10m 주행하는 자동차

⓫ 완성된 결과물을 확인합니다.

    캔바를 통해 과학 수업을 시각적으로 만들면 데이터를 체계적으로 정리하는 연습이 됩니다. 이를 통해 학생들의 분석력과 표현력을 키울 수 있습니다. 앞으로 다양한 실험 보고서와 발표 자료 제작에 활용할 수 있도록 캔바 기능을 익혀 효과적인 데이터 정리 전문가가 되어보도록 합시다.

    지금까지 캔바의 동영상, 표, 차트의 다양한 기능을 활용하여 실험 데이터를 효과적으로 정리하는 방법을 익혀보았습니다. 학생들은 텍스트 편집, 투명도, 애니메이션 등의 기능을 이용하여 데이터를 시각적으로 강조하는 방법을 탐구할 수 있습니다. 그리고 폰트, 색상, 정렬, 레이어 기능을 활용하면 실험 결과를 더 명확하게 표현할 수 있습니다. 오늘 배운 기능을 바탕으로 주제에 적합한 창의적인 데이터 정리 방법을 적용해 보기 바랍니다.

CH.2
캔바 앱 활용

브랜드 센터와 캔바 앱 기능 100% 활용하기

브랜드 센터 알아보기

01. 캔바 브랜드 센터란?

캔바 브랜드 센터를 이해하기 위해, 디자인 제작 과정에서 말하는 '브랜드'란 무엇인지 간단하게 알아보겠습니다.

■ **디자인에서 브랜드란? 나만의 스타일**

브랜드는 쉽게 말해 우리 학교나 학급 혹은 제작자를 대표하는 스타일을 뜻합니다. 옷을 입을 때 자신만의 스타일을 추구하듯, 디자인에도 우리만의 개성과 특징을 담아낼 수 있습니다. 이러한 디자인의 스타일을 브랜드라고 부를 수 있습니다.

■ **캔바 브랜드 센터를 사용하는 이유**

캔바 브랜드 센터는 선생님들에게 여러 가지 이점을 가져다줍니다.

핵심 장점	세부 설명
시간 절약	로고, 색상, 글꼴 등을 브랜드 센터에 미리 등록하여 디자인 작업 시간 단축
	브랜드 센터를 이용하여 기존 디자인을 브랜드 맞춤으로 손쉽게 변경
디자인 일관성 유지	내가 설정한 색상 조합 등을 활용해 일관성 있는 디자인 제작 가능
쉬운 브랜드 자산 관리	로고, 색상, 글꼴, 이미지 등 모든 브랜드 요소를 한 곳에서 통합 관리
	브랜드 요소 변경 시 브랜드 센터에서 쉽게 수정

캔바 브랜드 센터는 디자인 시간을 줄여주고, 브랜드 디자인의 일관성을 높여주며, 브랜드 자산 관리까지 쉽게 만들어주는 만능 디자인 도구입니다. 미리 설정해둔 브랜드 요소를 활용하면 디자인 작업 속도를 높이고, 양질의 디자인을 제작할 수 있습니다.

02. 캔바 브랜드 센터 주요 기능 살펴보기

지금부터 캔바 브랜드 센터의 주요 기능을 자세히 살펴보겠습니다. 먼저 브랜드 센터에 접속해 보겠습니다.

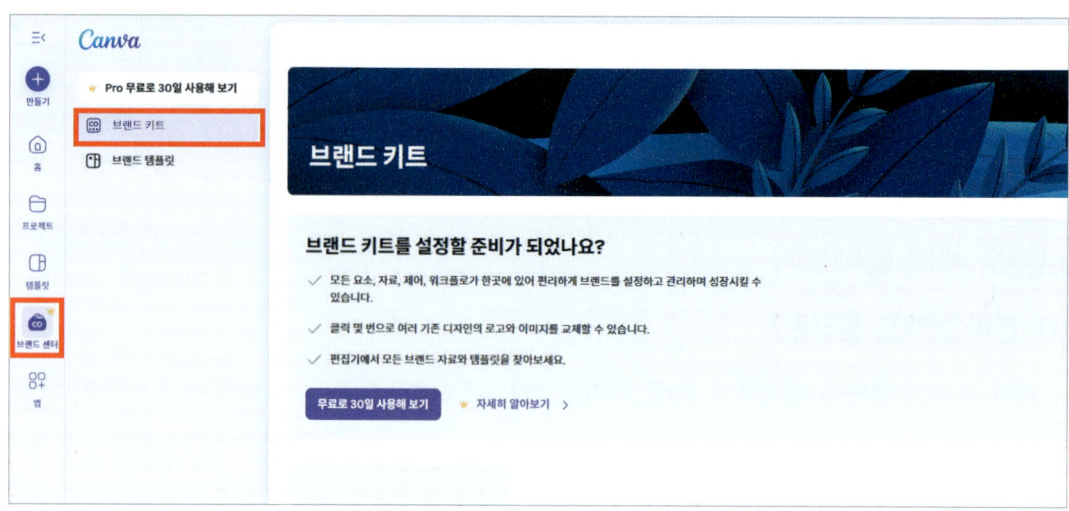

캔바 메뉴바에서 [브랜드 센터]를 클릭하여 브랜드 센터에 접속합니다. 브랜드 센터에는 크게 브랜드 키트와 브랜드 템플릿이라는 두 개의 요소가 있습니다.

브랜드 키트부터 하나씩 알아보겠습니다.

1) 브랜드 키트

❶ '브랜드 키트'를 선택합니다.

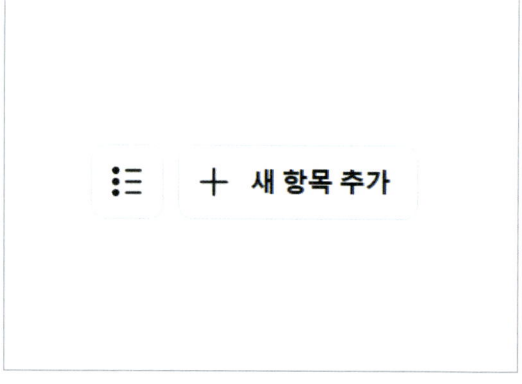
❷ '새 항목 추가'를 선택합니다.

 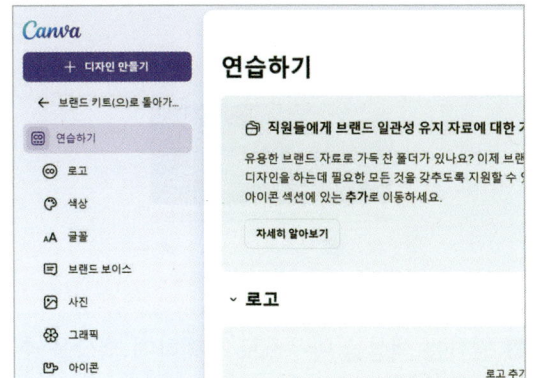

❸ 원하는 브랜드 이름을 작성한 후 [만들기]를 선택합니다.

❹ 작성한 이름으로 브랜드가 생성되었습니다.

브랜드 키트에서 다룰 수 있는 요소를 하나씩 알아보겠습니다.

💬 브랜드 키트 요소 알아보기

<로고>

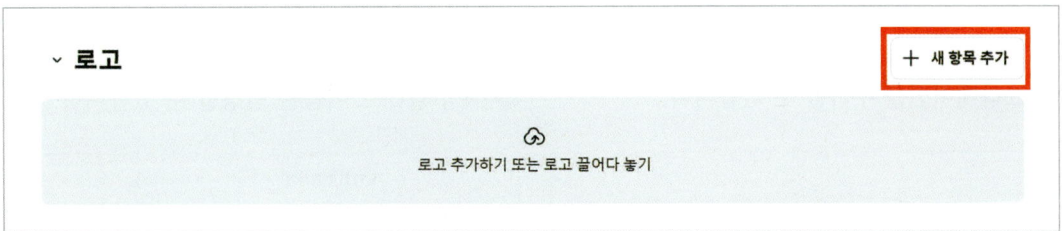

'사용하고 싶은 로고가 있다면 '새 항목 추가' 선택 후 직접 업로드해주세요.

<색상>

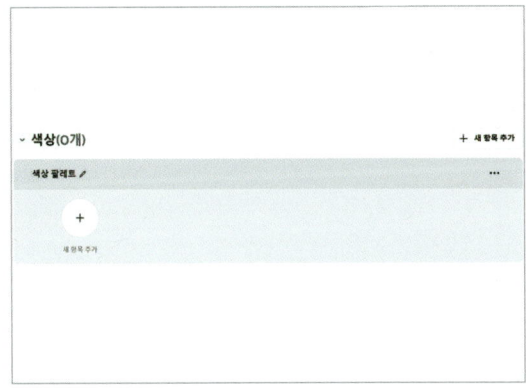 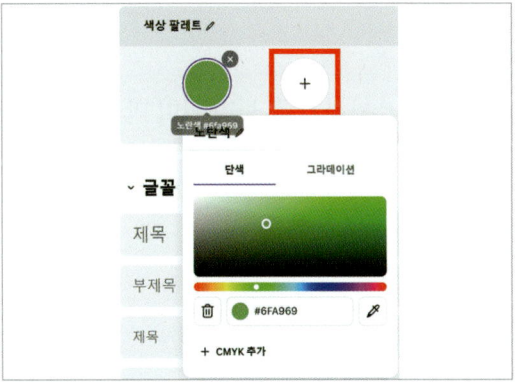

❶ 사용하고 싶은 색상 조합을 색상 팔레트에 미리 설정해둘 수 있습니다.

❷ '+ 버튼'을 누르면 원하는 색상을 추가할 수 있습니다.

❸ 원하는 색상을 마우스로 선택하여 색상을 추가할 수 있습니다.

❹ '색상 선택'을 클릭한 뒤 마우스를 움직여 원하는 색상을 골라 추가할 수 있습니다.

❺ 그라데이션을 추가할 수 있습니다.

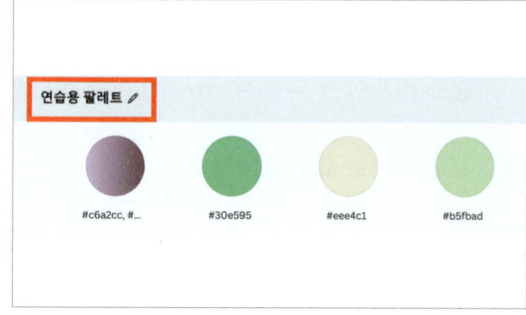

❻ 색상 팔레트 이름을 변경할 수 있습니다.

❼ '팔레트 추가하기'를 눌러 이미 만들어진 색상 조합을 사용할 수 있습니다.

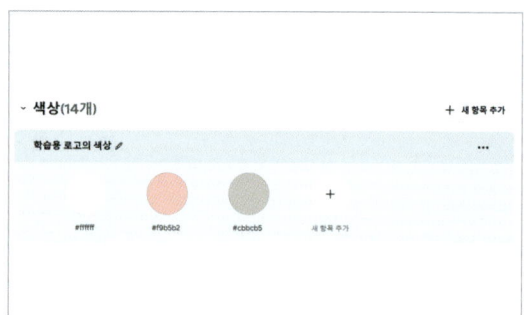

❽ 로고 업로드 시 사용된 색상을 자동 분석하여 색상 팔레트를 생성해줍니다.

<글꼴>

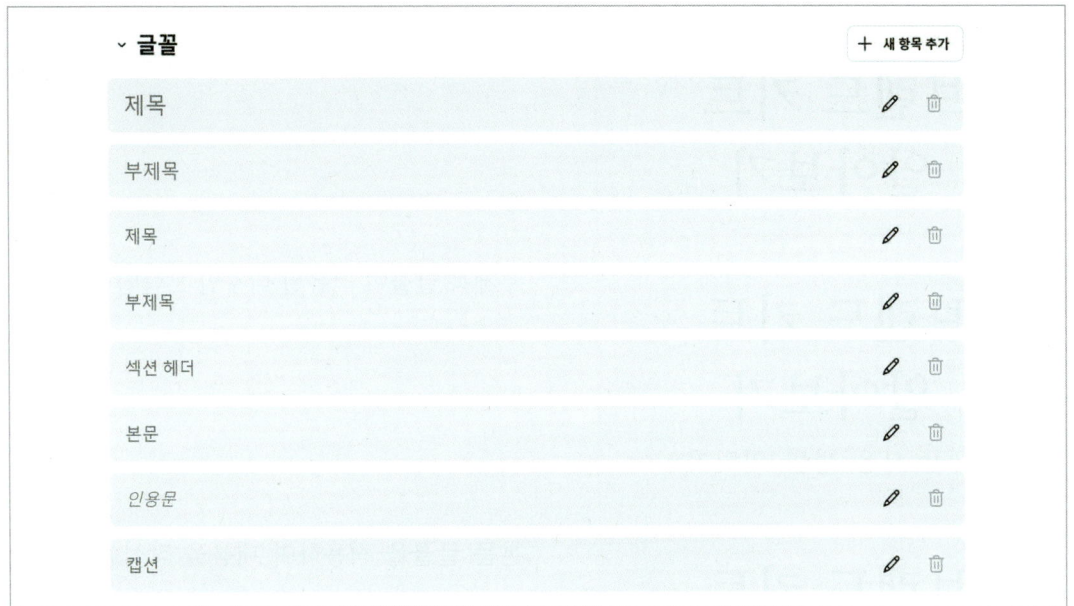

❶ 글꼴에서는 사용할 글자의 크기, 위치 등을 사전에 설정할 수 있습니다.

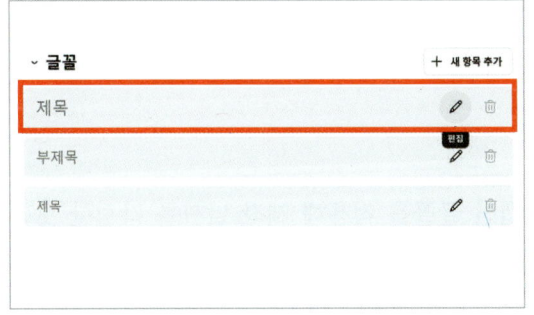

❷ 제목 글꼴을 눌러 '편집'을 선택합니다.

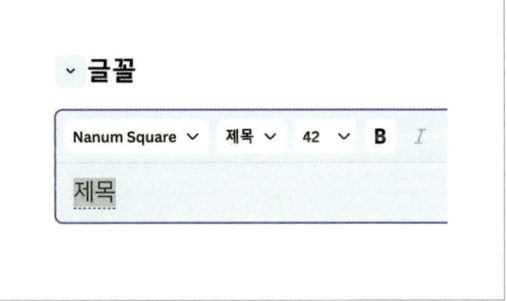

❹ 글꼴, 글자 크기, 글자 굵기, 이름 등을 설정할 수 있습니다.

사전에 설정한 글꼴을 활용하면 디자인의 일관성을 유지할 수 있을 뿐 아니라, 작업 속도가 훨씬 빨라진다는 장점이 있습니다.

브랜드 키드의 글꼴 항목이 실제 디자인에서 어떤 식으로 사용되는지 살펴보겠습니다.

제목 글꼴이 적용된 디자인 모습입니다.

부제목 글꼴이 적용된 디자인 모습입니다.

본문 글꼴을 적용하여 내용을 작성한 모습입니다.

캡션 글꼴을 적용해 제작 날짜를 작성한 모습입니다. 캡션은 시각 콘텐츠에 덧붙이는 짧은 글이나 설명을 뜻합니다.

추가로 위에서 다루지 않은 글꼴 항목 섹션 헤더와 인용문에 대해 설명하자면 섹션 헤더는 제목이나 소제목처럼 콘텐츠의 구조를 구분하고 계층을 나타낼 때 사용하는 글꼴이며, 인용문은 다른 사람의 말이나 글을 그대로 가져와 소개할 때 사용하는 글꼴입니다. 인용문을 사용할 때는 출처를 반드시 명시하는 것이 중요합니다.

<브랜드 보이스>

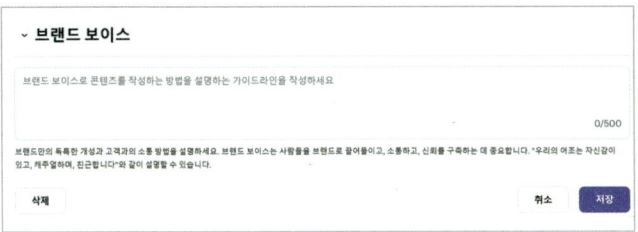

브랜드 보이스는 브랜드 키트를 사용하여 콘텐츠를 작성하는 방법을 설명하는 일종의 가이드라인입니다. 브랜드 키트를 설정해두면 우리 반 학생, 동료 등 한 팀에 속한 사람들이 내가 만든 브랜드 키트를 사용할 수 있습니다. 이처럼 다른 팀원들에게 로고, 글꼴 크기, 색상 조합 등을 왜 이렇게 설정하였는지, 어떤 목적으로 디자인을 제작하여야 하는지 디자인의 방법과 의도를 함께 공유할 수 있습니다.

<사진, 그래픽, 아이콘>

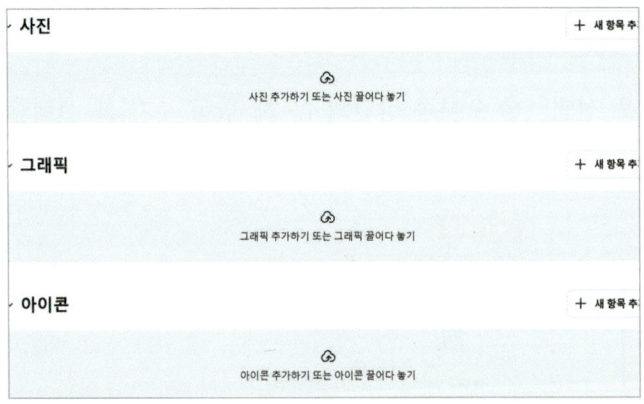

브랜드 키트에서는 자주 사용하는 사진, 그래픽, 아이콘 등의 이미지를 미리 등록할 수 있습니다. 이렇게 사전 설정해두면 디자인 작업 시 일관성을 유지할 수 있고, 반복적으로 사용하는 이미지를 빠르게 불러올 수 있어 편리합니다. 예를 들어, 학급 운영을 위한 브랜드 키트를 만든다면 우리 반 학생들의 사진을 반복적으로 사용하게 되겠죠. 이럴 때 사진 항목에 학생들의 사진을 미리 업로드하면 디자인을 만들 때 훨씬 손쉽게 활용할 수 있습니다.

<차트>

브랜드 차트에서는 차트의 '색상' 등을 미리 지정해둘 수 있습니다. 일관된 색상 조합으로 제작된 차트를 보면 통일성이 느껴지는데요. 이처럼 색상 조합을 미리 지정해두어 비슷한 느낌의 차트들을 생성할 수 있도록 도와줍니다.

2) 브랜드 템플릿

이번에는 브랜드 템플릿에 대해 알아보겠습니다. 브랜드 템플릿을 활용하면 수업에 사용하고 싶은 디자인들을 미리 브랜드 스타일로 설정해 둘 수 있습니다. 이렇게 미리 준비된 템플릿으로 수업 자료를 더욱 빠르고 효율적으로 제작할 수 있습니다. 그럼 브랜드 템플릿을 만드는 방법을 함께 알아보겠습니다.

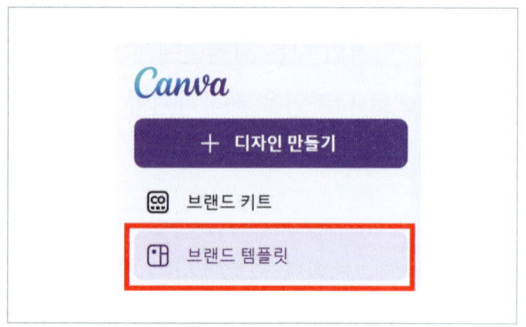

❶ [브랜드 센터]에서 '브랜트 템플릿'을 선택합니다.

❷ 오른쪽 상단의 [+ 새 항목 추가]를 선택합니다.

❸ 검색창에 '카드뉴스'를 검색한 후 하단의 카드뉴스를 선택하여 디자인을 생성합니다.

❹ [디자인] 편집 화면으로 이동되었습니다.

❺ 카드뉴스 템플릿을 만들어보겠습니다. 좌측 메뉴바 [디자인]에서 검색창에 '카드뉴스' 입력 후, 원하는 템플릿을 선택하여 디자인에 적용합니다.

❻ 좌측 메뉴바에서 [브랜드 센터] 클릭 후, 색상에서 미리 설정해둔 팔레트를 선택합니다. 디자인의 색상이 자동으로 변화하는 모습을 볼 수 있습니다.

❼ [셔플]을 누르면 사전 설정한 색상 조합 내에서 디자인 색상이 변화합니다. 여러 색상 조합을 찾아보며 마음에 드는 디자인을 선택하면 됩니다.

❽ 왼쪽 하단의 [모든 페이지에 적용] 선택 시 다른 페이지의 색상도 통일된 조합으로 쉽게 변경할 수 있습니다.

 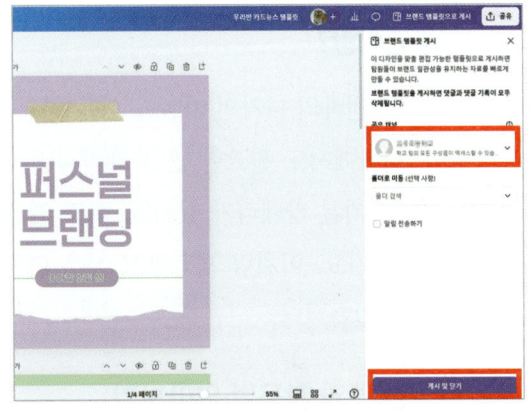

❾ 템플릿 설정 완료 후, 오른쪽 상단의 파일명을 입력합니다. 파일명을 입력하였다면 '브랜드 템플릿으로 게시'를 선택합니다.

❿ 공유 채널 설정 등 템플릿을 함께 사용하고 싶은 팀원 설정 후, [게시 및 닫기]를 선택합니다.

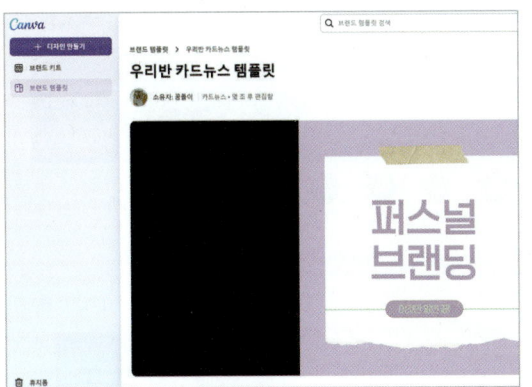 

⓫ 브랜드 템플릿에 제작한 템플릿이 게시되었습니다.

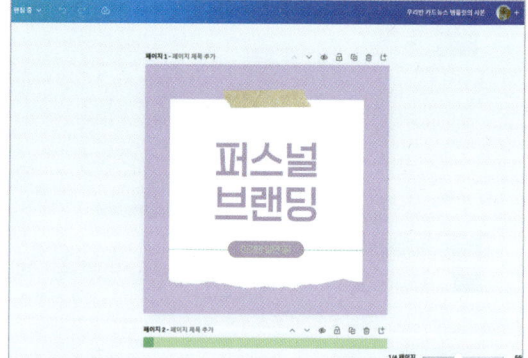

⑫ 오른쪽 상단의 [이 브랜드 템플릿 사용하기]를 선택하면 템플릿 디자인의 사본이 생성됩니다. 생성된 사본에 세부 내용을 변경하여 디자인을 쉽고 빠르게 만들 수 있습니다.

캔바 앱으로 디자인 기능 확장하기

01. 캔바 앱이란?

캔바 앱은 캔바의 디자인 기능을 더욱 확장해주는 도구입니다. 스마트폰에 앱을 설치하여 사용하듯이, 캔바에서도 필요한 앱을 추가하면 더 풍부한 기능을 활용할 수 있습니다. 예를 들어 스마트폰에는 기본 카메라가 있지만, 특정 앱을 설치하면 더 다양한 촬영 기능을 사용하여 사진을 찍을 수 있지요. 이처럼 제작하고 싶은 디자인에 따라 적절한 앱을 사용하면 더욱 효과적인 작업을 할 수 있습니다.

02. 다양한 앱과 활용법 알아보기

캔바에서는 정말 다양하고 유용한 앱들을 사용할 수 있습니다. 지금부터 디자인 작업에 도움이 될 앱을 하나씩 살펴보겠습니다.

캔바 홈 메뉴바에서 [앱]을 선택합니다.

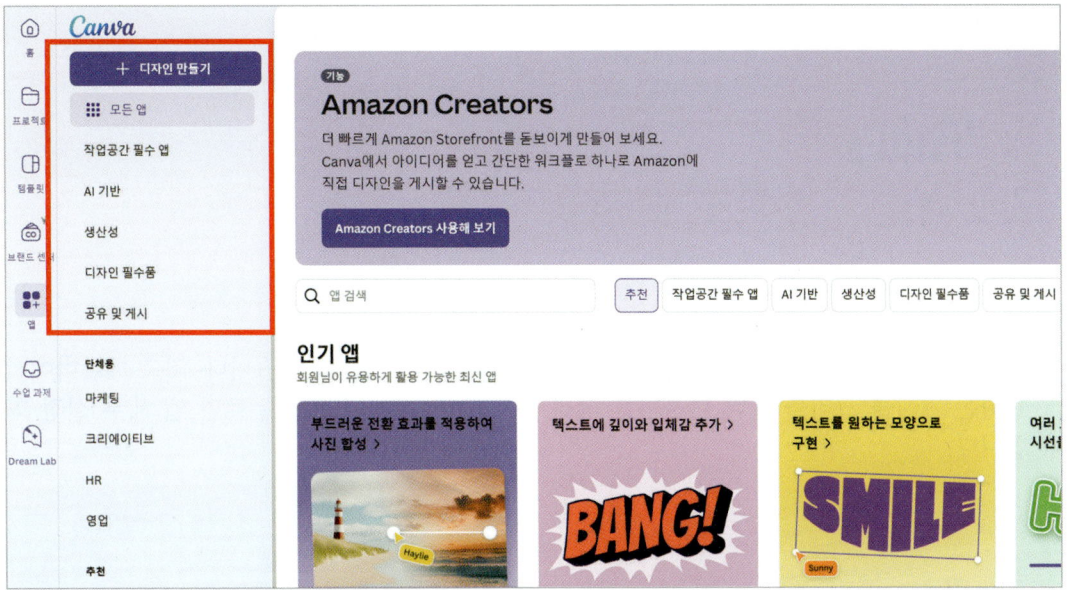

[앱] 화면입니다. 사용자가 사용하기 쉽도록 작업공간 필수 앱, AI 기반, 생산성 등 태그를 달아놓은 모습입니다.

■ TypeExtrude 앱

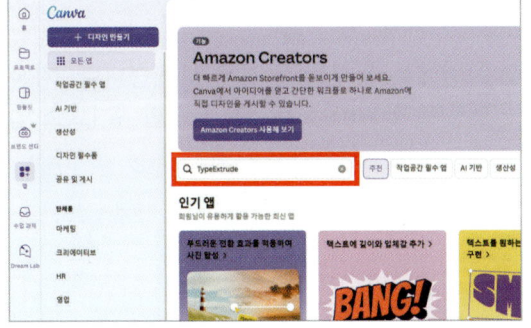

❶ [앱] 검색창에 'TypeExtrude'를 검색하거나 [앱] 화면 중 'TypeExtrude' 앱을 선택합니다.

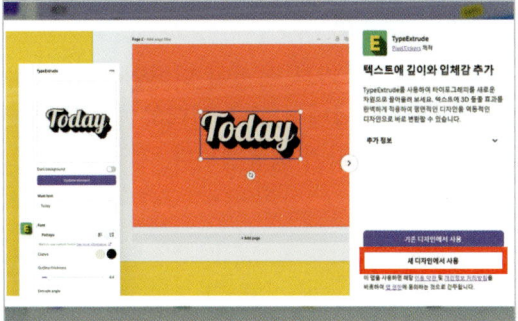

❷ 원하는 앱을 선택하면 앱 설명과 함께 [기존 디자인에서 사용], [새 디자인에서 사용] 버튼이 나타납니다.

   *기존 디자인에서 사용: 이미 작업 중인 디자인에서 앱 사용

   *새 디자인에서 사용: 새로운 디자인 파일을 만들어 사용

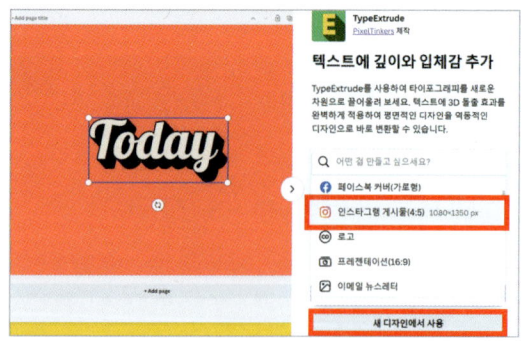 

❸ [새 디자인에서 사용]을 선택해 보겠습니다. 원하는 게시물 크기를 눌러 디자인을 생성합니다.

❹ 디자인이 생성되었습니다. 좌측 메뉴바에서 [TypeExtrude]를 누르면 앱 세부 설정 화면이 보입니다.

 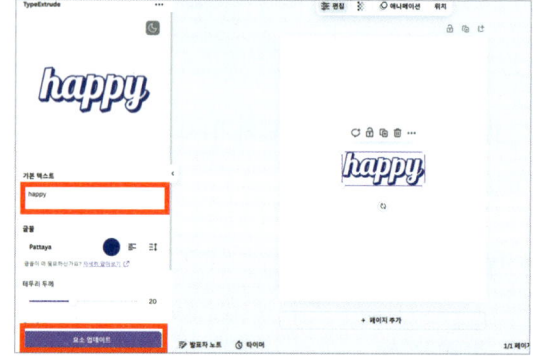

❺ 'today'라고 기본 설정이 되어있습니다. 하단의 [요소 업데이트]를 선택하면 아트보드에 today 글자가 적용됩니다.

❻ 이번에는 문구를 변경해 보겠습니다. 기본 텍스트에 원하는 문구를 작성한 후 [요소 업데이트]를 선택합니다.

 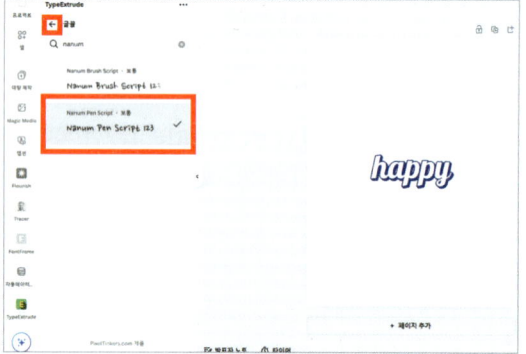

❼ 이때 기본 텍스트에 '행복한 하루'라고 입력하면 미리보기 화면에 글자가 물음표(?)로 표시됩니다. 이렇게 표시되는 이유는 현재 설정된 글꼴이 한글을 지원하지 않기 때문입니다.

❽ 한글을 지원하는 글꼴인 Nanum Pen으로 글꼴을 변경해 보겠습니다. 글꼴을 누르고 검색창에 'nanum'을 검색합니다. 검색 결과에서 Nanum Pen을 선택한 후 뒤로 가기 화살표를 누릅니다.

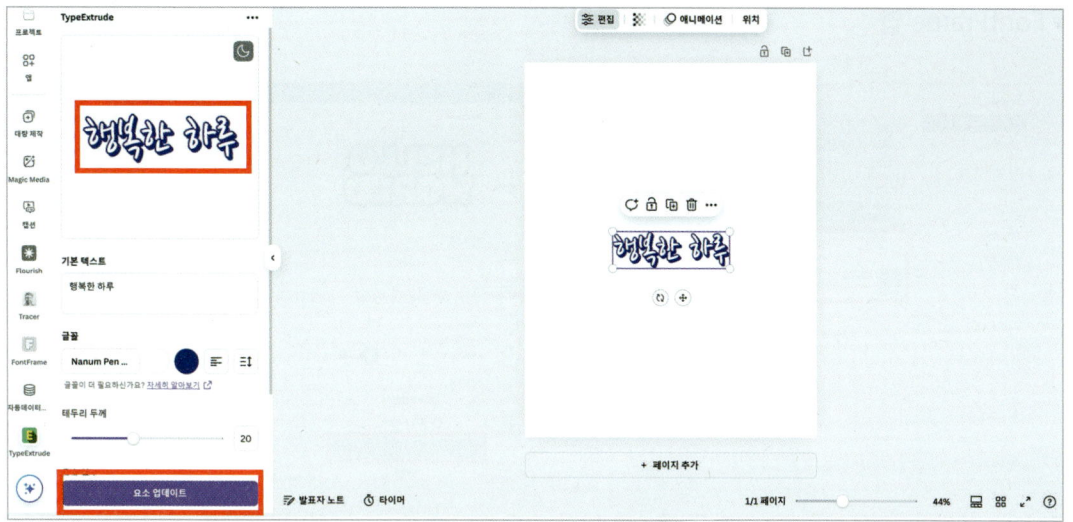

❾ 글꼴이 바뀌니 미리보기 창에 '행복한 하루' 글자가 잘 보입니다. 이제 [요소 업데이트] 버튼을 눌러 아트보드에 글자를 바꿔보겠습니다. 글자가 잘 적용된 모습입니다.

❿ 글꼴, 테두리 색상, 테두리 두께, 글 정렬, 위아래 간격, 돌출 각도 및 길이 등 세부 설정이 가능합니다.

    TypeExtrude 앱은 글자를 입체적으로 표현해주기 때문에 특정 단어나 문장을 강조할 때 효과적입니다. 디자인을 제작하며 글자를 돋보이게 하고 싶을 때 TypeExtrude 앱을 사용하면 좋습니다.

■ FontFrame 앱

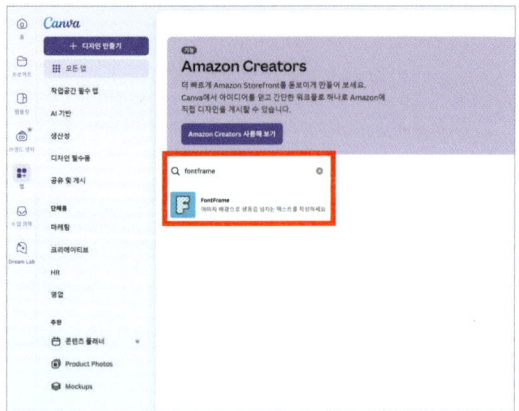

❶ [앱] 검색창에 'fontframe' 검색 후, '새 디자인에서 앱 사용하기'를 선택합니다.

❷ Fontframe은 글자 배경을 이미지로 채우는 앱입니다. 별도 이미지를 사용해야 하는 앱인데요. 이미지를 사용하지 않은 상태에서 [디자인에 추가]를 선택하면 기본 이미지가 적용됩니다.

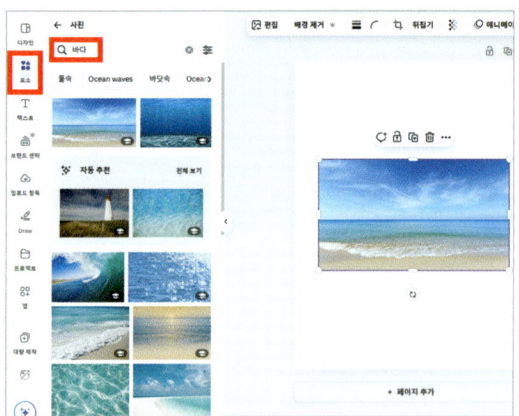

❸ 이미지를 추가해 사용해 보겠습니다. 좌측 메뉴바 [요소]의 사진에서 검색창에 '바다'를 검색한 후, 원하는 이미지를 선택하여 아트보드에 가져옵니다.

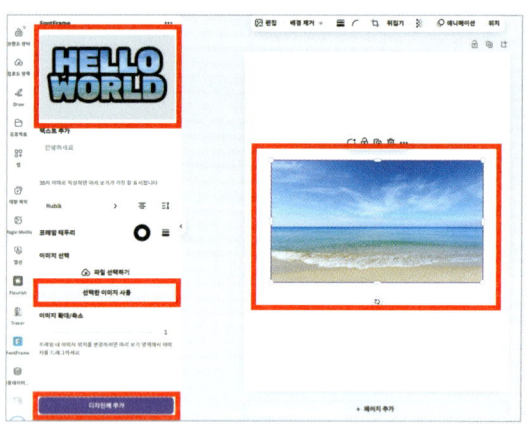

❹ 다시 [Fontframe] 앱을 선택한 후 이미지를 클릭한 상태에서 [선택한 이미지 사용]을 선택합니다. 미리보기 화면을 보면 해당 이미지가 글자 배경에 적용된 모습을 볼 수 있습니다. 하단의 [디자인에 추가]를 선택하여 적용합니다.

■ AI Text to speech 앱

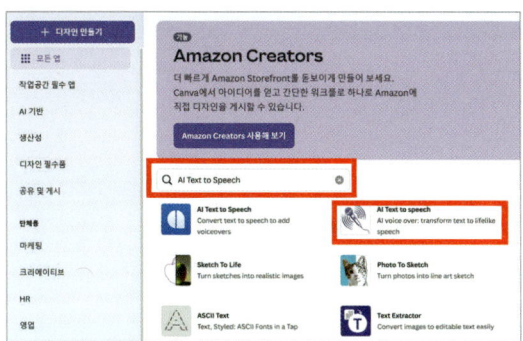 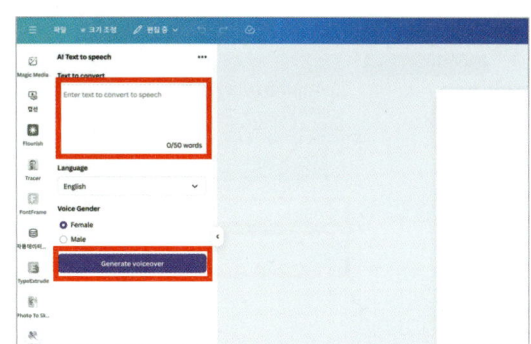

❶ [앱] 검색창에 'AI Text to speech'를 검색하면 2개의 AI Text to speech 앱이 나오는데요. 마이크 모양의 앱을 사용해 보겠습니다.

❷ AI Text to speech 앱은 이미지를 스케치로 바꿔주는 앱입니다. Text to convert에 내용을 작성하고, 세부 설정을 한 후 [Generate Voiceover] 버튼을 선택하면 글자를 읽는 음성파일이 생성됩니다.

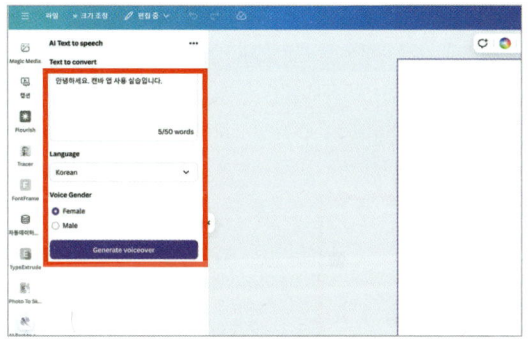 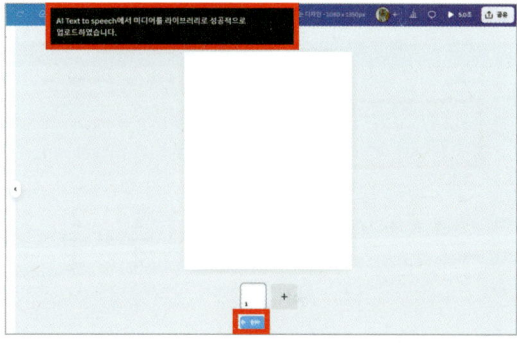

❸ Text to convert에 '안녕하세요. 캔바 앱 사용 실습입니다.'를 입력합니다. Language(언어)를 Korean으로, Voice Gender(성)은 Female(여성)으로 설정 후, [Generate voiceover]를 선택합니다.

❹ 성공적으로 업로드되었다는 문구와 함께 아트보드 하단에 음성파일이 생성된 것을 확인할 수 있습니다.

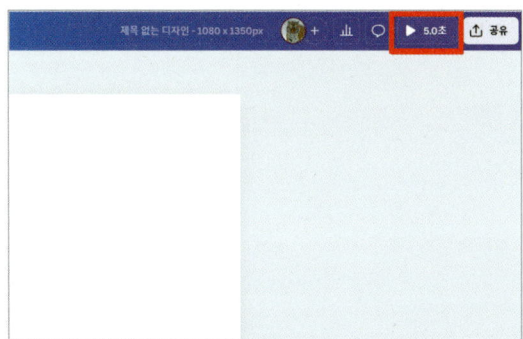

❺ 오른쪽 상단의 '재생'을 눌러 생성된 음성을 확인할 수 있습니다.

■ Equations 앱

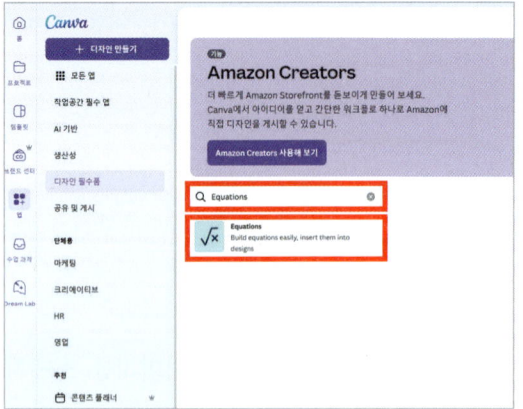

❶ [앱] 검색창에 'Equations' 검색 후 '새 디자인에서 앱 사용하기'를 선택합니다.

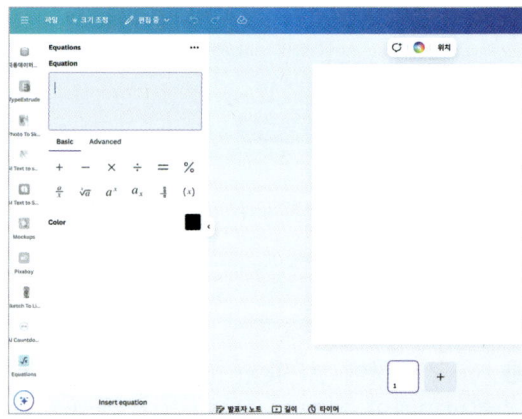

❷ 다른 문서 작성 도구에서는 2의 제곱을 컴퓨터에서 표현하기 어렵지만 캔바에서는 Equations 앱을 사용해 수학 수식을 쉽게 표현할 수 있습니다.

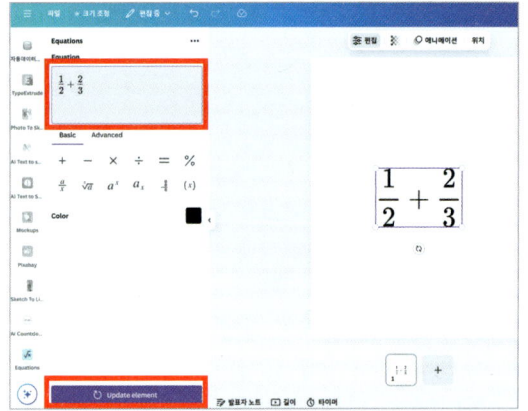

❸ 2분의 1 더하기 3분의 2를 Equations 앱을 사용해 표기한 모습입니다. 수식을 모두 작성한 후 [Update element]를 선택하면 아트보드에 수식이 삽입됩니다.

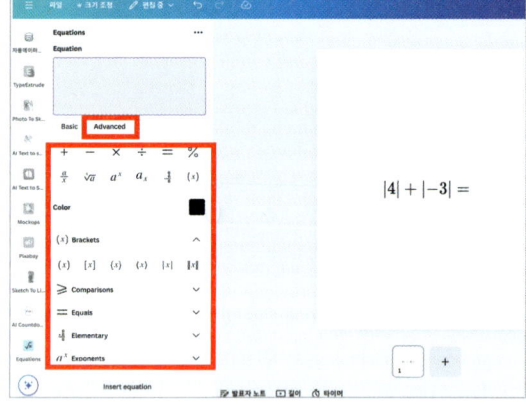

❹ Advanced를 선택하면 세부적인 식 표현이 가능합니다.

■ AI Music 앱

동영상을 만들 때 배경 음악이 필요한 경우가 종종 있습니다. 분위기에 맞는 음악을 생성형 AI로 손쉽게 만들어 사용할 수 있는 앱입니다.

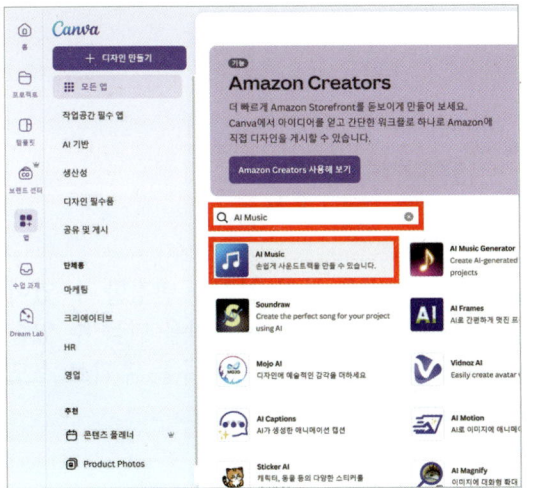 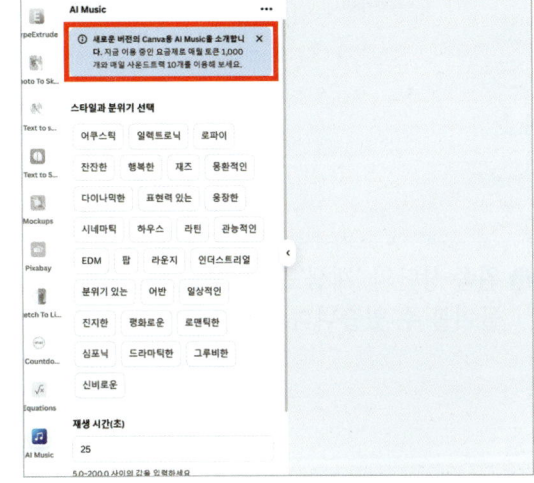

❶ [앱] 검색창에 'AI Music' 검색 후, '새 디자인에서 앱 사용하기'를 선택합니다.

❷ AI Music은 매월 토큰 1,000개와 매일 10개의 음악 생성이 가능합니다. 음악 1초 생성에 토큰 1개가 소모됩니다. 25초짜리 음악을 만들면 토큰 25개가 소모됩니다.

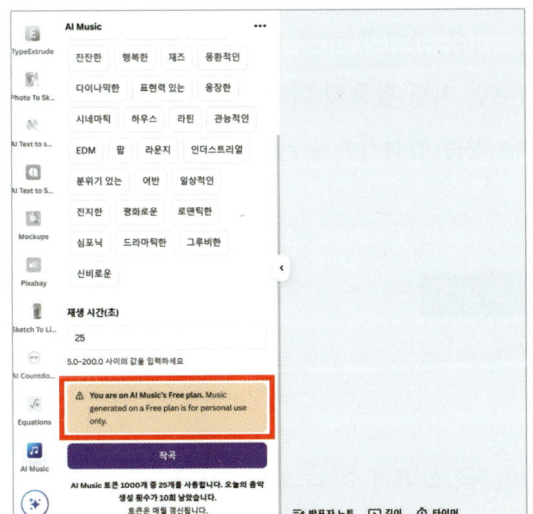 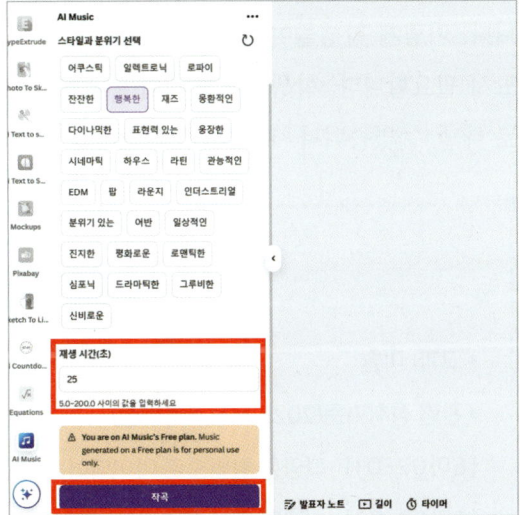

❸ 여기서 주의할 점이 있습니다. 무료 요금제에서 생성한 음악은 상업적 용도로 사용할 수 없고 개인적 용도로만 사용해야 합니다.

❹ 예시로 학급 소개 영상에 사용할 음악을 만들어보겠습니다. '행복한' 스타일을 선택하고 제한 시간(초)은 '25'로 작성한 후 하단의 [작곡]을 눌러 음악을 생성합니다.

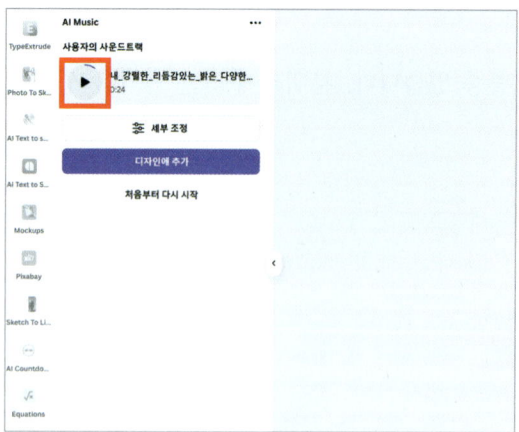
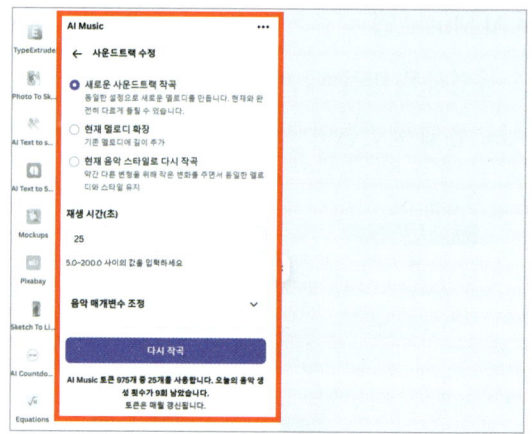

❺ 왼쪽 상단의 '재생'을 눌러 생성된 음악을 들어볼 수 있습니다.

❻ '세부 조정'을 눌러 설정을 변경할 수 있어 보다 정교하게 원하는 음악을 만들 수 있습니다. 이때 토큰과 생성 횟수는 추가로 소모됩니다.

<미술> 나만의 굿즈 디자인하기

지금까지 배운 기능을 이용해 수업에 활용할 수 있는 교육 자료를 만들어보겠습니다. 수업 과목은 미술입니다. 자료 제작 목적은 학생들이 캔바를 사용해 '나만의 굿즈'를 디자인하는 것입니다. 이렇게 학생들이 직접 해보는 유형의 수업은 사용 방법에 대한 교사의 시범과 안내가 반드시 필요합니다. 학생들에게 캔바 기능을 가르쳐주면 이를 활용해 다양한 활동과 작업을 스스로 해낼 수 있습니다. 교육과정 중 캔바와 연결할 수 있는 성취기준은 다음과 같습니다.

초등학교 교육과정

- 교과: 미술
- 관련 성취기준(2022 개정교육과정)

[6미02-01] 다양한 방법으로 아이디어를 연결하여 확장된 표현 주제로 발전시킬 수 있다.

[6미02-02] 디지털 매체 등 다양한 표현 재료와 용구를 탐색하여 작품 제작에 활용할 수 있다.

중학교 교육과정

- 교과: 미술
- 관련 성취기준(2022 개정교육과정)

[9미02-01] 주제를 탐구하고 의도를 반영하여 적합한 표현을 계획할 수 있다.

[9미02-02] 주도적이고 도전적인 태도로 다양한 미술 표현을 실험하고 작품에 적용할 수 있다.

[9미02-03] 조형 요소와 원리, 표현 재료와 방법, 디지털 매체를 포함한 다양한 매체를 활용하여 주제를 효과적으로 표현할 수 있다.

고등학교 교육과정

- 교과: 미술
- 관련 성취기준(2022 개정교육과정)

[12미02-01] 다양한 발상으로 주제를 심화하여 작품을 계획할 수 있다.

[12미02-02] 주제에 적합한 표현 매체와 방법을 실험하고 융합하는 과정에 집중할 수 있다.

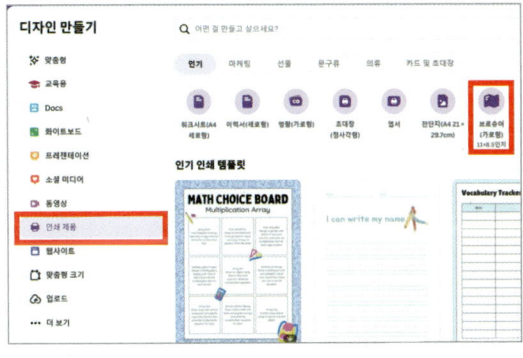

❶ [+ 디자인 만들기]-[인쇄 제품]에서 '브로슈어(가로형)'를 선택하여 디자인을 생성합니다.

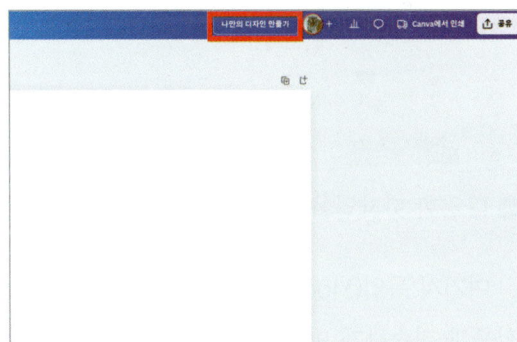

❷ 제목을 입력합니다.

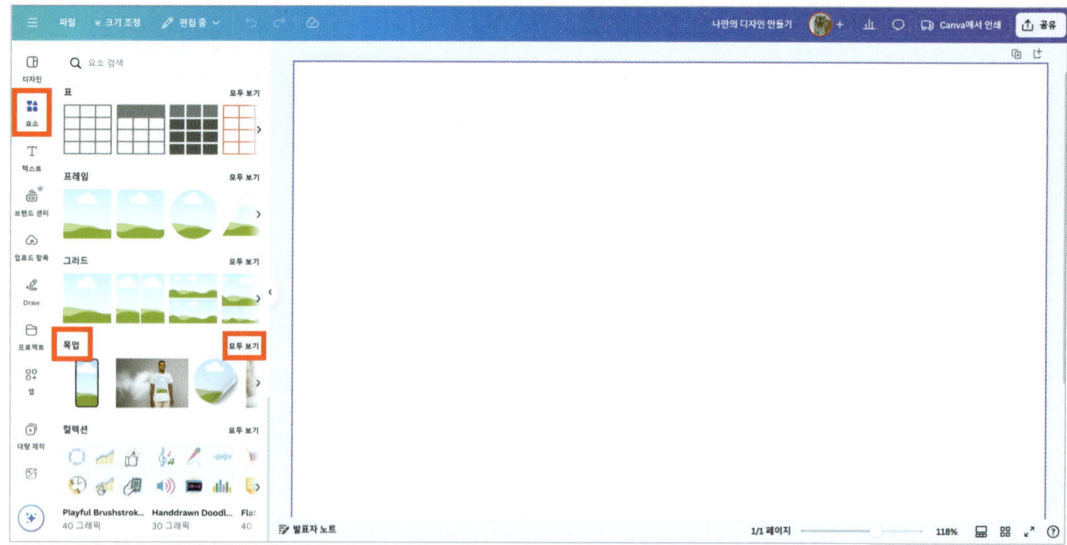

❸ [요소]에서 '목업'을 찾아 '모두 보기'를 선택합니다.

❹ 다양한 디자인을 살펴보며 원하는 요소를 더블클릭하여 아트보드에 삽입합니다.

여기서 목업(Mockup)은 실제 제품이 나오기 전, 디자인이나 사용성 등을 미리 검토하기 위해 실물과 비슷하게 만들어 보는 견본품을 의미합니다. 실물 디자인을 가상으로 만들어볼 수 있기에 학생들에게 인기가 많습니다.

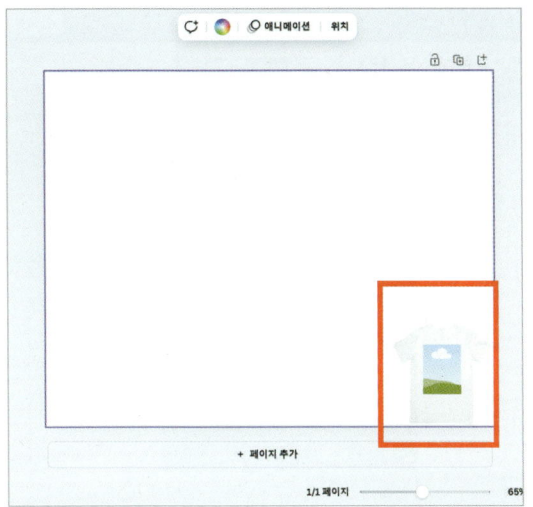

이미지 삽입
이미지를 목업으로 끌어다 놓으세요. 가장 쉬운 방법은 업로드 탭에서 이미지를 가져오는 것입니다.

❺ 삽입한 디자인 요소의 크기와 배치를 적절히 조정합니다. 목업 안에 삽입할 디자인을 먼저 만들어야 하기에 크기를 줄여 가장자리에 배치합니다.

❻ 목업에 이미지를 삽입하고 싶다면, 디자인을 만든 후 목업으로 끌어다 놓으면 디자인이 만들어집니다.

목업에 디자인을 넣으려면 이미지를 삽입해야 합니다. 텍스트, 그래픽 등의 요소를 바로 넣을 수 없고 이미지로 다운로드한 다음 삽입해야 한다는 뜻입니다.

■ 목업에 이미지를 바로 넣는 방법

❶ [요소]의 사진에서 원하는 사진을 선택하여 아트보드에 삽입합니다.

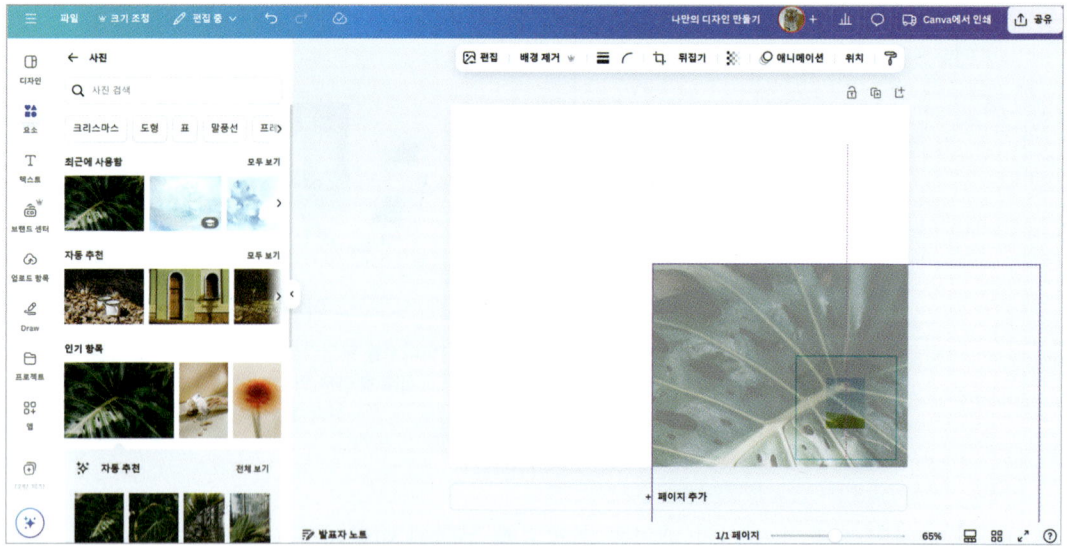

❷ 사진을 클릭하여 목업 디자인에 넣습니다.

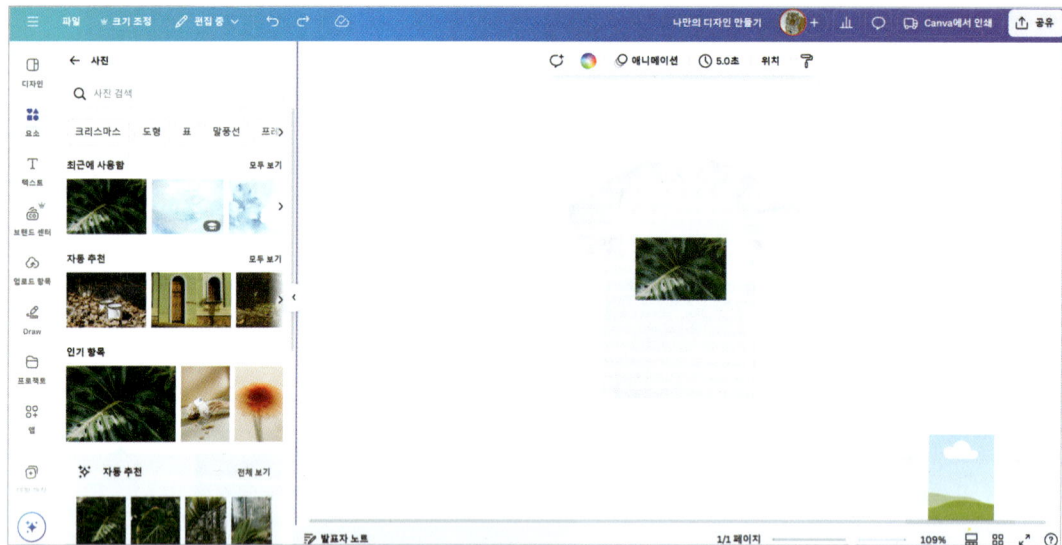

❸ 사진이 적용된 목업 디자인이 완성되었습니다.

■ 이미지로 다운로드한 다음 삽입하는 방법

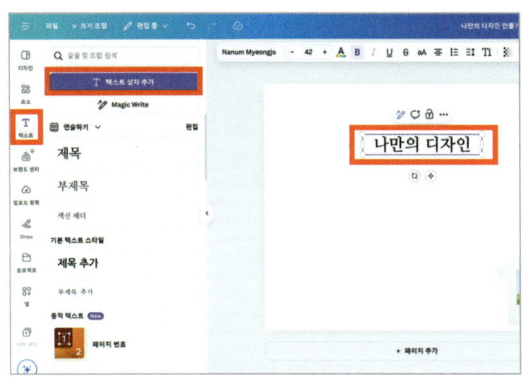

❶ 이전에 생성한 목업을 삭제하여 아트보드를 정돈합니다.

❷ [텍스트]에서 [텍스트 상자 추가]를 선택하여 문구를 작성합니다.

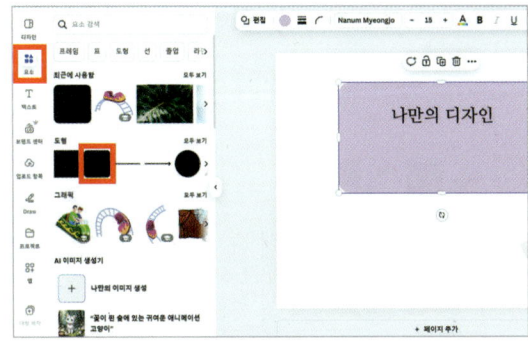

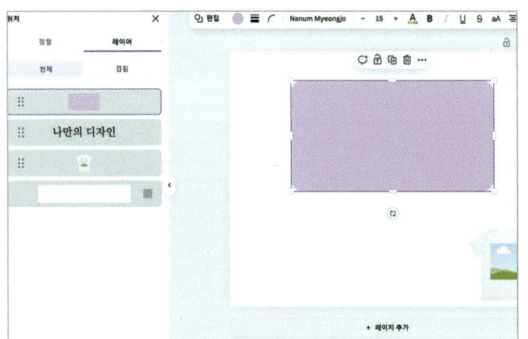

❸ [요소]의 도형에서 모서리가 둥근 사각형을 사용하여 텍스트 상자 뒤에 두었습니다.

❹ 위 그림과 같이 나타난다면 레이어를 조정해야 합니다.

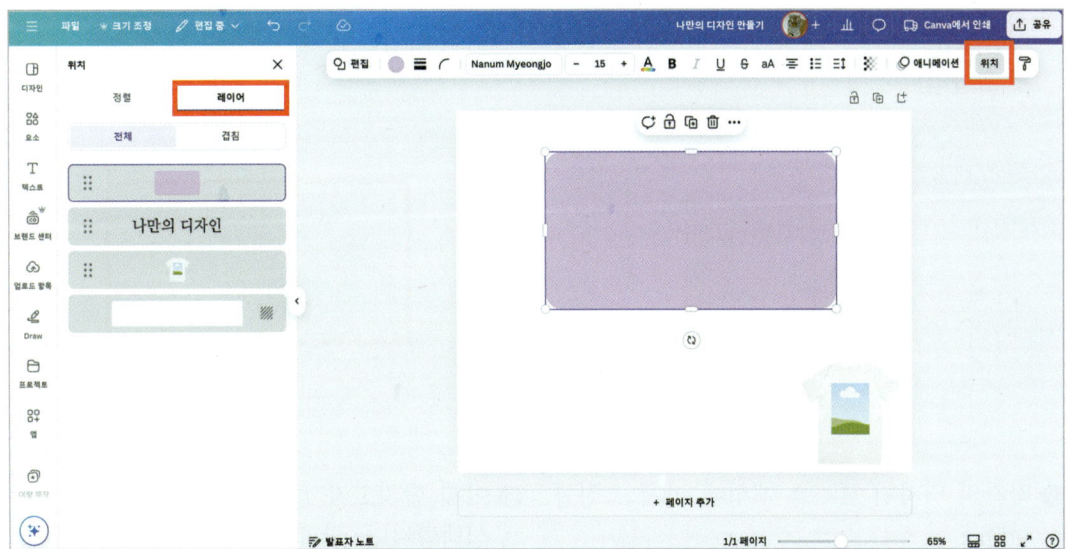

❺ 오른쪽 상단의 '위치'에서 '레이어'를 눌러 레이어 화면에 들어갑니다.

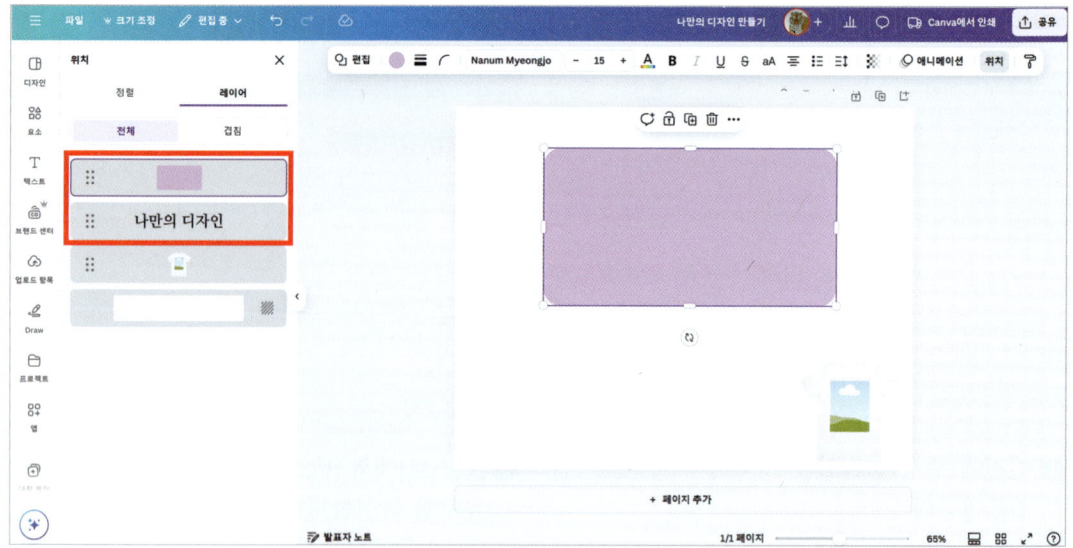

❻ 레이어 화면에서 맨 위쪽에 있는 도형 디자인이 글자보다 더 앞에 있는 것이 보입니다. 도형을 글자의 아래로 이동시킵니다.

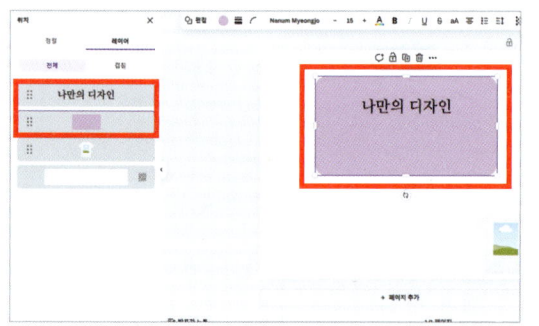

❼ 글자가 가장 위에 있고, 도형을 그 아래로 이동시켰습니다. 아트보드의 디자인이 변경된 모습입니다.

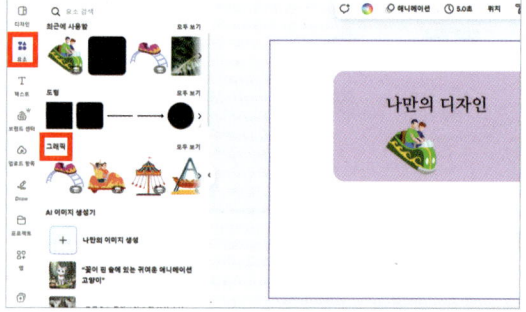

❽ [요소]의 그래픽에서 원하는 그래픽을 선택하여 삽입하고 크기와 배치를 조절합니다.

❾ 각각의 디자인 요소를 개성에 맞게 조정합니다.

❿ 이제 합치고자 하는 디자인을 드래그하여 선택합니다. Shift 키를 누른 채 하나씩 선택하는 방법도 있습니다.

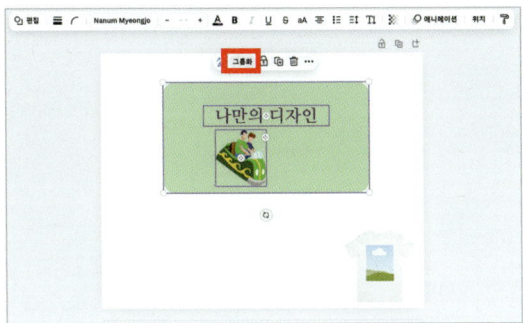

⓫ '그룹화'를 눌러 디자인을 묶어둡니다.

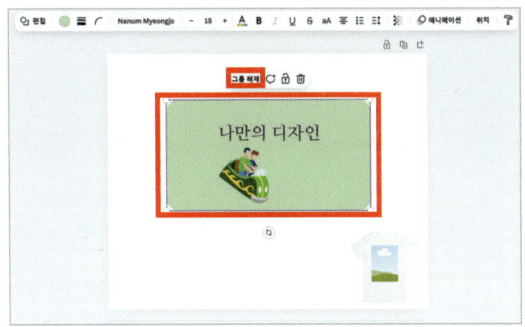

⓬ 그룹화가 된 디자인은 하나의 디자인처럼 움직입니다. '그룹 해제'를 이용해 그룹화를 언제든지 해제할 수 있습니다.

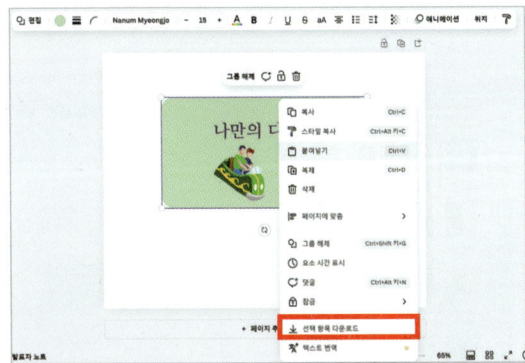

⓭ 그룹화된 디자인은 이미지 파일이 아니기 때문에 목업에 넣을 수 없습니다. 이미지 파일로 변환하기 위해 해당 디자인 선택 후 마우스 오른쪽 버튼을 눌러 '선택 항목 다운로드'를 선택합니다.

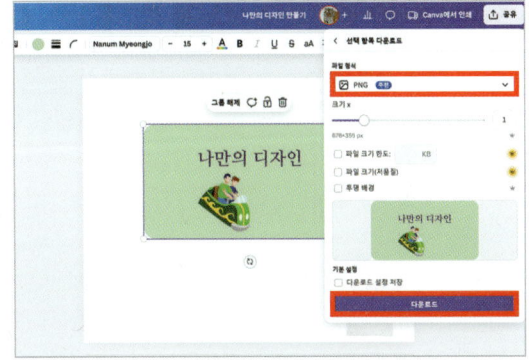

⓮ PNG 등 원하는 이미지 파일 형식을 선택한 후, [다운로드]를 눌러 디자인을 저장합니다.

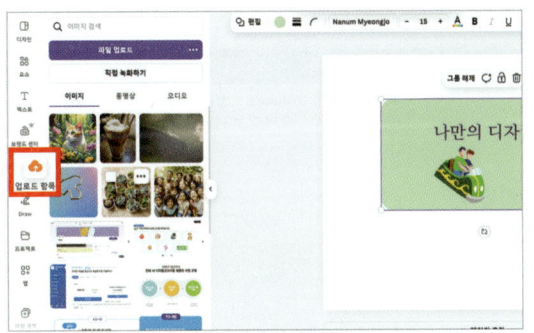

⓯ 좌측 메뉴바에서 [업로드 항목]을 선택합니다.

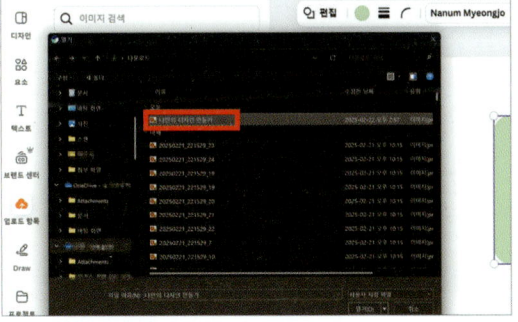

⓰ '파일 업로드'를 누른 후, 방금 다운로드한 이미지 파일을 선택합니다.

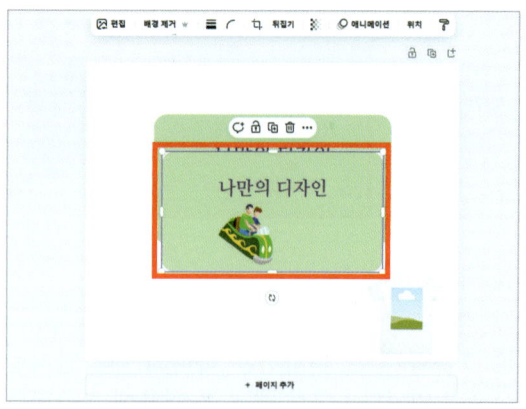

⑰ 디자인이 이미지로 삽입되었습니다. 이미지를 더블클릭하여 아트보드에 적용합니다.

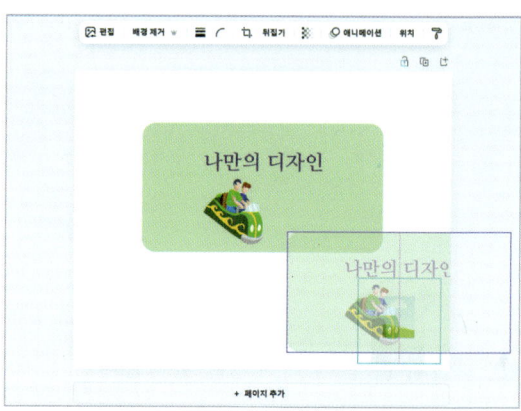

⑱ 아트보드에 적용된 이미지를 목업 위로 드래그합니다.

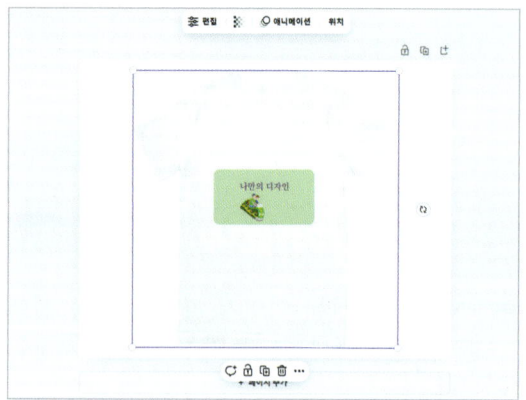

⑲ 아트보드에 불필요한 것들을 삭제하여 정리합니다. 나만의 목업 디자인이 완성되었습니다.

⑳ 추가로 AI Text to speech 앱을 사용할 수 있습니다. [앱]의 검색창에 'AI text to speech'를 검색한 후 해당 앱을 적용합니다.

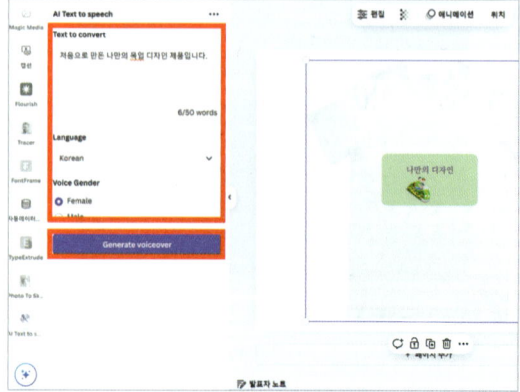

㉑ 원하는 대로 세부 설정을 한 후, 음성을 생성합니다.

㉒ 오른쪽 상단의 [재생]을 눌러 잘 적용되었는지 확인합니다.

㉓ 디자인이 완성되었습니다.

지금까지 브랜드 센터, 캔바 앱의 활용 방법과 나만의 굿즈를 만드는 미술 수업 방법에 대해 알아보았습니다. 캔바에서 제공하는 다양한 기능을 통해 학생들과 함께 원하는 디자인을 만든다면 학생과 교사 모두 만족하는 멋진 수업이 될 것입니다.

다양한 캔바 앱으로
살아나는 영어 단어장 만들기

이번에는 캔바를 활용하여 생동감 넘치는 나만의 영어 단어장을 제작하는 방법에 대해 알아보겠습니다. 캔바의 다양한 앱 기능을 통해 여러 가지 효과를 적용할 수 있습니다.

활용할 주요 앱 소개

- **Animeify**: 이미지를 애니메이션 스타일로 변환하여 단어장에 독특한 시각적 효과를 더합니다.
- **Character Builder**: 다양한 캐릭터를 생성하여 단어와 연관된 이미지를 제작합니다.
- **Colorize**: 흑백 이미지를 컬러로 변환하여 단어장의 시각적 매력을 높입니다.
- **Lottiefiles**: 생동감 있는 애니메이션을 추가하여 학습 자료를 더욱 흥미롭게 만듭니다.
- **Paintify**: 사진을 회화적인 이미지로 변환하여 예술적인 감성을 더합니다.
- **PixelArt**: 픽셀 아트 스타일의 이미지를 생성하여 단어장에 재미를 부여합니다.
- **QR code**: 각 단어에 관련된 추가 자료나 발음 가이드를 QR 코드로 삽입하여 접근성을 높입니다.
- **Sketch to Life**: 손으로 그린 스케치를 디지털화하여 단어장에 개성을 부여합니다.
- **TypeCraft**: 다양한 텍스트 효과를 적용하여 단어의 강조나 특징을 부각시킵니다.
- **VoxelArt**: 3D 블록 스타일의 이미지를 생성하여 입체적인 시각 효과를 추가합니다.

캔바 앱의 다채로운 요소를 활용해 영어 단어장을 더욱 재미있고 창의적으로 표현한다면 어떨까요? 단순 암기해야 하는 지루한 영어 단어 목록이 아닌, 보는 순간 기억에 쏙 들어오는 나만의 단어장을 만들 수 있습니다.

꼭 써봐야 할 캔바 앱

01. Animeify

　Animeify는 사용자가 업로드한 사진을 일본 애니메이션 스타일의 그림으로 변환해주는 캔바 앱입니다. 이를 통해 개인 사진을 독특한 애니메이션 캐릭터로 변환하여 다양한 디자인에 활용할 수 있습니다. 이미지 생성당 일정한 크레딧이 소요되며 크레딧은 정기적으로 갱신됩니다.

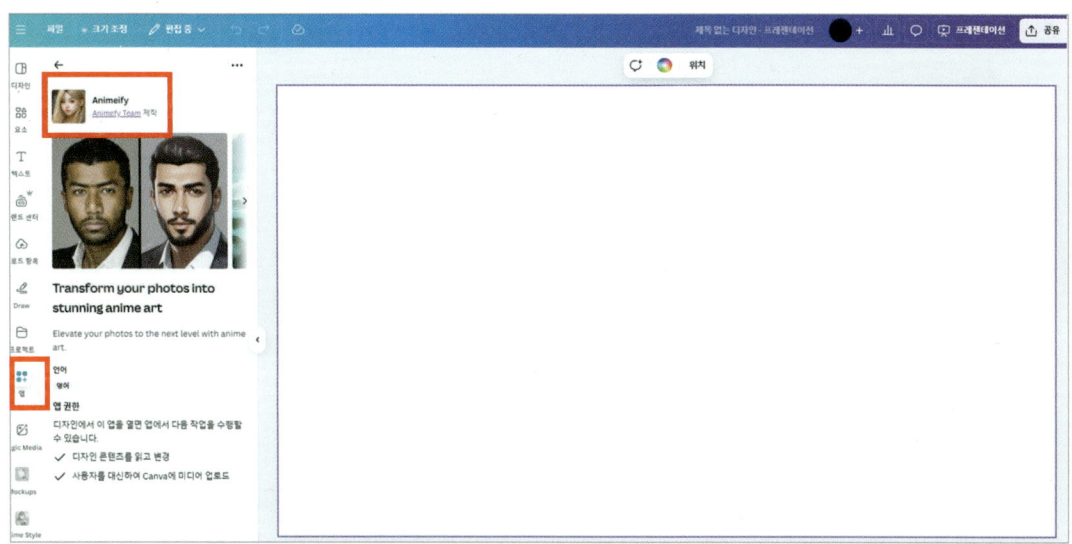

❶ 좌측 메뉴바 [앱] 검색창에 'Animeify' 입력 후 해당 앱 아이콘을 클릭한 뒤 '열기'를 선택합니다.

❷ [Choose file]을 눌러 사진을 업로드하면 아트보드 우측과 같은 애니메이션 스타일의 그림이 생성됩니다.

02. Character Builder

Character Builder는 사용자가 원하는 캐릭터를 손쉽게 생성할 수 있는 캔바의 앱입니다. 다양한 신체적 특징, 표정, 자세 등을 조합하여 독특한 아바타를 만들 수 있습니다. 이를 통해 디자인 작업이나 수업 자료 제작 시 개성 있는 캐릭터를 활용할 수 있습니다.

❶ 좌측 메뉴바 [앱] 검색창에 'Character Builder' 입력 후 해당 앱 아이콘을 클릭한 뒤 [열기]를 선택합니다.

❷ 원하는 머리 모양, 몸통, 표정, 피부색, 머리 색 등을 선택하여 캐릭터를 생성합니다.

❸ 캔바 메뉴바 [요소]의 그래픽을 활용하여 간단하게 꾸며 본 모습입니다.

03. Colorize

Colorize 앱을 활용하면 흑백 이미지를 생동감 있는 컬러 이미지로 손쉽게 변환할 수 있습니다. 이 앱은 AI 기술을 활용하여 이미지의 각 요소를 분석하고, 자연스러운 색상을 적용합니다. 따라서 전문적인 기술 없이도 누구나 간편하게 흑백 이미지를 컬러로 복원할 수 있습니다.

❶ 좌측 메뉴바 [앱] 검색창에 'Colorize' 입력 후 해당 앱 아이콘을 클릭한 뒤 '열기'를 선택합니다.

❷ '파일 선택하기'를 눌러 사진을 업로드하거나 캔바에 있는 이미지를 선택하여 컬러 사진으로 변환할 수 있습니다. [요소]의 사진 검색창에 '흑백'을 검색한 후 원하는 사진을 선택합니다.

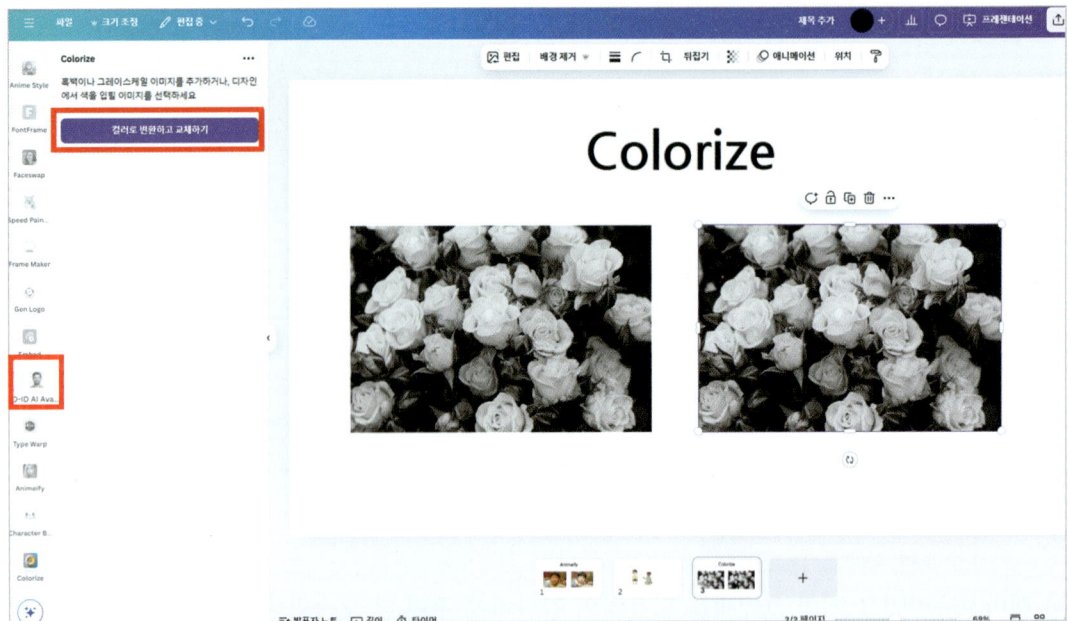

❸ 교체할 흑백 사진 클릭 후 [컬러로 변환하고 교체하기]를 선택합니다.

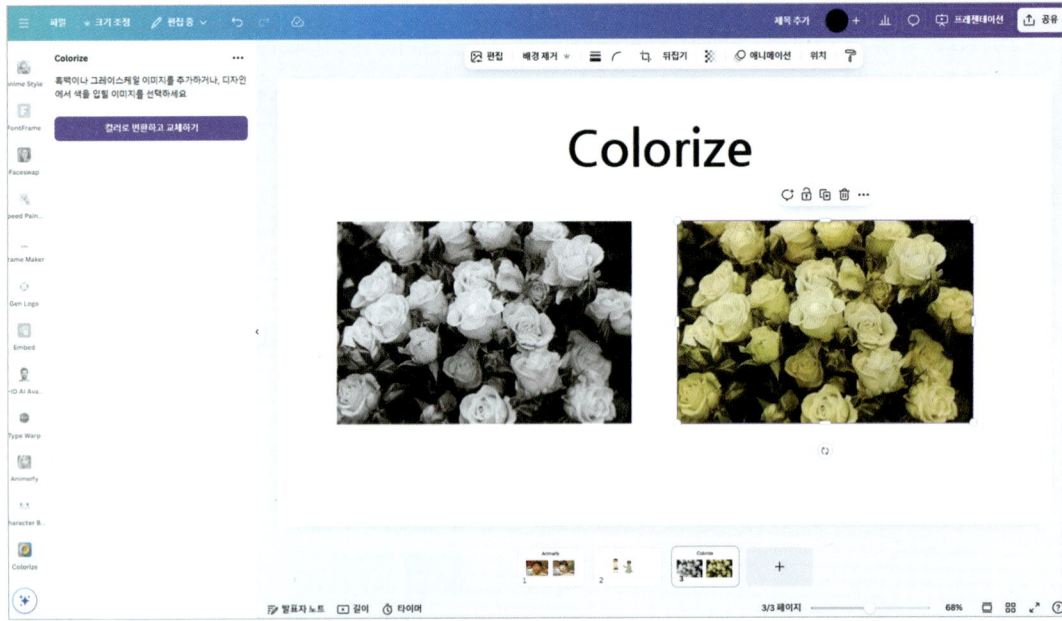

❹ 흑백 사진이 컬러 사진으로 변한 모습을 볼 수 있습니다.

04. Lottiefiles

Lottiefiles는 다양한 플랫폼에서 사용할 수 있는 무료 모션 그래픽 애니메이션 파일을 제공하는 캔바 앱입니다. Lottiefiles는 JSON 기반의 애니메이션 포맷으로, GIF 파일에 비해 용량이 작고 해상도의 영향을 받지 않아 다양한 크기에서 선명하게 표시됩니다. 이를 통해 웹, iOS, 안드로이드 등 여러 플랫폼에서 고품질의 애니메이션을 손쉽게 구현할 수 있습니다.

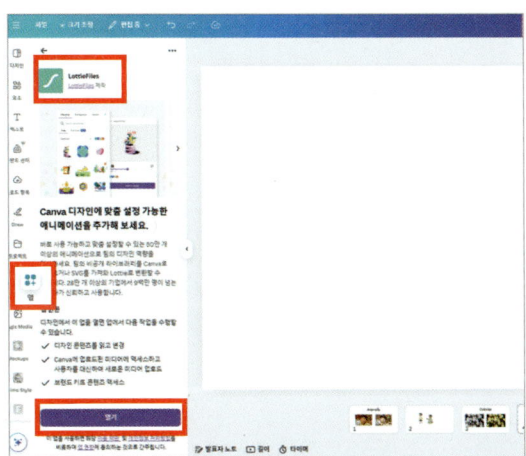

❶ 좌측 메뉴바 [앱] 검색창에 'Lottiefiles' 입력 후 해당 앱 아이콘을 클릭한 뒤 '열기'를 선택합니다.

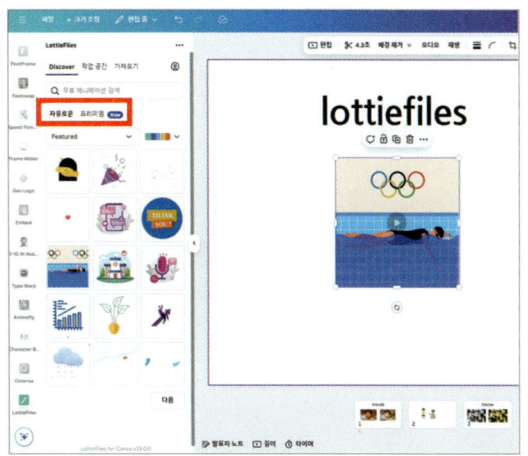

❷ Lottiefiles 앱의 검색창에 원하는 그래픽 애니메이션의 키워드를 검색합니다. '자유로운'은 무료 소스의 그래픽 애니메이션이, '프리미엄'은 유료 소스의 그래픽 애니메이션이 제공됩니다. 여기서 '프리미엄'은 캔바 유료 구독이 아니라 Lottiefiles의 유료 플랜을 구독해야 한다는 뜻입니다.

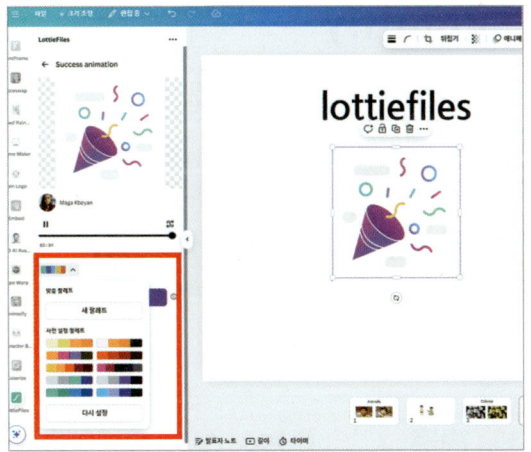

❸ 그래픽 애니메이션의 좌측 속성 메뉴에 색상 팔레트가 있는 경우에는 애니메이션 그래픽 요소의 색상을 바꿀 수 있습니다.

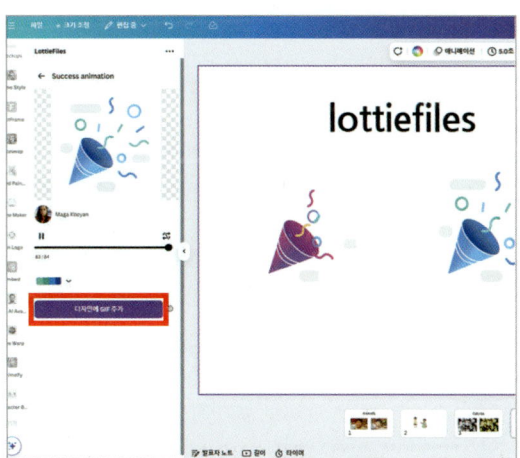

❹ 원하는 애니메이션을 완성하였다면 [디자인에 GIF 추가]를 눌러 애니메이션 그래픽을 추가합니다.

05. Paintify

Paintify는 사용자가 업로드한 사진을 예술적인 그림으로 변환해주는 캔바의 앱입니다. 이 앱을 통해 사진을 마치 회화 작품처럼 변환하여 독특한 디자인을 만들 수 있습니다. 이미지를 생성하기 위해서는 일정한 크레딧이 소요되며 크레딧은 정기적으로 갱신됩니다.

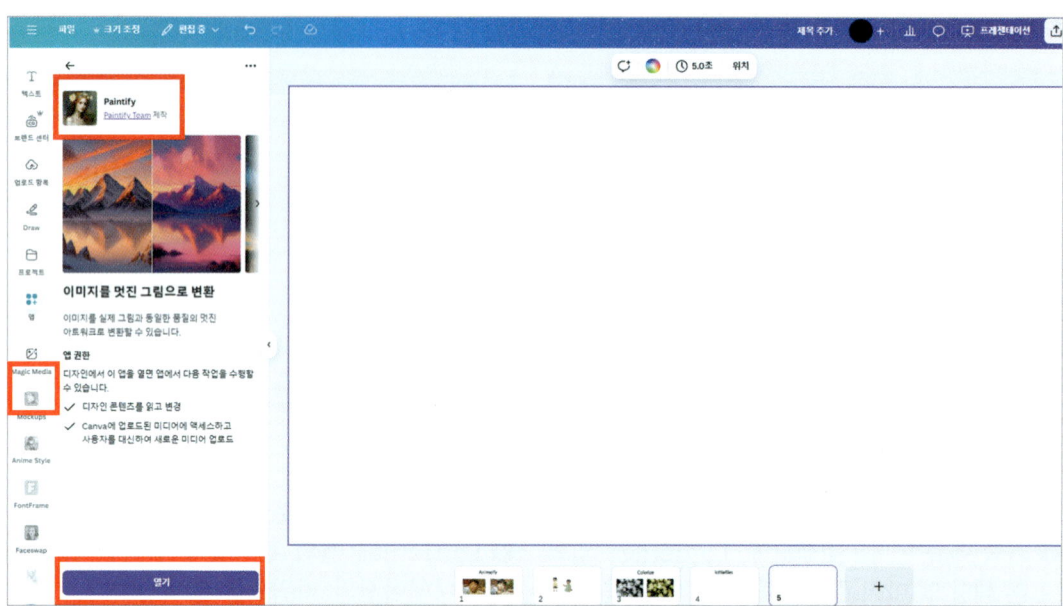

❶ 좌측 메뉴바 [앱] 검색창에 'Paintify' 입력 후 해당 앱 아이콘을 클릭한 뒤 [열기]를 선택합니다.

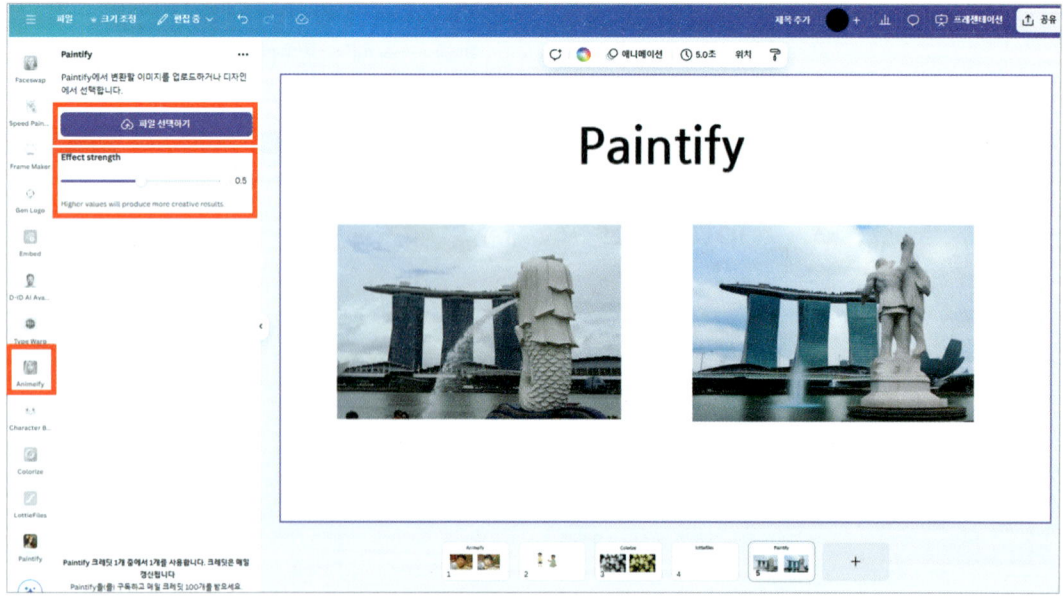

❷ [파일 선택하기]를 눌러 좌측의 사진을 업로드하면 캔버스 우측의 사진처럼 예술 그림이 생성됩니다. 'Effect strength'를 통해 생성될 이미지의 변환 강도를 조절할 수 있습니다. 1에 가까워질수록 리터치 정도가 강해집니다.

06. PixelArt

PixelArt는 사용자가 업로드한 이미지를 픽셀 아트 스타일로 변환해주는 캔바 앱입니다. 이를 통해 사진을 레트로 게임의 그래픽처럼 보이게 만들 수 있습니다. 이미지를 생성하기 위해서는 일정한 크레딧이 소요되며 크레딧은 정기적으로 갱신됩니다.

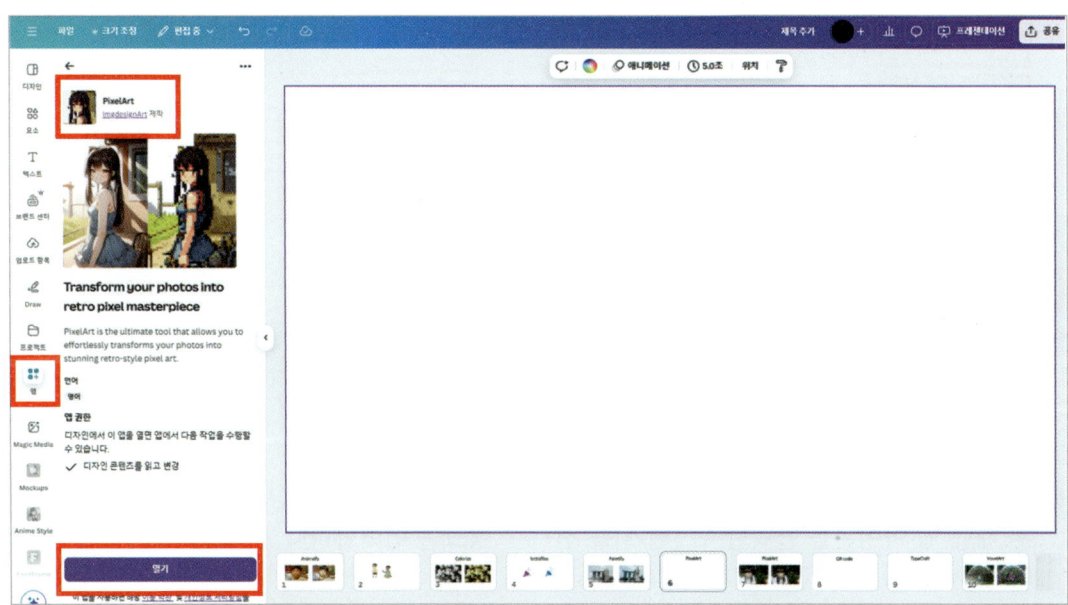

❶ 좌측 메뉴바 [앱] 검색창에 'PixelArt' 입력 후 해당 앱 아이콘을 클릭한 뒤 [열기]를 선택합니다.

❷ 'Choose file'을 클릭해 사진을 업로드하고 아트보드 위의 사진을 클릭해 [Transform image]를 선택하면 됩니다. 'Pixel effect strength'가 1에 가까워질수록 리터치 정도가 강해집니다.

07. QR code

QR Code는 사용자가 원하는 URL을 입력하면 해당 URL에 대한 QR 코드를 디자인에 손쉽게 추가해주는 캔바의 앱입니다. 이를 통해 포스터, 명함, 프레젠테이션 등 다양한 디자인에 QR 코드를 삽입하여 정보를 효과적으로 전달할 수 있습니다.

❶ 좌측 메뉴바 [앱] 검색창에 'QR code' 입력 후 해당 앱 아이콘을 클릭한 뒤 [열기]를 선택합니다.

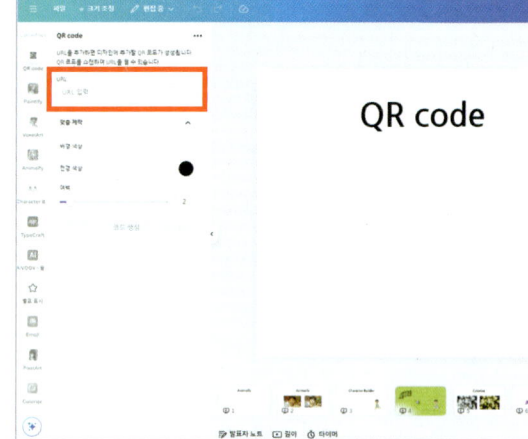

❷ URL에 QR 코드로 만들고자 하는 사이트의 링크를 입력합니다.

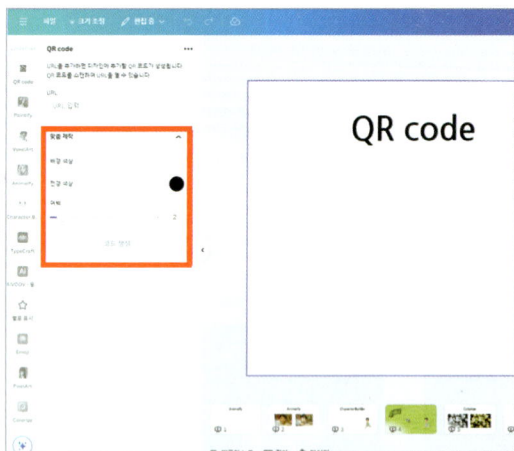

❸ 맞춤 제작을 통해 QR 코드의 배경 색상, 전경 (출력되는 QR 문양)의 색상, 그리고 배경과 전경의 여백 크기를 조정할 수 있습니다.

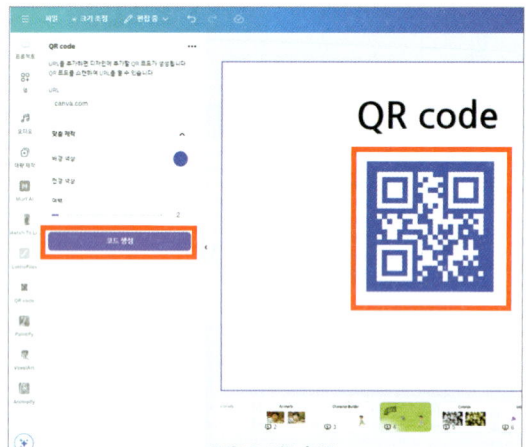

❹ 조정 완료 후 [코드 생성]을 눌러 QR 코드를 생성합니다.

08. Sketch to Life

　Sketch to Life는 AI 기술을 활용하여 사용자가 손으로 그린 간단한 스케치를 사실적인 이미지로 변환해주는 캔바 앱입니다. 이 앱을 통해 아이디어의 대략적인 스케치를 생생한 사진으로 변환하여 프로젝트에 활용할 수 있습니다.

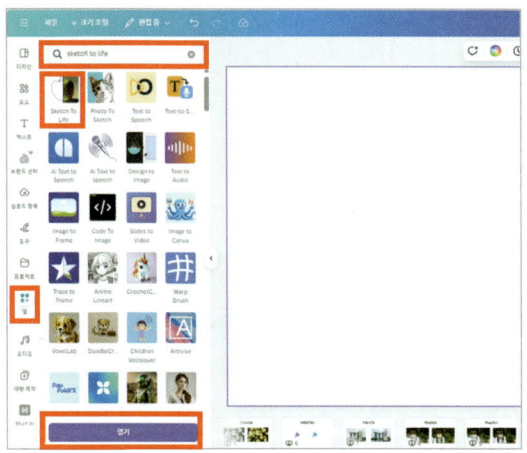

❶ 좌측 메뉴바 [앱] 검색창에 'Sketch to life' 입력 후 해당 앱 아이콘을 클릭한 뒤 [열기]를 선택합니다.

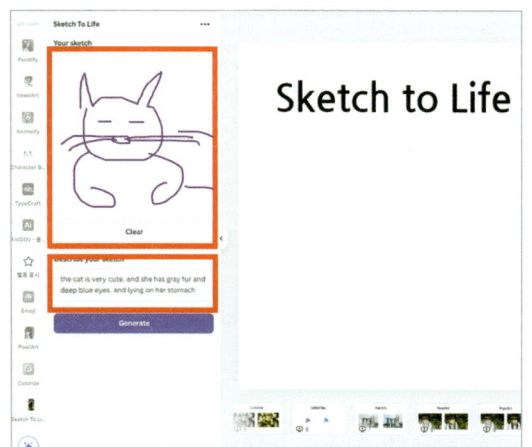

❷ 'Your sketch' 칸에 사진으로 생성하고자 하는 스케치를 마우스로 간단하게 그릴 수 있습니다. 스케치가 마음에 들지 않으면 [Clear]를 눌러 스케치를 지울 수 있습니다. 'Describe your sketch' 칸에 스케치에 대한 보충 설명을 작성합니다. 프롬프트를 구체적으로 작성할수록 원하는 느낌과 비슷한 사진이 생성됩니다.

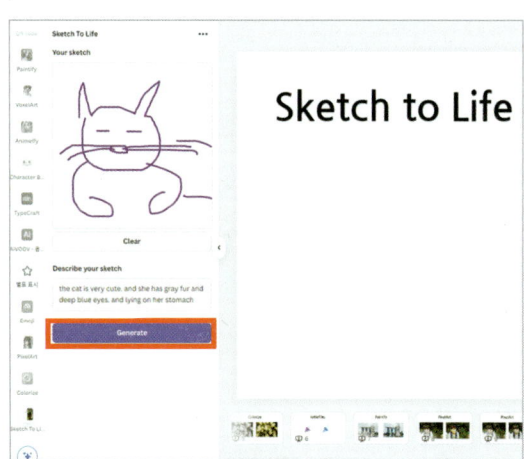

❸ 작성을 완료하였으면 [Generate]를 눌러 사진을 생성합니다.

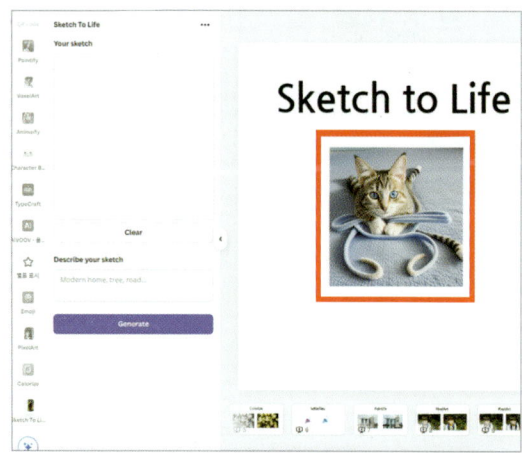

❹ 고양이 스케치가 실제 사진처럼 변환된 모습입니다.

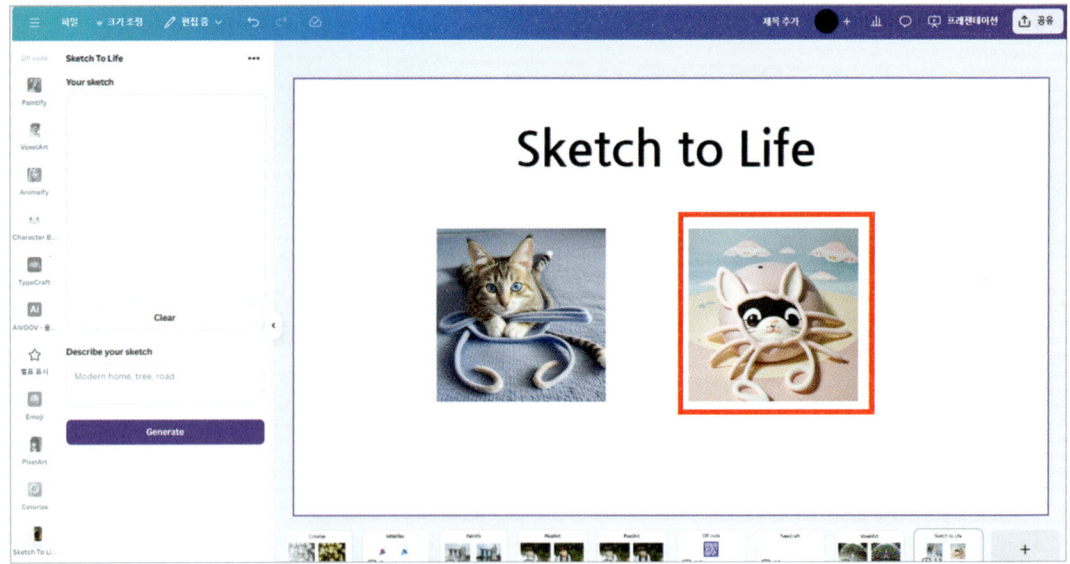

❺ 같은 스케치라도 프롬프트를 한글로 작성하면 이미지가 잘 생성되지 않아 영어로 프롬프트를 작성하는 것을 권장합니다. 위 그림은 영어와 한글로 프롬프트를 작성했을 때 생성된 이미지의 차이를 보여줍니다(좌측은 영어, 우측은 한글 프롬프트 작성).

09. TypeCraft

TypeCraft는 텍스트를 자유롭게 변형하여 독특한 디자인을 만들 수 있는 캔바의 앱입니다. 이 앱을 통해 텍스트를 구부리거나, 비틀거나, 다양한 형태로 변형하여 창의적인 타이포그래피를 손쉽게 제작할 수 있습니다.

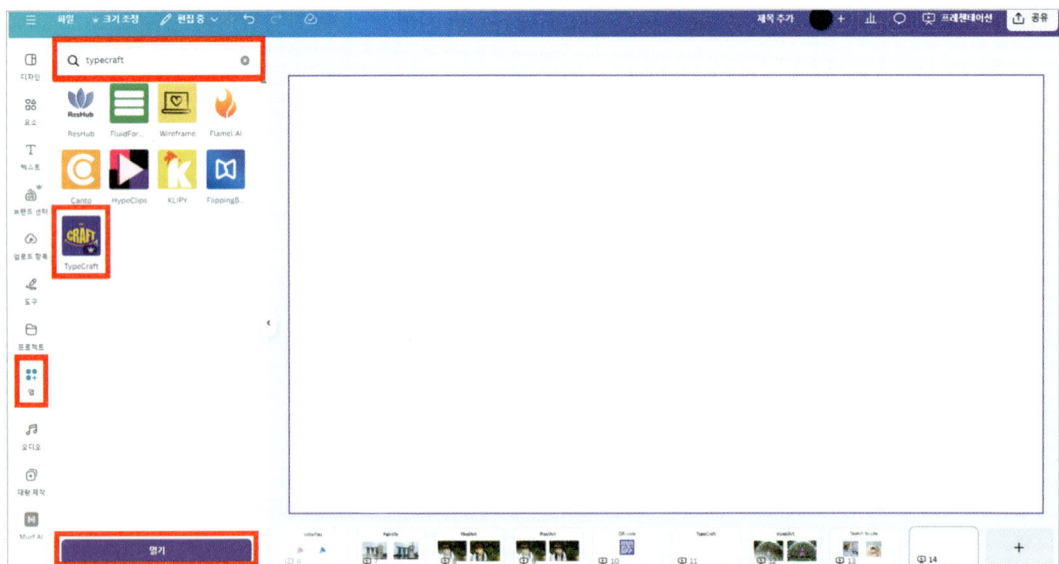

❶ 좌측 메뉴바 [앱] 검색창에 'TypeCraft' 입력 후 해당 앱 아이콘을 클릭한 뒤 [열기]를 선택합니다.

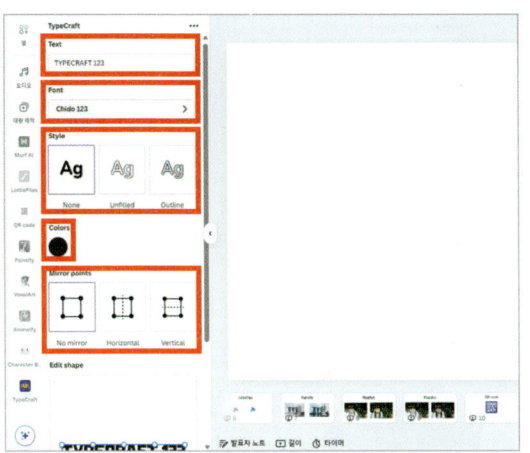
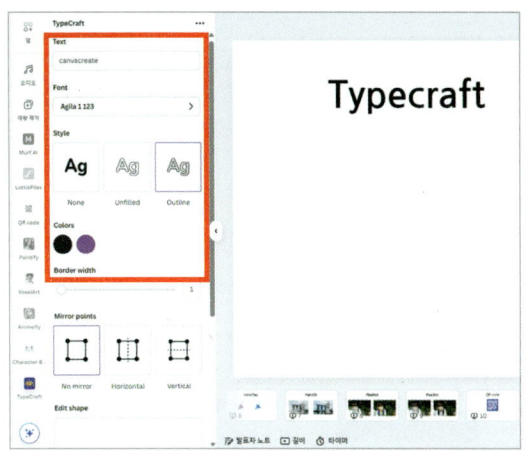

❷ 'Text' 칸에 변형하고자 하는 텍스트를 입력합니다. 한글은 지원되지 않기 때문에 영문 텍스트만 형태 변형이 가능합니다. 'Font' 칸에서 글씨체, 'Style' 칸에서 글자 스타일, 'Colors' 칸에서 글자색을 변경할 수 있습니다. 'Mirror Points'는 텍스트의 형태를 변형할 때 사용하는 기능으로, 수평 또는 수직을 기준으로 텍스트를 양쪽으로 대칭되게 변형할 수 있습니다.

❸ 'Text' 칸에 원하는 문구를 입력하고 글씨체, 글자 스타일, 글자색을 변경합니다.

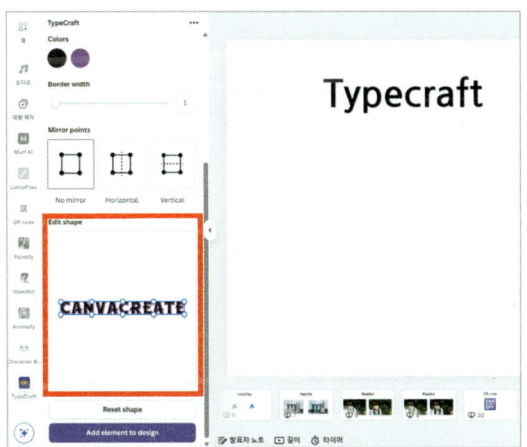
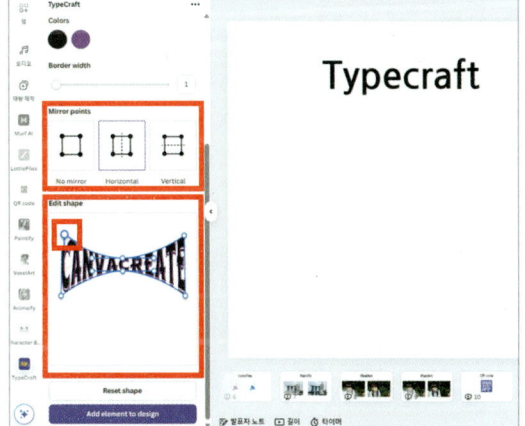

❹ 'Edit shape' 칸에서 입력한 영문 텍스트의 모양을 미리 확인할 수 있습니다.

❺ 각각의 파란색 동그라미 버튼을 드래그하여 텍스트의 형태를 자유롭게 변형할 수 있습니다. 'Mirror Points' 칸에서 Horizontal 옵션을 선택하면 텍스트의 왼쪽과 오른쪽이 거울처럼 대칭되는 형태로 편집할 수 있습니다.

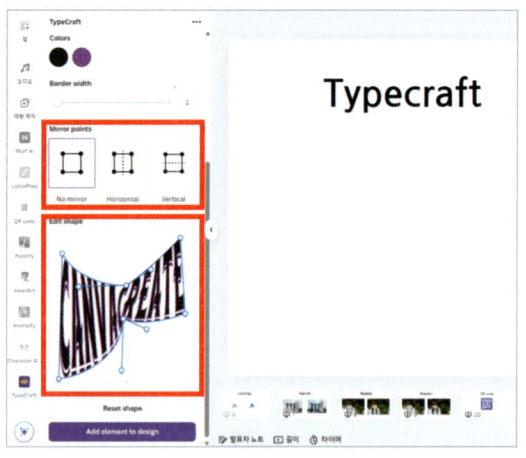 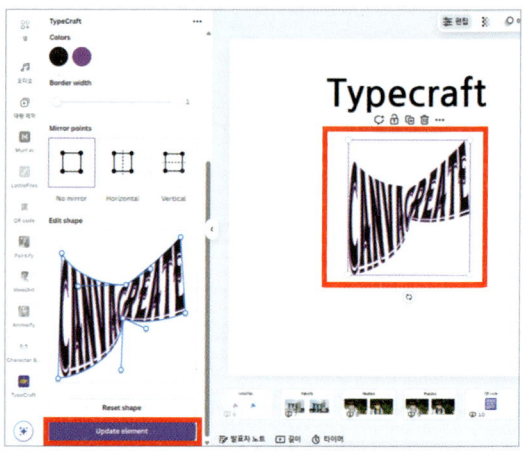

❻ 'Mirror Points' 칸에서 No mirror 옵션을 선택하면 제약 없이 자유롭게 텍스트의 형태를 변형할 수 있습니다.

❼ 원하는 형태로 텍스트를 완성했다면 하단의 [Update element]를 눌러 텍스트를 우측 아트보드에 추가합니다.

10. VoxelArt

VoxelArt는 사용자가 업로드한 이미지를 3D 블록 아트로 변환해주는 캔바 앱입니다. 이를 통해 사진을 레고 블록처럼 보이는 독특한 스타일로 변환할 수 있습니다. 이미지를 생성하기 위해서는 일정한 크레딧이 소요되며 크레딧은 정기적으로 갱신됩니다.

 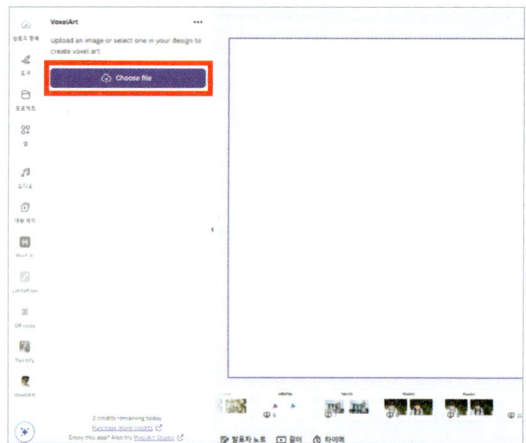

❶ 좌측 메뉴바 [앱] 검색창에 'VoxelArt' 입력 후 해당 앱 아이콘을 클릭한 뒤 [열기]를 선택합니다.

❷ [Choose file]을 선택해 사진을 업로드합니다.

❸ 캔버스 위의 사진을 클릭 후 [Generate and replace]를 선택합니다.

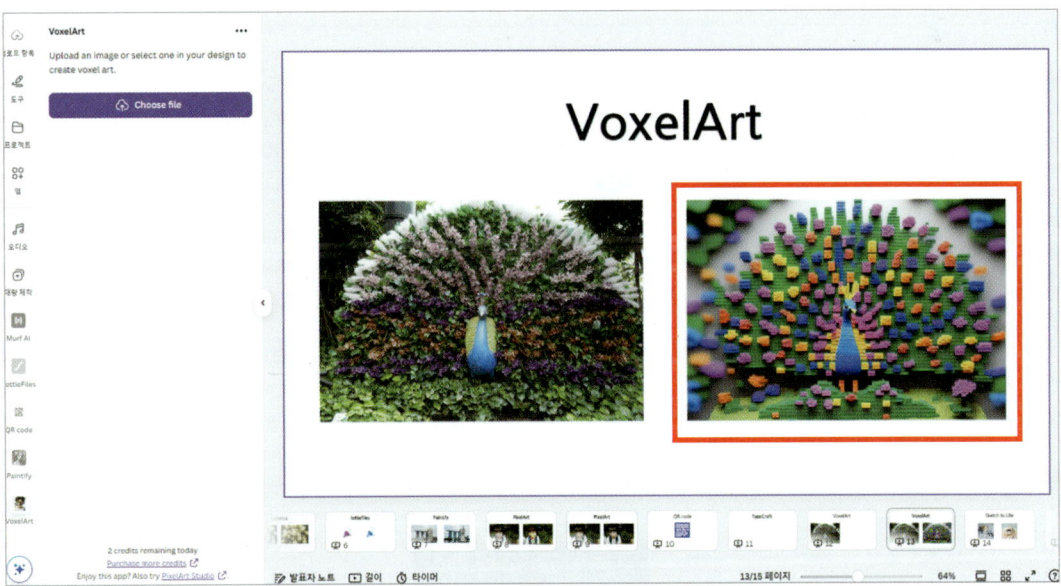

❹ 사진이 3D 블록 아트로 변환된 모습입니다.

<영어> 나만의 영어 단어장 만들기

'나만의 영어 단어장 만들기'는 초등학교 3~4학년부터 중·고등학생까지 모든 연령의 학생들이 영어 단어를 쉽고 재미있게 학습할 수 있는 활동입니다. 캔바를 활용한 영어 단어장 만들기 활동과 연결할 수 있는 교육과정 성취기준은 다음과 같습니다.

초등학교 교육과정

- 교과: 영어
- 관련 성취기준(2022 개정교육과정)

[6영01-03] 간단한 단어, 어구, 문장의 의미를 이해한다.
[6영02-02] 실물, 그림, 동작 등을 보고 간단한 단어, 어구, 문장으로 말하거나 쓴다.
[6영02-09] 적절한 매체와 전략을 활용하여 창의적으로 의미를 생성하고 표현한다.

중학교 교육과정

- 교과: 영어
- 관련 성취기준(2022 개정교육과정)

[9영01-08] 적절한 전략을 활용하여 다양한 매체로 표현된 담화나 글을 듣거나 읽는다.

고등학교 교육과정

- 교과: 공통영어, 기본영어
- 관련 성취기준(2022 개정교육과정)

[10공영1-02-01] 실물, 그림, 사진, 도표 등을 활용하여 내용을 설명한다.
[10기영1-01-08] 다양한 매체로 듣거나 읽으며 학습 동기를 형성한다.
[10기영1-02-04] 목적에 적합한 매체를 활용하여 정보를 전달한다.

01. 템플릿, 요소, Lottiefiles 앱을 활용한 영어 단어장 제작

캔바에서는 각 단어에 적합한 이미지, 아이콘, 움직이는 그래픽을 추가하거나 동영상 및 QR 코드를 삽입하여 단어의 사용 예시를 시각적으로 표현할 수 있습니다. 이러한 방법을 통해 단순 암기를 위한 단어 목록이 아닌, 보는 순간 기억에 남는 나만의 특별한 단어장을 완성할 수 있습니다. 학생들과 함께 영어 단어장 만들기 프로젝트를 진행하면 제작 과정에서 자연스럽게 영어 단어를 습득하고 기억할 수 있습니다. 지금부터 캔바를 활용하여 생동감 넘치는 단어장을 만드는 방법에 대해 알아보겠습니다.

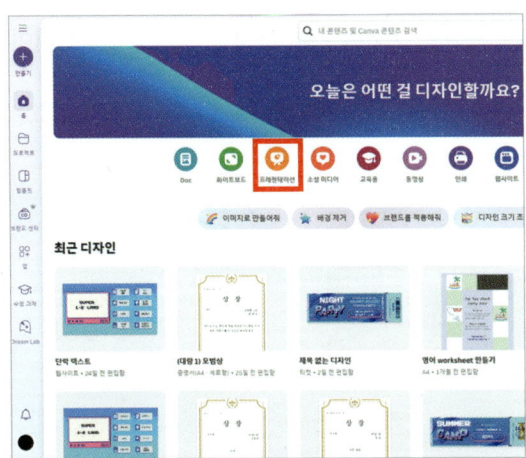

❶ 캔바 홈에서 '프레젠테이션'을 선택합니다.

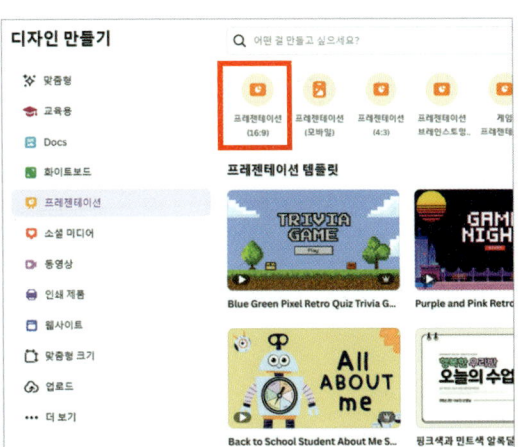

❷ '프레젠테이션(16:9)'을 선택하여 프레젠테이션 디자인을 만듭니다.

❸ 좌측 메뉴바 [디자인]에서 템플릿을 누른 후 검색창에 '영어'라고 입력합니다. 검색된 다양한 영어 관련 템플릿 목록에서 원하는 템플릿을 선택합니다.

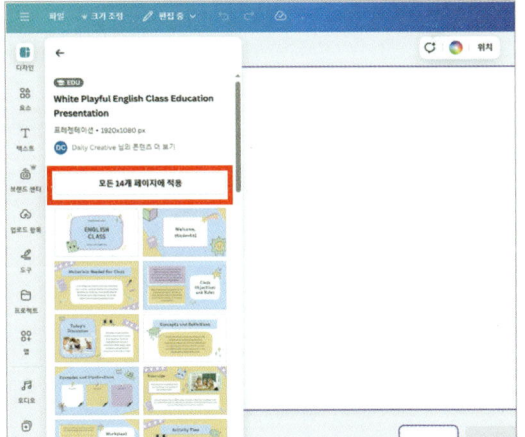

❹ [모든 14개 페이지에 적용]을 누르면 해당 템플릿의 모든 페이지가 복사됩니다.

출처: 캔바 크리에이터 Daily Creative

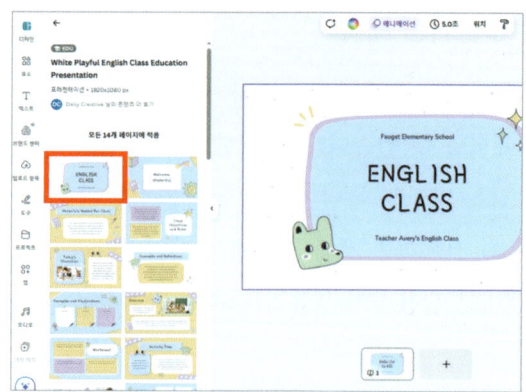

❺ 페이지를 각각 선택하면 원하는 페이지만 복사할 수 있습니다.

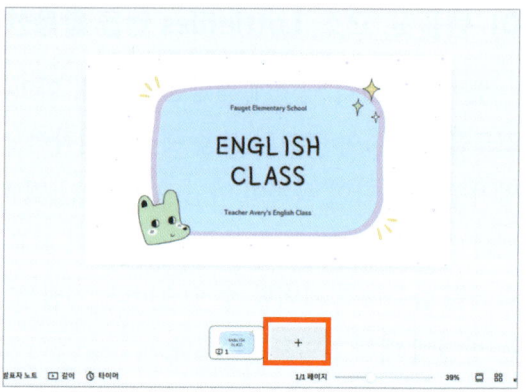

❻ 하단의 '+ 버튼'을 선택하면 새로운 빈 페이지가 생성됩니다.

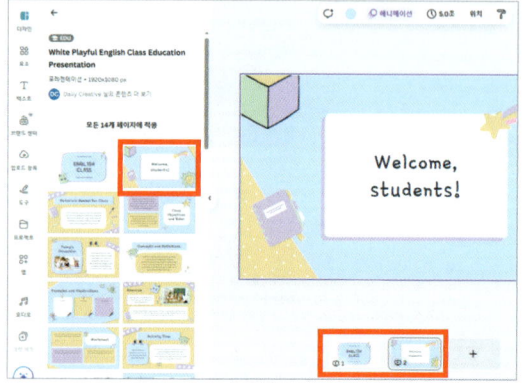

❼ 2페이지에 원하는 템플릿 페이지를 클릭하여 복사한 모습입니다.

❽ [디자인]에서 '템플릿 스타일'을 누르면 해당 템플릿의 색 조합을 전체적으로 변경할 수 있습니다.

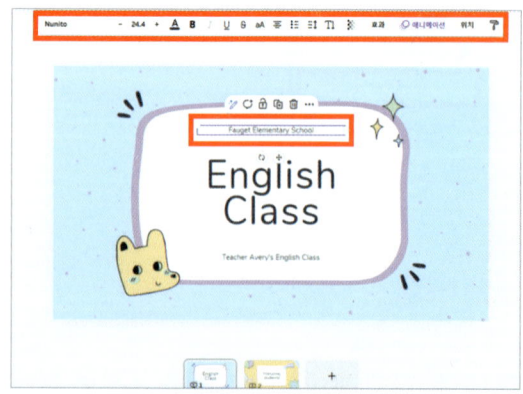

❾ 페이지 안에 삽입된 글씨나 이미지를 누르면 상단에 도구바가 나타나 해당 요소를 수정하거나 편집할 수 있습니다.

❿ 좌측 메뉴바의 [요소]에서 그래픽을 누르면 다양한 이미지를 삽입할 수 있습니다. 검색창에 원하는 이미지를 검색하여 선택할 수 있습니다.

⓫ 검색창 우측 필터를 누르면 '애니메이션' 항목에서 정지된 이미지 혹은 애니메이션 이미지로 선택하여 검색할 수 있습니다.

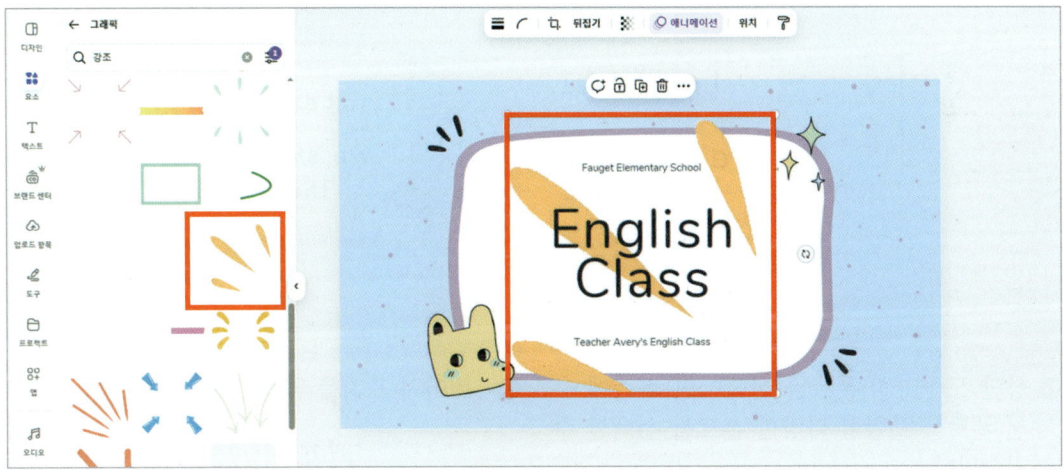

⓬ 삽입하고 싶은 요소를 선택하면 디자인 페이지에 삽입됩니다.

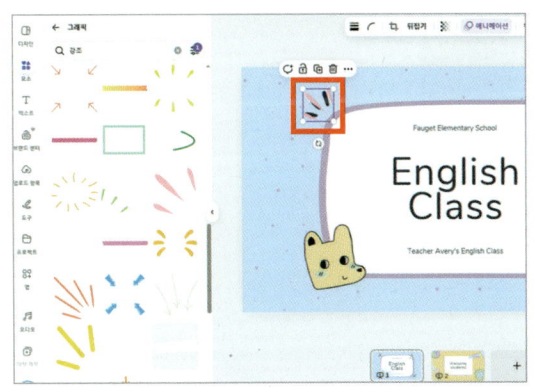

⓭ 원본 템플릿에 있는 요소의 레이아웃(위치, 크기)을 이용하면 보다 효율적이고 정돈된 느낌으로 요소를 변경할 수 있습니다.

⓮ 1페이지 표지를 다양한 요소를 이용하여 꾸며 보았습니다.

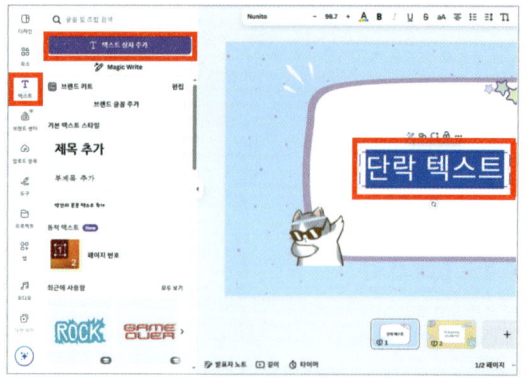

⓯ 표지의 제목을 작성하기 위해 좌측 메뉴바에서 [텍스트]에서 [텍스트 상자 추가]를 눌러 텍스트 상자를 삽입합니다.

⓰ 텍스트 상자 클릭 시 상단에 도구바가 나타납니다.

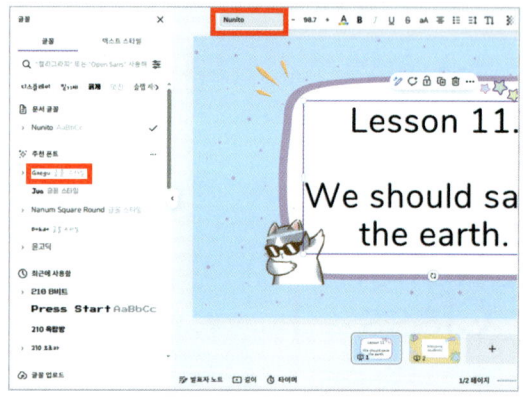

⓱ 상단 도구바의 폰트를 선택하면 좌측에 추천 폰트를 포함한 다양한 폰트를 선택할 수 있습니다.

⓲ 1페이지 표지를 완성한 모습입니다.

⓳ 단어와 사진이 들어갈 수 있도록 2페이지를 수정해 보겠습니다.

⓴ 필요 없는 요소는 지워줍니다.

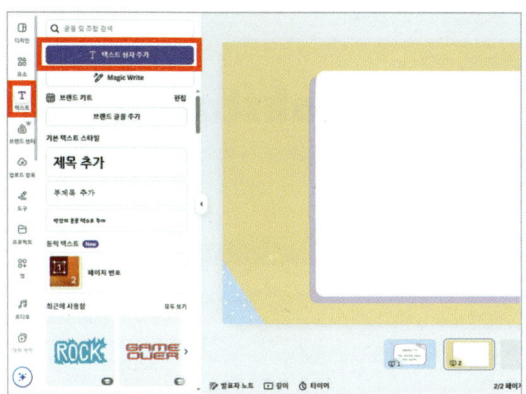 

㉑ 좌측 메뉴바 [텍스트]에서 [텍스트 상자 추가]를 선택합니다.

㉒ 텍스트 상자 안에 영어 단어를 입력합니다.

㉓ 좌측 메뉴바 [요소]의 '프레임'에서 원하는 프레임을 삽입합니다.

㉔ 이제 이미지를 업로드하면 해당 프레임 크기와 위치에 맞게 자동으로 삽입될 것입니다.

㉕ 하단의 '+ 버튼'을 눌러 3페이지를 만든 후 Ctrl 키를 사용해 2, 3페이지를 모두 선택합니다.

㉖ Ctrl + D로 페이지를 복제할 수 있습니다.

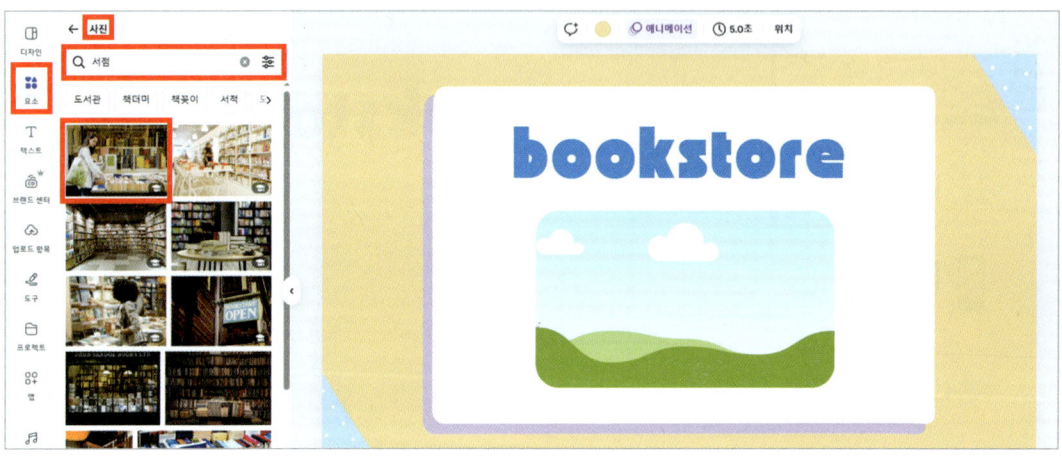

㉗ 좌측 메뉴바 [요소]에서 사진을 선택한 뒤 검색창에 '서점'을 입력하면 검색 시 서점과 관련된 여러 사진을 확인할 수 있습니다.

㉘ 원하는 사진을 아트보드 화면의 프레임에 드래그하면 사진이 삽입됩니다.

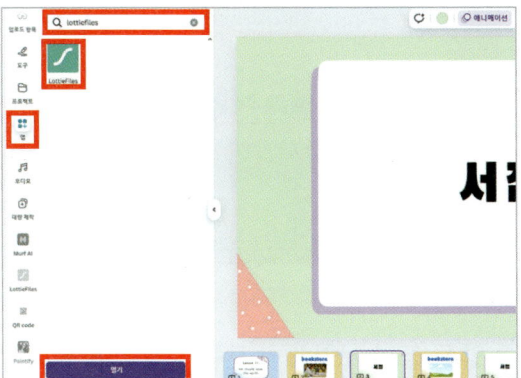

㉙ 좌측 메뉴바의 [앱] 검색창에 'Lottiefiles' 입력 후 해당 앱 아이콘을 클릭한 뒤 [열기]를 선택합니다.

㉚ Lottiefiles 앱 검색창에 'bookstore'를 입력하여 서점과 관련된 그래픽 이미지를 검색합니다. '자유로운'은 무료 소스 이미지를 의미합니다. 원하는 이미지를 선택합니다.

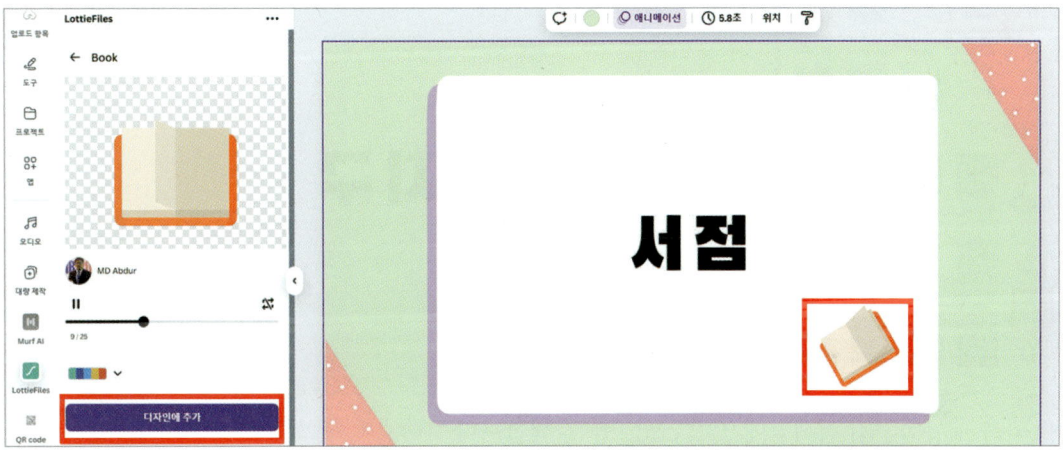

㉛ Lottiefiles 앱에서 서점과 관련된 그래픽 애니메이션을 찾아 삽입한 모습입니다.

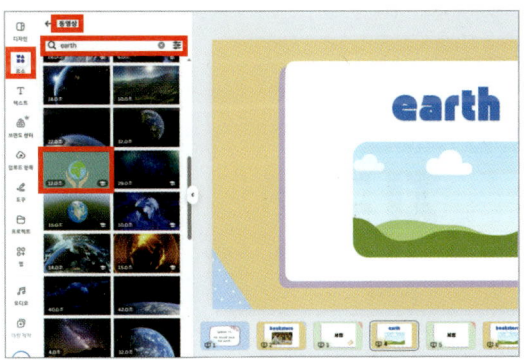

㉜ 이번에는 동영상을 삽입해 보겠습니다. 좌측 메뉴바 [요소]에서 동영상을 누른 후 원하는 동영상을 삽입합니다.

㉝ 사진과 마찬가지로 원하는 동영상을 프레임 안에 드래그하면 동영상을 삽입할 수 있습니다.

㉞ 삽입한 동영상을 선택하면 나타나는 상단의 도구바를 통해 간단한 편집을 할 수 있습니다. 가위 아이콘을 클릭하여 동영상의 구간을 편집할 수 있습니다.

㉟ 양쪽 끝의 보라색 버튼을 이용하여 원하는 동영상 구간만 재생할 수 있습니다.

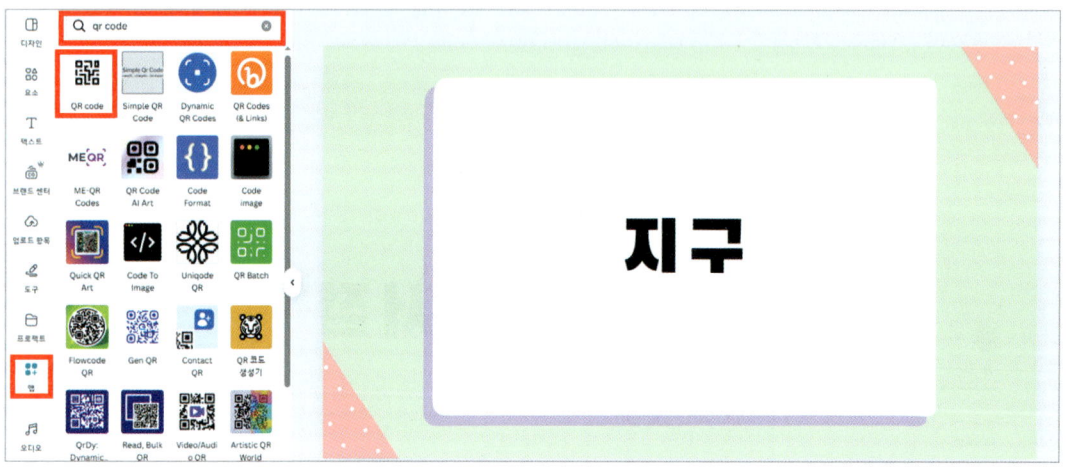

㊱ 좌측 메뉴바 [앱] 검색창에 'QR code'를 검색합니다.

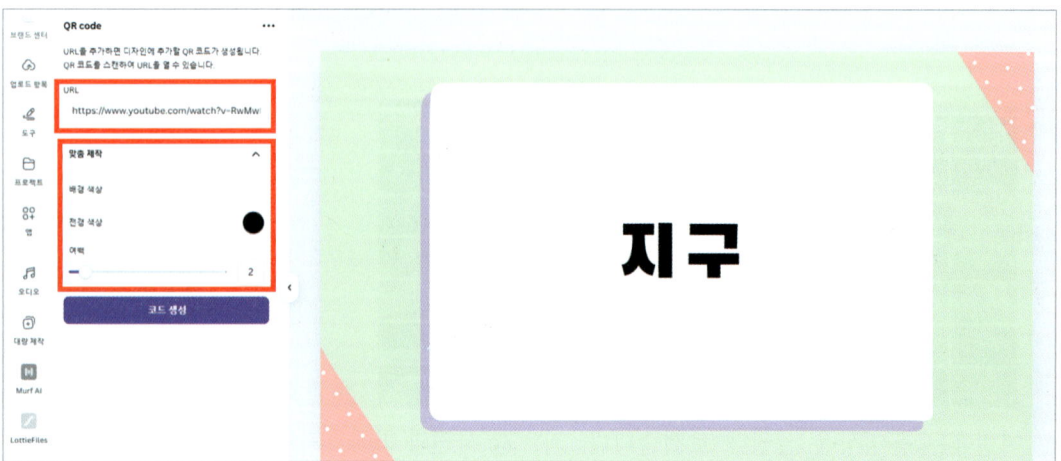

㊲ QR code 앱을 통해 지구와 관련된 동영상 링크를 QR 코드로 삽입할 수 있습니다. URL에 동영상의 링크를 입력하고, QR 코드의 배경 색상이나 전경 색상, 여백 등을 수정합니다.

㊳ [코드 생성]을 클릭하면 QR 코드가 삽입됩니다.

㊴ 완성된 영어 단어장을 오른쪽 상단의 '프레젠테이션'을 눌러 활용하거나, [공유]를 눌러 동영상, PPT, 이미지 파일 등으로 다운로드하여 활용할 수 있습니다.

CH. 3
캔바와 생성형 AI

AI와 창작의 만남!
캔바 AI로 새로운 예술 표현하기

창작을 위한 생성형 AI의 원리와 도구 알아보기

01. 생성형 AI의 개념

요즘 다양한 곳에서 생성형 AI라는 말을 들어보셨을 겁니다. 생성형 AI란 단순히 데이터를 수집하고 분석하는 것을 넘어서 새로운 콘텐츠를 직접 창조하는 인공지능을 의미합니다. 그렇다면 생성형 AI는 어떻게 작동할까요? 생성형 AI는 방대한 데이터를 바탕으로 새로운 결과물을 만들어냅니다. 예를 들어 텍스트로 된 명령어(프롬프트)를 입력하면 이에 맞는 이미지를 생성하거나, 주어진 주제로 새로운 글을 작성할 수 있죠. 이 모든 기술은 딥러닝 모델을 기반으로 이루어집니다. 딥러닝 모델은 데이터를 학습하여 그 안에 숨겨진 패턴과 관계를 파악하고, 이를 바탕으로 새로운 콘텐츠를 생성합니다.

02. 캔바 AI 활용법 익히기

캔바 AI(Canva AI)는 AI 기반 이미지 제작 도구로서, 우리의 상상을 시각적으로 현실화할 수 있는 강력한 기능을 제공합니다. 캔바 AI를 활용하면 머릿속에 그려진 이미지를 손쉽게 작품으로 만들어낼 수 있습니다. 예를 들어 '고흐 스타일의 풍경화'를 만들어보고 싶다고 가정해봅시다. '고흐 스타일의 풍경화를 그려줘.'라고 AI에게 요청하면 AI는 고흐의 기존 작품 스타일을 분석하고 그에 맞는 새로운 이미지를 생성합니다. 이 과정에서 퀄리티 높은 결과물을 얻기 위해 가장 중요한 것은 바로 프롬프트입니다.

프롬프트는 AI에게 원하는 결과를 얻기 위해 입력하는 명령어입니다. 더 구체적이고 만족스러운 결과를 얻으려면, 프롬프트의 구조를 이해하는 것이 중요합니다. 프롬프트의 구조는 크게 3가지로 나누어볼 수 있습니다.

프롬프트의 3단 구조

- 주제: 무엇을 그릴지
- 스타일: 어떤 방식으로 그릴지
- 디테일: 어떠한 색감, 분위기로 그릴지

'고양이가 붉은 의자 위에 있는 그림을 그려줘.'라고 프롬프트를 입력하였을 때보다 '흰색 털에 푸른 눈을 가진 페르시안 고양이가 붉은 벨벳 소파 위에 누워있는 그림을 평면적인 만화(2D) 애니메이션 스타일로 그려줘. 그리고 전체적인 분위기는 따뜻한 색감으로 해줘.'라고 프롬프트를 입력했을 때 AI는 내 머릿속에 있는 이미지와 더 비슷한 결과물을 만들 수 있습니다. 캔바 AI는 1개의 이미지를 생성하는 데 토큰 1개가 사용되며, 한 달에 무료 캔바 사용자는 토큰 20개, 유료 혹은 교육용 캔바 사용자는 토큰 500개를 얻을 수 있습니다.

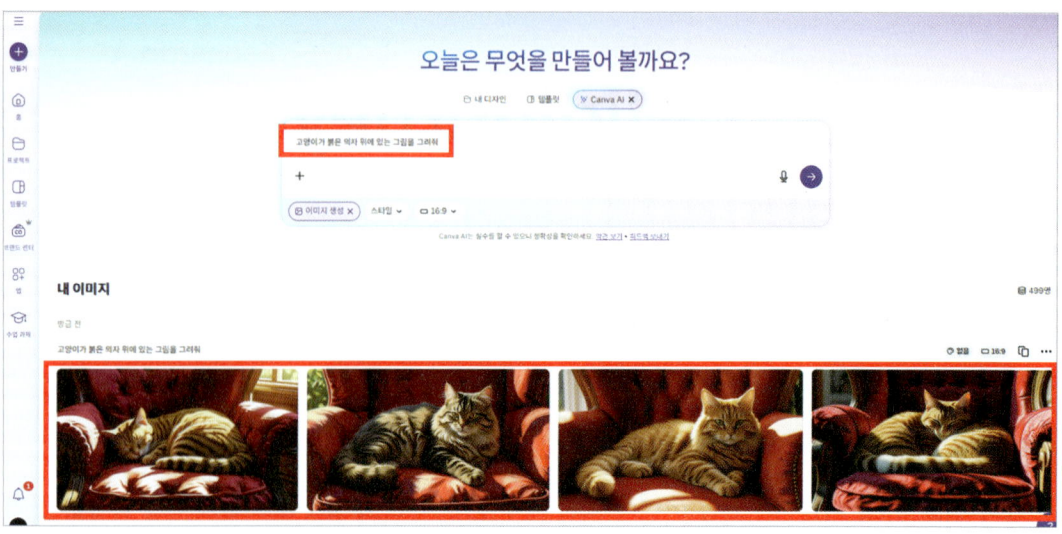

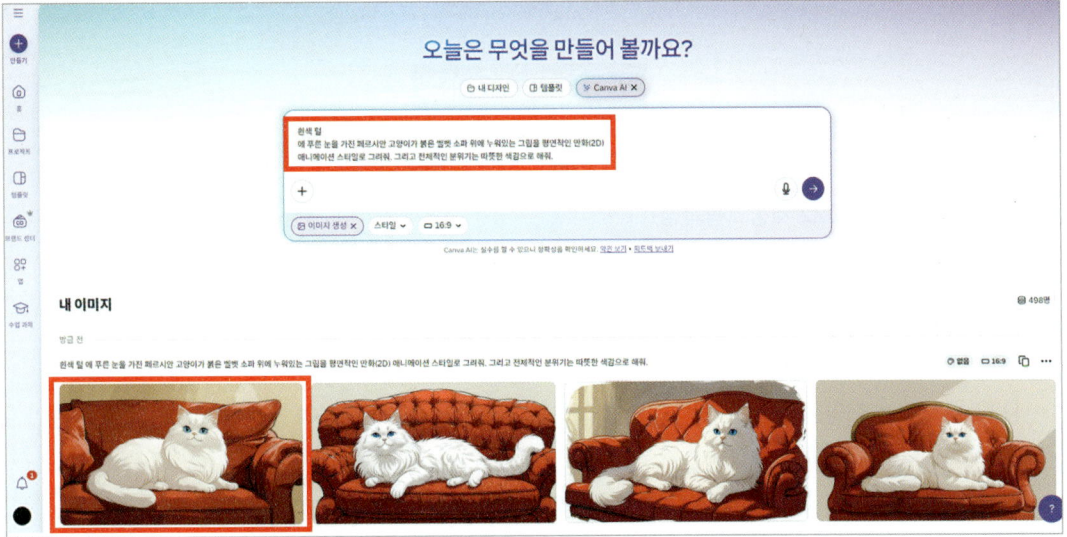

<음악> 캔바 AI를 활용한 음악 동화책 만들기

음악 활동과 연결할 수 있는 교육과정 성취기준은 다음과 같습니다.

초등학교 교육과정

- 교과: 음악
- 관련 성취기준(2022 개정교육과정)

[6음02-03] 다양한 종류의 음악을 듣고 음악의 배경과 활용을 설명한다.

[6음03-01] 느낌과 아이디어를 떠올려 여러 매체나 방법으로 자신감 있게 표현한다.

중학교 교육과정

- 교과: 음악
- 관련 성취기준(2022 개정교육과정)

[9음02-03] 다양한 시대·사회·문화권의 음악을 듣고 음악의 배경과 역할을 비교한다.

[9음03-01] 음악적 의도나 아이디어를 여러 매체나 방법에 적용하여 자기 주도적으로 창작한다.

고등학교 교육과정

- 교과: 음악, 음악연주와 창작, 음악감상과 비평
- 관련 성취기준(2022 개정교육과정)

  [12음02-02] 다양한 시대·사회·문화권의 음악을 듣고 음악적 특징과 구성의 변화를 해석한다.

  [12음03-01] 다양한 맥락과 연계되는 음악적 의도나 아이디어를 여러 매체나 방법에 적용하여 창작하고 성찰한다.

  [12연창02-03] 다양한 소리와 매체, 음악적 아이디어를 연계하고 활용하여 공동체에 기여할 수 있는 공연을 기획한다.

  [12감비01-03] 음악을 듣고 음악에 내재된 미적 특성을 수용·공감하며 다양한 방법으로 표현한다.

- 주제: 표제 음악에 대해 이해하고 삽화를 생성하여 음악 동화책 만들기
- 의도: 악곡과 관련된 느낌과 감정, 분위기나 장면 등을 떠올려 보고, 이를 그림, 영상 등의 방법으로 묘사해 본다.

01. 삽화 생성하기

이제 캔바 AI를 사용하여 〈피터와 늑대〉라는 작품을 주제로 음악 동화책을 만들어보겠습니다. 동화책에 삽입할 음악은 어린이들이 클래식 악기를 쉽게 이해할 수 있도록 프로코피예프가 만든 표제 음악입니다. 음악을 통해 이야기를 들려주고 그 이야기에 맞는 삽화를 만들어보는 것이 활동의 목표입니다. 〈피터와 늑대〉는 다양한 클래식 악기가 등장하며 각 악기가 등장인물이나 동물들의 특징을 표현하는 재미있는 이야기를 담고 있습니다. 이 음악을 들으며 학생들이 각 악기의 특징을 이해하고 이야기 속 장면에 어울리는 삽화를 만들어보면 더욱 즐거운 수업이 될 것입니다.

❶ 캔바 홈 검색창에서 '프레젠테이션'을 선택합니다.

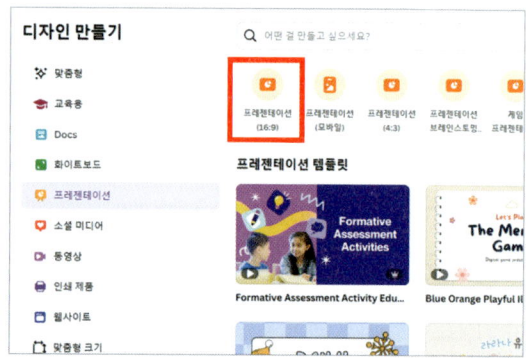

❷ '프레젠테이션(16:9)'을 선택하여 프레젠테이션 디자인을 만듭니다.

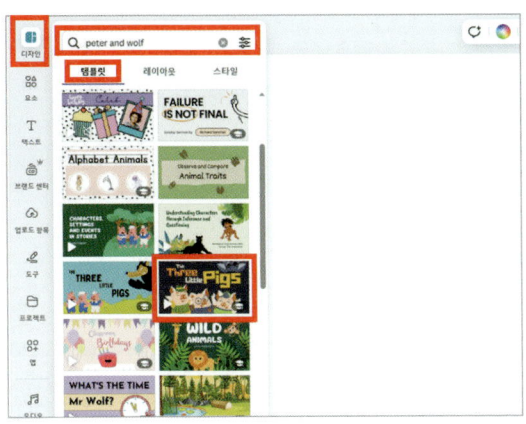

❸ 좌측 메뉴바에서 [디자인]의 템플릿 검색 창에 'Peter and wolf'라고 검색합니다. 원하는 템플릿을 선택하여 페이지를 적용해 줍니다.

출처: 캔바 크리에이터 Sir Aqui

❹ 표지가 될 1페이지를 적용합니다.

❺ 원하는 요소만 남기고 음악 동화책의 제목을 'Peter and the Wolf'로 수정했습니다.

❻ 하단의 '+ 버튼'을 눌러 2페이지를 만들고 그림책의 내용이 들어갈 페이지를 만들어줍니다.

❼ 복사할 페이지를 클릭한 뒤 Ctrl + D를 누르면 페이지가 복사됩니다.

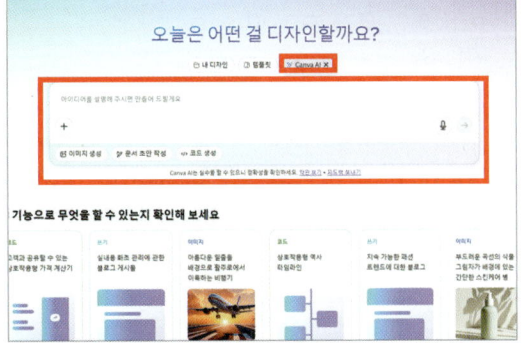

❽ 이제 캔바 메인화면 중앙에 있는 [Canva AI]를 클릭하여 캔바 AI 페이지로 이동합니다.

❾ 입력란에 캔바 AI에게 입력할 프롬프트를 작성할 수 있습니다.

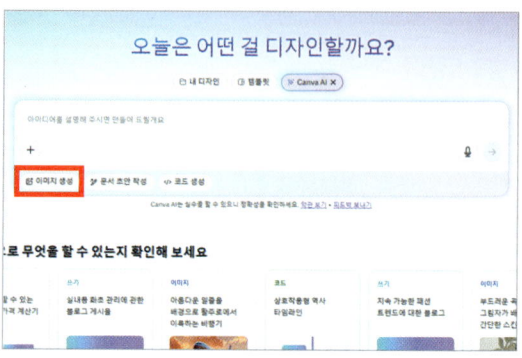

❿ '이미지 생성'을 클릭하면 이미지를 생성할 수 있는 캔바 AI 창이 뜹니다.

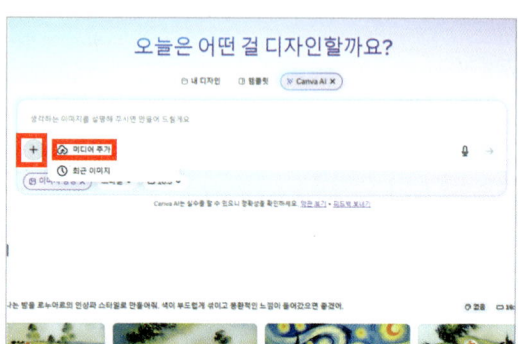

⓫ '+ 버튼'을 누르면 캔바 AI에게 레퍼런스로 줄 참고 이미지를 업로드할 수 있습니다.

⓬ '스타일'을 누르면 시네마틱 컨셉, 일러스트레이션, 3D 렌더링 등 다양한 스타일의 이미지를 생성하도록 설정할 수 있습니다.

⓭ '16:9' 비율 버튼을 누르면 생성할 이미지 크기를 조정할 수 있습니다.

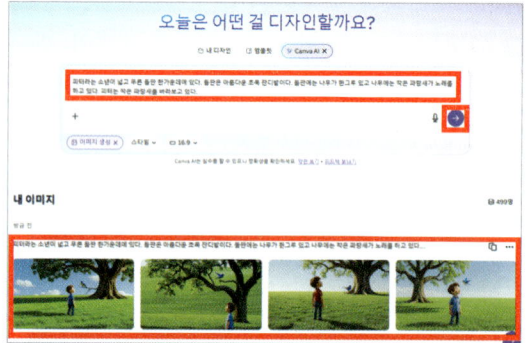

⓮ '피터라는 소년이 넓고 푸른 들판 한가운데에 있다. 들판은 아름다운 초록 잔디밭이다. 들판에는 나무가 한그루 있고 나무에는 작은 파랑새가 노래를 하고 있다. 피터는 작은 파랑새를 바라보고 있다.'라고 작성한 뒤 화살표 버튼을 클릭합니다.

⓯ 4개의 이미지가 생성되었습니다. 마음에 들지 않으면 다시 생성하는 것도 가능합니다. 다음에 드는 이미지 위에 마우스를 올리면 다운로드 버튼이 활성화됩니다.

⓰ 점 3개 아이콘을 누르면 해당 이미지를 클립보드에 복사할 수 있습니다.

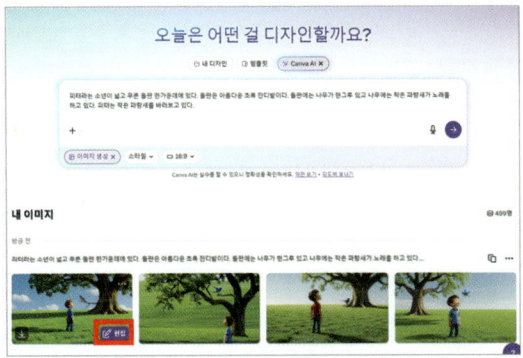

⓱ 편집 버튼을 누르면 이미지를 편집하는 페이지로 이동합니다.

⓲ Magic Studio 기능을 이용해 배경 제거, 배경 생성, 불필요한 요소 삭제 등의 작업을 할 수 있습니다. 필터를 넣거나 그림자 효과를 적용하는 것도 가능합니다.

⓳ 다시 음악 동화책의 페이지가 있는 프레젠테이션 화면으로 돌아와서 캔바 AI로 생성한 이미지를 삽입합니다.

⓴ 삽화에 맞는 음악 동화책의 내용을 입력합니다.

㉑ 다시 캔바 AI 화면으로 돌아왔습니다. 방금 생성한 이미지를 레퍼런스로 비슷한 이미지 삽화를 생성하기 위해서, 프롬프트 창의 + 버튼을 클릭합니다.

㉒ '미디어 추가'를 눌러 이미지를 새로 업로드 하거나, '최근 이미지'를 눌러 최근 캔바에서 작업한 이미지를 적용할 수 있습니다.

㉓ '최근 이미지'를 클릭하여 방금 캔바 AI로 생성한 이미지 중 1개를 선택합니다.

㉔ 프롬프트 입력란에 레퍼런스 이미지가 적용된 모습입니다. '스타일 매치'와 '균형' 버튼이 활성화된 것이 보입니다.

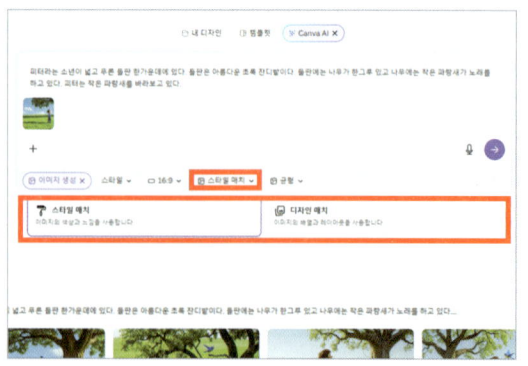

㉕ '스타일 매치'에서는 이미지 색상과 느낌을 참조할 것인지, 이미지 배열과 레이아웃을 참조할 것인지 선택할 수 있습니다.

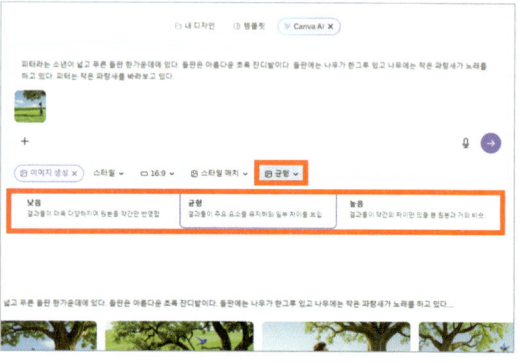

㉖ '균형'에서는 이미지를 참조하는 정도를 선택할 수 있습니다. 높음을 선택하면 레퍼런스 이미지와 비슷한 이미지가 생성됩니다.

㉗ 프롬프트 입력란에 '피터와 작은 파랑새는 하얀 오리가 헤엄치는 푸른 연못으로 갔다. 작은 파랑새는 오리의 머리 위 하늘에서 날고 있다. 연못은 푸른 색으로 해줘.'라고 작성한 후 화살표 버튼을 클릭합니다.

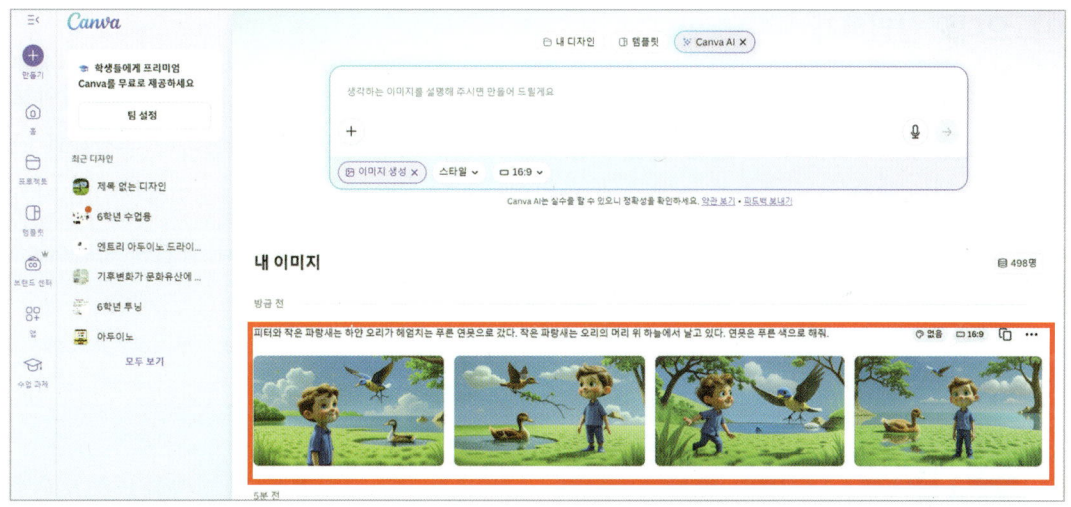

㉘ 4개의 이미지가 생성되었습니다.

㉙ 이와 같은 방식으로 드립랩에서 삽화를 생성하고, 프레젠테이션 화면에서 음악 동화책을 편집하는 과정을 반복합니다.

㉚ 삽화가 있는 음악 동화책의 편집이 완료된 모습입니다.

02. 오디오 삽입하기

· 이제 삽화와 동화 내용 편집이 완료된 음악 동화책에 오디오를 삽입하는 방법에 대해 알아보도록 하겠습니다. 〈피터와 늑대〉는 인물이 등장할 때마다 장면이 나뉘고 장면마다 주선율과 악기의 구별이 뚜렷한 작품입니다. 그래서 음악 동화책을 구성할 때 장면별로 음원을 삽입하기가 좋습니다. 다른 작품을 주제로 음악 동화책을 제작하는 경우, 이처럼 장면과 장면에 따른 음악의 구분이 확실한 작품을 선택하시는 것이 좋습니다.

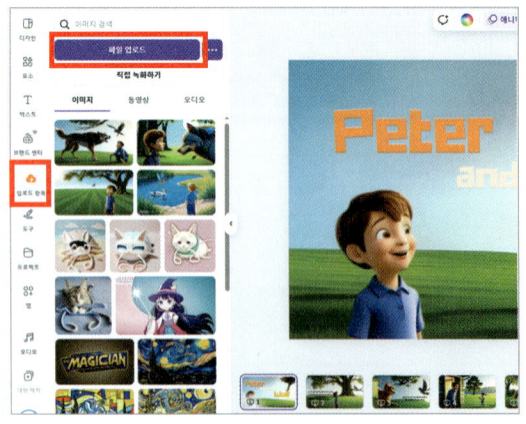

❶ 음악 동화책이 있는 프레젠테이션의 좌측 메뉴바에서 [업로드 항목]-[파일 업로드]를 선택하여 음원 파일을 업로드합니다.

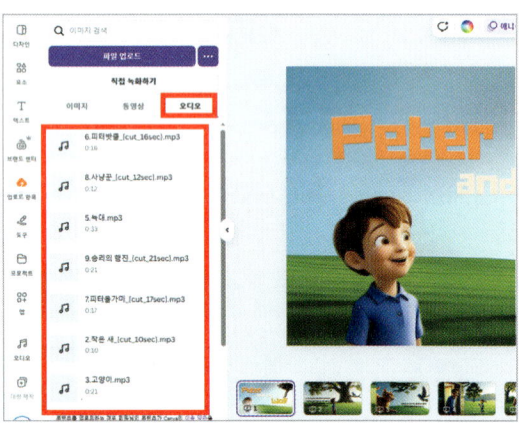

❷ 오디오를 눌러보면 음원이 업로드된 것을 확인할 수 있습니다.

❸ 음원이 들어갈 페이지 선택 후 업로드된 음원을 클릭하면 페이지 하단에 음원이 삽입됩니다. 음원의 길이가 길어 페이지를 벗어나게 되면 동화책의 페이지가 다음 장으로 넘어가도 음원이 계속 재생됩니다.

❹ 프레젠테이션 페이지의 지속 시간은 기본으로 5초이므로 지속 시간을 음원의 재생 시간에 맞춰 주어야 합니다.

❺ 페이지를 클릭하면 나타나는 상단 도구바에서 시계 모양 아이콘을 선택합니다.

❻ 페이지의 지속시간을 음원과 동일하게 19초로 조정합니다.

❼ 페이지와 음원의 길이가 동일하게 맞춰진 것을 확인할 수 있습니다.

❽ 페이지마다 음원을 삽입해 음악 동화책 제작이 완료된 모습입니다.

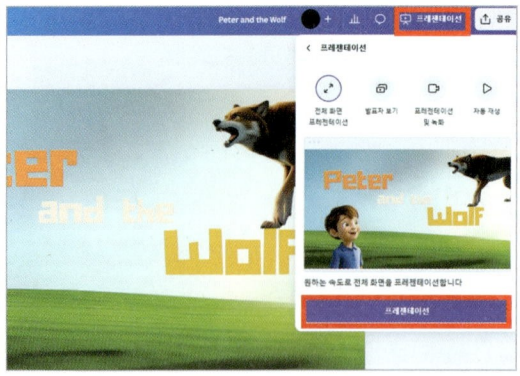 

❾ 완성된 음악 동화책은 오른쪽 상단의 '프레젠테이션'을 눌러 활용할 수 있습니다.

❿ [공유]를 눌러 MP4 동영상으로 다운로드하여 활용할 수 있습니다.

<미술> 캔바 AI를 활용한 콜라주 작품 만들기

미술 활동과 연결할 수 있는 교육과정 성취기준은 다음과 같습니다.

초등학교 교육과정

- 교과: 미술
- 관련 성취기준(2022 개정교육과정)

[4미02-04] 표현 의도를 가지고 작품을 제작하며 자기 작품을 소중히 여길 수 있다.

[4미02-05] 미술과 타 교과를 관련지어 주제를 표현하는데 흥미를 가질 수 있다.

[4미03-01] 미술 작품을 자세히 보고 작품과 미술가에 관해 질문할 수 있다.

[6미02-02] 디지털 매체 등 다양한 표현 재료와 용구를 탐색하여 작품 제작에 활용할 수 있다.

[6미03-02] 미술 작품의 내용(소재, 주제 등)과 형식(재료와 용구, 표현 방법, 조형 요소와 원리 등)을 분석하여 작품의 특징을 설명할 수 있다.

중학교 교육과정

- 교과: 미술
- 관련 성취기준(2022 개정교육과정)

[9미02-03] 조형 요소와 원리, 표현 재료와 방법, 디지털 매체를 포함한 다양한 매체를 활용하여 주제를 효과적으로 표현할 수 있다.

[9미03-02] 작품의 내용과 형식을 분석하고 미술 용어와 지식을 활용하여 설명할 수 있다.

고등학교 교육과정

- 교과: 미술, 미술 감상과 비평, 미술과 매체
- 관련 성취기준(2022 개정교육과정)

[12미02-02] 주제에 적합한 표현 매체와 방법을 실험하고 융합하는 과정에 집중할 수 있다.

[12미03-01] 미술의 시대적, 지역적, 사회·문화적 변천 과정을 이해하고 작품을 감상하며 자신의 견해를 논리적으로 표현할 수 있다.

[12미감01-01] 미술의 역사적, 지역적, 사회·문화적 변천 과정과 특징을 분석할 수 있어야 하며, 이를 바탕으로 작가와 작품의 의미를 논리적으로 표현할 수 있어야 한다.

[12미감01-04] 작가와 작품의 특징을 맥락적으로 이해하는 과정에서 문화 다양성을 수용하고 공동체 의식을 함양할 수 있다.

[12미매01-03] 미술에 활용되는 아날로그와 디지털 매체의 개념과 종류를 이해하고 개방적 태도로 표현 매체를 선택할 수 있다.

[12미매02-01] 아날로그 매체와 디지털 매체를 창의적으로 활용하여 표현할 수 있다.

- 주제: 미술 작품의 내용과 형식, 사조의 개념을 이해하고 다양한 화풍이 섞인 디지털 작품 제작하기
- 의도: 디지털 매체를 활용하여 미적 경험과 상상력, 표현의 가능성을 확장하고 디지털 콜라주 작품을 제작한다.

01. 미술 작품 재창조하기

이제 캔바 AI를 활용하여 특별한 예술 작품을 만드는 방법에 대해 알아보겠습니다. 이번에 재창조해볼 작품은 고흐의 〈별이 빛나는 밤〉입니다. 이 작품을 6명의 유명 작가들의 화풍으로 변형해보려 합니다. 피카소의 입체파 스타일, 르누아르의 인상파 스타일, 무하의 아르누보 스타일, 리히텐슈타인의 팝아트 스타일, 극사실주의 스타일 등 각기 다른 화풍으로 고흐의 명작을 새롭게 표현할 수 있습니다. 먼저 각 화풍을 바탕으로 6개의 이미지를 만들고 그 후에 이미지들을 콜라주하여 하나의 작품으로 만들어보도록 하겠습니다.

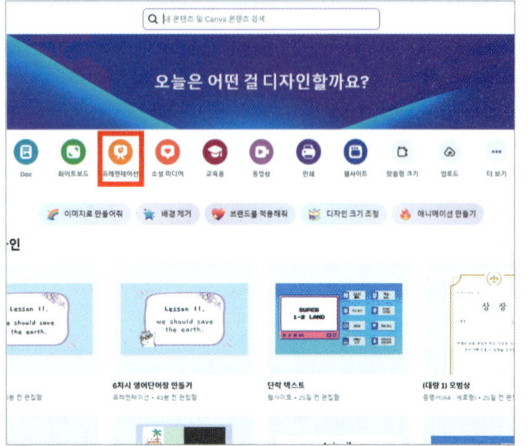

❶ 캔바 홈에서 '프레젠테이션'을 선택합니다. ❷ '프레젠테이션(16:9)'을 선택하여 프레젠테이션 디자인을 만듭니다.

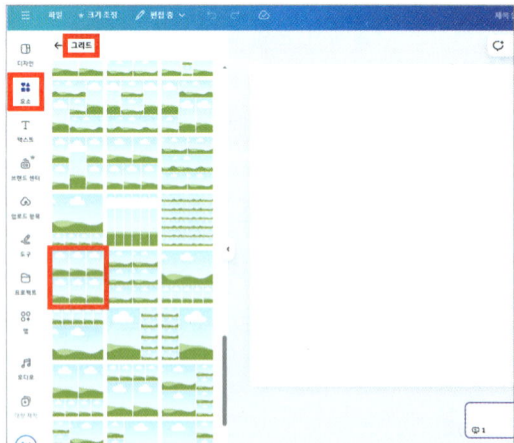 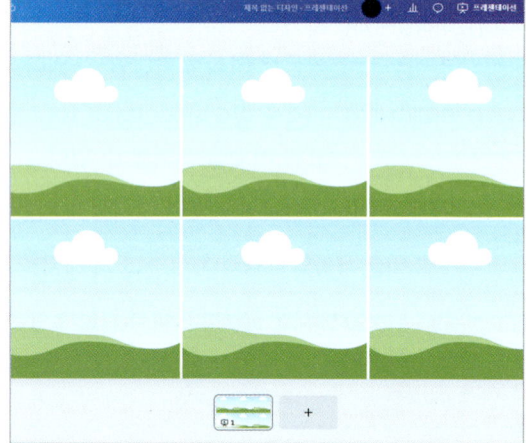

❸ 좌측 메뉴바에서 [요소]에서 그리드를 클릭하여 콜라주 할 형태의 그리드를 선택합니다.

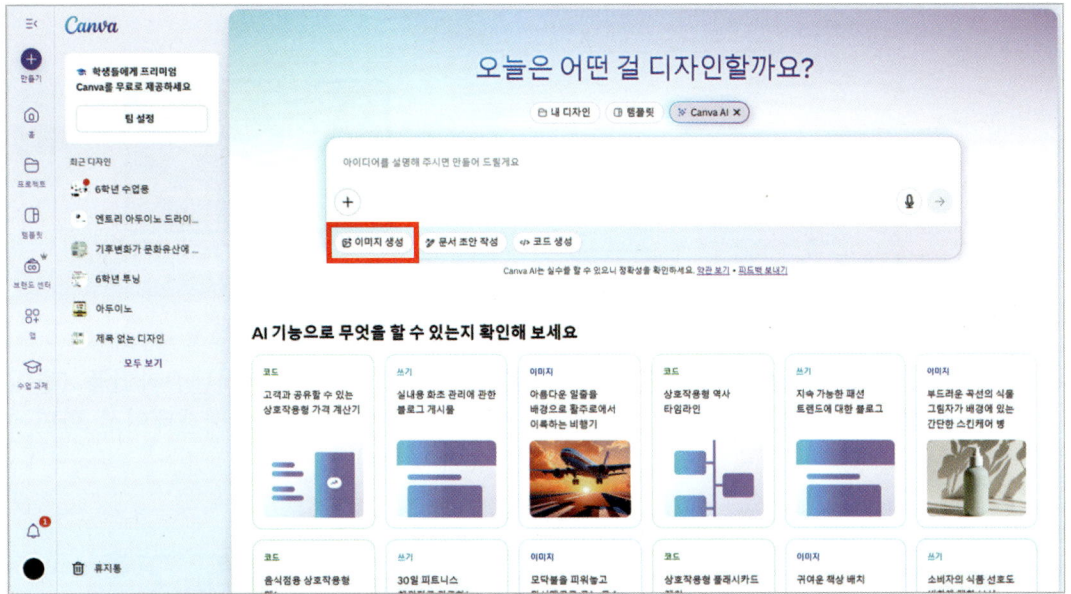

❹ 캔바 메인화면 중앙의 [Canva AI] 버튼을 누르고 '이미지 생성'을 클릭하여 캔바 AI 페이지로 이동합니다.

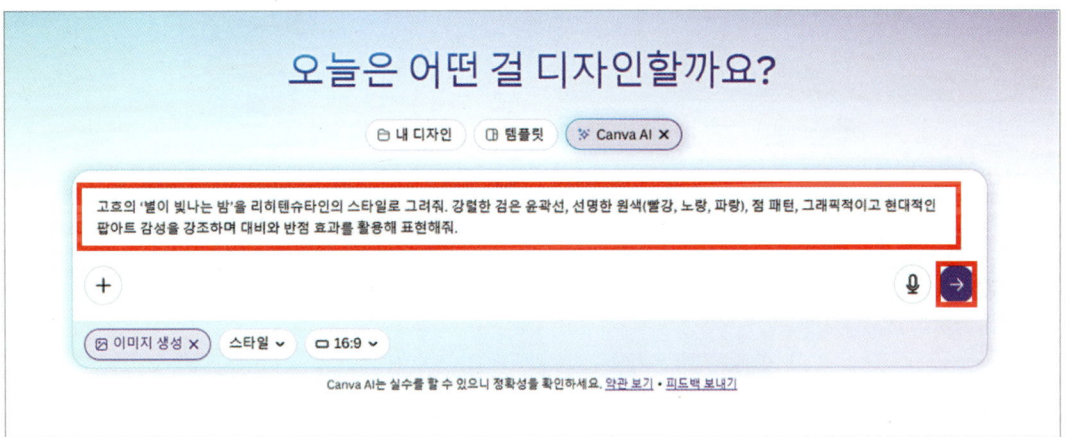

❺ 프롬프트에 '고흐의 '별이 빛나는 밤'을 리히텐슈타인의 스타일로 그려줘. 강렬한 검은 윤곽선, 선명한 원색(빨강, 노랑, 파랑), 점 패턴, 그래픽적이고 현대적인 팝아트 감성을 강조하며 대비와 반점 효과를 활용해 표현해줘.'라고 구체적으로 작성한 후 화살표 버튼을 누릅니다.

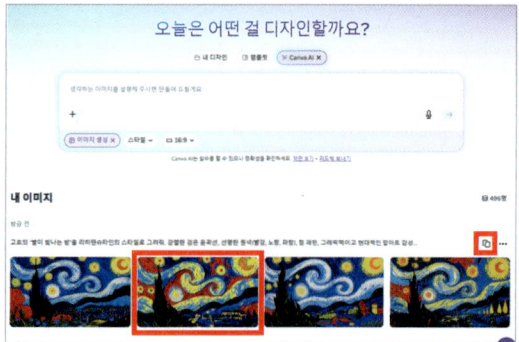

❻ 4개 이미지가 생성되었습니다. 마음에 드는 이미지를 선택하여 복사합니다.

❼ 캔바 AI로 생성된 리히텐슈타인풍 〈별이 빛나는 밤〉 작품을 프레젠테이션 화면에 붙여 넣습니다.

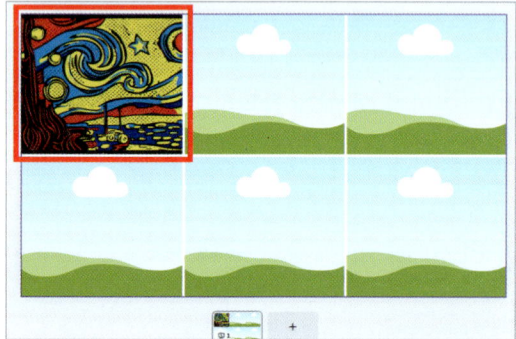

❽ 이미지를 드래그하여 그리드에 넣으면 이미지가 그리드의 레이아웃에 맞게 자동으로 삽입됩니다.

❾ 이때 그리드에 삽입된 이미지를 더블클릭하면 수정할 수 있는 창이 나타납니다.

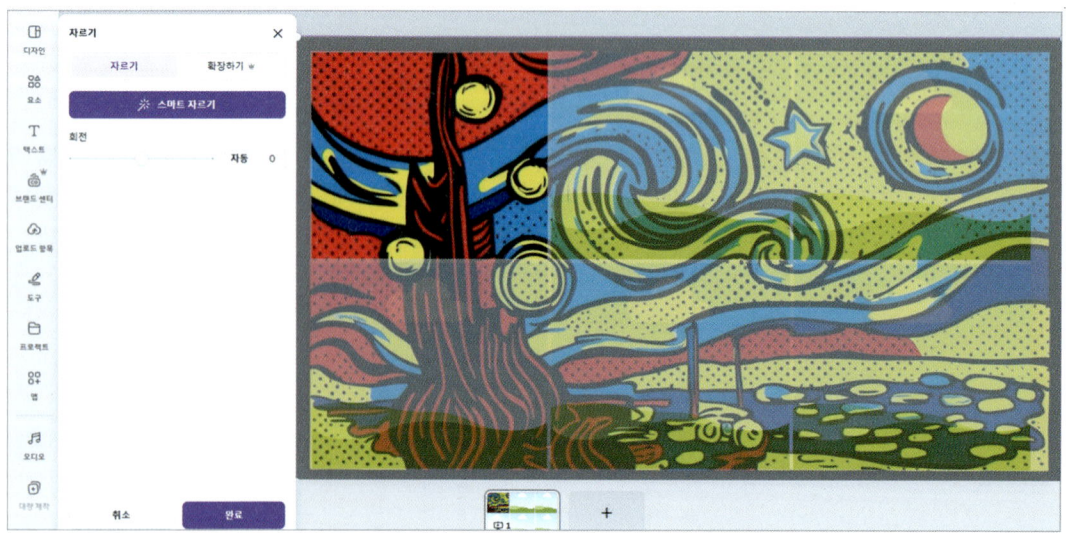

❿ 리히텐슈타인풍 이미지를 확대하여 아트보드의 크기와 맞춰줍니다.

⑪ 그리드의 바깥을 누르면 편집된 이미지가 사진과 같이 반영됩니다.

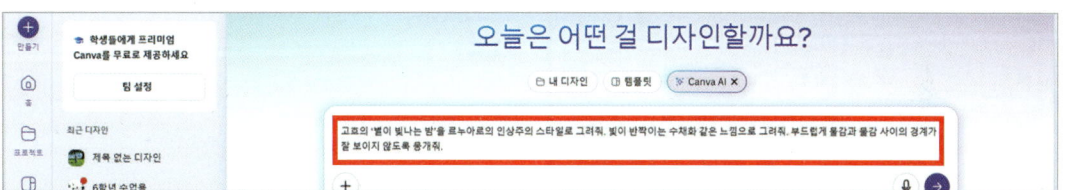

⑫ 다시 캔바 AI로 돌아와 르누아르풍 작품을 생성합니다. 프롬프트에 '고흐의 '별이 빛나는 밤'을 르누아르의 인상주 스타일로 그려줘. 빛이 반짝이는 수채화 같은 느낌으로 그려줘. 부드럽게 물감과 물감 사이의 경계가 잘 보이지 않도록 뭉개줘.'라고 작성합니다.

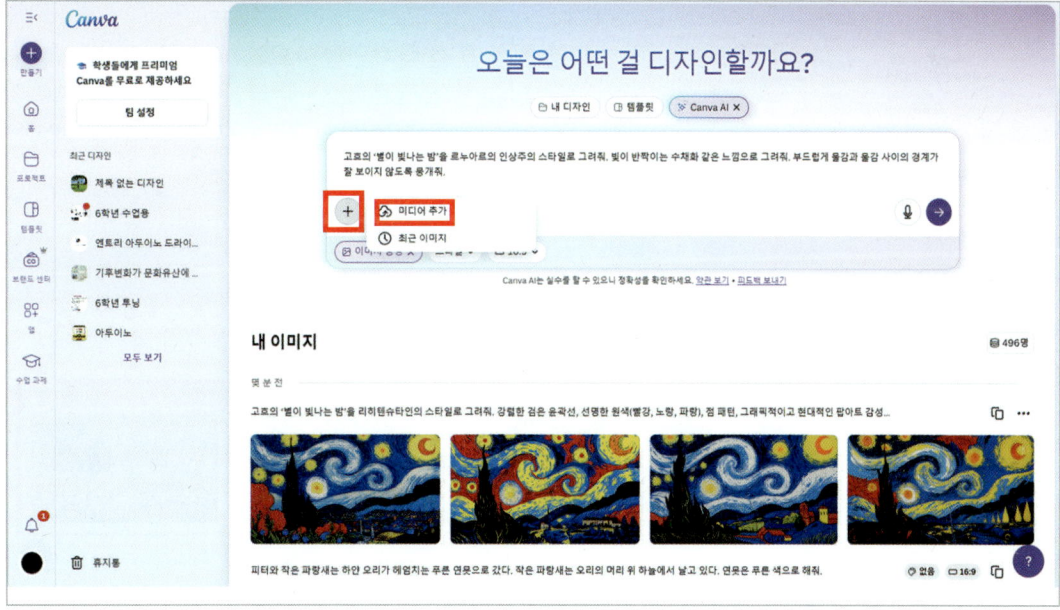

⑬ 레퍼런스를 제시하기 위해 '미디어 추가'를 통해 르누아르 작품을 하나 추가하겠습니다.

⑭ + 버튼을 누르고 '미디어 추가'에서 '파일 업로드'를 클릭합니다.

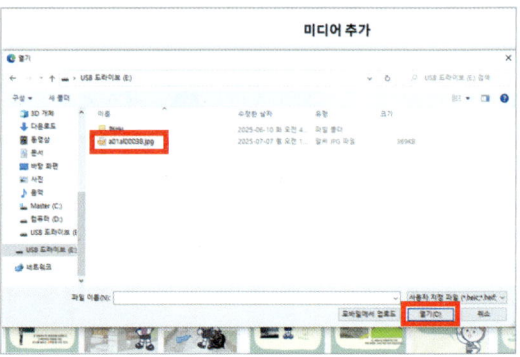
⑮ 레퍼런스 이미지 파일을 클릭하고 열기 '열기'를 누릅니다.

⑯ 미디어가 업로드되었습니다. [이미지 사용] 버튼을 클릭합니다.

⑰ 레퍼런스 이미지가 추가되었습니다. 이미지를 만들기 위해 화살표 버튼을 클릭합니다.

⑱ 르누아르풍 〈별이 빛나는 밤〉 작품이 생성되었습니다.

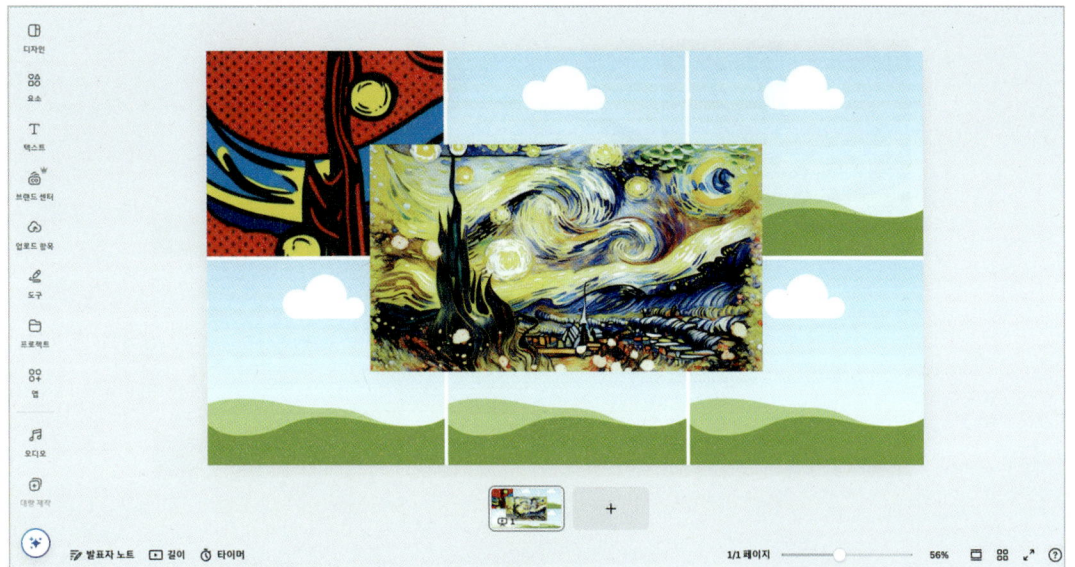

⑲ 생성된 이미지 중 하나를 선택하여 프레젠테이션 화면으로 복사합니다.

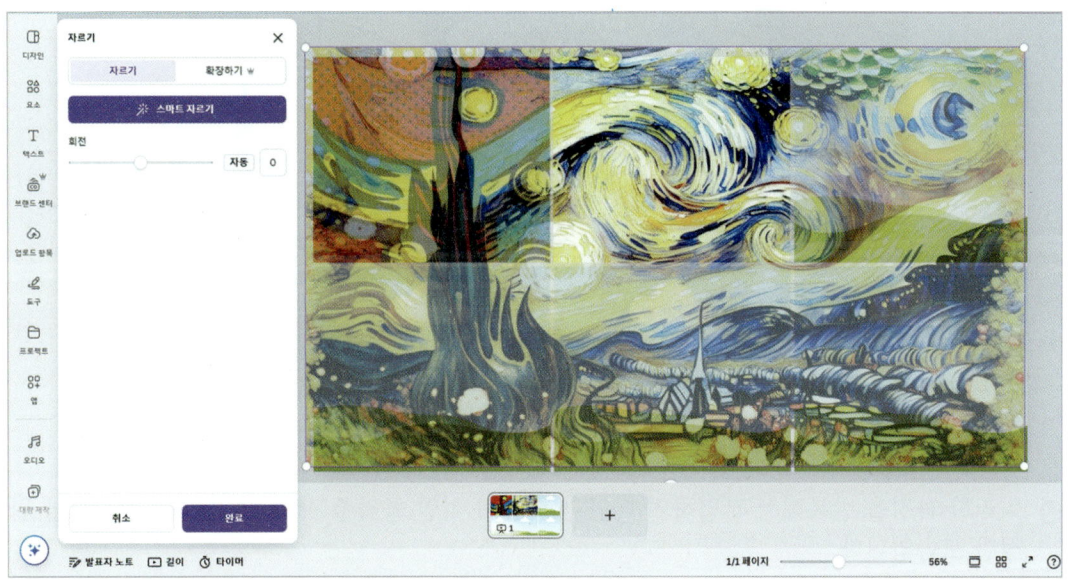

⑳ 그리드에 삽입하고 크기를 맞추어줍니다. 이때 옆에 있는 다른 그림과 선이 일치하도록 형태를 맞추어 주면 더욱 효과적입니다.

㉑ 이러한 과정을 반복해서 작업하여 다양한 화풍이 섞인 콜라주 작품 〈별이 빛나는 밤〉을 완성한 모습입니다.

스토리텔링의 힘!
캔바로 쓰고 그리는 나만의 이야기

디지털 시대에 이야기의 전달 방식은 빠르게 진화하고 있습니다. 이제 우리는 전통적인 글쓰기를 넘어 시각적 요소와 어우러진 다채로운 콘텐츠를 통해 독자와 소통할 수 있습니다. 이러한 변화 속에서 캔바는 누구나 어렵지 않게 자신만의 이야기를 시각적으로 표현할 수 있도록 도와주는 강력한 도구로 자리 잡고 있습니다.

디지털 이야기 작가로서의 첫걸음을 내딛는 이번 여정을 통해 여러분의 상상력과 창의력이 캔바를 만나 어떤 멋진 결과물을 만들어낼지 그 가능성이 무척 기대됩니다.

이야기의 구조 살펴보기

01. 이야기의 구성요소

이야기는 기본적으로 발단, 전개, 위기, 절정, 결말의 구조로 구성되며 인물, 사건, 배경 등의 요소를 포함합니다. 몰입감 있는 스토리텔링을 위해서는 메시지를 명확하게 설정하고 독자의 관심과 감정을 자극하는 것이 중요합니다. 훌륭한 이야기를 만들기 위해서는 평소 짧은 이야기를 구상하고, 간단한 플롯을 작성하는 연습이 필요합니다.

이러한 과정에서 캔바는 다양한 그래픽과 템플릿을 제공하여 학생들이 손쉽게 이야기를 작성할 수 있도록 도와줍니다. 특히 캔바의 스토리보드 템플릿은 이야기의 흐름을 시각적으로 표현하는 데 큰 도움이 됩니다. 스토리보드는 각 장면의 시각적 개요를 제공하여 이야기의 핵심 구조와 목표를 정의하는 데 유용합니다. 캔바의 스토리보드 템플릿은 다양한 디자인과 레이아웃을 제공하므로 이를 통해 자신의 이야기를 체계적으로 구성하고 표현할 수 있습니다.

02. 스토리보드 알아보기

캔바의 스토리보드 기능은 아이디어를 체계적으로 계획하고 시각적으로 구성할 수 있는 도구입니다. 다양한 프로젝트에서 활용할 수 있는 이 기능은 특히 창의적인 작업을 할 때 유용합니다. 캔바의 직관적인 인터페이스와 풍부한 디자인 도구 덕분에 스토리보드를 만드는 과정이 어렵지 않습니다. 지금부터 캔바의 스토리보드 활용 방법을 간단히 알아보겠습니다.

❶ 캔바 홈 검색창에 '스토리보드'라고 검색하면 스토리보드에 최적화된 캔바 템플릿이 나옵니다.

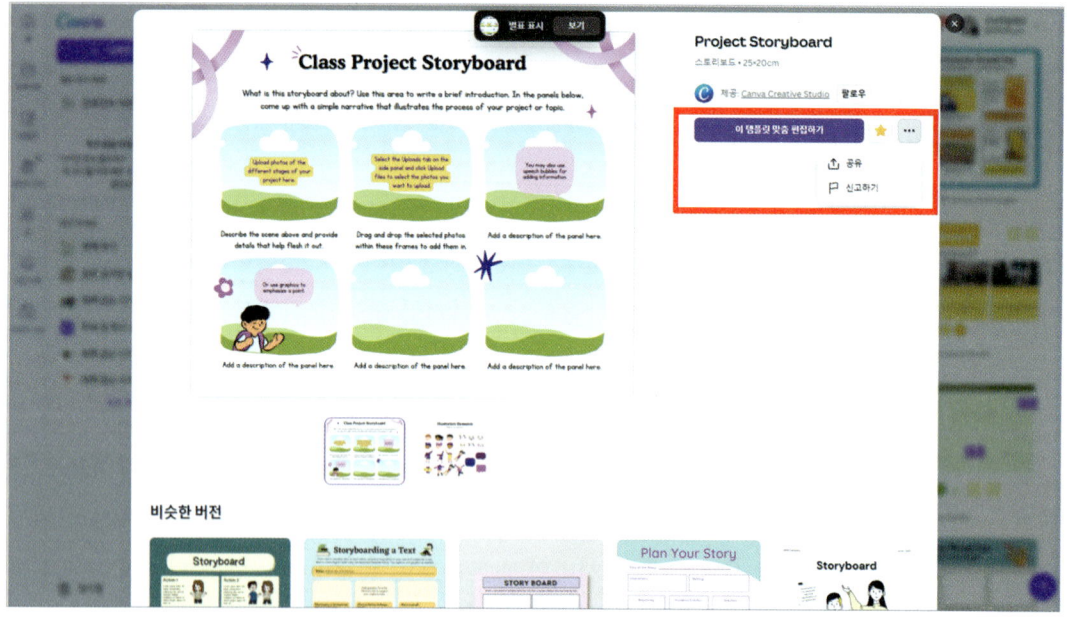

❷ 자주 활용할 스토리보드 템플릿이라면 별 모양 버튼으로 즐겨찾기를 할 수 있고, 점 3개를 눌러 공유를 선택해 다른 사람에게 링크 주소를 공유할 수 있습니다. [이 템플릿 맞춤 편집하기]를 선택하여 해당 템플릿을 적용합니다.

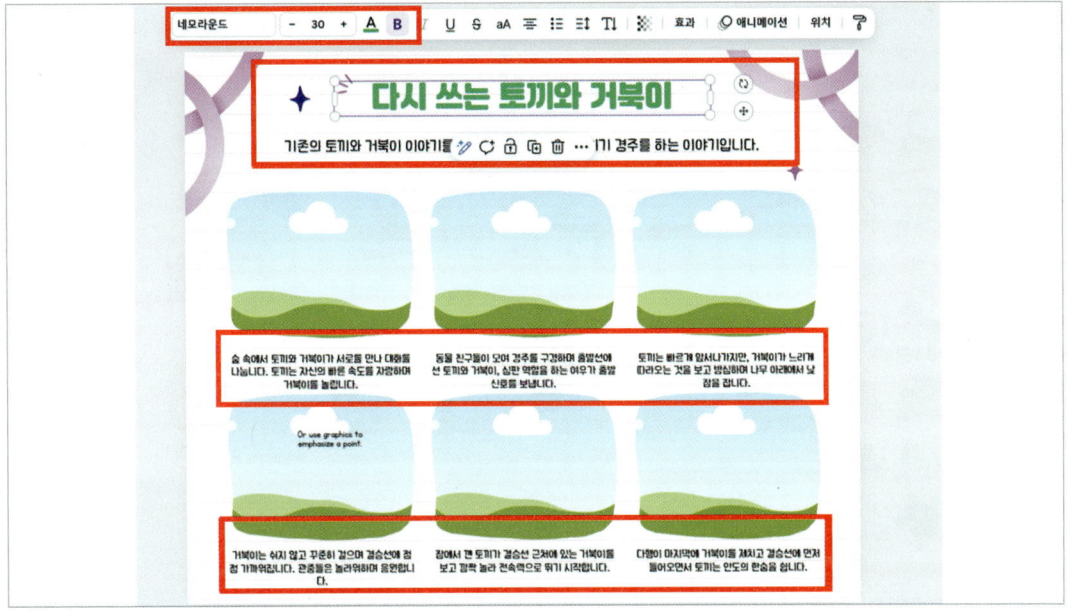

❸ 텍스트를 변경해줍니다. 예시는 제목, 부제목, 6개의 스토리보드로 구성되어있습니다.

*제목 예: 다시 쓰는 토끼와 거북이
*부제목 예: 기존의 토끼와 거북이 이야기를 바꾸어 흥미진진하게 달리기 경주를 하는 이야기입니다.

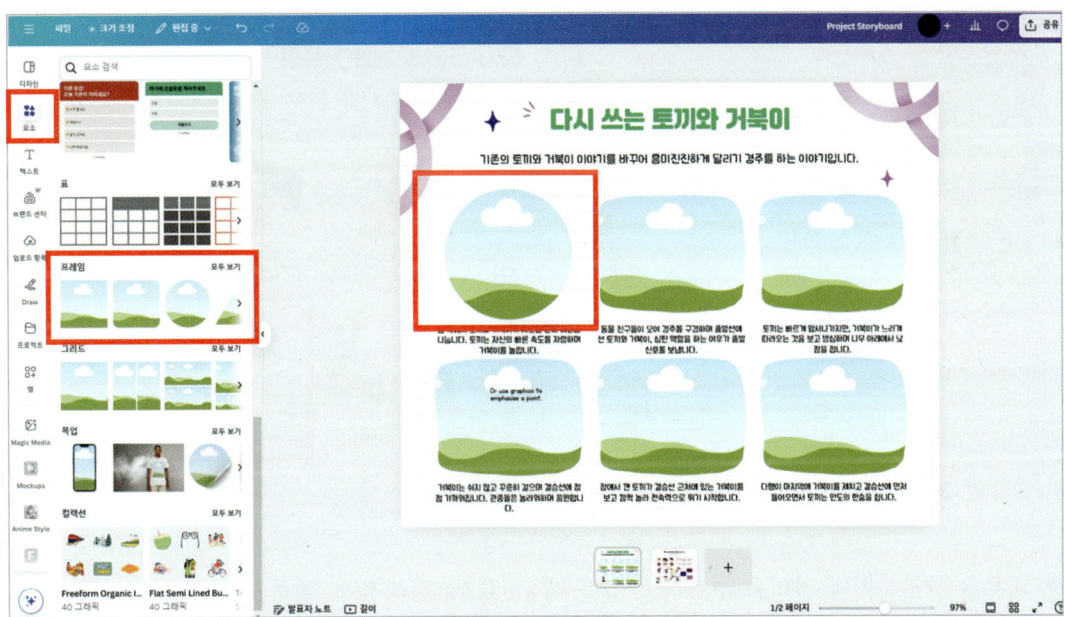

❹ 캔바 좌측 메뉴바의 [요소]의 프레임 항목을 활용하여 원하는 상황에 맞는 다양한 프레임으로 이미지를 구성할 수 있습니다. 다만 프레임은 사진만 가능합니다.

❺ [요소] 그래픽의 클립아트 이미지는 프레임 기능이 지원되지 않으므로 프레임은 지우고 적절하게 배치를 해줍니다.

*검색 키워드: 토끼와 거북이

❻ 내용을 강조하거나 설명을 추가하고 싶을 때는 [요소] 검색창에 '말풍선'이라고 입력한 뒤 말풍선을 추가하여 말풍선 위에 텍스트를 작성할 수 있습니다.

스토리보드를 구성할 때는 각 패널마다 한 가지 핵심 요소만 간결하게 담는 것이 중요합니다. 또한 전체적인 색상과 스타일을 통일해야 디자인이 깔끔하게 정돈되어 보입니다. 예를 들어 현재 토끼와 거북이 캐릭터의 외형이 각각 다른 이유는 캔바의 Magic Media 기능을 활용하지 않앉기 때문입니다. 지금부터 Magic Media를 사용해 캐릭터 스타일을 통일하는 방법에 대해 자세히 알아보겠습니다.

Magic Studio 기능 알아보기

01. Magic Media

Magic Media는 캔바에 탑재된 AI 기반의 이미지·영상 생성 도구로, 텍스트 프롬프트만 입력하면 원하는 이미지를 만들어내거나 짧은 비디오를 자동으로 제작할 수 있습니다. 이 기능은 디자인 과정에서 시간과 노력을 줄여줄 뿐만 아니라 생성된 콘텐츠를 저작권 걱정 없이 상업적으로도 자유롭게 활용할 수 있어 매우 유용합니다. Magic Media는 캔바 앱 내에서 제공되며 Canva Pro 버전 사용자는 매월 크레딧 500개를 제공받습니다. 1회 사용 시 크레딧 1개가 차감됩니다.

원하는 캐릭터 이미지를 완전히 동일하게 생성하기는 어려울 수 있으나 프롬프트에 세부적인 설명을 반복적으로 작성하면 어느 정도 일관성을 유지할 수 있습니다. 일관된 결과가 나오지 않을 경우 재생성을 통해 원하는 이미지를 얻을 수 있습니다. 지금부터 Magic Media 활용 방법을 알아보겠습니다.

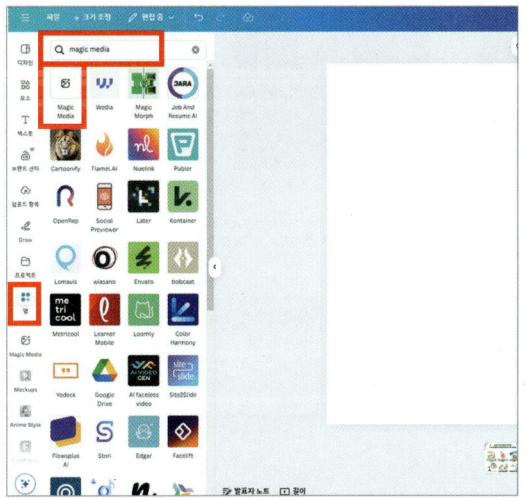

❶ 좌측 메뉴바 [앱] 검색창에 'Magic Media'를 작성 후 해당 아이콘을 클릭한 뒤 프롬프트를 입력합니다.

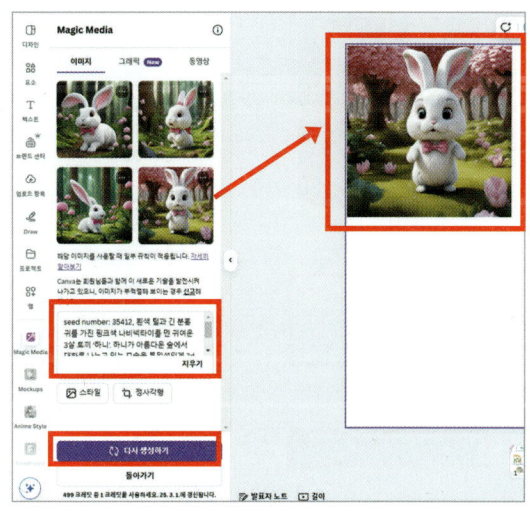

❷ 첫 번째 컷의 프롬프트를 입력합니다.

*예시- seed number: 35412, 흰색 털과 긴 분홍 귀를 가진 핑크색 나비 넥타이를 멘 귀여운 3살 토끼 '하니'. 하니가 아름다운 숲에서 대화를 나누고 있는 모습을 통일성 있게 3d 애니메이션으로 그려줘.

❸ 두 번째 컷의 프롬프트를 입력합니다.

*예시- seed number: 35412, 흰색 털과 긴 분홍 귀를 가진 핑크색 나비 넥타이를 멘 귀여운 3살 토끼 '하니'. 하니가 아름다운 숲에서 달리기 위해 준비하는 모습을 통일성 있게 3D 애니메이션으로 그려줘.

❹ 세 번째 컷의 프롬프트를 입력합니다.

*예시- seed number: 35412, 흰색 털과 긴 분홍 귀를 가진 핑크색 나비 넥타이를 멘 귀여운 3살 토끼 '하니'. 하니가 아름다운 숲에서 걱정하고 있는 모습을 통일성 있게 3D 애니메이션으로 그려줘.

❺ 네 번째 컷의 프롬프트를 입력합니다.

*예시- seed number: 35412, 흰색 털과 긴 분홍 귀를 가진 핑크색 나비 넥타이를 맨 귀여운 3살 토끼 '하니'. 하니가 아름다운 숲에서 기뻐하는 모습을 통일성 있게 3D 애니메이션으로 그려줘.

❻ 마음에 드는 이미지가 생성되지 않았을 경우 프롬프트를 그대로 둔 채 [다시 생성하기]를 선택합니다. 또는 하나의 사진만 바꾸고 싶다면 해당 사진 우측 상단 점 3개 버튼을 클릭해서 '비슷한 이미지 더 생성하기'를 선택합니다.

02. Magic Edit

캔바의 Magic Edit는 AI 기술을 활용하여 이미지의 특정 부분을 수정하거나 새로운 요소를 추가할 수 있는 기능입니다. 이 도구를 사용하면 손에 든 물건을 다른 것으로 바꾸거나, 배경 일부를 변경하는 등 다양한 편집이 가능합니다. 지금부터 Magic Edit의 사용 방법을 알아보겠습니다.

❶ 변경할 이미지를 클릭 후 좌측 하단의 아이콘을 선택하고 'Magic Edit'를 선택합니다.

❷ 또는 이미지 클릭 후 도구바의 [편집]을 선택한 다음 'Magic Studio'의 'Magic Edit'를 선택합니다.

❸ [브러시]는 원하는 부분을 직접 선택해 변경할 수 있는 기능입니다. 변경하고 싶은 부분을 브러시로 칠합니다.

❹ 프롬프트에 '장미꽃으로 바꿔줘'를 입력한 뒤 생성된 이미지 중 하나를 선택하면 원본 이미지에서 변경이 됩니다.

❺ [클릭]은 마우스로 드래그 또는 클릭하면 AI가 사물로 인식하는 부분만 지정되는 기능입니다.

❻ 프롬프트를 '노란색으로 바꿔줘'로 입력하고 생성된 이미지 중 하나를 선택하면 원본 이미지에서 변경이 됩니다.

03. Magic Grab

캔바의 Magic Grab 기능은 사진 속 특정 객체를 선택해 손쉽게 이동하거나 크기를 조절하고, 필요에 따라 다른 이미지로 복사할 수 있게 도와줍니다.

이 기능을 활용하면 원래 배경에 포함된 캐릭터나 사물을 간단히 분리해 새로운 배경에 자연스럽게 삽입할 수 있습니다. Magic Edit와 마찬가지로 브러시나 클릭 도구로 수정할 부분을 표시하면 해당 객체가 추출됩니다.

❶ 이미지 선택 후 도구바 메뉴의 [편집]에서 'Magic Studio'의 'Magic Grab'을 선택하거나, 좌측 하단 아이콘을 통해 Magic Grab 앱을 선택합니다.

❷ [브러시]와 [클릭] 중 원하는 도구를 선택하여 추출할 수 있습니다.

❸ 정확성을 위해 [클릭]으로 추출해 보겠습니다. 영역이 정해지면 [추출하기]를 선택합니다.

❹ 캐릭터를 배경에서 분리해 낼 수 있으며 이를 통해 각 개체가 독립적으로 나누어진 모습입니다.

04. Magic Write

캔바의 Magic Write는 AI 기술을 기반으로 사용자가 입력한 텍스트 프롬프트를 바탕으로 다양한 유형의 텍스트를 빠르게 생성하거나 수정할 수 있는 기능입니다. 이 도구는 캔바의 문서 작성 플랫폼인 캔바 Docs에서 주로 활용되며 블로그 게시물, 이메일, 요약문 등 다양한 콘텐츠의 초안 작성에 유용합니다. 또한, 사용자는 글쓰기 스타일을 원하는 형태로 변경할 수 있어 개인화된 콘텐츠를 제작할 수 있습니다. Magic Write는 무료 사용자에게 월 25회, Canva pro 및 단체용 캔바, 비영리 조직용 캔바, 교육용 캔바를 이용하는 관리자 및 교사에게는 최대 월 250회의 사용 기회를 제공합니다.

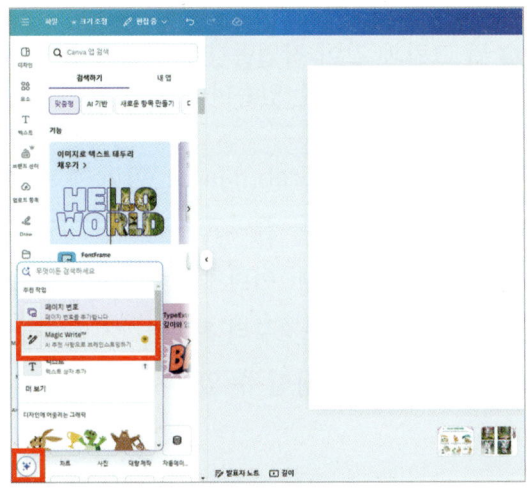

❶ 좌측 하단 아이콘을 누르고 'Magic Write'를 선택합니다.

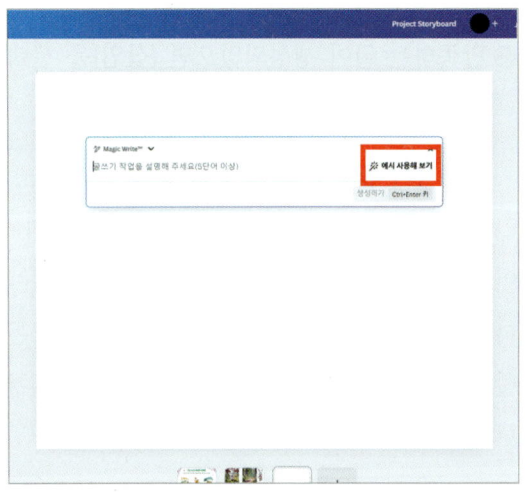

❷ '예시 사용해 보기'를 선택하면 질문을 임의로 만들 수 있습니다.

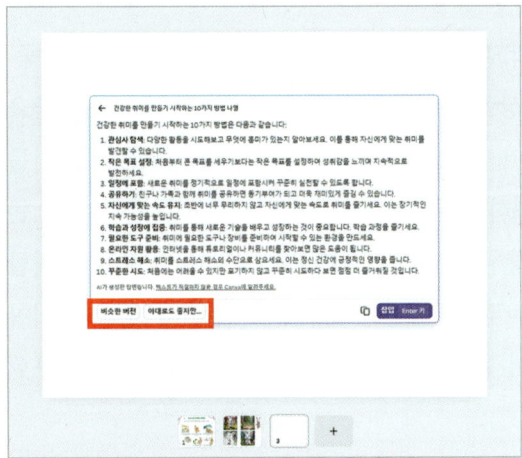

❸ '비슷한 버전' 또는 '이대로도 좋지만..'을 선택하면 다른 내용으로 변경할 수 있습니다.

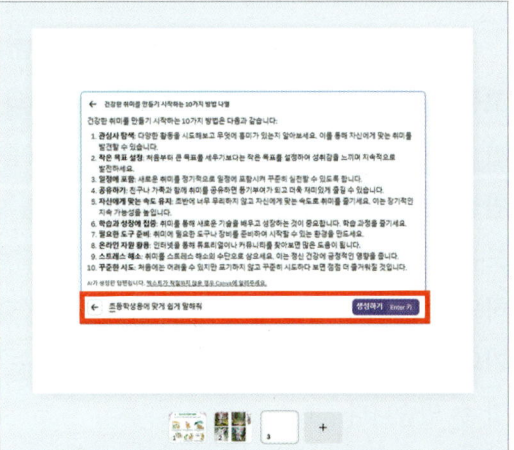

❹ '이대로도 좋지만..'을 클릭하고 프롬프트에 '초등학생용에 맞게 쉽게 말해줘'라고 요청 후 [생성하기]를 선택합니다.

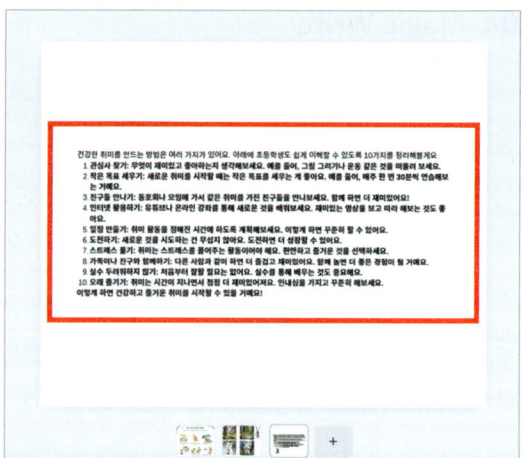

❺ 만족하는 글이 생성되었으면 [삽입]을 선택합니다.

❻ 위 그림과 같이 작업공간에 텍스트가 생성된 것을 확인할 수 있습니다.

지금까지 캔바의 AI 도구인 Magic Media, Magic Edit, Magic Grab, Magic Write에 대해 알아보았습니다. 캔바의 AI 도구는 디자인과 콘텐츠 제작의 복잡함을 줄이고 창의적인 아이디어를 손쉽게 구현할 수 있도록 사용자를 돕는다는 공통점이 있습니다. 이미지를 생성하고 수정하며 텍스트를 작성하고 객체를 조작하는 모든 과정이 간단해져 초보자부터 전문가까지 누구나 활용할 수 있는 캔바의 Magic Studio를 실제 수업에서 어떻게 활용할 수 있을지 알아보겠습니다.

<국어> AI를 활용하여 이어질 이야기 상상하여 표현하기

01. 스토리보드로 이야기 구성하기

'이어질 이야기를 상상하여 표현하기'는 초등학교 3~4학년 국어과 교육과정뿐만 아니라 중·고등학교에서도 국어 문학 수업에서 학생들의 상상력을 키우고 창의적인 사고를 유도하는 중요한 활동입니다. 해당 활동은 기존 이야기 흐름을 바탕으로 학생들이 자신만의 새로운 이야기를 만들어보는 과정입니다. 이는 이야기 구조를 이해하고 논리적으로 전개하는 힘을 기르는 데 큰 도움을 줍니다. 학생들은 디지털 기기에 익숙한 경우가 많아 이러한 활동을 디지털 도구와 결합하면 훨씬 더 몰입도 높은 학습 경험을 제공할 수 있습니다. 캔바의 스토리보드 기능으로 이야기의 각 장면을 이미지와 텍스트로 구성할 수 있어 학생들이 자신의 상상을 더욱 생생하게 구현할 수 있습니다.

초등학교 교육과정

- 교과: 국어
- 관련 성취기준(2022 개정교육과정)

[2국02-03] 글을 읽고 주요 내용을 확인한다.

[4국05-02] 인물, 사건, 배경에 주목하며 작품을 이해한다.

[4국05-03] 이야기의 흐름을 파악하여 이어질 내용을 상상하고 표현한다.

[6국03-04] 독자와 매체를 고려하여 내용을 생성하고 표현하며 글을 쓴다.

중학교 교육과정

- 교과: 국어
- 관련 성취기준(2022 개정교육과정)

[9국02-03] 독자의 배경지식과 글에 나타난 정보 등을 활용하여 글에 드러나지 않은 의도나 관점을 추론하며 읽는다.

고등학교 교육과정

- 교과: 공통국어, 문학
- 관련 성취기준(2022 개정교육과정)

[10공국1-05-03] 작품 구성 요소의 유기적 관계와 맥락에 유의하여 작품을 수용하고 생산한다.

[12문학01-08] 작품을 읽고 새로운 시각으로 재구성하거나 주체적인 관점에서 작품을 창작한다.

지금부터 캔바의 스토리보드와 AI 도구를 활용해 이어질 이야기를 구상하고 표현하는 방법을 알아보겠습니다.

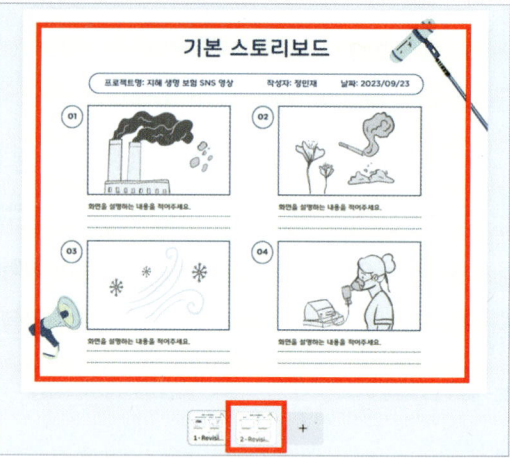

❶ 캔바 홈의 검색창에 '스토리보드'라고 검색하면 스토리보드에 최적화된 캔바 템플릿이 나옵니다.

❷ 스토리보드 템플릿은 보통 첫 번째 페이지에 예시로 내용이 적혀있습니다. 예시 내용을 지우거나 두 번째에 빈 페이지를 활용하면 됩니다.

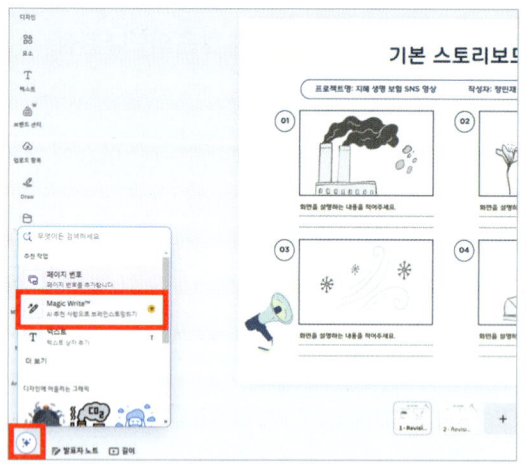

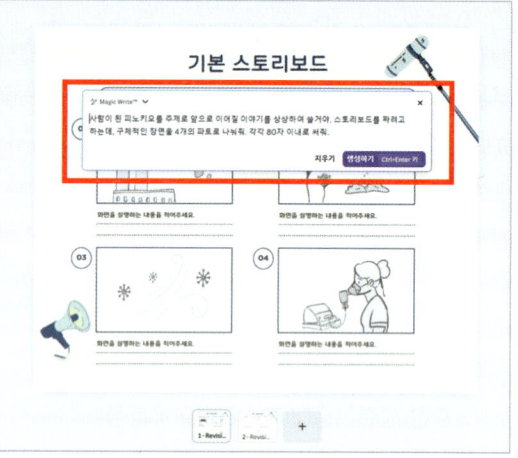

❸ 좌측 하단 아이콘을 눌러 'Magic Write'를 선택합니다.

❹ 프롬프트를 입력합니다.

*프롬프트 예시: 사람이 된 피노키오를 주제로 앞으로 이어질 이야기를 상상하여 쓸 거야. 스토리보드를 짜려고 하는데, 구체적인 장면을 4개의 파트로 나눠줘. 각각 80자 이내로 써줘.

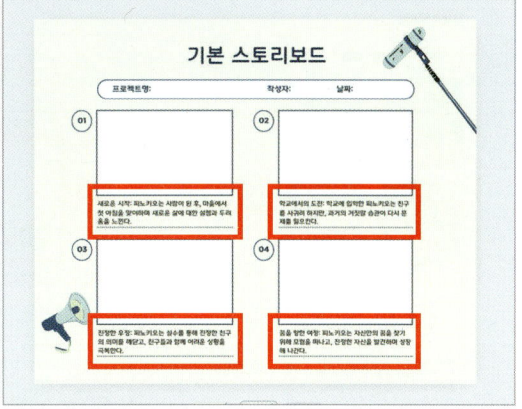

❺ 작성된 내용이 마음에 들면 [삽입]을 선택하고, 그렇지 않다면 '비슷한 버전'이나 '이대로도 좋지만…'을 클릭해 이야기를 바꿔 달라고 요청합니다.

❻ 각각의 스토리보드에 맞게 텍스트를 나누어 배치합니다.

02. 이어질 이야기 표현하기

이번에는 Magic Media를 활용하여 스토리보드에 적절한 이미지를 삽입해 보겠습니다. 캐릭터 일관성을 위해서는 캐릭터의 상세한 설명, 반복적인 키워드, 동일한 스타일, 비슷한 배경 등 프롬프트를 구체적으로 작성하는 것이 중요합니다.

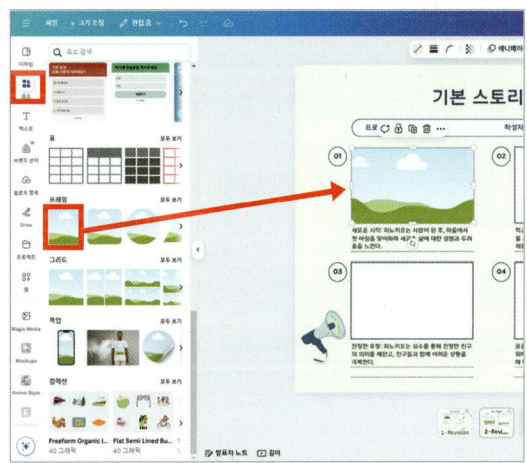

❶ 스토리보드에 있는 이미지를 [요소]의 프레임으로 모두 교체합니다.

❷ 좌측 메뉴바 [앱] 검색 창에 'Magic Media'를 입력한 뒤 해당 앱을 선택하여 만들고자 하는 이미지의 프롬프트를 입력합니다.

❸ 첫 번째 컷 프롬프트를 입력합니다.

*예시- seed number: 00423, 동그란 얼굴에 검정 머리와 초록 눈을 가졌고, 노란색 탐험가 모자에 파란색 나비 넥타이를 착용했고, 노란색 셔츠에 빨간색 멜빵바지를 했으며, 빨간색 구두를 신은 8살의 귀여운 소년 '피노'. 피노가 집에서 거울을 보며 웃고 있는 모습을 통일성 있게 3D 애니메이션으로 그려줘.

❹ 프레임으로 들어간 이미지는 더블클릭하여 위치를 조정할 수 있습니다.

❺ 두 번째 컷 프롬프트를 입력합니다.

*예시- seed number: 00423, 동그란 얼굴에 검정 머리와 초록 눈을 가졌고, 노란색 탐험가 모자에 파란색 나비 넥타이를 착용했고, 노란색 셔츠에 빨간색 멜빵바지를 했으며, 빨간색 구두를 신은 8살의 귀여운 소년 '피노'. 피노가 길거리에서 친구를 만나 웃고 있는 모습을 통일성 있게 3D 애니메이션으로 그려줘.

❻ 세 번째 컷 프롬프트를 입력합니다.

*예시- seed number: 00423, 동그란 얼굴에 검정 머리와 초록 눈을 가졌고, 노란색 탐험가 모자에 파란색 나비 넥타이를 착용했고, 노란색 셔츠에 빨간색 멜빵바지를 했으며, 빨간색 구두를 신은 8살의 귀여운 소년 '피노'. 피노가 길거리에서 이웃과 함께 쓰레기를 버리면서 웃고 있는 모습을 통일성 있게 3D 애니메이션으로 그려줘.

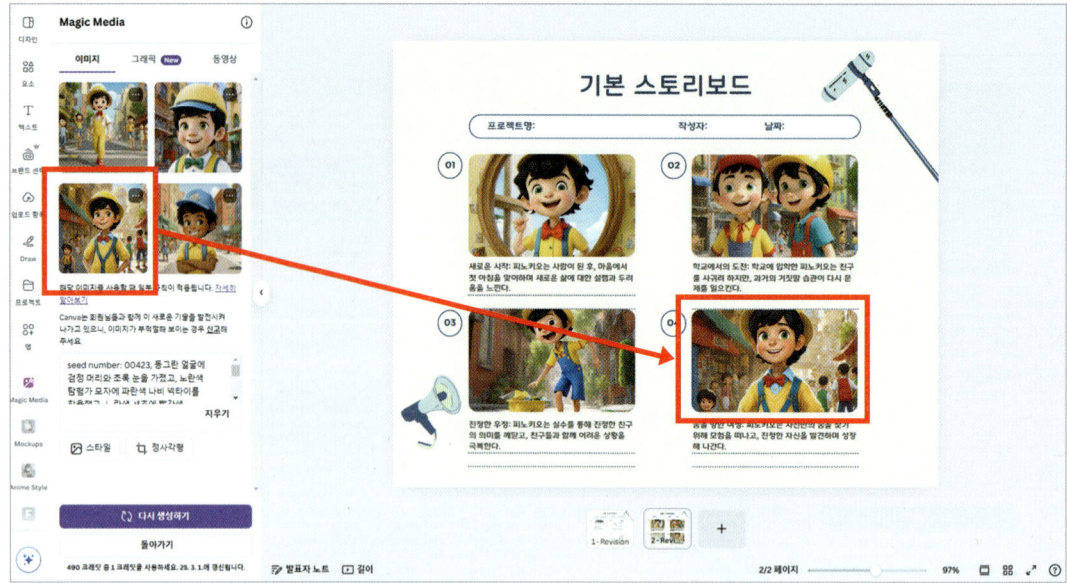

❼ 네 번째 컷 프롬프트를 입력합니다.

*예시- seed number: 00423, 동그란 얼굴에 검정 머리와 초록 눈을 가졌고, 노란색 탐험가 모자에 파란색 나비 넥타이를 착용했고, 노란색 셔츠에 빨간색 멜빵바지를 했으며, 빨간색 구두를 신은 8살의 귀여운 소년 '피노'. 피노가 길거리에서 사람들에게 박수를 받으며 웃고 있는 모습을 통일성 있게 3D 애니메이션으로 그려줘.

❽ 한 페이지에 한꺼번에 모두 배치된 스토리보드는 한 페이당 한 컷씩 넣을 수도 있습니다. 하단의 '+ 버튼'을 눌러 페이지 4개를 추가로 만듭니다. 각 페이지에 프레임 이미지를 하나씩 복사합니다. 그 후 마우스 오른쪽을 클릭하고 '이미지 분리하기'를 선택합니다.

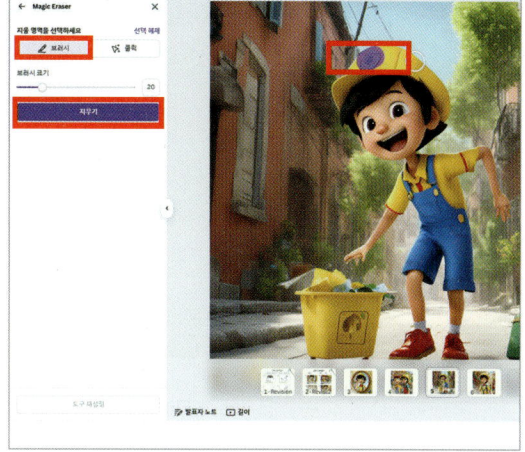

❾ 캐릭터의 모자에 마크가 있는 이미지도 있고, 없는 것도 있습니다. 캐릭터의 통일성을 위해 'Magic Eraser'로 지워보겠습니다.

❿ 지우고자 하는 부분을 [브러시]로 표시한 후 [지우기]를 선택합니다. 나머지 페이지에 있는 이미지 모두 동일하게 지웁니다.

⓫ 좌측 메뉴바 [요소]의 프레임을 활용하여 각 페이지에 적절한 프레임을 배치하고 이미지를 삽입합니다.

⓬ 각 페이지에 텍스트를 추가하여 장면에 맞는 문구를 작성하고 편집하여 꾸며줍니다.

⓭ [요소]를 활용하여 페이지를 꾸며줍니다.

⓮ 이야기가 완성되었으면 우측 상단의 [공유]를 통해 원하는 방식으로 공유합니다.

다음과 같이 이야기가 완성되었습니다.

 지금까지 캔바를 활용해 이야기를 구상하고 표현하는 다양한 방법을 알아보았습니다. 이야기의 구조를 살펴보고 스토리보드와 Magic Studio 내 여러 도구를 통해 상상을 시각적으로 표현해 본 경험은 어떠셨나요? 이제는 학생들과 함께 세상에 하나밖에 없는 자신만의 이야기를 만들어 볼 차례입니다. 배운 기능을 활용하여 주제에 맞는 이야기를 구성하고 이를 바탕으로 독창적인 작품을 완성해 봅시다. 풍부한 상상력이 담긴 흥미로운 이야기를 기다리겠습니다.

과거를 생생하게 재현하다!
캔바로 완성하는 역사 프로젝트

캔바와 함께 우리 반 역사 프로젝트를 시작합니다. 이번 프로젝트에서는 학생들에게 친숙한 고구려, 신라, 백제의 문화유산을 조사하고 이를 소개하는 템플릿을 제작하는 방법을 알아보겠습니다. 이러한 학습 과정에서 학생들은 우리 문화유산의 가치를 깨닫고 보존의 필요성을 인식할 수 있을 것입니다. 프로젝트 마지막 단계에서는 우리 반에서 제작한 AI 문화유산 이미지를 모아 '우리 반 역사책'을 만들어보는 특별한 경험을 할 수 있습니다. 학생들은 이 프로젝트를 통해 역사에 대한 흥미를 느낄 수 있을 것이며, 자연스레 문화유산을 소중하게 여기는 마음을 가질 수 있습니다.

역사 자료 찾는 방법

01. 캔바에서 고구려, 신라, 백제 문화유산 템플릿 찾아보기

캔바에서는 역사와 관련된 다양한 템플릿이 있습니다. 고구려, 신라, 백제 문화유산을 소개할 수 있는 효과적인 템플릿을 찾아볼까요?

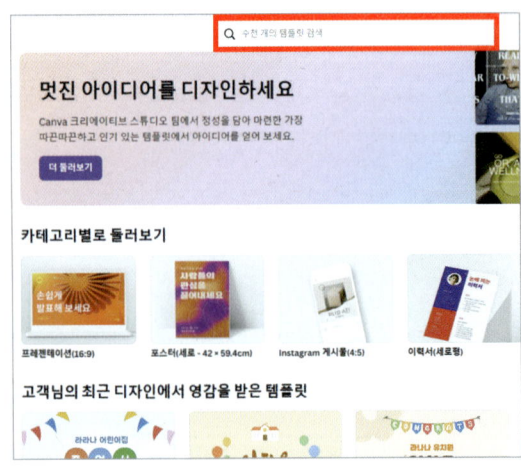
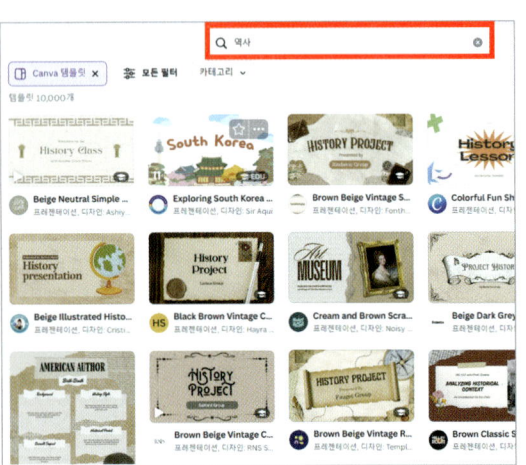

❶ 캔바 홈 검색창에 '역사'를 검색합니다.
❷ 다양한 역사 템플릿 중 원하는 템플릿을 선택합니다.

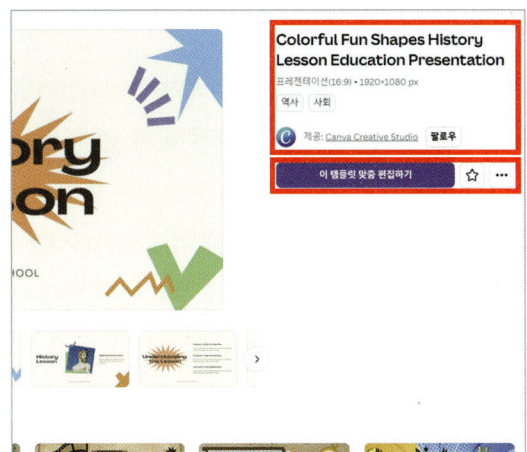

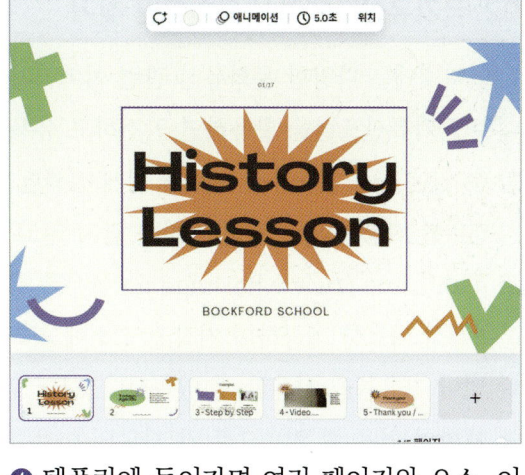

❸ 템플릿을 선택하면 제목과 제작자 등 정보가 나옵니다. [이 템플릿 맞춤 편집하기]를 선택합니다.

출처: Canva Creative Studio

❹ 템플릿에 들어가면 여러 페이지와 요소, 이미지 등이 들어있습니다. 필요한 페이지만 남긴 후 삭제합니다.

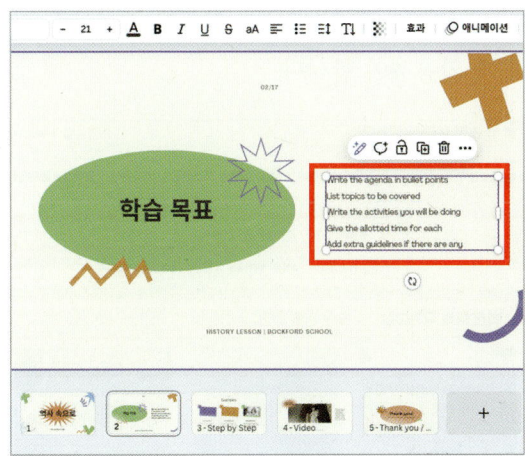

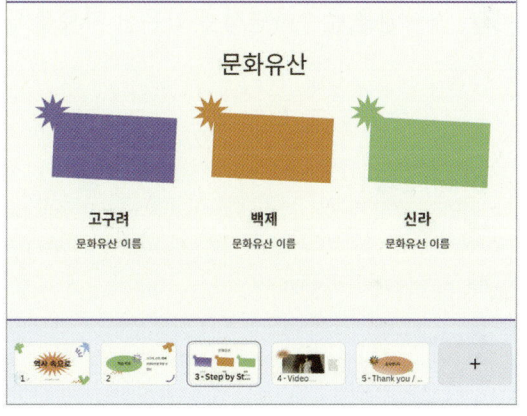

❺ 영어로 된 텍스트는 내용에 맞게 한글로 변경합니다.

*제목 입력 예: 학습 목표
*우측 텍스트 입력 예: 고구려, 백제, 신라의 문화유산에 대해 알아봅시다.

❻ [요소]의 도형과 텍스트를 이용해 문화유산을 소개하는 페이지를 만듭니다.

이제 기본적인 준비를 끝냈습니다. 다음으로는 문화유산 자료를 찾아보겠습니다.

02. 국가유산포털에서 문화유산 찾기

인터넷에는 다양한 문화유산 관련 이미지가 있지만, 언제나 저작권에 유의해야 합니다. 이럴 때는 국가유산포털을 활용하면 안전하고 유용합니다. 해당 포털에서는 저작권 걱정 없이 사용할 수 있는 공공 문화유산 자료를 쉽게 검색할 수 있습니다.

캔바를 사용 중인 브라우저 창을 닫지 말고, 새 탭을 열어 '국가유산포털'을 검색하거나 사이트 주소(https://www.heritage.go.kr/)를 통해 접속할 수 있습니다. 국가유산포털은 다양한 문화유산 자료를 제공하며 저작권 정책에 따라 공공누리 마크가 부착된 자료는 별도의 이용 허락 없이 자유롭게 사용할 수 있습니다. 다만 공공누리 유형에 따라 상업적 이용이나 변경 이용에 제한이 있을 수 있으므로 각 자료의 이용 조건을 반드시 확인하시기 바랍니다. 또한 공공누리 마크가 부착되지 않은 자료를 이용하고 싶다면 해당 기관의 공공저작물 관리책임관 또는 실무담당자와 사전에 협의하여 이용해야 합니다.

학교나 교육기관에서 수업목적으로 이용하려는 경우에는 공표된 저작물 일부분을 복제·배포·공연·전시 또는 공중 송신할 수 있지만 상황에 따라 처벌받을 수 있으므로 꼼꼼히 검토해야 합니다. 저작권을 준수하면서 문화유산 자료를 안전하게 활용해야 합니다.

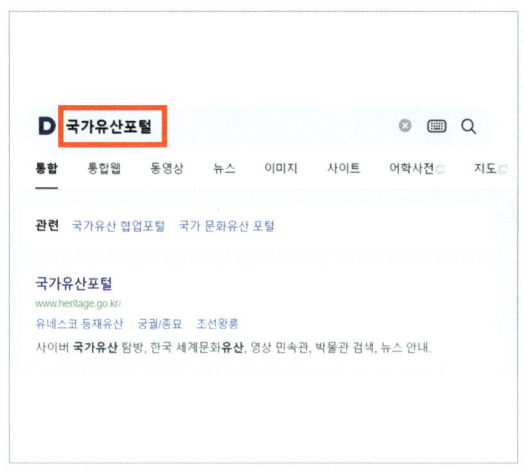

❶ 검색 도구에서 '국가유산포털'을 검색합니다. 국가유산기본법에 따라 문화재라는 용어가 국가유산으로 바뀌면서 체계가 변경되었습니다.

❷ 통합 검색창에 찾고 싶은 문화유산을 검색합니다.

*검색어: 고구려

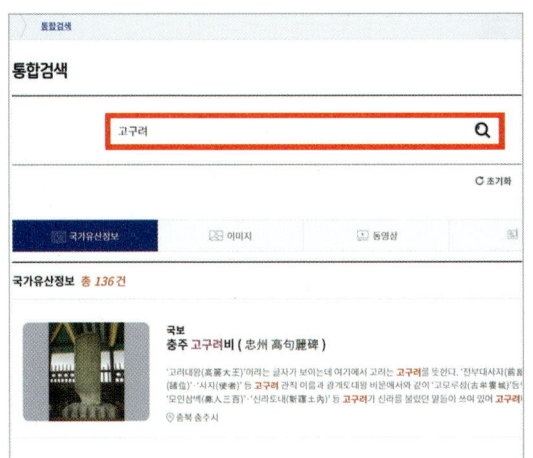

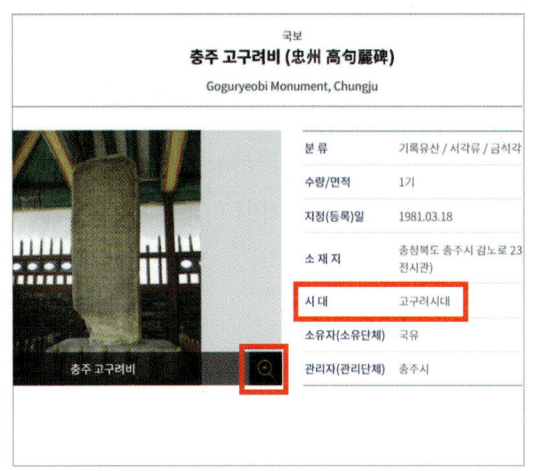

❸ 검색어와 관련이 적은 결과가 나올 수 있으니 설명을 잘 읽어본 후 원하는 문화유산을 선택합니다.

*예: 충주 고구려비(고구려)

❹ 시대와 설명을 잘 확인합니다. 원하는 자료일 경우 사진 우측 하단의 '돋보기'를 선택합니다.

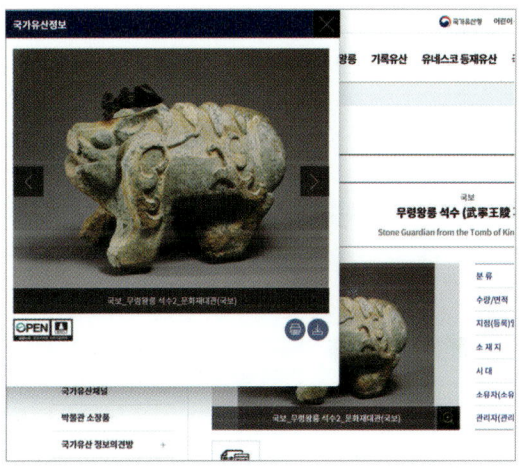

❺ 돋보기를 누르면 새로운 창이 뜹니다. 상단에는 URL 주소가 있어 주소를 복사 후 붙여넣기 하면 해당 문화유산 이미지가 나옵니다. 하단에는 '출력'과 '저장하기'가 있습니다. OPEN 저작물이므로 공공저작물 자유이용 허락이 되어있습니다. '저장하기'를 클릭해 해당 이미지를 저장합니다. 기기마다 설정값이 다르지만 보통 다운로드 폴더에 저장이 됩니다.

❻ 같은 과정을 반복해 고구려, 백제, 신라 문화유산 이미지를 저장합니다.

*예: 무령왕릉 석수(백제)
*예: 금관총 금관 및 금제 관식(신라)

문화유산을 안내하는 슬라이드 디자인하기

01. Frame Maker 기능 알아보기

캔바에서 제공하는 Frame Maker 앱을 활용하면 다양한 형태의 프레임에 사진을 손쉽게 삽입하여 독특하고 매력적인 디자인을 만들 수 있습니다. 기존의 사진을 그대로 사용하는 것도 좋지만 Frame Maker를 통해 사진을 원하는 모양으로 자동으로 조정하여 더욱 세련된 작품을 완성할 수 있습니다.

> **Frame Maker 사용 방법**
>
> 1. 앱 추가: 캔바 앱 검색창에 'Frame Maker'를 검색하여 디자인에 추가합니다.
> 2. 프레임 선택: 다양한 프레임 중 원하는 모양을 선택합니다.
> 3. 사진 삽입: 선택한 프레임에 사진을 드래그 앤 드롭하여 삽입합니다.
> 4. 편집 및 커스터마이즈: 필요에 따라 프레임의 크기, 색상 등을 조정하여 디자인을 완성합니다.

Frame Maker 앱을 사용하여 사진을 다양한 형태로 변형하고, 창의적인 디자인을 제작할 수 있습니다.

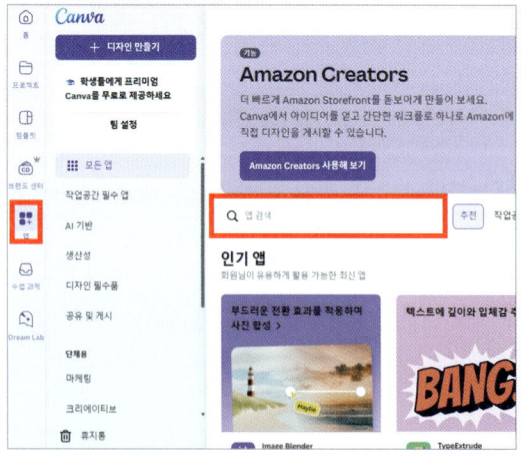

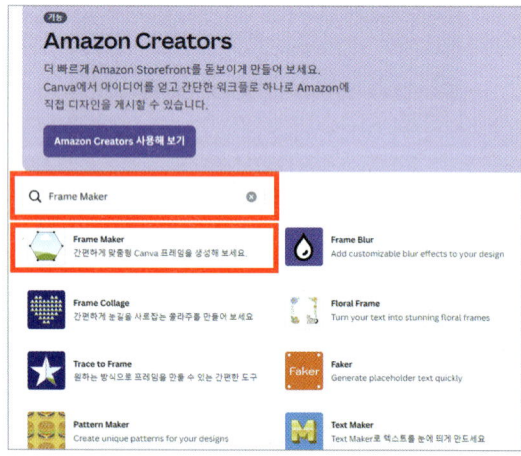

❶ 캔바 좌측 메뉴바 [앱] 검색창에 'Frame Maker'를 입력합니다.

❷ Frame Maker 앱을 선택합니다.

❸ [새 디자인에서 사용]을 선택합니다.

❹ 원하는 프레임을 선택합니다.

❺ 도형에서 원하는 프레임을 클릭한 후 [디자인에 추가]를 선택합니다.

❻ 프레임이 생성되었습니다. 이제 이미지를 가져와서 프레임 안에 넣겠습니다.

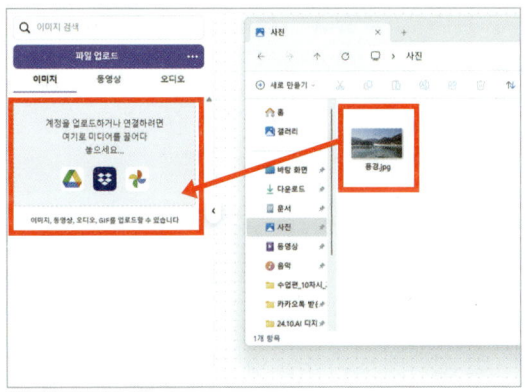

❼ 좌측 메뉴바에서 [업로드 항목] 클릭 후 폴더의 사진을 드래그하거나 [파일 업로드]를 눌러 사진을 업로드합니다.

❽ 이미지 업로드가 완료되면 이미지를 드래그하여 도형 프레임으로 삽입합니다.

❾ 프레임에 풍경 사진이 삽입된 모습을 확인할 수 있습니다.

❿ 프레임에 따라 똑같은 이미지라도 다른 느낌을 낼 수 있습니다.

캔바 Frame Maker 앱을 이용해 자신만의 독창적인 프레임을 제작하고, 이를 디자인 요소로 활용하면 전체적인 디자인 품질을 크게 높일 수 있습니다.

02. Frame Maker를 사용해 문화유산 소개하기

이제 이전 활동에서 만들었던 문화유산 소개 템플릿에 프레임을 넣어 문화유산을 소개해 보도록 하겠습니다.

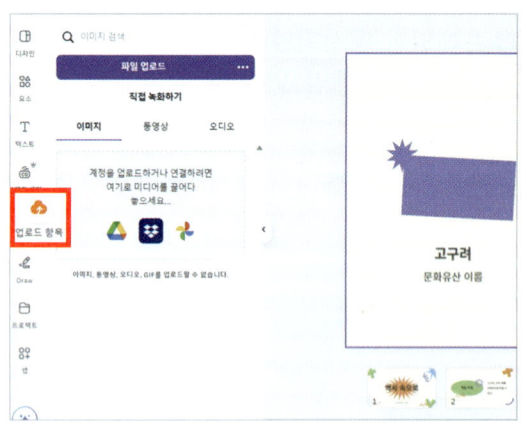 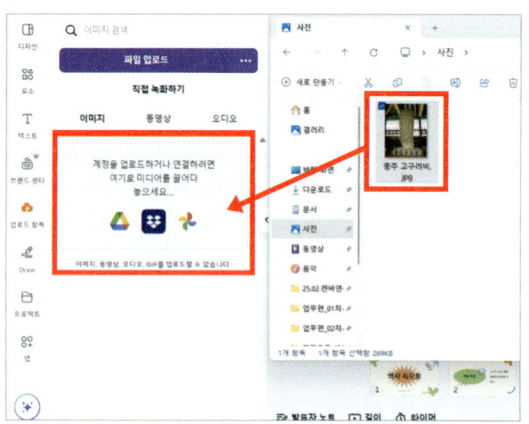

❶ 좌측 메뉴바에서 [업로드 항목]을 선택합니다.

❷ 폴더의 사진을 드래그하거나 [파일 업로드]를 선택해 문화유산 이미지를 업로드합니다.

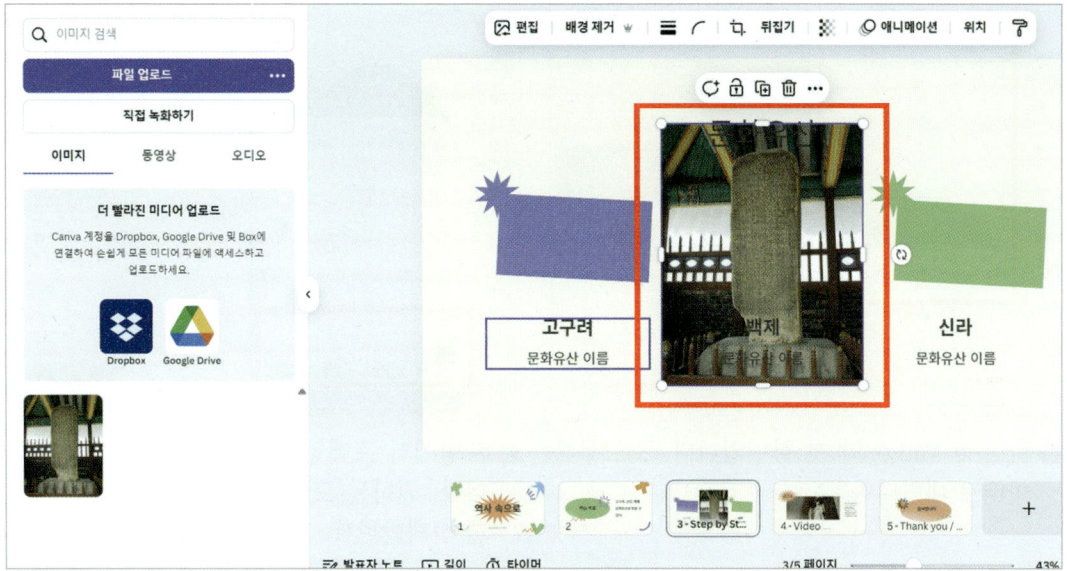

❸ [업로드 항목]의 이미지를 클릭하면 아트보드에 삽입됩니다.

❹ 좌측 메뉴바 [앱] 검색창에 'Frame Maker' 입력 후 해당 앱 아이콘을 클릭하여 열어줍니다.

❺ Frame Maker의 첫 화면입니다. 스크롤을 아래로 내립니다.

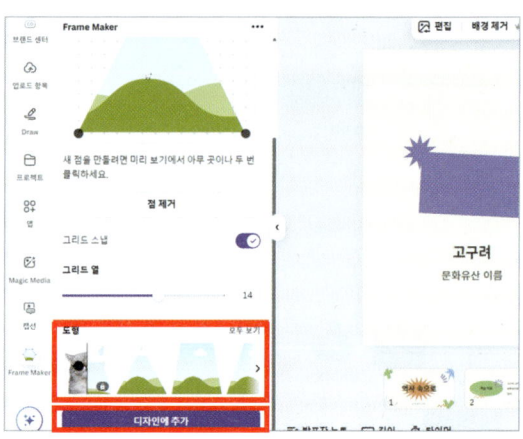

❻ 도형에서 프레임의 형태를 선택할 수 있습니다. 원하는 모양 클릭 후 [디자인에 추가]를 선택합니다.

❼ 선택한 프레임이 아트보드에 삽입된 것을 볼 수 있습니다. 문화유산 이미지를 마우스로 드래그해서 프레임에 넣습니다.

❽ 나머지 백제, 신라의 문화유산 이미지를 다양한 모양의 프레임에 넣어봅니다.

❾ 각기 다른 프레임에 이미지를 넣은 모습입니다.

❿ 다른 페이지에는 동영상, 다른 문화유산 이미지, 조사 자료 등을 추가하여 더욱 풍성한 활동으로 마무리합니다.

캔바는 뛰어난 협업 기능을 제공하여 모둠별 또는 반별로 함께 역사 프로젝트를 손쉽게 완성할 수 있습니다. 디자인을 공유하여 여러 명이 동시에 편집하거나, 특정 사용자에게 편집 권한을 부여하는 등 다양한 협업 방식을 지원합니다. 이를 통해 학생들은 공동으로 작업하며 창의적인 결과물을 만들어낼 수 있습니다.

<사회> AI를 활용하여 역사 탐구하기

01. 소실된 우리나라 문화유산을 AI 이미지로 생성하기

캔바 AI 기능을 활용하면 소실되었거나 기록만 남은 우리나라 문화유산을 AI 이미지로 재현할 수 있습니다. 이러한 활동은 초등학교 5~6학년군 사회과 교육과정은 물론 중·고등학교 역사 및 한국사 수업과도 효과적으로 연계할 수 있습니다.

특히 2022 개정교육과정에서는 디지털 소양이 핵심 역량으로 강조되고 있어 AI를 활용한 콘텐츠 제작 활동의 중요성이 커졌습니다. 학생들이 스스로 과거를 상상하고 창의적으로 표현할 수 있도록 캔바 AI를 활용한 수업 방법을 알아보도록 하겠습니다.

초등학교 교육과정

- 교과: 사회
- 관련 성취기준(2022 개정교육과정)

[4사02-02] 오래된 물건이나 자료들을 주변에서 찾아보고, 이를 통해 과거의 모습을 살펴볼 수 있음을 이해한다.

[6사04-02] 역사 기록이나 유적과 유물에 나타난 고대 사람들의 생각과 생활을 추론한다.

중학교 교육과정

- 교과: 역사
- 관련 성취기준(2022 개정교육과정)

[9역01-01] 역사와 역사 탐구의 의미를 파악하고, 역사 학습의 목적을 다각도로 탐색한다.

[9역08-02] 삼국과 가야의 성장 과정을 파악한다.

[9역08-03] 삼국과 가야가 남긴 문화의 특징을 분석한다.

고등학교 교육과정

- 교과: 사회 한국사1
- 관련 성취기준(2022 개정교육과정)

[10한사1-01-01] 고대 국가의 형성과 성장 과정을 파악한다.

■ 캔바 AI를 활용한 소실된 문화유산 재현 방법

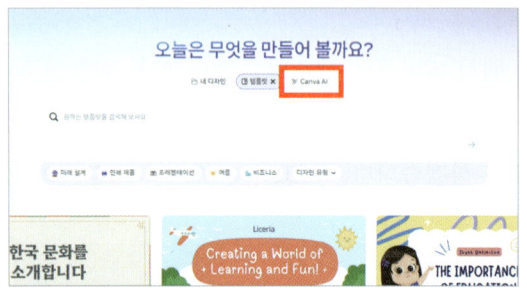

❶ 메인화면에서 [Canva AI]를 선택합니다.

❷ 표시된 숫자는 이미지 생성 가능 횟수입니다. 무료 사용자는 20회, 유료 사용자와 교육용 계정은 월 500회 사용 가능합니다. 이미지 생성 시 1회 사용되며, 한 번에 최대 4개의 이미지가 생성됩니다.

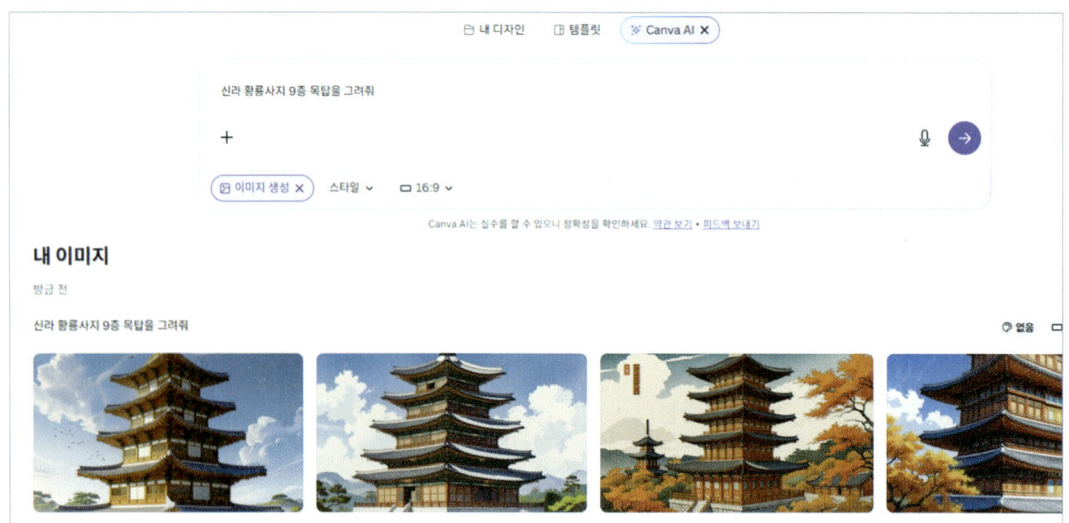

❸ 소실된 문화유산 AI 이미지 생성을 위해 프롬프트에 '신라 황룡사지 9층 목탑을 그려줘'라고 입력하면 캔바 AI를 통해 이미지가 생성됩니다. 이렇게 AI로 이미지를 만들 때는 AI 사용 가이드라인과 약관에 따라 초상권, 저작권, 개인정보 등을 보호해야 합니다.

❹ 프롬프트를 구체적이고 자세하게 입력할수록 세밀한 결과가 나옵니다. 프롬프트 하단의 '스타일'을 누르면 자유롭게 스타일을 변경할 수 있습니다.

❺ '16:9'를 누르면 가로세로 비율을 선택할 수 있습니다.

❻ 마음에 드는 이미지를 고른 후 [편집기에서 열기]를 선택합니다.

❼ 좌측 이미지 패널에서 Magic Studio, 필터, 효과, 앱 등을 활용하여 다양하게 이미지를 편집할 수 있습니다.

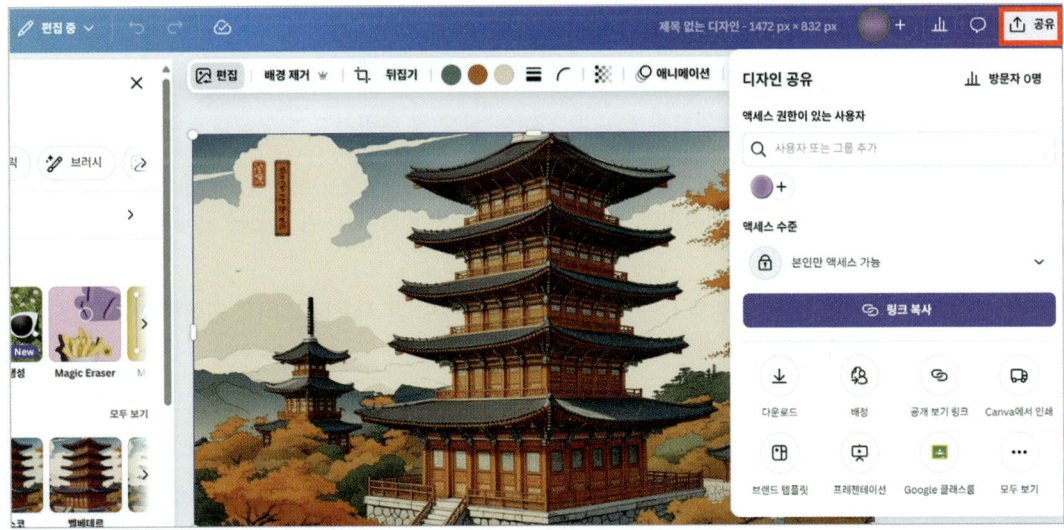

❽ 편집 후에는 우측 상단의 [공유]를 통해 결과물을 다른 사람과 공유할 수 있습니다.

소실된 우리 문화유산을 AI 기술로 재현하는 과정은 과거와 현재를 잇는 소중한 경험이자 잊고 있던 역사와 문화를 다시 바라보는 계기가 됩니다. 이러한 디지털 복원 작업은 우리의 역사와 문화를 이해하고 계승한다는 점에서 큰 의미가 있습니다. 다만 이러한 과정에서 역사적 사실을 왜곡하지 않도록 주의해야 합니다. 역사 왜곡은 역사를 자신들에게 유리하도록 해석하거나 거짓으로 지어 쓰는 행위를 말하며 이는 우리의 문화유산을 정확하게 계승하는 데 방해가 될 수 있습니다. 앞으로도 지속적인 관심과 노력을 통해 우리 문화유산을 지키고 발전시켜야 합니다.

02. 우리 반 AI 문화유산 이미지 출판하기

학급에서 제작한 AI 이미지를 효과적으로 공유하고 보존하기 위해 캔바를 활용하여 인쇄물을 제작하거나 디지털 파일로 다운로드해 다양한 플랫폼에서 활용할 수 있습니다.

캔바에서 직접 인쇄 주문하기

1. 디자인 완료 후: 디자인을 완료한 후 우측 상단의 '공유'를 클릭하고 '인쇄 제품'을 선택합니다.
2. 인쇄 사양 선택: 원하는 인쇄 유형을 선택하고 용지 종류, 마감 처리 등 세부 옵션을 설정합니다.
3. 주문 및 배송: 설정을 완료한 후 주문을 진행하면 캔바에서 전문적으로 인쇄하여 지정한 주소로 배송해 줍니다.

디자인 다운로드하여 직접 인쇄하기

1. 디자인 저장: 디자인을 완료한 후 우측 상단의 '공유'를 클릭하고 '다운로드'를 선택합니다.
2. 파일 형식 선택: 인쇄에 적합한 'PDF 인쇄' 형식을 선택합니다. 이 옵션은 고해상도의 인쇄 품질을 제공합니다.
3. 다운로드 및 인쇄: 파일을 다운로드한 후 개인 프린터를 사용하여 직접 인쇄하거나, 전문 인쇄소에 파일을 전달하여 인쇄할 수 있습니다.

이러한 방법을 통해 학급에서 제작한 AI 문화유산 이미지를 다양한 형태로 공유하고 보존할 수 있습니다. 온라인 전시나 메타버스 플랫폼에서의 활용을 위해서는 고해상도의 디지털 파일을 다운로드하여 활용하는 것이 좋습니다. 지금부터 AI 문화유산 이미지를 캔바에서 직접 인쇄하여 주문하는 방법을 실습해 보겠습니다.

❶ 우측 상단의 [공유]에서 'Canva에서 인쇄'를 선택합니다.

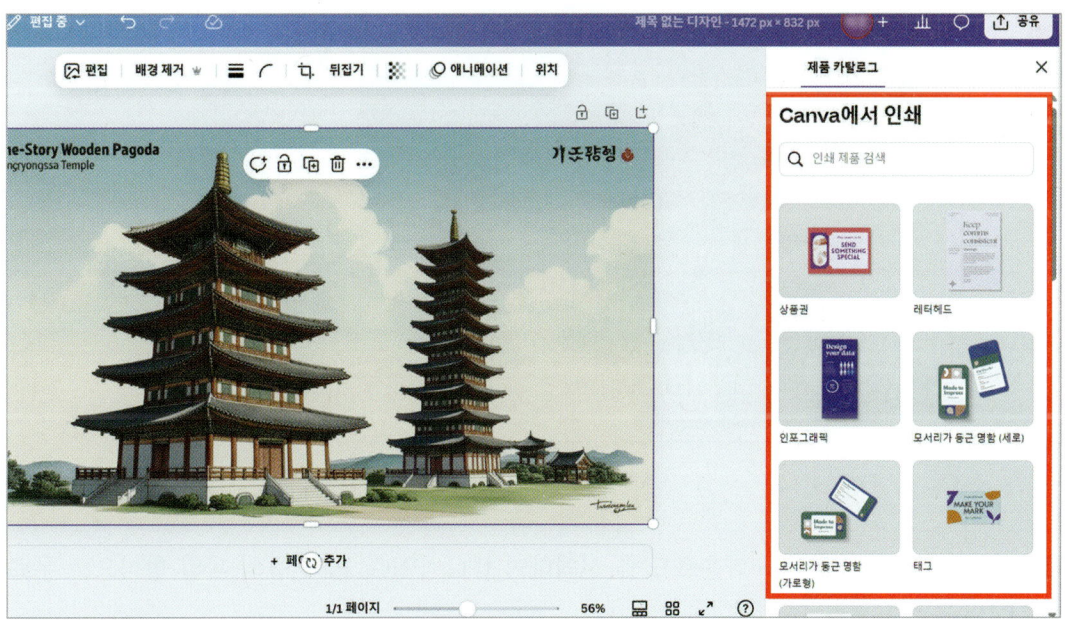

❷ 'Canva에서 인쇄' 메뉴의 옵션에는 접이식 카드, 전단지, 명함, 태그, 엽서, 초대장, 포스터 등이 있습니다.

❸ 엽서를 선택하면 우측에 메뉴가 나타납니다. 페이지, 크기 유형, 용지 유형, 인쇄 마감, 수량 선택 후 [계속]을 클릭하면 장바구니에 추가 또는 결제 메뉴를 이용할 수 있습니다.

❹ 우측 상단의 [공유]에서 - '다운로드'를 선택하여 JPG, PNG, PDF 등의 파일 형식으로 무료 다운로드 가능합니다.

학생들이 직접 제작한 '우리 반의 역사책'을 학교 전시회에서 선보이거나 친구들에게 공유하는 과정은 교실에서 배운 사회·역사·한국사 교과를 실생활과 자연스럽게 연결하는 값진 경험이 됩니다.

이번 프로젝트를 통해 캔바의 Frame Maker 앱을 비롯하여 AI 기능을 활용하는 방법을 배우고 해당 도구를 중·고등학교의 다양한 사회 과목에 적용해 보았습니다. 학생들은 과거의 문화유산을 직접 탐구하고 재현하며 역사적 가치에 대한 깊은 이해를 도모했습니다. 이러한 경험은 우리 문화유산을 소중히 여기고 이를 미래 세대에게 전하는 데 큰 의미가 있습니다. 역사는 단순한 과거의 기록이 아닌 현재와 미래를 연결하는 중요한 자산입니다. 문화유산을 탐구하고 소실된 유산을 AI 기술로 재현하는 과정을 통해 우리는 과거의 지혜를 배우고 그 의미를 되새길 수 있습니다. 이번 프로젝트가 학생들에게 역사적 사고력을 함양하고, 창의적인 방식으로 우리 문화를 재해석하는 기회를 제공하길 바랍니다. 또한, 직접 제작한 역사책을 통해 각자의 탐구 결과를 공유하고 자부심을 느낄 수 있는 값진 경험이 되기를 기대합니다. 우리에게는 문화유산을 지키고 보존할 책임이 있으며 이를 위한 과정에는 모두의 참여가 필요합니다.

데이터 정리 끝판왕,
캔바로 시각적이고 체계적인 자료 만들기

원으로 그리는 세상

01. Draw 기능 알아보기

캔바의 Draw 기능을 활용하면 마우스를 사용하여 손으로 그린 듯한 자연스러운 점과 선을 그릴 수 있습니다. 이 기능을 통해 창의적인 디자인 요소를 직접 제작하여 다양한 프로젝트에 활용할 수 있습니다.

■ Draw 기능 사용 방법

❶ 캔바 홈에서 [+ 디자인 만들기]를 선택합니다.

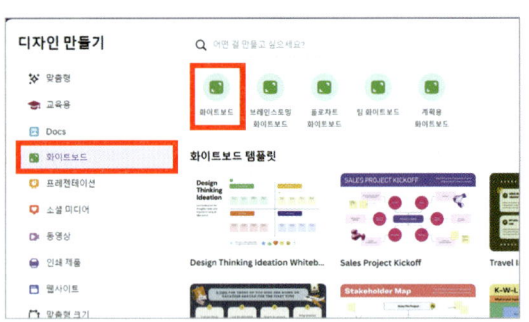

❷ '화이트보드'-'화이트보드 무제한'를 선택합니다. 화이트보드는 확장성이 높아 많이 사용됩니다.

❸ 좌측 메뉴바 [도구]에서 [Draw]를 선택합니다.

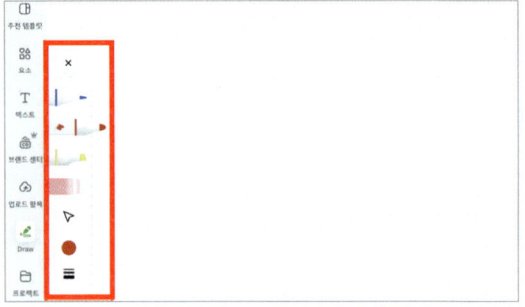

❹ 펜, 마커, 형광펜, 지우개, 화살표, 색상 선택, 설정 메뉴가 나타납니다.

❺ 먼저 펜을 눌러보겠습니다. 펜 색상과 문서 색상을 바꿀 수 있습니다. 색상 팔레트에서 원하는 색깔을 선택합니다.

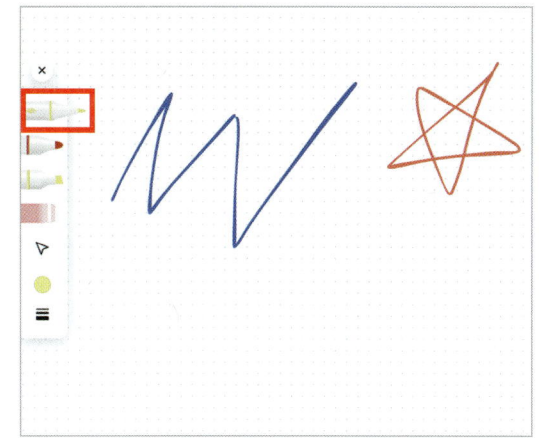

❻ 손으로 그리는 것처럼 드로잉할 수 있습니다.

❼ 지우개를 선택하여 그림을 지울 수 있습니다.

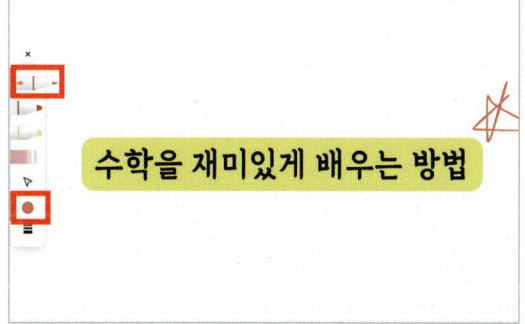

❽ Draw 기능을 활용해 디자인을 추가하면 강조가 되며, 메모를 남길 수도 있습니다.

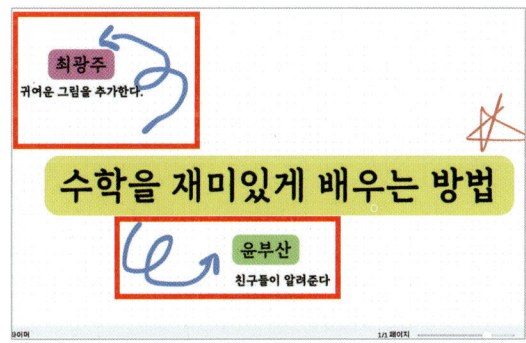

❾ 학생들의 아이디어를 작성하고, 강조할 때 Draw 기능을 사용할 수 있습니다.

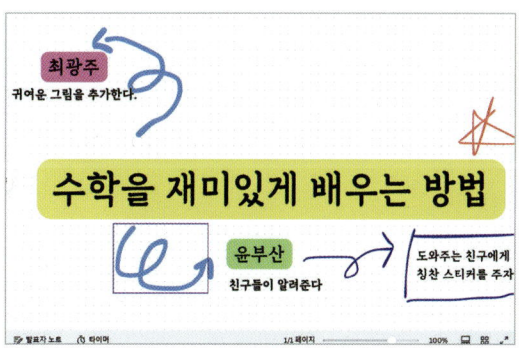

❿ 협업 기능으로 여러 기기에서 다른 친구들의 아이디어에 주석을 달 수 있습니다.

02. 원을 그려 나만의 작품 만들기

학생들이 삼각형, 사각형, 원을 직관적으로 이해하고 그 모양을 그릴 수 있도록 하기 위해 캔바의 Draw 기능을 활용할 수 있습니다. Draw 기능을 통해 직접 원을 그리는 활동을 비롯해 나만의 작품까지도 만들어볼 수 있습니다.

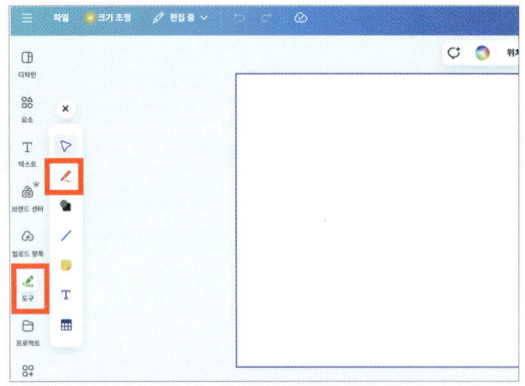

❶ 좌측 메뉴바 [도구]에서 [Draw]를 선택합니다.

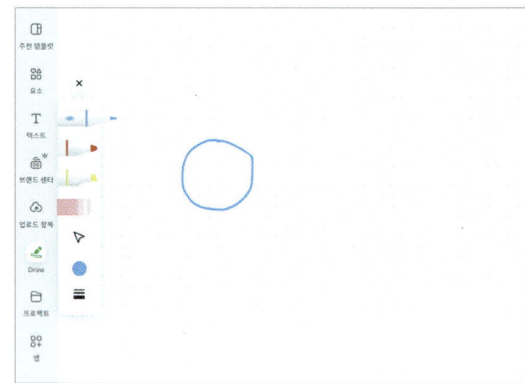

❷ 펜을 선택하여 원을 그리면 완전한 원이 나오기는 어렵지만 원하는 대로 그림을 그릴 수 있습니다.

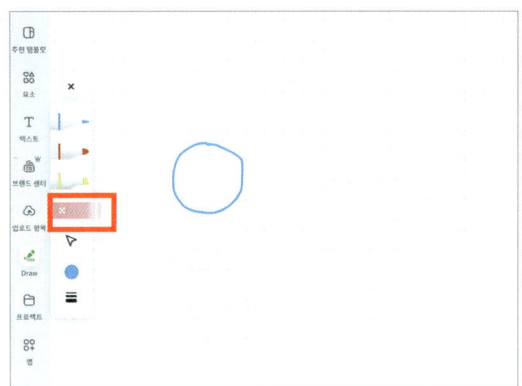

❸ 잘못 그렸다면 지우개를 선택해서 지웁니다.

❹ 형광펜으로 원을 그리면 덧칠이 가능해서 펜보다 원을 더 잘 그릴 수 있습니다. 최대한 원에 가깝게 그리도록 합니다. 친구들끼리 어떤 원을 그릴지 규칙을 정해서 간단한 게임을 진행할 수도 있습니다.

❺ 마커를 선택하고 마우스를 딱 한 번만 눌렀다 떼면 점이 찍힙니다. 점묘화 같은 원 그림을 그릴 수 있으며, 다른 교과와 탐구 수업에도 사용할 수 있습니다.

❻ 두께나 투명도를 변경하여 진행하면 더 풍부한 Draw 활동을 할 수 있습니다.

03. 워크시트에서 여러 가지 원 만들기

Draw 기능을 사용하여 창의적인 그림을 직접 그렸지만 완벽한 원을 그리는 데 어려움이 있었습니다. 이제 워크시트로 이동하여 다양한 원을 만들어보겠습니다.

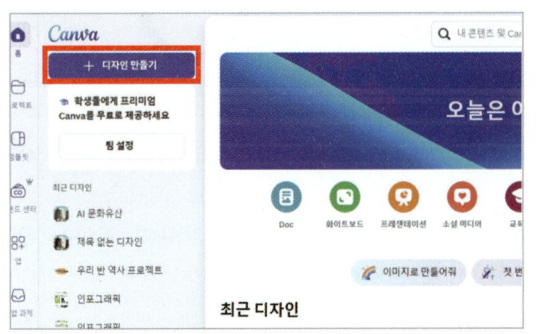

❶ 캔바 홈에서 [+ 디자인 만들기]를 선택합니다.

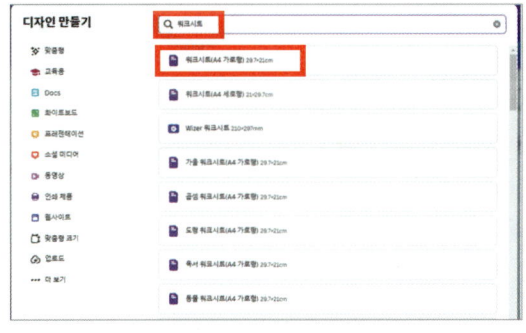

❷ 검색창에 '워크시트'를 검색 후 '워크시트(A4 가로형)'를 선택합니다.

❸ 좌측 메뉴바 [요소] 검색창에 '원'이라고 입력하면 빠르게 추가하기 메뉴가 나타납니다.

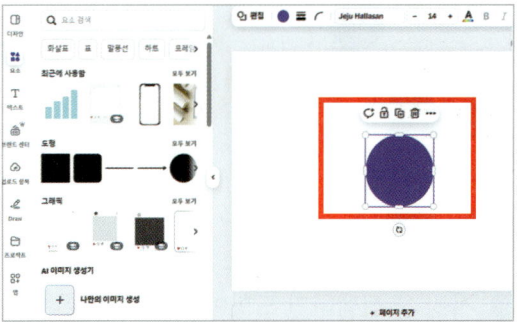

❹ '원형'을 선택하면 아트보드에 원이 추가됩니다.

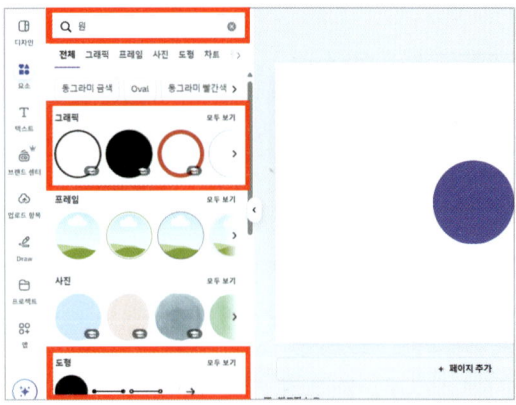

❺ 빠르게 추가하기는 원이 바로 생성되어서 편하지만 스타일을 고를 수 없습니다. 하지만 [요소] 검색창에 '원'이라고 입력하면 원하는 원을 고를 수 있습니다.

❻ '그래픽'-'모두 보기'를 누르면 다양한 원이 나옵니다. 원이 아닌 것도 일부 섞여 있기도 합니다. 원하는 원을 골라서 선택합니다.

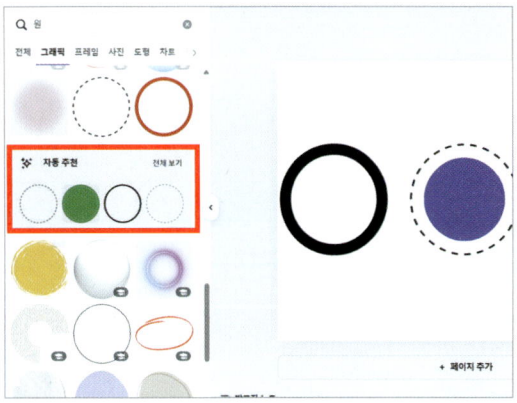

❼ 원을 선택하면 AI가 자동 추천을 해줍니다.

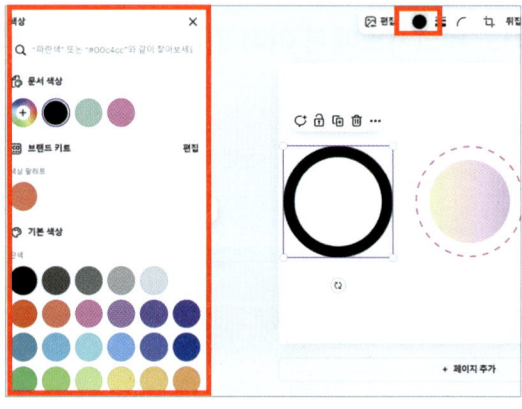

❽ 상단 도구바의 색상을 클릭하면 원하는 색상으로 변경이 가능합니다.

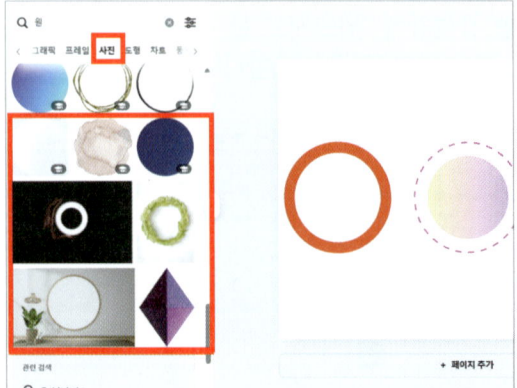

❾ '사진'을 선택하면 도형이 아닌 사진이나 그림 파일의 원이 있습니다.

❿ 가져온 요소가 너무 크다면 크기를 줄이거나, 오른쪽 마우스 클릭 또는 상단 도구바를 통해 레이어 순서를 바꿀 수 있습니다.

⓫ 여러 가지 원 모양을 배치한 것만으로도 훌륭한 작품이 완성되었습니다.

⓬ 텍스트 상자를 추가하여 제목을 작성하고, Draw 기능으로 강조하면 디자인의 완성도가 높아집니다.

AI로 나만의 로고 만들기

01. 로고란?

로고(Logo)는 기업, 브랜드, 제품 또는 서비스의 정체성과 가치를 시각적으로 표현한 상징적인 디자인 요소입니다. 주로 단순하고 기억하기 쉬운 형태, 색상, 타이포그래피 등이 결합되어 브랜드의 정체성을 나타내며 소비자에게 긍정적인 이미지를 전달하는 역할을 합니다.

■ 대표적인 로고의 종류

1. 심볼형: 특정 이미지를 통해 브랜드를 상징적으로 표현하는 형태로 시각적 인지도가 높아 기억에 오래 남습니다.
2. 워드마크형: 브랜드명을 독특한 서체로 디자인하여 표현하는 방식으로 명확한 브랜드 인식을 제공합니다.
3. 레터마크형: 브랜드의 이니셜이나 약자를 활용한 로고로 간결하면서도 세련된 이미지를 전달합니다.
4. 엠블럼형: 텍스트와 심볼이 결합된 형태로 전통적이고 권위 있는 느낌을 줍니다.
5. 마스코트형: 캐릭터나 마스코트를 활용하여 친근하고 재미있는 이미지를 전달하며 주로 가족이나 어린이를 대상으로 하는 브랜드에서 사용됩니다.

| 심볼형 로고 <애플> | 워드마크형 로고 <구글> | 레터마크형 로고 <CNN> | 엠블럼형 로고 <하버드 대학교> | 마스코트형 로고 <KFC 커넬 샌더스> |

02. 로고의 교육적 효과

■ 창의력 및 문제 해결 능력 향상

- 디자인 사고 촉진: 로고 제작 과정에서 학생들은 문제를 해결하기 위한 논리적 사고를 기르게 됩니다.
- 예술적 감각 및 심미적 판단력 개발: 다양한 디자인 요소와 글꼴을 조합하면서 미적 감각이 향상됩니다.

■ 시각적 커뮤니케이션 능력 강화
- 정보 전달 방법 학습: 핵심적인 의미를 시각적으로 표현하는 능력을 배양합니다.
- 상징과 의미 분석 능력 향상: 색상과 형태가 주는 심리적 영향을 이해하게 됩니다.

■ 디지털 리터러시 및 기술 활용 능력 향상
- 디자인 소프트웨어 사용 능력: 디자인 도구를 다루면서 디지털 기술 활용 능력이 향상됩니다.
- 멀티미디어 콘텐츠 제작 경험: 로고를 활용하여 프레젠테이션, 포스터 등의 실습을 통해 다양한 콘텐츠 제작 경험을 쌓을 수 있습니다.

■ 마케팅 교육
- 마케팅 전략 학습: 유명 브랜드의 로고 변천사를 통해 마케팅 및 트렌드 변화를 이해합니다.
- 소비자 심리학 이해: 소비자가 특정 로고에 끌리는 이유를 분석하며, 이를 통해 소비자 심리를 파악합니다.

■ 협업 및 팀워크 능력 향상
- 팀 프로젝트 경험 제공: 팀 내에서 조율하는 과정을 통해 의사소통 능력이 강화됩니다.
- 실제 기업 또는 기관과의 협업 기회: 학교 프로젝트에서 로고를 제작하며 실제 기업이나 기관과 협업하는 경험을 쌓을 수 있습니다.

03. Gen Logo 앱을 사용해 로고 만들기

Gen Logo는 캔바에서 제공하는 AI 기반의 로고 생성 앱으로, 간단한 아이디어만으로도 독특하고 전문적인 로고를 손쉽게 디자인할 수 있습니다. 이 앱은 사용자의 입력을 바탕으로 다양한 로고 스타일을 자동으로 추천해 줍니다. 이를 통해 브랜드의 성격과 아이덴티티에 어울리는 로고를 효율적으로 제작할 수 있습니다.

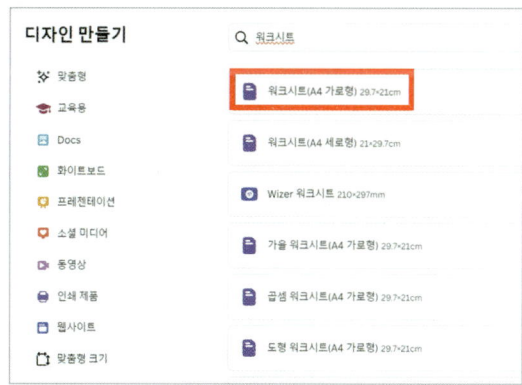 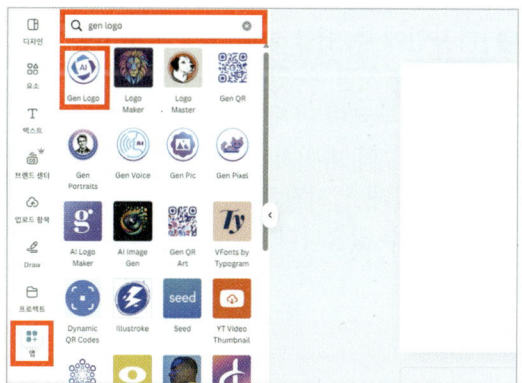

❶ 검색창에 '워크시트' 검색 후 '워크시트(A4 가로형)'를 선택합니다.

❷ 좌측 메뉴바 [앱] 검색창에 'Gen Logo'를 입력 후 해당 앱 아이콘을 선택합니다.

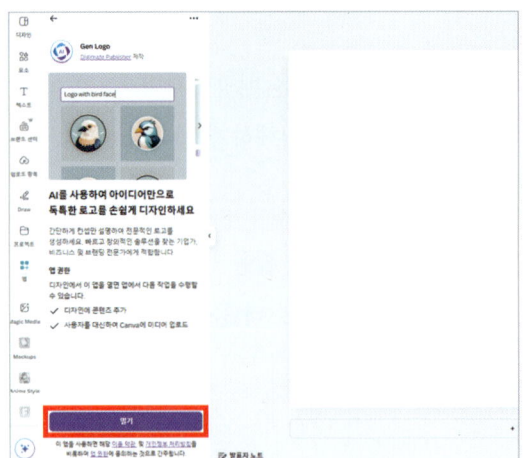
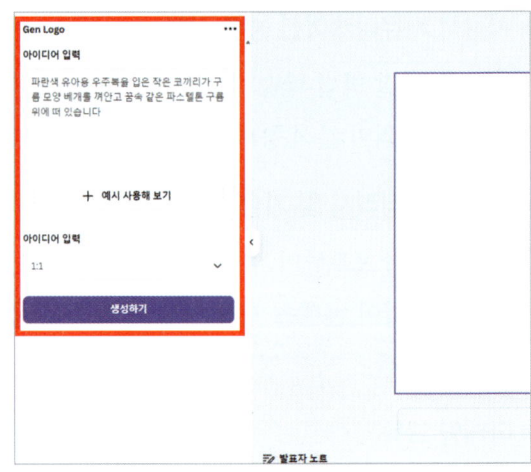

❸ [열기]를 선택합니다. 상업적인 목적으로 사용하려면 Gen Logo의 약관을 자세하게 읽어봐야 합니다.

❹ [예시 사용해 보기]를 클릭하면 여러 프롬프트가 나옵니다. 프롬프트를 어떻게 작성해야 하는지 감을 잡을 수 있습니다. 예시 프롬프트를 지우고 자신만의 아이디어를 작성한 후 [생성하기]를 선택합니다.

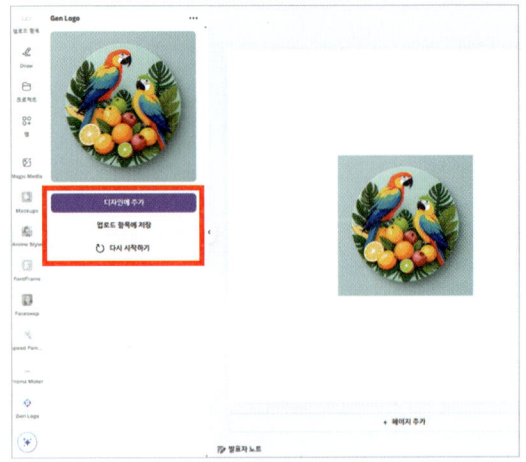
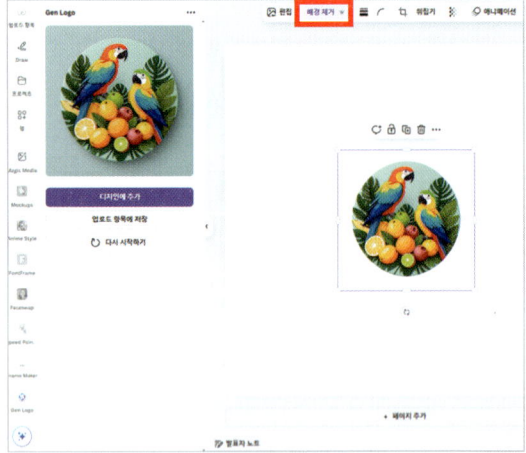

❺ [디자인에 추가]를 눌러 생성한 로고를 아트보드에 배치할 수 있습니다. [업로드 항목에 저장]을 누르면 언제든 해당 로고를 마치 업로드한 그림 파일처럼 사용할 수 있습니다. 그리고 [다시 시작하기]를 눌러 전 단계로 이동할 수 있습니다.

❻ 상단 도구바에서 '배경 제거'를 선택하면 배경 없는 둥근 로고만 얻을 수 있습니다.

<수학> 여러 가지 그래프를 활용하여 자료 나타내기

01. 여러 가지 그래프 알아보기

'여러 가지 그래프를 활용하여 자료 나타내기'는 초등학교 3~4학년군 수학과 교육과정 뿐만 아니라 중·고등학교에서도 학생들의 분석력과 논리적 사고를 향상시키는 중요한 활동입니다. 이 활동은 다양한 형태의 그래프를 통해 데이터를 시각적으로 표현하고 해석하는 과정을 포함합니다. 이를 통해 학생들은 자료의 특성을 파악하고 수학적 개념을 실제 상황에 적용하는 능력을 기를 수 있습니다.

캔바는 다양한 차트 기능을 제공하여 데이터를 시각적으로 표현하는 데 유용합니다. 주요 차트 유형으로는 원형 차트, 막대 차트, 선 차트 등이 있으며 이는 수학 교과에서 배우는 원 그래프, 막대 그래프, 꺾은선 그래프와 유사합니다. 학생들은 캔바를 통해 직접 데이터를 입력하고 다양한 형태의 그래프를 생성하여 자료를 시각적으로 표현할 수 있습니다.

그럼 지금부터 캔바를 활용하여 여러 가지 그래프로 자료를 나타내는 방법을 알아보겠습니다.

초등학교 교육과정

- 교과: 수학
- 관련 성취기준(2022 개정교육과정)

[4수04-01] 자료를 수집하여 그림그래프나 막대그래프로 나타내고 해석할 수 있다.

[4수04-02] 자료를 수집하여 꺾은선그래프로 나타내고 해석할 수 있다.

[4수04-03] 탐구 문제를 해결하기 위해 자료를 수집, 정리하여 막대그래프나 꺾은선그래프로 나타내고 해석할 수 있다.

[6수04-02] 자료를 수집하여 띠그래프나 원그래프로 나타내고 해석할 수 있다.

[6수04-03] 탐구 문제를 설정하고, 그에 맞는 자료를 수집, 정리하여 적절한 그래프로 나타내고 해석할 수 있다.

중학교 교육과정

- 교과: 사회
- 관련 성취기준(2022 개정교육과정)

  [9수04-02] 자료를 줄기와 잎 그림, 도수분포표, 히스토그램, 도수분포다각형으로 나타내고 해석할 수 있다.

고등학교 교육과정

- 교과: 수학과 실용통계
- 관련 성취기준(2022 개정교육과정)

  [12실통02-01] 자료의 종류를 알고 설명할 수 있다.

  [12실통02-02] 자료의 수집 방법을 이해하고 문제 상황에 맞는 자료 수집 방법을 선택할 수 있다.

  [12실통02-03] 그래프의 종류를 알고 자료의 특성을 나타내는 적절한 그래프를 그릴 수 있다.

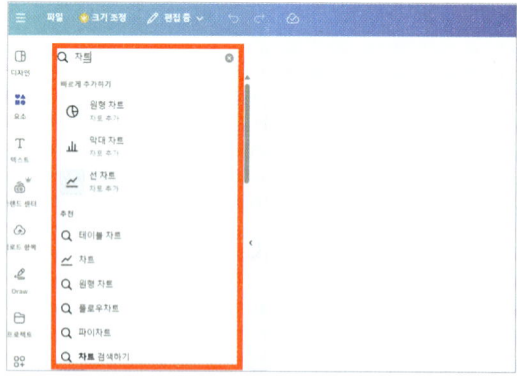

❶ 새 디자인으로 '워크시트(가로형)'을 만든 후 좌측 메뉴바 [요소] 검색창에 '차트'라고 검색하면 빠르게 추가하기 메뉴가 뜹니다.

❷ '원형 차트'를 선택합니다.

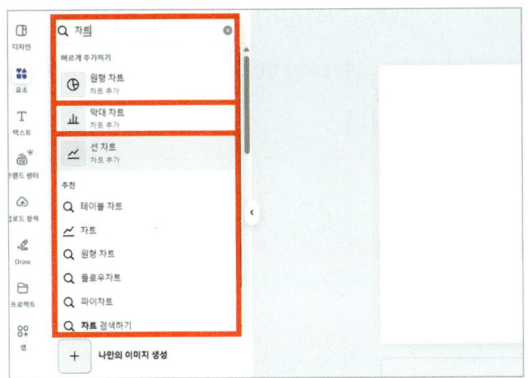 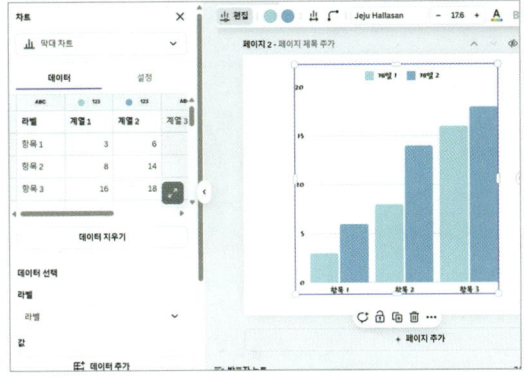

❸ 페이지를 추가하여 [요소]에서 '차트'를 검색하고 '빠르게 추가하기'에서 '막대 차트'를 선택합니다.

❹ 막대 차트가 삽입된 모습입니다.

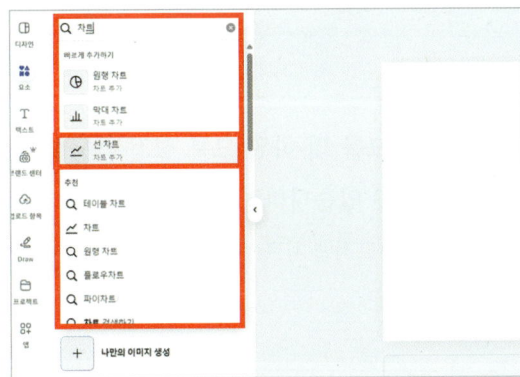 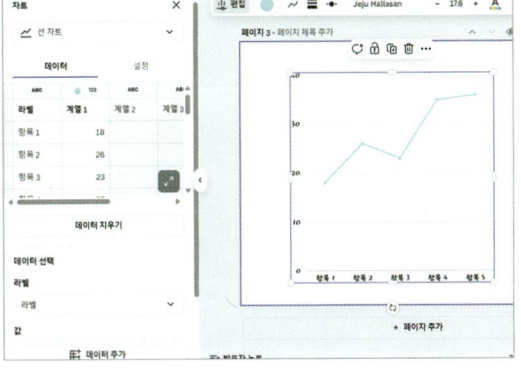

❺ 다시 페이지를 추가하여 [요소]에서 '차트'를 검색하고 '빠르게 추가하기'에서 이번에는 '선 차트'를 선택합니다.

❻ 선 차트가 삽입된 모습입니다.

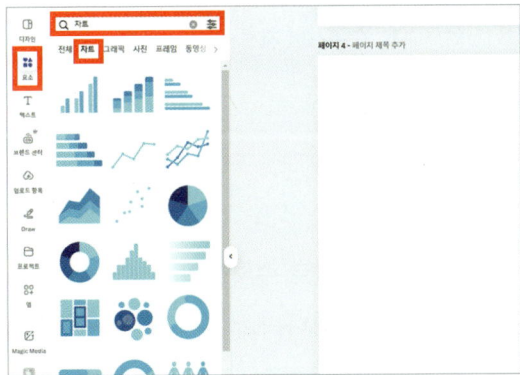

❼ [요소] 검색창에 '차트'를 입력하고 '차트' 탭을 선택하면 다양한 모양의 차트를 볼 수 있습니다.

❽ 그 밖에도 다양한 차트 모양을 삽입할 수 있습니다.

*예: 원 채우기 차트

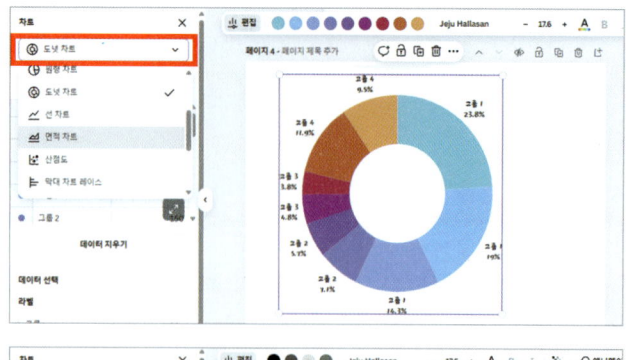

차트 이름이 적힌 드롭다운 목록을 누르면 다양한 차트 목록을 볼 수 있습니다.

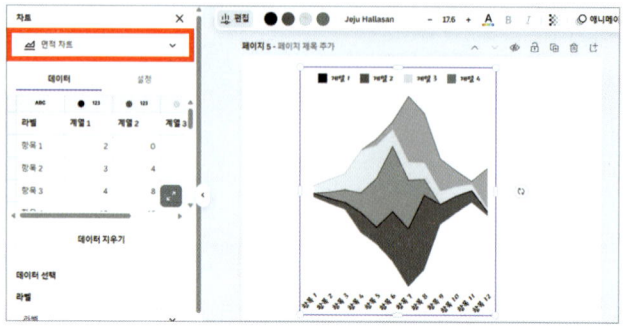

면적을 설정할 수 있는 차트가 있습니다.

*예: 면적 차트

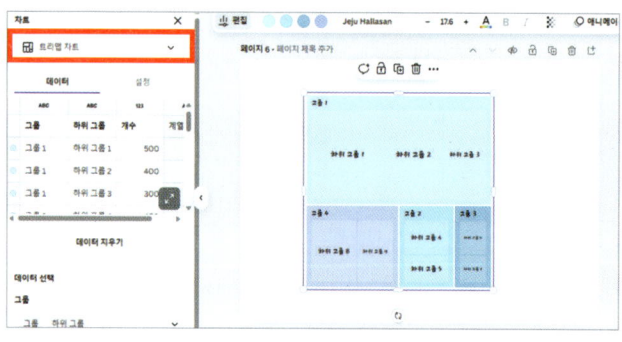

그룹 및 하위 그룹 설정 가능한 차트도 있습니다.

*예: 트리맵 차트

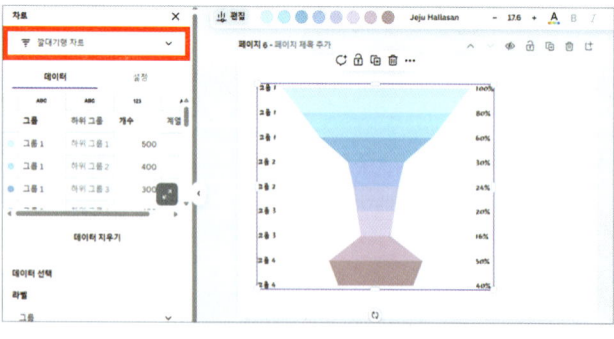

세대별 인구수에서 많이 보던 차트가 있습니다.

*예: 깔대기형 차트

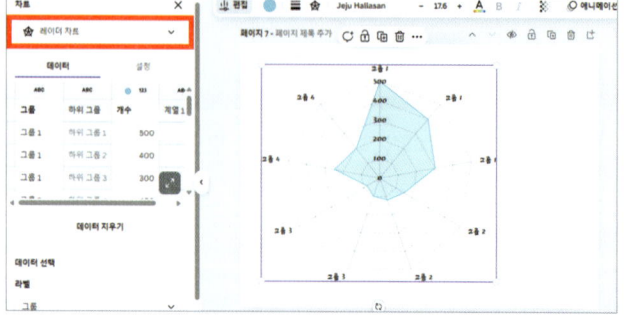

그룹별로 수치를 비교 가능한 차트가 있습니다.

*예: 레이더 차트

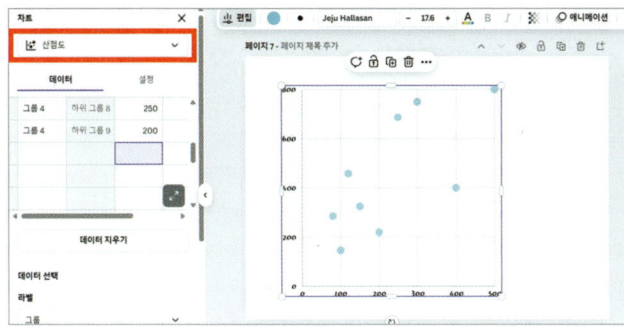

좌표상의 점을 표시하는 차트가 있습니다.

*예: 산점도

02. 여러 가지 그래프의 자료를 바꾸어보기

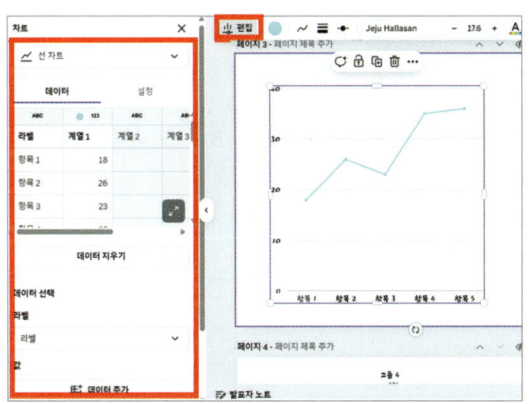

❶ 차트를 하나 클릭하여 도구바에서 [편집]을 선택합니다.

❷ 성적 상승 선 차트를 만들어보고자 합니다. 항목과 계열을 수정하여 성적이 향상되는 수치로 바꾸어보겠습니다.

*예: 라벨 항목 1~4 → 3, 6, 9, 12월 / '항목 5' 삭제
*항목 삭제 방법: 오른쪽 마우스 버튼 클릭 → 1개 행 삭제

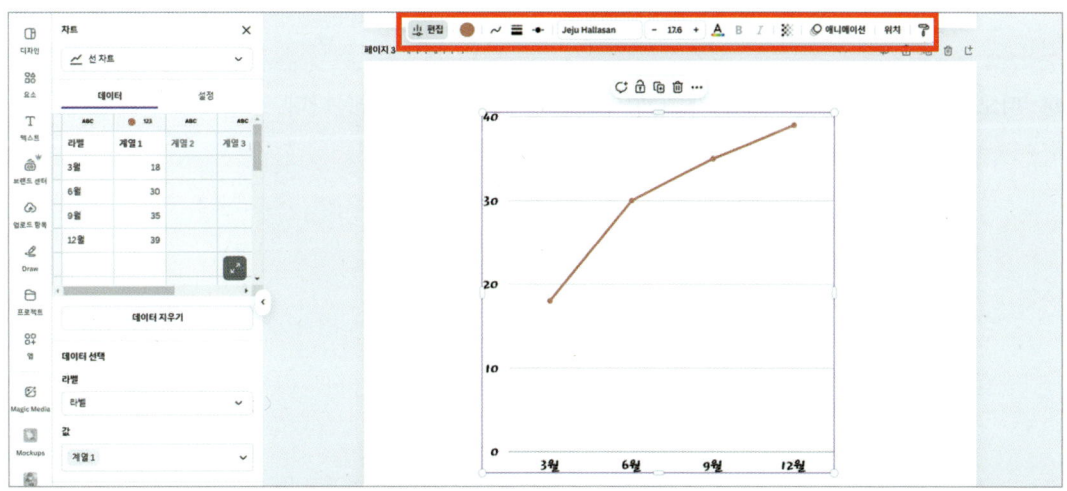

❸ 자료를 바꾸면 선 차트의 값이 바로 변경되는 것을 눈으로 확인할 수 있습니다. 상단 메뉴바에서 선의 색깔, 굵기, 마커, 글꼴 등을 수정할 수 있습니다.

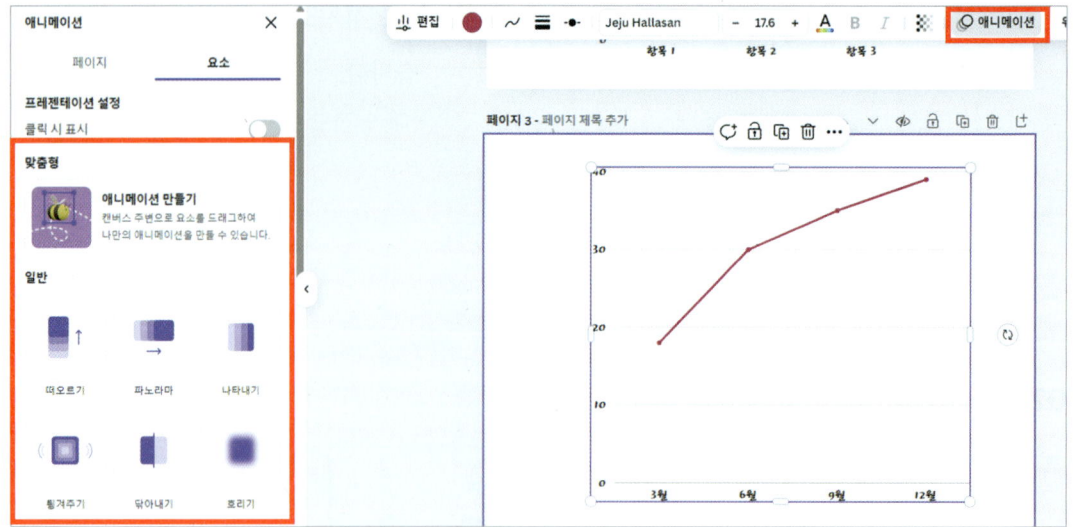

❹ 도구바의 [애니메이션]을 선택하여 차트에 효과를 넣을 수 있습니다. 성적이 오르는 차트이므로 '떠오르기'를 선택하면 효과가 풍부해집니다.

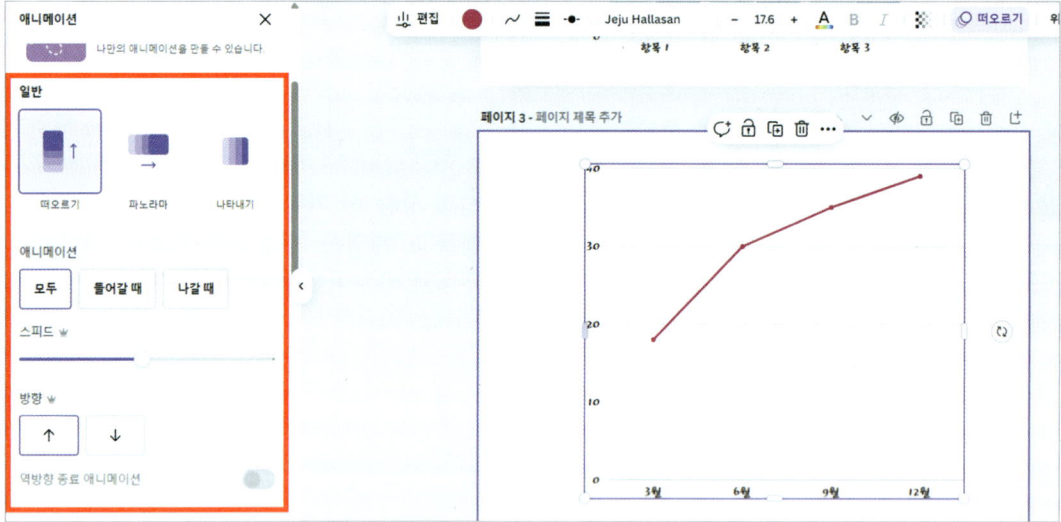

❺ '떠오르기'를 선택하면 떠오르기 효과와 관련된 다른 옵션이 나옵니다. 적절하게 선택합니다.

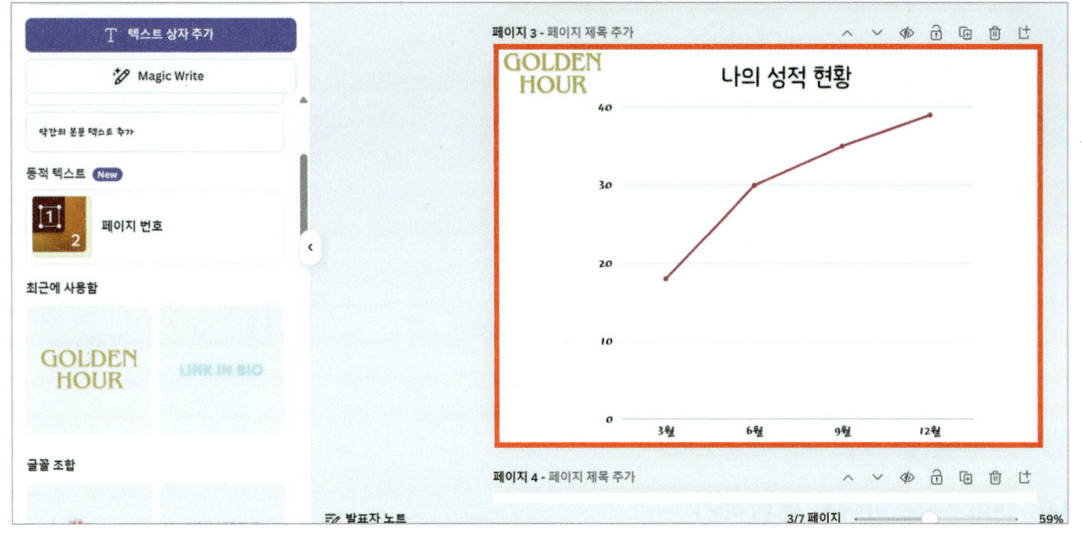

❻ 텍스트 상자를 추가하여 제목을 추가합니다.

지금까지 수학 교과에서 활용할 수 있는 캔바의 다양한 기능을 살펴보았습니다. 캔바는 초등학교의 기본 개념부터 중·고등학교의 심화 내용까지 폭넓게 적용할 수 있는 도구로 수학 수업을 더욱 풍부하고 흥미롭게 만들어줍니다. 수학은 단순한 숫자와 공식의 나열이 아니라 시각적 자료와 결합될 때 더욱 직관적으로 이해되고 흥미를 유발하는 과목입니다. 시각적 도구를 활용한 수업이 얼마나 효과적이고 흥미로운지 체감하셨을 것입니다. 수학 수업에서 원과 그래프를 적극적으로 활용하면 학생들이 개념을 더욱 직관적으로 이해할 수 있으며 창의적인 사고를 발전시키는 데 큰 도움이 될 것입니다.

원소의 세계를 한눈에, 나만의 원소 카드 만들기

캔바 AI를 활용한 이미지 생성

01. 캔바 AI로 이미지 생성하기

    디지털 시대에는 시각적 요소가 중요한 역할을 합니다. 원하는 이미지를 직접 생성할 수 있다면 디자인의 창의성과 표현력을 더욱 높일 수 있습니다. 이를 위해 AI 기반의 이미지 생성 도구를 활용하면 독창적인 비주얼을 손쉽게 만들 수 있습니다.

    캔바 AI는 사용자의 텍스트 입력에 따라 자동으로 이미지를 생성하는 강력한 AI 도구입니다. 예를 들어 '축구하는 곰'과 같은 문장을 작성하면 이에 맞는 이미지를 생성해 줍니다. 이를 활용하면 직접 원하는 장면을 설정하고 독창적인 디자인을 제작할 수 있습니다.

    캔바 AI를 활용하면 학생들은 자신이 상상하는 다양한 장면을 시각적으로 구현할 수 있으며 창의적인 아이디어를 더욱 효과적으로 표현할 수 있습니다. 지금부터 캔바 AI를 활용하여 나만의 이미지를 생성하는 방법을 알아보겠습니다.

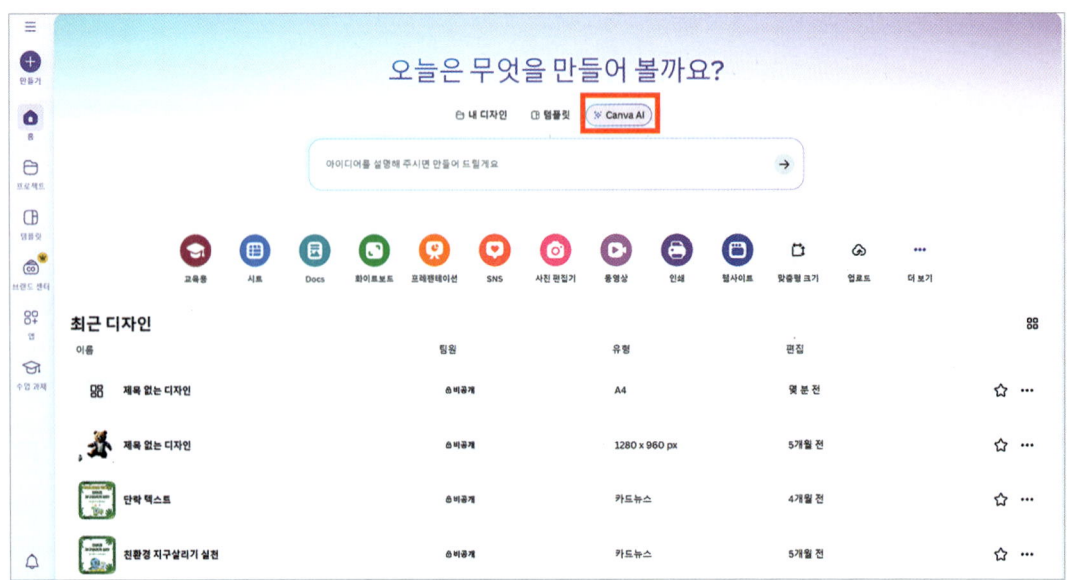

❶ 캔바 메인화면에서 [Canva AI]를 선택합니다.

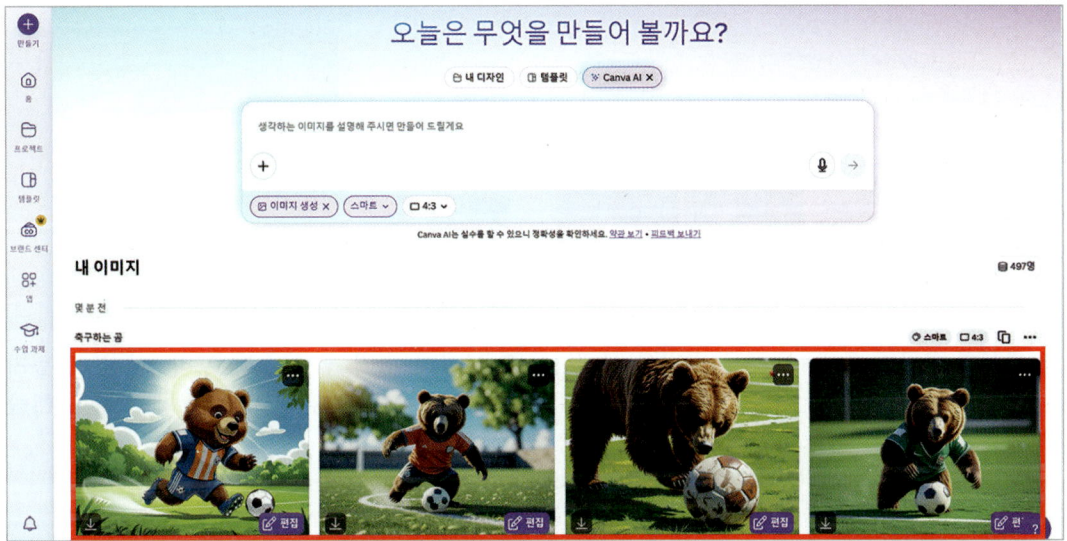

❷ '이미지 생성'을 클릭하고, 생성하고 싶은 이미지를 텍스트로 작성합니다. '스타일', '이미지 비율'을 설정한 뒤 화살표 모양의 '제출하기' 아이콘을 클릭합니다.

*입력 예: 축구하는 곰, 스마트, 4:3

❸ 총 4개의 새로운 이미지가 생성되었습니다.

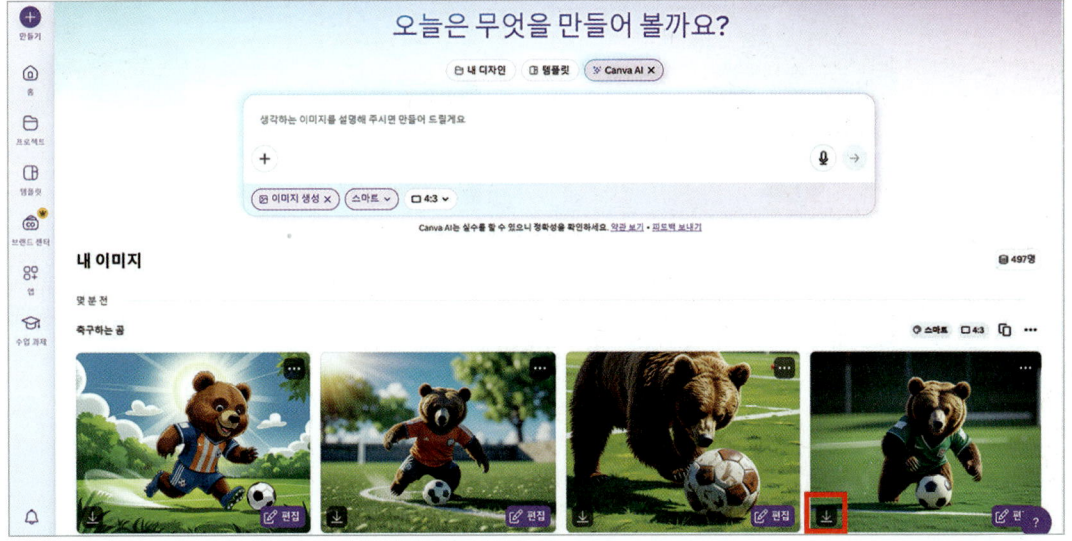

❹ 마음에 드는 이미지의 좌측 하단에 있는 '저장' 아이콘을 눌러 '프로젝트'에 저장합니다.

02. Magic Studio에서 배경 제거, Magic Edit로 디자인하기

생성한 이미지를 더욱 세련되게 다듬고 디자인하기 위해 캔바 Magic Studio를 활용할 수 있습니다. AI 기반 편집 도구인 Magic Studio에서 배경을 제거하거나 생성된 이미지의 특정 부분을 수정하거나 원하는 요소를 추가하는 Magic Edit 기능을 활용할 수 있습니다.

이러한 기능을 활용하면 단순한 이미지 생성에서 한 단계 더 나아가 창의적인 디자인을 완성할 수 있습니다. 지금부터 Magic Studio를 활용하여 이미지를 더욱 완성도 높게 편집해 보겠습니다.

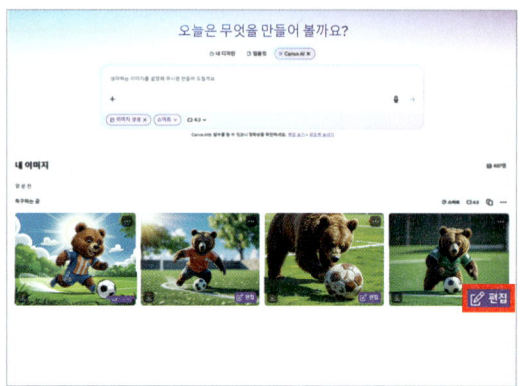

❶ 생성된 이미지 우측 하단의 '편집'을 선택합니다.

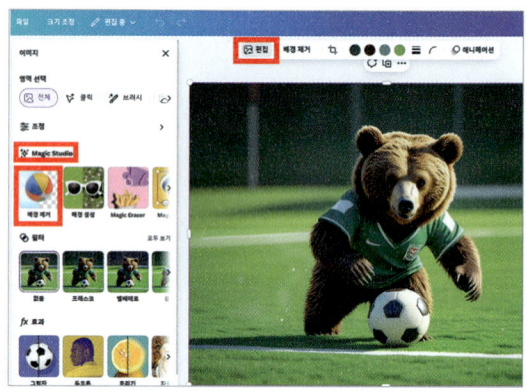

❷ 이미지 클릭 후 상단 도구바 '편집'을 눌러 'Magic Studio'에서 '배경 제거'를 선택합니다.

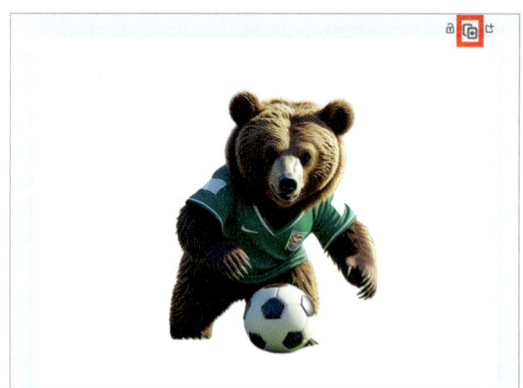

❸ 해당 이미지의 배경이 깔끔하게 지워졌습니다. 이미지 우측 상단의 '페이지 복제'를 선택합니다.

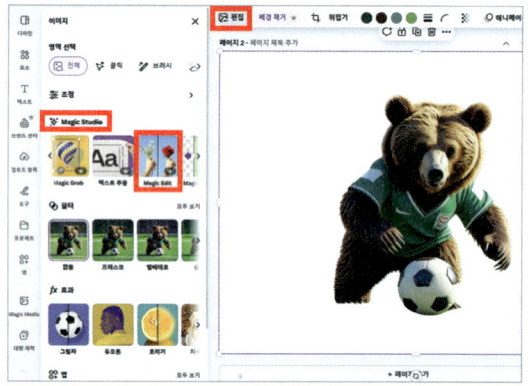

❹ 이미지를 클릭 후 상단 도구바 '편집'을 눌러 'Magic Studio'에서 'Magic Edit'를 선택합니다.

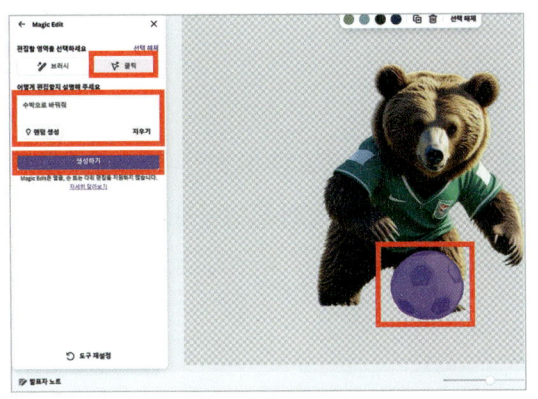
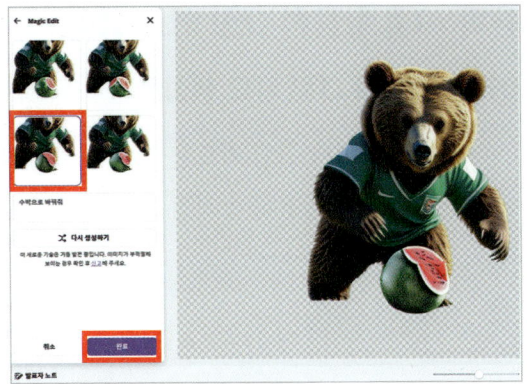

❺ [클릭]을 누르고 축구공 영역을 클릭한 뒤 프롬프트 입력란에 '수박으로 바꿔줘' 작성 후 [생성하기]를 선택합니다.

❻ 생성된 이미지 중 원하는 사진을 선택하고 편집을 종료합니다.

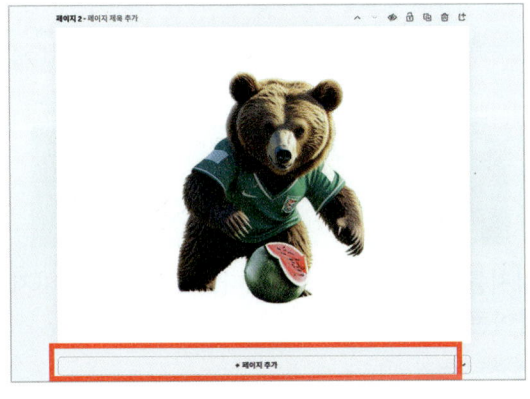
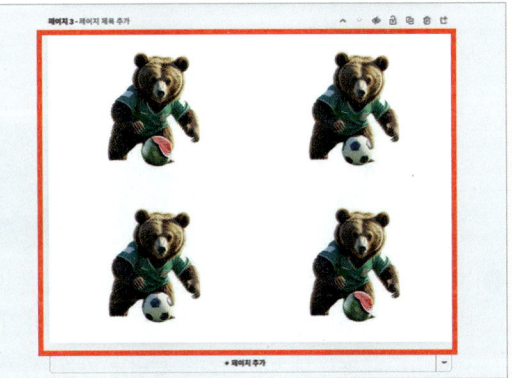

❼ 이미지 하단의 '+ 페이지 추가'를 선택합니다.

❽ 1페이지와 2페이지에 있는 이미지를 복사하여 3페이지에 새로운 디자인을 완성합니다.

    캔바 AI를 활용하면 학생들은 자신이 상상하는 다양한 장면을 시각적으로 구현할 수 있으며 Magic Studio와 Magic Edit를 통해 창의적인 아이디어를 더욱 효과적으로 표현할 수 있습니다. 지금부터 캔바 AI를 활용하여 나만의 이미지를 생성하는 방법을 알아보겠습니다.

캔바 AI를 활용한 그림 카드 생성

01. 캔바 AI로 그림 카드 생성하기

디자인 작업에서 그림 카드는 정보를 효과적으로 전달하는 데 중요한 요소입니다. 이번 활동에서는 캔바 AI를 활용하여 직접 그림 카드를 생성하고 디자인하는 방법을 알아보겠습니다.

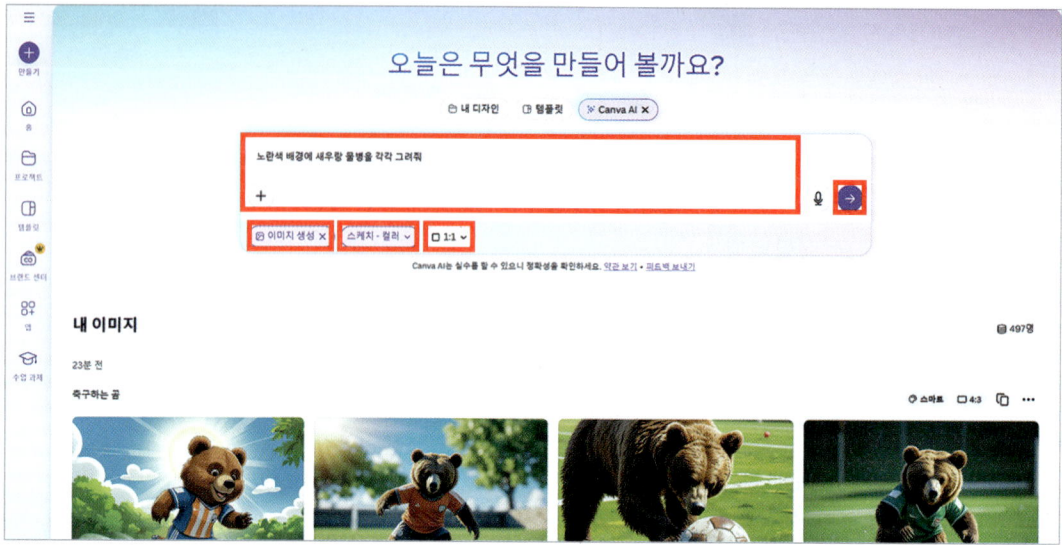

❶ '이미지 생성'을 클릭하고, 생성하고 싶은 이미지를 텍스트로 작성합니다. '스타일', '이미지 비율'을 설정한 뒤 화살표 모양의 '제출하기' 아이콘을 클릭합니다.

*입력 예: 노란색 배경에 새우랑 물병을 각각 그려줘, 스케치-컬러, 1:1

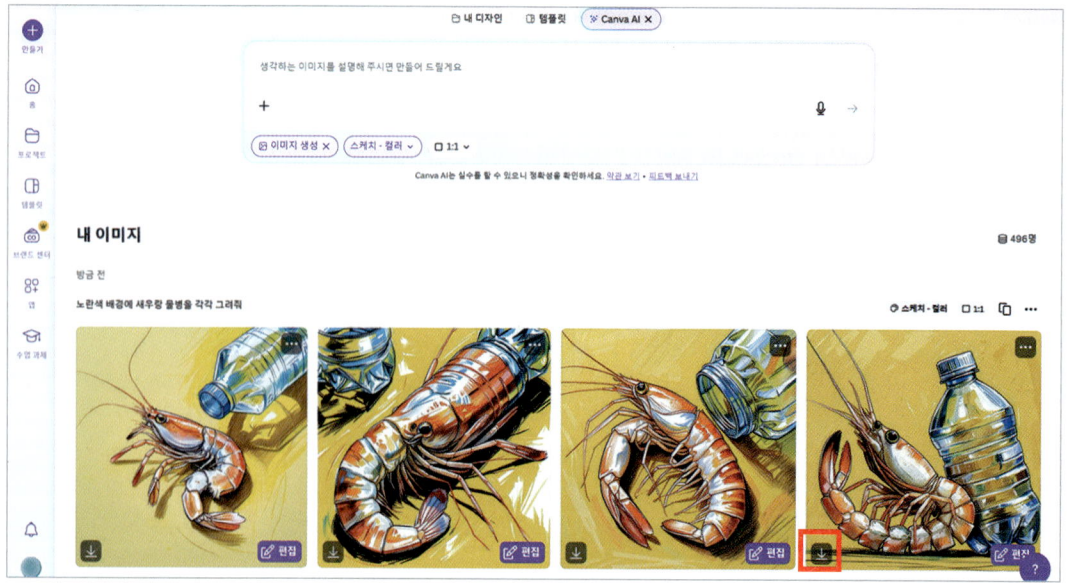

❷ 생성된 이미지 중 마음에 드는 이미지 좌측 하단에 있는 '저장'을 선택해 '프로젝트'에 저장합니다.

02. Magic Eraser로 디자인하기

캔바 AI에서 생성한 그림 카드를 더욱 정교하게 다듬기 위해 Magic Studio에서 Magic Eraser 기능을 활용해 보겠습니다. Magic Eraser 기능을 사용하면 이미지에서 불필요한 요소를 제거하여 깔끔한 디자인을 완성할 수 있습니다.

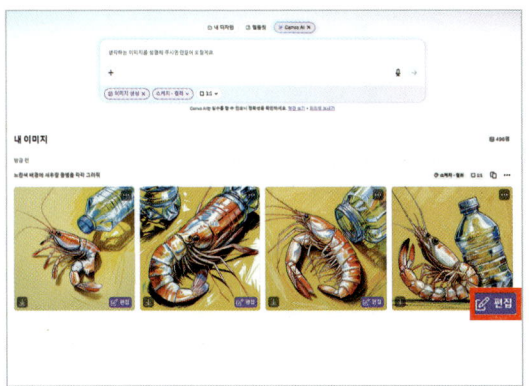

❶ 생성된 이미지 우측 하단의 '편집'을 선택합니다.

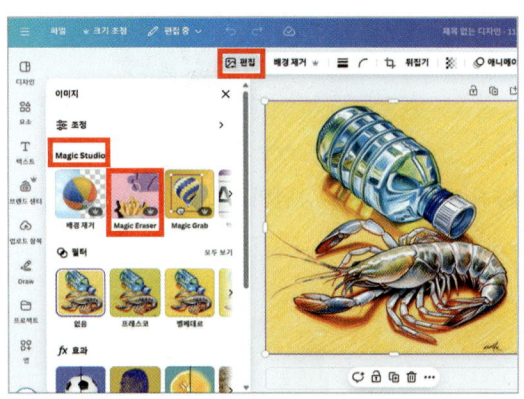

❷ 이미지 클릭 후 상단 도구바 '편집'에서 'Magic Studio'의 'Magic Eraser'를 선택합니다.

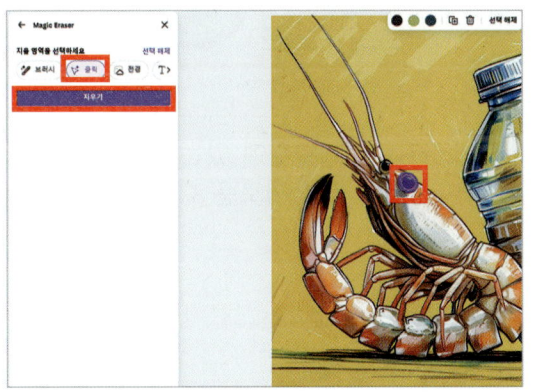

❸ [클릭]을 선택하고 지우고 싶은 영역을 선택한 다음 [지우기]를 누릅니다.

❹ 지우고 싶은 영역이 깔끔하게 지워졌습니다. 편집을 종료합니다.

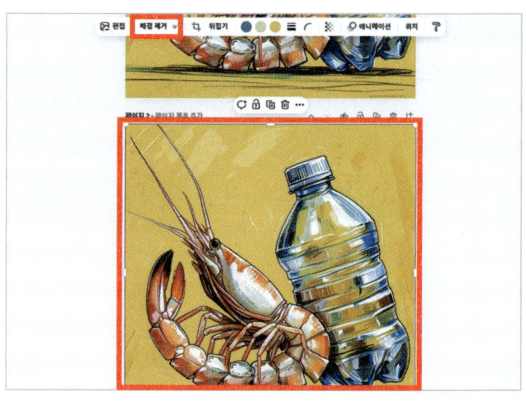

❺ 이미지의 우측 상단에 '페이지 복제'를 선택합니다.

❻ 이미지 클릭 후 상단 도구바의 '배경 제거'를 선택합니다.

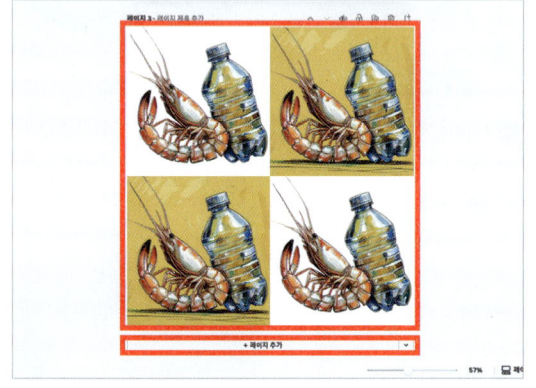
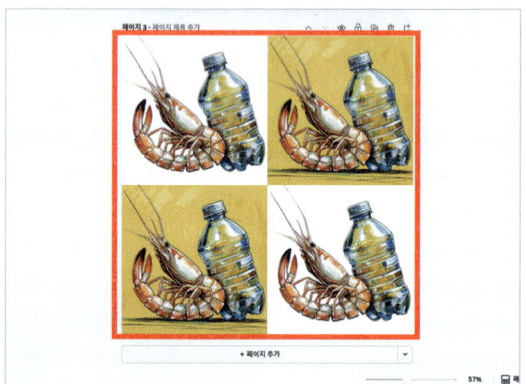

❼ 이미지 하단의 '+ 페이지 추가'를 선택합니다.

❽ 1페이지와 2페이지에 있는 이미지를 복사하여 3페이지에 새로운 디자인을 완성합니다.

<과학> 나만의 원소 카드로 학급 주기율표 제작하기

01. 캔바 AI를 활용하여 원소 카드 제작하기

이제 학급의 학생들과 함께 주기율표 속 원소들의 특징을 탐구하고 캔바 AI를 이용하여 자신만의 원소 카드를 제작하는 방법을 알아보겠습니다. 학생들은 1번부터 20번까지의 원소를 각각 탐구한 후 캔바 AI를 활용하여 해당 원소를 표현하는 이미지를 생성하고 이를 기반으로 개성 있는 원소 카드를 디자인합니다.

이 활동을 통해 학생들은 원소의 성질과 특징을 깊이 이해할 수 있으며 창의적인 방법으로 과학 개념을 표현하는 경험을 하게 될 것입니다.

중학교 교육과정

- 교과: 과학
- 관련 성취기준(2022 개정교육과정)

[9과08-01] 모든 물질은 원소로 이루어져 있음을 이해하고, 실험을 통해 원소의 종류를 구별할 수 있다.

[9과08-02] 주기율표를 활용하여 원소를 분류하고, 원소의 주기적 성질을 설명할 수 있다.

고등학교 교육과정

- 교과: 통합과학1
- 관련 성취기준(2022 개정교육과정)

[10통과1-01] 분광기를 활용하여 다양한 물질이 방출하는 스펙트럼을 관찰하고 비교할 수 있다.

[10통과1-02] 지구와 생명체의 구성 성분을 비교하여, 우주와 지구의 역사 속에서 이러한 구성 성분의 기원을 탐구할 수 있다.

[10통과1-03] 같은 족의 원소들이 유사한 성질을 가짐을 탐구하는 실험을 설계할 수 있다.

❶ [+ 디자인 만들기]를 선택합니다.

❷ '교육용'-'교육용 프레젠테이션(16:9)'을 선택합니다.

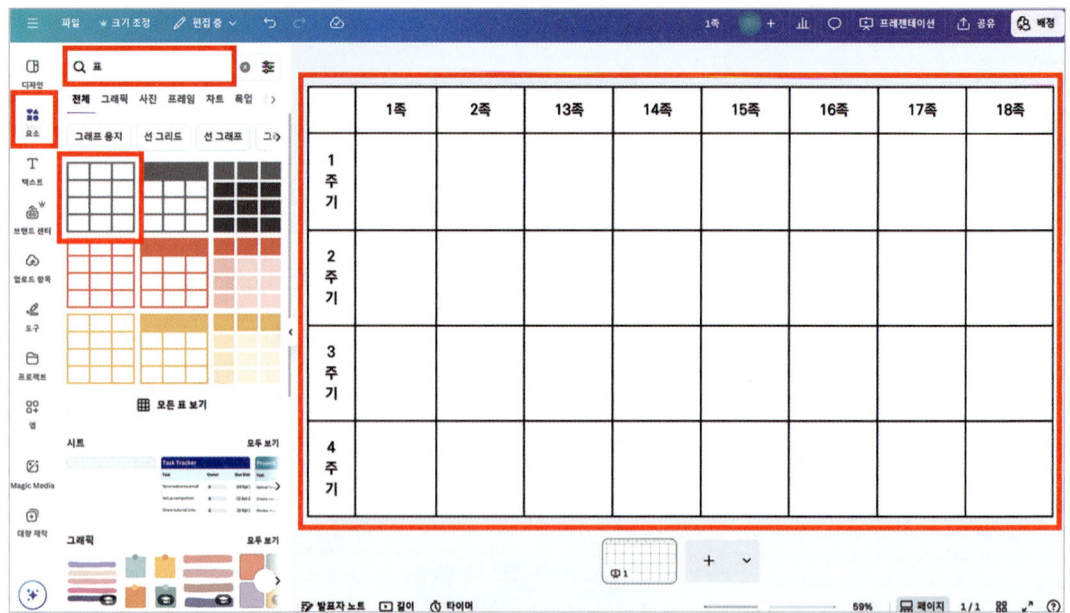

❸ 좌측 메뉴바 [요소] 검색창에 '표'를 검색하고 검정색 테두리 표를 추가합니다. 추가한 표를 5열 9행으로 편집하고 표 안에 각각 족과 주기를 입력합니다.

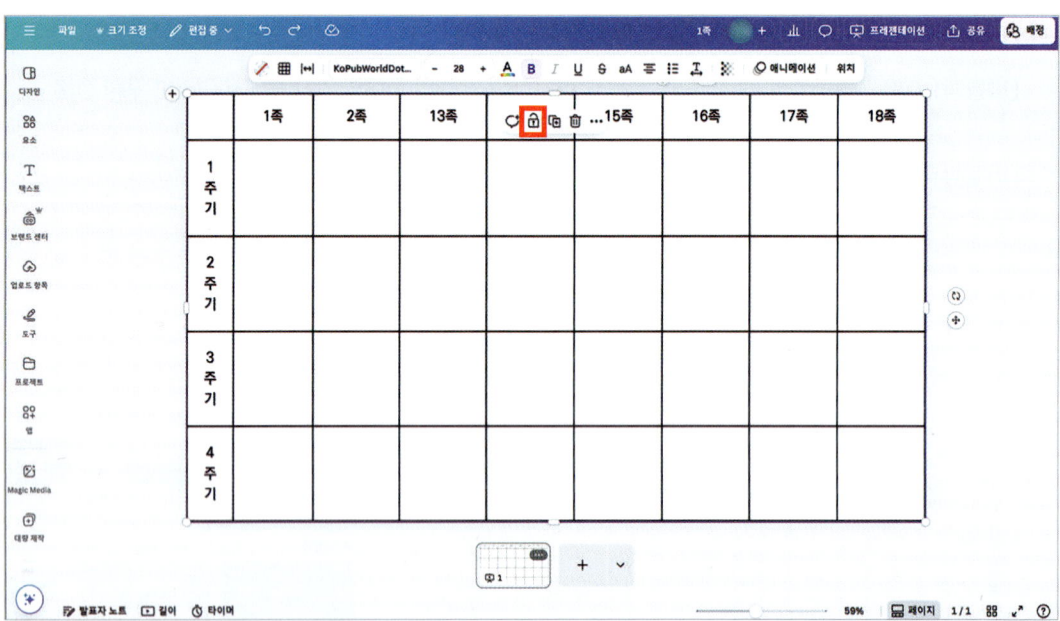

❹ 표를 클릭하고 자물쇠 모양의 '잠금' 아이콘을 눌러 완성된 표가 수정되지 않도록 고정합니다.

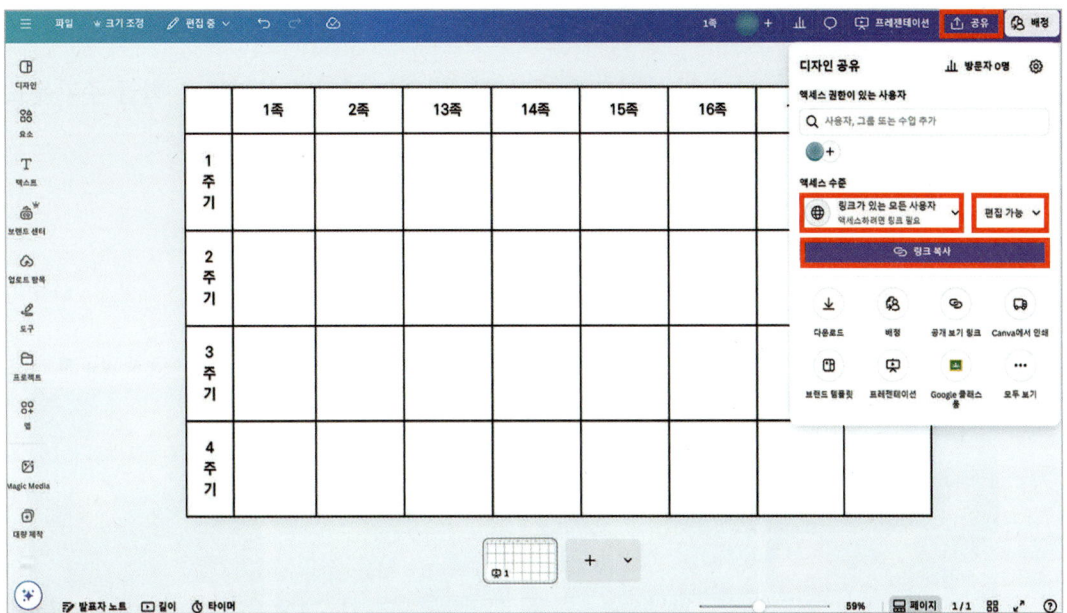

❺ 우측 상단 [공유]에서 액세스 수준을 '링크가 있는 모든 사용자' 그리고 '편집 가능'으로 설정합니다. [링크 복사]를 눌러 학생들에게 해당 링크를 공유합니다.

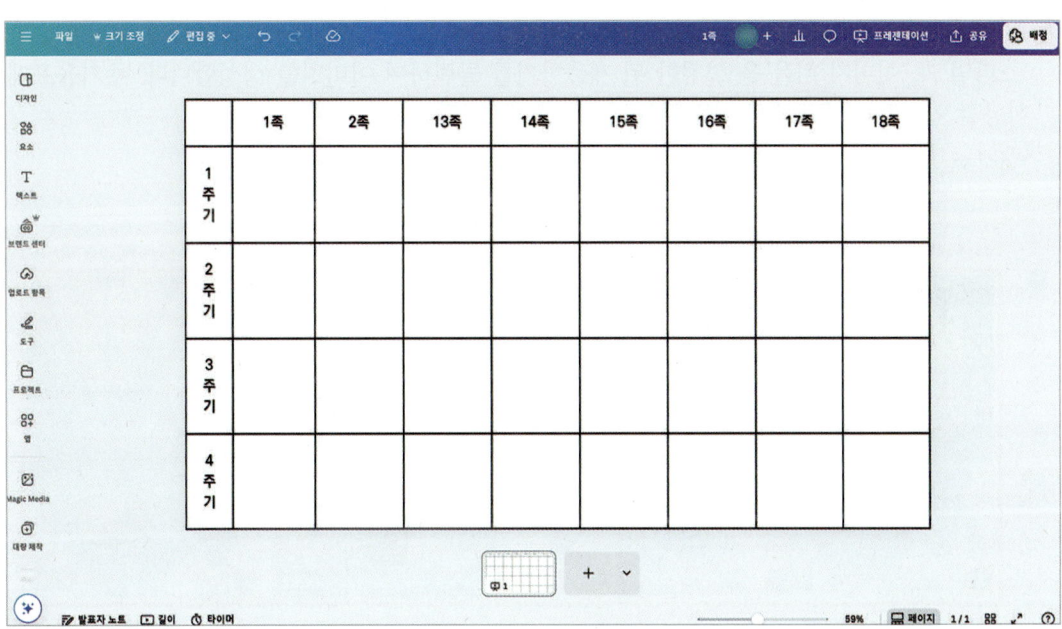

❻ 1~20번까지의 원자번호를 학생들에게 임의로 부여하고, 각각 해당 원소에 대한 특징을 조사한 다음 캔바 AI를 이용하여 원소 카드를 만들도록 안내합니다.

02. 학급 주기율표 완성하기

학생들이 캔바 AI를 이용하여 원소 카드를 제작하는 방법의 예시를 살펴보고, 학급 주기율표를 완성해 보겠습니다.

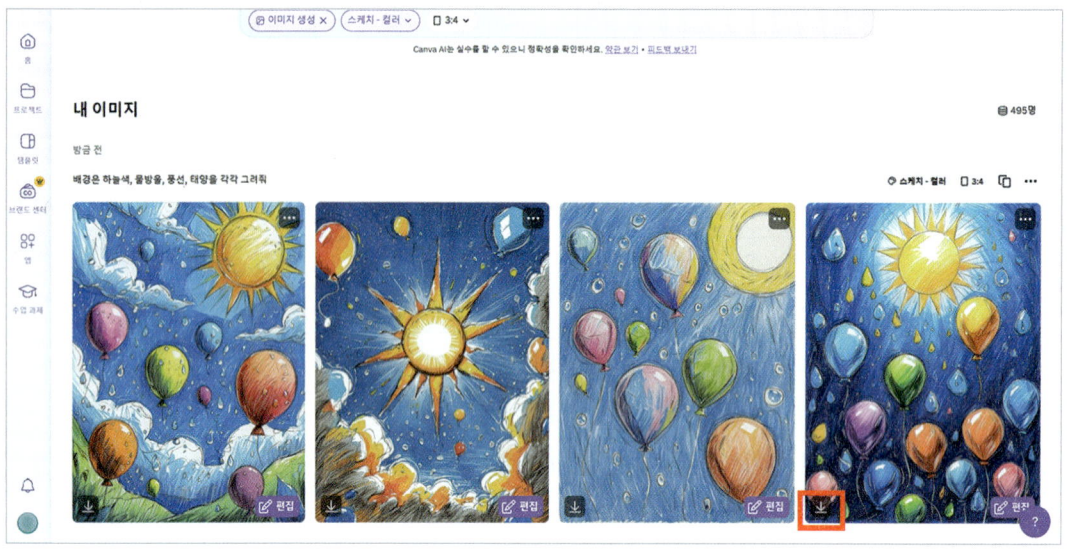

❶ 캔바 AI에서 '이미지 생성'을 클릭한 뒤 원자번호 1번 수소의 특징을 프롬프트에 작성합니다. '스타일'과 '이미지 비율'을 설정한 뒤 제출하기를 클릭하여 이미지를 생성합니다. 주기율표에 사용할 이미지를 골라 좌측 하단의 '저장'을 클릭합니다.

*입력 예: 배경은 하늘색, 물방울, 풍선, 태양을 각각 그려줘, 스케치-컬러, 3:4

❷ 캔바 AI에서 '이미지 생성' 클릭한 뒤 원자번호 2번 헬륨의 특징을 프롬프트에 작성합니다. '스타일', '이미지 비율'을 설정한 뒤 '제출하기'를 클릭하면 이미지가 생성됩니다. 주기율표에 사용할 이미지를 골라 하단 좌측의 '저장'을 클릭합니다.

*입력 예: 배경은 하늘색이고, 열기구(헬륨가스로 부양), 헬륨 풍선, 우주를 각각 그려줘, 스케치-컬러, 3:4

❸ 캔바 AI에서 '이미지 생성' 클릭한 뒤 원자번호 3번 리튬의 특징을 프롬프트에 작성합니다. '스타일', '이미지 비율'을 설정한 뒤 '제출하기'를 클릭하면 이미지가 생성됩니다. 주기율표에 사용할 이미지를 골라 하단 좌측의 '저장'을 클릭합니다.

*입력 예: 배경은 연한 회색, 건전지(리튬이온 배터리), 바닷물 (리튬이 일부 포함됨), 연한 회색 금속 조각(금속의 모습)을 각각 그려줘, 스케치-컬러, 3:4

❹ 캔바 AI에서 '이미지 생성' 클릭한 뒤 원자번호 4번 베릴륨의 특징을 프롬프트에 작성합니다. '스타일', '이미지 비율'을 설정한 뒤 '제출하기'를 클릭하면 이미지가 생성됩니다. 주기율표에 사용할 이미지를 골라 하단 좌측의 '저장'을 클릭합니다.

*입력 예: 배경은 연한 회색, 에메랄드(베릴륨이 포함된 광물), 항공기(가볍고 단단한 금속), X-ray 판을 각각 그려줘, 스케치-컬러, 3:4

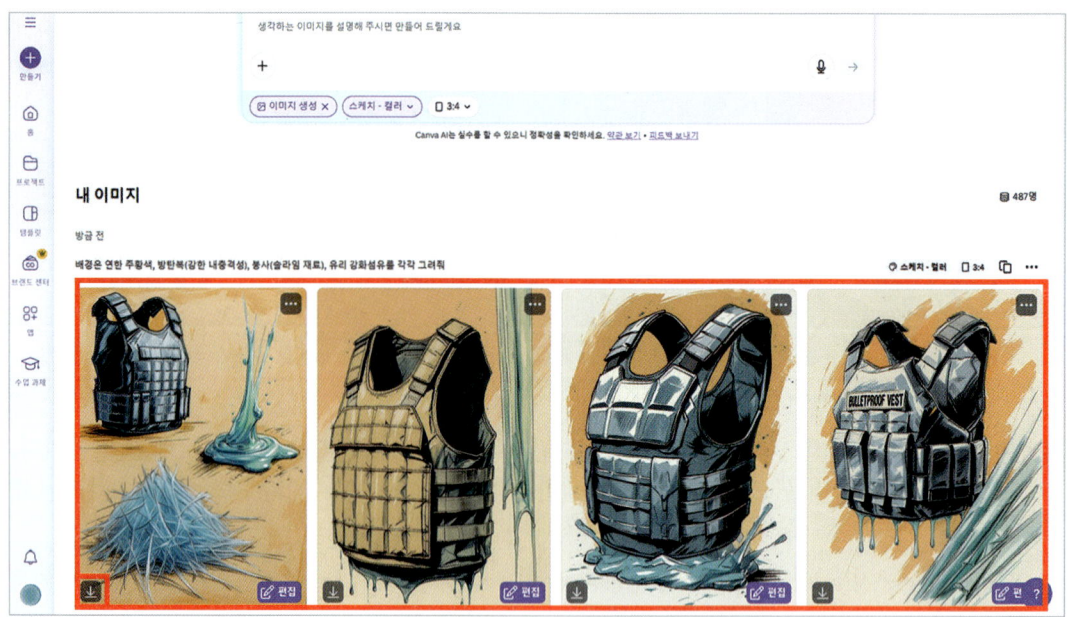

❺ 캔바 AI에서 '이미지 생성' 클릭한 뒤 원자번호 5번 붕소의 특징을 프롬프트에 작성합니다. '스타일', '이미지 비율'을 설정한 뒤 '제출하기'를 클릭하면 이미지가 생성됩니다. 주기율표에 사용할 이미지를 골라 하단 좌측의 '저장'을 클릭합니다.

*입력 예: 배경은 연한 주황색, 방탄복(강한 내충격성), 붕사(슬라임 재료), 유리 강화섬유를 각각 그려줘, 스케치-컬러, 3:4

❻ 학생들이 캔바 AI로 만든 원소 카드를 공유된 표에 붙여 넣습니다.

	1족	2족	13족	14족	15족	16족	17족	18족
1주기								
2주기								
3주기								
4주기								

우리 학급만의 특별한 주기율표가 완성되었습니다. 서로의 원소 카드를 감상하고 피드백을 주고받으며 창의적인 과학 학습을 경험할 수 있습니다.

풍성한 수업을 위한
다채로운 활동지 제작하기

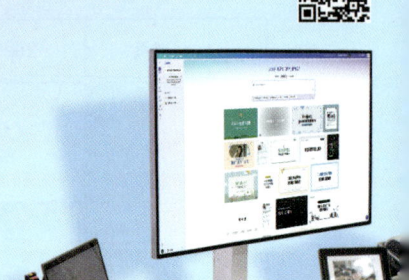

캔바의 워크시트는 한글이나 워드처럼 문서를 제작할 수 있는 도구로, 특히 교육과 학습 활동에 최적화된 디자인 템플릿을 제공하는 것이 큰 장점입니다. 수업 주제나 활동 목표에 따라 다양한 워크시트 템플릿을 손쉽게 선택하고, 그에 맞게 편집할 수 있어 수업 준비 시간을 크게 줄여줍니다. 생성형 AI 기능을 활용하면 자료에 대한 아이디어를 추가하거나 이미지를 자동으로 생성할 수 있습니다. 또한 협업 기능을 통해 다른 선생님 혹은 학생들과 함께 공동 작업을 진행할 수도 있어 소통과 협력 중심의 수업에도 매우 유용합니다.

캔바 워크시트 사용법 알아보기

01. 캔바 스타일 살펴보기

먼저 캔바의 스타일 기능에 대해 살펴보겠습니다. 새로운 프로젝트를 하나 만든 뒤 왼쪽 메뉴 바에서 디자인을 클릭하면 템플릿과 스타일을 선택할 수 있는 메뉴가 나타납니다. 템플릿은 다른 사용자가 미리 제작한 다양한 레이아웃과 디자인을 활용할 수 있도록 도와주는 기능입니다. 원하는 템플릿을 선택한 후 이미지, 텍스트, 색상 등을 쉽게 바꾸면 나만의 맞춤형 디자인을 빠르게 완성할 수 있습니다.

반면 스타일은 조금 더 심화된 커스터마이징을 제공하는 기능입니다. 스타일 메뉴에서는 색상 팔레트, 글꼴 세트, 이미지 조합 등 다양한 요소를 조절할 수 있으며 이를 통해 전체 디자인의 조화와 통일성을 손쉽게 유지할 수 있습니다. 스타일은 파워포인트의 마스터 슬라이드처럼 프로젝트 전반에 걸쳐 디자인 일관성을 확보하는 데 매우 유용합니다. 지금부터 캔바의 스타일 메뉴를 직접 살펴보며 어떻게 활용할 수 있는지 알아보겠습니다.

❶ 캔바 메인 홈에서 '더 보기'를 선택합니다.

❷ '워크시트(세로형)'을 선택하여 워크시트 디자인을 만듭니다.

❸ 좌측 메뉴바의 [디자인]의 '템플릿'에서 원하는 템플릿을 선택합니다.

출처: 캔바 크리에이터 Teach Cheat

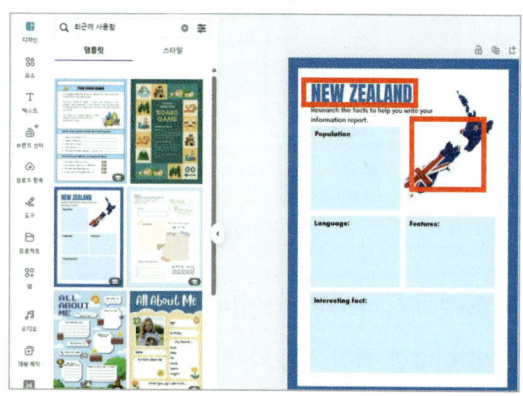

❹ 뉴질랜드에 관련된 워크시트를 호주와 관련된 워크시트로 수정하는 방법을 알아보겠습니다.

❺ 뉴질랜드 대신 'Australia'를 입력하고 뉴질랜드 지도를 삭제한 후 [요소]의 그래픽 검색창에 'Australia map'이라고 작성합니다.

❻ 원하는 그래픽 요소를 선택하여 이미지를 삽입합니다.

■ 캔바 스타일 요소 알아보기

1) 조합: 전체적인 디자인을 조화롭게 만들기 위한 색상과 글꼴 세트를 자동으로 제시해주는 옵션

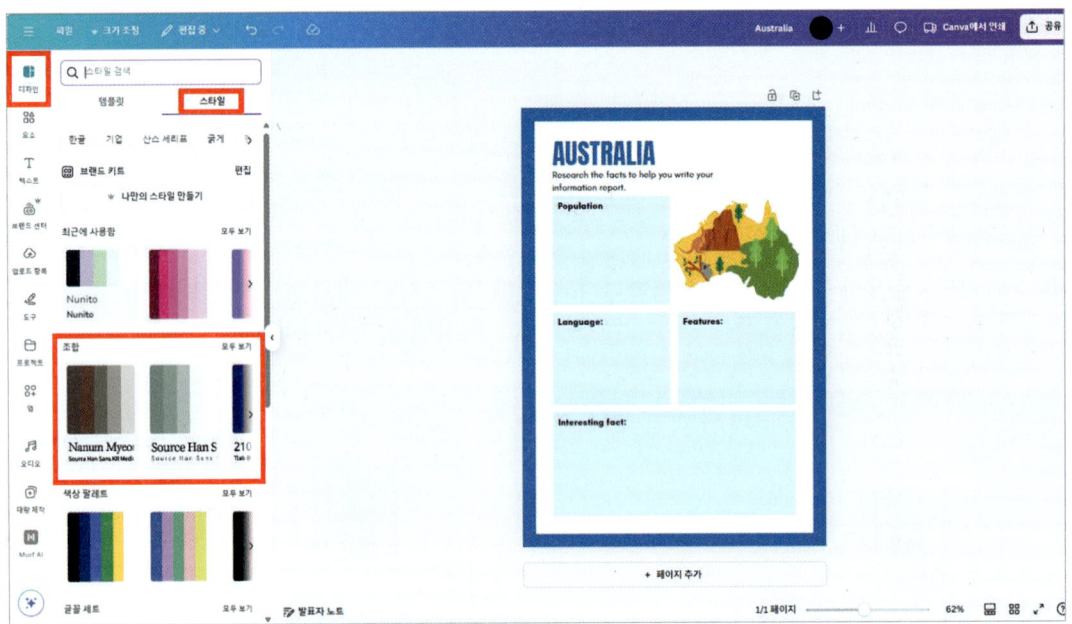

좌측 메뉴바의 [디자인]에서 '스타일'을 클릭하면 맨 위에 조합 옵션이 보입니다. 주로 톤 온 톤의 비슷한 색상 세트와 제목-부제목-내용에 맞는 글꼴 세트가 묶여 있습니다.

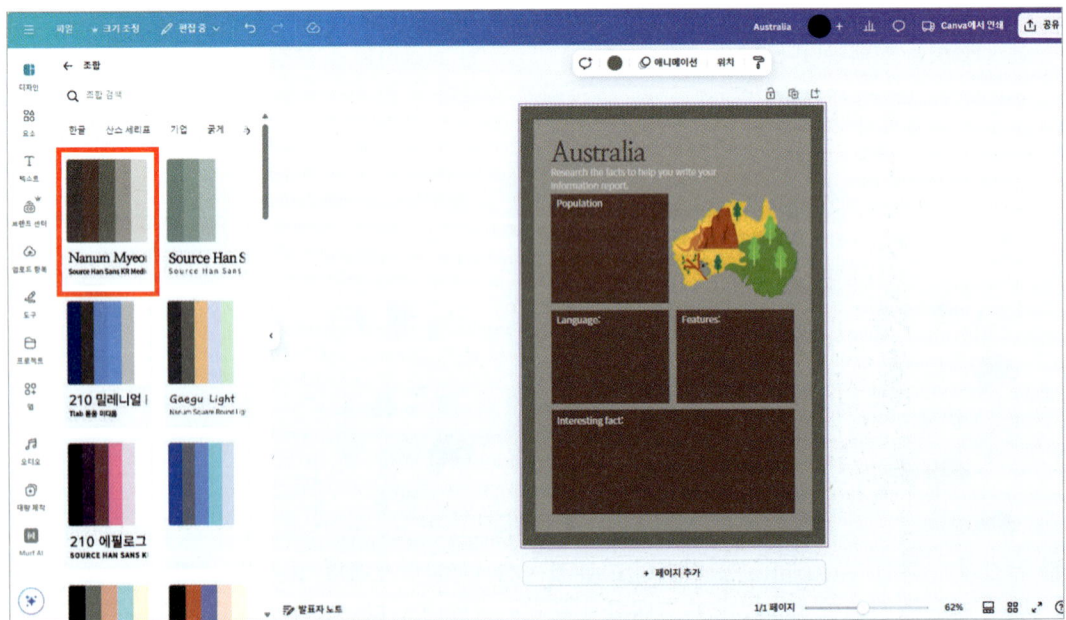

조합을 계속 클릭하면 색상 조합이 조금씩 바뀌게 됩니다. '모든 페이지에 적용'을 눌러 내 디자인의 모든 페이지에 해당 색상 조합을 적용할 수 있습니다.

2) 색상 팔레트: 디자인에 사용할 색상들을 쉽게 고를 수 있도록 서로 어울리는 색상 세트가 묶여 있는 옵션

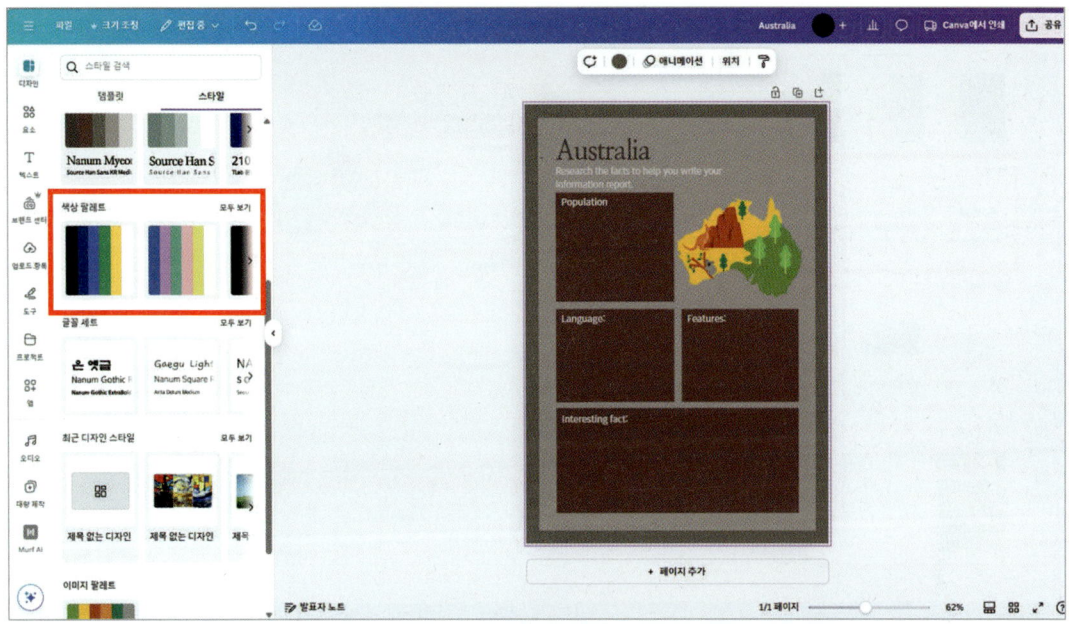

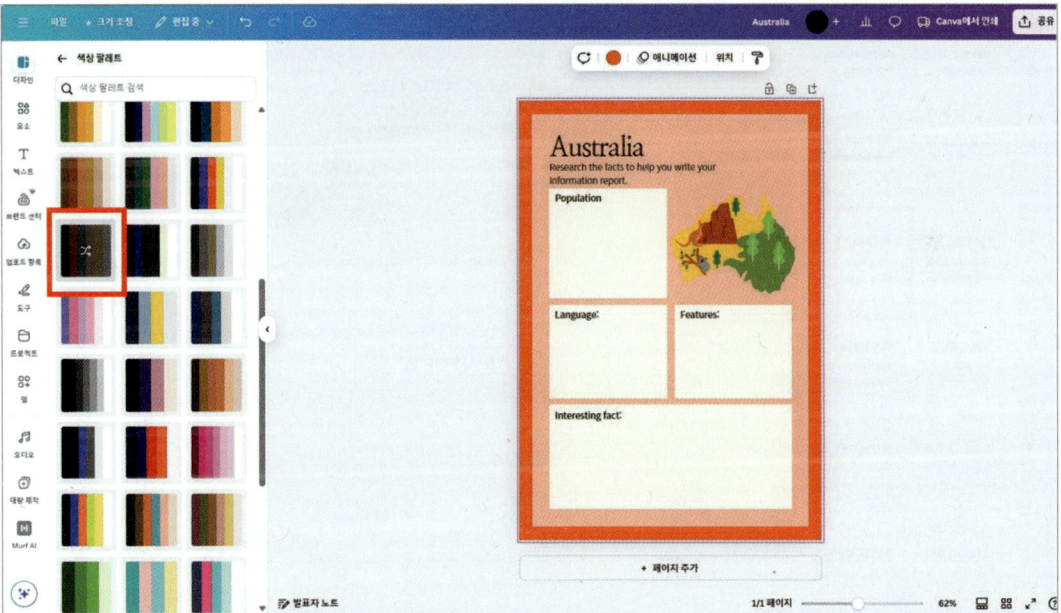

조합 옵션에서 글꼴을 제외한 기능이라고 생각하면 됩니다. 조합 옵션을 클릭하면 템플릿 전체에 어울리는 색상 조합이 자동으로 적용됩니다.

3) 글꼴 세트: 각기 다른 글꼴 스타일을 제공해 디자인의 분위기를 통일감 있게 만들어주는 옵션

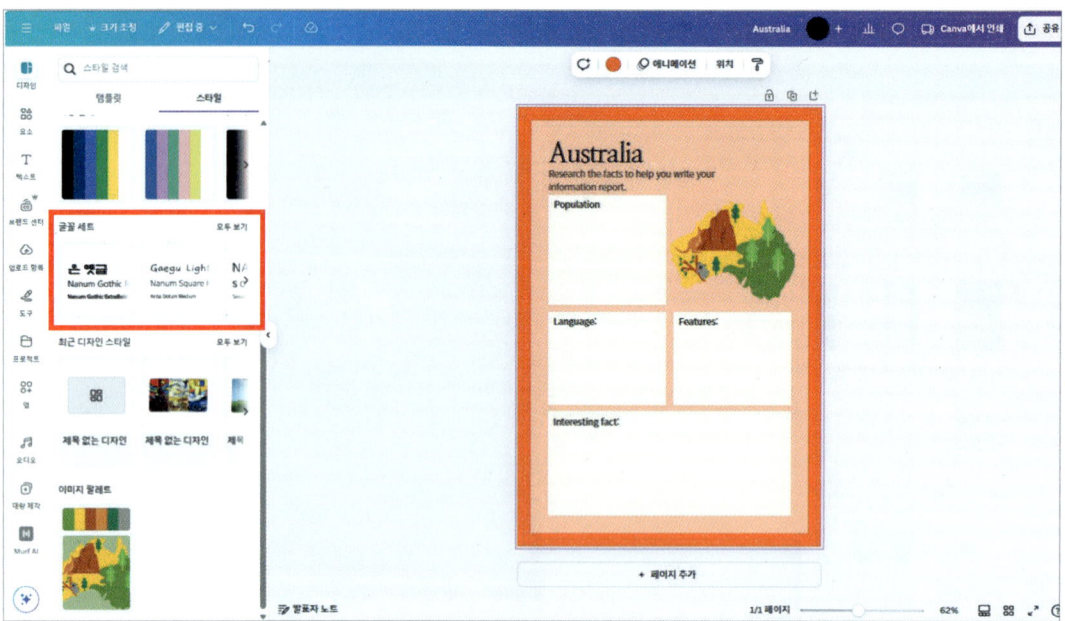

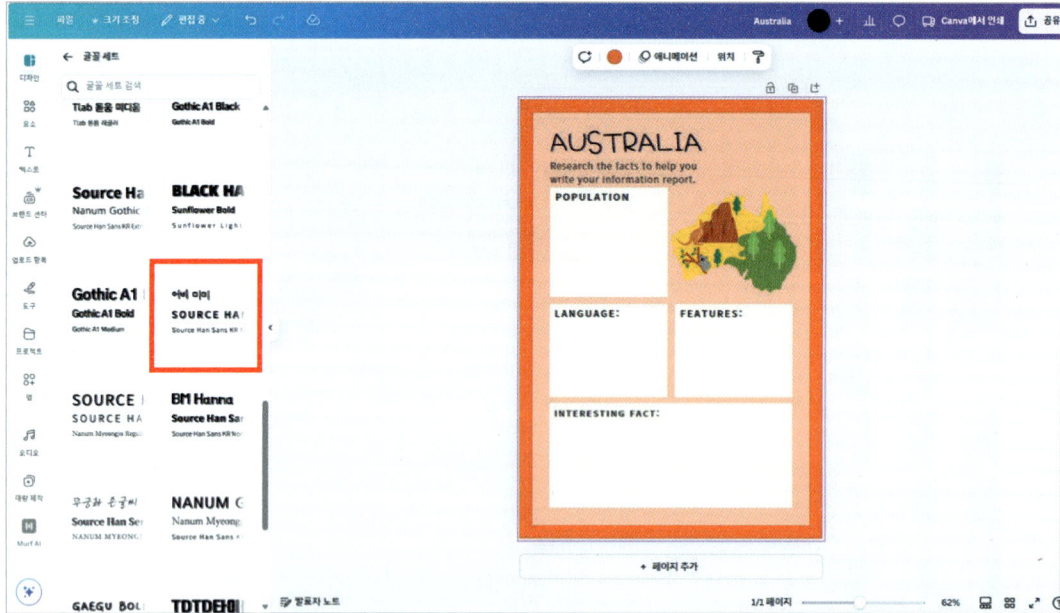

조합 옵션에서 색상 팔레트를 제외한 기능이라고 생각하면 됩니다. 템플릿 전체에 어울리는 글꼴 조합이 자동으로 적용됩니다.

4) 이미지 팔레트: 내 디자인 캔버스에 있는 그래픽, 사진 등의 이미지 요소를 자동으로 인식하여 해당 이미지 요소에 있는 색상을 추출해주는 옵션

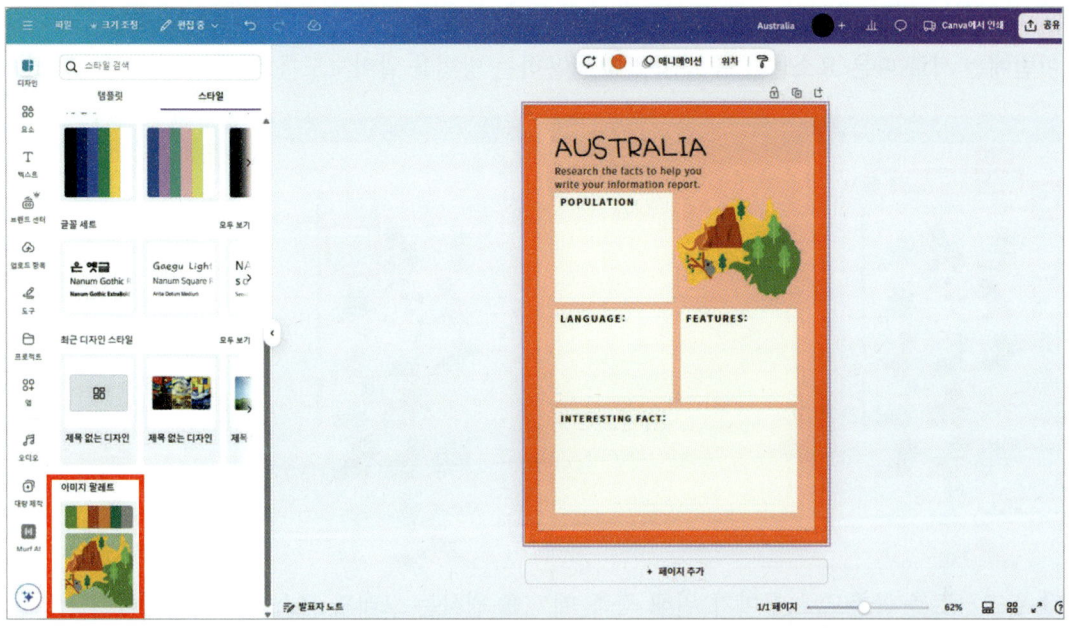

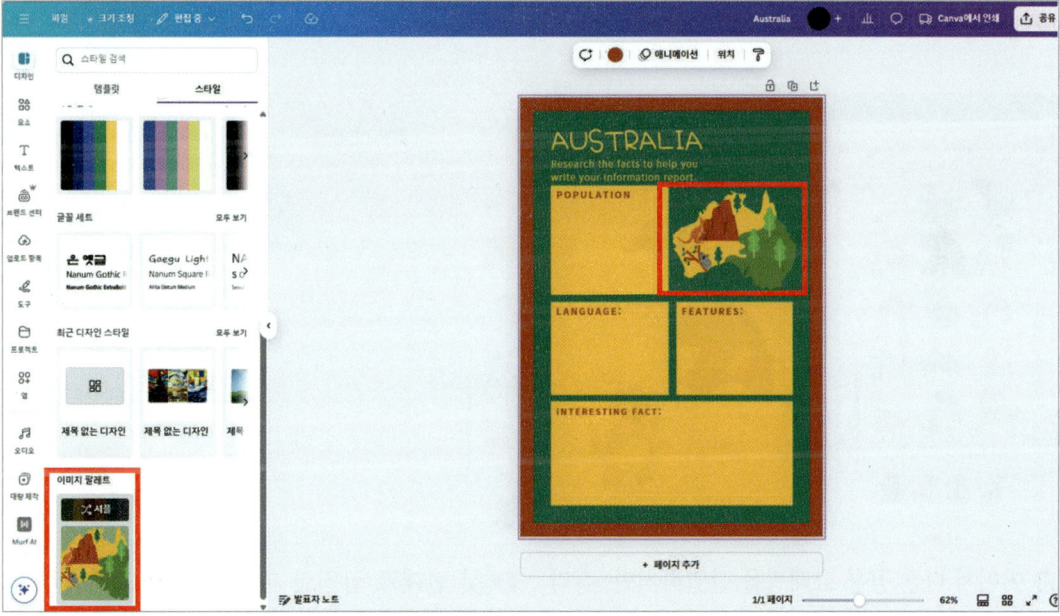

이미지 팔레트를 클릭하면 삽입된 이미지와 잘 어울리는 색상 조합이 자동으로 적용됩니다.

02. 디자인 요소 통일감 살리기

캔바에서는 사진, 그래픽, 동영상, 스티커 등 다양한 디자인 요소를 제공합니다. 다양한 요소를 삽입하는 것도 좋지만 서로 조화로운 요소들을 선택해야 보기 좋은 디자인이 될 것입니다. 이번에는 서로 다른 요소들을 통일감 있게 활용하는 방법을 알아보도록 하겠습니다.

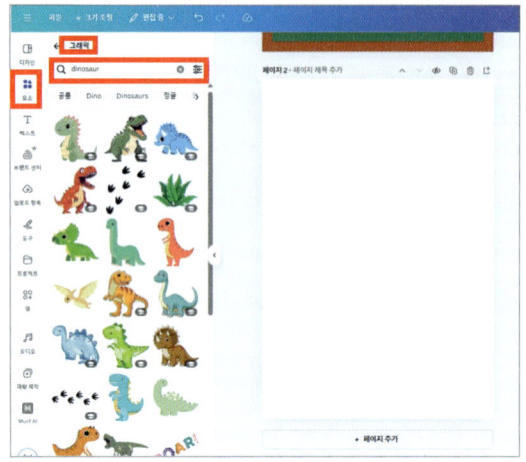

❶ 워크시트를 공룡으로 꾸미기 위해 좌측 메뉴바 [요소]의 그래픽 검색창에 'dinosaur'를 입력합니다.

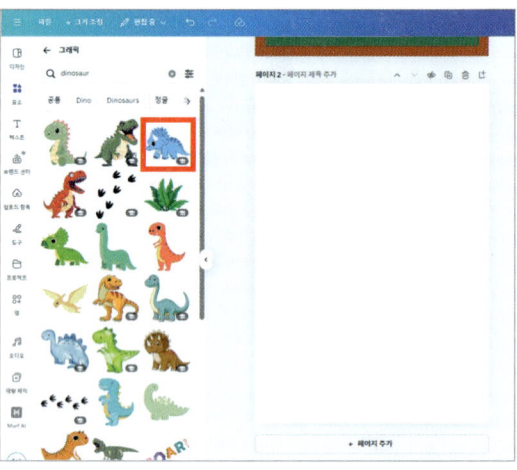

❷ 원하는 그래픽 요소를 더블클릭하여 삽입합니다.

❸ 이어서 다른 공룡 그래픽을 삽입하지만, 각각의 그래픽 요소가 통일성이 없어 보입니다.

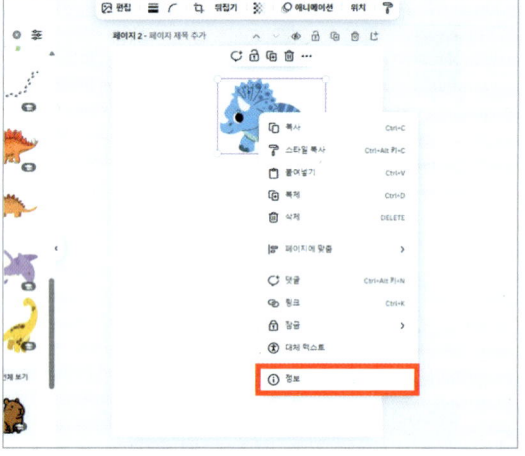

❹ 첫 번째로 삽입한 파란색 공룡 그래픽과 비슷한 그래픽을 찾기 위해 파란 공룡 클릭 후 마우스 오른쪽을 눌러 '정보'를 선택합니다.

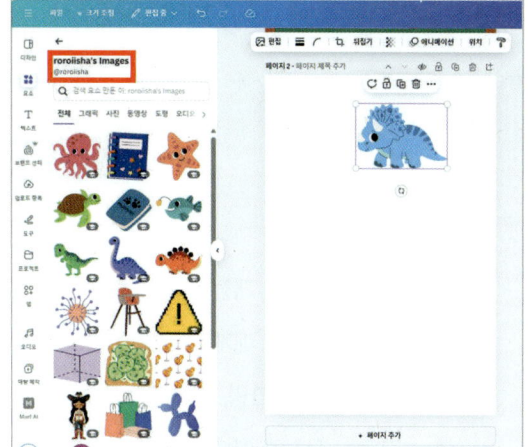

❺ 정보를 누르면 해당 그래픽의 이름과 창작자가 보입니다. '콘텐츠 더 보기'를 선택합니다.

출처: 캔바 크리에이터 roroiisha

❻ 그래픽 창작자가 캔바에 업로드한 다른 그래픽을 확인할 수 있습니다.

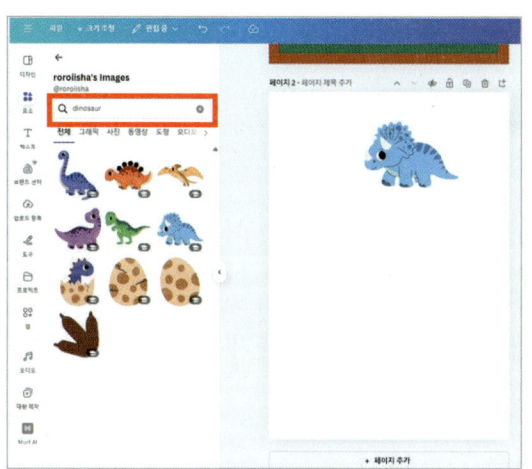

❼ 창작자의 콘텐츠에서 다시 'dinosaur'라는 검색어를 입력하면 해당 창작자가 그린 다른 공룡들을 확인할 수 있습니다.

❽ 비슷한 그림체의 그래픽 요소를 사용하면 디자인의 통일성을 높일 수 있습니다.

    디자인 경험이 없어도 캔바의 템플릿, 스타일, 요소, 텍스트를 조합하면 누구나 손쉽게 개성 있는 워크시트를 만들 수 있습니다. 직관적인 캔바의 도구를 이용하면 색상과 글꼴을 조화롭게 배치할 수 있어 완성도 높은 결과물을 얻을 수 있습니다.

<영어> 영어 만능 활동지 제작하기

초등학교 교육과정

- 교과: 영어
- 관련 성취기준(2022 개정교육과정)

[4영01-08] 다양한 매체로 표현된 담화나 문장을 흥미를 가지고 듣거나 읽는다.
[4영02-04] 실물, 그림, 동작 등을 보고 쉽고 간단한 문장으로 말하거나 단어나 어구를 쓴다.
[4영02-09] 적절한 매체나 전략을 활용하여 창의적으로 의미를 표현한다.
[6영01-08] 다양한 매체로 표현된 담화나 글을 흥미와 자신감을 가지고 듣거나 읽는다.
[6영02-04] 주변 사람이나 사물을 간단한 문장으로 소개하거나 묘사한다.

중학교 교육과정

- 교과: 영어
- 관련 성취기준(2022 개정교육과정)

[9영01-02] 친숙한 주제에 관한 담화나 글에서 세부 정보를 파악한다.
[9영01-08] 적절한 전략을 활용하여 다양한 매체로 표현된 담화나 글을 듣거나 읽는다.

고등학교 교육과정

- 교과: 사회 한국사1
- 관련 성취기준(2022 개정교육과정)

[10공영1-01-06] 말이나 글의 전개 방식이나 구조를 파악한다.
[10공영1-02-07] 적절한 전략과 다양한 매체를 활용하여 상황과 목적에 맞게 말하거나 쓴다.

- 주제: 영어 학습에 필요한 만능 활동지 제작하기
- 의도: 핵심 표현과 주제에 맞도록 학생들이 활용할 수 있는 활동지를 제작하도록 한다.

01. 영어 표현 말하기 활동 말판 제작하기

영어 수업을 할 때는 단원마다 핵심 표현을 익히는 반복적인 활동이 필요합니다. 핵심 표현을 효과적으로 연습할 수 있도록 단원마다 활용할 수 있는 영어 표현 말하기 활동 말판을 만드는 방법에 대해 알아보도록 하겠습니다.

❶ 캔바 메인 홈에서 '더 보기'를 선택합니다.

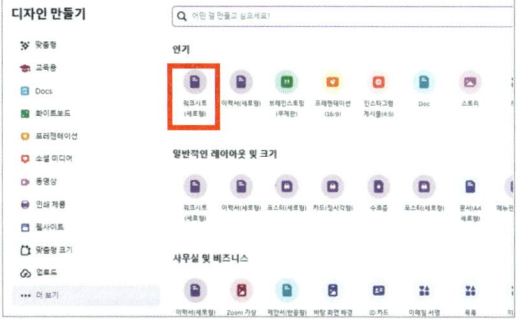

❷ '워크시트(세로형)'을 선택합니다.

❸ 좌측 메뉴바 [디자인]의 '템플릿'에서 원하는 형태의 템플릿을 선택합니다.

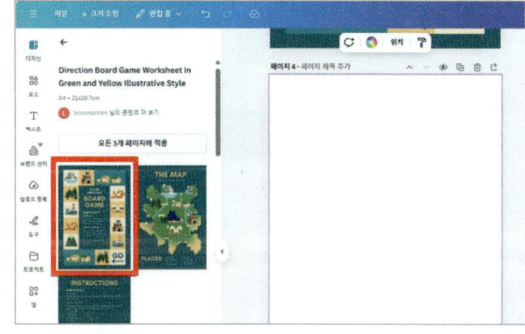

❹ 원하는 페이지를 선택하여 아트보드에 적용합니다.

출처: 캔바 크리에이터 Daily Creative

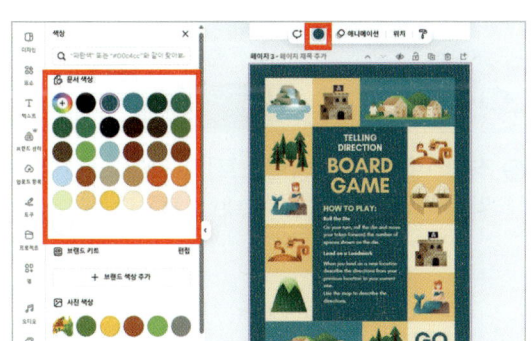

❺ 워크시트 속 요소를 클릭하면 상단 도구바가 생기고 요소의 현재 색상이 표시됩니다. 색상 동그라미를 클릭하면 좌측에 요소의 색상을 고를 수 있는 팔레트가 나타납니다.

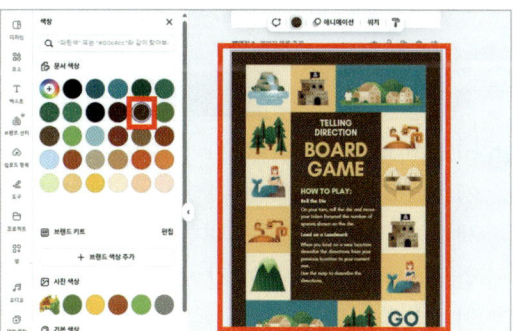

❻ 갈색으로 색상을 바꾸어 본 모습입니다.

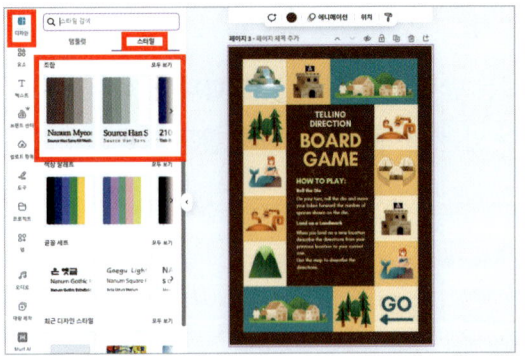

❼ [디자인]의 '스타일'에서 색상 및 디자인을 바꿀 수 있습니다.

❽ 조합을 눌러 색상과 텍스트를 모두 변경한 모습입니다.

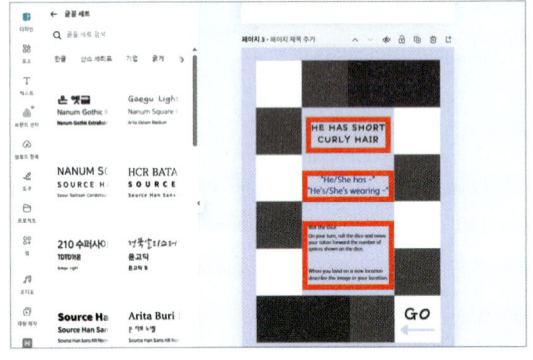

❾ 필요 없는 요소는 지웁니다.

❿ 단원명, 핵심 표현, 게임 방법을 작성합니다.

⓫ 이제 말판 안에 재미있는 요소들을 넣어 보겠습니다. 좌측 메뉴바 [요소]의 그래픽 검색창에 '무인도'라고 입력합니다. 원하는 무인도 그림을 선택하여 칸 안에 크기를 맞추어 삽입합니다.

⓬ 좌측 메뉴바에서 [텍스트]의 글꼴 조합에서 원하는 폰트 조합을 선택합니다.

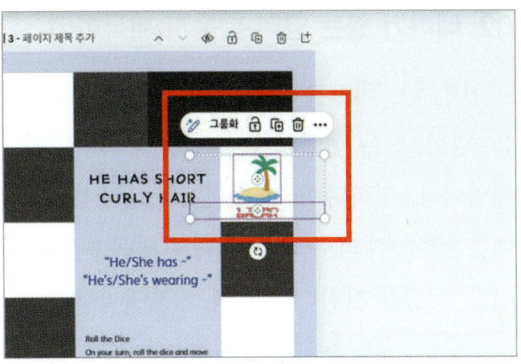

⓭ '1 Turn break' 텍스트를 입력하고 무인도 그래픽 밑에 삽입합니다.

⓮ Shift 키를 누른 채 개체를 연속으로 클릭하면 여러 개의 개체가 동시에 선택됩니다.

⓯ Ctrl + G를 누르면 두 개체가 하나의 그룹으로 묶이게 됩니다. 마우스 오른쪽을 클릭하고 '그룹화'를 눌러도 됩니다.

⓰ Ctrl + C로 개체를 복사한 후 Ctrl + V로 개체를 붙여넣기 하여 다른 칸 안에 집어넣습니다.

⓱ 비행기 그래픽과 'Back to start'라는 텍스트를 삽입한 함정을 추가하였습니다. 이렇게 어떤 단원에도 사용할 수 있는 만능 말판이 완성되었습니다. 빈 칸에는 핵심 표현과 관련된 그래픽을 삽입하고 학생들이 해당 칸에 있는 그림을 영어로 말할 수 있도록 합니다.

02. 테마가 있는 영어 활동지 제작하기

이번에는 테마가 있는 영어 활동지 제작 방법을 알아보겠습니다. 좋아하는 캐릭터나 실존 인물, 영화, 혹은 선생님들의 자체 캐릭터가 있다면 이를 활용하여 활동지를 만드는 것도 좋은 방법입니다. 영화나 영어 미디어와 관련된 활동지를 제작할 때도 유용하게 사용할 수 있습니다. 예를 들어 〈해리포터〉를 주제로 활동지를 만든다면 해당 테마를 반영한 다양한 학습 활동을 구성할 수 있을 것입니다. 이때 저작권 침해가 되지 않도록 공유 및 배포에 유의해야 합니다.

❶ '워크시트(세로형)'에서 좌측 메뉴바 [디자인]의 '템플릿' 검색창에 'english reading'을 작성합니다.

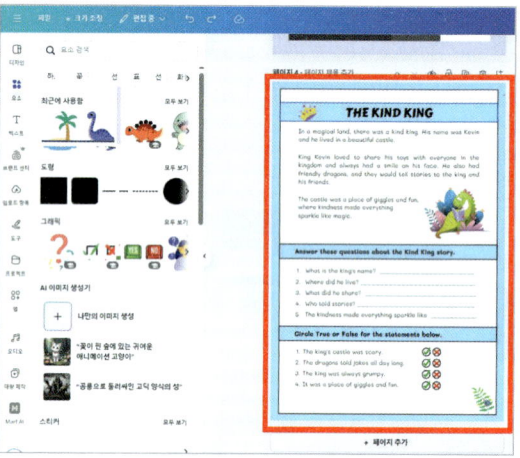

❷ 원하는 형태의 활동지를 선택합니다.

출처: 캔바 크리에이터 Komorebi Coaching Resources

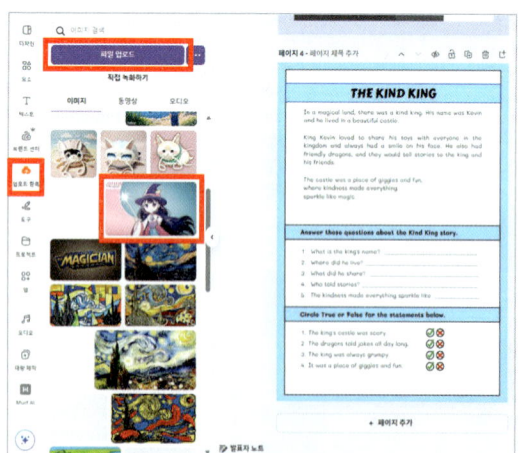

❸ [업로드 항목]-[파일 업로드]를 선택해 원하는 이미지를 캔바에 업로드합니다. 업로드 후 더블클릭하여 해당 이미지를 워크시트 페이지에 삽입할 수 있습니다.

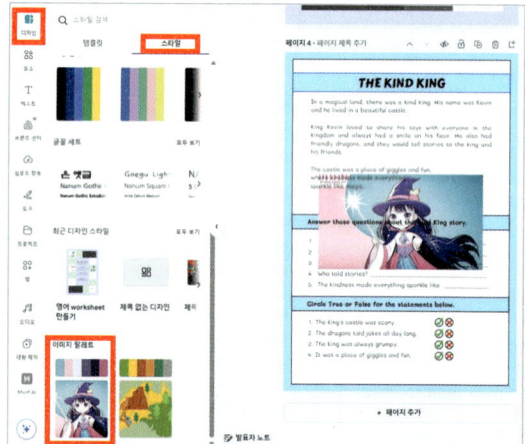

❹ 좌측 메뉴바의 [디자인]의 '스타일'에서 이미지 팔레트 옵션에 삽입한 이미지의 팔레트를 선택하면 활동지의 색상을 이미지와 어울리도록 바꿀 수 있습니다.

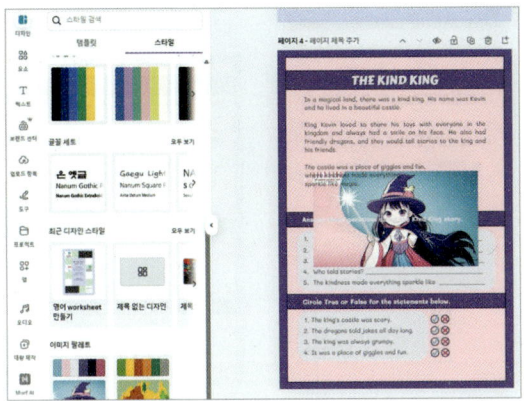

❺ 이미지 팔레트를 사용해 이미지와 잘 어울리도록 활동지의 색상을 변경한 모습입니다.

❻ 이미지 클릭 후 상단 도구바의 '배경 제거'를 선택하면 이미지의 배경을 제거할 수 있습니다.

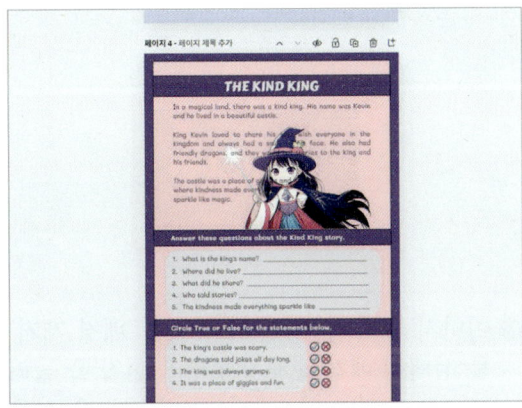

❼ 이미지의 배경을 제거한 모습입니다.

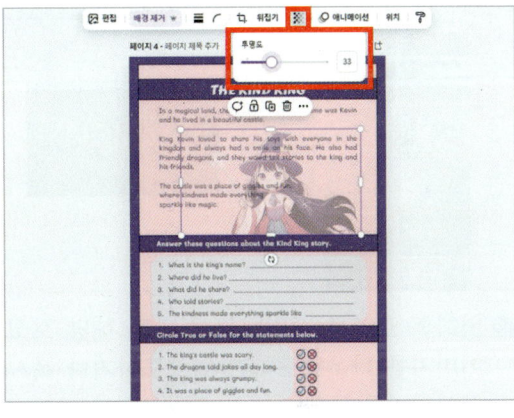

❽ 상단 도구바의 '투명도'를 이용하여 이미지가 활동지의 레이아웃에 들어가도 자연스럽게 어울리도록 투명도를 조절할 수 있습니다.

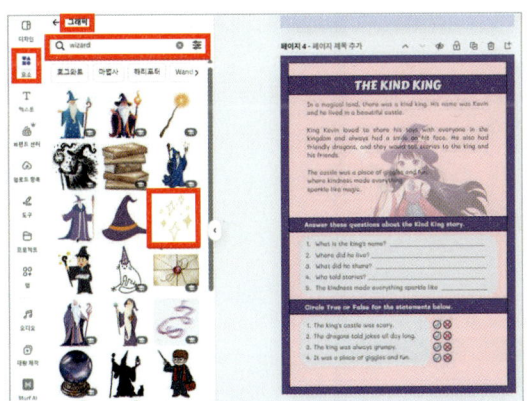

❾ 좌측 메뉴바에서 [요소]의 '그래픽' 검색창에 'wizard'라고 작성하여 워크시트에 맞는 그래픽을 삽입합니다.

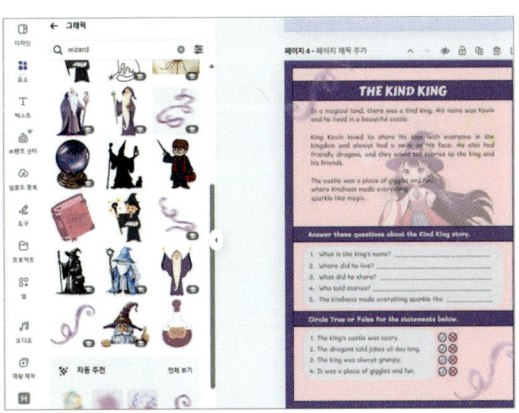

❿ 그래픽의 투명도를 조절하면 자연스럽게 보입니다.

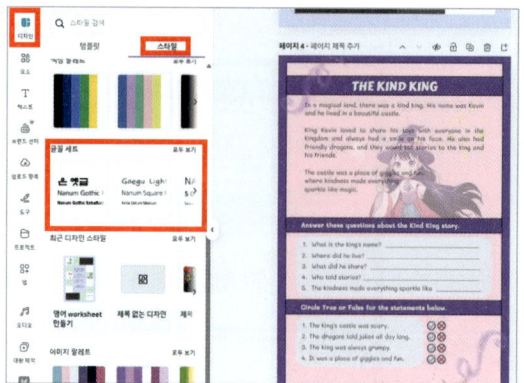
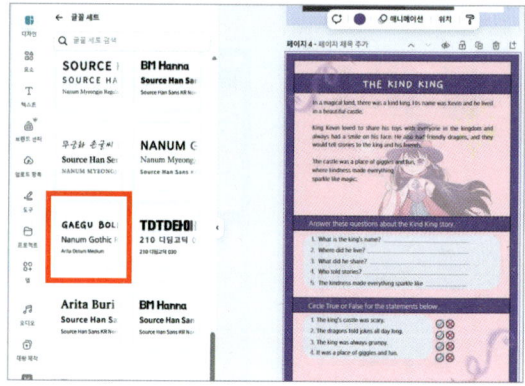

⓫ 좌측 메뉴바 [디자인]의 '스타일'에서 글꼴 세트 옵션 중 원하는 글꼴을 선택하면 활동지의 글꼴이 변경됩니다.

⓬ 영화의 로고를 삽입하고 싶다면 해당 로고 이미지를 다운로드하여 업로드하거나 복사 붙여넣기를 통해 캔바로 불러옵니다.

⓭ 이미지 클릭 후 상단 도구바의 '배경 제거'를 선택해 배경을 제거하거나 '편집'을 눌러 Magic Studio의 '배경 제거' 기능을 사용하면 됩니다.

⓮ 테마가 있는 영어 활동지가 완성되었습니다.

미래를 그려보는 시간! 진로·직업 프로젝트

캔바에서 할 수 있는 진로활동 소개하기

01. 캔바에서 할 수 있는 진로활동 알아보기

캔바는 학생들이 자신의 진로를 보다 체계적으로 탐색하고 이를 시각적으로 표현할 수 있도록 도와주는 유용한 도구입니다. 다양한 템플릿과 디자인 기능을 활용하면 학생들은 창의적이고 실질적인 진로활동을 수행할 수 있습니다. 지금부터 캔바를 활용한 대표적인 진로활동 네 가지를 소개합니다.

■ 만다라트 기법 활용하기

몸 관리	영양제 먹기	FSQ 90kg	인스텝 개선	몸통 강화	축 흔들지않기	각도를 만든다	위에서부터 공을 던진다	손목 강화
유연성	몸 만들기	RSQ 130kg	릴리즈 포인트 안정	제구	불안정 없애기	힘 모으기	구위	하반신 주도
스테미너	가동력	식사 저녁 7숟갈 아침 3숟갈	하체 강화	몸을 열지 않기	멘탈 컨트롤	볼을 앞에서 릴리즈	회전수 증가	가동력
뚜렷한 목표·목적	일희일비 하지 않기	머리는 차갑게 심장은 뜨겁게	몸 만들기	제구	구위	축 돌리기	하체 강화	체중 증가
핀치에 강하게	멘탈	분위기에 휩쓸리지 않기	멘탈	8구단 드래프트 1순위	스피드 160km/h	몸통 강화	스피드 160km/h	어깨 주변 강화
마음의 파도를 만들지 않기	승리에 대한 집념	동료를 배려하는 마음	인간성	운	변화구	가동력	라이너 캐치볼	피칭 늘리기
감성	사랑받는 사람	계획성	인사하기	쓰레기 줍기	부실 청소	카운트볼 늘리기	포크볼 완성	슬라이더 구위
배려	인간성	감사	물건을 소중히 쓰자	운	심판을 대하는 태도	늦게 낙차가 있는 커브	변화구	좌타자 결정구
예의	신뢰받는 사람	지속력	긍정적 사고	응원받는 사람	책 읽기	직구와 같은 폼으로 던지기	스트라이크 볼을 던질 때 제구	거리를 상상하기

만다라트는 목표를 중심으로 세부 목표와 실행 계획을 시각적으로 정리하는 도구로, 체계적인 목표 설정에 유용합니다. 미국 메이저리그 최고의 야구선수 오타니 쇼헤이도 고등학생 시절부터 이 기법을 활용해 자신의 목표를 구체화하고 실현한 것으로 유명합니다.

캔바에서는 만다라트 템플릿을 제공하므로 학생들이 자신의 진로 목표 및 실행 계획을 더욱 효과적으로 정리할 수 있습니다. 예를 들어 '미래의 직업'을 중심에 두고 필요한 기술, 학습 계획, 실천 항목 등을 9칸으로 구성하여 구체적인 로드맵을 만들 수 있습니다. 이를 통해 학생들은 자신의 목표를 시각적으로 정리하고 단계적으로 실천할 수 있는 능력을 기르게 됩니다.

출처: 캔바 크리에이터 ONDART

■ 비전 보드 만들기

비전 보드는 자신의 꿈과 목표를 이미지와 단어로 시각화하는 활동으로, 이를 통해 학생들은 미래의 모습을 구체적으로 그려볼 수 있습니다. 캔바는 다양한 비전 보드 템플릿을 제공하여 이러한 과정을 더욱 손쉽게 만들어줍니다. 학생들은 관심 있는 직업이나 라이프 스타일과 관련된 사진, 동기 부여 문구 등을 배치하여 개인화된 비전보드를 제작할 수 있습니다. 이러한 시각적 표현은 학생들에게 동기를 부여하고 꿈에 대한 집중력을 높이는 데 효과적입니다.

출처: 캔바 크리에이터 Pepper Stay

■ 나만의 브랜드 디자인

학생들이 자신을 하나의 브랜드로 생각하고 이를 시각적으로 표현하는 활동입니다. 캔바에서 로고 템플릿이나 명함 디자인을 활용해 자신의 강점과 개성을 나타내는 로고와 슬로건을 만들어볼 수 있습니다. 이 활동은 학생들에게 자기 이해와 표현력을 키워주며 자신만의 차별화된 이미지를 구축하는 데 도움을 줍니다.

출처: 캔바 크리에이터 Weasley99

■ 나의 가치 카드 만들기

캔바에서 카드 형태의 템플릿을 사용해 자신의 중요한 가치를 시각적으로 정리할 수 있습니다. 학생들은 각 카드에 창의성, 협력, 성취 등 자신이 중요하게 생각하는 가치를 작성하고 이를 기반으로 적합한 직업군이나 진로 방향을 탐색할 수 있습니다. 이 활동은 학생들이 자신의 가치관과 진로 선택 간의 연결성을 이해하는 데 유용합니다.

출처: 캔바 크리에이터 Sir Aqui

02. '나의 꿈과 개성을 한눈에 보는 나만의 프로필 만들기' 활동하기

이번에는 지금까지 익힌 캔바의 다양한 기능을 활용해 나만의 진로 프로필을 만들어보는 활동입니다. 이 활동은 학생들이 자신의 꿈과 개성을 시각적으로 표현하면서 자신을 소개하는 자료를 직접 제작해보는 것입니다.

학생들은 자신이 가진 강점, 관심 분야, 진로 목표 등을 한눈에 보기 쉽게 정리할 수 있으며 이를 통해 자신을 보다 깊이 이해하는 기회를 얻게 됩니다. 완성된 프로필은 진로 포트폴리오나 자기소개서, 학교 발표 자료 등 다양한 상황에서 자신을 표현하는 유용한 도구로 활용될 수 있습니다.

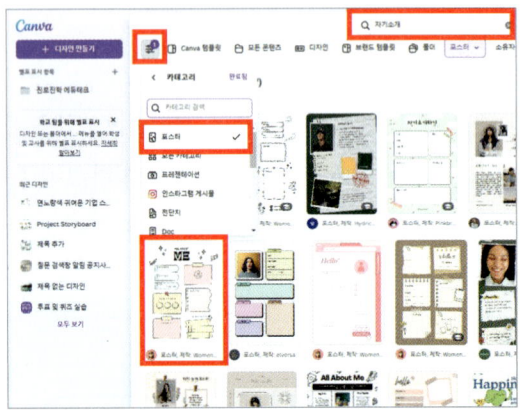

❶ 캔바 메인화면 검색창에 '자기소개' 입력 후 상단의 '필터'를 클릭한 다음 카테고리에서 '포스터'를 적용한 후 원하는 템플릿을 선택합니다.

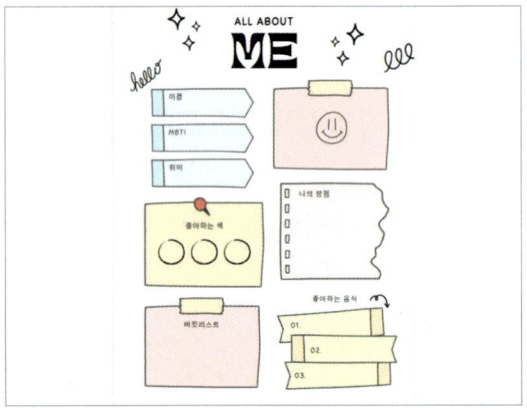

❷ 템플릿에 표기된 영어 단어들을 한글로 바꾸고, 공통적으로 기입해야 할 내용을 제시합니다.

*사용 템플릿: Colorful Doodle All About Me Poster

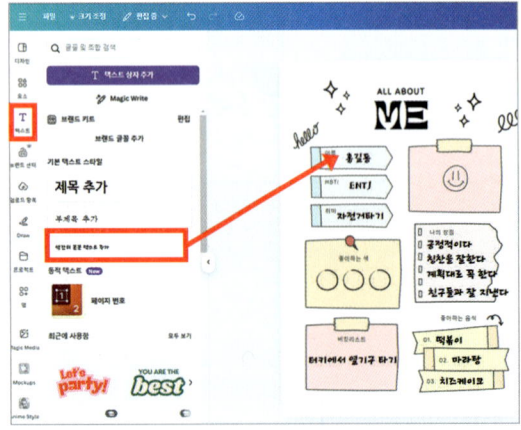

❸ 좌측 메뉴바에서 텍스트를 추가하여 내용을 입력하고 적절한 자리로 배치합니다.

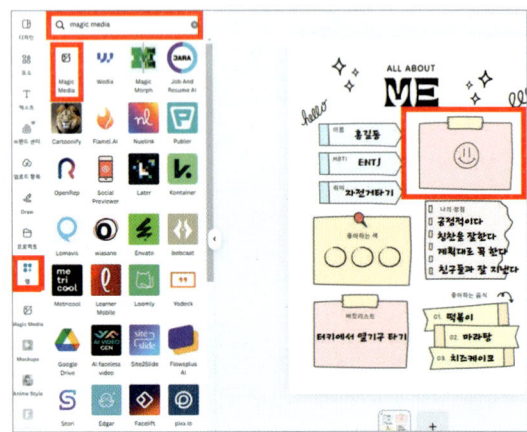

❹ 좌측 메뉴바 [앱] 검색창에 'Magic Media'를 입력합니다. 해당 앱을 활용하여 내가 원하는 모습을 이미지로 출력할 수 있습니다.

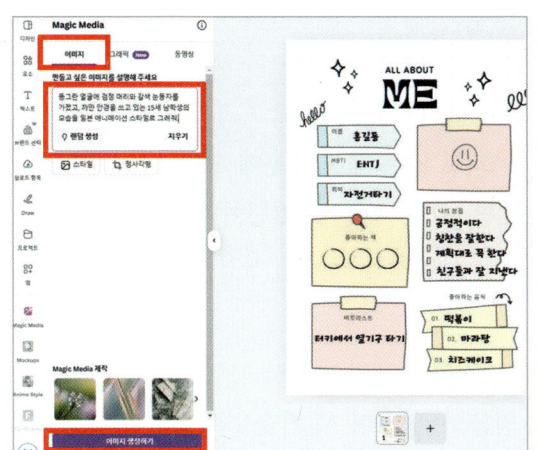

❺ 프롬프트에 '동그란 얼굴에 검정 머리와 갈색 눈동자를 가졌고, 까만 안경을 쓰고 있는 15세 남학생의 모습을 일본 애니메이션 스타일로 그려줘.'라고 작성한 후 [이미지 생성하기]를 선택합니다.

❻ 원하는 이미지가 생성되었다면 선택합니다. 프레임 기능을 활용하여 시각적인 효과를 줄 수 있습니다.

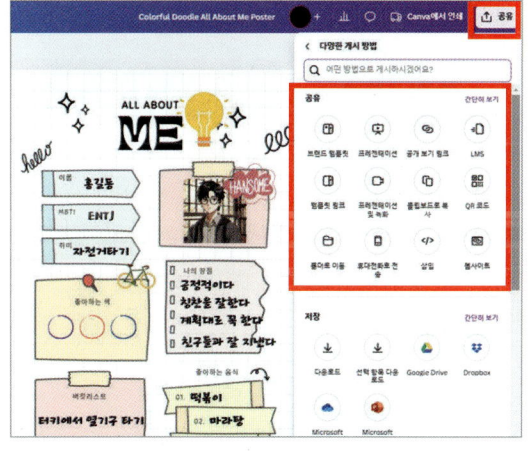

❼ [요소]의 그래픽, 사진, 동영상 등 여러 기능을 활용하여 나만의 프로필을 완성합니다.

❽ 우측 상단의 [공유]에서 다양한 방식으로 작품을 선보이고, 다른 사람들의 작품도 감상할 수 있습니다.

이처럼 나만의 프로필을 제작할 때는 캔바에서 제공하는 다양한 템플릿을 활용할 수 있습니다. 하지만 본격적인 디자인 작업에 들어가기 전에 학습지를 활용해 자신의 특징과 목표를 충분히 정리해보는 과정을 권장합니다. 이러한 사전 작업을 통해 학생들은 자신에 대한 이해를 더욱 깊이 있게 하고, 디자인 과정에서도 보다 의미 있고 효율적인 결과물을 완성할 수 있습니다.

배경 제거, Face Swap 알아보기

01. 배경 제거

사진 속 주인공은 마음에 드는데 복잡하거나 어울리지 않는 배경 때문에 고민하신 적이 있나요? 예를 들어 친구들과 찍은 사진에서 나만의 프로필 이미지를 만들고 싶거나, 제품 사진의 배경을 깔끔하게 정리하고 싶을 때가 있습니다. 이러한 상황에서 캔바의 배경 제거 기능은 매우 유용한 도구가 됩니다.

캔바의 배경 제거 기능은 몇 번의 클릭만으로 이미지의 주제와 배경을 분리해줍니다. 복잡한 디자인 기술 없이도 전문가처럼 깔끔한 결과물을 얻을 수 있으며 AI 기술을 활용하여 자동으로 배경을 제거하므로 시간과 노력을 절약할 수 있습니다.

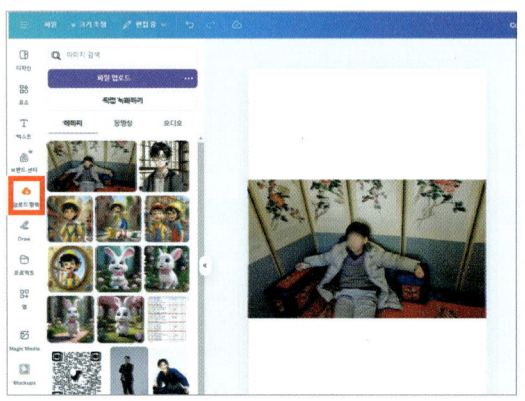

❶ [업로드 항목]에서 배경을 제거하고 싶은 사진을 선택합니다.

❷ 사진 클릭 후 상단 도구바의 '배경 제거'를 선택하면 이미지의 배경이 제거됩니다.

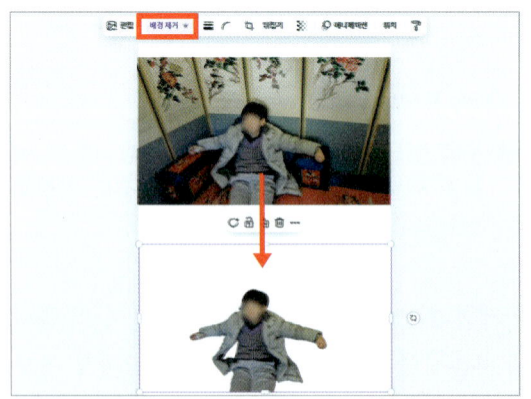

❸ 배경이 제거된 이미지를 클릭 후 다시 상단 도구바의 '배경 제거'를 선택하면 원본 이미지를 볼 수 있습니다.

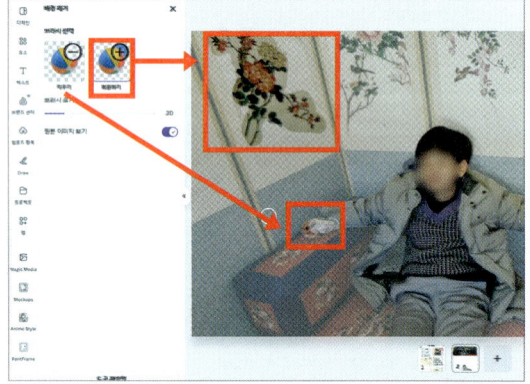

❹ 브러시를 이용하여 사라진 배경의 일부분을 복원하거나 피사체의 일부분을 지울 수 있습니다. 완료 후 창을 닫으면 됩니다.

02. Face Swap 알아보기

영화 포스터에서 주인공의 얼굴을 자신의 얼굴로 바꿔보거나, 친구들과 재미있는 사진을 만들어보고 싶나요? 또는 독특한 프로필 사진을 만들어보고 싶은가요? 이러한 상상을 현실로 만들어주는 도구가 바로 캔바의 Face Swap 기능입니다.

두 개의 이미지를 준비하여 손쉽게 얼굴을 교체하여 재미있고 창의적인 이미지를 만들 수 있습니다.

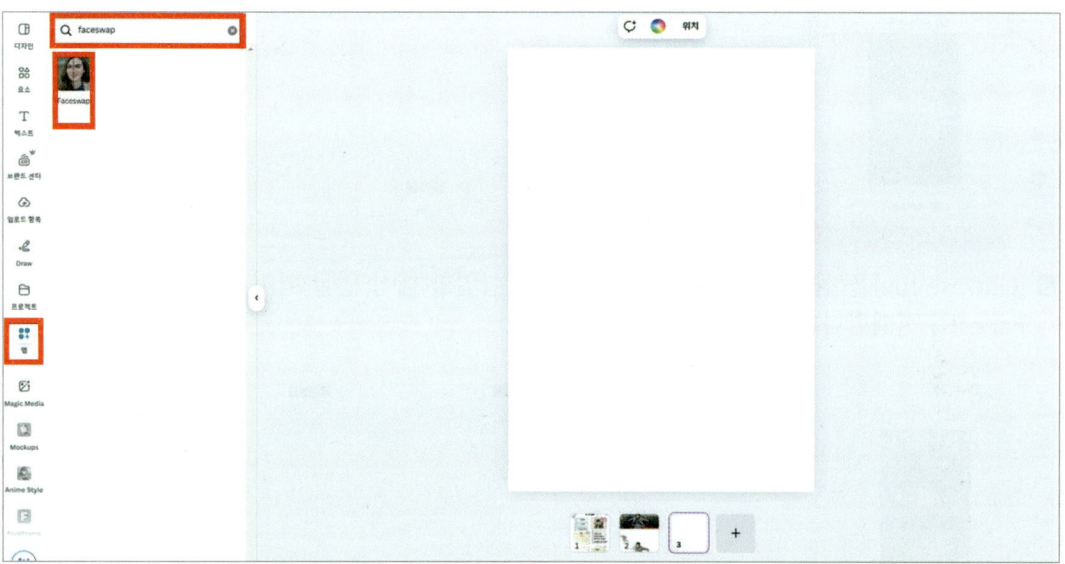

❶ 좌측 메뉴바 [앱] 검색창에 'Faceswap'을 입력한 뒤 해당 앱 아이콘을 클릭한 뒤 '열기'를 선택합니다.

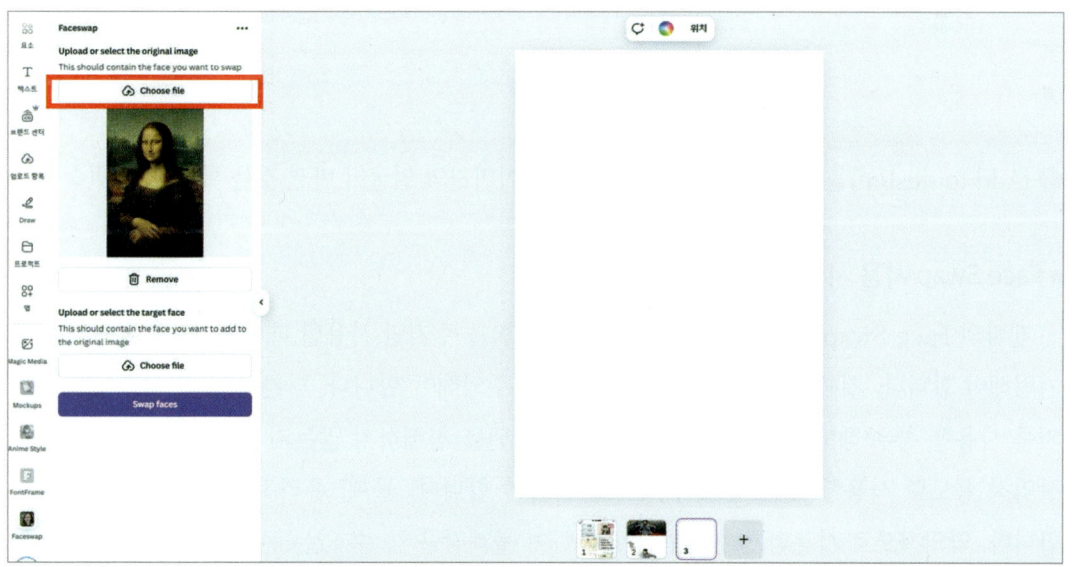

❷ [Choose file]을 선택해 얼굴을 바꿀 원본 이미지를 업로드합니다.

*예: 모나리자 초상화

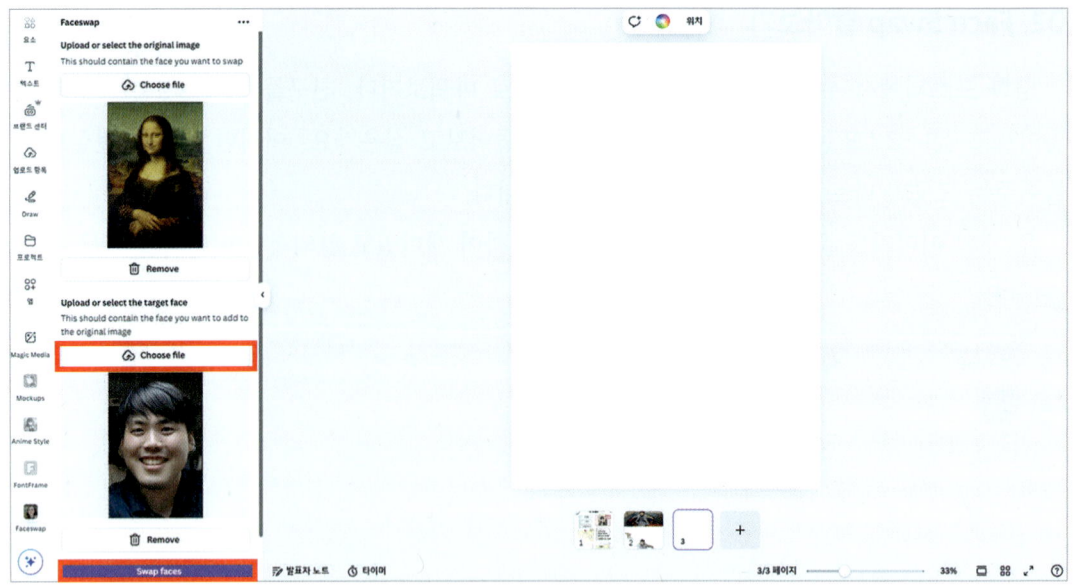

❸ [Choose file]을 선택해 원본 이미지의 얼굴에 삽입할 대상 얼굴 이미지를 업로드 후 [Swap Faces]를 선택합니다.

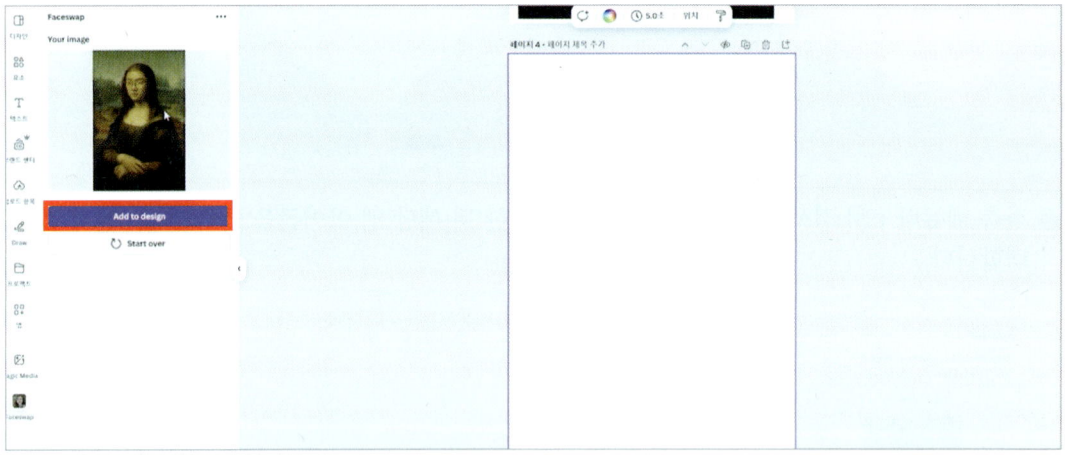

❹ [Add to design]을 선택하면 작업 화면에 원본 이미지의 얼굴이 바뀐 것을 확인할 수 있습니다.

■ Face Swap 사용 시 유의점

　캔바의 Face Swap 기능은 독특하고 재밌는 경험을 주지만 사용할 때에 몇 가지 유의점을 꼭 기억해야 합니다. 첫째, 저작권 및 초상권 문제를 주의해야 합니다. 다른 사람의 얼굴이나 이미지를 사용할 경우 해당 이미지가 저작권이나 초상권을 침해하지 않는지 확인해야 합니다. 특히 상업적 용도로 사용할 때는 반드시 허가를 받아야 합니다. 둘째, 윤리적인 목적으로 사용해야 합니다. 악의적으로 사용하거나 타인을 조롱하여 불쾌감을 줄 수 있는 콘텐츠 제작에는 절대 사용하지 말아야 합니다. 셋째, 이미지 품질에 신경을 써야 합니다. 저화질 이미지나 각도가 맞지 않는 사진을 사용하면 결과물이 어색할 수 있습니다.

<진로활동> 미래의 내 모습 미리 만나기

초등학교 교육과정

- 교과: 실과, 창체(진로활동)
- 관련 성취기준(2022 개정교육과정)

[6실01-07] 직업의 필요성을 이해하고 적성, 흥미, 성격에 따라 진로 발달 계획을 세우고 주도적으로 탐색한다.

중학교 교육과정

- 교과: 진로와 직업
- 관련 성취기준(2022 개정교육과정)

[9진로01-01] 진로와 직업의 의미를 이해하고 다양한 직업인의 진로 특성과 삶의 모습을 탐색한다.

[9진로02-03] 진로 정보를 탐색하는 다양한 방법을 알아보고 관심 분야의 진로 정보를 탐색하고 활용한다.

[9진로03-02] 관심 진로 분야의 다양한 진로 경로를 탐색하고 자신의 진로 경로를 설정한다.

고등학교 교육과정

- 교과: 진로와 직업
- 관련 성취기준(2022 개정교육과정)

[12진로01-01] 관심 분야 직업인의 삶과 진로 특성을 탐구함으로써 관심 직업 및 전공 분야에서 요구되는 진로 특성을 이해한다.

[12진로02-03] 관심 직업의 구체적인 정보를 수집하고 나에게 필요한 내용을 선별하여 활용한다.

01. 나의 미래직업 표지 디자인 선정하기

여러분은 10년 후 어떤 모습으로 살아가고 있을까요? 혹시 자신이 꿈꾸는 직업에서 성공적으로 일하고 있는 모습을 상상해본 적 있나요? 이번 활동에서는 학생들이 자신의 미래를 상상하며, 잡지 표지 모델이 되었다고 가정하고 표지를 디자인하는 특별한 활동을 해보려 합니다. 이 활동은 단순히 재미있는 디자인 작업을 넘어 학생들의 꿈과 목표를 구체화하고 시각적으로 표현해주는 데 목적이 있습니다.

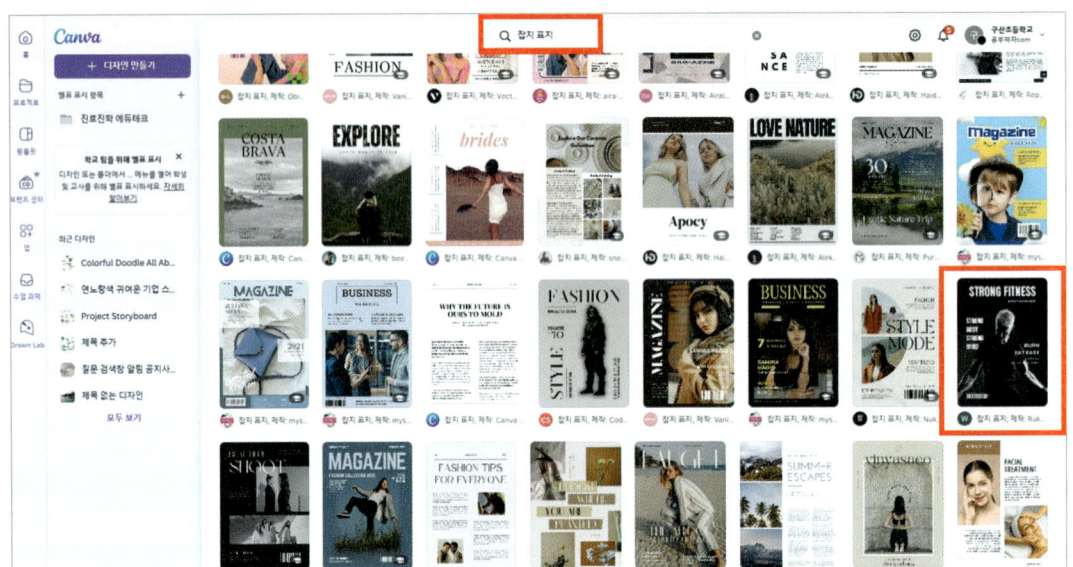

❶ 캔바 메인화면 검색창에서 '잡지 표지'라고 검색 후 원하는 템플릿을 선택합니다.

❷ 기존 템플릿의 표지 모델은 지우고 문구 내용 수정 및 배치를 조정합니다. [요소]를 활용하여 잡지 표지를 더 돋보이게 꾸밉니다.

02. 배경 제거, Face Swap으로 내 이미지 삽입하기

앞서 배운 배경 제거, Face Swap 기능으로 표지 모델을 만들어보겠습니다. 필요한 준비물은 원하는 직업인의 사진과 자신의 얼굴 사진입니다.

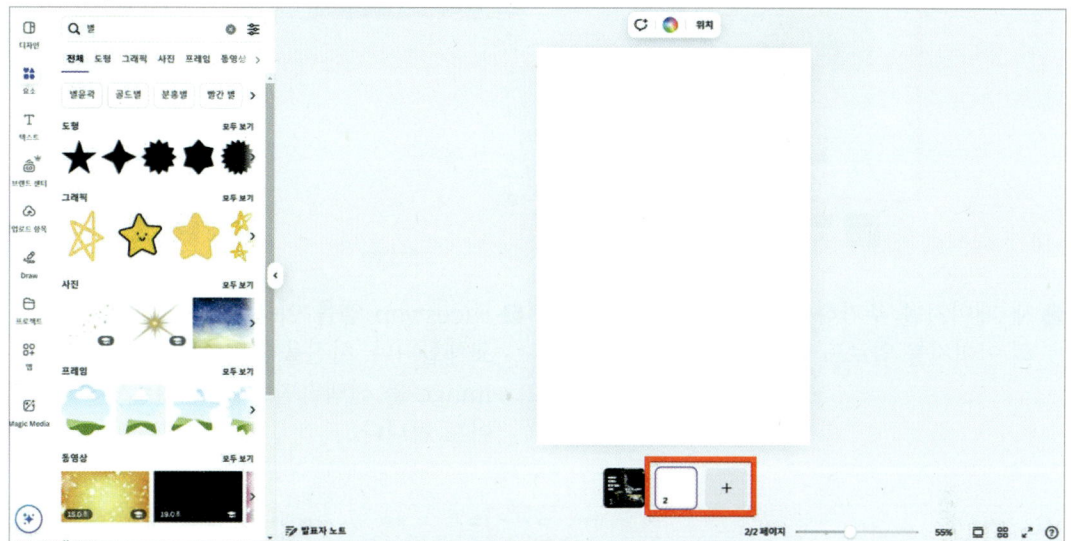

❶ 인물 이미지 편집을 위해 '+ 버튼'을 눌러 페이지를 추가합니다.

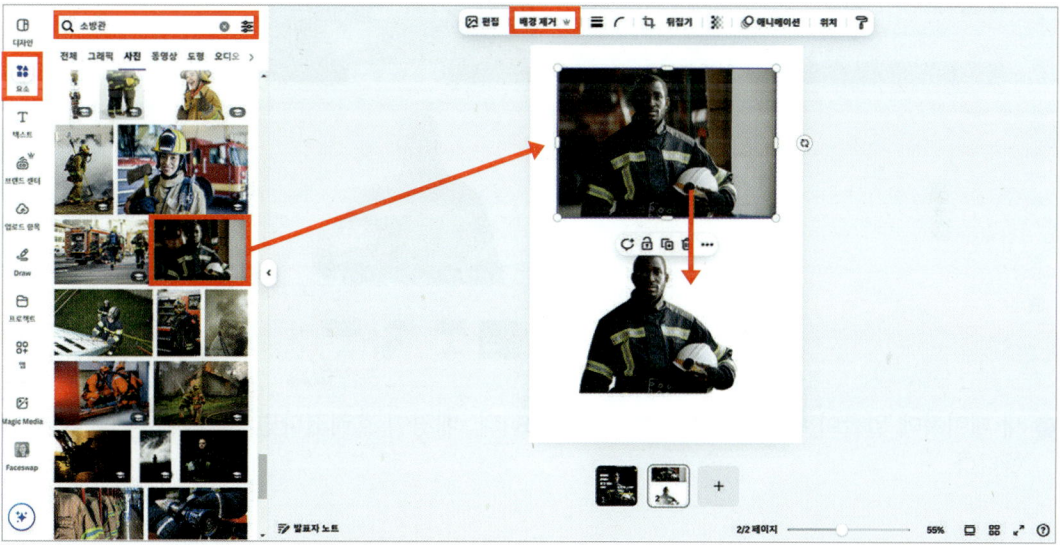

❷ 내가 원하는 직업인의 이미지를 업로드하거나 [요소]에서 원하는 직업인을 검색하여 이미지를 추가하고 배경을 제거합니다.

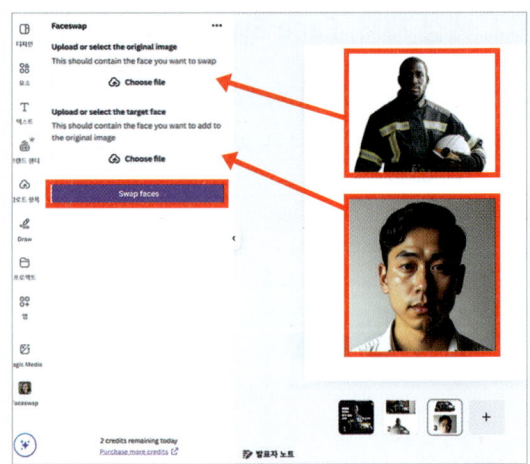

❸ 새 페이지를 추가하여 직업인 이미지와 나의 이미지를 업로드 합니다.

❹ Faceswap 앱을 이용하여 이미지의 얼굴을 교체합니다. 사진을 클릭한 채 'use selected image'를 선택하면 사진을 업로드 하지 않아도 됩니다.

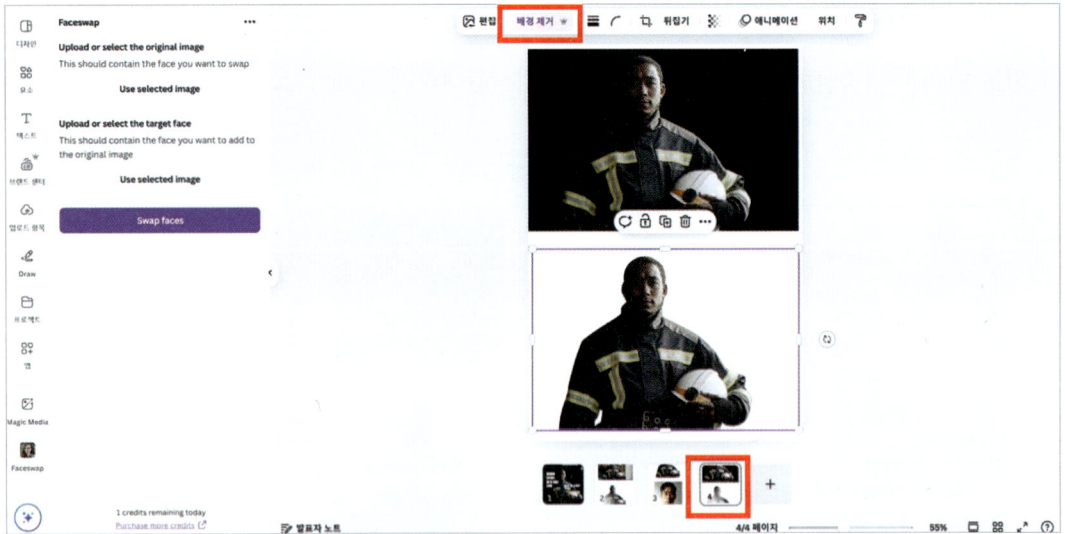

❺ 새 페이지에 얼굴이 변경된 이미지를 붙여놓습니다. 배경이 흐려졌다면 배경 제거 기능을 사용합니다.

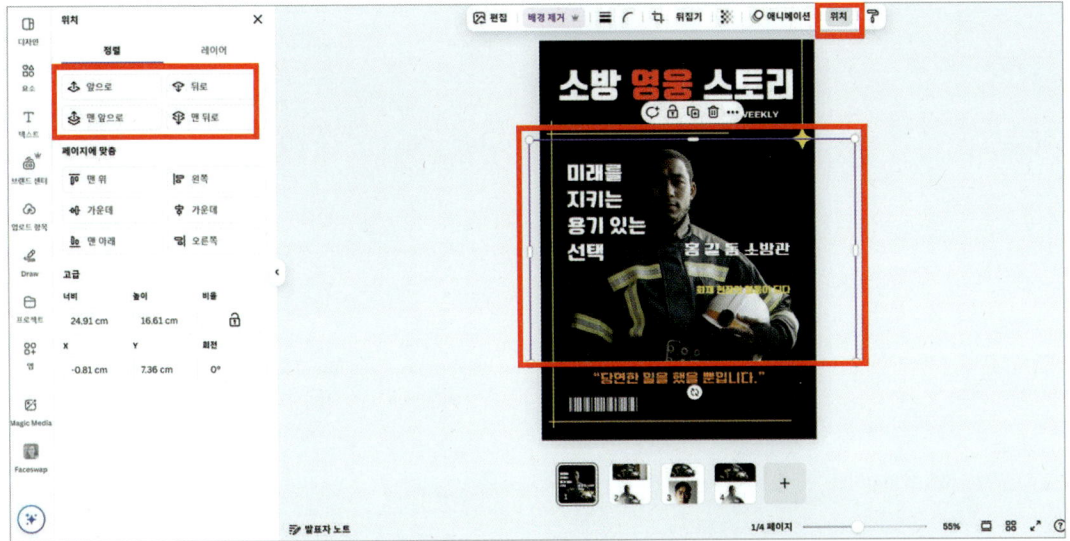

❻ 결과 이미지를 복사하여 표지 페이지에 붙여넣습니다. 상단 도구바의 '위치'를 선택해 이미지의 위치를 조정합니다.

❼ 상단 도구바의 '편집'의 필터 기능을 활용하여 표지 분위기에 맞는 톤으로 변경합니다.

❽ 완성된 표지는 우측 상단의 [공유]를 선택해 다양한 방법으로 친구들과 공유합니다.

캔바를 활용하여 진로와 직업을 탐색하는 다양한 활동을 배워봤습니다. 미래의 내 모습을 상상하며 잡지 표지를 디자인하는 활동을 통해 학생들의 꿈을 구체화하고, 스스로를 미래의 주인공으로 그려보는 특별한 시간을 만들어갈 수 있습니다.

Part. 2
업무편

CH.1 효율적인 학급 운영을 위한 캔바 활용
- 워크시트로 완벽하게 준비하는 새 학기 첫날
- 캔바 화이트보드로 그리는 1년 학급 운영 계획
- 캔바 스토리로 교단 일기 작성하기
- 동아리 로고 디자인하기
- 영상으로 추억을 기록하는 우리 반 이야기
- 학급 홈페이지 제작하기
- 우리 반 전자 문집 만들기

CH.2 캔바와 함께 준비하는 학교 행사
- 캔바 Docs로 업무와 행사 준비하기 노하우
- SNS 게시물 디자인하기
- 우리 반 이벤트 기획하기
- 학급 1인 1역 포스터 디자인하기
- 학교 교육과정 설명회 준비하기

CH.3 캔바로 자료 제작하는 방법
- 수업 영상 제작 비밀: 캔바 프레젠테이션 녹화 활용법
- 데이터 시각화의 힘! 캔바 차트로 정보 나타내기
- 쇼츠 퀴즈로 자투리 시간 해결하기

CH.1
효율적인 학급 운영을 위한 캔바 활용

워크시트로 완벽하게 준비하는
새 학기 첫날

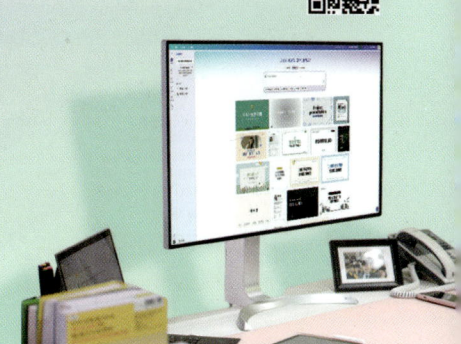

    캔바는 누구나 쉽게 사용할 수 있는 직관적인 디자인 도구이며, 학생들이 직접 활용할 수 있는 워크시트를 만들 수 있습니다. 캔바 워크시트를 활용하는 과정은 교사와 학생 모두에게 유용한 학습 환경을 조성합니다. 이를 위해 가장 중요한 것은 무엇일까요? 먼저 캔바 워크시트 기능을 익혀야 합니다. 캔바는 다양한 워크시트 템플릿을 제공하고 있어 손쉽게 학습 자료를 제작할 수 있도록 합니다. 템플릿을 선택한 뒤 텍스트와 이미지를 추가하거나 편집하여 자신만의 워크시트를 만들 수 있습니다. 폰트, 색상, 배경과 같은 디자인 요소를 조정하고 레이어 및 정렬 기능을 적용하여 완성도 높은 결과물을 만들 수 있습니다. 더불어 학습지를 제작할 때 유용한 앱을 사용하여 텍스트를 창의적으로 바꾸는 방법까지 알아보겠습니다. 그럼 캔바 워크시트를 활용하여 학급 운영에 필요한 다양한 학습지와 우리 반 가꾸기 자료를 함께 만들어볼까요?

캔바 워크시트 알아보기

01. 워크시트 디자인 요소 분석하기

    본격적으로 캔바 워크시트를 활용하기에 앞서 워크시트의 기본적인 디자인 요소에 대해 살펴보겠습니다.

❶ 메인화면에서 [+ 디자인 만들기]를 클릭합니다.

❷ 좌측 메뉴에서 [더 보기]를 누른 뒤 '워크시트(A4 세로형)'를 클릭합니다.

❸ 빈 화면과 요소, 템플릿 등 워크시트를 꾸밀 수 있는 메뉴가 나옵니다.

❹ 제일 처음 보이는 '최근에 사용함'은 최근에 사용했던 요소를 빠르게 확인할 수 있는 기능입니다. 도형, 그래픽, 스티커, 사진, 오디오 등 가장 최근에 사용한 요소를 한꺼번에 볼 수 있습니다.

 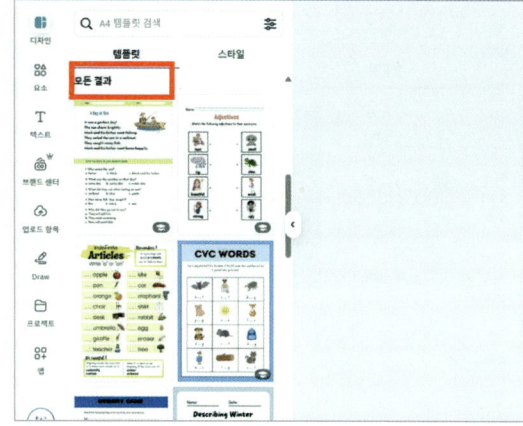

❺ '추천 프리미엄 템플릿'에서는 다양한 템플릿을 추천합니다. 유료 기능이지만 교육용 계정의 경우 무료로 사용할 수 있습니다. '모두 보기'를 누르면 더 많은 템플릿을 추천받을 수 있습니다. 유료 기능에서 이용 가능한 템플릿은 왕관 표시가 되어있습니다.

❻ 스크롤을 내려 '모든 결과'를 보면 추천 템플릿이 추가로 나옵니다. '모든 결과'는 워크시트 중에서 유사한 스타일이나 테마를 추천해주는 기능입니다. 다양한 양식이 들어있습니다.

이렇게 워크시트의 기본 요소에 대해서 알아보았습니다. 이제 다양한 워크시트를 살펴보고, 어떻게 활용할 수 있는지 살펴보겠습니다.

02. 잘 꾸며진 워크시트 살펴보기

캔바에서 제공하는 워크시트는 캔바 자체적으로 제공하는 이미지, 사용자가 직접 업로드한 이미지, 제휴 업체나 개인이 제공하는 이미지, AI 생성 이미지 등으로 구성되어 있습니다. 지금부터 목적에 맞는 워크시트를 찾아보고 살펴보는 연습해 보겠습니다.

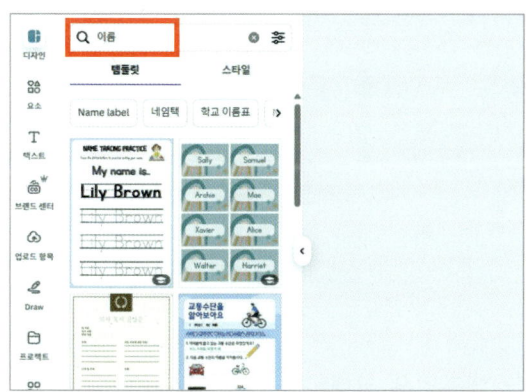 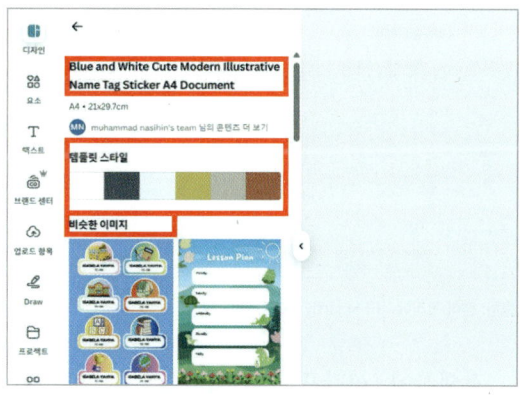

❶ 캔바 검색창에 원하는 검색어를 입력합니다. 여기서는 '이름'을 입력해 봅시다. 만약 원하는 템플릿이 나오지 않으면 검색어를 바꾸어 입력합니다.

❷ 마음에 드는 템플릿을 선택하면, 템플릿 이름, 스타일, 비슷한 이미지가 나옵니다. 템플릿을 만든 제작자의 이름도 함께 나옵니다.

출처: 캔바 크리에이터 muhammad nasihin's team

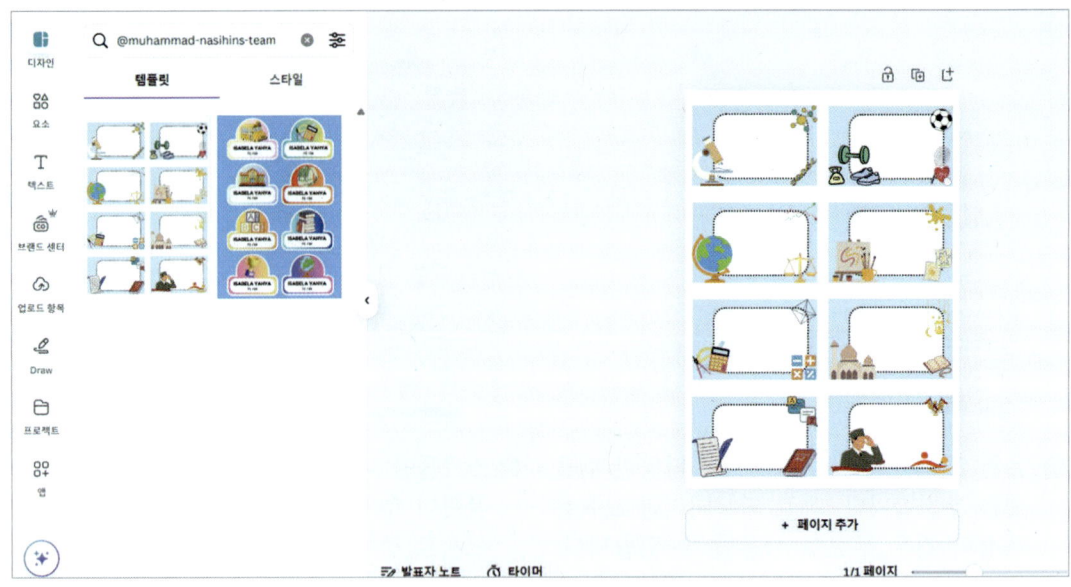

❸ 제작자 이름을 누르면 제작자가 업로드한 콘텐츠가 나옵니다.

출처: 캔바 크리에이터 muhammad nasihin's team

다양한 키워드로 템플릿을 검색하며 기본적인 기능을 알아볼까요?

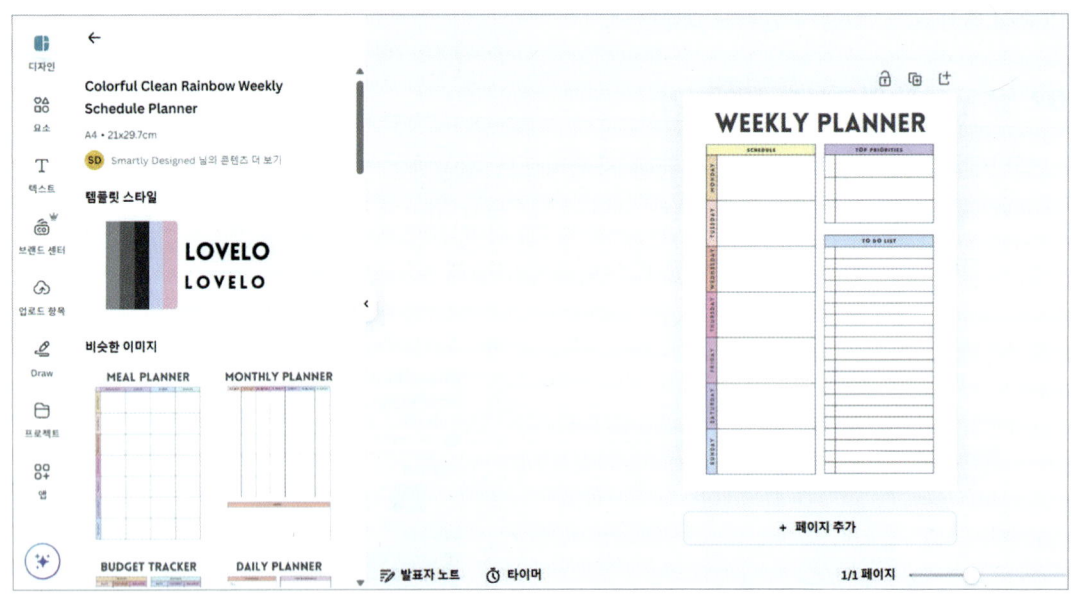

출처: 캔바 크리에이터 Smartly Designed

검색창에 '시간표'라고 입력합니다. 마음에 드는 템플릿을 선택하면 '템플릿 스타일' 항목이 생기고, 이것을 클릭하면 색이 변합니다.

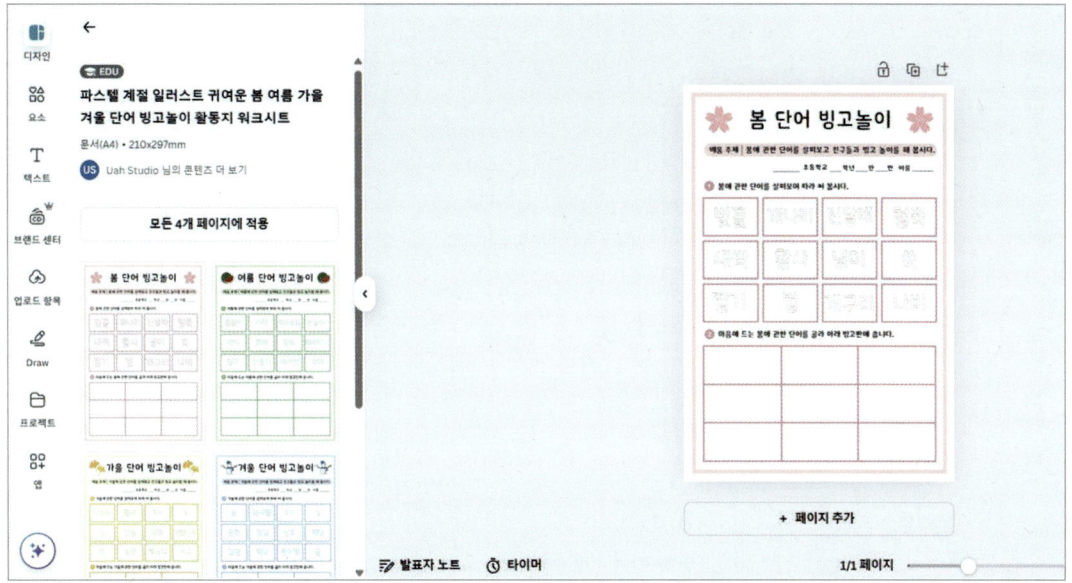

출처: 캔바 크리에이터 Uah Studio

검색창에 '한글' 또는 '빙고'라고 입력하면 한글 빙고 워크시트도 나옵니다. 템플릿의 글자와 이미지를 바꾸면 원하는 단어의 빙고로 바꿀 수 있습니다.

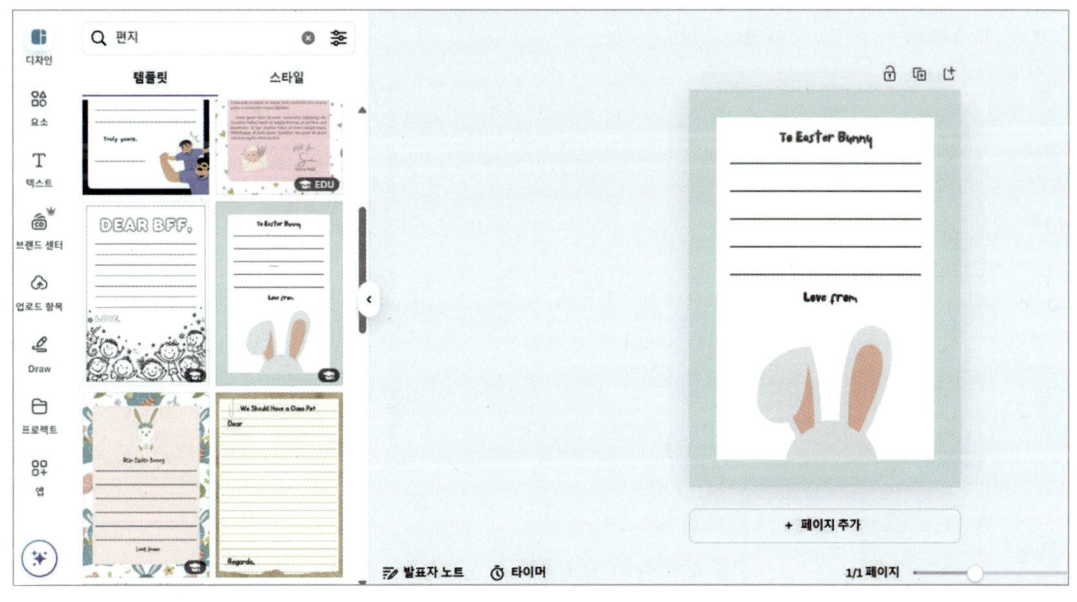

출처: 캔바 크리에이터 Club Classroom

검색창에 '편지'를 입력하면 편지 워크시트가 나옵니다. 영어 부분을 한글로 바꾸고, 줄 간격도 수정할 수 있습니다.

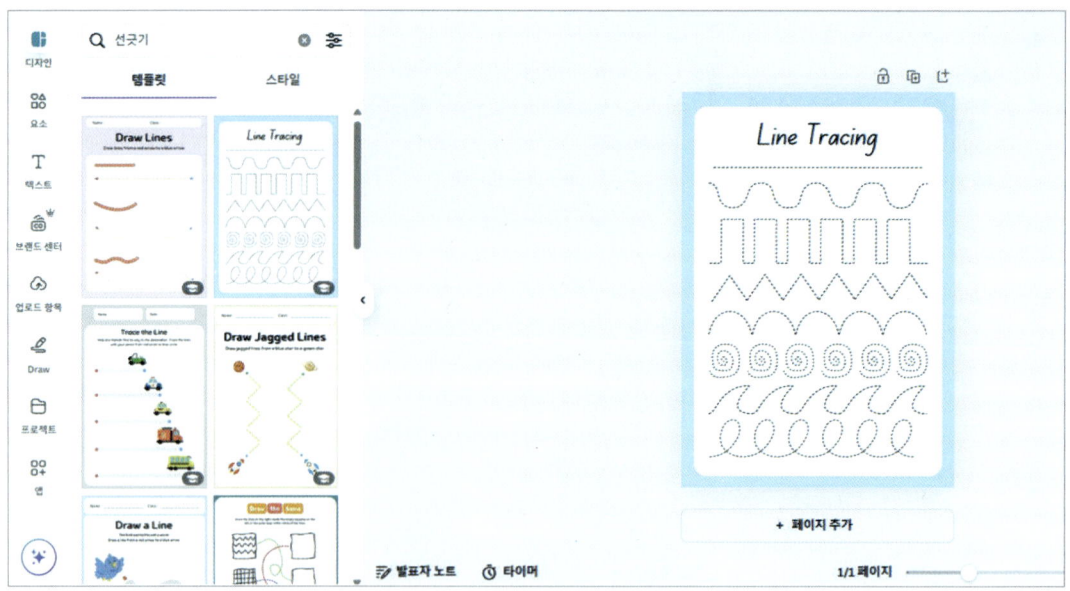

출처: Line Tracing Worksheet in Blue Simplistic Style, Jemaluha

검색창에 '선긋기'를 입력하면 저학년 학생들이 아침 활동에 쓸 수 있는 워크시트가 나옵니다. 수업 준비를 하는 교사에게 숨돌릴 틈을 줄 수 있겠네요!

출처: 캔바 크리에이터 Szkolne Inspiracje

검색창에 '미로찾기'를 입력하면 재미있는 미로찾기 워크시트도 나옵니다. 다양한 미로찾기 활동을 할 수 있습니다.

학습지 만들기

01. 이름 꾸미기 학습지 만들기

3월 새 학기 첫날은 교사와 학생들의 첫 만남이 이루어지는 날입니다. 많은 학급에서 서로의 이름을 알기 위해 이름 꾸미기 워크시트를 나눠주고 자신을 소개하는 시간을 가져봤을 것입니다. 이러한 이름 꾸미기 활동을 계획하고 있다면 캔바의 'Type Warp' 앱을 활용하여 창의적이고 흥미로운 학습지를 제작해볼 수 있습니다. Type Warp은 텍스트를 다양한 형태로 변형하여 손쉽게 독특한 타이포그래피를 만들 수 있는 도구입니다.

> **Type Warp 앱 주요 기능**
>
> - 다양한 텍스트 변형: 글자를 곡선, 물결, 원형 등 여러 형태로 변형하여 학생들의 이름을 개성 있게 꾸밀 수 있습니다.
> - 직관적인 사용법: 마우스 클릭만으로 원하는 텍스트 효과를 적용할 수 있어, 디자인 경험이 없어도 쉽게 활용할 수 있습니다.

❶ 메인화면에서 [+ 디자인 만들기]를 클릭합니다.

❷ 좌측 메뉴에서 '더 보기'를 누른 뒤 '워크시트(A4 세로형)'를 클릭합니다.

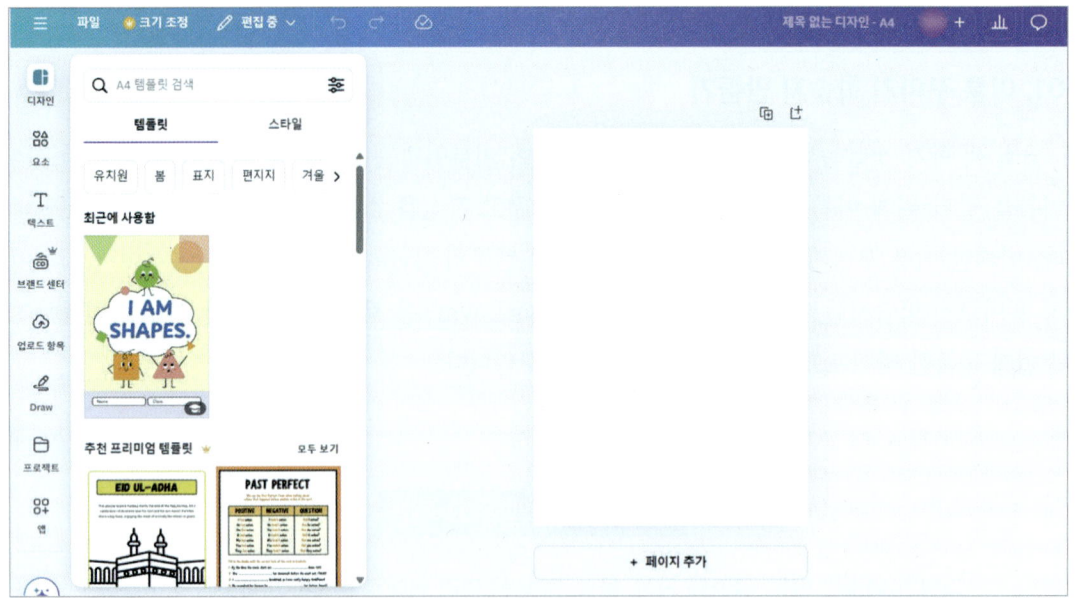

❸ 빈 화면과 요소, 템플릿 등 꾸밀 수 있는 메뉴가 나옵니다.

❹ 왼쪽 메뉴바에서 [앱]을 누르고 검색창에 'Type Warp'을 입력합니다.

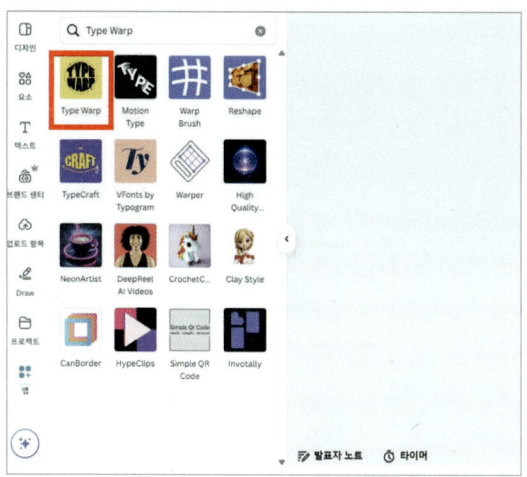

❺ 검색 결과에서 'Type Warp' 아이콘을 클릭합니다.

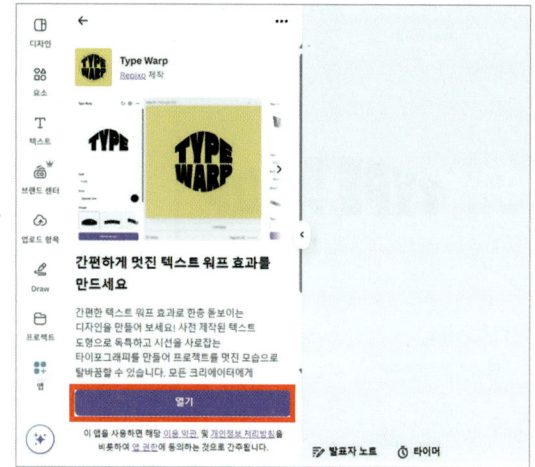

❻ 앱 설명을 잘 읽은 뒤 [열기]를 누릅니다.

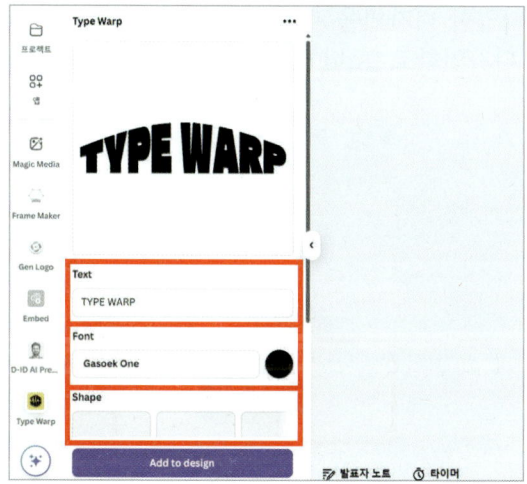

❼ Type Warp에서는 Text, Font, Shape, 그리고 색상 변경 같은 간단한 기능을 제공합니다. 캔바에서 제공하는 폰트는 대부분 상업적 용도로 사용할 수 있지만, 사용 범위는 캔바 플랫폼 내로 제한됩니다. 외부 사용이나 상표 등록과 같은 특정 목적에 사용할 경우 별도의 검토가 필요합니다.

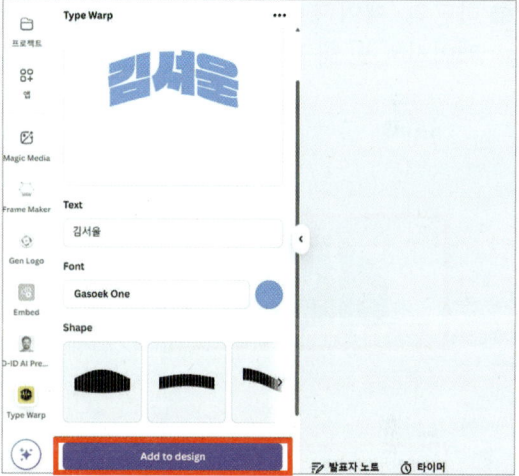

❽ Type Wrap의 기능을 활용해 텍스트 디자인을 자유롭게 바꾼 다음 [Add to design]을 클릭합니다.

❾ 하단의 '페이지 추가'를 클릭하여 여러 장에 다양한 디자인을 추가할 수 있습니다. 추가한 페이지의 빈 화면에 우리 반 학생들의 이름을 디자인하고 [Add to design]을 누릅니다.

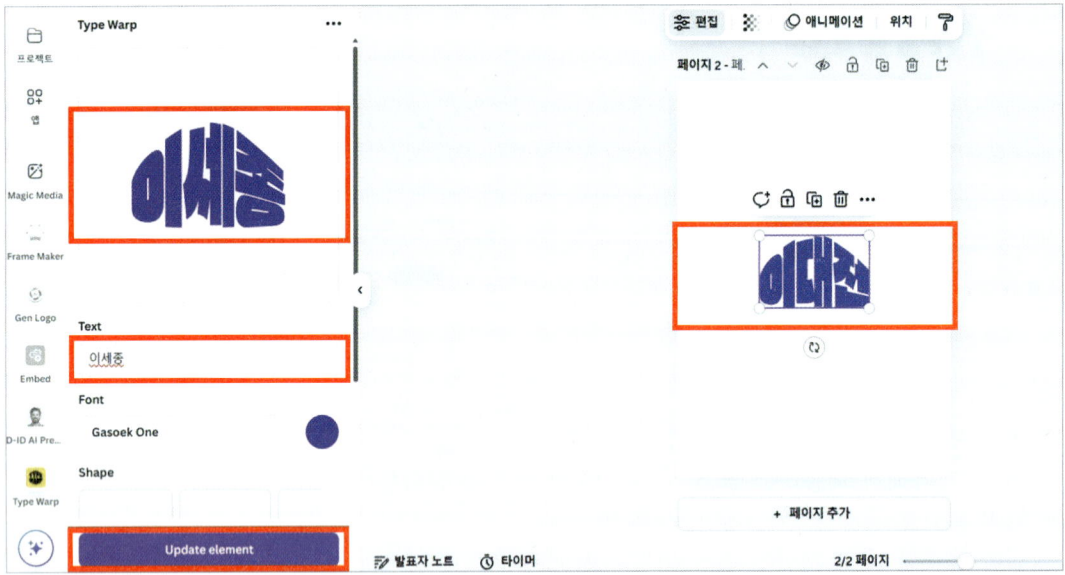

❿ 만일 이미 추가한 디자인을 바꾸고 싶다면 해당 디자인을 누른 뒤 왼쪽 Text 입력란에 다시 입력하고 [Update element]를 누르면 변경됩니다.

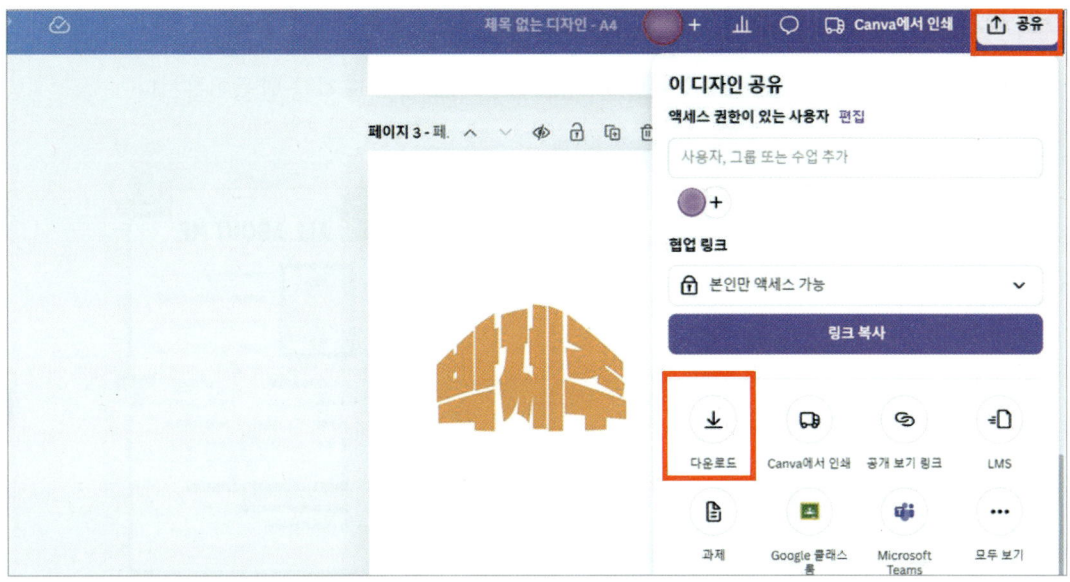

⓫ [공유]-[다운로드]를 클릭하여 PDF 등으로 저장 가능합니다. 저장한 파일을 인쇄하여 학급 학생들에게 나누어줄 수 있습니다. [다운로드]를 누르면 기본 설정값인 'PDF 표준'이 나오지만, 파일 형식을 변경하여 저장할 수 있습니다.

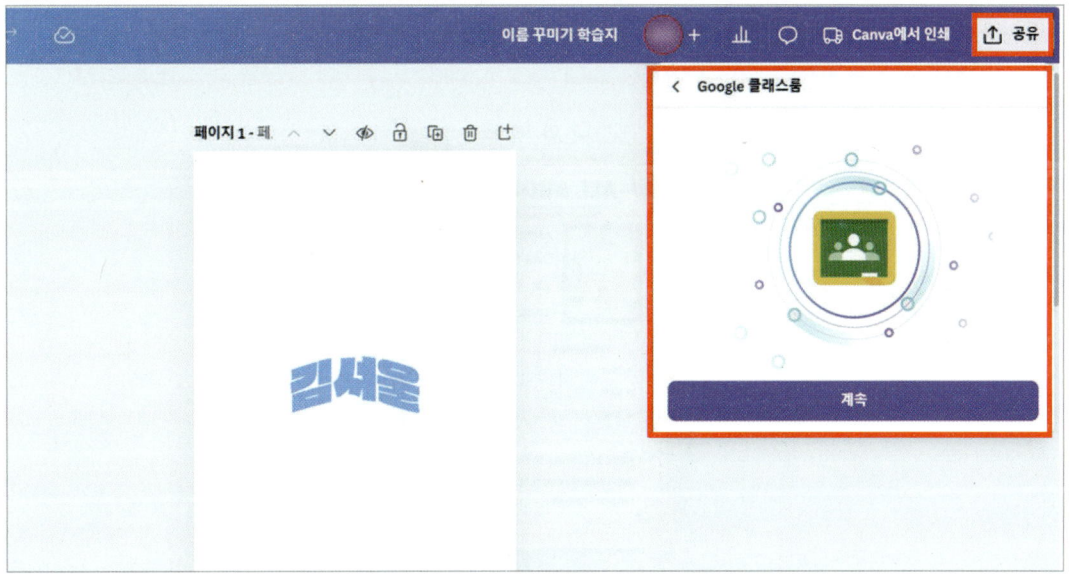

⓬ 구글 클래스룸이 있다면 [공유]-[구글 클래스룸]을 눌러 공유할 수 있습니다.

02. 자기소개 학습지 만들기

이번에는 새 학기 첫날 자신을 소개할 수 있도록 자기소개 학습지를 만들어봅시다.

❶ 새로운 워크시트를 만들고 '자기소개'를 검색한 뒤 원하는 워크시트를 선택합니다.

❷ 영어로 된 워크시트를 골랐다면 항목을 적절하게 한글로 바꿔줍니다.

출처: 캔바 크리에이터 Humpback Studio

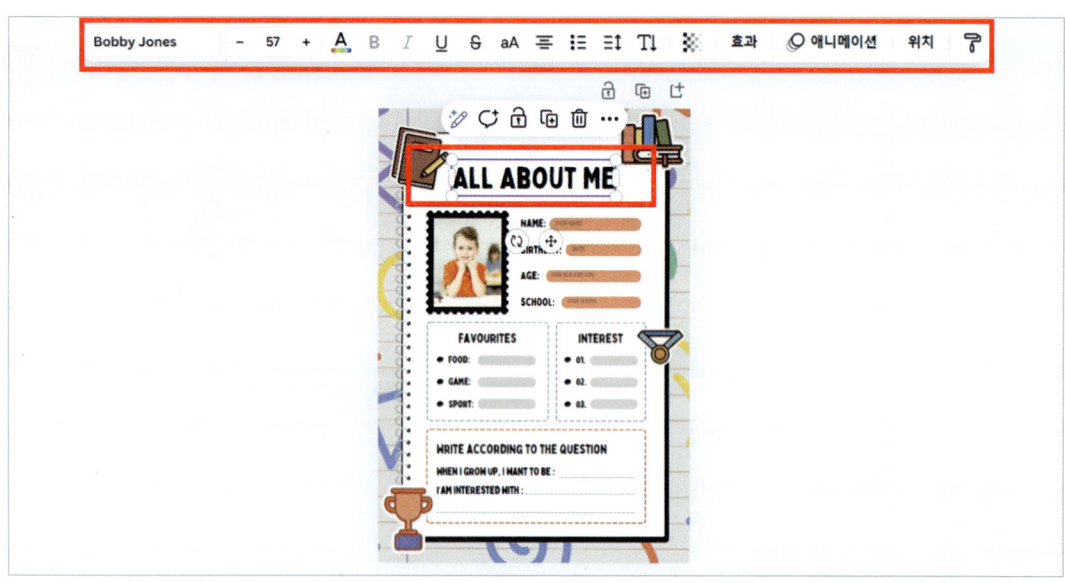

❸ 바꾸고 싶은 요소를 눌러 글자 내용, 글꼴, 크기, 효과, 위치 등을 바꿀 수 있습니다. 화면을 확대하면 더 편하게 편집할 수 있습니다.

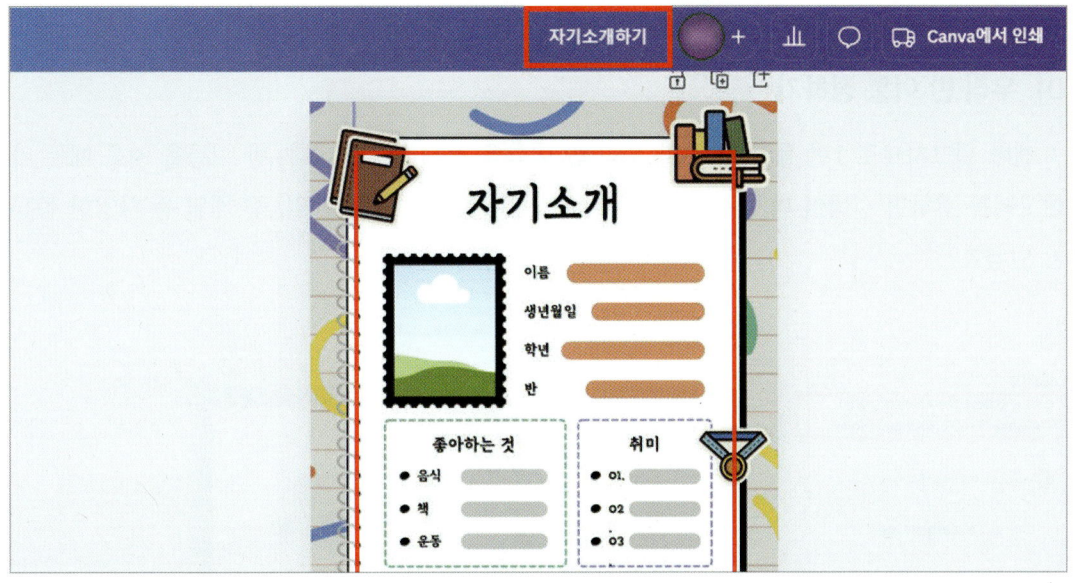

❹ 원하는 디자인으로 바꾸었다면 이제 제목을 입력합니다.

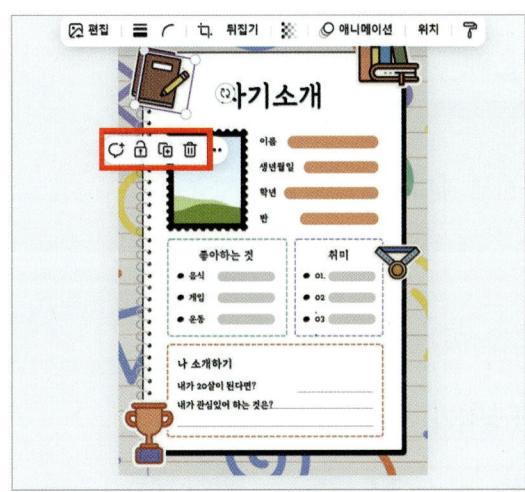

❺ 워크시트 각 요소를 누르면 추가적인 기능이 나옵니다. 순서대로 댓글, 잠금, 복제, 삭제 기능이 있습니다.

❻ 학습지가 완성되었으면 [공유]-[다운로드]에서 PDF로 저장한 다음 인쇄합니다.

캔바에는 다양한 자기소개 워크시트가 있으니 원하는 디자인을 선택해 학습지를 만들어봅시다.

우리 반 가꾸기

01. 우리 반 이름 정하기

캔바 워크시트로 1년 동안 함께 할 우리 반 이름을 정해 보겠습니다. 반 이름을 지을 때는 카테고리를 정하면 선택이 더 쉽습니다. 우주 계열, 동물 계열, 식물 계열, 꽃 계열 등 다양한 종류가 있겠죠?

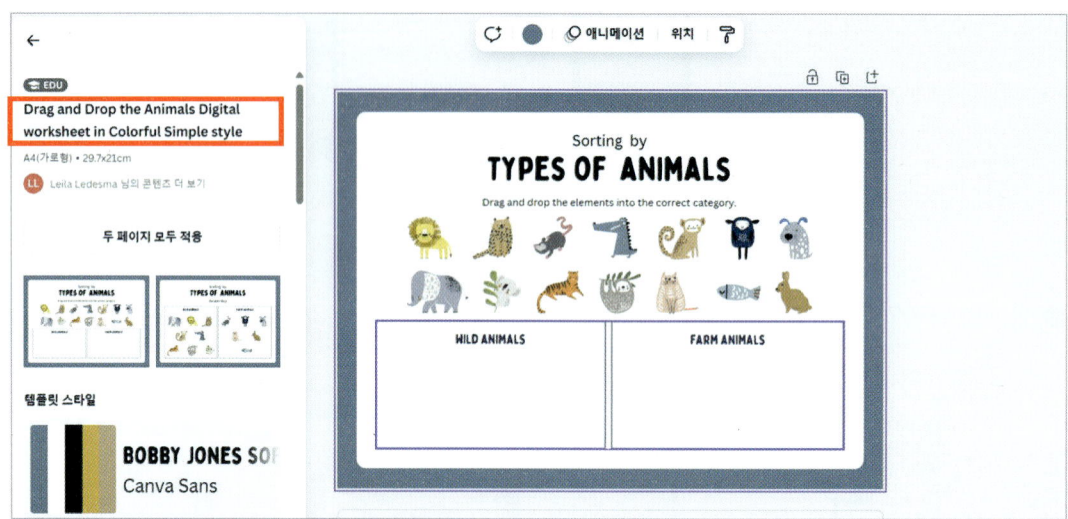

❶ 우리 반 이름을 정할 때, 동물이나 꽃 등을 활용하면 재미있게 선택할 수 있습니다.

출처: 캔바 크리에이터 Leila Ledesma

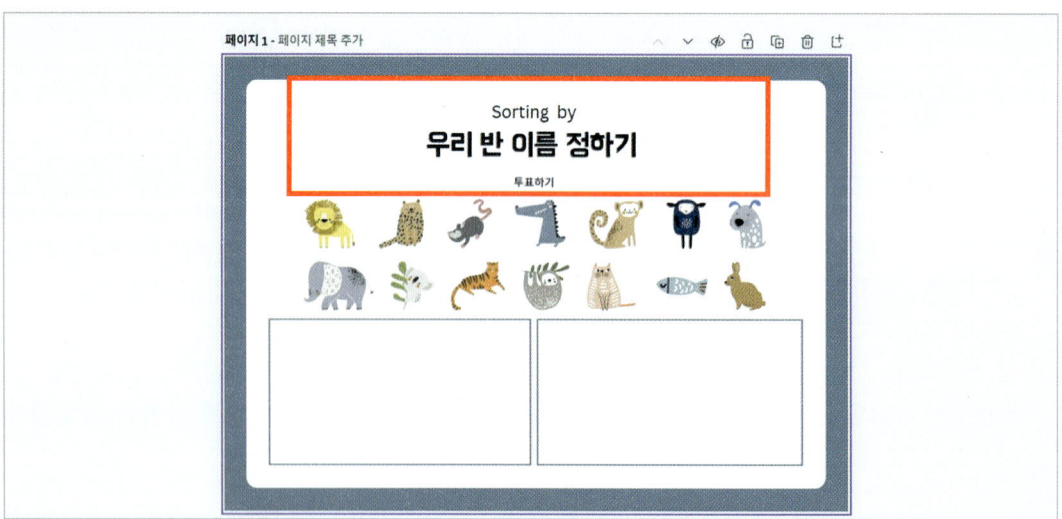

❷ 적절하게 내용을 바꿔줍니다.

*예: Sorting by → ○학년 ○반
*예: TYPES OF ANIMALS → 우리 반 이름 정하기
*예: Drag and drop → 투표하기

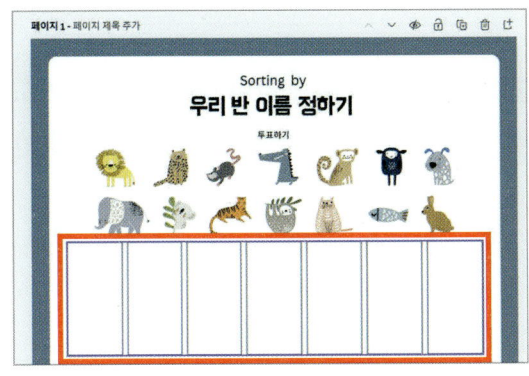

❸ 표를 선택한 뒤 마우스 오른쪽 버튼을 눌러 필요한 만큼 열을 추가합니다.

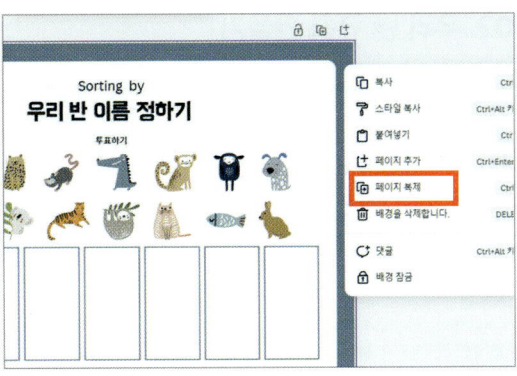

❹ 마우스 오른쪽 버튼을 눌러 '페이지 복제'를 선택합니다.

❺ 2페이지에 똑같은 내용이 복제되었습니다.

❻ 1페이지에서 아래 줄에 있는 동물을 모두 지웁니다.

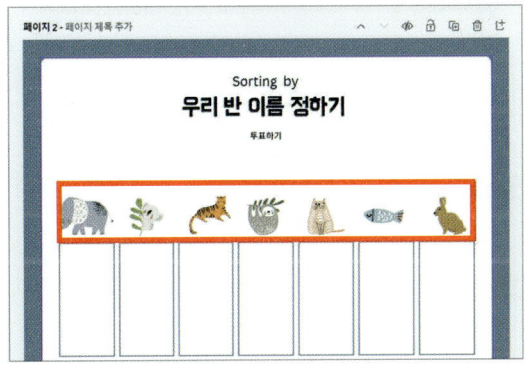

❼ 2페이지에서 윗줄에 있는 동물을 모두 지웁니다.

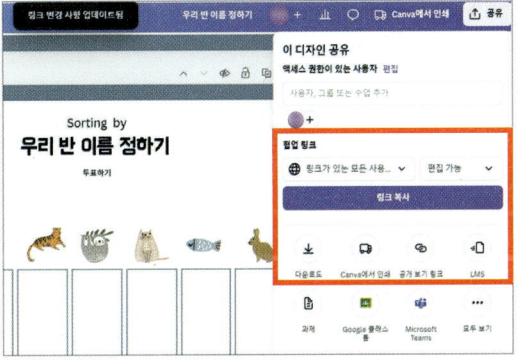

❽ 완성 후 협업 링크를 공유하거나, 다운로드 후 인쇄해 교실에 게시하여 가장 많은 학생이 선택하는 동물로 우리 반 이름을 정합니다.

우리 반 이름을 함께 정하면 소속감이 생깁니다. 그리고 학생들이 특별한 이름이라고 생각하며 소중하게 여길 수 있게 됩니다.

02. 우리 반 규칙 만들기

1년 동안 생활하기 위해서는 우리 반 규칙이 필수입니다. 규칙을 다 같이 만들면 기억하기도 쉽고, 내가 직접 만든 규칙이라는 생각에 더 열심히 지키게 됩니다. 지금부터 우리 반 규칙을 만들어보겠습니다.

❶ 학급 규칙에 맞는 디자인을 찾아봅니다.

출처: 캔바 크리에이터 Miss D's Resources

❷ 내용을 적절하게 바꿔줍니다.

*예: Classroom rules → 학급 규칙
*예: What should we do? → 우리가 정해볼까요?
*예: Phrase bank → 아이디어 창고

❸ 요소에서 학급 규칙과 관련된 것을 찾아서 가져옵니다.

*예: 학급 규칙, 줄서기

❹ 줄서기와 안전에 관련된 요소를 넣어보겠습니다.

❺ 아이디어를 떠올려 학교생활에 관련된 요소를 더 찾아봅니다.

*예: 급식

❻ 완성되었으면 [공유]를 누릅니다.

학급 규칙을 세운 다음 한 달에 1번 학급 회의를 열어 규칙을 추가하거나 수정할 수 있습니다. 학생들의 참여를 높이고 주도적인 태도를 기를 수 있습니다.

03. 이름표 나눠주기

우리 반 이름과 규칙을 정했다면 이제 학급에서 학생들이 생활할 때 필요한 물품을 만들어주기로 합니다. 가장 필요한 물품은 이름표입니다. 앞서 만든 우리 반 이름과 같은 계열의 이름표를 만들어 나눠주면 더 좋겠지요.

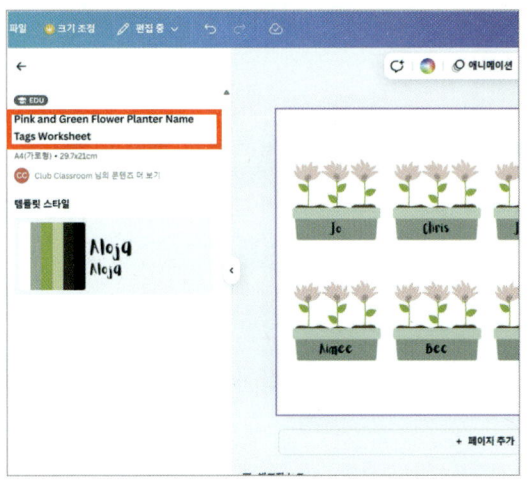

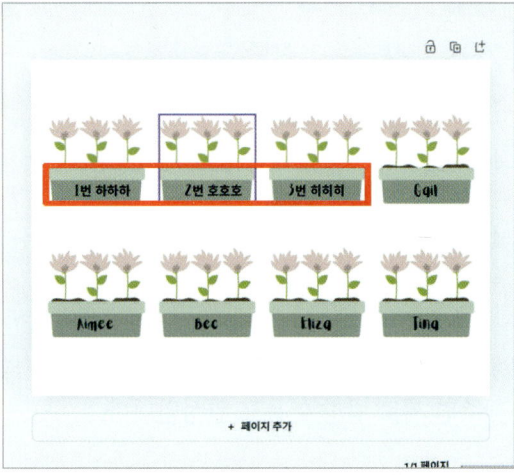

❶ 이름표를 만들기 위해 적절한 검색어를 입력합니다. 여기서는 '네임택'으로 검색하겠습니다.

출처: 캔바 크리에이터 Club Classroom

❷ 네임택 워크시트에서 학생 이름을 우리 반 명단으로 바꿔주면 아주 쉽게 완성이 됩니다.

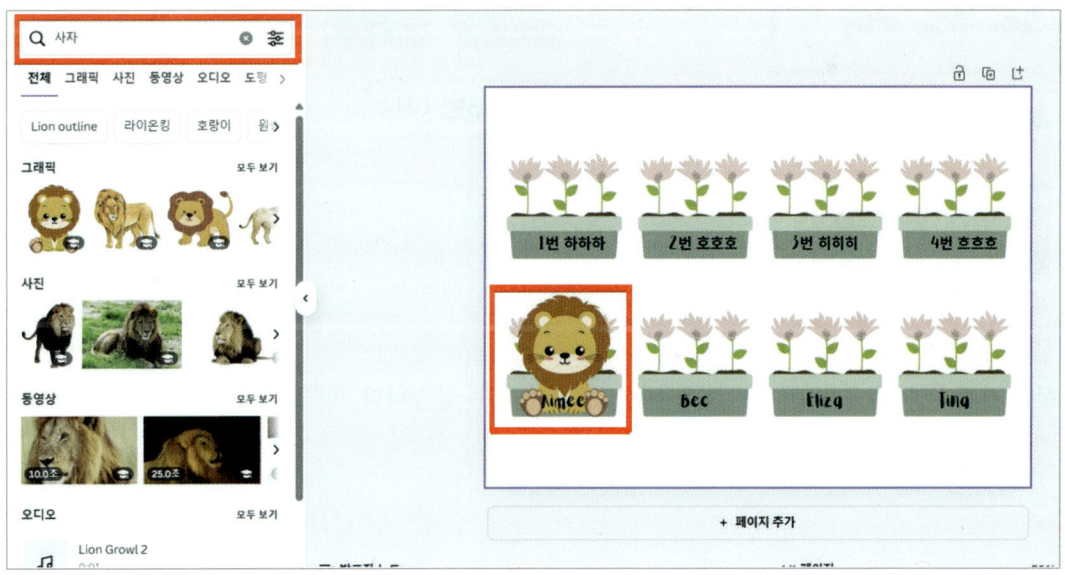

❸ 우리 반 이름에 맞춰 디자인 요소를 바꿔줄 수 있습니다. 예를 들어 우리 반 이름이 동물 계열이라면 요소에서 우리 반 동물을 검색해 넣어줍니다.

*예: 사자

❹ 원래 있던 꽃 요소를 지우면 사자만 남게 됩니다. 텍스트 위치를 조절하고 학생 이름을 바꿔주면 세로 방향 이름표 완성입니다.

❺ 크기와 위치를 조정해 가로 방향 이름표로 만들 수 있습니다. 번호가 더 많이 필요하면 마우스 오른쪽을 눌러 해당 요소를 복제합니다.

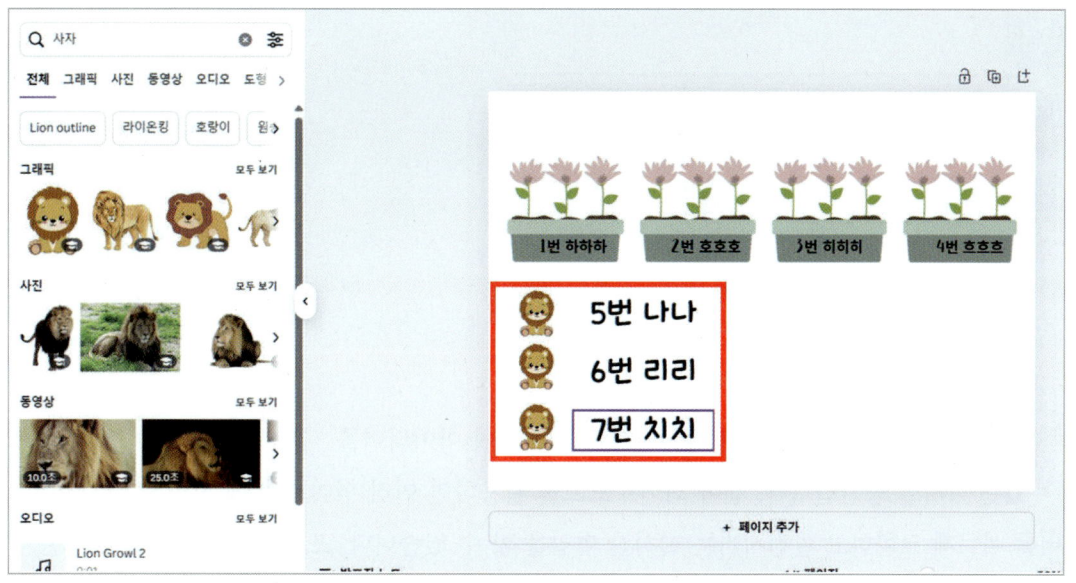

❻ 복제한 텍스트 내용과 위치를 적절하게 수정하면 이름표가 완성됩니다.

지금까지 캔바를 활용한 워크시트 제작 방법과 학습지 디자인의 기본 원칙을 배우고, 실제 학급에서 활용할 수 있는 방법까지 살펴봤습니다. 캔바의 다양한 기능을 통해 학생들에게 더 재미있고 의미 있는 학습 자료를 제공할 수 있습니다. 배운 내용을 응용하여 직접 창의적인 학습지를 제작하고, 교실에서 실제로 적용해 보시기 바랍니다.

캔바 화이트보드로 그리는 1년 학급 운영 계획

캔바 화이트보드는 팀원들이 실시간으로 협력하여 아이디어를 시각적으로 표현하고 정리할 수 있는 디지털 공간입니다. 캔바 화이트보드를 활용하면 여러 명이 동시에 작업하면서 아이디어를 빠르게 교환하고 발전시키는 실시간 협업을 할 수 있습니다. 포스트잇, 댓글 달기, 사진 및 동영상 첨부, 타이머 등 다양한 기능을 제공하고 있어 협업을 훨씬 더 효율적이고 즐겁게 바꿀 수 있습니다. 팀워크와 협업을 강화하는 효과적인 도구, 캔바 화이트보드에 대해 자세히 알아보겠습니다.

화이트보드 기능 알아보기

01. 다른 디자인에서 화이트보드로 확장하기

캔바 화이트보드 디자인은 두 가지 방법으로 만들 수 있습니다. 첫 번째 방법은 프레젠테이션 등 다른 디자인 화면에서 화이트보드로 영역을 확장하는 것입니다. 이 방법은 수업 중 필기가 필요할 때 유용하게 활용할 수 있습니다. 예를 들어 프레젠테이션을 진행하면서 추가 설명이 필요할 경우, 좁은 화면이 아닌 넓은 화이트보드 영역에 필기할 수 있어 가독성을 높일 수 있습니다. 특히 전자칠판을 사용할 경우 프레젠테이션 화면 위에 직접 필기하면 공간이 부족하여 지저분해 보일 수 있습니다. 이때 해당 프레젠테이션을 화이트보드로 확장하면 여유로운 공간에서 깔끔하게 학습 내용을 정리할 수 있습니다. 수업 중간에 학생들 의견 수집이 필요할 때 즉시 화면을 공유하여 학생들이 자신의 의견을 화이트보드에 직접 작성하도록 유도할 수 있습니다. 그럼 지금부터 다른 디자인에서 캔바 화이트보드로 확장하는 방법을 알아보도록 하겠습니다.

❶ 캔바 홈에서 '프레젠테이션' 버튼을 클릭하여 프레젠테이션 디자인을 만듭니다.

❷ 기존 프레젠테이션 자료가 있으면 해당 자료를 활용할 수 있습니다.

출처: 캔바 크리에이터 omonot

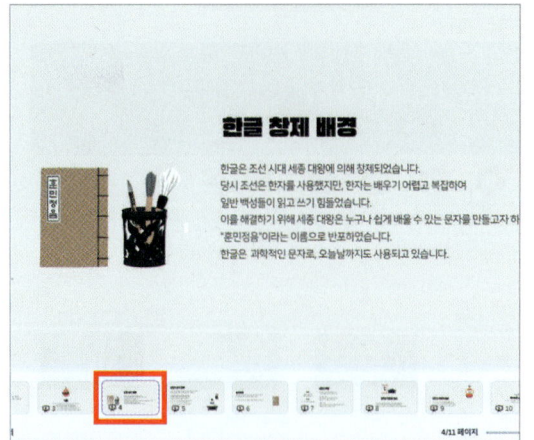
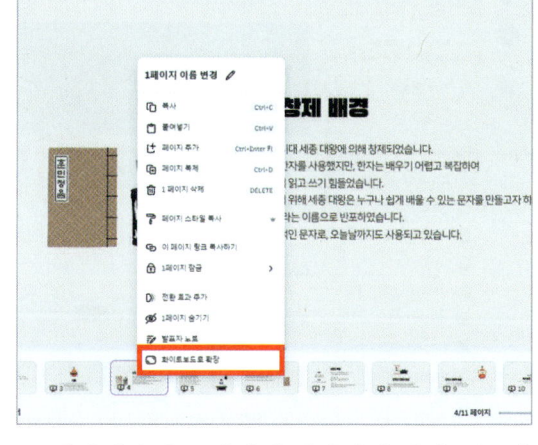

❸ 프레젠테이션으로 수업을 진행하다가 필기가 필요한 부분이 생기면, 아래의 페이지 목록에서 필기 영역이 필요한 페이지를 우클릭합니다. 참고로 캔바의 페이지는 파워포인트의 슬라이드와 동일한 기능을 가지고 있습니다.

❹ 페이지를 우클릭하면 페이지의 설정 도구가 열립니다. 그중 '화이트보드로 확장'을 클릭합니다.

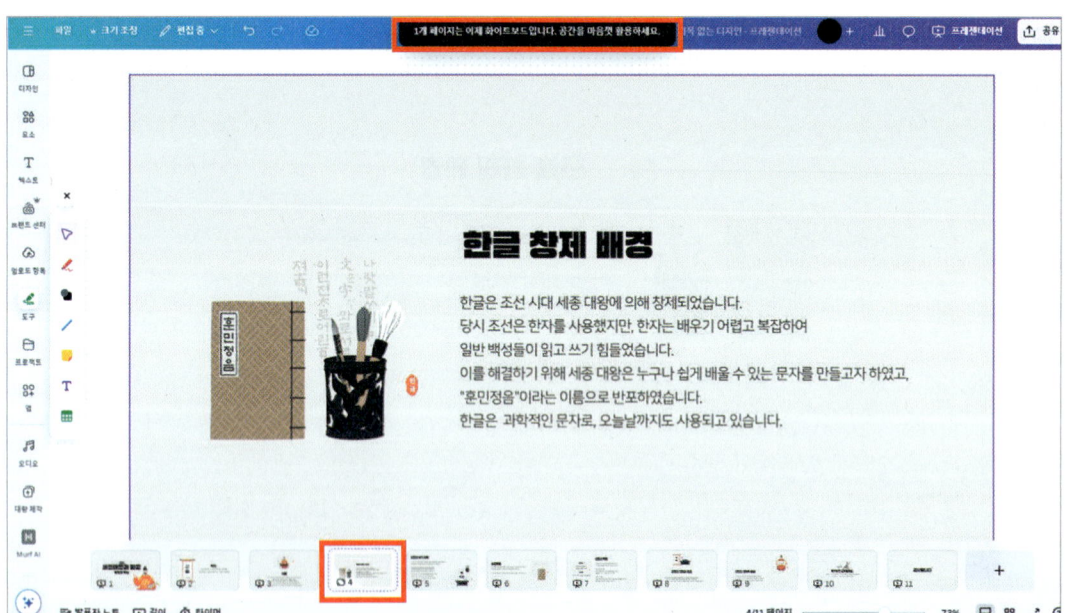

❺ '1개 페이지는 이제 화이트보드입니다. 공간을 마음껏 활용하세요.'라는 문구와 함께 해당 페이지에 화이트보드 영역이 추가되었습니다.

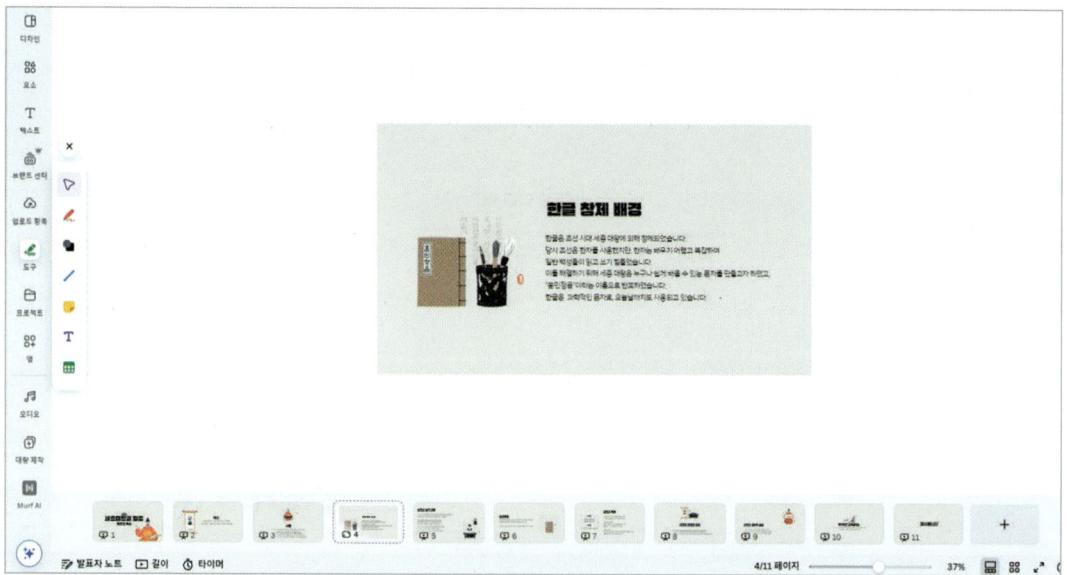

❻ Ctrl 키를 누른 채 마우스 휠을 위아래로 조정하여 화이트보드 영역을 확장하거나 축소할 수 있습니다. 기존 프레젠테이션 페이지는 가운데 그대로 유지됩니다. Space 키를 누른 상태로 화이트보드 영역을 드래그하거나, 마우스 휠을 클릭한 상태에서 마우스 커서를 움직이면 화이트보드 영역에서 이동할 수 있습니다.

❼ 화이트보드 영역은 무한하여 크기의 제한이 없습니다.

그럼 프레젠테이션에서 확장한 캔바 화이트보드에서 활용할 수 있는 여러 가지 도구를 자세히 살펴보겠습니다.

왼쪽 메뉴바에서 [도구]를 클릭하면 다양한 도구가 나타납니다.

'선택' 도구를 눌러 클릭, 드래그 등의 기능을 사용할 수 있습니다.

'Draw' 도구를 눌러 펜, 하이라이터, 지우개 등의 기능을 사용할 수 있습니다.

'도형' 도구를 눌러 다양한 도형을 삽입할 수 있습니다.

'선' 도구를 눌러 다양한 선을 삽입할 수 있습니다.

'스티커 메모' 도구를 눌러 포스트잇을 삽입할 수 있습니다.

'텍스트' 도구를 눌러 텍스트 상자를 삽입할 수 있습니다.

'표' 도구를 눌러 표를 삽입할 수 있습니다.

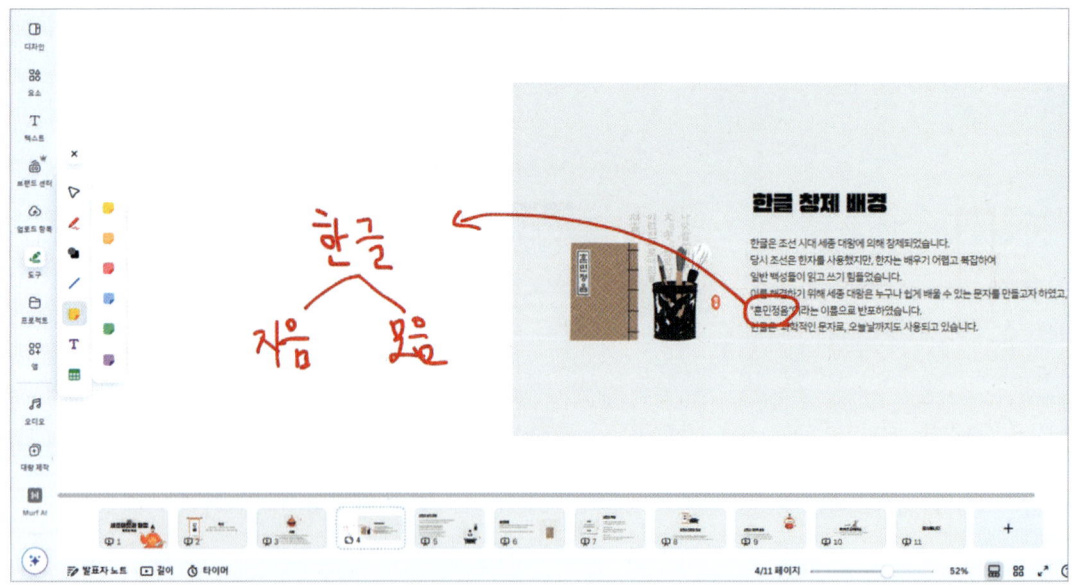

이러한 도구 메뉴는 수업 도중 필기를 하거나 추가적인 설명이 필요할 때 유용하게 사용할 수 있습니다.

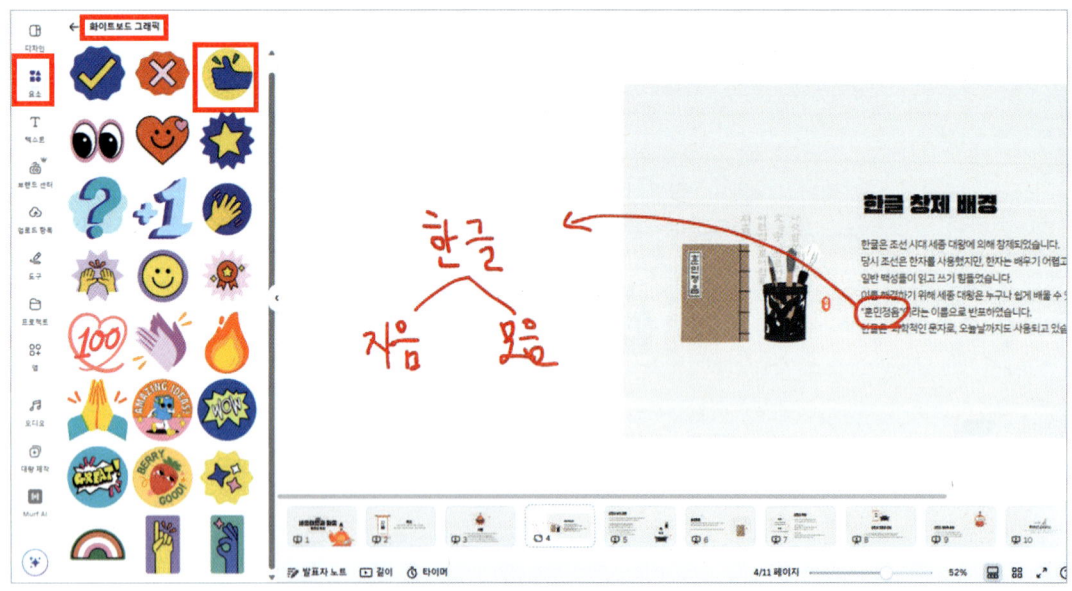

왼쪽 메뉴바의 [요소]에서 다양한 그림, 그래픽을 삽입할 수도 있습니다.

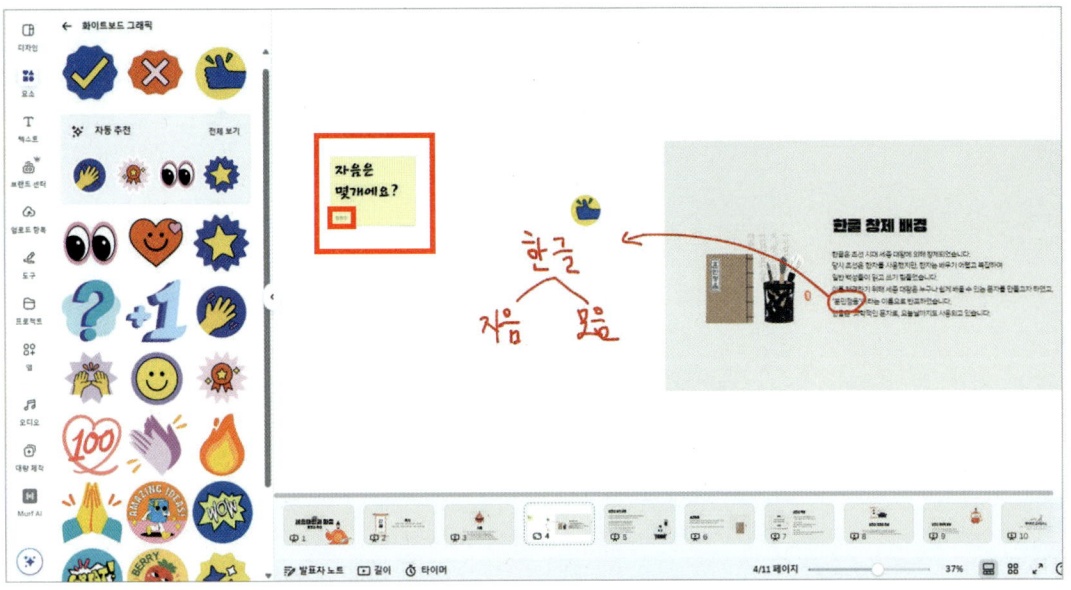

도구 메뉴에서 '스티커 메모'를 클릭하거나, S 키를 누르면 포스트잇이 생성됩니다. 포스트잇은 여러 명의 학생 의견을 동시에 모을 때 유용하게 사용할 수 있습니다. 예를 들어 학생들이 수업 도중 떠오른 질문을 적거나, 자신의 생각을 발표할 때 활용하기 좋습니다. 포스트잇의 하단에는 작성자의 이름이 나오기 때문에 교사는 누가 어떤 의견을 냈는지 즉시 확인할 수 있습니다.

02. 캔바 화이트보드 기능 알아보기

캔바 화이트보드 기능을 활용하는 또 다른 방법으로 캔바에서 화이트보드 디자인으로 바로 접속하는 방법이 있습니다. 화이트보드 디자인은 빈 캔버스를 비롯해 다양한 템플릿을 제공하고 있습니다. 목적에 맞는 템플릿을 활용하면 많은 내용을 시각적으로 정리할 때 편리하게 이용할 수 있습니다. 그럼 먼저 캔바에서 화이트보드 디자인을 만들고 포스트잇을 활용해 협업하는 방법에 대해 알아보겠습니다.

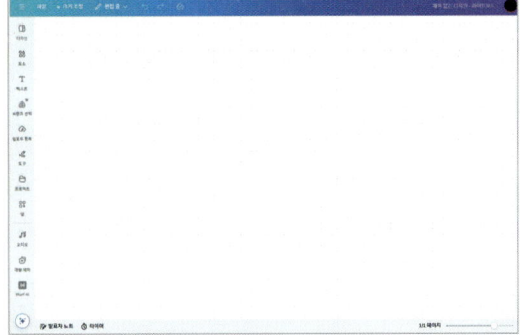

❶ 캔바 메인화면에서 '화이트보드'를 클릭합니다.

❷ 화이트보드 디자인을 만듭니다.

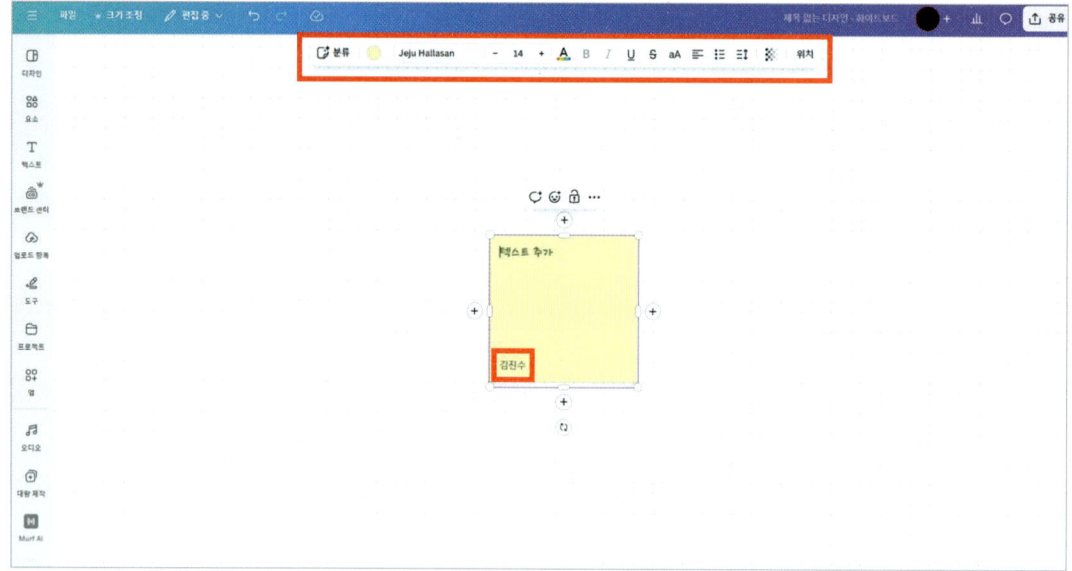

❸ 화이트보드 화면에서 S 키를 누르면 포스트잇이 생성됩니다. 포스트잇 맨 아래에는 작성자 이름이 표시되어, 누가 낸 아이디어인지 바로 알 수 있습니다. 포스트잇을 클릭하여 내용을 작성할 수 있고, 클릭했을 때 나오는 상단의 도구바를 이용해 포스트잇의 색상, 글꼴, 자간 등의 형태를 수정할 수 있습니다.

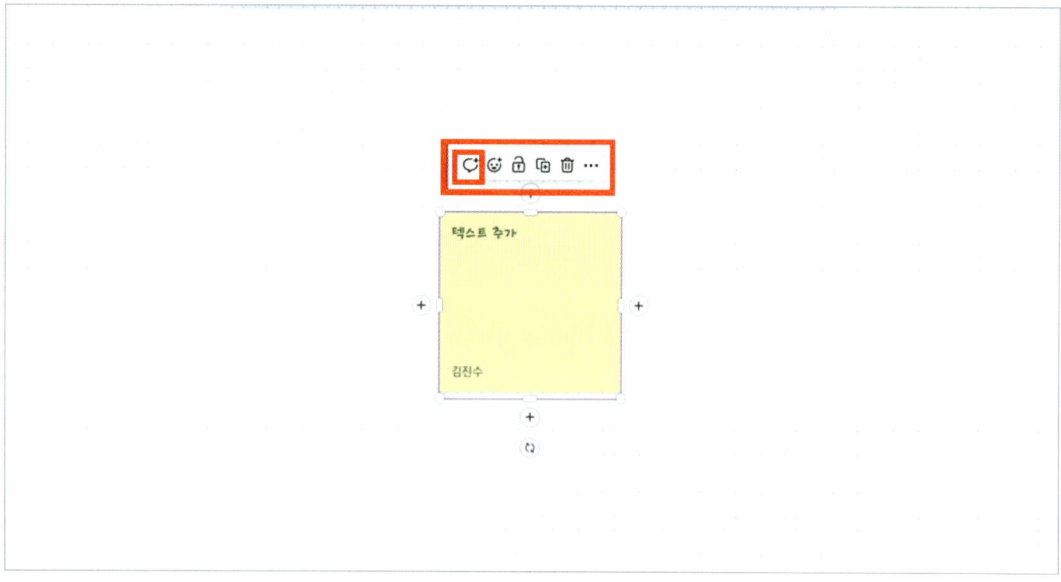

❹ 포스트잇 위에 뜬 메뉴에서 '말풍선'을 누르면 포스트잇에 댓글을 달 수 있습니다.

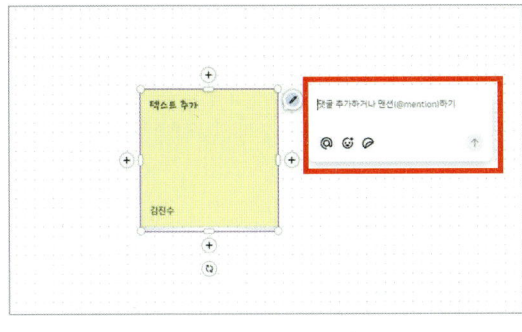 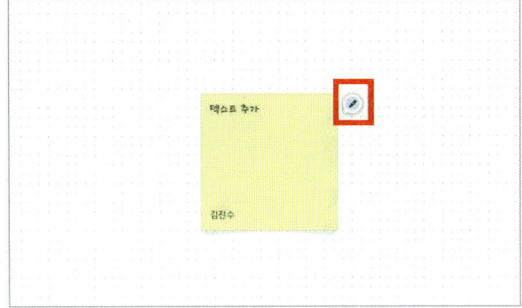

❺ 다른 사용자를 맨션(@mention)할 수 있으며, 댓글에 이모티콘 혹은 스티커를 달 수도 있습니다.

❻ 댓글이 달리면 해당 포스트잇 우측 상단에 표시가 됩니다.

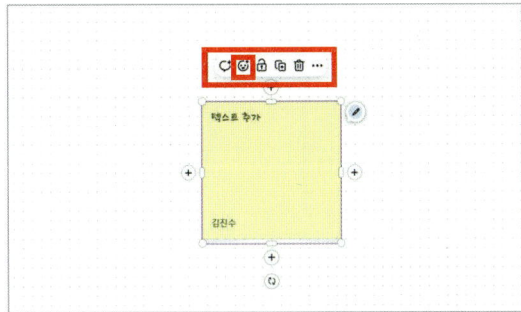 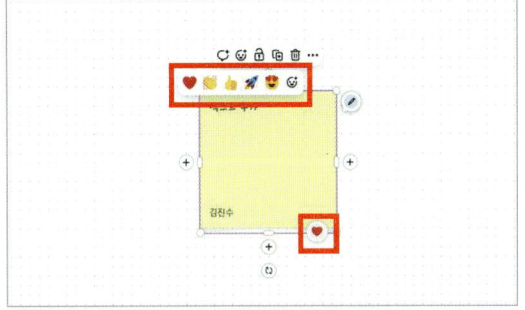

❼ 포스트잇 위에 뜬 메뉴에서 이모티콘 버튼을 누르면 공감 표시를 할 수 있습니다.

❽ 공감 표시를 남기면 포스트잇 하단에 표시됩니다.

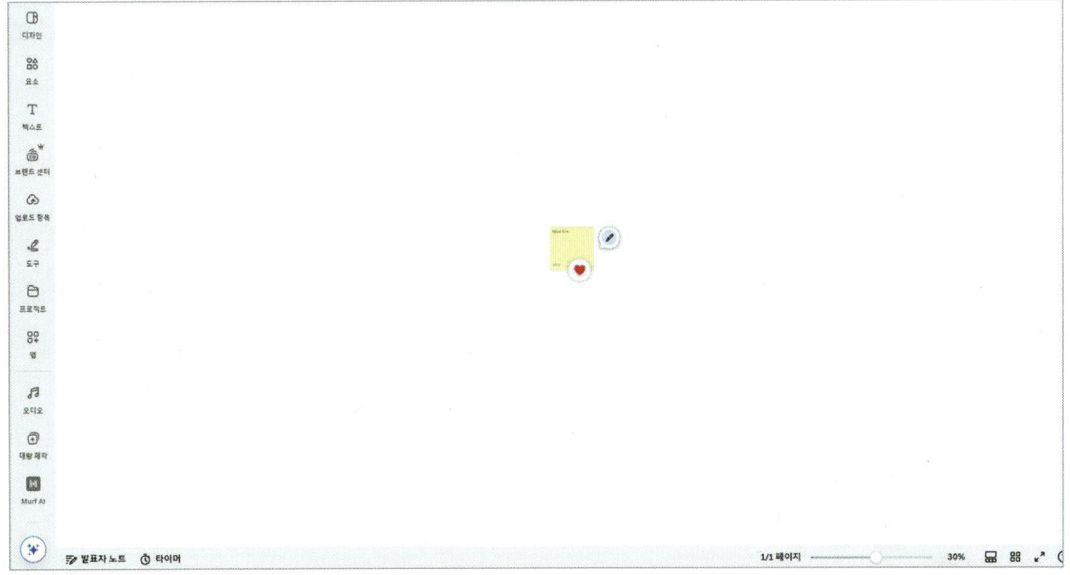

❾ Ctrl 키를 누르고 마우스 휠을 위아래로 조정해 화이트보드 크기를 조절할 수 있습니다. 앞서 말했듯이 화이트보드 크기는 무한한 공간으로 확장할 수 있습니다. 휠을 클릭한 채로 마우스 커서를 드래그하면 화이트보드 영역 좌우로 이동할 수 있습니다. Space 키를 누른 상태에서 마우스 커서를 드래그해도 마찬가지로 영역을 이동할 수 있습니다.

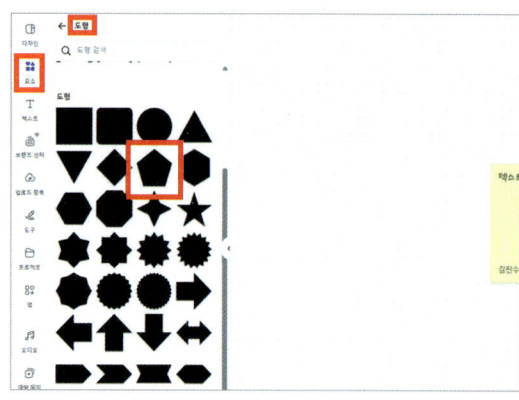 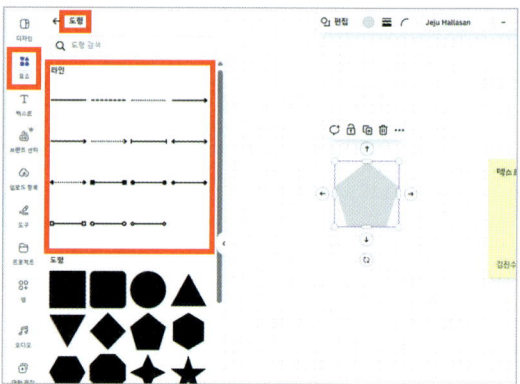

❿ 왼쪽 메뉴바 [요소]를 클릭하여 도형과 라인을 하나씩 화이트보드에 추가합니다.

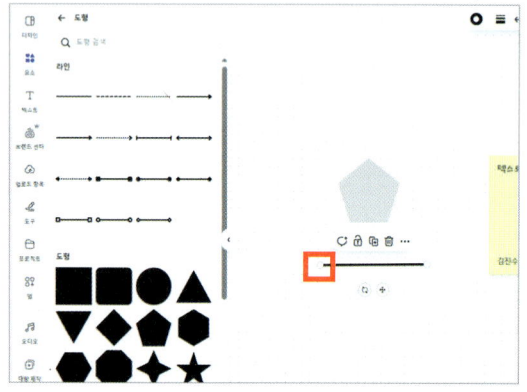

⓫ 라인을 삽입한 뒤 선택하면 라인의 양쪽 끝에 동그라미가 생깁니다.

⓬ 라인의 동그라미를 드래그하여 도형에 가져다 대면 도형에도 동그라미가 생깁니다. 동그라미끼리 연결하면 도형과 라인이 하나의 개체처럼 이어집니다.

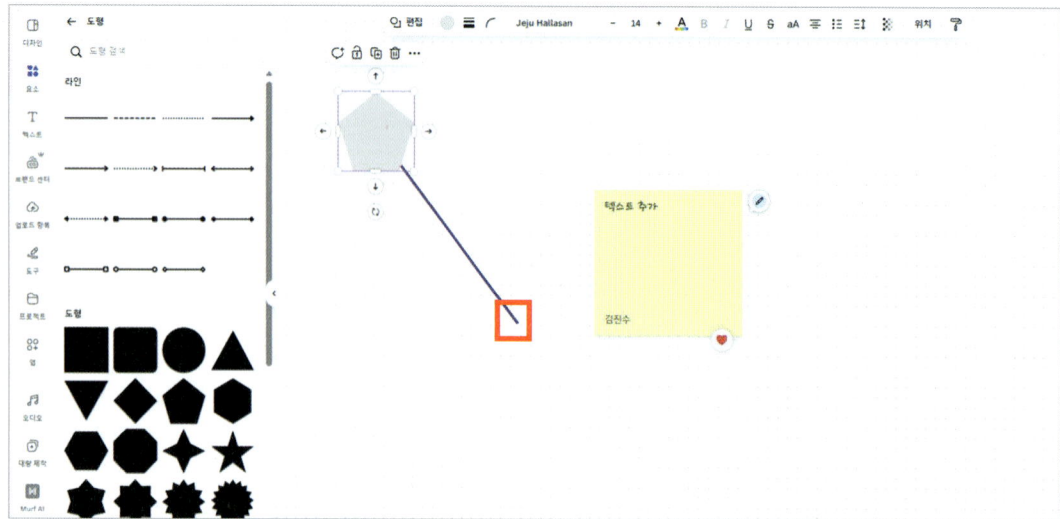

⓭ 이 상태에서 도형을 클릭하여 움직이면, 라인의 다른 끝이 화이트보드에 고정된 채로 도형만 움직이게 됩니다.

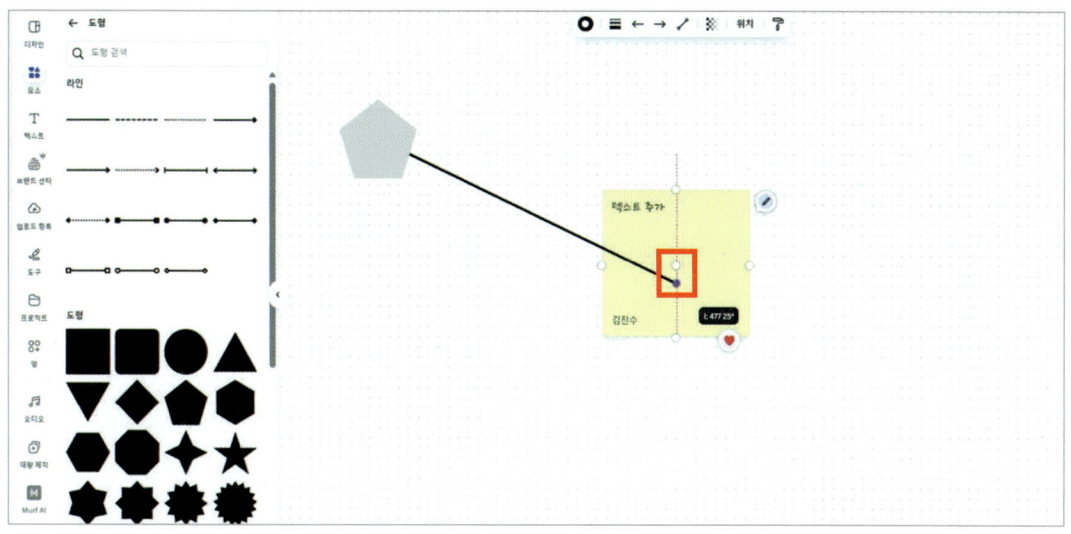

⓮ 라인의 남은 다른 끝을 또 다른 도형에 연결할 수도 있습니다.

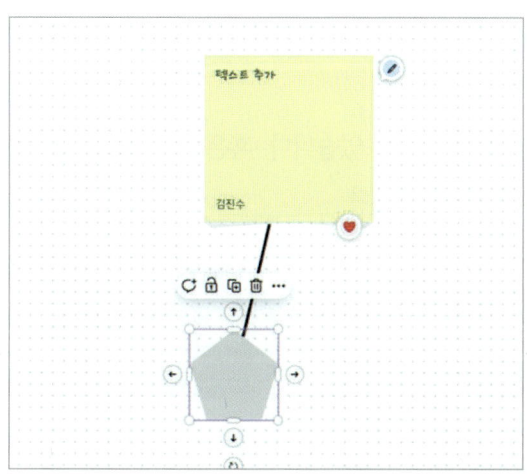

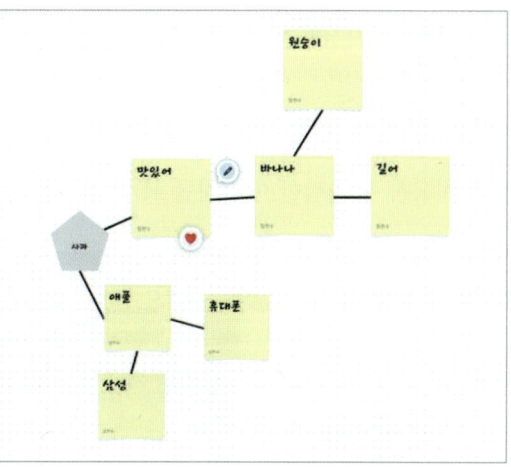

⓯ 도형을 더블클릭하면 텍스트를 작성할 수 있습니다. S 키를 눌러 생성한 포스트잇, 라인, 도형을 모두 연결하여 마인드맵 형태로 만든 모습입니다. 학생들과 마인드맵 수업을 하거나 업무적으로 브레인스토밍할 때 활용할 수 있습니다.

⓰ 여기서 유의할 점은 포스트잇에는 작성자 이름이 표시되지만, 도형에는 표시되지 않는다는 것입니다.

이어서 화이트보드에 추가할 수 있는 여러 가지 요소에 대해 알아보겠습니다.

■ 사진 및 이모티콘 삽입

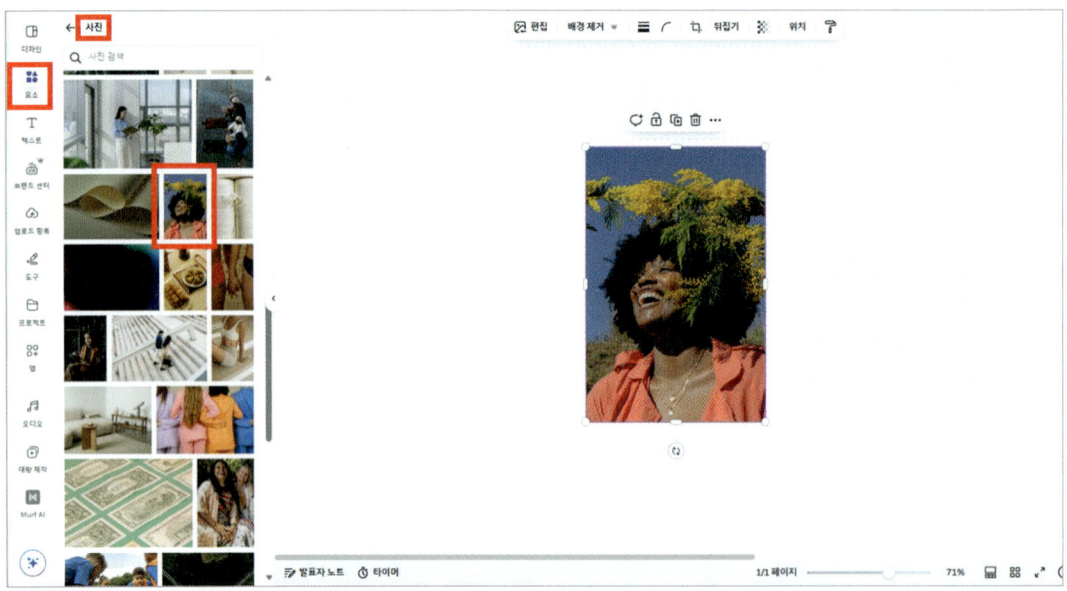

출처: 캔바 크리에이터 capturenow-Julia Malinouska

왼쪽 메뉴바 [요소]를 클릭하여 화이트보드에 사진을 삽입할 수 있습니다. 혹은 Ctrl + C와 Ctrl + V를 이용해 구글링한 이미지를 복사하여 붙여넣기할 수 있습니다.

마우스 휠을 위로 올려 화이트보드 영역을 확대해도 화이트보드에 삽입한 사진의 화질은 변하지 않습니다. 이처럼 화이트보드는 삽입한 사진의 원본 품질이 유지된다는 장점이 있습니다.

다양한 미술 작품 사진을 삽입하여 미술 수업을 진행할 수 있으며, 학생들의 작품을 업로드하여 작품 전시 공간으로 활용할 수 있습니다.

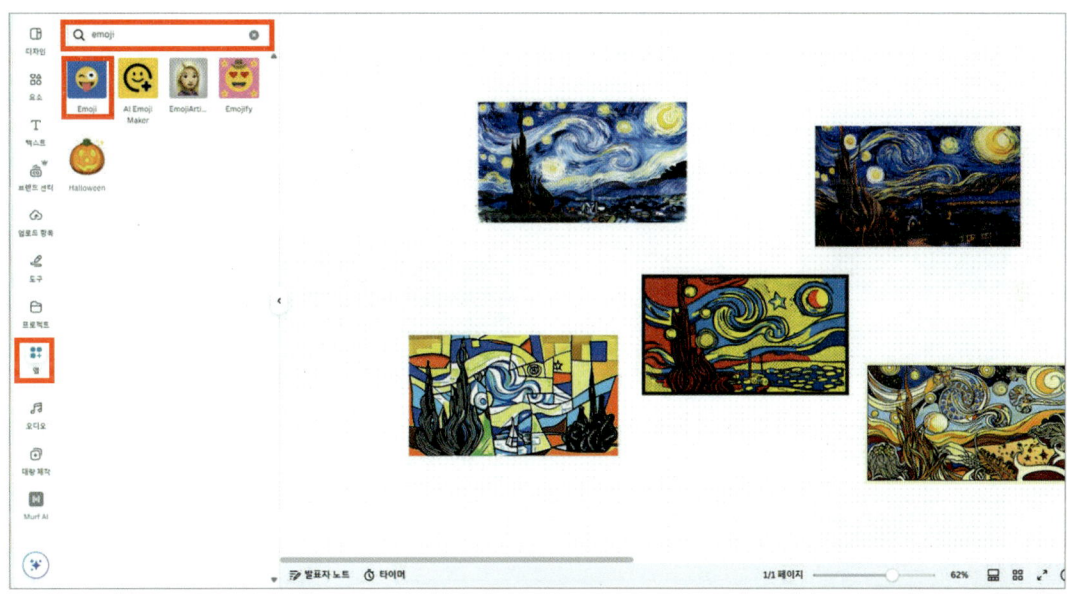

왼쪽 메뉴바 [앱] 검색창에 'Emoji' 앱을 검색합니다.

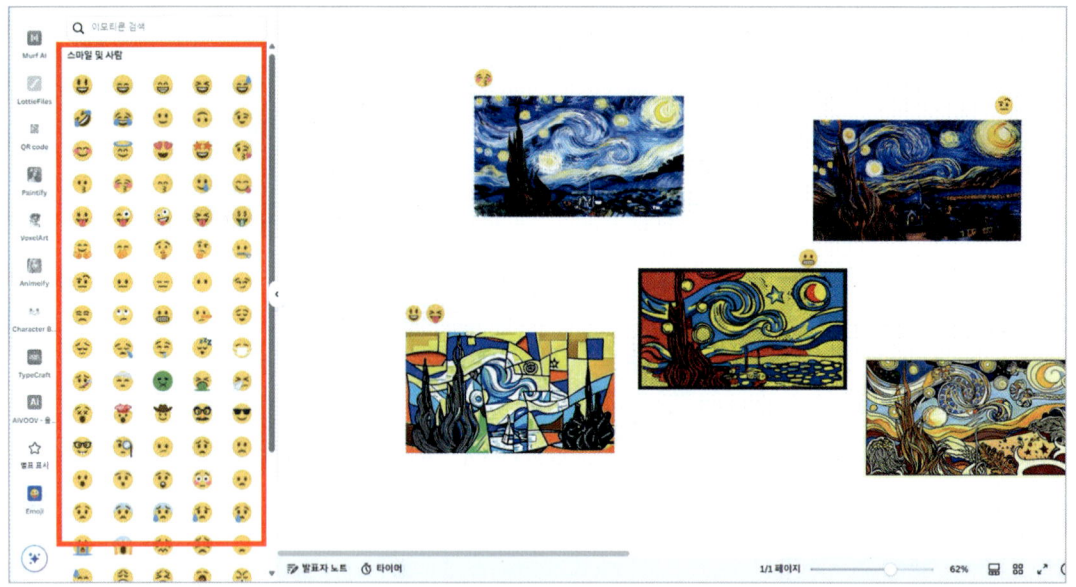

Emoji 앱에서 이모티콘을 삽입하여 작품에 대한 간단한 평가를 공유할 수도 있습니다.

■ 동영상 및 오디오 삽입

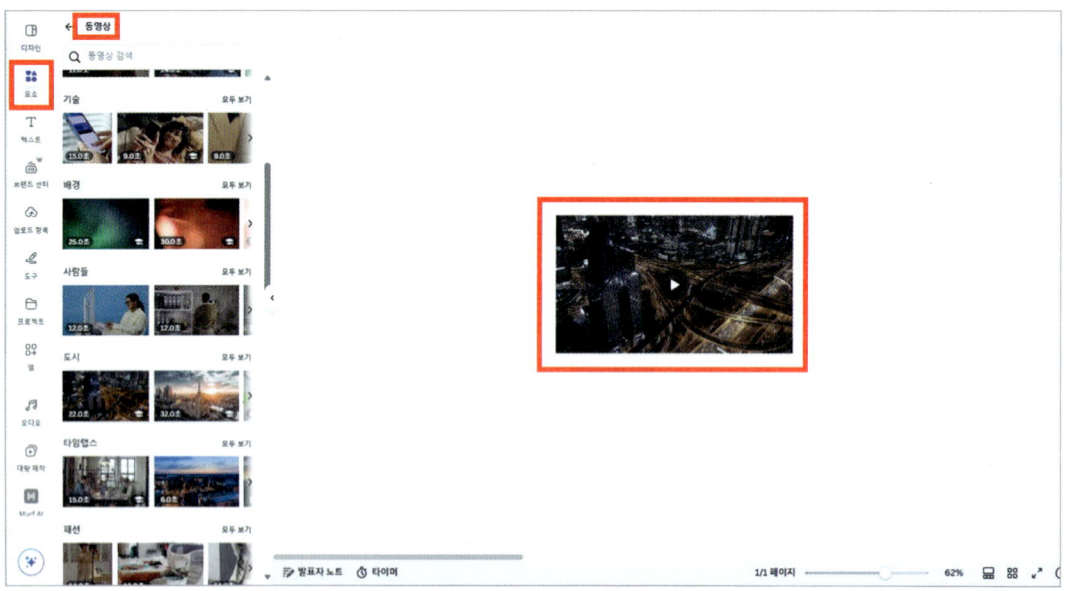

왼쪽 메뉴바 [요소]를 클릭하여 동영상을 삽입합니다. 삽입한 동영상의 재생 버튼을 눌러 재생할 수 있습니다.

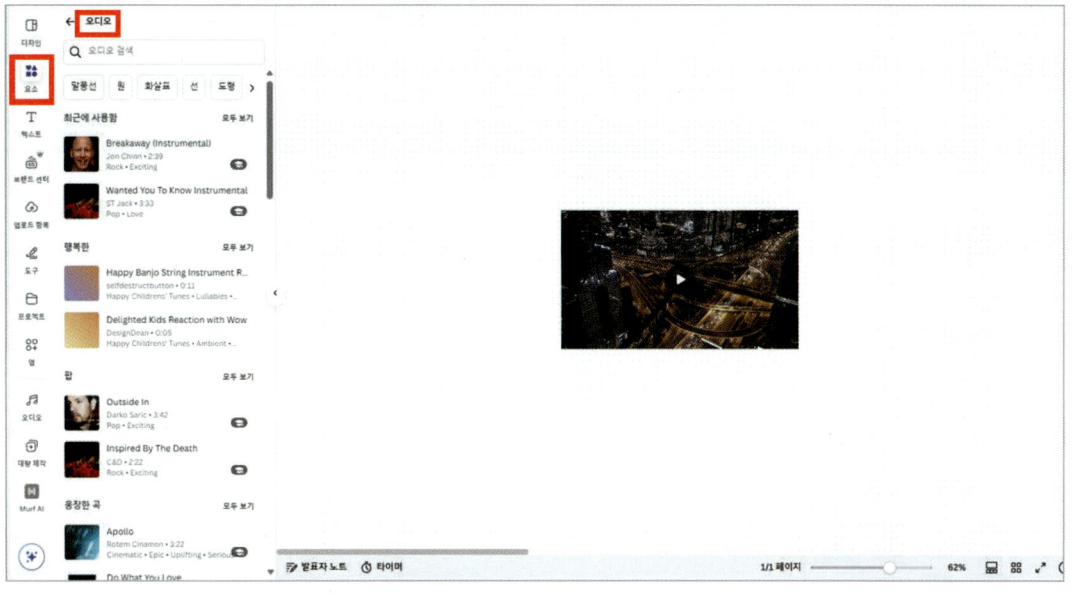

왼쪽 메뉴바 [요소]를 클릭하여 오디오를 삽입하는 것도 가능합니다.

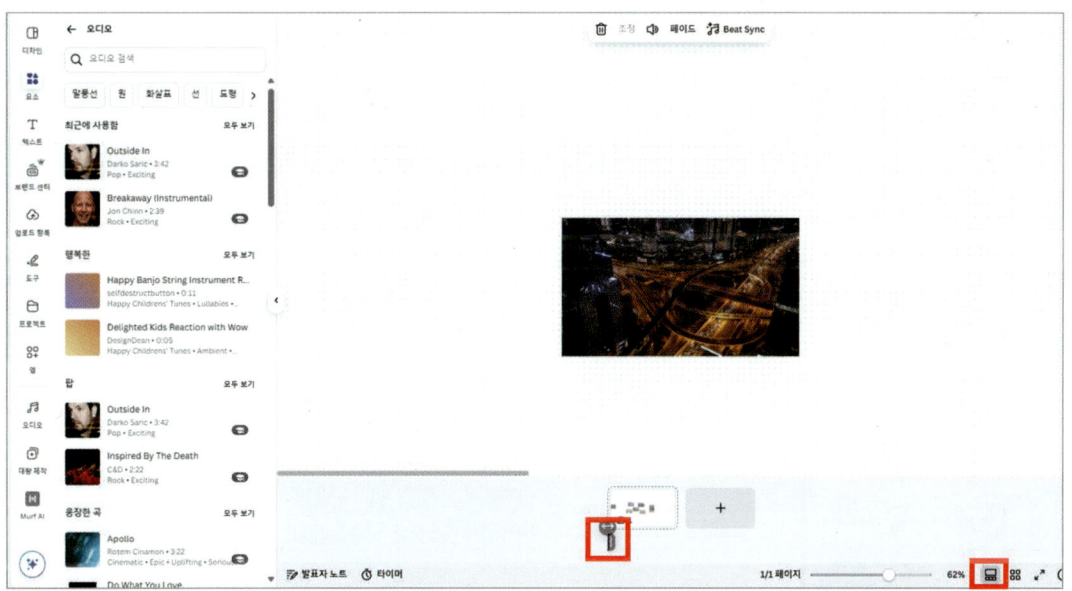

출처: Darko Saric-Outside In

　삽입한 오디오는 화이트보드 하단에 있는 화이트보드 비율 조정바 옆 '썸네일 보기/숨기기' 버튼을 눌러 확인할 수 있습니다. 오디오는 Ctrl + Alt + P 키를 눌러 프레젠테이션 보기 화면에 들어가면 자동으로 재생됩니다.

다음으로 캔바 화이트보드 요소를 이용해 학급 회의나 토론을 진행하는 방법을 함께 알아볼까요?

❶ 왼쪽 메뉴바 [요소]에서 도형을 하나 만든 후 더블클릭하여 "독서시간에 만화책을 읽어도 될까?"라는 토론 주제를 만들었습니다.

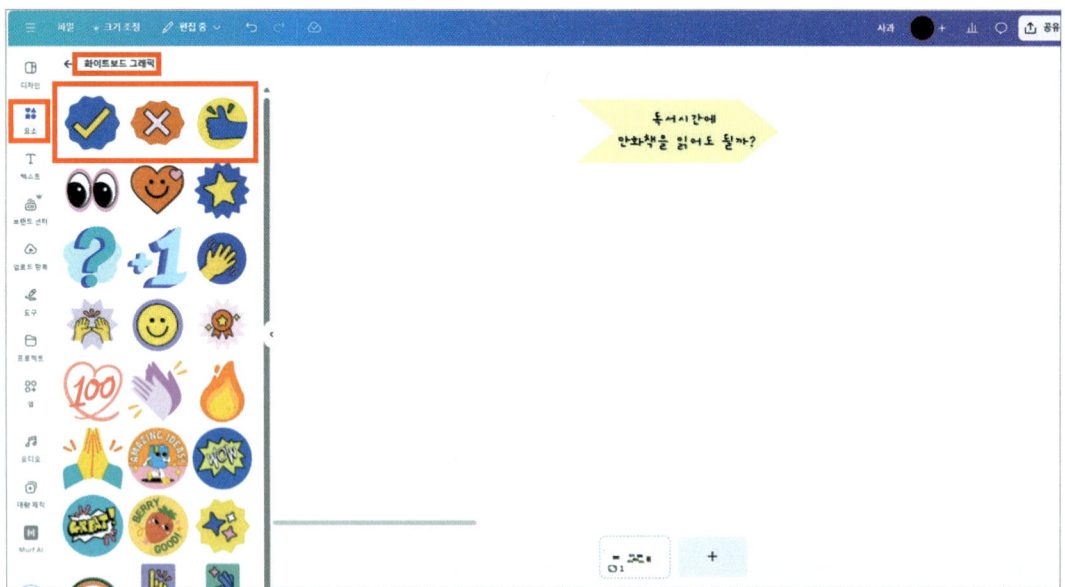

❷ 왼쪽 메뉴바 [요소]를 선택하고 '화이트보드 그래픽'에서 찬성과 반대 표시를 각각 삽입합니다.

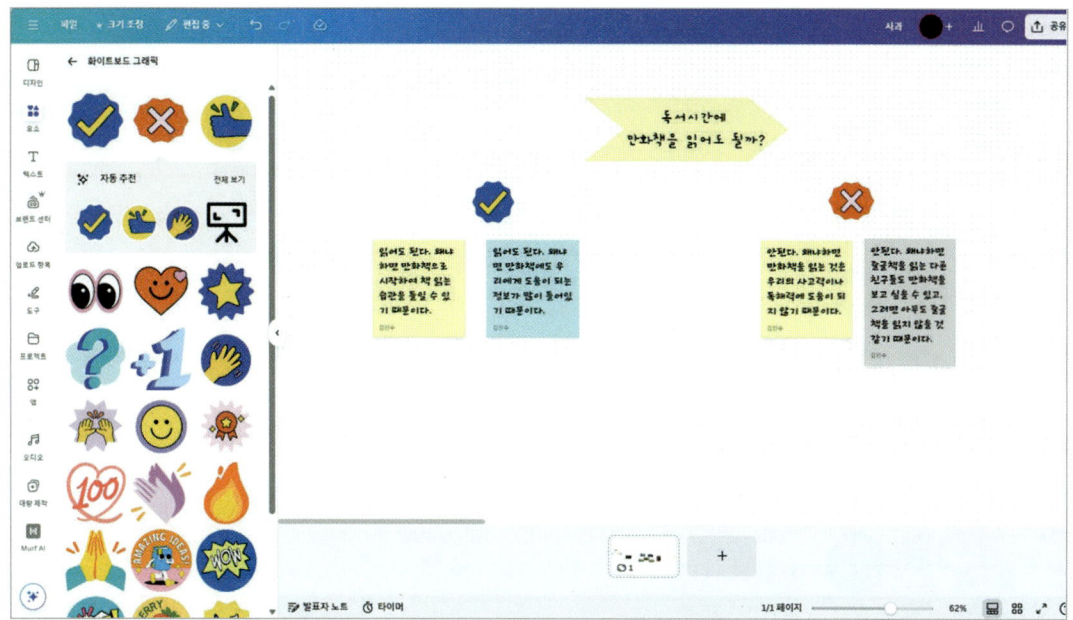

❸ S 키를 눌러 포스트잇을 삽입하고, 학생들에게 각각 찬성과 반대 의견 중 하나를 선택하여 작성하라고 안내합니다.

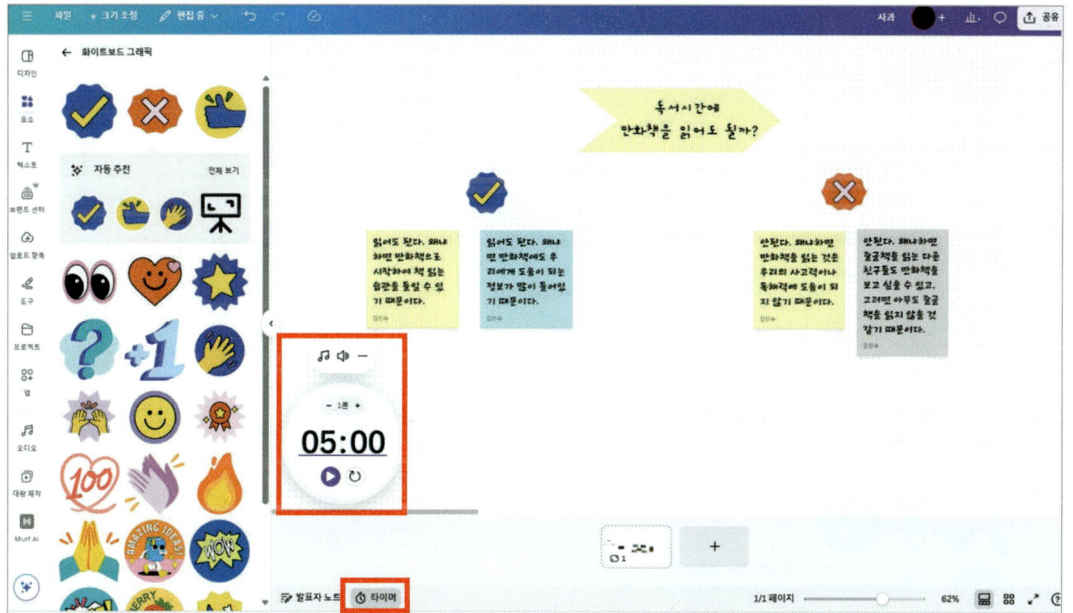

❹ 좌측 하단의 '타이머' 버튼을 누르면 의견 작성 시 제한 시간을 설정할 수 있습니다. 이때 타이머는 해당 화이트보드를 공유하고 있는 모든 사용자에게 공통적으로 표시됩니다.

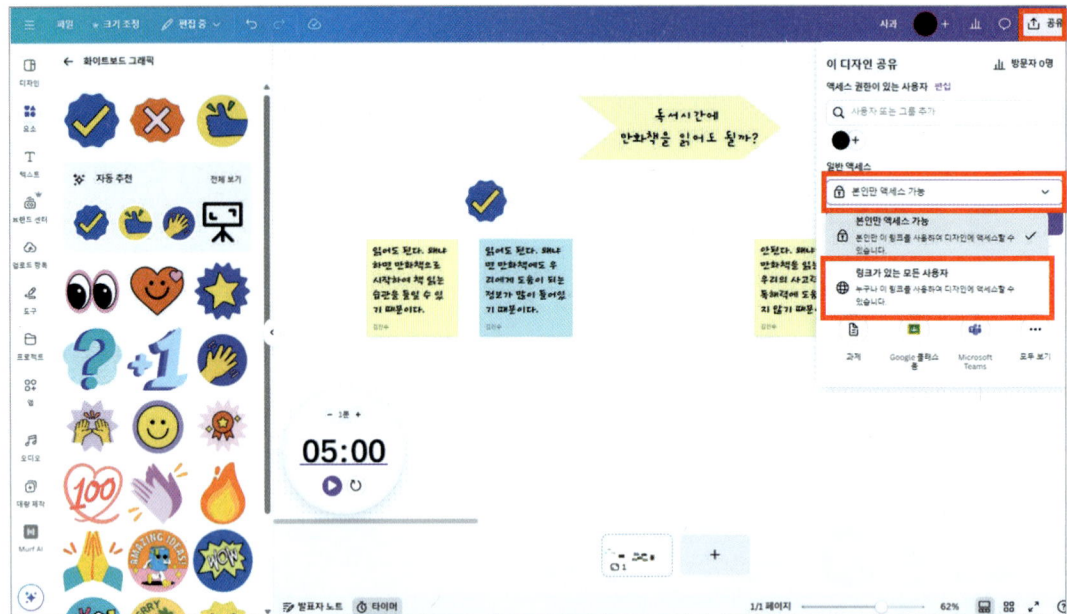

❺ 우측 상단의 [공유]에서 협업 링크를 클릭하고 '링크가 있는 모든 사용자'로 바꾸어줍니다.

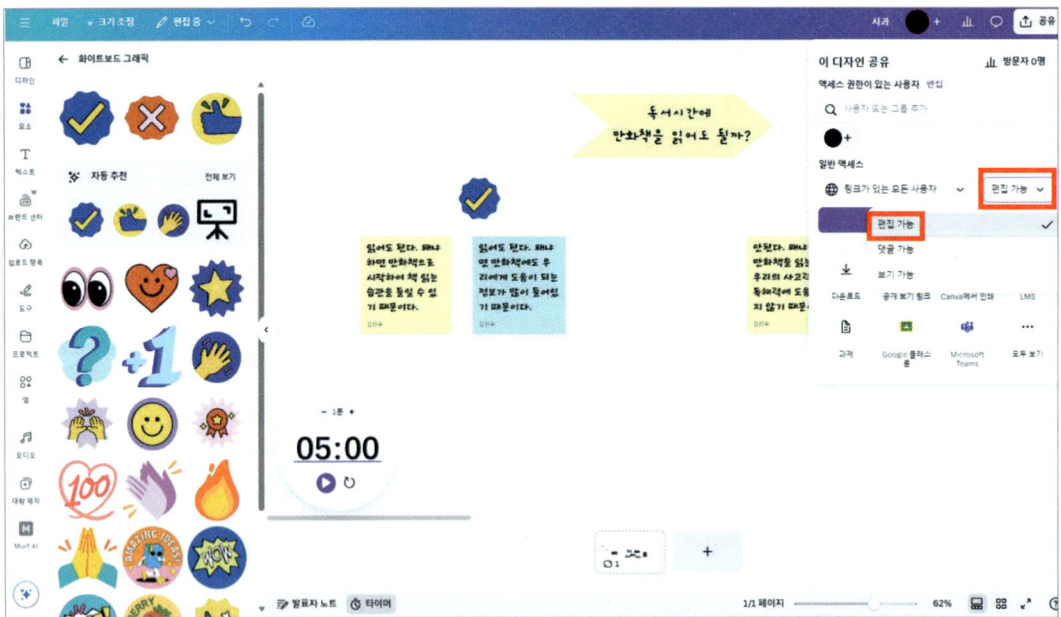

❻ '보기 가능' 상태를 '편집 가능'으로 바꾼 뒤 링크 복사를 눌러 해당 화이트보드를 공유하면 링크가 있는 여러 사용자가 동시에 작업을 할 수 있습니다.

화이트보드 마인드맵 템플릿으로 우리 학급 이름 짓기

01. 마인드맵으로 우리 반 캐치프레이즈 정하기

창의적인 학급 이름과 캐치프레이즈를 정하면 학급 운영에 개성을 더할 수 있습니다. 단순히 '1학년 2반'이 아니라 '눈송이 반', '솔바람 반'처럼 특별한 의미를 담아 학급의 이름을 짓는 것이죠. 학생들이 직접 참여해 함께 이름을 정한다면 학급에 대한 애정과 자부심도 더욱 커질 수 있습니다. 하지만 모든 학생이 한꺼번에 의견을 내고 정리하는 과정이 쉽지만은 않습니다. 이때 화이트보드 마인드맵 템플릿을 사용하면 효과적으로 다수의 아이디어를 모을 수 있습니다.

❶ 왼쪽 메뉴바 [디자인] 검색창에 '마인드맵'을 입력합니다.

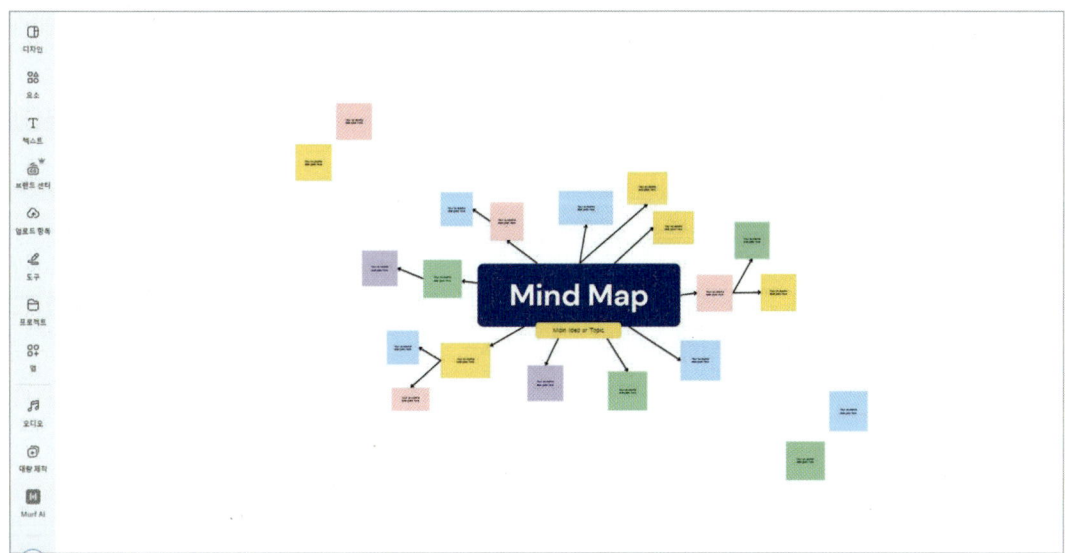

❷ 마음에 드는 템플릿을 클릭하여 화이트보드에 삽입합니다.

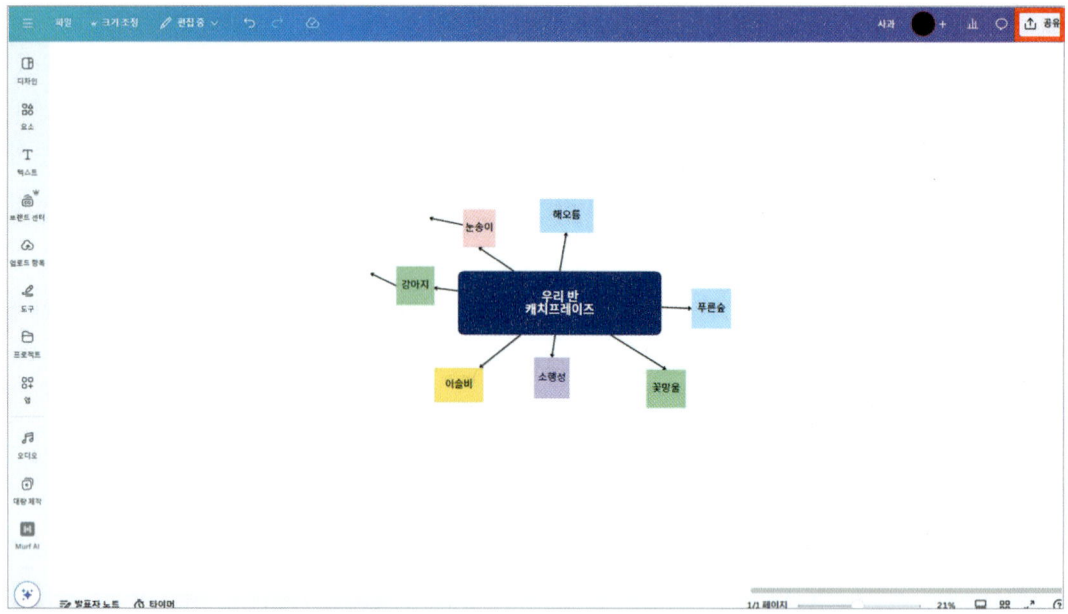

❸ 글꼴, 글씨 크기, 메인 주제, 학급 이름 예시 등을 적절하게 편집하여 배치한 다음 학생들에게 해당 화이트보드 링크를 공유합니다.

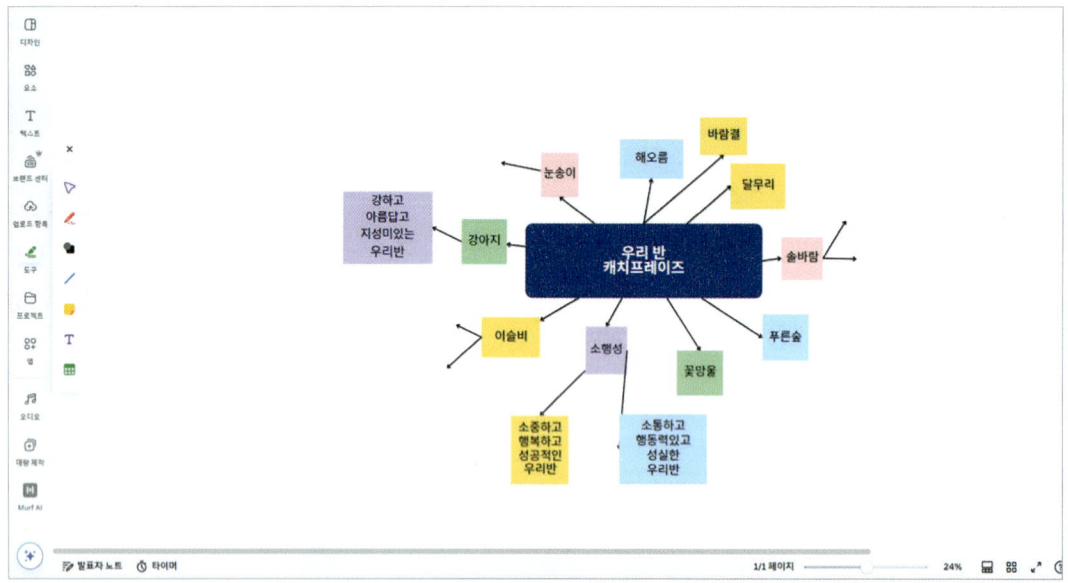

❹ 학생들은 왼쪽 메뉴바 [요소]의 '도형'에서 도형과 라인을 삽입하여 자신의 생각을 마인드맵 화면으로 나타낼 수 있습니다.

02. 의견 수렴하고 투표하기

마인드맵이 완성되었다면 이제 학생들의 의견을 하나로 모을 차례입니다. 이때 활용할 수 있는 화이트보드 투표 및 퀴즈 기능을 살펴보도록 하겠습니다.

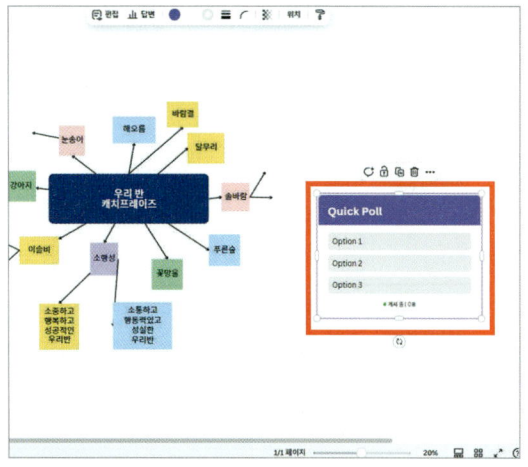

❶ 왼쪽 메뉴바 [요소]에서 '투표 및 퀴즈'를 선택합니다.

❷ 화이트보드 화면에 삽입합니다.

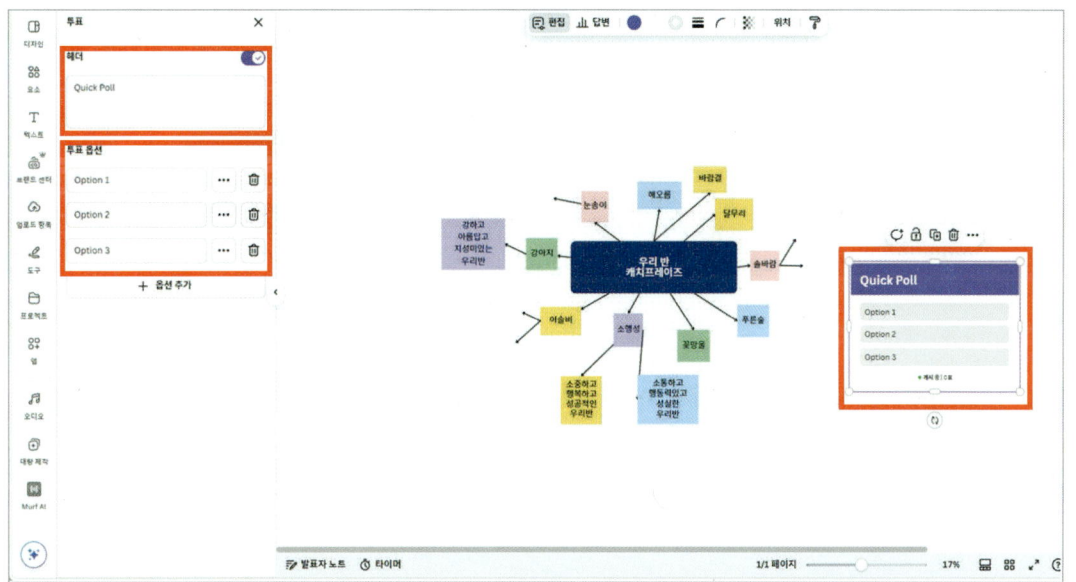

❸ 화면에 삽입된 투표창을 더블클릭하여 투표창을 편집할 수 있습니다. 헤더(머리글)에는 투표 제목이나 투표 주제를, 투표 옵션에는 학생들이 투표할 선택지를 입력합니다.

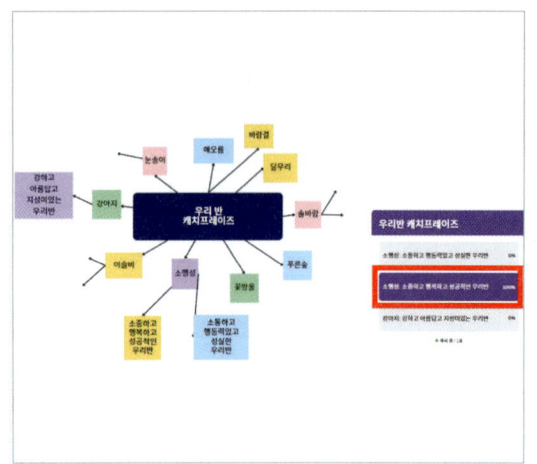

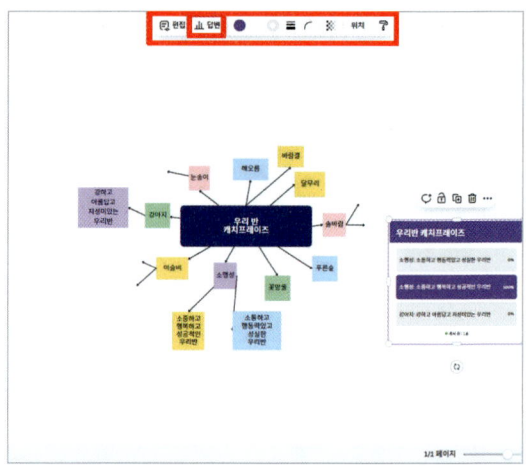

❹ 투표창의 선택지를 클릭하면 투표가 진행됩니다. 화이트보드 화면에서 실시간 투표 현황을 알 수 있습니다.

❺ 투표창을 클릭하면 나오는 상단 도구바에서 '답변'을 클릭하면 자세한 투표 결과를 확인할 수 있습니다.

❻ 선택지마다 선택 비율, 응답자 현황, 응답자의 투표 이력 등을 확인할 수 있습니다.

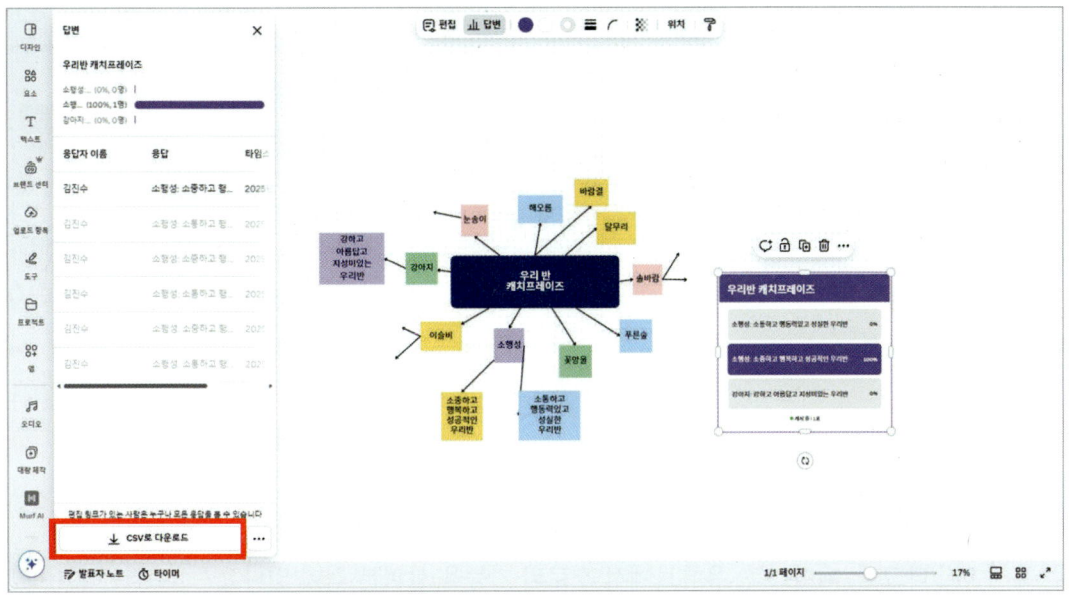

❻ [CSV로 다운로드]를 클릭하여 설문 결과를 엑셀 파일로 다운로드할 수 있습니다.

　지금까지 우리는 화이트보드를 활용하는 다양한 방법을 살펴봤습니다. 화이트보드를 활용하면 여러 사람이 동시에 참여하여 아이디어를 자유롭게 공유할 수 있고, 이를 시각적으로 정리할 수 있어 협업에 특히 유용합니다. 이러한 기능을 통해 우리는 생각을 더욱 체계적으로 정리할 수 있으며, 창의적인 방식으로 아이디어를 확장해 나갈 수 있습니다. 공간의 제약 없이 무한한 아이디어를 하나의 페이지에 담아낼 수 있는 화이트보드는 다양한 분야에서 응용할 수 있는 효율적인 도구입니다. 앞으로 캔바 화이트보드의 기능을 적극적으로 활용하여 효과적인 협업 및 창의적인 아이디어 발전에 도움이 되기를 바랍니다.

캔바 스토리로
교단 일기 작성하기

스토리 알아보기

01. 스토리란?

혹시 인스타그램, 페이스북, 유튜브에서 스토리 기능을 살펴본 적이 있나요? 스토리는 짧은 영상이나 사진을 엮어 만든 콘텐츠로, 24시간 동안만 게시되고 사라지는 특징이 있습니다. 스토리 디자인 크기는 대부분 1080×1920 px의 세로형 디자인을 사용하는데, 그 이유는 주로 스마트폰을 사용해 SNS를 하기 때문입니다. 그럼 아래 제시한 몇 가지 스토리 디자인을 살펴보겠습니다.

출처: (왼쪽부터 차례로) 캔바 크리에이터 mindminds, 노단, 단비

스토리는 세로 형식의 디자인으로 구성되며 간단한 메시지를 효과적으로 전달하는 데 특화된 콘텐츠 형식입니다. 단순한 화면 구성과 최소한의 디자인 요소를 적절히 배치하여 짧은 시간 안에 핵심 메시지를 전달하는 것이 스토리 제작의 핵심 방향이라 할 수 있습니다.

만일 스토리 디자인임에도 불구하고 전달하려는 내용이나 시각적 요소가 지나치게 많아지면 오히려 보는 이로 하여금 피로감을 느끼게 할 수 있으며, 전달력을 떨어뜨릴 수 있습니다. 따라서 스토리를 제작할 때는 핵심 메시지를 간결하게 표현해야 합니다.

그렇다면 스토리의 장점은 무엇일까요? 우선 긴 설명 없이 중요한 내용만 빠르게 전달할 수 있어 효율적입니다. 핵심 내용 중심으로 구성되기 때문에 전달하고자 하는 내용만 간결하게 살펴볼 수 있습니다. 또한 화면을 간략하게 구성하기 때문에 디자인 제작 시간이 짧은 편이며, 짧고 인상 깊은 콘텐츠가 모여 있어 나중에 다시 살펴볼 때 과거 기록을 빠르게 확인할 수 있습니다.

스토리 활용 방법

- 교단 일기: 교직 생활 중 인상 깊은 사건들을 스토리로 간단히 기록
- 추억 기록: 스토리 제작 방법을 학생들에게 알려준 후 재미있었던 일을 스토리로 제작
- 학급 소식: 학급 생일파티, 현장 체험 학습 날짜 등 재미있는 학급 소식을 스토리로 제작

02. 스토리 제작하기

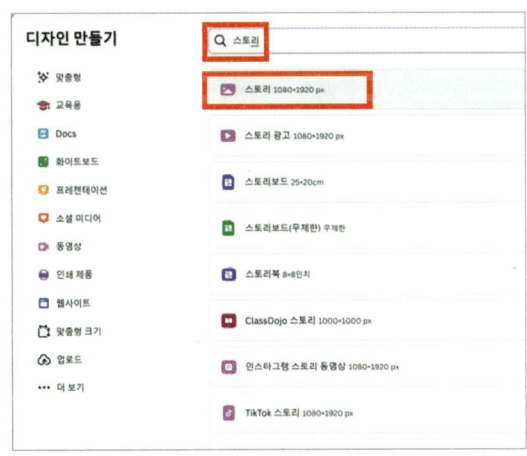

❶ 캔바 메인화면에서 [+ 디자인 만들기] 클릭 후 검색창에 '스토리'를 검색해 '스토리 1080×1920 px'를 선택합니다.

❷ 오른쪽 상단 제목을 더블클릭해 내용을 수정합니다.

❸ 좌측 메뉴바 [디자인]의 '템플릿' 검색창에 '초록 귀여운' 입력 후 원하는 템플릿을 선택합니다.

출처: 캔바 크리에이터 bomnaleens

❹ 현장체험 학습 전 필요한 준비물을 알려주는 디자인으로 만들기 위해 템플릿의 내용을 바꾸어줍니다.

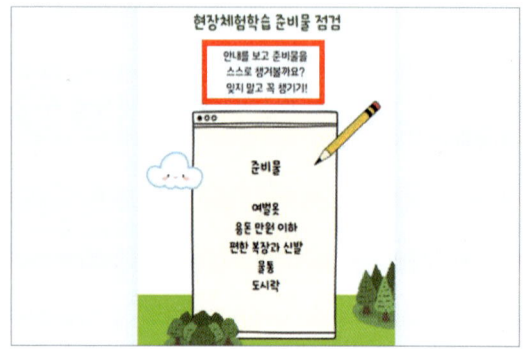

❺ 그 외에도 템플릿의 텍스트를 목적에 맞게 수정합니다.

❻ 불필요한 배경 요소는 원하는 것만 남기고 삭제할 수 있습니다.

❼ 좌측 메뉴바 [요소]의 검색창에 '놀이공원'을 검색해 원하는 요소를 삽입합니다.

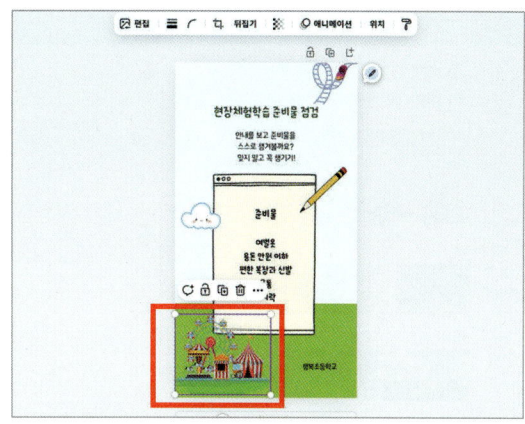

❽ 삽입된 그래픽 요소들은 크기 변환, 위치 조정 등을 통해 적절하게 배치하여 디자인을 완성합니다.

완성된 스토리 디자인 모습입니다. 이제 디자인을 다운로드해 보겠습니다.

❾ 우측 상단의 [공유]에서 '다운로드'를 선택합니다.

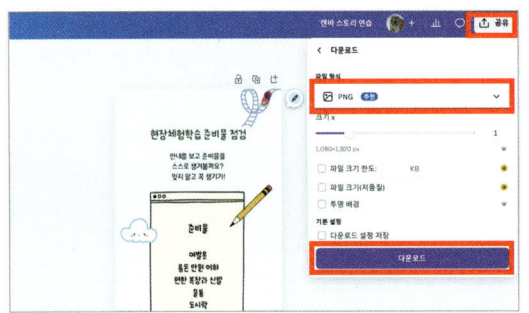

❿ 원하는 파일 형식을 설정하고 [다운로드]를 선택합니다.

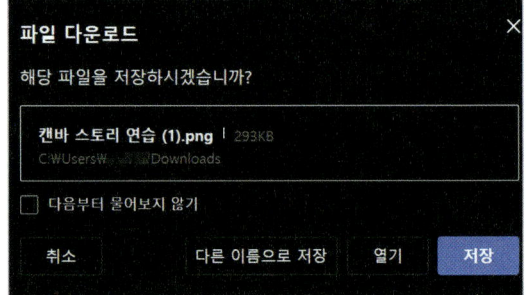

⓫ 파일을 다운로드 하여 원하는 위치에 저장합니다.

03. 스토리 템플릿 검색 방법

우리가 캔바를 활용하는 가장 큰 이유는 양질의 디자인을 빠른 시간 안에 효율적으로 제작하기 위해서입니다. 이때 템플릿을 적극적으로 활용하는 것은 이러한 목적을 달성하는 데 큰 도움이 됩니다. 지금부터는 효율적인 작업을 위해 다양한 스토리 템플릿을 살펴보며 나에게 맞는 디자인을 선택해보도록 하겠습니다. 그럼 캔바에서 템플릿을 검색하는 2가지 방법에 대해 자세히 알아볼까요?

■ 메인화면 템플릿에서 검색하기

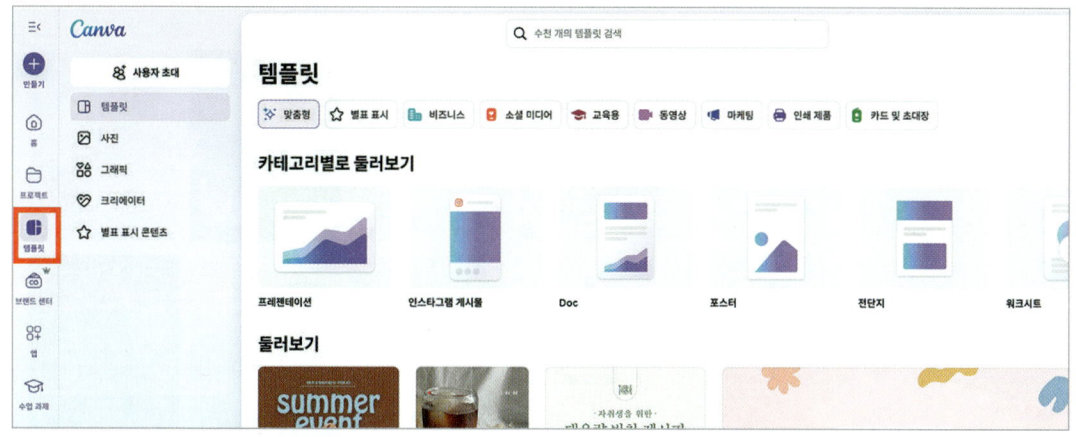

❶ 메인화면 좌측 메뉴바의 [템플릿]을 선택합니다.

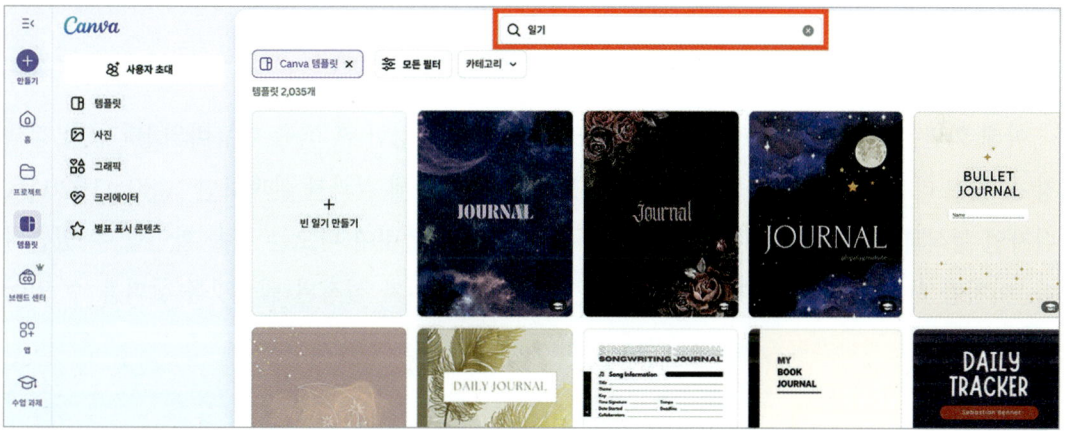

❷ 템플릿 검색창에 '일기'를 검색합니다.

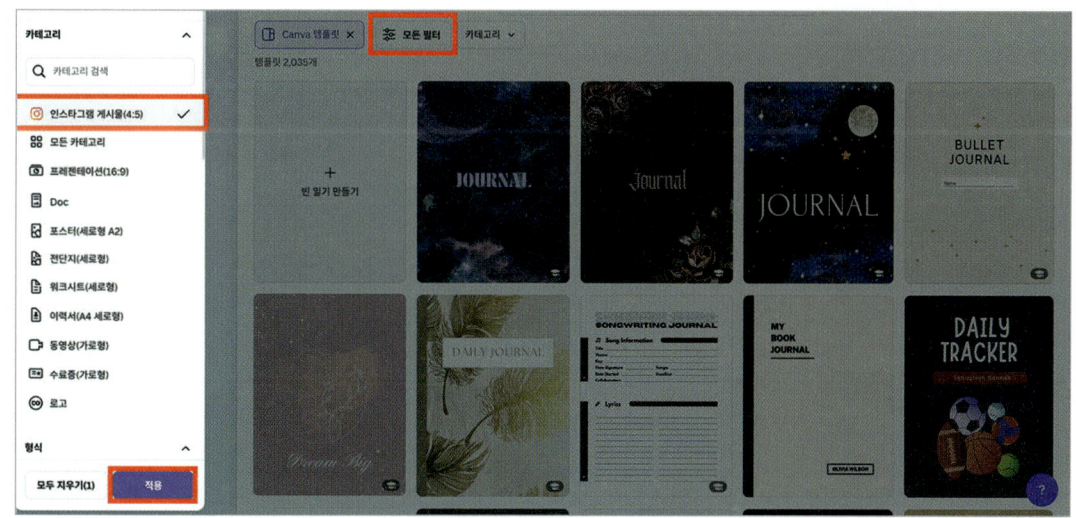

❸ '모든 필터'를 선택하고 '인스타그램 게시물(4:5)'을 체크한 뒤 [적용]을 누릅니다.

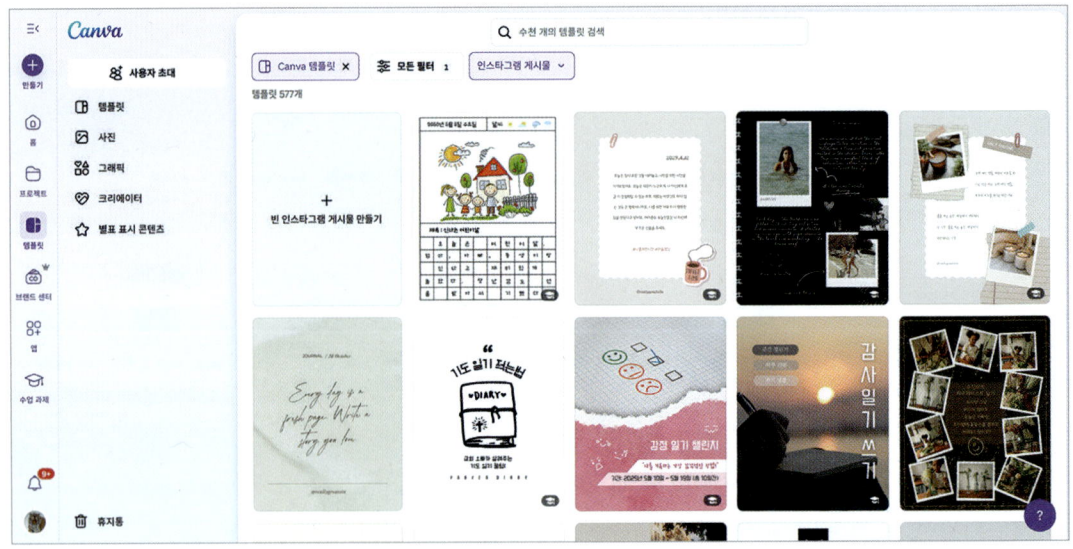

❹ '일기' 주제의 '인스타그램 게시물' 형식 템플릿이 검색되는 것을 알 수 있습니다.

■ 편집 화면 좌측 메뉴바에서 검색하기

아래 화면은 1080×1920 px로 디자인 크기를 먼저 설정한 후 좌측 메뉴바의 [디자인] 검색창에 '학교'라는 키워드로 템플릿을 검색한 모습입니다. 검색 결과를 살펴보면 1080×1920 px 디자인 형식과 '학교'라는 검색 주제를 모두 만족하는 템플릿이 나오는 것을 확인할 수 있습니다. 이처럼 편집 화면에서 템플릿을 검색하면 디자인 크기가 설정된 템플릿을 살펴볼 수 있어 편리합니다.

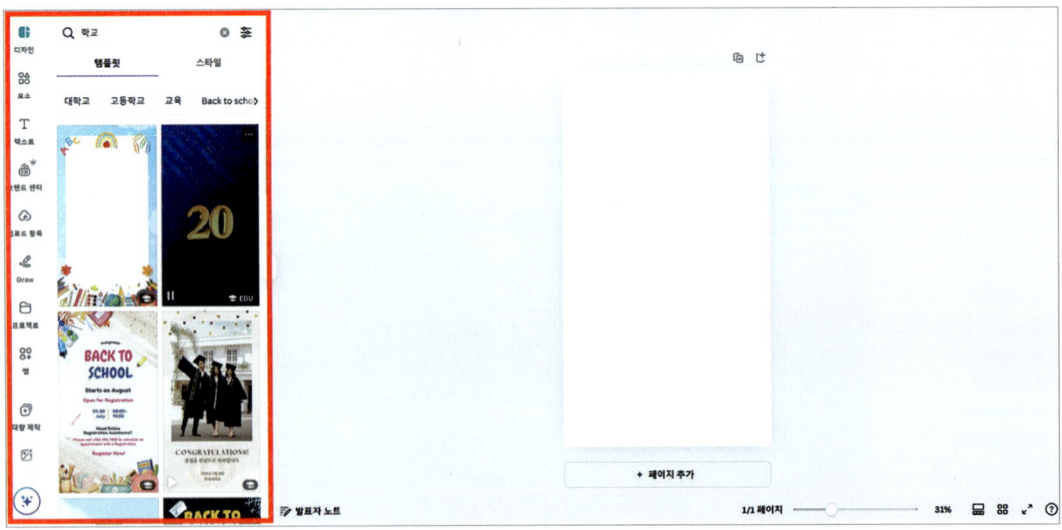

템플릿 검색 방법을 알았으면 이제 직접 검색해 볼 차례입니다. 편집 화면 메뉴바에서 스토리 형식 디자인 템플릿을 검색해 보겠습니다.

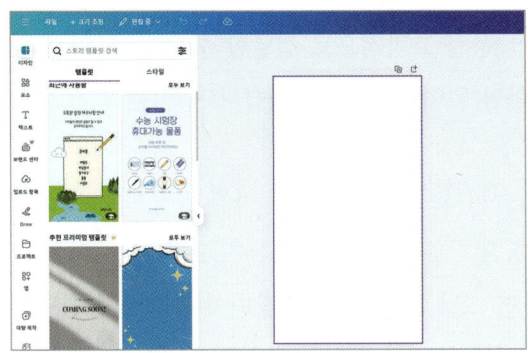

❶ 먼저 [+ 디자인 만들기]를 눌러 '스토리 1080 ×1920 px' 디자인을 생성합니다.

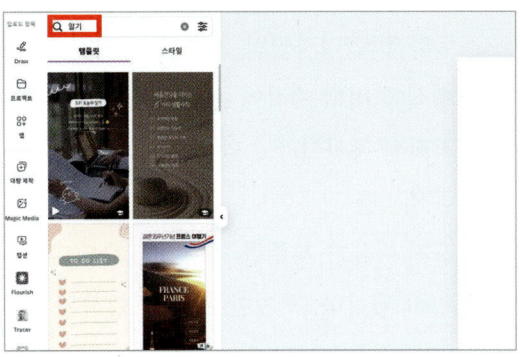

❷ 일기에 관련한 스토리를 만들어보겠습니다. 좌측 메뉴바 [디자인]의 템플릿 검색창에 '일기'를 검색합니다.

❸ 일기 중에서도 '분홍색' 색상이 강조된 템플릿을 찾고 싶다면 검색창 우측의 '필터' 아이콘을 눌러 색상을 지정할 수 있습니다.

❹ 검색 결과 '스토리' 형식 디자인에 맞는 크기와 '일기'라는 주제, '분홍색' 색상까지 3가지 조건을 모두 만족하는 템플릿이 검색 되었습니다.

템플릿 조건을 상세하게 설정할 수 있으면 원하는 템플릿을 찾기 수월하다는 장점이 있습니다. 한편 조건이 상세할수록 해당 조건을 만족하는 템플릿 수가 적어지기도 합니다. 자신의 상황에 맞게 검색 방법을 잘 활용하여 효율적인 디자인을 제작하기를 바랍니다.

캔바 스토리로 교단 일기 작성하기

01. 캔바 스토리로 교단 작성하기 장점

스토리 형식 디자인의 경우 짧은 시간 내 핵심 내용을 효과적으로 전달할 수 있으며, 다른 디자인 형식에 비해 제작에 소요되는 시간이 짧아 부담 없이 활용할 수 있습니다. 이는 일기 작성에 최적화된 특성이라고 할 수 있습니다.

하루 일과를 되돌아보는 일은 생각보다 쉽지 않습니다. 교사는 온종일 바쁜 일정 속에서 육체적·정신적 여유가 부족한 경우가 많습니다. 때문에 일기를 쓰고 다시 읽는 일조차 큰 노력이 필요한 일이 됩니다. 하지만 스토리 형식을 활용하면 그날 기억에 남는 장면이나 주제를 간단한 메시지와 이미지로 짧게 기록할 수 있어 일기에 대한 부담이 줄어듭니다. 또한 이렇게 기록된 스토리는 훗날 모아두고 다시 살펴보며 수월하게 기억을 되살릴 수 있다는 장점이 있습니다.

02. 캔바 모바일 앱 다운받기

그럼 지금부터 캔바 스토리 기능을 활용해 일기를 작성하는 방법을 하나씩 살펴보겠습니다. 이번 활동에서는 보다 손쉽게 일기를 작성하기 위해 스마트폰을 활용해 보겠습니다.

캔바는 모바일 앱을 통해서도 사용할 수 있도록 설계되어 있어 언제 어디서나 간편하게 디자인 작업을 할 수 있습니다. 이를 활용하면 짧은 시간 안에 부담 없이 일상을 기록하는 교단 일기를 작성할 수 있습니다.

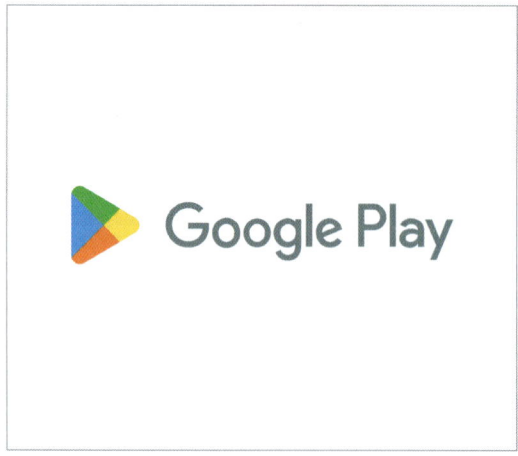
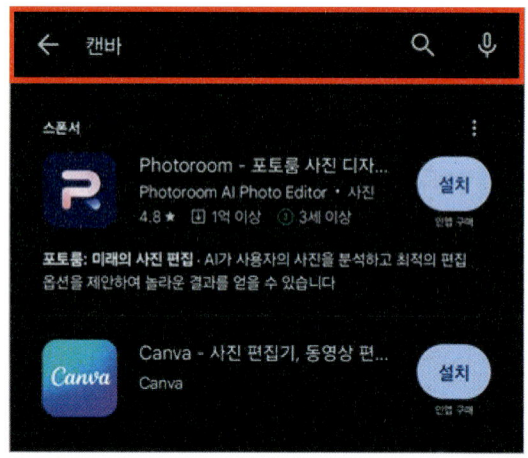

❶ 모바일 기기에서 '플레이 스토어' 또는 '애플 스토어' 등 자신이 사용하는 앱 스토어에 접속합니다.

❷ '캔바'를 검색하고 어플을 다운로드 받습니다.

03. 캔바 모바일 앱으로 교단 일기 작성하기

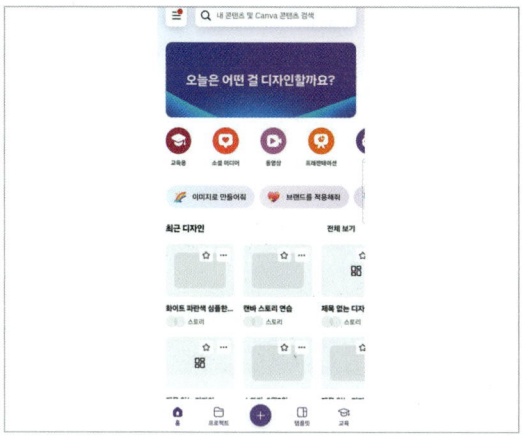

❶ 캔바 모바일 앱에 로그인합니다.

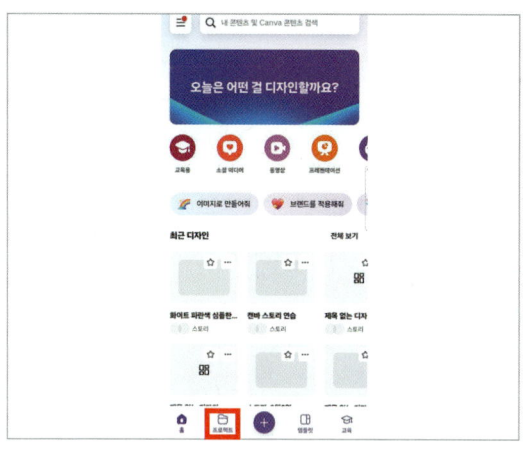

❷ 교단 일기 디자인만 관리할 폴더를 만들겠습니다. 하단 메뉴의 [프로젝트]를 선택합니다.

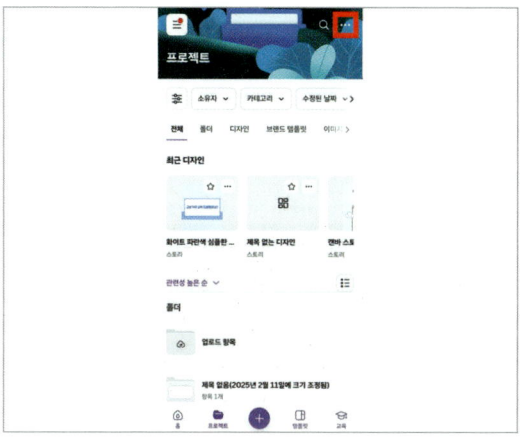

❸ 우측 상단의 점 3개 아이콘을 선택합니다.

❹ '새 폴더'를 선택해 폴더를 추가합니다.

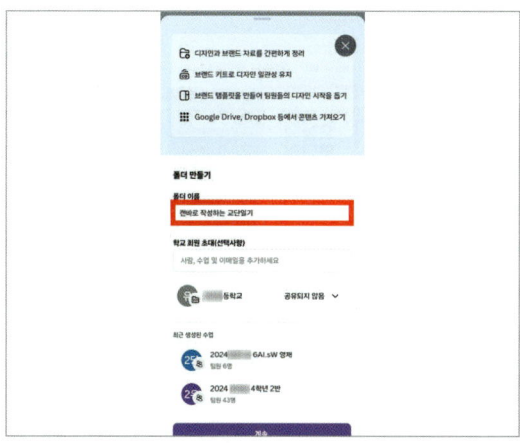

❺ 폴더 이름을 작성한 후 [계속]을 선택합니다.

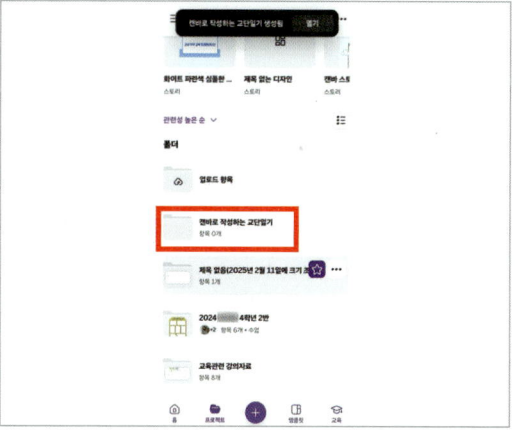

❻ 폴더가 완성되었습니다. 폴더를 눌러 접속합니다.

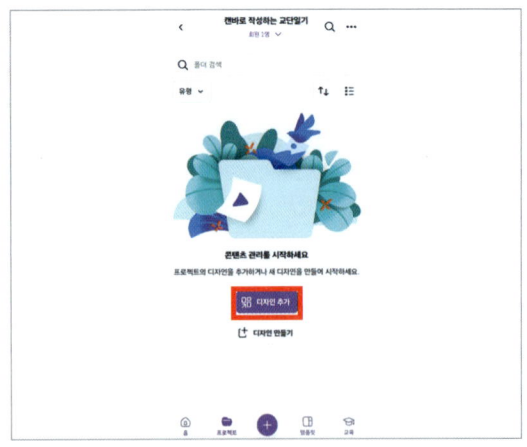
❼ 폴더 화면입니다. [디자인 만들기]를 선택해 디자인을 추가합니다.

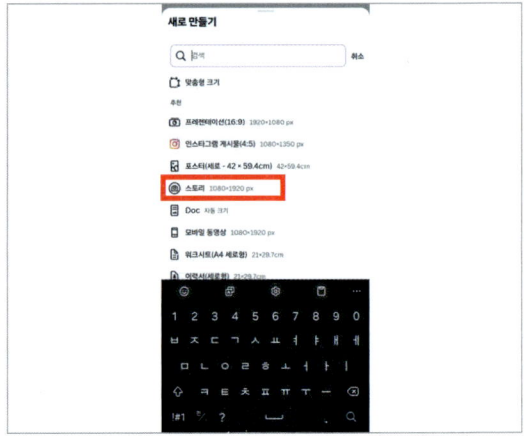
❽ '스토리' 디자인 형식을 선택합니다.

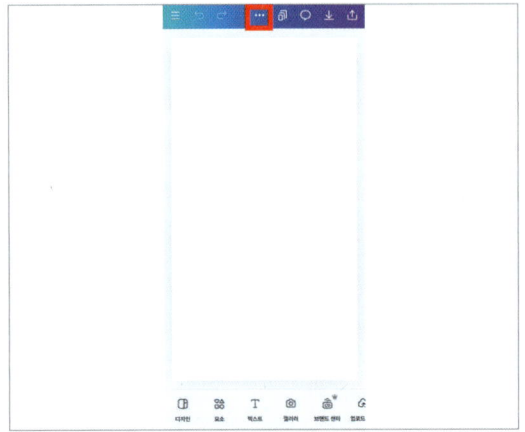
❾ 디자인이 생성되었습니다. 상단의 점 3개 아이콘을 선택합니다.

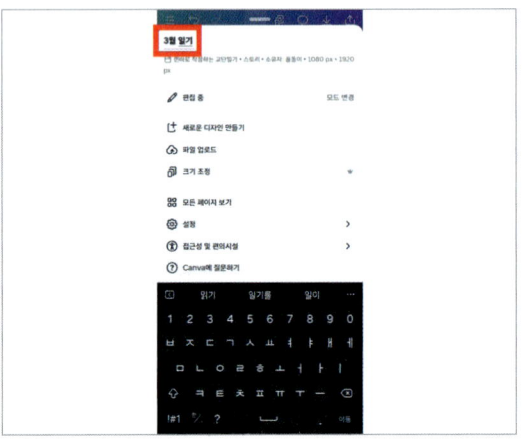
❿ 디자인 이름을 변경합니다.

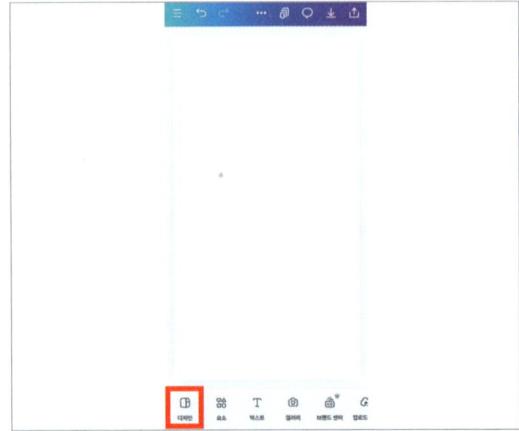
⓫ [디자인]을 누릅니다.

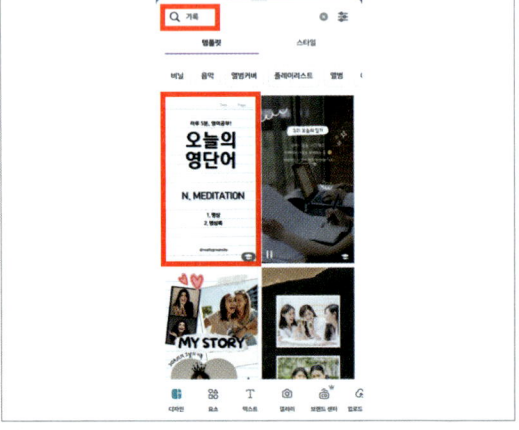
⓬ 검색창에 '기록'이라고 검색한 후 '템플릿'을 선택하고 원하는 템플릿을 선택합니다.

출처: 캔바 크리에이터 단비

⑬ 텍스트 상자 위치를 이동시켜 날짜 기록란을 만들어줍니다.

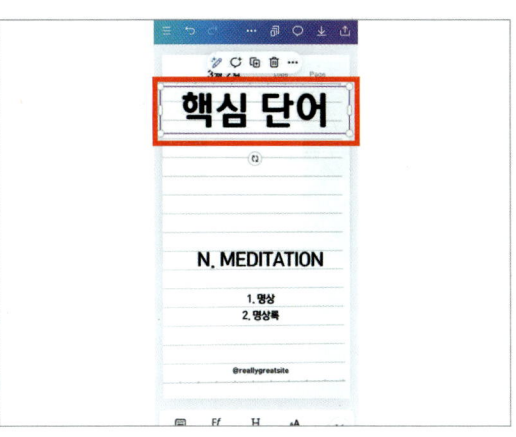

⑭ 제목을 '핵심 단어'로 변경했습니다. 핵심 단어는 일기를 적은 날에 가장 인상 깊은 단어를 쓰는 곳입니다.

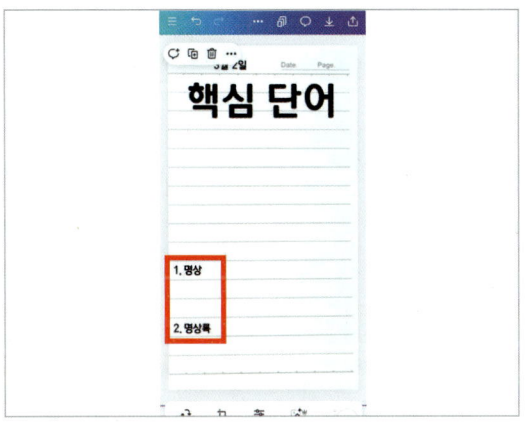

⑮ 글자의 위치를 조정합니다.

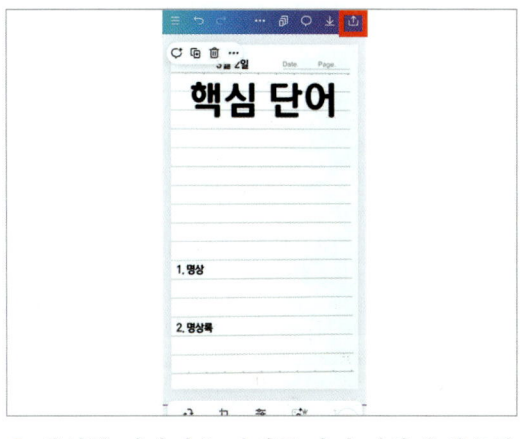

⑯ 완성한 디자인은 언제든 다시 편하게 활용하기 위해 브랜드 템플릿에 넣어둡니다. 우측 상단의 '공유'를 선택합니다.

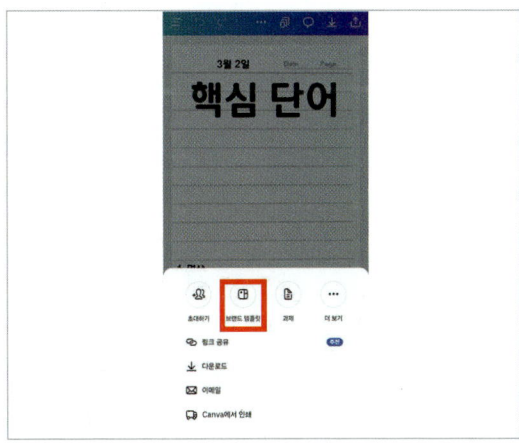

⑰ '브랜드 템플릿'을 선택합니다.

⑱ 저장할 폴더를 선택하고 [추가]를 누르면 템플릿 등록이 완료됩니다.

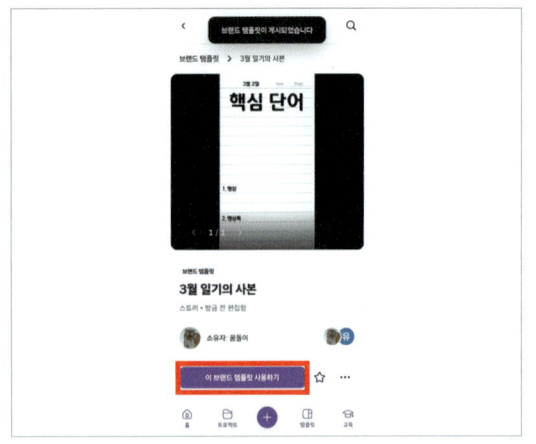

⑲ 브랜드 템플릿에서 [이 브랜드 템플릿 사용하기]를 선택합니다.

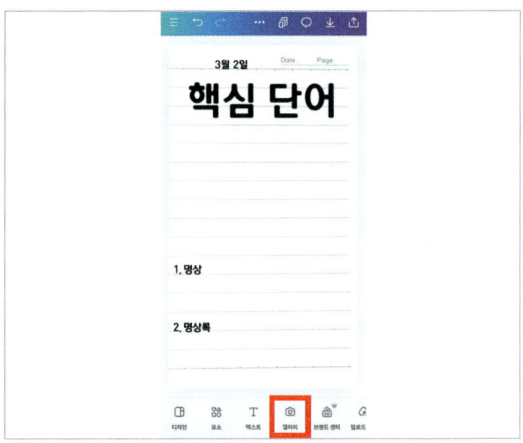

⑳ '사진'을 추가해 보겠습니다. 하단의 [갤러리]를 선택합니다.

㉑ '모두 허용'을 누릅니다.

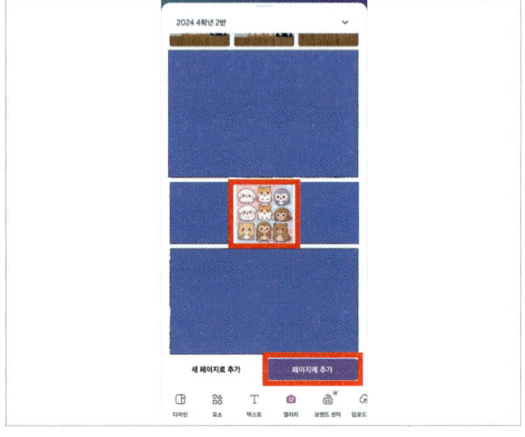

㉒ 넣고 싶은 사진 1~2장을 고른 후 [페이지에 추가]를 선택합니다.

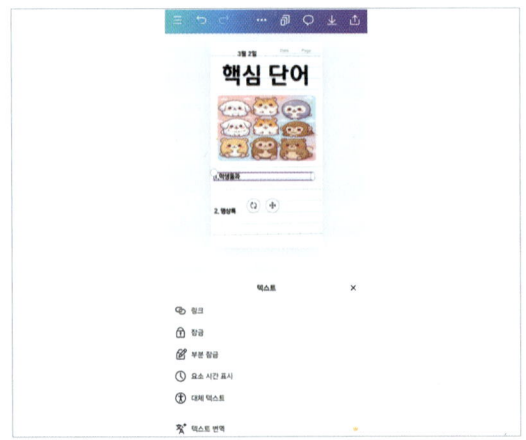

㉓ 사진이 추가된 모습입니다.

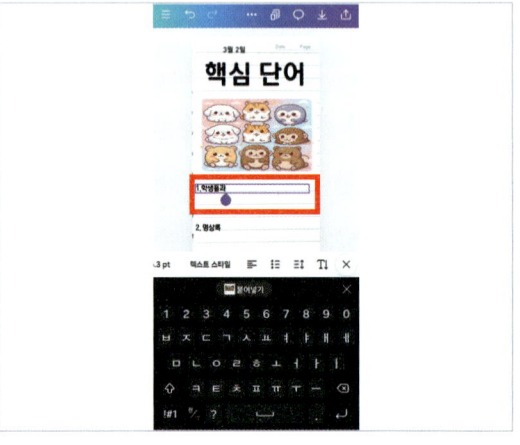

㉔ 세부 내용을 작성합니다.

㉕ 텍스트 박스 아래를 드래그하여 '왼쪽 정렬'을 선택합니다.

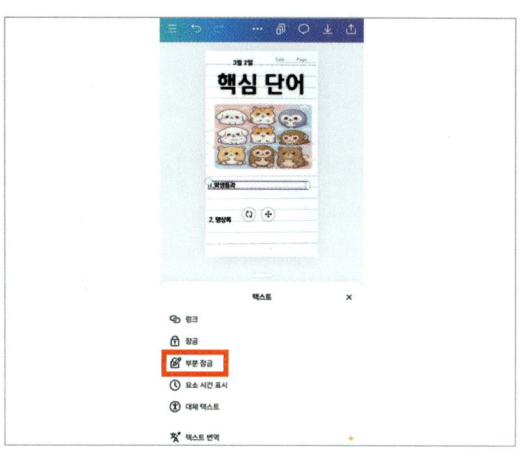

㉖ 텍스트 박스가 움직이지 않도록 '부분 잠금'을 선택합니다.

㉗ 세부 내용을 작성합니다.

㉘ 내용 작성 중 배경이 움직여 불편하다면 배경 요소를 클릭하여 '잠금'을 선택합니다.

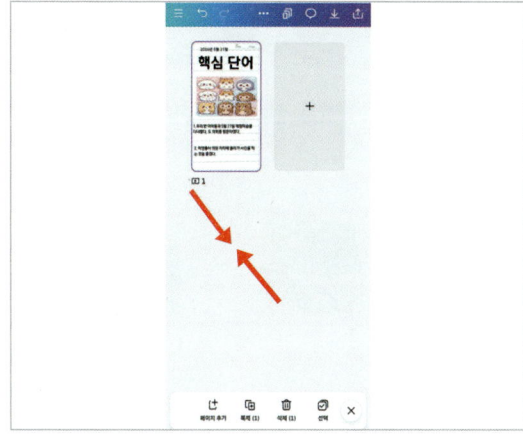

㉙ 손가락 두 개를 바깥쪽에서 안쪽으로 움직여 전체 페이지로 들어갑니다.

㉚ 하단 도구바에서 [복제]를 눌러 똑같은 페이지를 만듭니다. 새로운 일기는 복제한 페이지를 수정하여 만듭니다.

동아리 로고 디자인하기

　학교 동아리 활동은 학생들의 관심사와 재능을 발전시키는 중요한 역할을 합니다. 이때 동아리의 정체성을 상징하는 로고는 단순한 이미지 그 이상으로 동아리의 가치와 목표를 시각적으로 표현하는 핵심 요소입니다. 잘 제작된 로고는 동아리의 브랜드 이미지를 강화하고 구성원 간의 소속감을 높이는 것은 물론 외부와의 소통을 원활하게 해줍니다. 캔바를 활용하면 복잡한 디자인 툴 없이도 누구나 쉽고 빠르게 개성 있는 로고를 제작할 수 있습니다.

로고 제작 방법 알아보기

01. 로고 템플릿 살펴보기

　캔바는 다양한 로고 템플릿을 제공하여 초보자도 쉽게 로고를 디자인할 수 있도록 돕습니다.

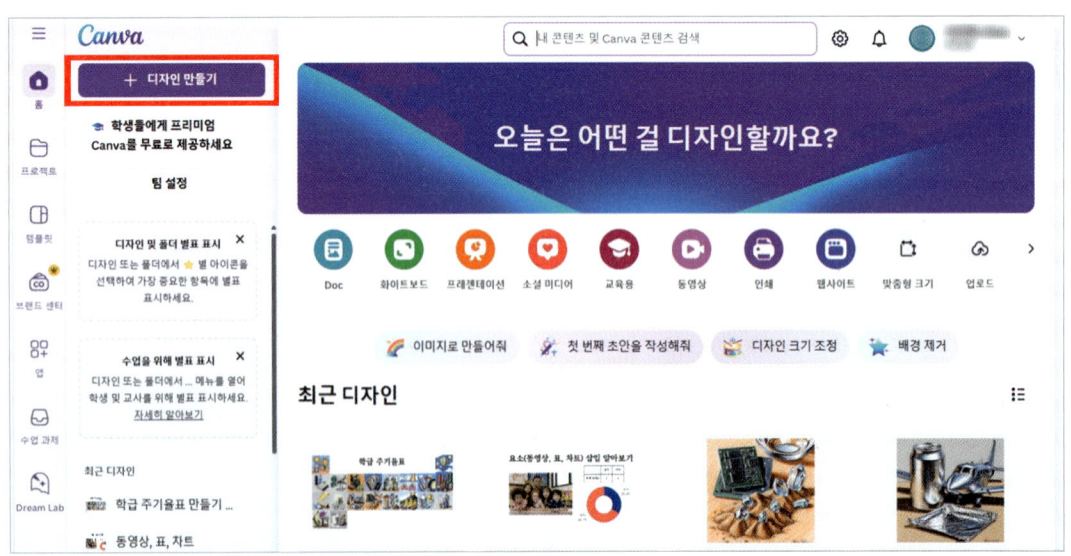

❶ 캔바 메인화면에서 [+ 디자인 만들기]를 선택합니다.

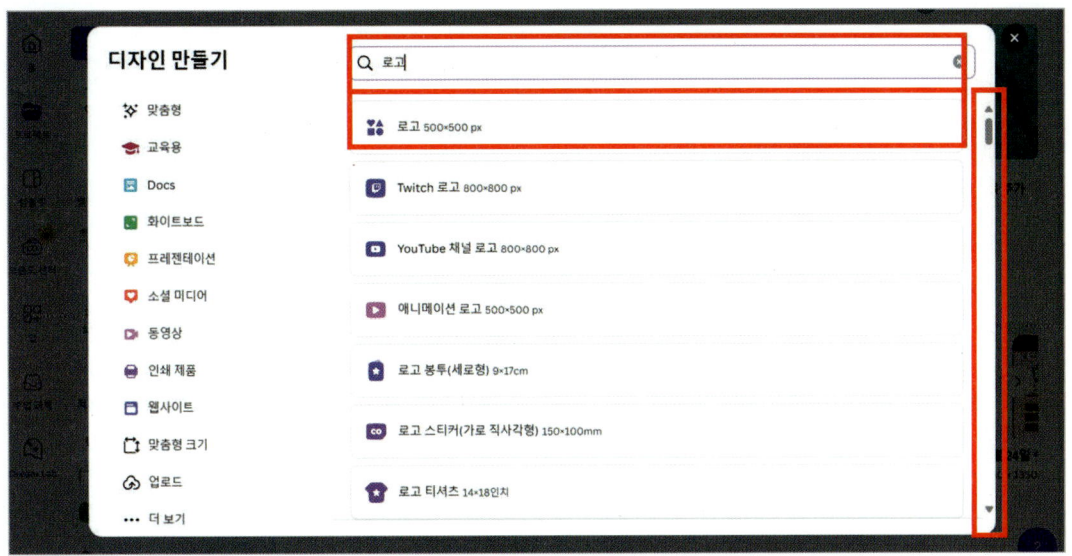

❷ 검색창에 '로고'를 검색한 후 스크롤바를 내리면 다양한 로고 템플릿을 살펴볼 수 있습니다. '로고 500×500 px'을 선택합니다.

02. 로고 편집 및 커스터마이징

로고를 동아리의 특성에 맞게 편집하는 방법을 알아보겠습니다. 색상 변경, 텍스트 수정, 그래픽 요소 추가 등을 활용하여 나만의 로고를 제작할 수 있습니다.

❶ 좌측 메뉴바 [요소]의 템플릿 검색창에 '샌드위치'를 검색한 후 원하는 템플릿을 선택합니다.

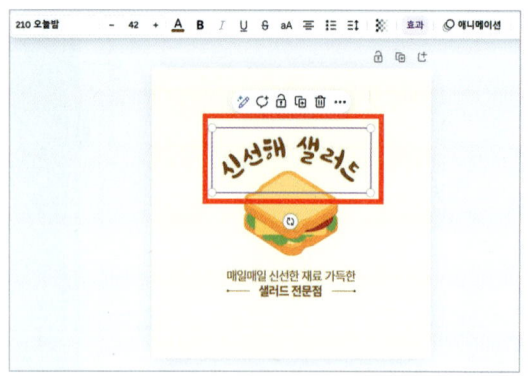

❷ 텍스트 상자를 더블클릭해 내용을 수정합니다.

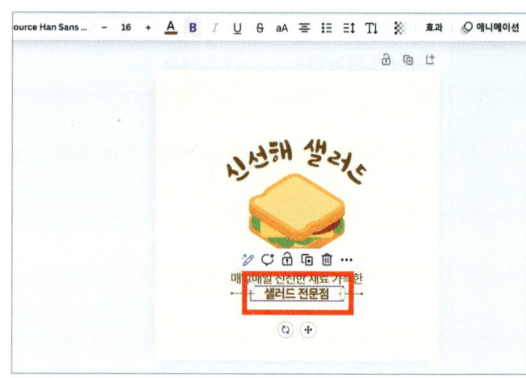

❸ 하단의 텍스트도 마찬가지로 내용에 맞게 수정합니다.

❹ 배경 클릭 후 도구바의 '색상'을 선택해 진한 녹색 계열로 변경합니다.

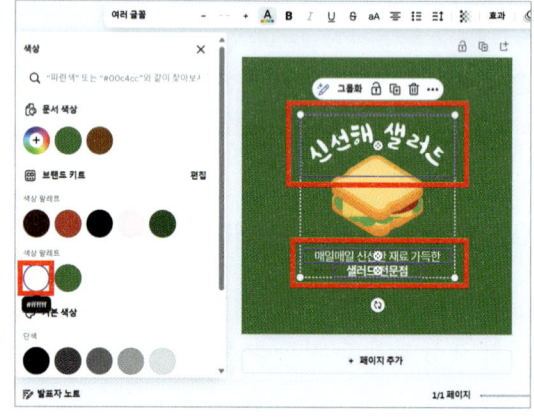

❺ Shift 키를 누른 채로 로고에 있는 텍스트 상자를 모두 선택한 다음 상단 도구바를 이용해 텍스트 색상을 하얀색으로 변경합니다.

❻ 색상 변경이 필요한 도형 요소는 Shift 키를 누른 채 클릭하여 함께 선택한 다음 상단 도구바를 이용해 선 색상을 하얀색으로 변경합니다.

❼ 로고에 적합하지 않은 그림 요소는 해당 요소를 클릭한 다음 휴지통 모양의 '삭제' 아이콘을 눌러 삭제합니다.

❽ 좌측 메뉴바 [요소] 검색창에 '닭가슴살 샐러드'를 검색하고 원하는 그래픽을 선택하여 넣어줍니다.

제작한 로고 활용하기

01. 캔바에서 인쇄 주문하기

완성된 로고는 캔바의 인쇄 기능을 활용하여 실제로 출력할 수 있습니다.

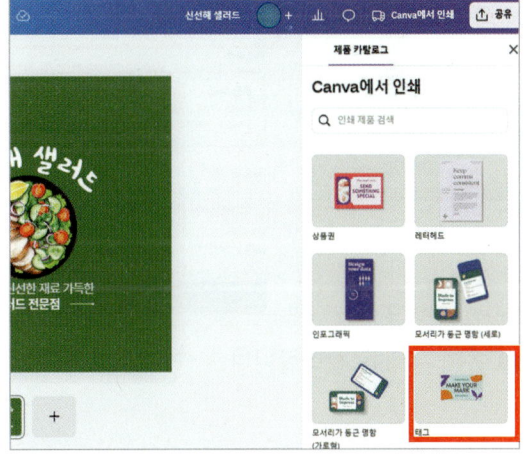

❶ 우측 상단의 [Canva에서 인쇄]를 선택합니다.

❷ 제품 카탈로그에서 '태그'를 선택합니다.

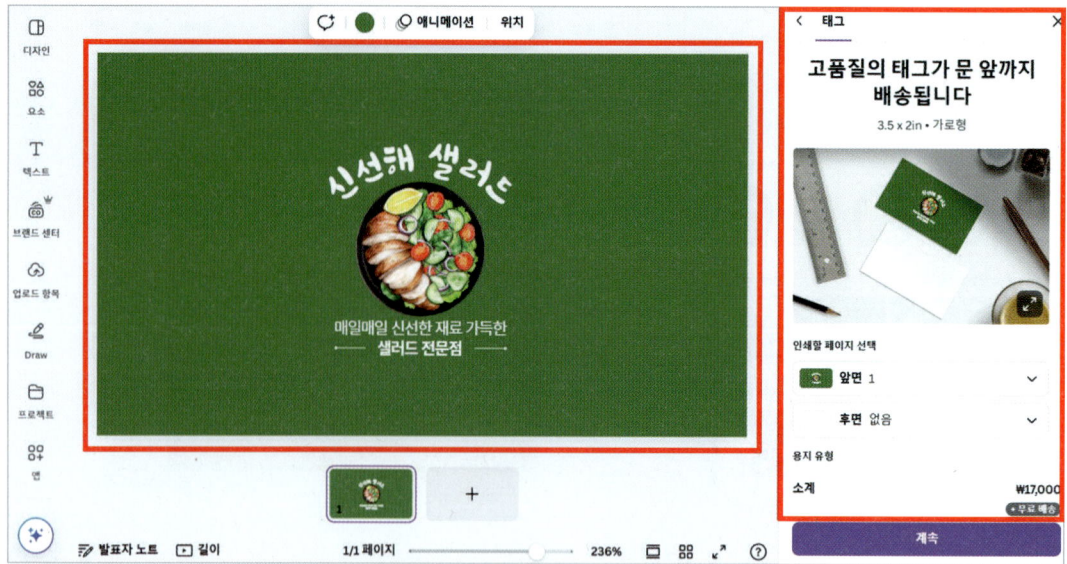

❸ 템플릿이 선택한 인쇄 제품에 적합하게 편집됩니다. 태그의 템플릿에 맞게 추가적으로 디자인할 수 있습니다. 우측에 활성화되는 태그의 내용을 확인합니다. 인쇄할 페이지 선택에서 태그 앞면과 후면의 인쇄 내용을 선택합니다.

❹ 용지 유형을 선택합니다.

❺ 인쇄 마감을 선택합니다.

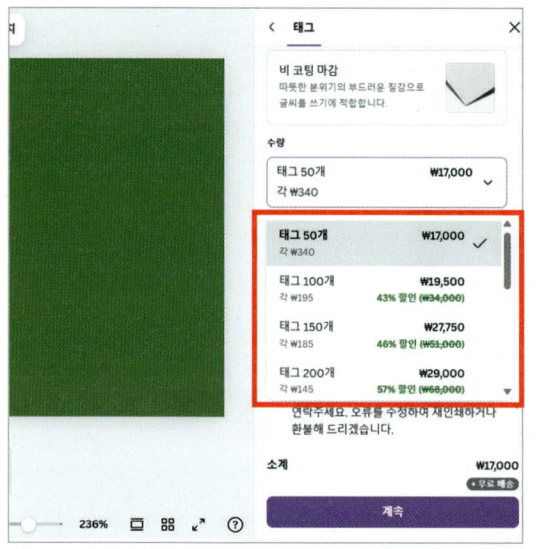 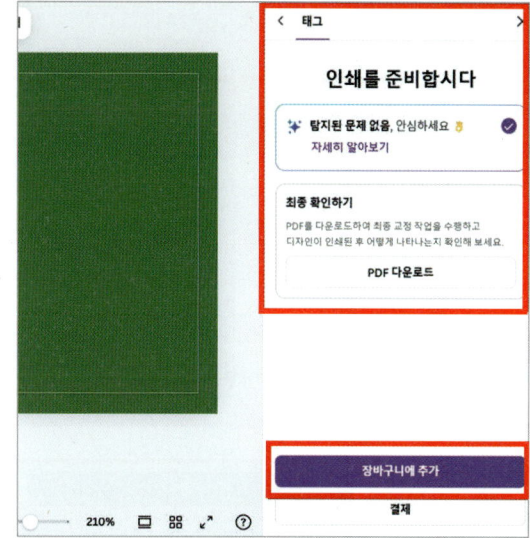

❻ 수량에서 수량과 가격을 확인하고 선택합니다.

❼ '탐지된 문제 없음, 안심하세요.'라는 문구가 제시되면 캔바에서 인쇄 준비가 완료된 것입니다. [장바구니에 추가]를 선택합니다.

❽ 장바구니 아이콘에 1이 생성된 것을 볼 수 있습니다. 장바구니 내용을 확인하고 [결제]를 선택합니다.

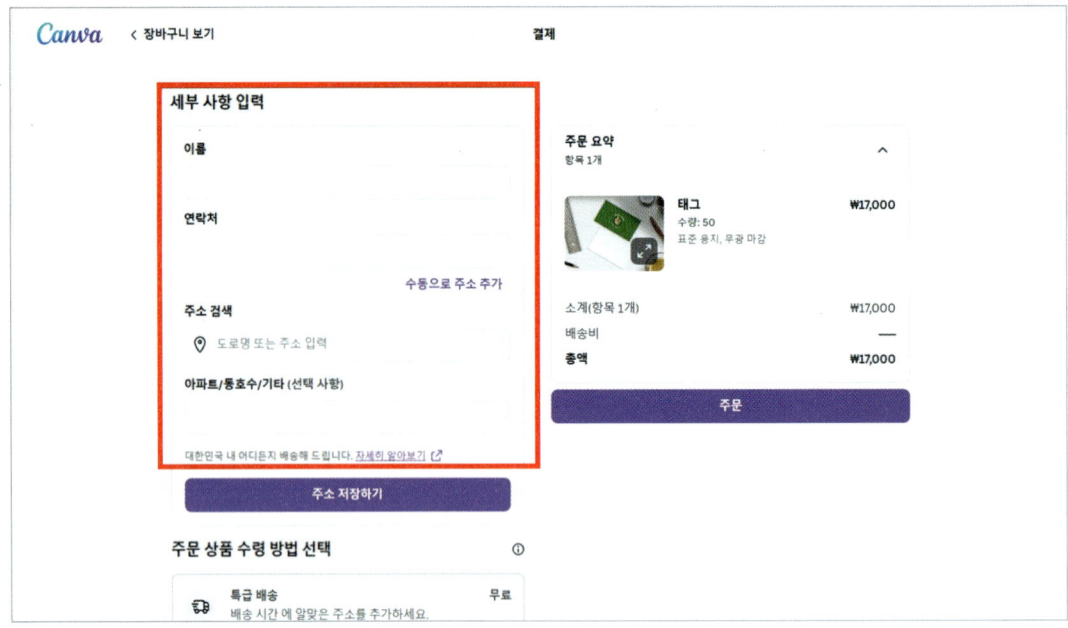

❾ 결제 페이지에서 이름, 연락처, 주소를 입력합니다.

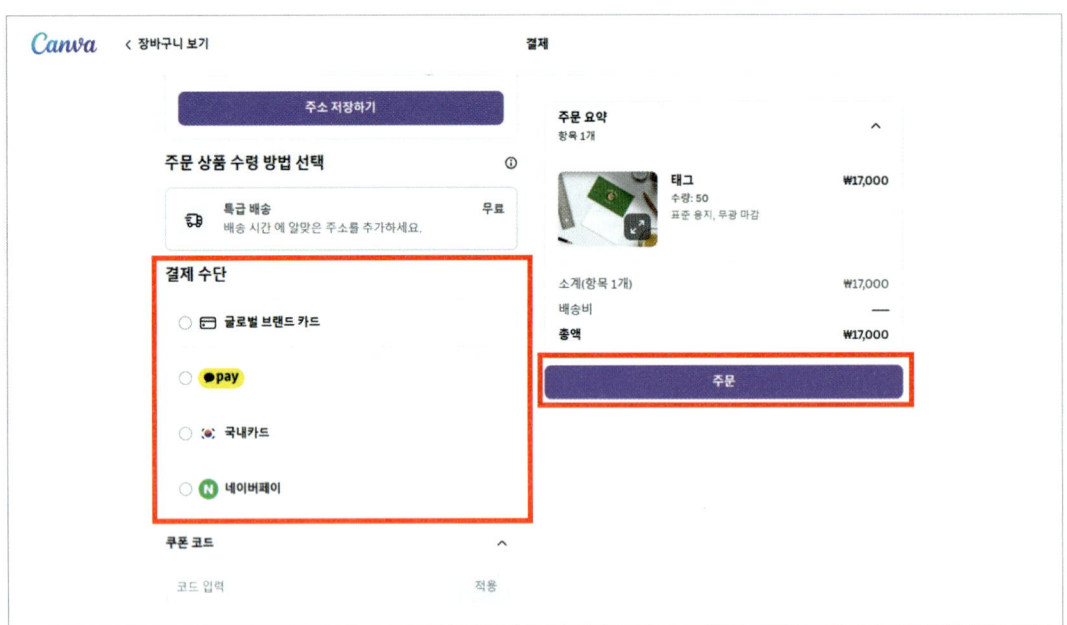

❿ 결제 수단을 클릭하고 [주문]을 선택하면 캔바에서 인쇄물 주문이 완료됩니다.

02. 목업 요소 알아보기

목업 요소를 활용하면 제작한 로고를 실제 제품에 적용해 볼 수 있으며 디자인을 실물과 유사하게 표현하여 디자인 검토 및 마케팅 활용에 유용합니다.

❶ 목업 요소를 활용하기 위해 제작한 로고의 사진 파일이 필요합니다. 제작한 로고 우측 상단의 [공유]에서 '다운로드'를 선택합니다.

❷ 파일 형식을 'PNG'로 설정하고 [다운로드]를 선택합니다.

❸ 제작한 로고가 PNG 형식으로 다운로드 완료 되었다는 메시지가 뜹니다.

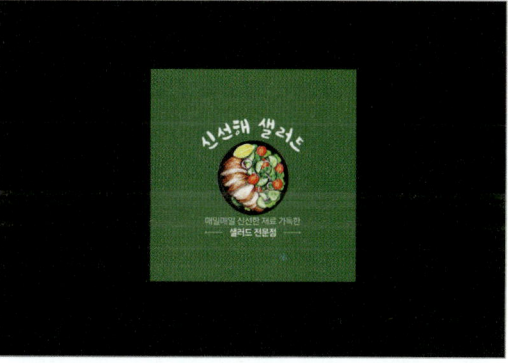

❹ 제작한 로고의 PNG 형식의 사진 파일입니다.

❺ 하단의 '+ 버튼'을 눌러 페이지를 추가합니다.

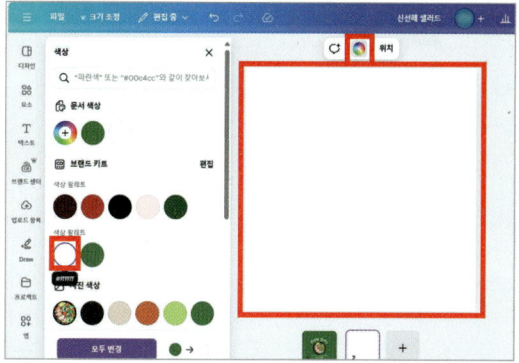

❻ 새로 추가한 페이지 클릭 후 상단 도구바에서 배경 색상을 하얀색으로 변경합니다.

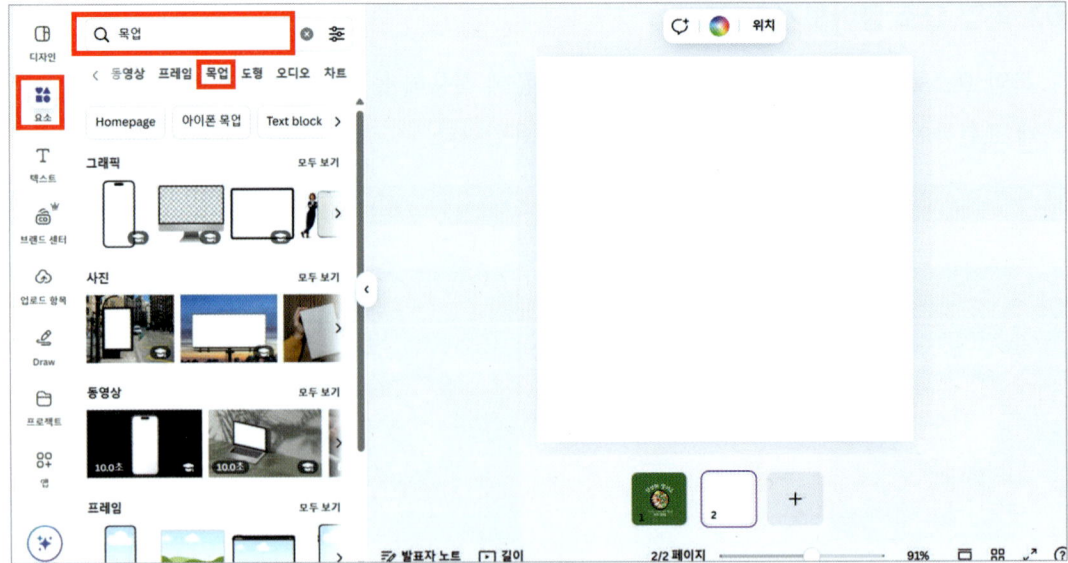

❼ 좌측 메뉴바 [요소] 검색창에 '목업'을 검색합니다.

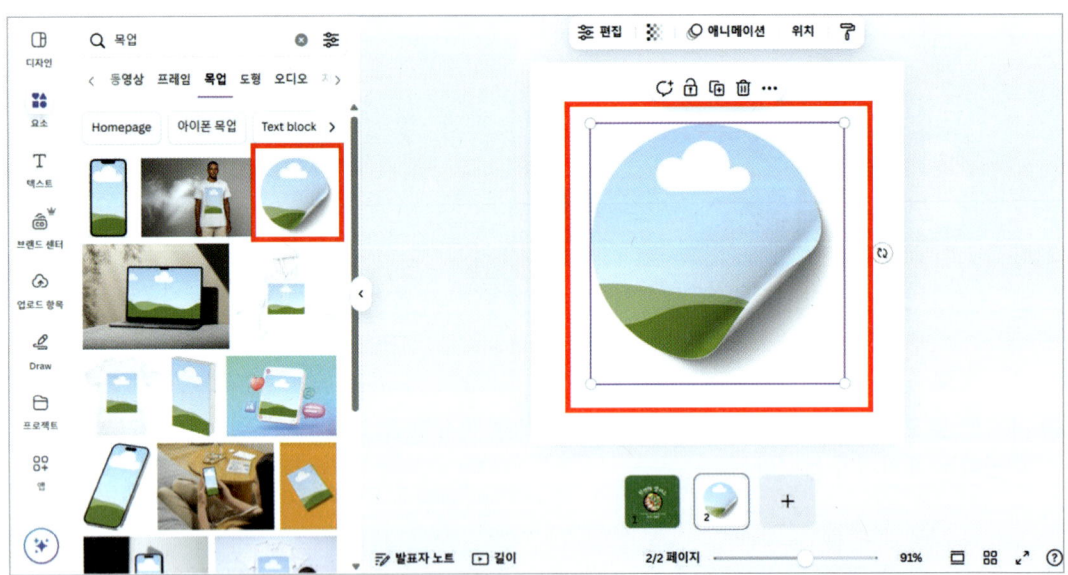

❽ 원하는 모양의 목업 디자인을 선택합니다.

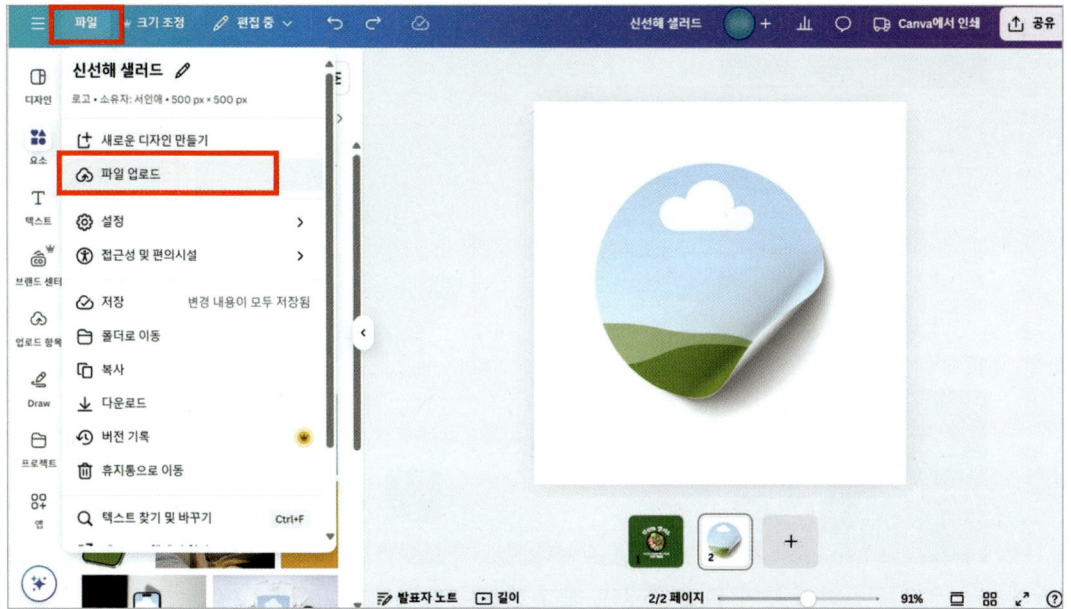

❾ 캔바 상단 표시줄 [파일]을 누르고 '파일 업로드'를 선택하여 제작한 로고의 사진 파일을 업로드합니다.

❿ 좌측 메뉴바 [업로드 항목]에서 이미지를 선택합니다. 캔버스에 제작한 로고가 업로드된 것을 볼 수 있습니다.

⓫ 제작한 로고를 스티커 모양 목업 위로 드래그 앤 드롭합니다.

⓬ 스티커 모양의 목업에 제작한 로고가 들어간 것을 확인할 수 있습니다.

과학 동아리 로고 제작하기

01. 과학 동아리 로고 디자인하기

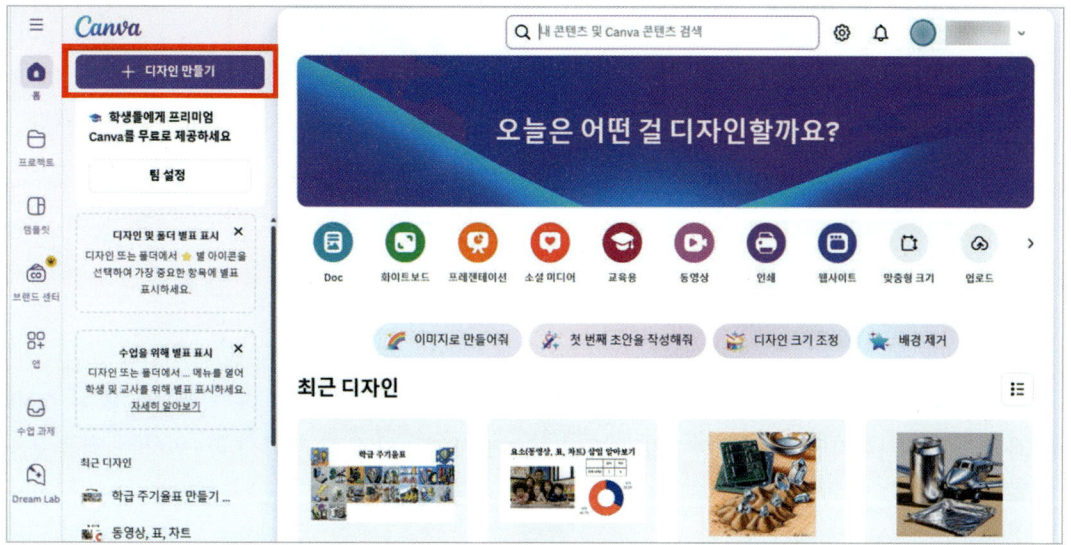

❶ 캔바 메인화면에서 [+ 디자인 만들기]를 선택합니다.

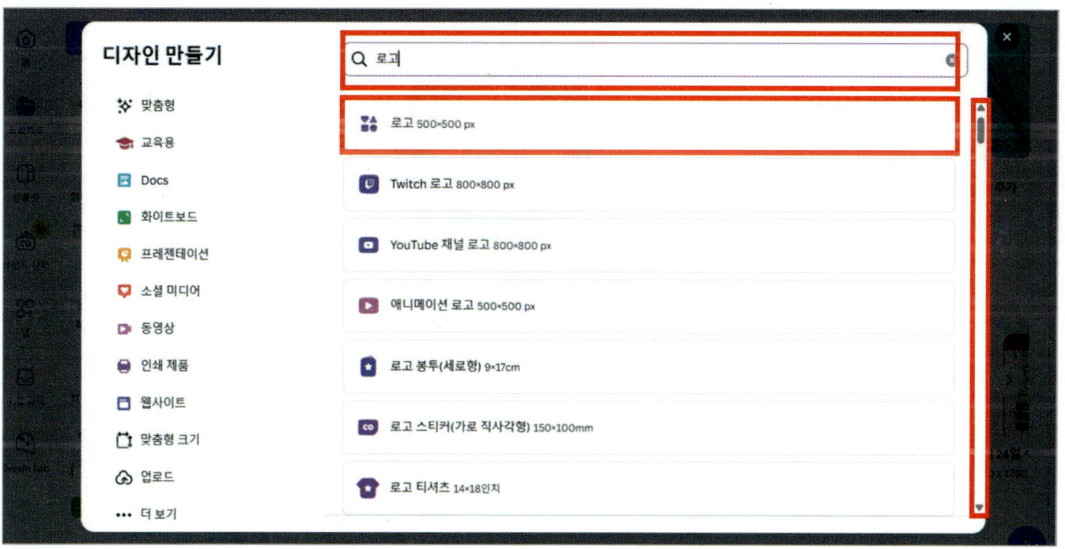

❷ 검색창에 '로고'를 검색하고 스크롤바를 내려 다양한 로고 템플릿 중 '로고 500×500 px'을 선택합니다.

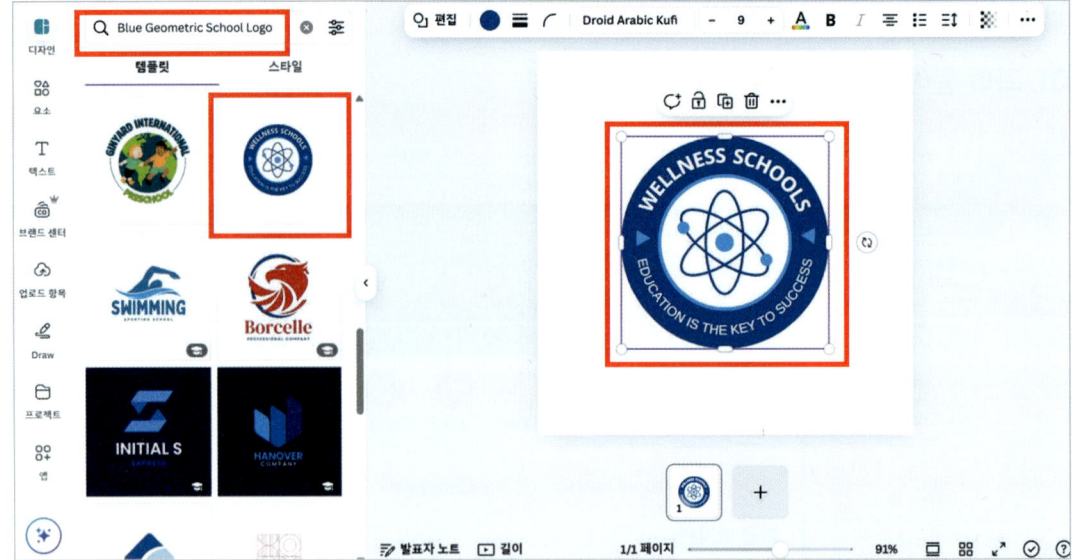

❸ 좌측 메뉴바 [디자인] 검색창에 'Blue Geometric School Logo' 검색 후 원하는 템플릿을 클릭합니다.

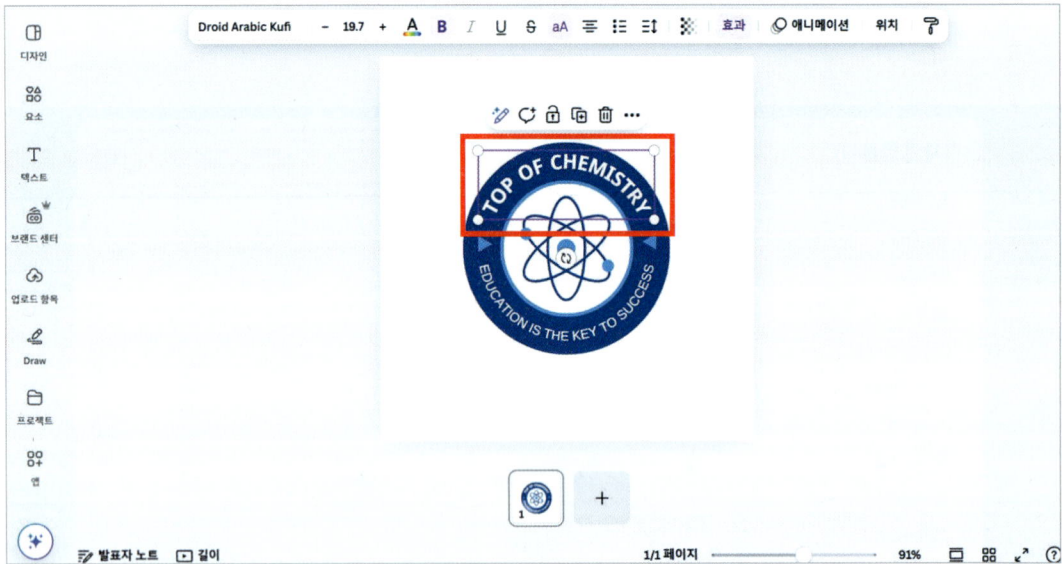

❹ 텍스트 상자를 더블클릭한 후 'TOP OF CHEMISTRY'로 수정합니다.

❺ 하단의 텍스트 상자를 더블클릭한 후 'CANVA HIGH SCHOOL'로 수정합니다.

❻ 가운데 있는 개체를 삭제합니다.

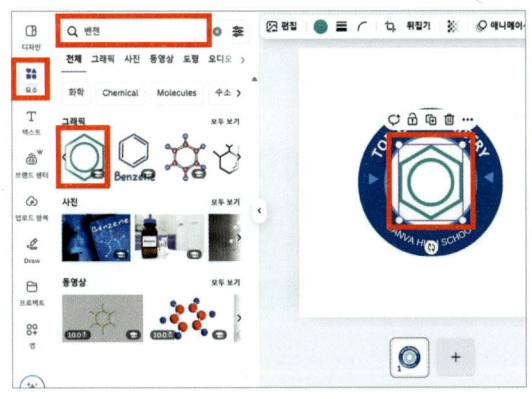
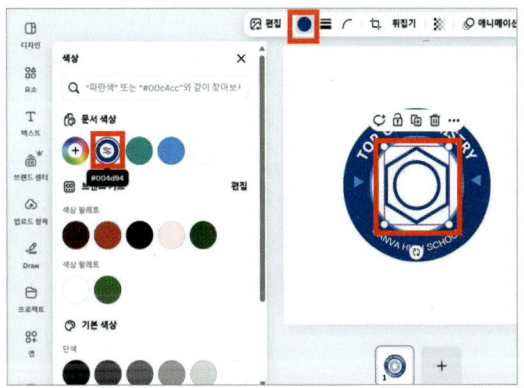

❼ 좌측 메뉴바 [요소] 검색창에 '벤젠' 검색 후 그래픽에서 원하는 요소를 선택합니다.

❽ 추가한 그래픽 요소 클릭 후 상단의 도구바의 '색상'에서 문서 색상에 있는 진한 파란색 계열로 변경합니다.

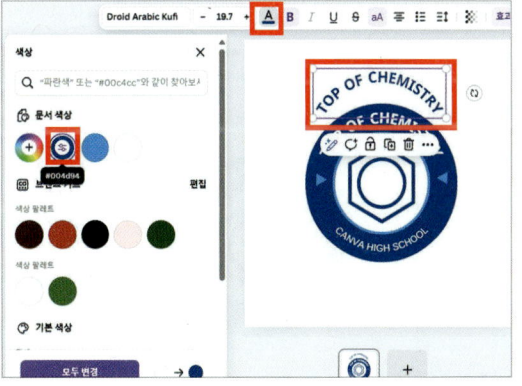

❾ 로고에 있는 'TOP OF CHEMISTRY' 텍스트 상자를 복제합니다.

❿ 복제한 텍스트 상자를 클릭하고 상단의 도구바에서 '텍스트 색상'을 진한 파란색 계열로 변경합니다.

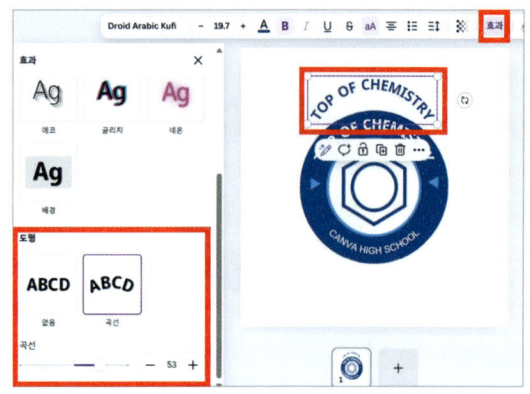

⑪ 곡선으로 들어간 텍스트를 수정하고 싶다면 우선 해당 텍스트 상자를 클릭한 뒤, 상단 도구바 '효과'를 누르면 도형 항목의 '곡선' 효과가 적용된 것을 알 수 있습니다.

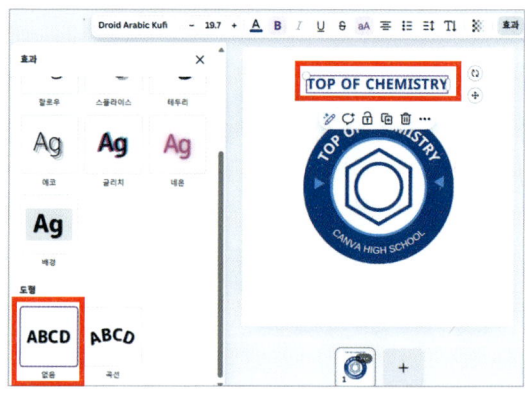

⑫ 효과의 도형 항목을 '없음'으로 바꾸어줍니다. 텍스트가 반듯하게 변경된 것을 볼 수 있습니다.

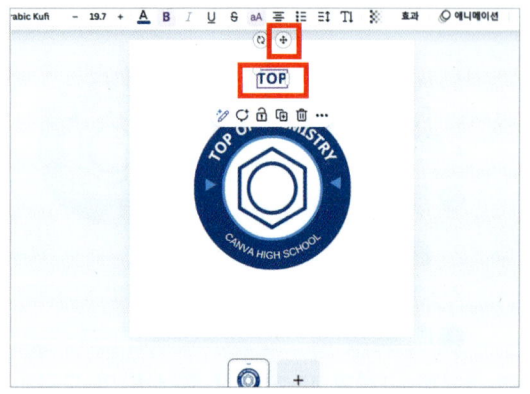

⑬ 텍스트 상자의 내용을 'TOP'로 수정하고 텍스트 상자 위 십자가 화살표 아이콘을 이용하여 위치를 조정합니다.

⑭ 텍스트 상자 'TOP'을 로고의 가장 가운데에 배치합니다.

⑮ 과학 동아리 로고가 완성되었습니다.

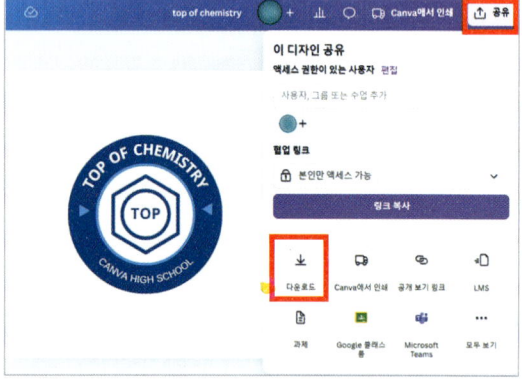

⑯ 완성된 로고를 다운로드하기 위해 우측 상단의 [공유]에서 '다운로드'를 선택합니다.

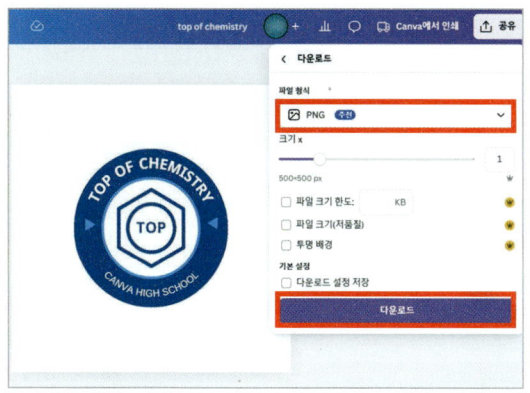 

⑰ 파일 형식을 'PNG'로 바꾸고 [다운로드]를 선택합니다.

⑱ 완성한 로고의 다운로드가 완료되었습니다.

02. 제작한 동아리 로고 캔바에서 인쇄 주문하기

이번에는 동아리 행사 초대장을 제작하여 직접 인쇄하는 과정을 알아보겠습니다.

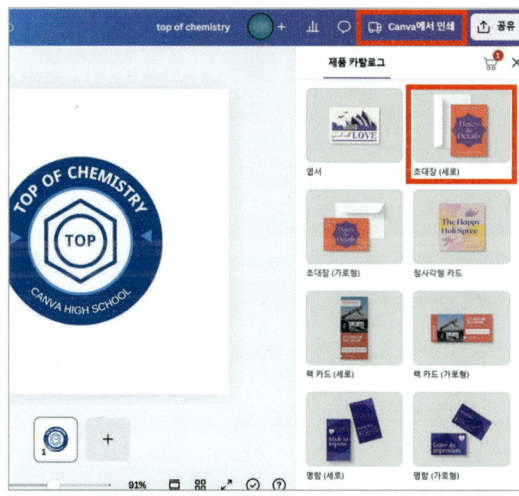 

❶ 완성한 동아리 로고 우측 상단의 [Canva에서 인쇄]를 누르고 '초대장(세로)'을 선택합니다.

❷ 선택한 인쇄 제품에 맞게 템플릿이 편집됩니다. '초대장(세로)'의 템플릿에 맞게 추가적으로 디자인할 수 있습니다. 우측 인쇄할 페이지 선택에서 인쇄 내용을 선택하고, 용지 유형을 선택합니다.

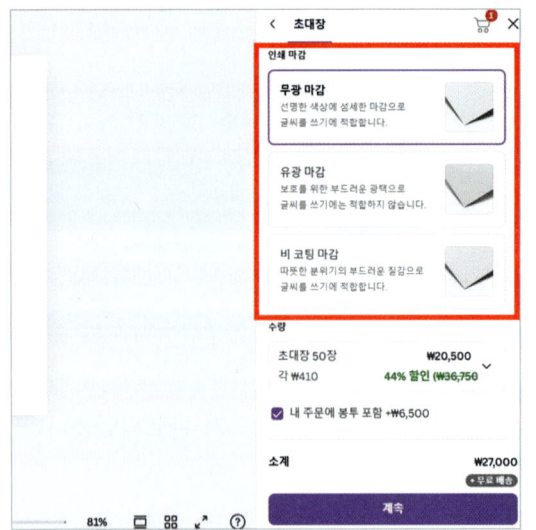

❸ 인쇄 마감을 선택합니다.

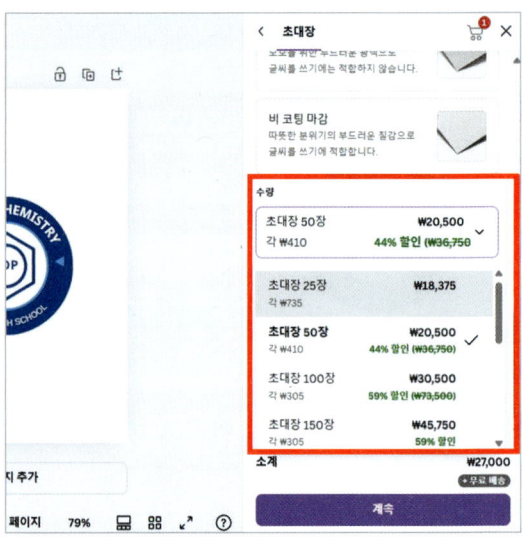

❹ 수량과 가격을 확인하고 원하는 항목을 선택합니다.

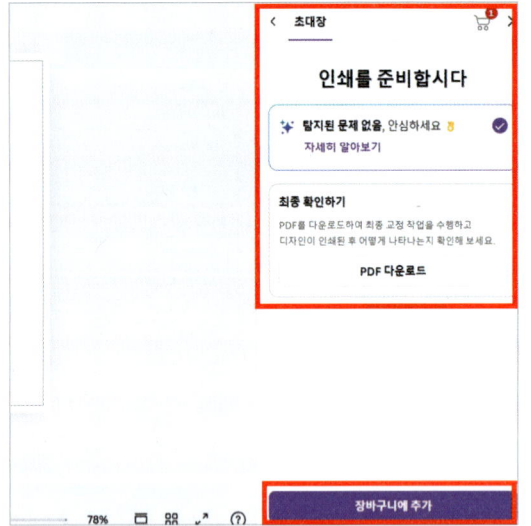

❺ '탐지된 문제 없음, 안심하세요.'라는 문구가 제시되어 있으면 인쇄 준비가 완료된 것입니다. [장바구니에 추가]를 선택합니다.

❻ 장바구니 아이콘에 1이 생성된 것을 볼 수 있습니다. 장바구니 내용을 확인하고 [결제]를 선택합니다.

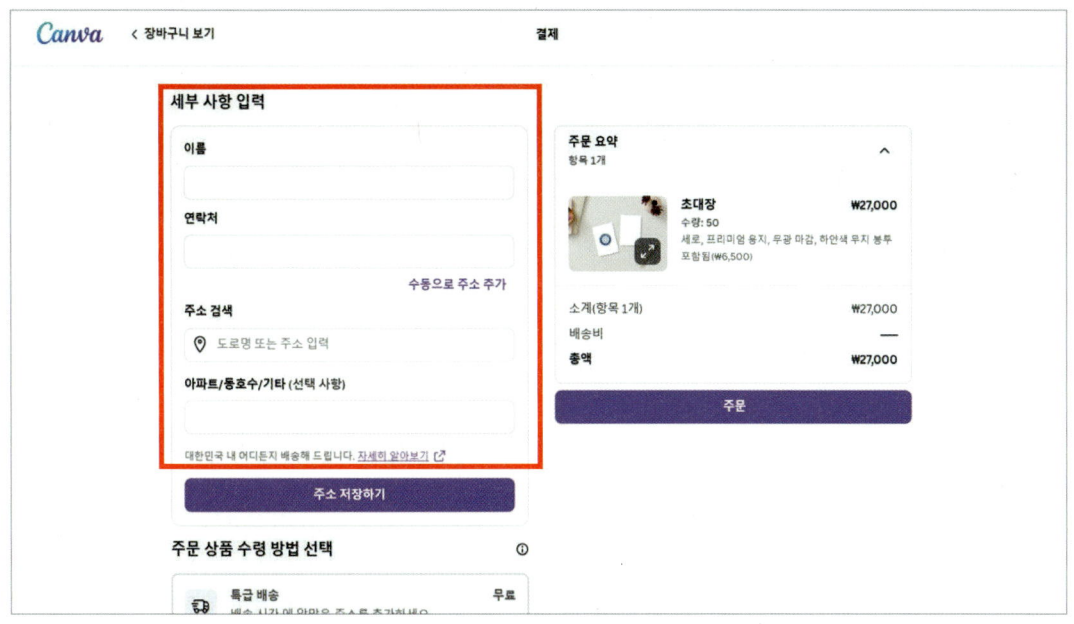

❼ 결제 페이지에서 이름, 연락처, 주소를 입력합니다.

❽ 결제 수단을 선택하고, [주문]을 클릭하면 캔바에서 인쇄물 주문하기가 완료됩니다.

영상으로 추억을 기록하는 우리 반 이야기

교실에서의 소중한 순간들, 어떻게 하면 더 생생하고 의미 있게 기록할 수 있을까요?

물론 사진과 글로 남기는 것도 좋지만 영상 다이어리를 활용하면 학생들의 표정, 목소리, 그리고 활동의 생동감까지 그대로 담아낼 수 있어 더욱 특별한 추억이 됩니다. 영상 제작이라고 하면 다소 부담스럽게 느낄 수 있습니다. 전문적인 장비나 복잡한 소프트웨어를 다뤄야 한다는 막연한 어려움을 느끼기 때문이지요. 하지만 최근에는 누구나 쉽게 영상을 제작할 수 있는 다양한 도구가 개발되어 있습니다. 그중에서도 캔바는 직관적인 인터페이스와 다양한 영상 템플릿을 제공하여 비전문가도 손쉽게 고품질의 영상 콘텐츠를 제작할 수 있도록 도와줍니다.

학급 영상 형태 살펴보기

01. 영상 제작의 기초

영상 제작은 학생들의 활동을 생생하게 기록하고 학급의 특별한 순간을 공유할 수 있는 학급 경영의 형태 중 하나입니다. 단순히 사진이나 영상을 모으는 작업을 넘어 학생들과 함께한 시간을 의미 있게 되새길 수 있고 이를 통해 학부모와의 자연스러운 소통이 가능해집니다. 또한 교사에게는 1년간의 학급 이야기를 하나의 작품으로 남기는 경험이 됩니다. 영상 제작은 일반적으로 다음의 세 가지 단계로 이루어집니다.

❶ 기획 단계	영상을 통해 무엇을 전달할 것인지 명확하게 정하는 단계입니다. 예를 들어 졸업식의 추억을 주제로 한 영상이라면 어떤 사진과 동영상이 필요할지 구상해 보는 것입니다. 주제를 정한 후에는 캔바의 스토리보드를 통해 영상의 콘티를 구상할 수 있습니다.
❷ 제작 단계	스마트폰이나 태블릿 PC 등을 활용하여 학생들의 활동을 직접 촬영하는 단계입니다. 전문 장비나 기술 없이도 기본적인 구도와 촬영만으로 충분히 의미 있는 장면들을 기록할 수 있습니다.
❸ 편집 단계	캔바 기능은 영상 편집에서 특히 빛을 발휘합니다. 캔바에서 제공하는 다양한 영상 템플릿을 사용하면 초보자도 쉽게 전문적인 느낌을 낼 수 있기 때문입니다. 처음에는 복잡한 영상보다는 슬라이드쇼 형식으로 간단하게 시작해보는 것을 추천합니다. 캔바의 협업 기능을 활용하면 학생들과 함께 영상을 편집하며 참여감을 높이고 공동 창작의 즐거움도 누릴 수 있습니다.

02. 다양한 영상 제작 유형

■ 슬라이드쇼

출처: 캔바 크리에이터 Quarta-Design

슬라이드쇼는 가장 간단하면서도 효과적인 방법의 영상 제작 유형입니다. 체육대회, 수학여행, 수련 활동 등 학급의 특별한 순간을 담은 사진들을 순서대로 배열하고 캔바에서 제공하는 다양한 템플릿, 배경음악, 전환 효과 등을 활용하여 하나의 완성된 영상을 만들 수 있습니다.

■ 인터뷰

인터뷰 형식의 영상은 학생들의 목소리와 생각을 직접 담아낼 수 있어 학급의 이야기를 더욱 생동감 있게 전할 수 있습니다. 1년 뒤의 나에게 쓰는 영상 편지나 이번 학기 가장 기억에 남는 활동 그리고 선배가 후배에게 알려주는 담임 선생님 사용 설명서 등과 같은 주제로 활용할 수 있습니다. 촬영 시 잡음이 들어가지 않는 조용한 공간을 선택하는 것이 중요합니다.

출처: Canva Creative Studio

■ **다큐멘터리**

다큐멘터리 형식의 영상은 학급에서 진행하는 특별한 프로젝트나 행사에 대해 자세히 기록할 수 있고 학생과 교사가 함께 준비한 과정을 생생하게 전달할 수 있습니다. 학예회 공연 비하인드 스토리나 환경 보호 캠페인, 우리 고장 소개하기, 학교 폭력 예방, 우리 교실 브이로그 등과 같은 주제로 활용이 가능합니다. 이러한 영상은 학생들에게 문제의식과 더불어 공감 능력, 해결 의지를 기르는 데 도움을 줄 수 있습니다.

■ **각종 행사 영상**

출처: 덕암초등학교 유튜브 채널

행사 영상은 학교와 학급의 다양한 행사를 기록하고 그 의미를 효과적으로 전달하는 데 활용할 수 있습니다. 학교 교육과정 설명회에 쓰일 학교 홍보 영상, 각종 행사에서 분위기를 고조시키는 역할을 하는 행사 식전 영상, 행사의 주요 장면을 편집한 하이라이트 영상 등과 같은 주제로 활용이 가능합니다.

■ **애니메이션**

애니메이션 형식의 영상은 체계적인 제작 준비뿐만 아니라 고도의 집중이 요구됩니다. 피규어 또는 직접 제작한 캐릭터를 활용하여 조금씩 움직이며 프레임 단위로 촬영하는 스톱모션이 그 예라 할 수 있습니다. 긴 준비 과정과 노력이 필요한 영상 제작 형태이지만 그만큼의 보람을 느낄 수 있습니다.

애니메이션 효과, Speed Painter 기능 알아보기

01. 애니메이션 효과

캔바의 애니메이션 효과는 영상을 더 생동감 있고 흥미롭게 만들 수 있는 기능입니다. 복잡한 기술 없이 클릭만으로도 간단히 적용할 수 있어 초보자도 쉽게 활용할 수 있습니다.

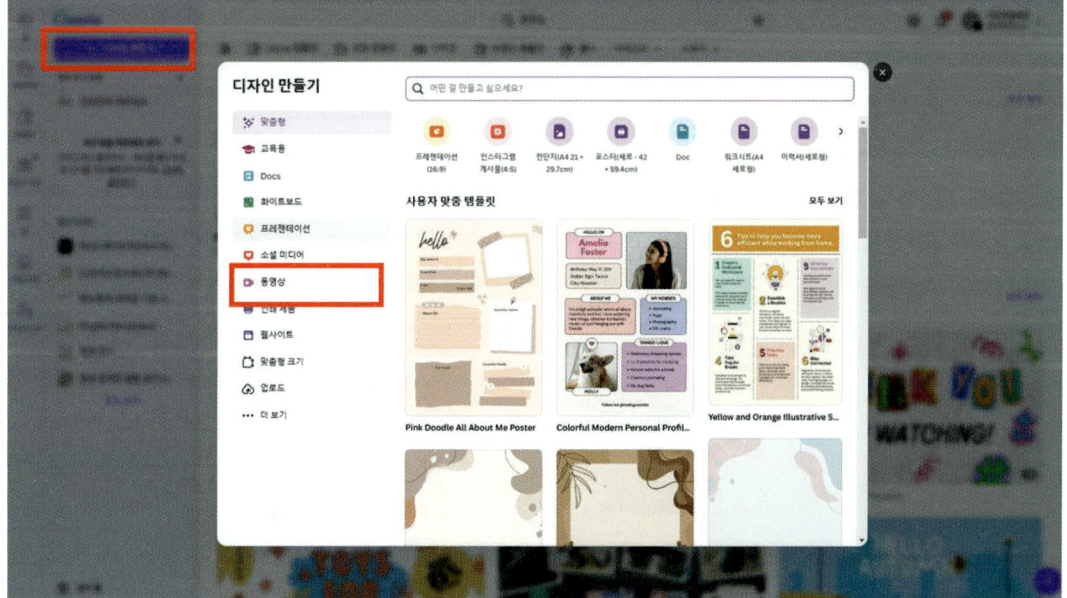

❶ 캔바 메인화면 검색창에 '동영상' 검색 후 '빈 동영상 만들기'를 선택합니다. 혹은 캔바 메인 화면의 [+ 디자인 만들기]를 누른 뒤 '동영상'을 선택해도 됩니다.

❷ 실습할 영상은 좌측 메뉴바 [업로드 항목]에서 업로드 하거나 [요소]에서 찾을 수 있습니다. 좌측 메뉴바 [요소] 검색창을 클릭하면 카테고리가 나옵니다. 그 중 동영상을 선택합니다.

❸ 검색창에 '졸업식'을 검색하여 나오는 영상으로 편집해 보겠습니다.

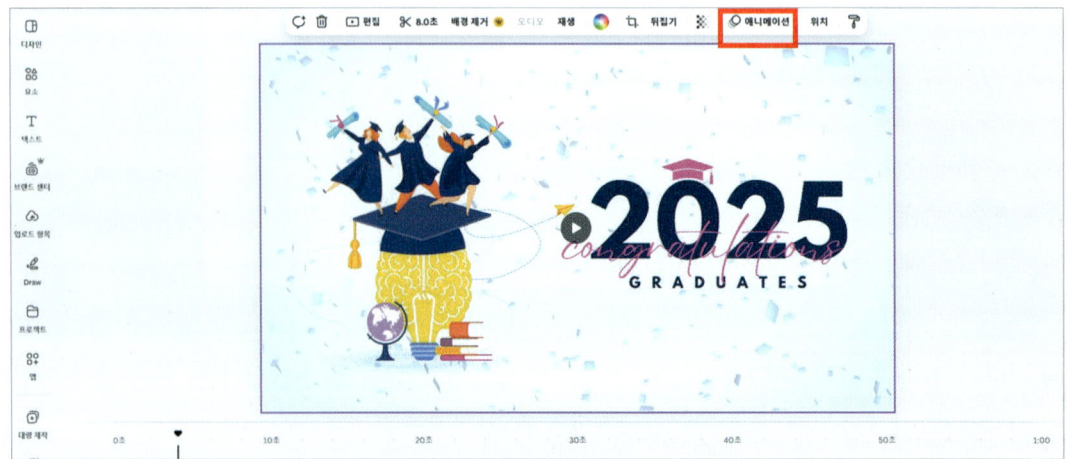

❹ 영상 클릭 후 상단 도구바의 '애니메이션'을 선택합니다.

❺ 영상 내 일부 개체만 선택하여 별도의 애니메이션 효과를 설정할 수 있습니다.

❻ Shift 키를 누른 후 여러 개체를 선택하여 동시에 같은 효과를 적용할 수 있습니다.

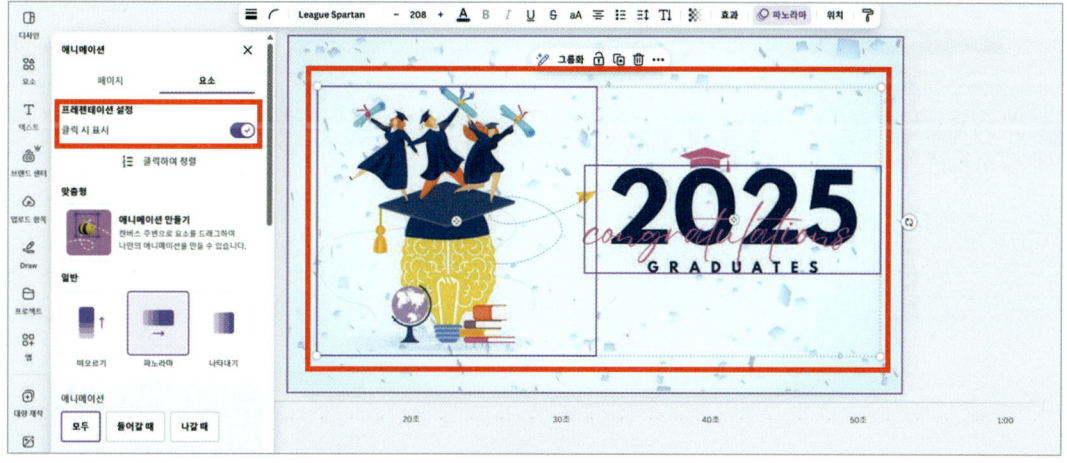

❼ 프레젠테이션 설정에서 '클릭 시 표시'를 선택합니다.

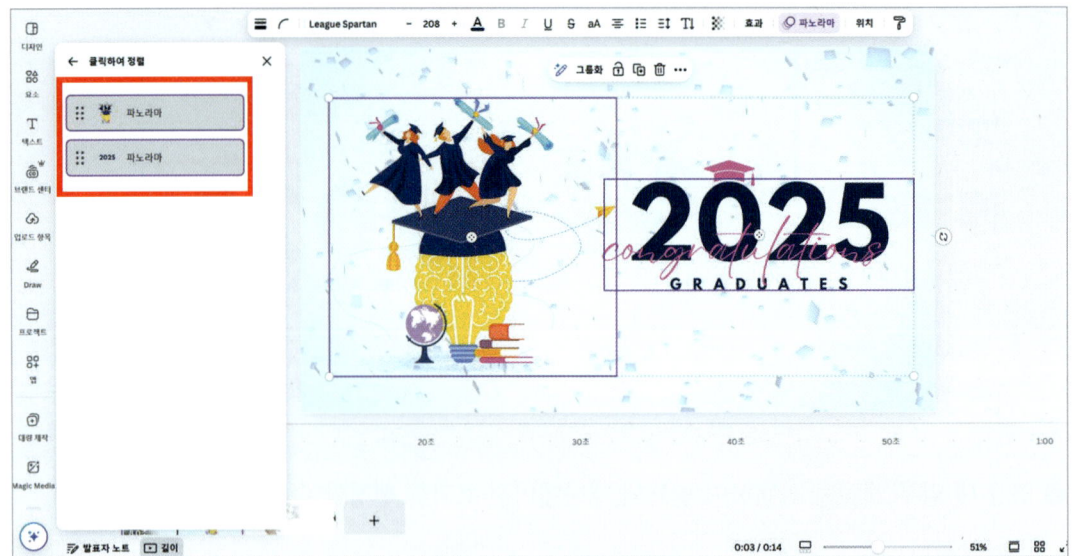

❽ 세부 설정 메뉴에서 애니메이션 순서를 조정할 수 있습니다.

❾ 한 개체를 클릭한 후 맞춤형 항목에서 '애니메이션 만들기'를 선택해 애니메이션 효과를 줄 수 있습니다.

❿ 애니메이션 효과를 줄 개체를 누른 채 드래그를 하면 이동 경로가 점선으로 표시됩니다.

⓫ 점선으로 이동 경로가 표시된 애니메이션 효과에 추가적인 애니메이션 효과를 적용할 수 있습니다.

⓬ 'Magic Animate'를 통해 편리하게 애니메이션 효과를 줄 수 있습니다.

⓭ 'Magic Animate'에서 제공하는 여러 효과를 전체 디자인에 통일감 있게 적용하거나, 다양하게 적용할 수 있습니다.

기존의 애니메이션 기능도 개별 요소마다 세밀한 설정이 가능하다는 점에서 충분히 유용하지만 Canva Pro 버전에서 제공되는 Magic Animate 기능은 AI를 기반으로 모든 페이지에 어울리는 애니메이션 스타일을 자동으로 추천하거나 일괄 적용할 수 있어 작업 시간을 크게 단축할 수 있습니다. 캔바가 제안하는 다양한 애니메이션 스타일을 직접 비교해 보고 영상의 목적과 분위기에 맞게 적절히 활용하길 바랍니다.

02. Speed Painter 기능

캔바의 Speed Painter 기능은 어떤 이미지든 손으로 그린 것처럼 보이게 만들어줍니다. Speed Painter 기능은 캔바 앱에서 찾아 활용할 수 있으며, 이미지를 손으로 그리는 과정을 애니메이션 형태로 표현해주기 때문에 정적인 이미지를 생동감 있게 표현할 수 있습니다.

❶ 하단의 '+ 버튼'을 눌러 새 페이지를 추가한 후 [업로드 항목]으로 이미지를 업로드 하거나, [요소]의 '사진'에서 제공하는 이미지를 추가합니다.

❷ 좌측 메뉴바 [앱] 검색창에 'Speed Painter'를 입력한 다음 해당 앱 아이콘을 클릭하여 열어줍니다.

❸ 이미지 클릭 후 스케치 길이, 색상 채우기 길이 등을 설정하고 [생성하기]를 선택합니다.

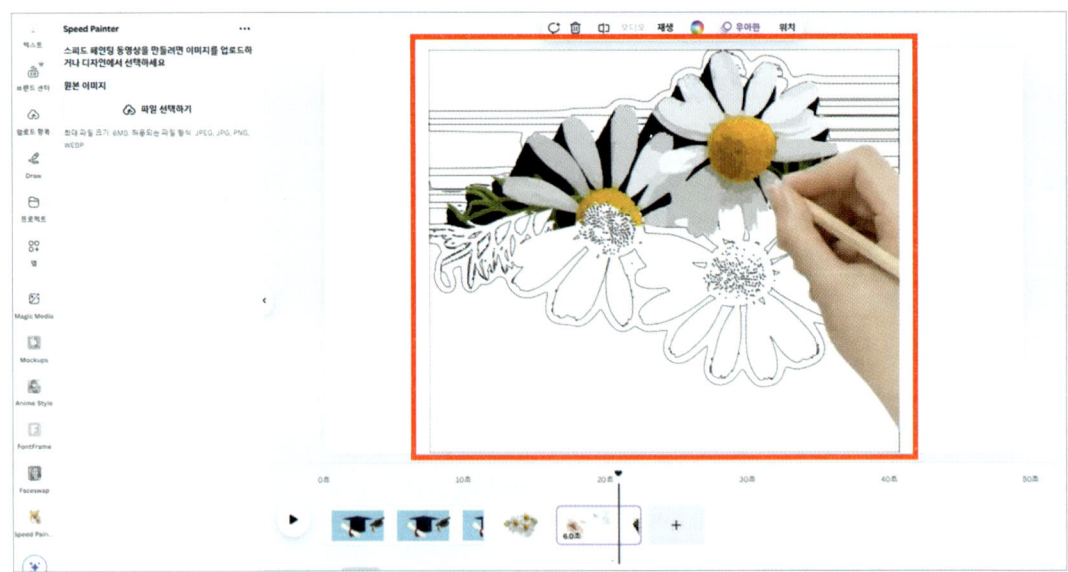

❹ 변환이 완료되면 손으로 스케치하는 듯한 모습으로 변경된 것을 확인할 수 있습니다.

학급 영상 제작하기

01. 썸네일(Thumbnail)이란?

유튜브 영상을 볼 때 가장 먼저 눈에 들어오는 것은 바로 썸네일입니다. 썸네일은 영상을 대표하는 작은 이미지이며, 제작한 콘텐츠의 첫인상을 결정짓는 중요한 요소입니다. 마치 책의 표지가 독자의 시선을 끌듯 썸네일 역시 단번에 주목을 끌 수 있어야 하며 시청자의 호기심을 자극해 클릭을 유도하는 역할을 합니다. 썸네일은 다양한 방식으로 제작할 수 있습니다. 예를 들어 '우리 반 최고의 순간 TOP 5 대공개!!'와 같이 강렬한 문구 중심의 형태, 학예회나 체험학습에서 촬영한 클로즈업 사진이나 시선을 끄는 이미지 중심의 형태 혹은 텍스트와 이미지를 함께 조합한 형태로 만들 수 있습니다.

캔바는 다양한 썸네일 템플릿을 제공하므로 간단한 편집만으로 완성도 높은 썸네일을 만들 수 있습니다.

02. 썸네일 편집하기

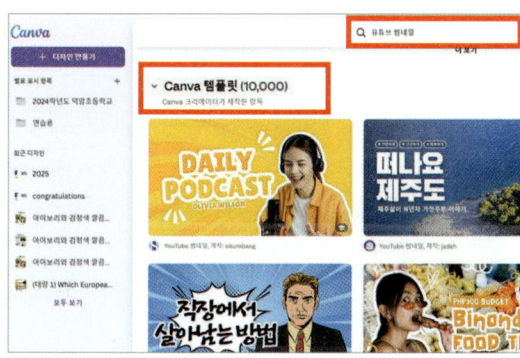

❶ 캔바 메인화면에서 검색창에 '유튜브 썸네일'을 검색합니다.

❷ 용도에 맞는 썸네일 템플릿을 선택합니다.

출처: 캔바 크리에이터 From704

❸ 좌측 메뉴바의 [텍스트], [요소] 등을 활용하여 템플릿을 편집합니다.

❹ 편집을 완료한 다음 우측 상단의 [공유]의 '다운로드' 항목에서 파일 형식을 PNG로 설정한 후 [다운로드]를 선택합니다.

02. 애니메이션 효과로 영상 제작하기

앞서 배운 기능들을 종합하여 간단한 슬라이드쇼 형태의 영상을 제작 방법을 알아보겠습니다.

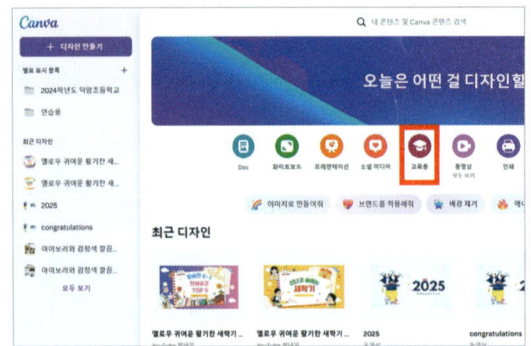

❶ 캔바 메인화면에서 '교육용'을 선택합니다.

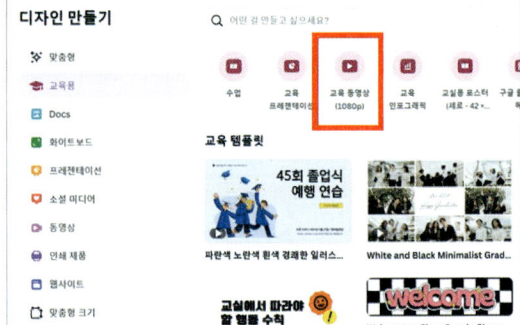

❷ '교육 동영상(1080p)'을 선택합니다.

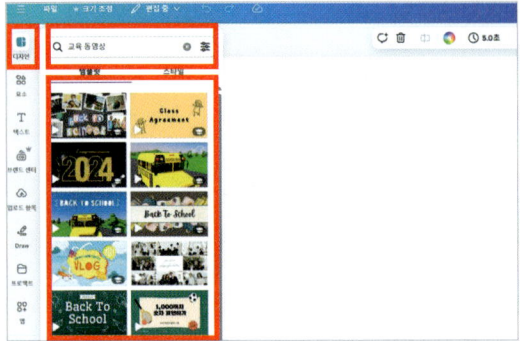

❸ 좌측 메뉴바 [디자인]의 템플릿 검색창에 '교육 동영상'을 검색하면 다양한 템플릿이 제시됩니다.

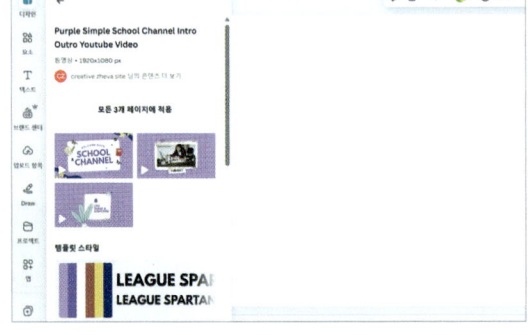

❹ 원하는 템플릿을 선택합니다.

출처: 캔바 크리에이터 creative zheva site

❺ '모든 3개 페이지에 적용'을 선택하면 영상 템플릿의 모든 페이지가 작업화면에 배치됩니다.

❻ 좌측 메뉴바의 [요소], [텍스트], 애니메이션 효과 등을 이용하여 인트로를 꾸며줍니다.

❼ 슬라이드 사진이 여러 장 들어갈 수 있게 두 번째 페이지를 복제합니다.

❽ 학급 활동사진을 업로드하고 텍스트를 추가한 다음, 상단 도구바의 '애니메이션'을 눌러 효과를 넣어줍니다.

❾ 이미지를 클릭하고 상단 도구바의 '애니메이션'을 눌러 별도의 효과를 넣어줍니다.

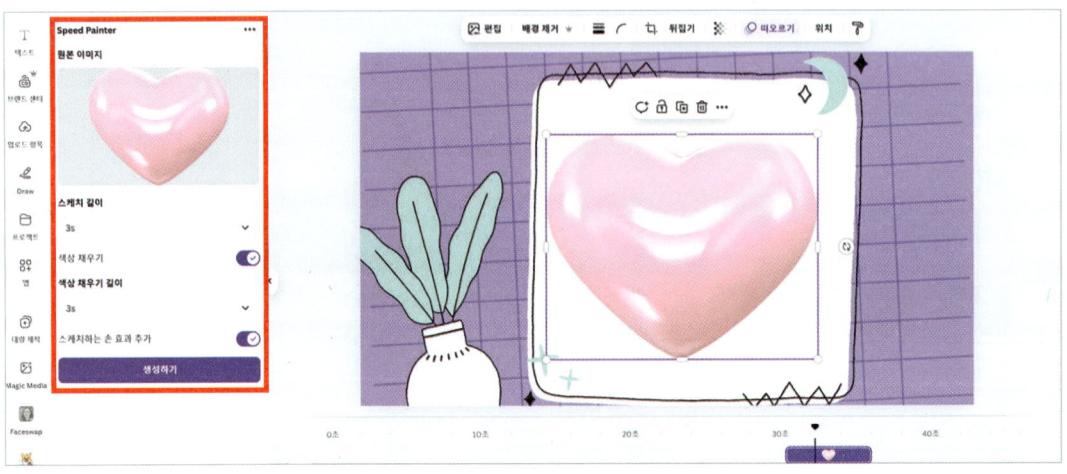

❿ 이미지 클릭 후 Speed Painter 앱 기능도 활용할 수 있습니다.

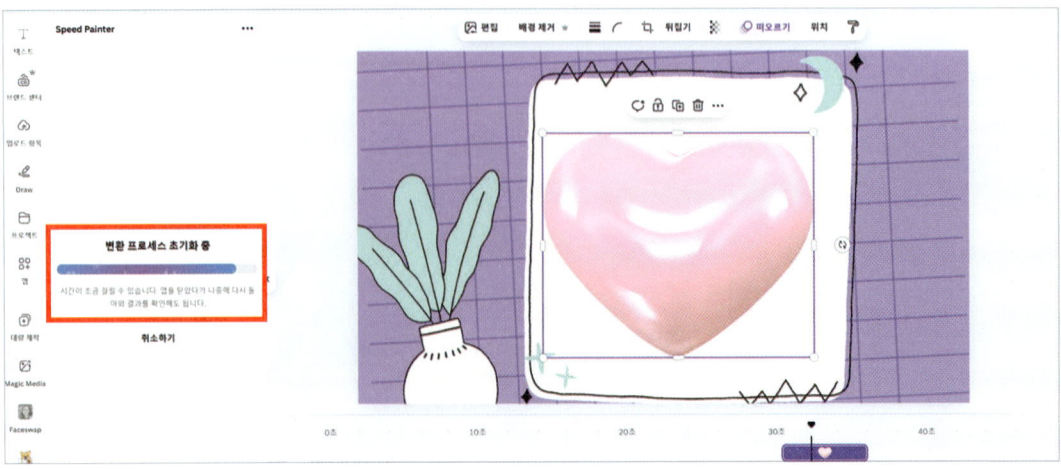

⓫ 변환이 끝난 뒤 디자인을 추가합니다.

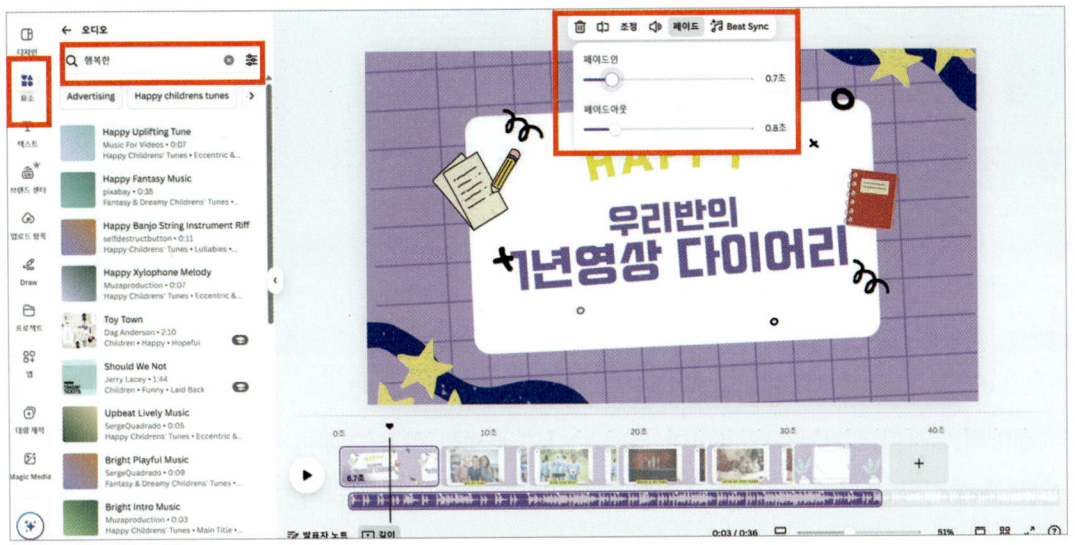

⓬ 좌측 메뉴바 [요소]의 오디오 검색창에 '행복한'를 검색하여 배경과 어울리는 음악을 선정하고 편집합니다.

⓭ 하단의 오디오 개체를 클릭하면 상단 도구바가 활성화됩니다. 'Beat Sync' 기능을 활성화하여 음악의 리듬에 맞춰 화면이 전환되도록 할 수 있습니다.

⓮ 완성된 영상은 우측 상단의 [공유]-[다운로드]를 눌러 내려받을 수 있습니다.

학급 홈페이지 제작하기

　캔바의 웹사이트 기능을 활용하여 우리 반만의 특별한 학급 홈페이지를 제작할 수 있습니다. 이를 통해 학급 운영에 필요한 다양한 정보를 쉽고 재미있게 정리하고, 학생들과 함께 공유할 수 있는 온라인 공간을 구축할 수 있습니다.

　학급 홈페이지에는 우리 반 게시판, 시간표, 학급 활동 앨범, 신문 기사 등 다양한 콘텐츠를 자유롭게 구성할 수 있으며 개성 있는 디자인으로 꾸밀 수 있습니다. 캔바를 활용하면 학급 홈페이지를 무료로 제작할 수 있으며 직관적인 인터페이스 덕분에 누구나 쉽게 활용할 수 있습니다.

　이제 여러분만의 창의적인 아이디어를 바탕으로 우리 반을 위한 특별한 온라인 공간을 직접 설계해 보세요.

웹사이트 요소 알아보기

01. 웹사이트의 주요 구성요소

　캔바에서 제작한 웹페이지는 자체적으로 무료 도메인을 제공하기 때문에 별도의 웹사이트 호스팅 없이도 간편하게 제작하여 바로 공유할 수 있는 장점이 있습니다. 또한 필요에 따라 맞춤형 URL을 설정할 수 있으며 더 전문적인 운영을 원할 경우는 유료 플랜을 구독하여 자체적으로 제작한 외부의 도메인을 연결할 수 있습니다.

　이제 본격적으로 학급 홈페이지를 구성할 때 필요한 주요 웹사이트 요소들을 하나씩 살펴보겠습니다.

출처: 네이버

- 헤더(Header)
  웹사이트의 가장 상단에 위치하며 사이트의 첫인상을 결정짓는 부분입니다. 보통 사이트의 이름, 로고, 네비게이션 메뉴, 연락처 등의 정보가 포함됩니다. 학급 홈페이지에서는 학급 이름, 학년 반, 담임 교사 소개 등을 배치할 수 있습니다.

- 본문(Main Content)
  웹사이트의 중심 영역으로 학급의 주요 정보가 담기는 공간입니다. 예를 들어 학급 소개, 교육 목표, 수업 계획, 시간표, 활동 사진 등을 이 영역에 배치할 수 있습니다. 방문자들이 가장 많은 시간을 머무르는 곳이므로 정보의 배치와 구성이 중요합니다.

- 네비게이션 바(Navigation Bar)
  방문자가 웹사이트의 다양한 페이지로 쉽고 빠르게 이동할 수 있도록 돕는 메뉴입니다. 예를 들어 학급 소식, 공지사항, 학급 활동, 앨범 등 주요 콘텐츠로 연결되는 링크를 제공하면 이용자가 사이트를 더 쉽게 탐색할 수 있습니다.

- 배너(Banner)

  웹사이트 상단 또는 본문 중간에 위치하며 중요한 공지나 이벤트를 강조할 때 사용됩니다. 예를 들어 '새 학기 시작!', '과학 캠프 일정 안내', '중간고사 일정 공지' 등 눈에 띄게 전달하고 싶은 정보를 배너로 표현할 수 있습니다.

- 푸터(Footer)

  웹사이트의 가장 하단에 위치하며 사이트의 마무리를 담당하는 영역입니다. 보통 저작권 정보, 연락처, 소셜 미디어 링크, 사이트 제작자 정보 등이 포함됩니다. 학급 홈페이지에서는 학교 주소, 담임 교사 이메일, 상담 가능한 시간 등을 배치할 수 있습니다.

- 이미지 갤러리(Image Gallery)

  학급 활동이나 프로젝트 사진을 공유하고 기록할 수 있는 공간입니다. 운동회, 현장학습, 체험학습, 프로젝트 발표 등 다양한 활동 사진을 업로드하면 학생들과 학부모가 함께 추억을 공유할 수 있습니다. 갤러리는 홈페이지의 생동감을 높이고 학급 문화를 보여주는 중요한 시각 요소로 활용됩니다.

학급 안내 홈페이지 제작하기

웹사이트 구성은 개인의 취향과 목적에 따라 다양하게 달라질 수 있습니다. 캔바를 활용할 때는 필요한 요소를 취사선택하여 자신만의 방식으로 구성하는 것이 좋습니다.

오늘의 활동, 학급신문, 학급 규칙, 사진첩, 시간표, 외부 링크, 선생님 소개, 이번 주 1인 1역이 있는 8페이지 분량의 학급 홈페이지를 제작해 보겠습니다.

01. 홈페이지 레이아웃 만들기

❶ 캔바 메인화면에서 '더 보기'를 선택합니다.

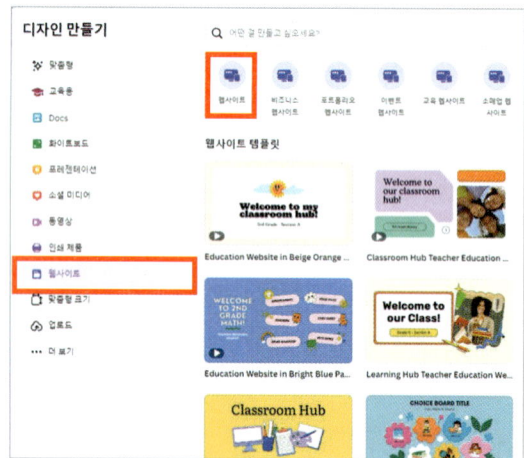

❷ '웹사이트' - '웹사이트'를 선택하여 디자인 페이지를 생성합니다.

❸ 좌측 메뉴바 [디자인]의 템플릿에서 원하는 템플릿을 선택합니다.

출처: Canva Creative Studio

❹ '모든 9개 페이지에 적용'을 선택합니다.

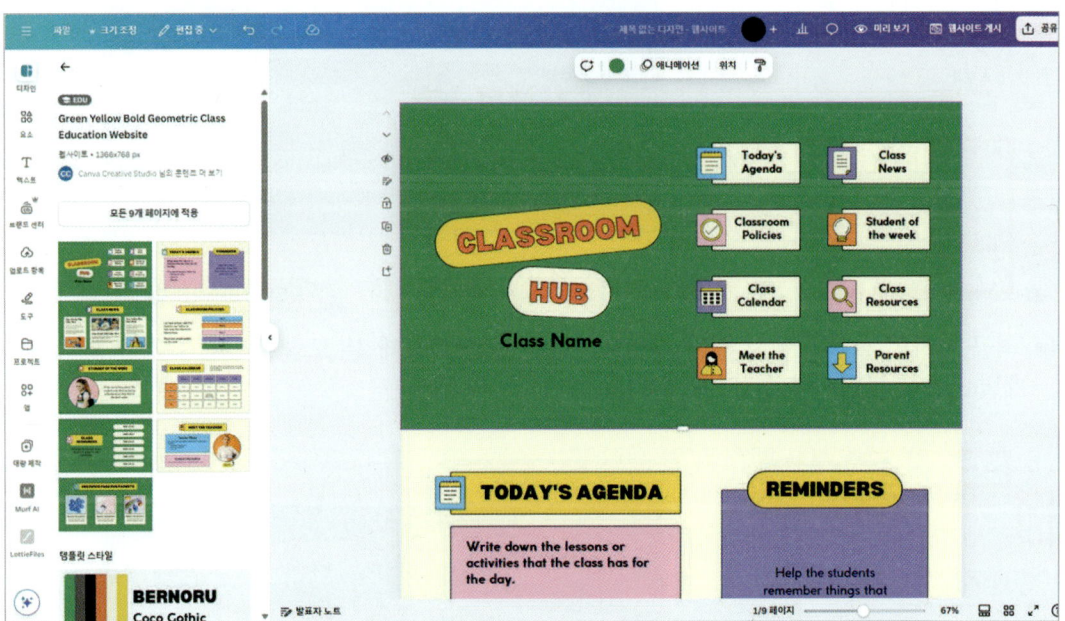

❺ 1섹션은 홈페이지의 메인 화면, 2섹션부터 9섹션까지는 웹사이트의 각 본문 메뉴가 될 것입니다.

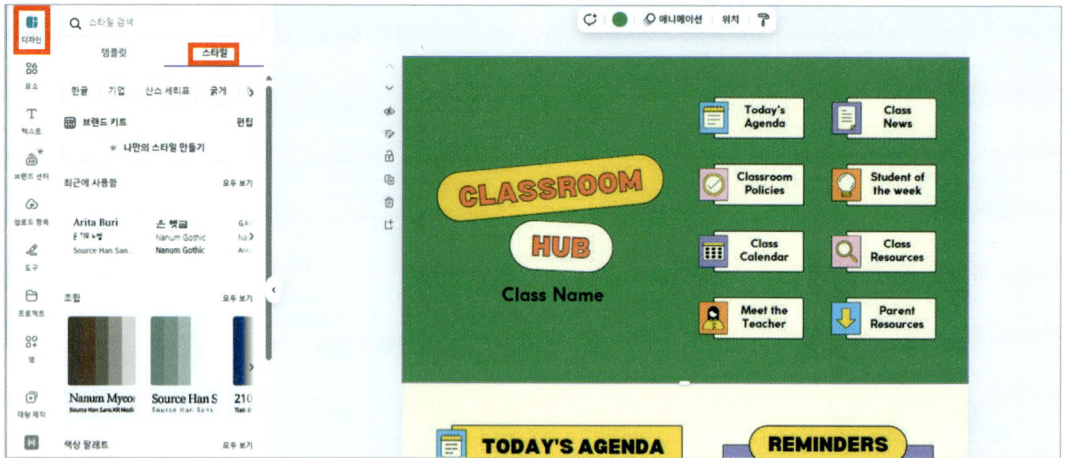

❻ 좌측 메뉴바 [디자인]의 '스타일'에서 웹사이트의 테마 색상, 글씨체 등을 일괄 변경할 수 있습니다.

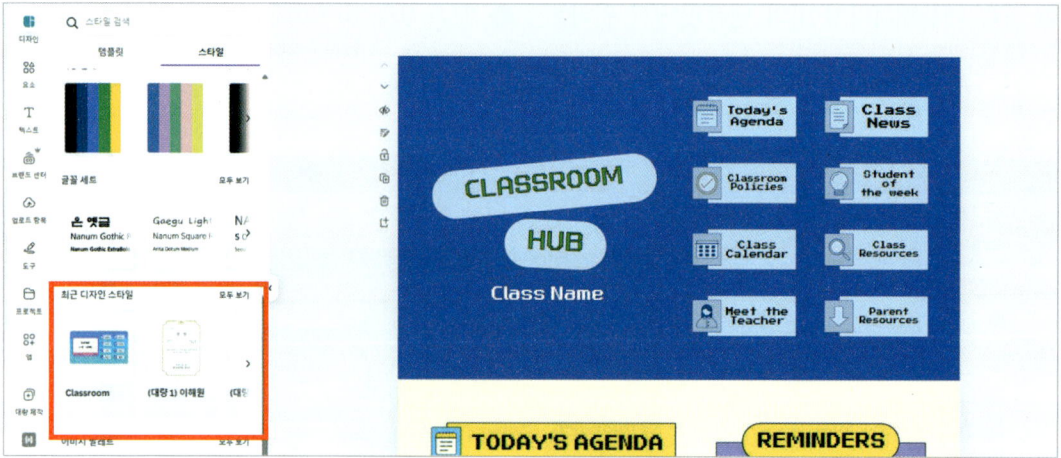

❼ '최근 디자인 스타일'에서 캔바 작업물의 스타일을 적용해 본 모습입니다. 디자인 페이지의 개별 요소를 클릭하여 수정 가능합니다.

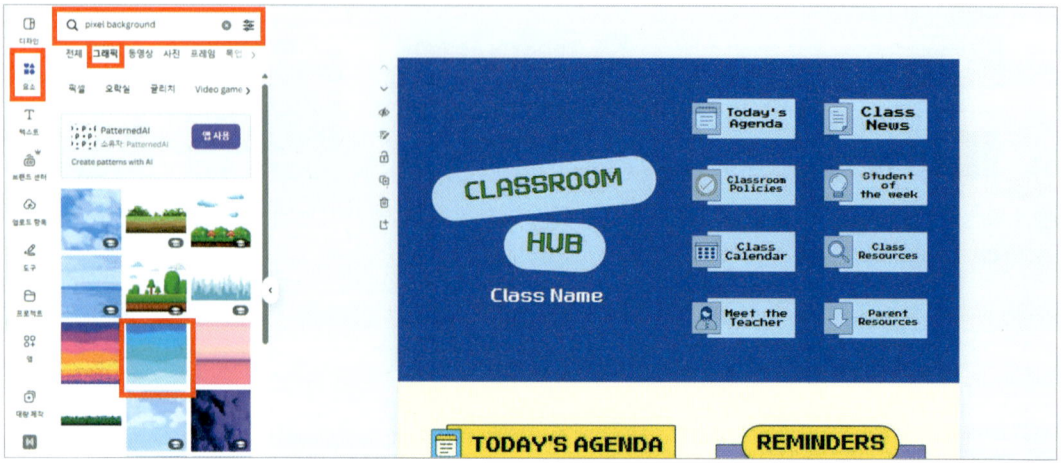

❽ 배경 화면을 변경하기 위해 좌측 메뉴바 [요소] 검색창에 'pixel background'를 검색합니다.

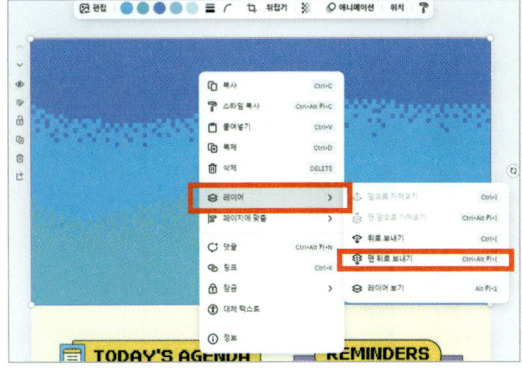

❾ '그래픽'에서 원하는 그래픽을 선택해 디자인 페이지에 삽입합니다.

출처: 캔바 크리에이터 Trendify

❿ 그래픽 클릭 후 마우스 오른쪽을 눌러 '레이어'-'맨 뒤로 보내기'를 선택합니다.

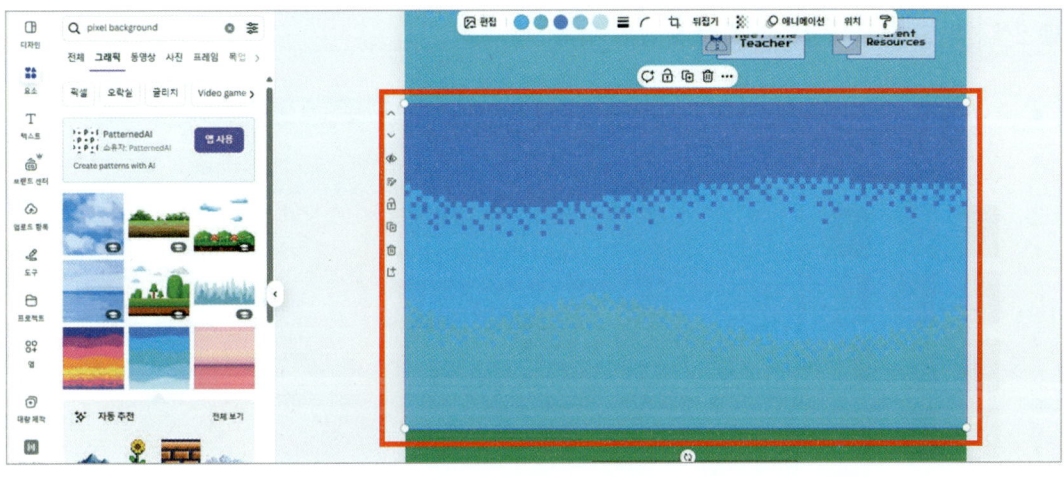

⓫ 2섹션은 같은 디자인을 다른 색상으로 바꿔보겠습니다. 1섹션의 그래픽을 클릭하여 Ctrl + C를 눌러 복사하고 2섹션에 Ctrl + V로 붙여넣기 합니다.

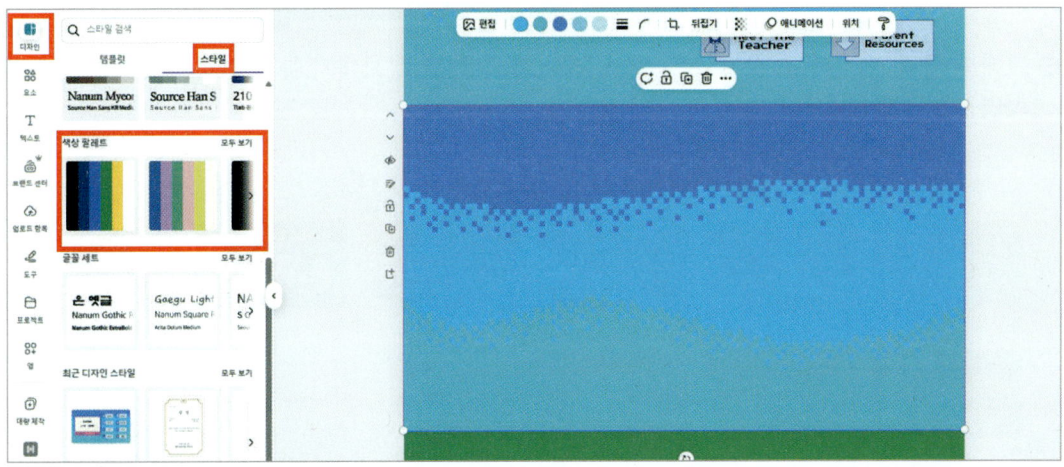

⓬ 2섹션의 그래픽 클릭 후 좌측 메뉴바 [디자인]의 '스타일'에서 색상 팔레트를 선택해 그래픽의 색상을 변경할 수 있습니다.

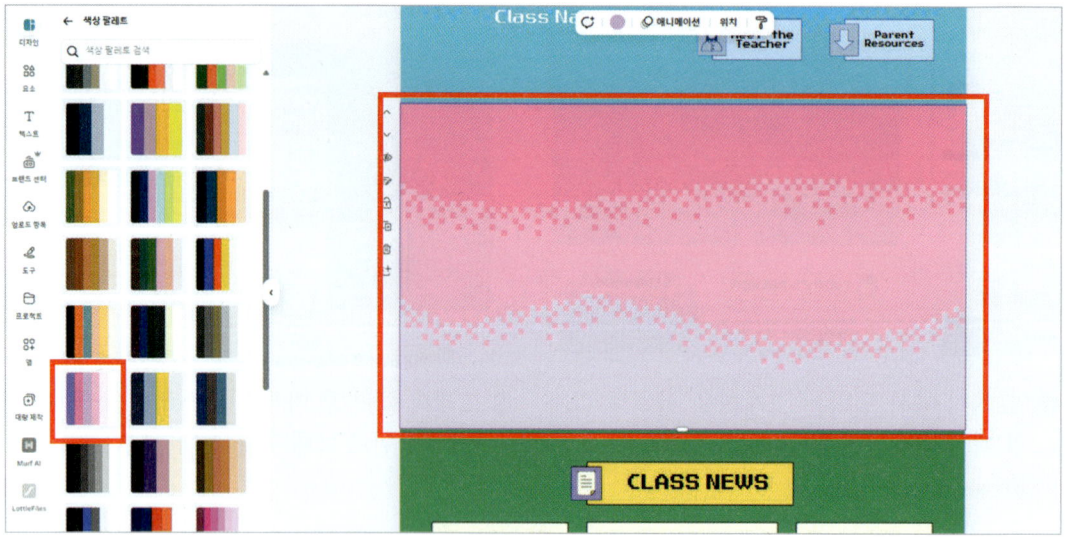

⓭ 2섹션의 그래픽 색상을 변경한 모습입니다.

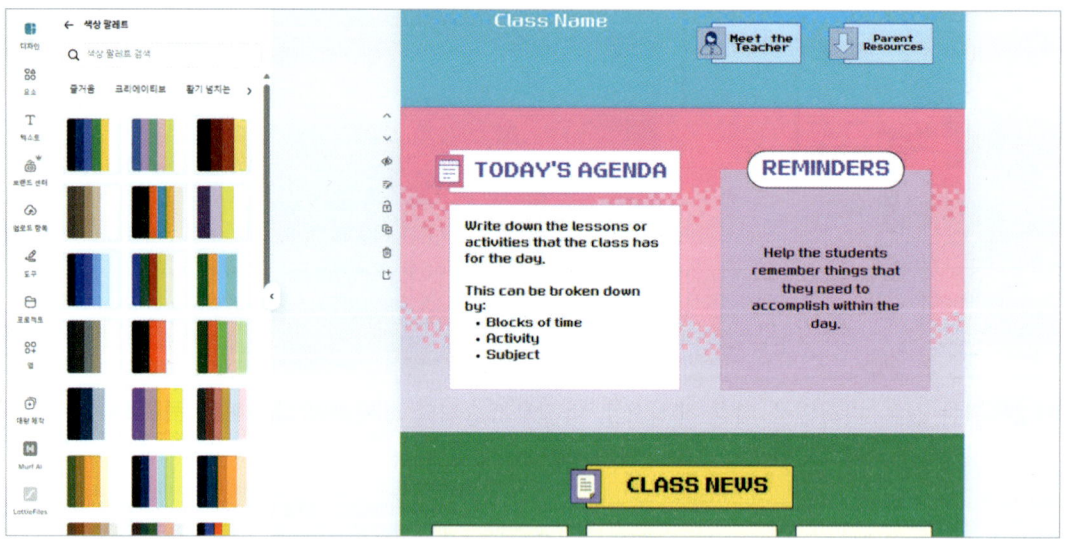

⓮ 그래픽 클릭 후 마우스 오른쪽을 눌러 '레이어'-'맨 뒤로 보내기'를 선택하여 2섹션의 배경 화면을 변경했습니다.

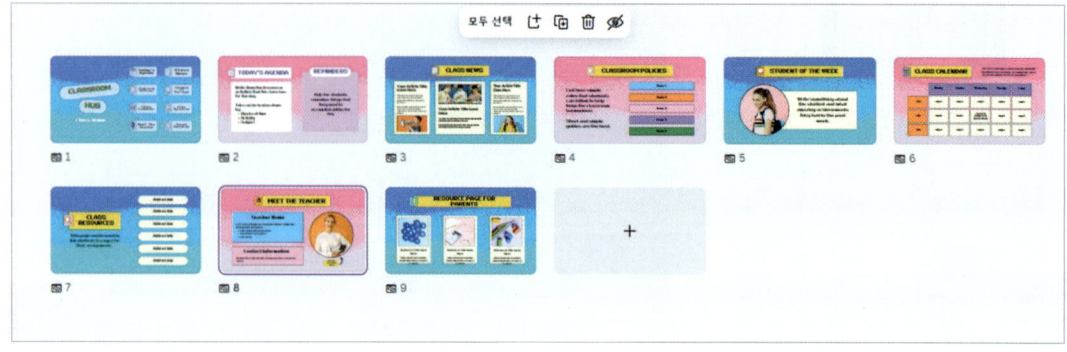

⓯ 나머지 섹션도 같은 방식으로 작업합니다.

02. 홈페이지 헤더 꾸미기

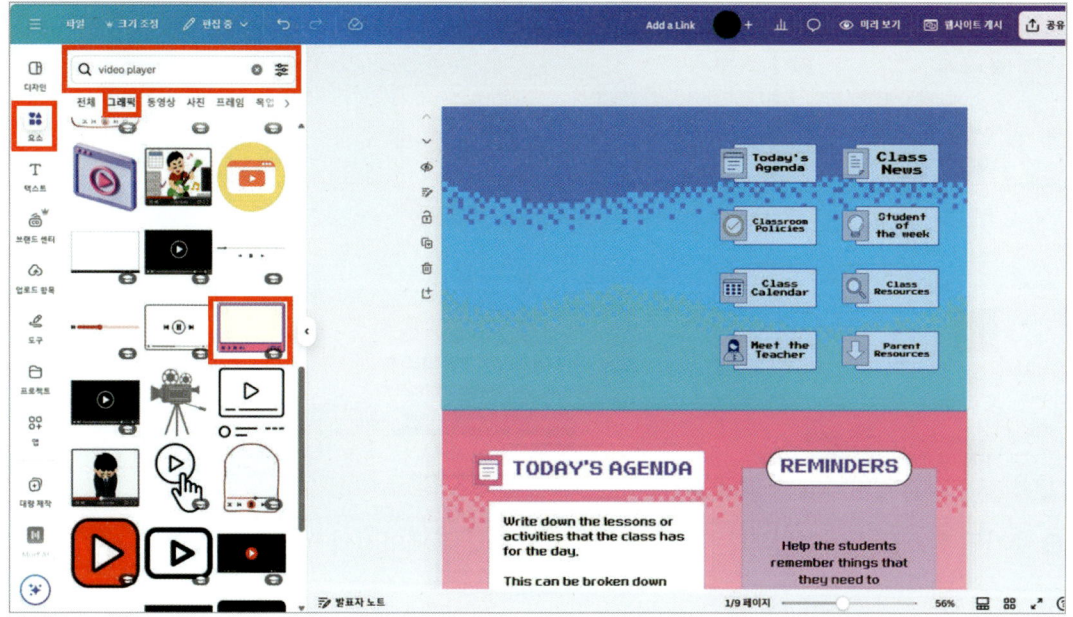

❶ 1섹션은 홈페이지의 메인 화면입니다. 좌측 메뉴바 [요소]의 그래픽 검색창에 'video player'를 검색합니다.

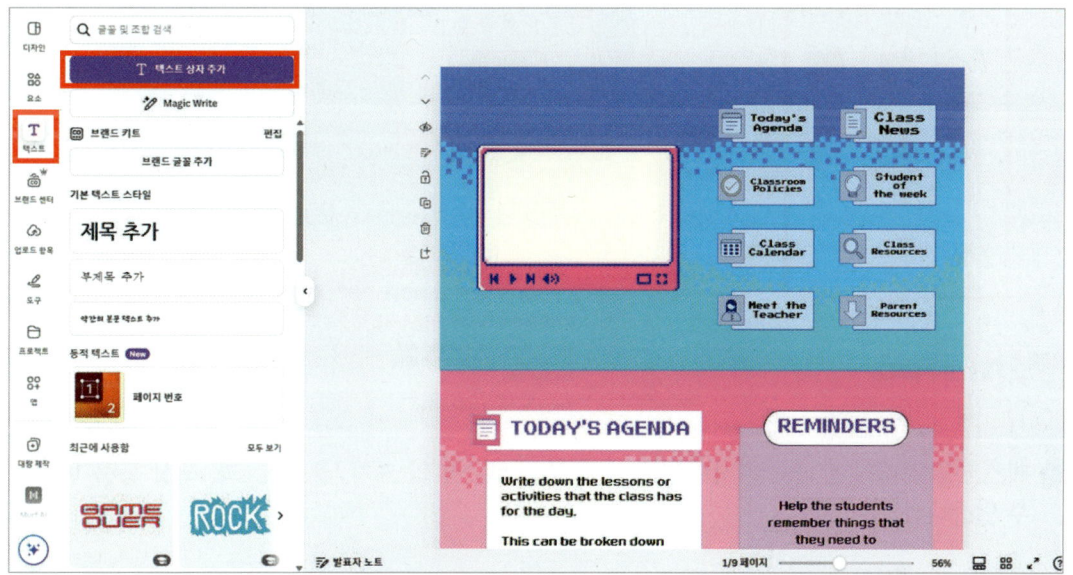

❷ 원하는 요소를 선택하여 디자인 페이지에 삽입하고 좌측 메뉴바 [텍스트]의 '텍스트 상자 추가'를 선택합니다.

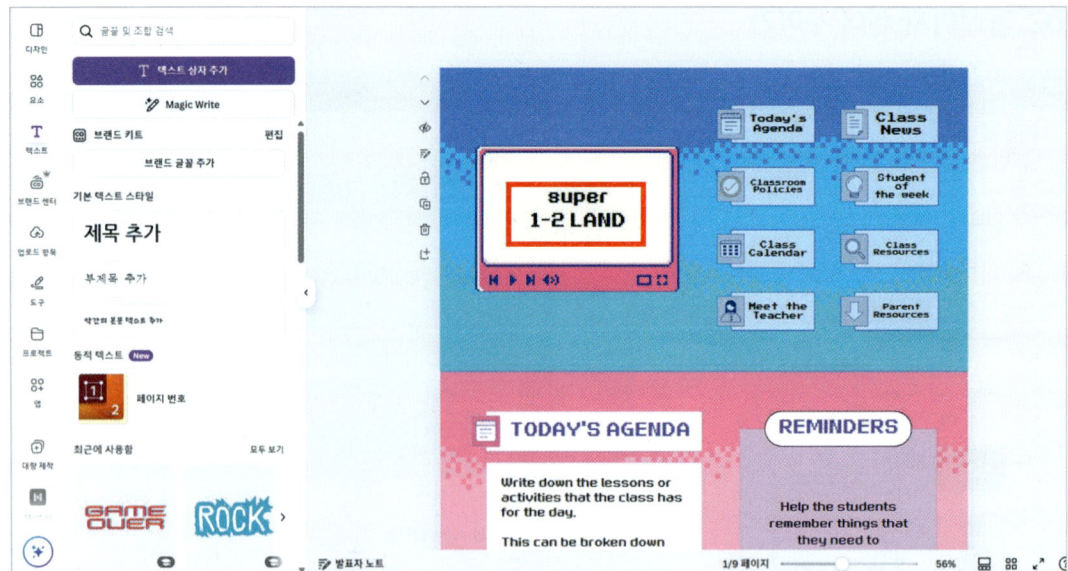

❸ 추가된 텍스트 상자를 원하는 위치에 배치하고 학급 홈페이지의 이름을 입력합니다.

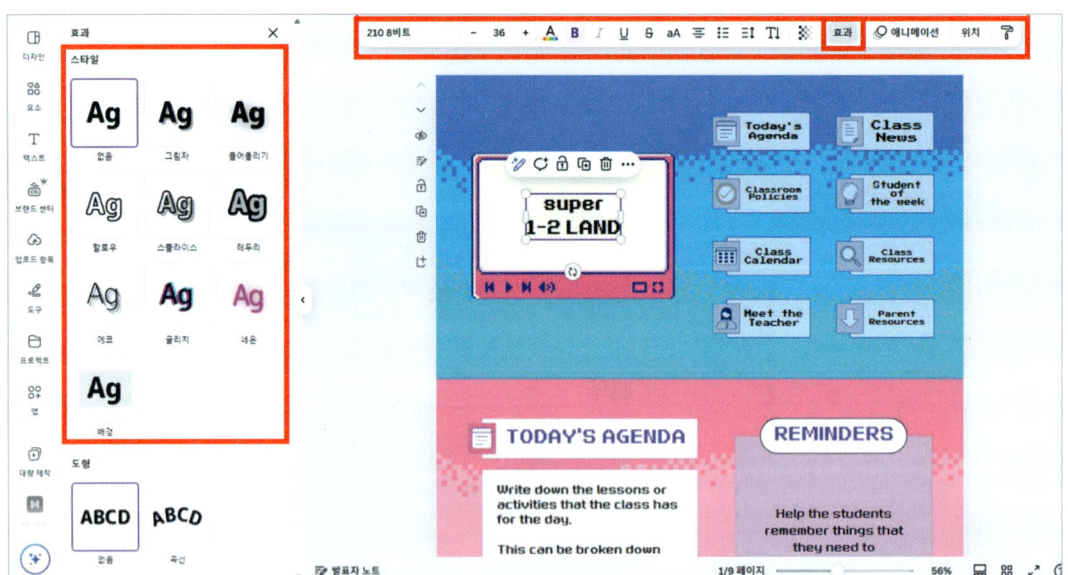

❹ 텍스트를 선택하면 나오는 상단 도구바를 통해 텍스트의 크기, 폰트, 효과, 색상 등을 변경할 수 있습니다.

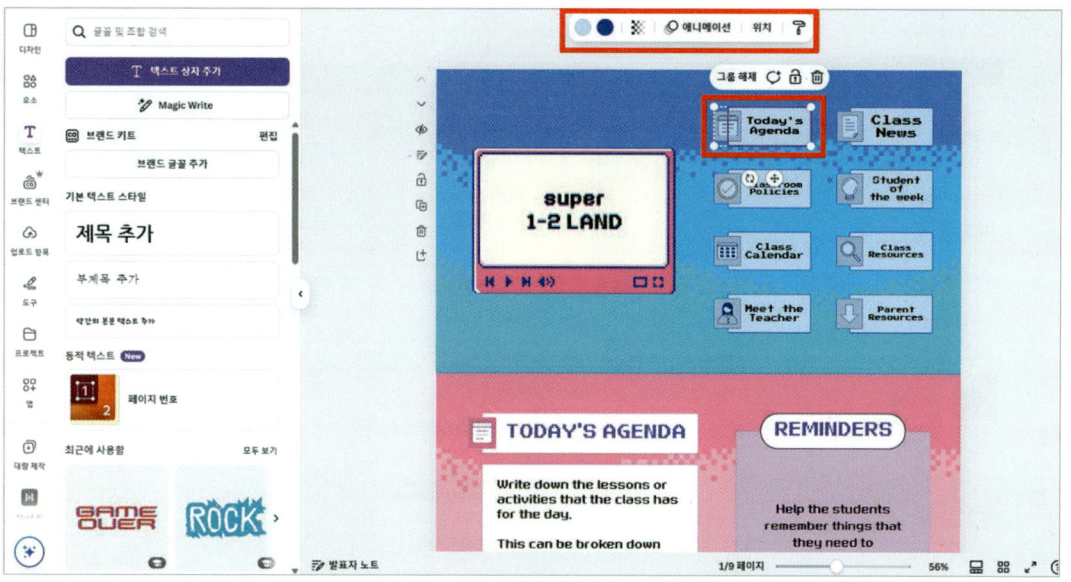

❺ 수정하고 싶은 디자인 요소를 선택하면 도구바가 나타납니다. 색상, 이미지, 텍스트 내용 등 요소를 자유롭게 변경합니다.

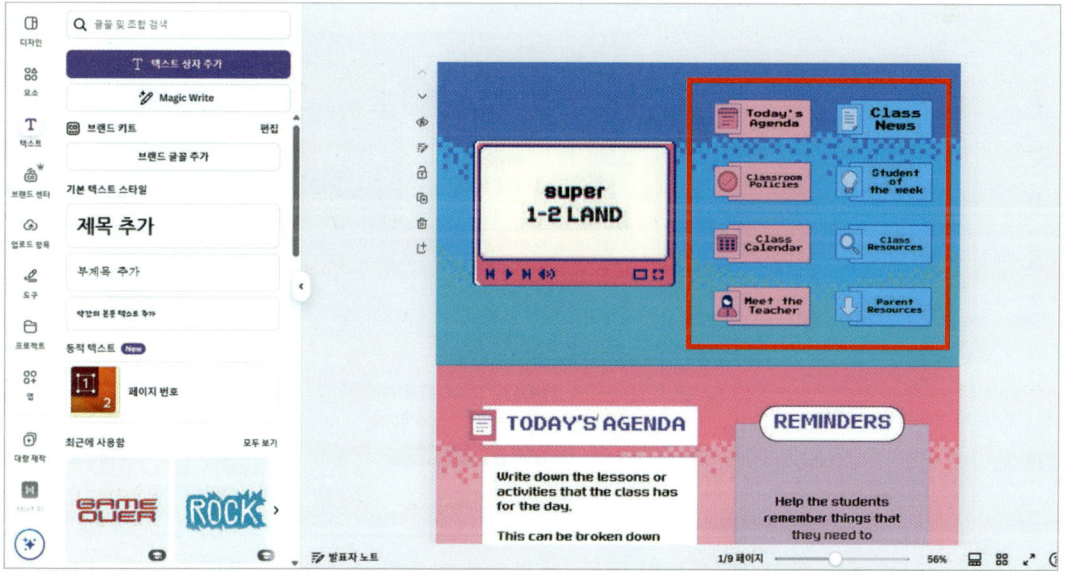

❻ 1섹션에 배치한 메뉴는 각 메뉴로 이동할 수 있는 네비게이션 바가 될 것입니다.

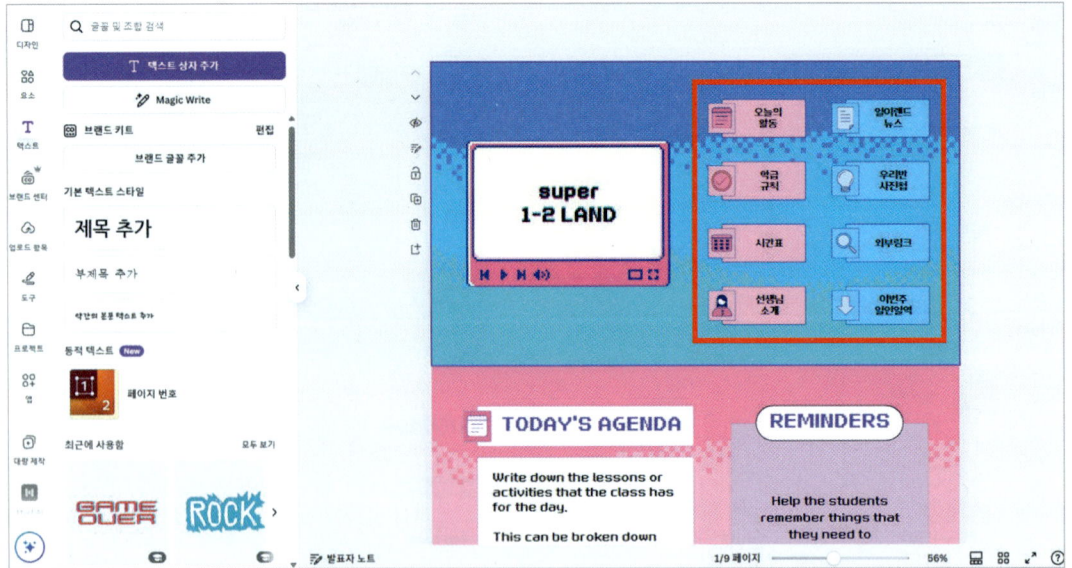

❼ 네비게이션 바 메뉴의 각 이름을 작성합니다.

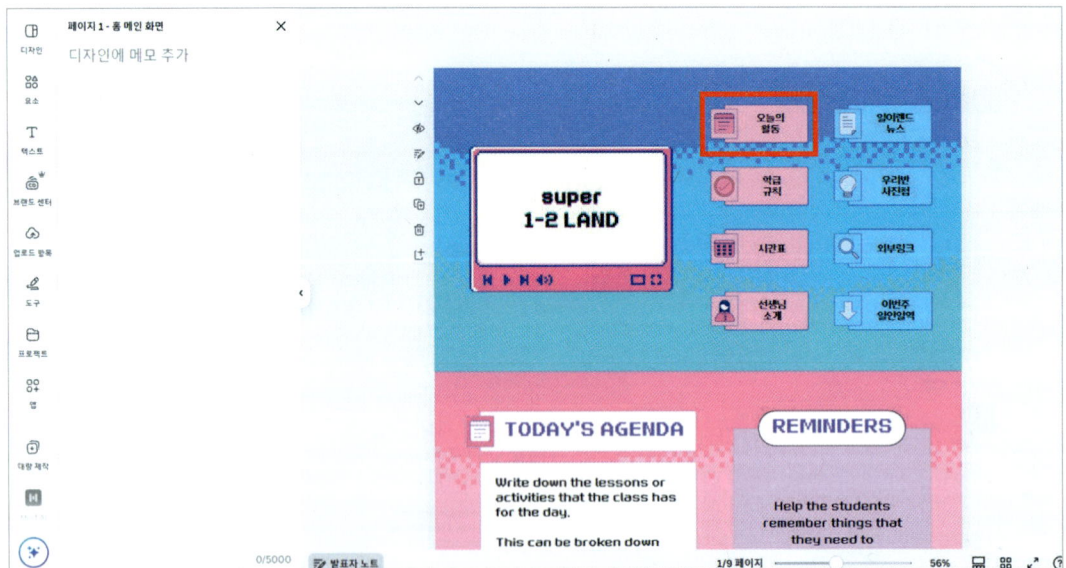

❽ '오늘의 활동' 메뉴 클릭 시 '오늘의 활동' 섹션으로 이동할 수 있도록 내부 링크를 연결해 보겠습니다.

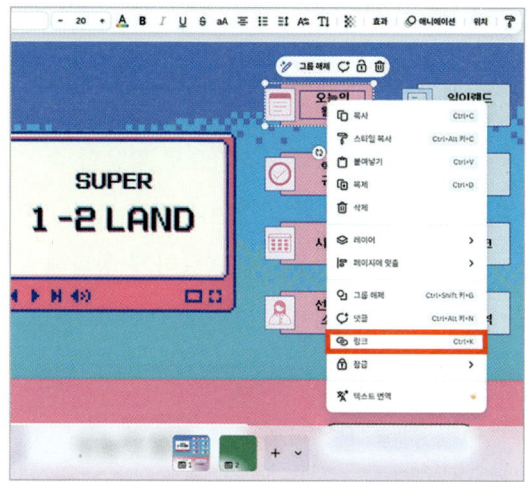
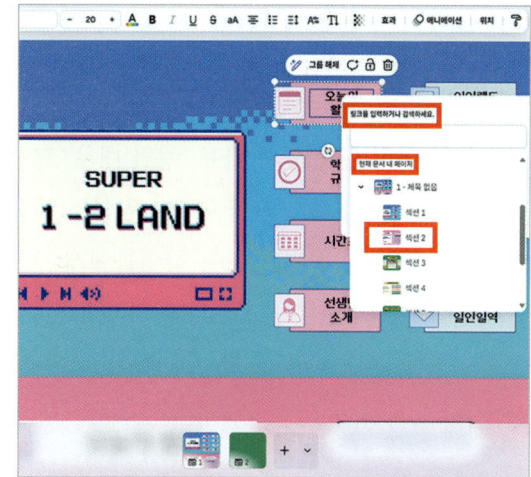

❾ 해당 요소 클릭 후 마우스 오른쪽을 눌러 '링크'를 선택합니다.

❿ '링크를 입력하거나 검색하세요'의 하위 목록에서 현재 문서 내 페이지의 '섹션 2'를 선택하면 해당 메뉴를 눌렀을 때 2 섹션으로 이동하게 됩니다.

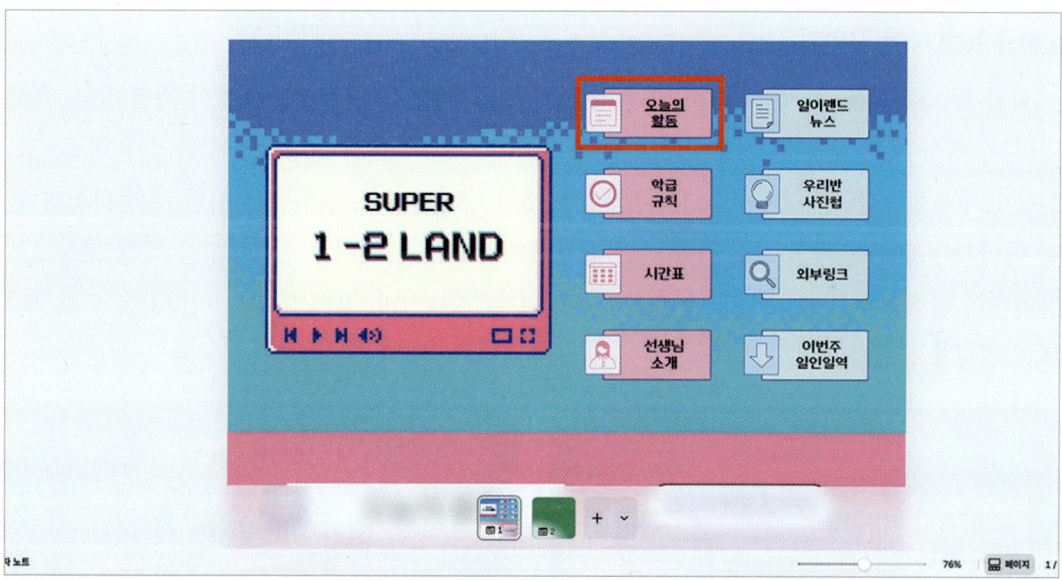

⓫ 링크가 성공적으로 연결되면 텍스트에 밑줄이 생깁니다.

03. 홈페이지 본문 꾸미기

■ 오늘의 활동 메뉴 꾸미기

　오늘의 아침 활동 및 시간표, 수업 내용, 교시별 준비물 등을 안내하는 공간으로 활용할 수 있습니다. 템플릿의 요소를 클릭하여 원하는 내용과 형식으로 수정할 수 있습니다. Reminders에 제출해야 할 숙제나 평가 또는 학생들에게 주요하게 안내할 내용 등을 간단명료하게 정리해 두면 학생들이 하루를 효율적으로 준비하고 계획하는 데 큰 도움이 됩니다.

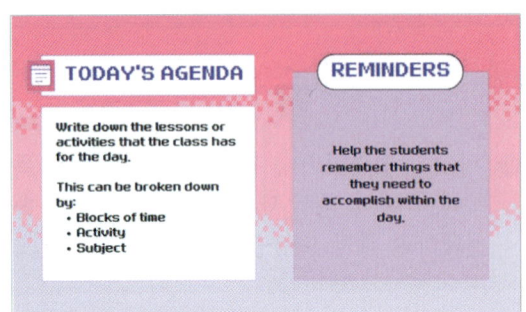 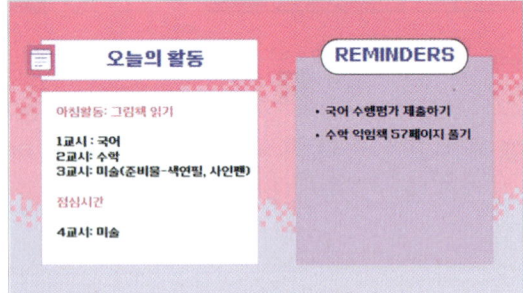

■ 학급 뉴스 메뉴 꾸미기

　학급 뉴스를 실을 수 있는 공간으로 활용할 수 있습니다. 소소한 반 소식부터 특별 활동, 학생 인터뷰, 행사 후기 등 다양한 형식의 학급 기사를 게재하여 반의 생생한 일상을 공유해보세요. 템플릿의 불필요한 이미지를 지우면 프레임 요소가 나타납니다. 캔바에서 이런 푸른 하늘과 들판 이미지는 모두 프레임 요소입니다. 캔바의 프레임 기능은 이미지나 동영상을 특정 모양으로 잘라내어 디자인에 맞게 배치할 수 있도록 도와주는 기능이며, 프레임 위로 이미지를 드래그하면 이미지가 삽입됩니다.

 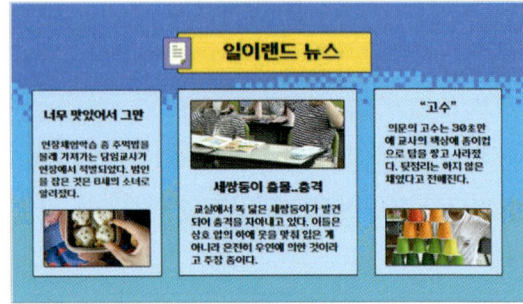

■ 학급 규칙 메뉴 꾸미기

학급 규칙을 안내하는 공간으로 활용할 수 있습니다. 학생들이 함께 지켜야 할 기본적인 생활 규칙부터 우리 반만의 특별한 약속이나 문화, 생활 캐치프레이즈 등을 이 섹션에 정리할 수 있습니다.

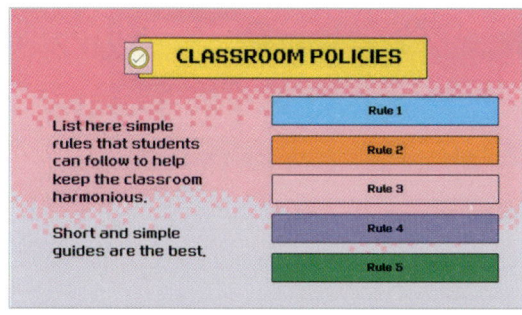 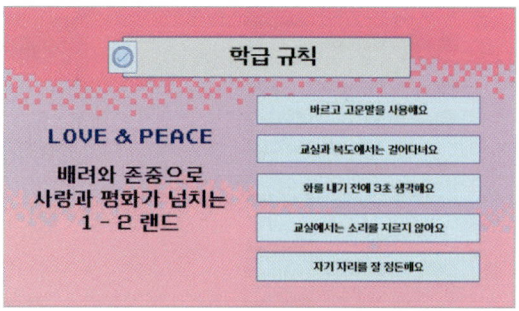

■ 사진첩 메뉴 꾸미기

우리 반의 활동 사진을 기록하는 공간으로 활용할 수 있습니다. 이 공간에는 학급 활동, 소풍, 체험학습, 발표회, 행사 장면 등 학생들의 즐거운 모습을 담은 사진을 자유롭게 배치할 수 있습니다. 필요에 따라 프레임 기능을 활용하면 사진을 일정한 모양으로 정렬할 수 있고 설명 텍스트나 날짜를 함께 넣어 앨범 느낌을 더할 수 있습니다.

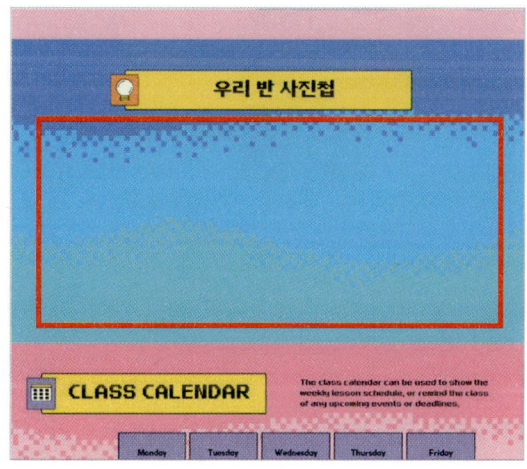 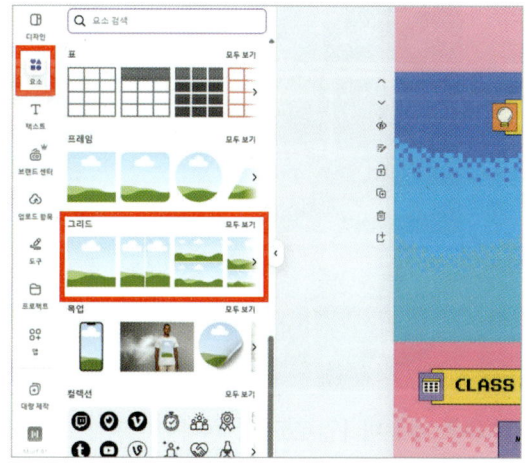

❶ 템플릿에서 불필요한 요소를 삭제하여 빈 공간을 만듭니다.

❷ 좌측 메뉴바의 [요소]에서 그리드 '모두 보기'를 선택합니다. 그리드는 여러 프레임들이 다양한 레이아웃으로 묶여있는 프레임의 집합체입니다.

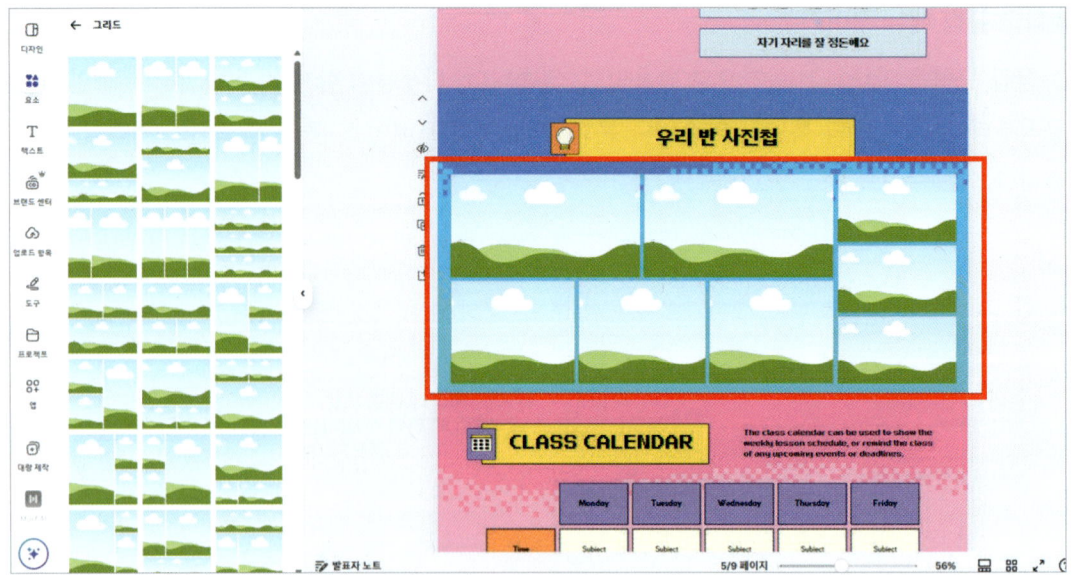

❸ 원하는 그리드를 선택해 사진첩 메뉴에 생성합니다.

❹ 좌측 메뉴바 [업로드 항목]-[이미지 또는 동영상 업로드]를 선택해 학급 사진첩에 들어갈 사진과 동영상을 업로드합니다. 업로드 창에서 사진을 클릭하거나 사진을 원하는 프레임으로 드래그하면 사진이 자동으로 삽입됩니다.

■ 시간표 메뉴 꾸미기

학급 시간표를 정리하는 공간으로 활용할 수 있습니다. 학생들이 한눈에 볼 수 있도록 요일별 수업 시간과 과목을 보기 좋게 배열해 주세요. 표 형태의 텍스트 박스를 활용하거나, 시간표에 적합한 디자인 템플릿을 선택하여 효율적으로 배치할 수 있습니다.

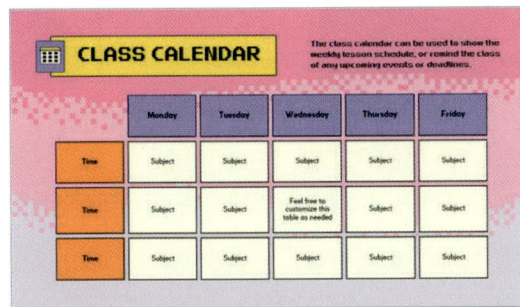

■ 외부 링크 메뉴 꾸미기

외부 페이지로 연결되는 링크를 모아 소개하는 공간으로 활용할 수 있습니다. 각 메뉴 또는 버튼을 클릭하면 해당 웹사이트로 바로 이동할 수 있도록 링크를 연결합니다.

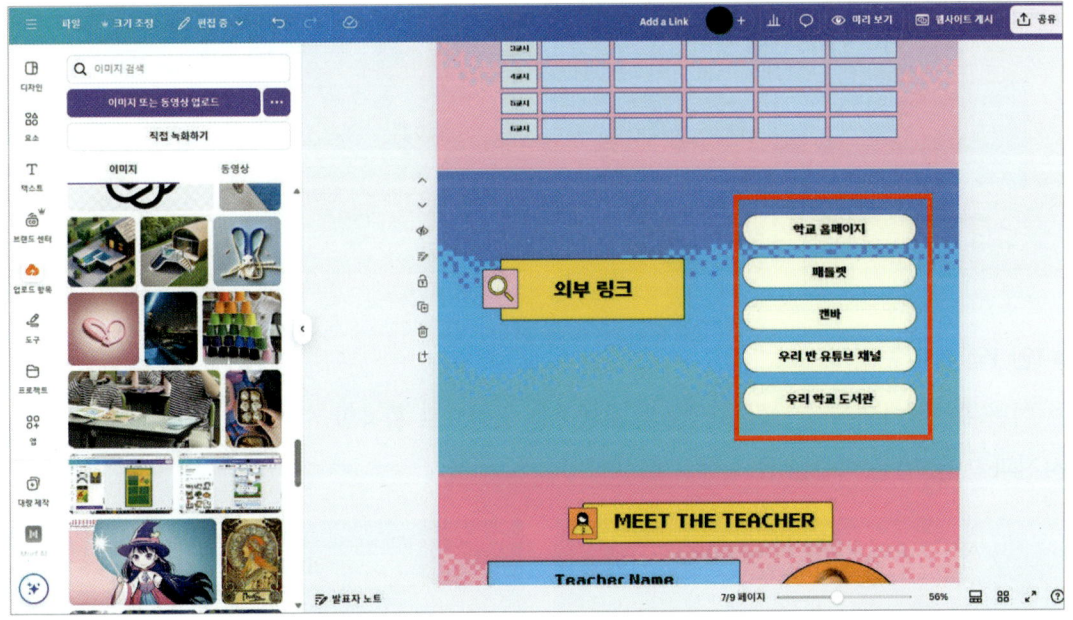

❶ 요소 클릭 후 마우스 오른쪽을 눌러 '링크'를 선택합니다.

❷ 링크를 입력하거나 검색하여 입력란에 주소를 입력합니다.

■ 선생님 소개 메뉴 꾸미기

담임 선생님을 소개하는 공간으로 활용할 수 있습니다. 학생들과 학부모가 선생님에 대해 조금 더 친근하게 느낄 수 있도록 간단한 자기소개와 교육 철학, 좋아하는 것, 학생들에게 전하고 싶은 한마디 등을 작성합니다.

 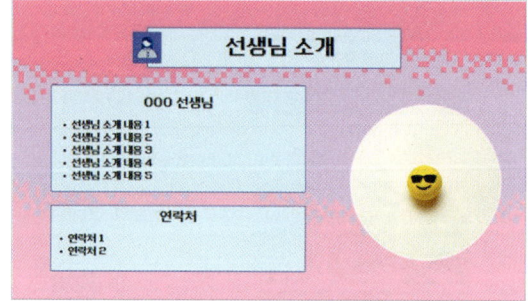

■ 1인 1역 메뉴 꾸미기

이번 주 1인 1역을 담당할 학생들을 소개하는 공간으로 활용할 수 있습니다. 당번 학생들의 사진과 이름, 맡은 역할을 함께 작성합니다.

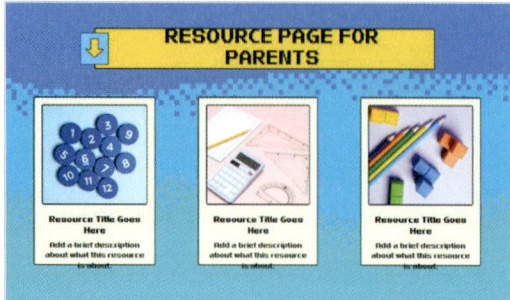 

04. 웹사이트 게시하기

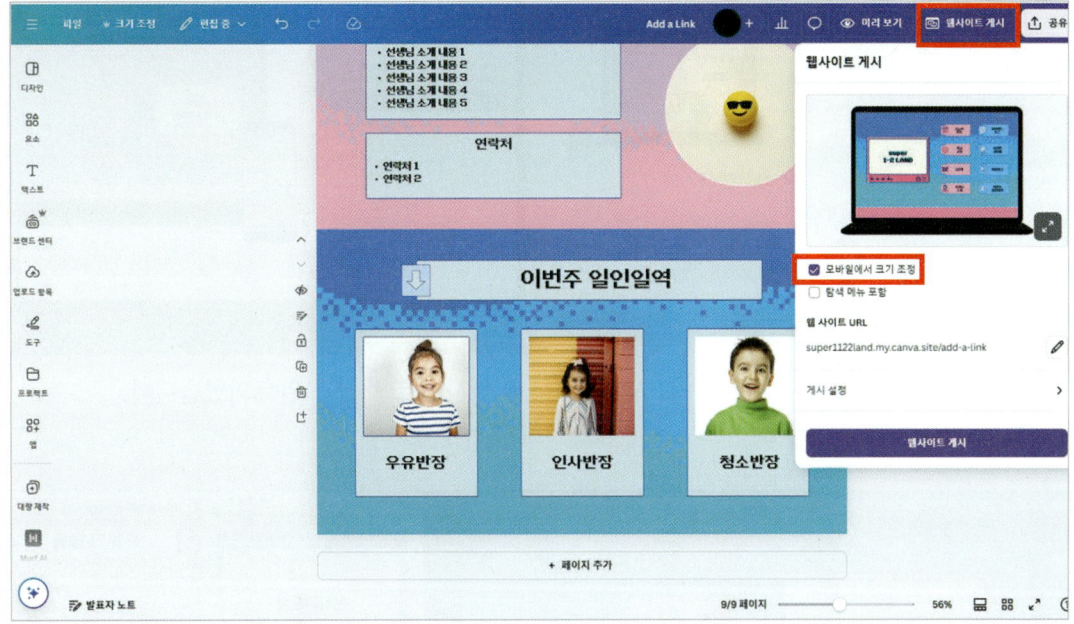

❶ 홈페이지를 모두 완성하였다면 우측 상단의 [웹사이트 게시]를 누르고 '모바일에서 크기 조정'에 체크 합니다. '모바일에서 크기 조정'은 학급 홈페이지를 모바일에서 열었을 때 자동으로 모바일 기기 화면 크기에 맞추어 웹사이트의 레이아웃을 조정하는 기능입니다.

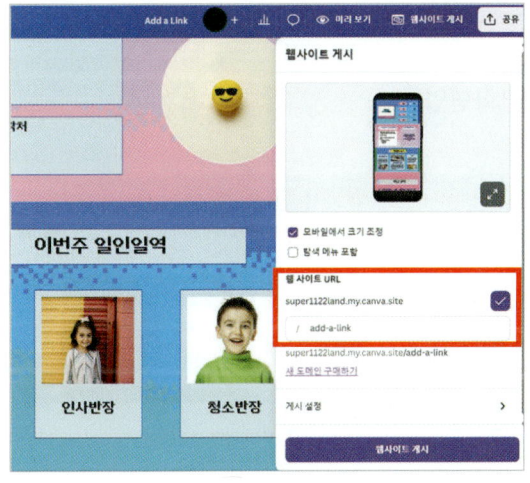

❷ 웹사이트 URL을 원하는 문구로 변경할 수 있습니다. 도메인은 캔바의 자체 도메인 '.mycanva.site'로 적용됩니다.

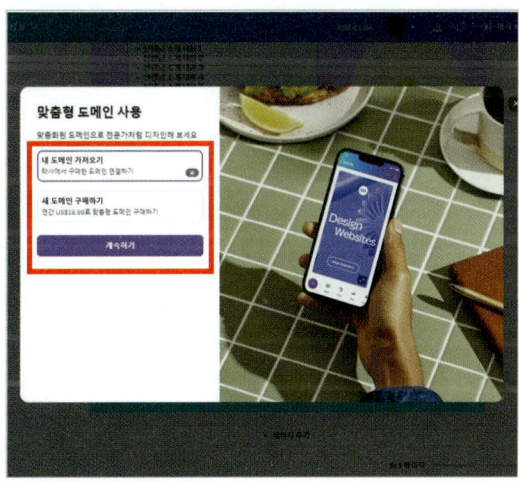

❸ '새 도메인 구매하기'를 선택하면 자체적으로 제작한 외부 도메인을 연결할 수 있습니다.

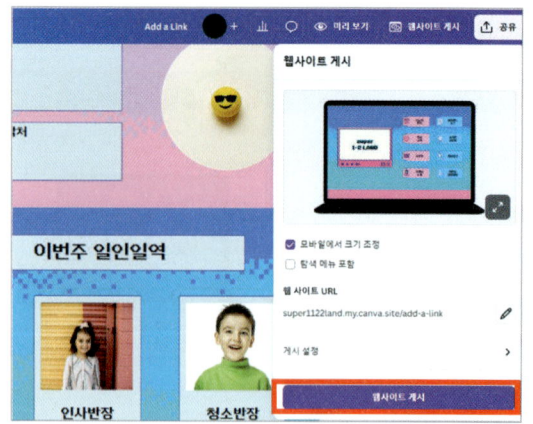 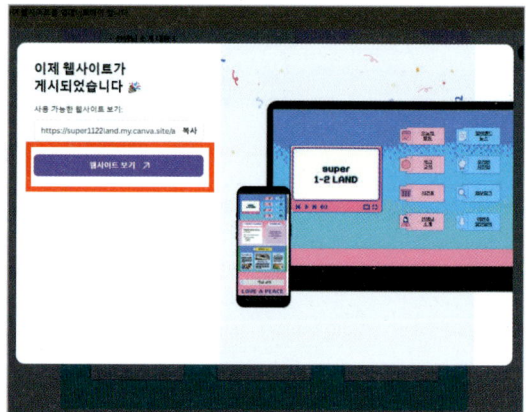

❹ 맞춤형 도메인 사용을 원하지 않으면 바로 [웹사이트 게시]를 선택합니다.

❺ 웹사이트 게시가 완료되었습니다.

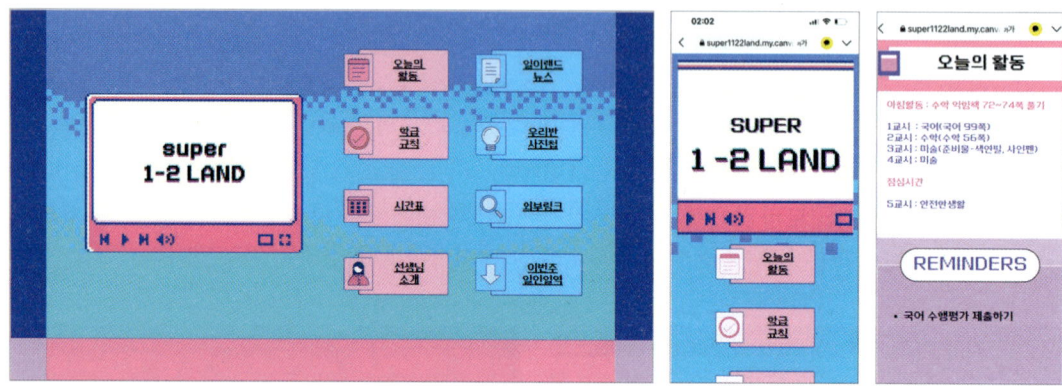

❻ 각각 컴퓨터와 스마트폰으로 웹사이트에 접속한 화면입니다.

❼ 웹사이트를 게시한 후 웹사이트를 수정하는 경우 우측 상단의 [웹사이트 게시]-[웹사이트 다시 게시]를 눌러야 웹사이트의 수정 사항이 정상적으로 반영됩니다.

우리 반 전자 문집 만들기

문집 제작을 위한 구성 요소 알아보기

01. 학급 문집의 목적

학급 문집은 단순히 글과 사진을 모으는 것이 아니라 학생들의 개성과 학급의 소중했던 순간을 하나로 엮어 특별한 기록으로 남기고 추억하는 결과물이라 할 수 있습니다. 학급 문집을 처음 시도한다면 어디서부터 어떻게 시작해야 할지 고민이 있을 수 밖에 없습니다. 우선 학급 문집을 만드는 목적을 명확히 설정하는 것이 중요합니다. 문집의 목적에 따라 구성 방식, 디자인 방향, 제작 참여 범위가 달라지기 때문입니다.

예를 들어 학생들과의 소중한 추억을 공유하고 기록하는 목적이라면 형식에 얽매이지 않고 자유롭고 창의적인 구성이 가능합니다. 이런 경우 학생들이 콘티를 직접 구성하고 글과 사진을 원하는 방식으로 배치하도록 하여 개성과 아이디어가 자연스럽게 드러나는 문집을 완성할 수 있습니다.

반면 학교 게시용이거나 가정에 배포할 공식적인 문서로 제작해야 한다면 보다 정돈된 구성과 규격화된 디자인이 필요합니다. 이때는 교사가 템플릿을 제시하고 학생들은 그 틀 안에서 내용을 채워 넣는 방식이 적절합니다. 디자인보다는 내용의 정확성과 전달력이 우선시되며 교사의 편집 및 조율 역할이 상대적으로 더 중요합니다.

학급 문집은 목적에 따라 참여 방식, 표현 범위, 완성 형태가 모두 달라집니다. 따라서 제작 전 학급 문집의 목적을 먼저 고민하는 것이 성공적인 학급 문집의 시작입니다.

02. 학급 문집 주제

학급 문집의 목적을 정했다면 이제는 문집의 주제를 선정해야 합니다. 주제가 명확해야 그에 맞는 디자인 템플릿을 선택할 수 있고 전체적인 구성 방향도 자연스럽게 잡히기 때문입니다. 가장 좋은 방법은 학생들과 함께 브레인스토밍을 해보는 것입니다. 올 한 해 우리 반에서 진행했던 특별한 활동이나 기억에 남는 사건은 무엇이 있었는지 또는 교육과정과 연계하여 수업 시간에 프로젝트 형태로 진행했던 활동이 있는지 자유롭게 의견을 나눠보세요. 예를 들어 학급 신문 만들기가 주제가 된다면 학생들은 자연스럽게 학급에서 있었던 다양한 일들을 떠올리게 됩니다. 이후에는 기사문을 구성하기 위한 제목, 부제, 전문, 본문 등의 구성 요소를 학습지를 활용해 미리 작성한 뒤 제공된 템플릿에 맞춰 내용을 입력합니다. 이를 통해 보다 체계적인 문집 구성이 가능합니다.

03. 학급 문집 형태

학급에서 흔히 제작할 수 있는 다양한 문집의 종류와 그 특징을 살펴보겠습니다.

■ 학급 시집

학생들에게 창의적인 글쓰기 형태로 제시할 수 있는 시화 만들기 활동을 하나의 책으로 묶어 볼 수 있습니다. 학급 시집을 문집으로 선정한다면 표지, 목차, 학생들의 시, 에필로그 등의 형태로 구성할 수 있을 것입니다. 학생들은 교사로부터 각자 부여받은 디자인 공간에서 그림, 사진, 배경 등을 활용하여 자신의 시를 돋보이게 꾸밀 수 있습니다.

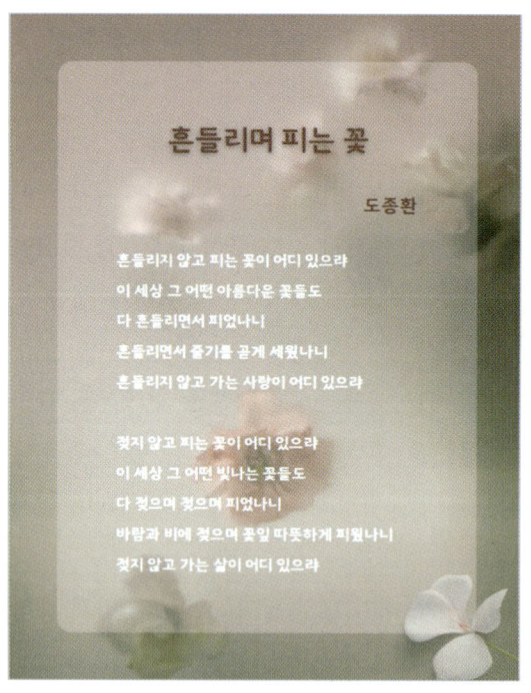
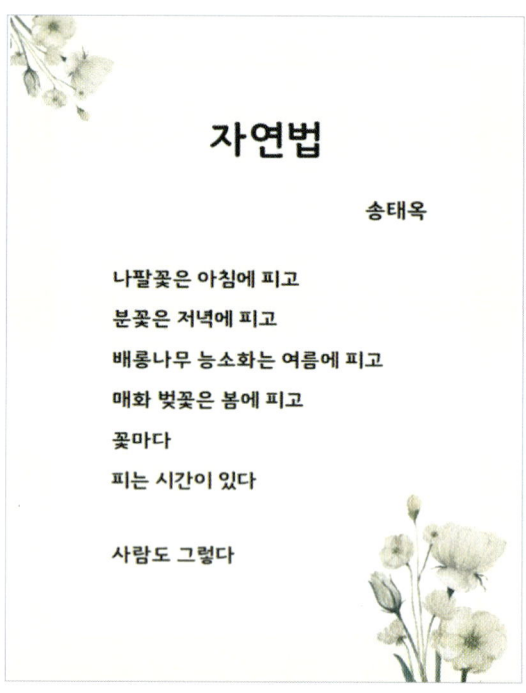

출처: 캔바 크리에이터 zoe design

■ 학급 앨범

학생들이 중심이 되어 학급 앨범을 제작한다면 교사는 학생들의 활동 모습 이미지를 학생들에게 미리 공유해야 합니다. 구글 드라이브 또는 학급 SNS를 통해 학생들이 이미지를 선택하여 편집하는 것이 효율적입니다. 학급 앨범을 문집으로 선정한다면 표지, 목차, 학급 소개 페이지, 월별 활동 사진, 학생 작품 소개, 에필로그 등의 형태로 구성할 수 있습니다. 학급 전체의 앨범을 만들 수 있고 학생마다 각각 자신의 앨범을 만들어 볼 수 있습니다.

출처: 캔바 크리에이터 Education Resource Hub

■ 학급 신문

학급에서 일어난 다양한 활동과 학생들의 목소리를 담을 수 있는 학급 신문은 학생들이 직접 기사를 구성하고 작성하며 편집하는 등 학생들의 역할이 많이 요구됩니다. 그만큼 결과물을 만들었을 때 학생들이 더 크게 보람을 느낄 수 있는 작업 형태라 할 수 있습니다. 학급 신문을 문집으로 선정한

출처: 캔바 크리에이터 Ratio

다면 표지, 목차, 학생들이 작성한 학급 뉴스, 에필로그 형태로 구성할 수 있습니다. 학급 신문의 절대적인 형식은 없기에 학생들과 협의하여 구성하면 됩니다.

협업, Heyzine Flipbooks 기능 알아보기

01. 협업 기능

"매번 문집 만들 때마다 교사 혼자서 일일이 모든 작업을 편집해야 하니 힘들어요. 효율적으로 할 수 있는 방법이 없을까요?" 이러한 고충을 덜어줄 수 있는 도구가 바로 캔바의 협업 기능입니다. 협업 기능은 학급 제작, 모둠별 과제 작성 등 여러 사람이 참여해야 하는 작업에서 큰 효과를 발휘합니다. 여러 사용자가 동시에 같은 페이지에서 작업을

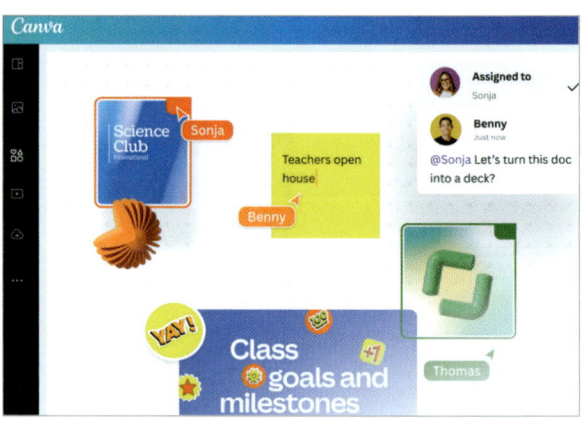

출처: https://www.canva.com/ko_kr/education/schools/

하는 경우 각 사용자의 마우스 커서가 표시되므로 어느 부분을 수정하고 있는지 실시간 확인이 가능하다는 점이 협업 기능의 특징입니다.

■ 캔바 협업 방법

1) 엑세스 권한이 있는 사용자 추가

작업하고 있는 전체 템플릿에 대해 특정 사용자에게 편집 권한을 부여하는 방식입니다. 초대받은 제한된 사람만 접근이 가능하기 때문에 높은 보안성이 유지되지만 개별적으로 초대를 해야 한다는 특징이 있습니다.

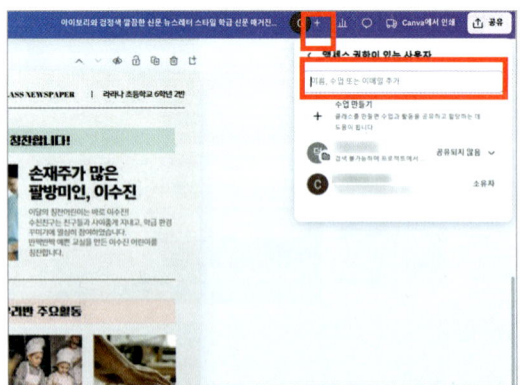

❶ 프로필 옆 '+ 버튼'을 선택하면 엑세스 권한이 있는 사용자 창이 보입니다.

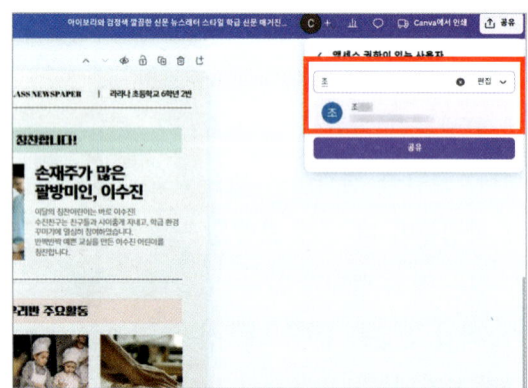

❷ 학급 소속인 경우에는 학급 이름 또는 이름만 입력해도 자동으로 사용자 목록이 나타납니다.

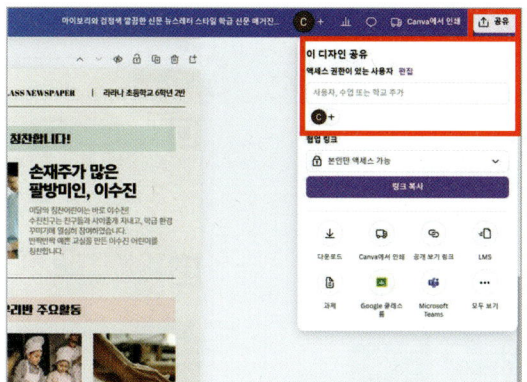 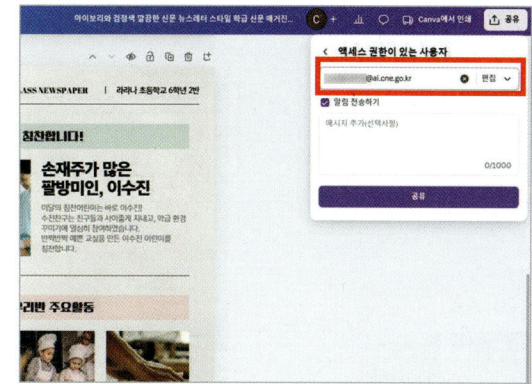

❸ 우측 상단의 [공유]를 눌러 엑세스 권한이 있는 사용자 창을 볼 수 있습니다.

❹ 개인 이메일이 있으면 외부 사용자도 초대 가능합니다.

2) 협업 링크를 생성하여 권한 부여

작업하고 있는 전체 템플릿에 대해 해당 링크를 가진 사람은 누구나 접근 가능한 방식입니다. 이메일로 개별 초대할 필요 없이 빠르게 여러 사람과 공유가 필요할때 활용할 수 있습니다.

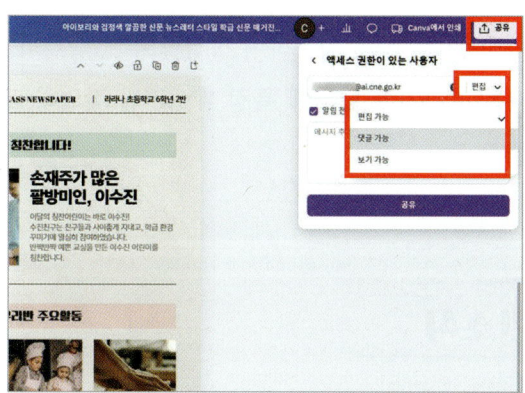 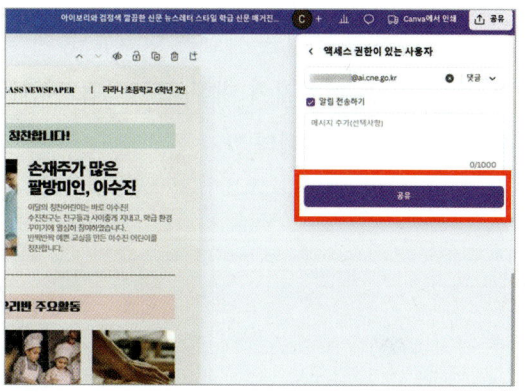

❶ 우측 상단의 '공유'를 선택하여 협업 링크에서 권한 범위를 지정합니다.

❷ 권한 범위를 지정한 후 '공유'를 선택합니다.

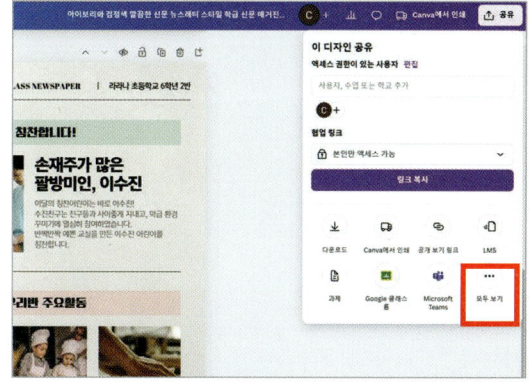 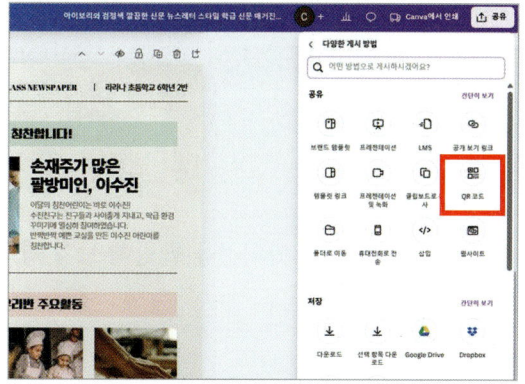

❸ '모두 보기'를 선택합니다.

❹ 'QR 코드'를 선택합니다.

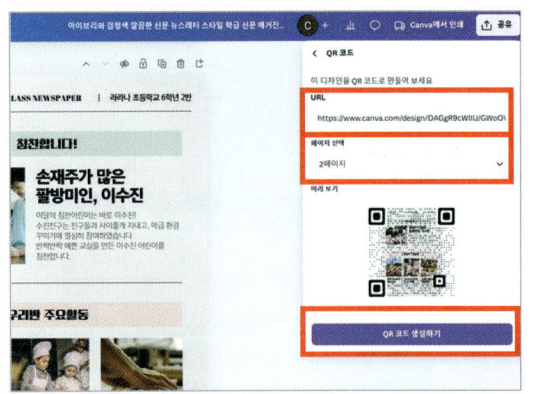 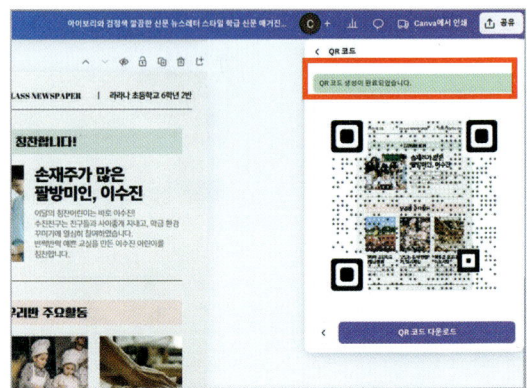

❺ URL에 복사한 링크를 붙여 넣고, 페이지 선택은 QR 코드로 형상화할 이미지를 의미하는 것이기에 원하는 페이지로 지정한 후 [QR 코드 생성하기]를 누릅니다.

❻ QR 코드가 생성되었으면 학생들에게 안내합니다.

3) 각 페이지별 링크를 생성하여 권한 부여

이 방법은 작업하고 있는 전체 템플릿 내 개별 페이지에 대해 각각의 링크를 생성하는 방식입니다. 해당 링크를 받은 사람은 링크를 통해 특정 페이지로 바로 이동하여 작업할 수 있습니다. 하지만 나머지 페이지에 대해서도 작업 권한은 여전히 가지고 있기에 특정 페이지만 작업하도록 유도하길 권장합니다.

❶ 우측 하단의 해당 아이콘을 클릭해 보기 방식을 변경합니다.

❷ 1페이지와 2페이지가 나뉘어있는 것을 확인합니다.

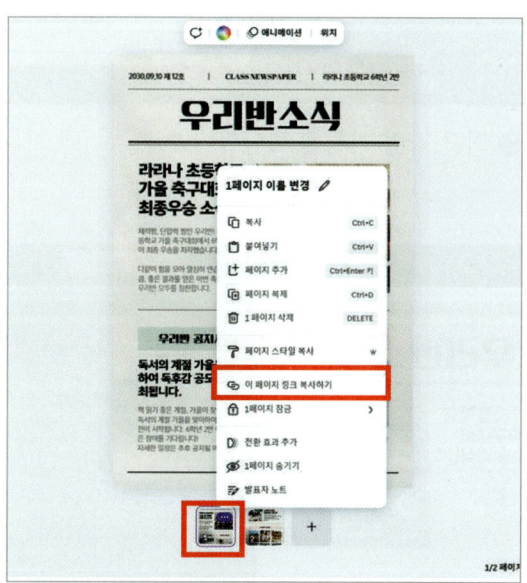 

❸ 1페이지 우측 상단의 점 3개 아이콘을 누르면 해당 페이지의 링크를 복사할 수 있습니다.

❹ 2페이지 우측 상단의 점 3개 아이콘을 누르면 해당 페이지의 링크만 복사할 수 있습니다.

■ 버전 기록 방법

　캔바에서 협업 활동 중 실수로 다른 사람의 기록을 지웠을 경우 버전 기록을 통해 이전 버전으로 복원할 수 있습니다. 이 기능은 누가, 언제, 어떤 변경을 했는지 확인할 수 있고 이전 버전을 현재 템플릿에서 복원하거나 아예 이전 버전을 기반으로 하여 새로운 템플릿으로 복사본을 생성할 수 있습니다.

 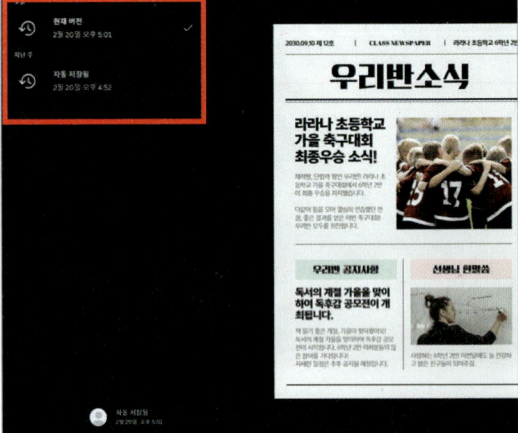

❶ 좌측 상단의 [파일]에서 '버전 기록'을 선택합니다.
❷ 최근 작업 기록을 확인합니다.

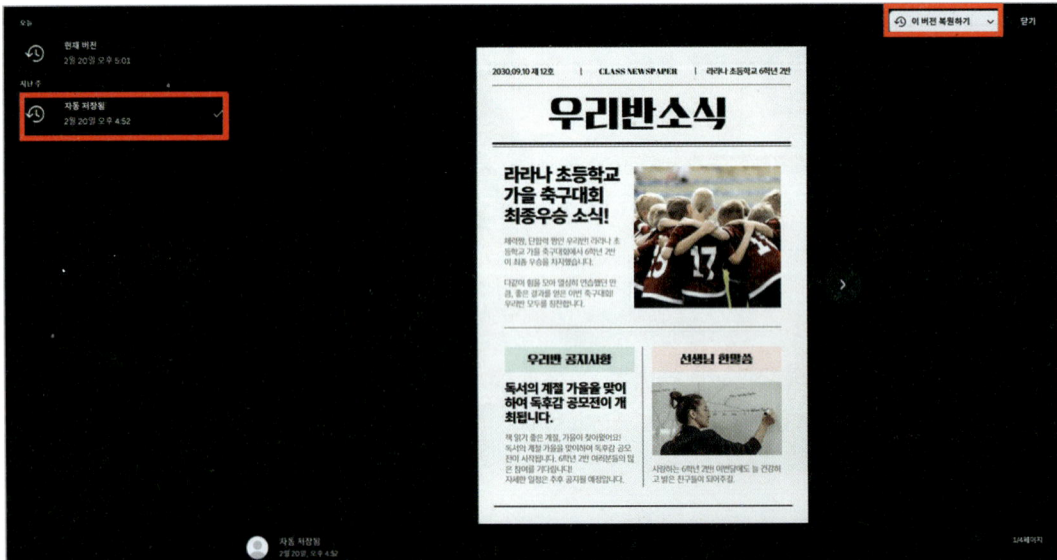

❸ 우측 상단의 [이 버전 복원하기]를 선택해 원하는 버전으로 되돌릴 수 있습니다.

❹ 이전 버전을 새로운 복사본으로 생성할 수 있습니다.

02. Heyzine Flipbooks 기능 알아보기

Heyzine Flipbooks는 문집을 디지털로 변환해주는 도구로, 실제 종이 문집처럼 페이지 넘김 효과를 연출할 수 있으며, 종이가 낭비되지 않아 친환경적입니다. 링크와 인터넷만 연결되어 있으면 어느 기기에서든 열람할 수 있으며 동영상, 오디오 등을 문집에 추가할 수 있다는 장점이 있습니다.

PDF 파일을 E-book 형태로 변환하거나 전자 작업물을 편집하는 프로그램은 북크리에이터를 비롯해 다양한 종류가 존재합니다. 그럼에도 캔바의 Heyzine Flipbooks 기능을 추천하는 이유는 캔바에서 제작한 디자인을 별도의 복잡한 과정 없이 바로 E-book 형태로 연동할 수 있기 때문입니다.

❶ 템플릿을 완성하고 우측 상단의 [공유]에서 '모두 보기'를 선택합니다.

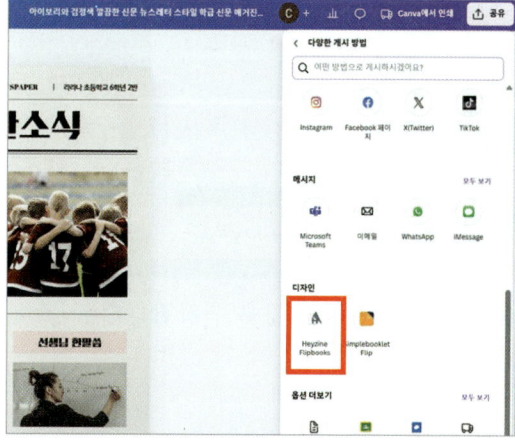

❷ 'Heyzine Flipbooks'를 선택합니다.

❸ [열기]를 선택합니다.

❹ 페이지 선택에서 '모든 페이지'를 선택 후 [저장]합니다.

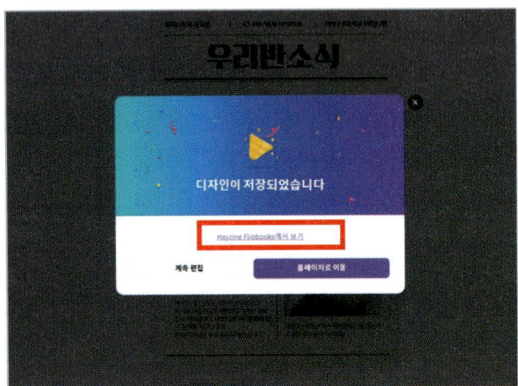

❺ 디자인이 완성되면 'Heyzine Flipbooks에서 보기'를 선택합니다.

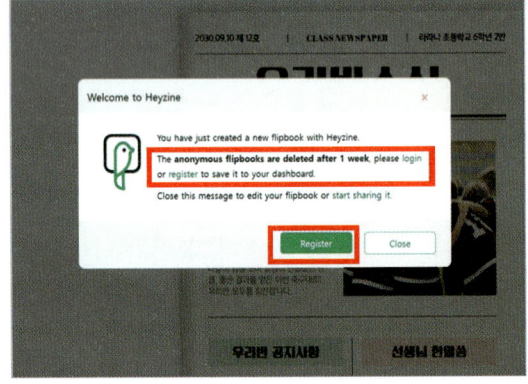

❻ 회원가입을 하지 않았을 경우 나중에 파일이 삭제되므로 회원가입을 진행합니다.

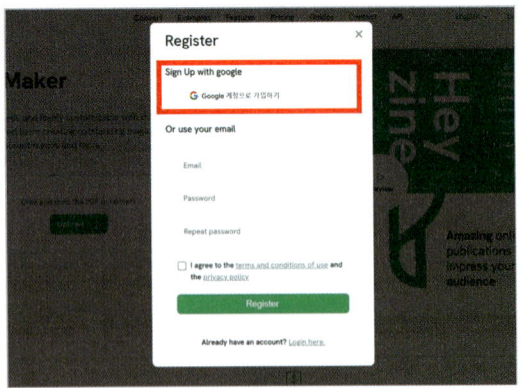

❼ 구글로 가입하는 것을 권장합니다.

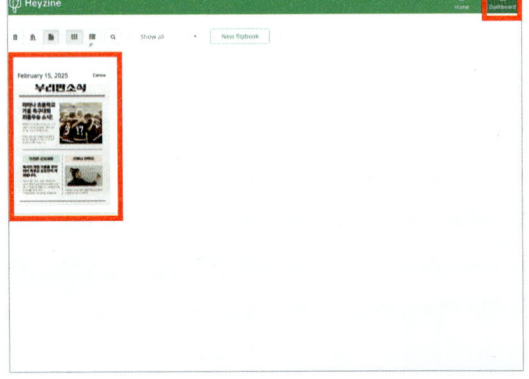

❽ 우측 상단의 [Dashboard]에 업로드된 파일을 선택합니다.

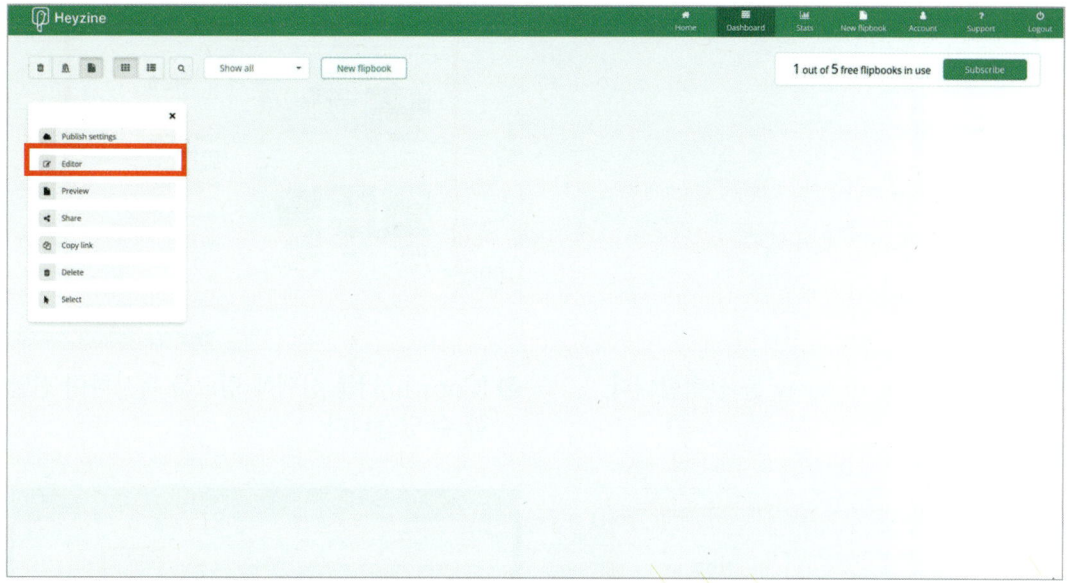

❾ 'Editor'를 선택해 편집 할 수 있습니다.

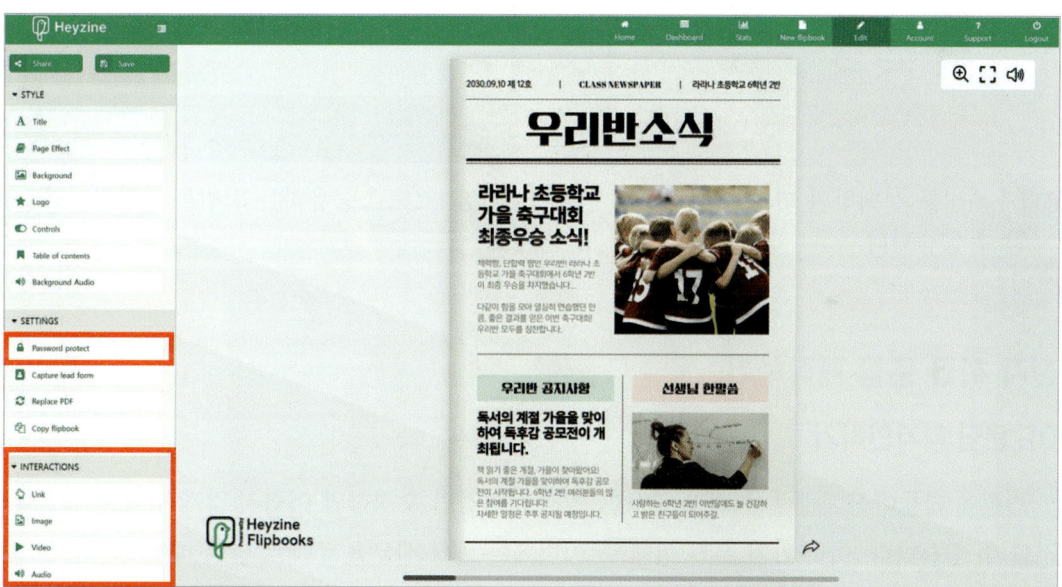

❿ 기존 작업물의 텍스트는 변경할 수 없지만 이외에 이미지, 영상 등은 추가할 수 있습니다.

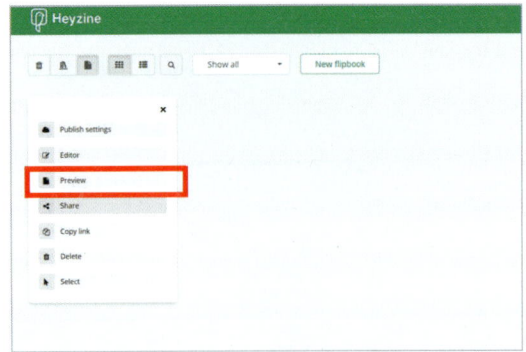
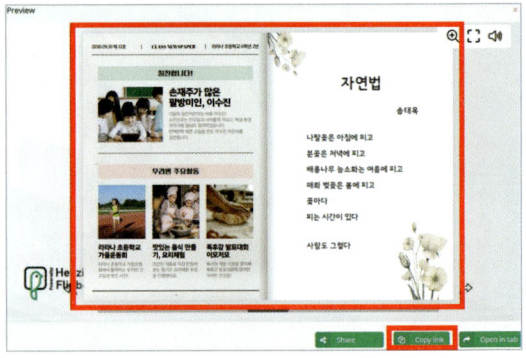

⓫ 대시보드에서 'Preview'를 선택합니다.

⓬ [Copy link]를 선택해 링크를 복사하여 전달할 수 있습니다.

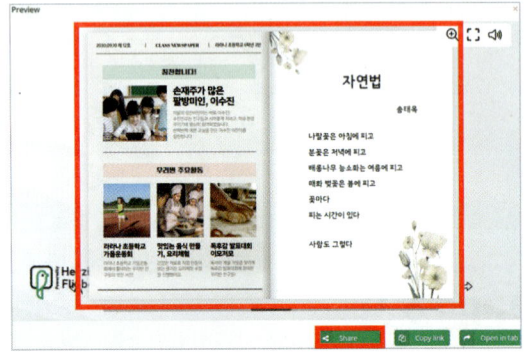
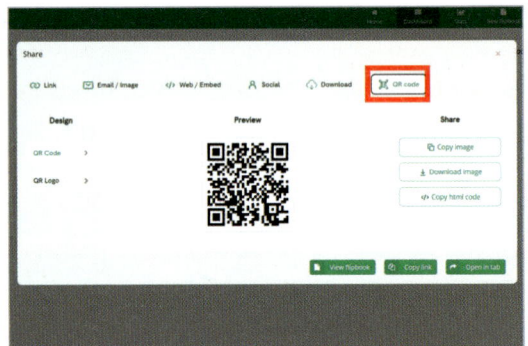

⓭ [Share]를 선택하면 다양한 방식으로 공유할 수 있습니다.

⓮ QR 코드로 공유하는 방법을 권장합니다.

전자 학급 문집 제작하기

01. 문집 디자인하기

　기존에 만들어진 템플릿을 내가 구상한 형태로 약간만 수정하면 어렵지 않게 학급 문집을 완성할 수 있습니다. 여러 가지 문집 형태 중 이번에는 학급 신문을 주제로 앞서 배운 기능들을 활용해 문집을 제작해 보겠습니다. 전체 구성은 표지, 목차, 우리 반 학급 소식, 학생들이 작성한 신문 기사, 에필로그 형태로 구성할 수 있습니다. 작업을 시작하기 전 학생들에게 학급에서 있었던 일들을 기사문 형식으로 미리 작성해 보도록 한다면 실제 문집 작업이 훨씬 수월하게 진행될 것입니다.

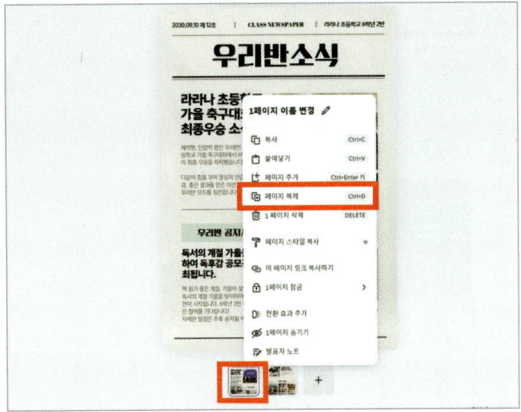

❶ 캔바 메인화면 검색창에 '학급 뉴스'를 검색 후 원하는 템플릿을 선택합니다.

❷ 첫 번째 페이지를 복제합니다.

❸ 좌측 메뉴바 [요소]를 활용하여 신문의 표지를 디자인합니다.

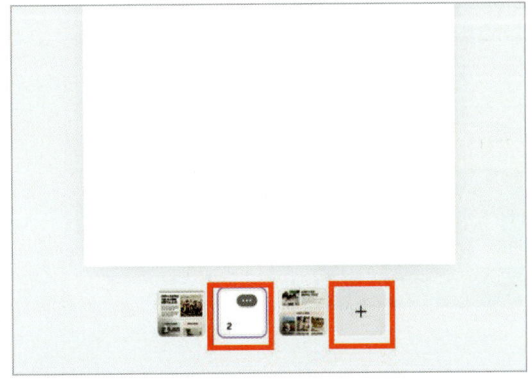

❹ 하단의 '+ 버튼'을 선택해 간지용 빈 페이지를 추가하여 표지 뒤로 이동시킵니다.

❺ 목차를 꾸미기 위해 하단의 '+ 버튼'을 선택해 빈 페이지를 한 번 더 추가합니다.

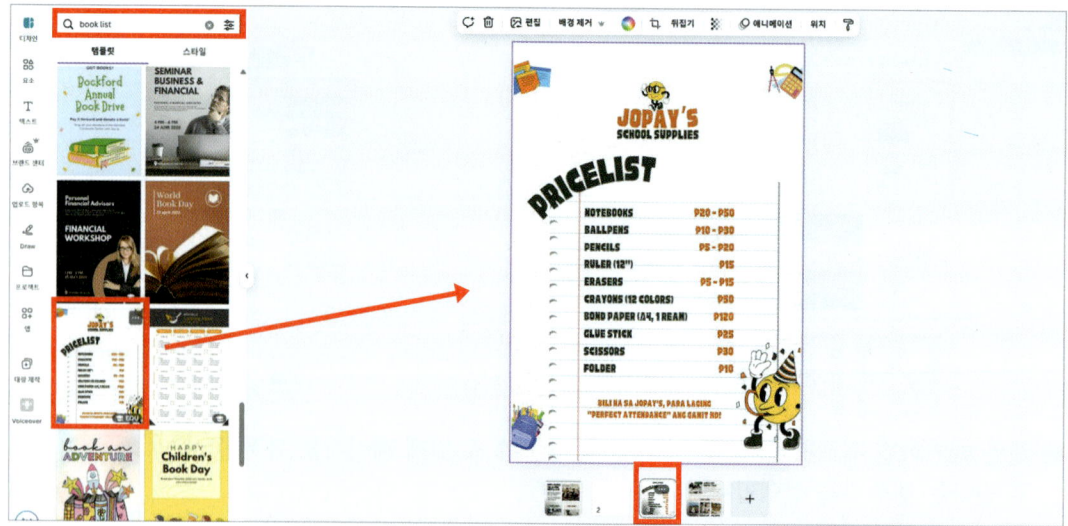

❻ 좌측 메뉴바 [디자인] 검색창에 'book list' 검색 후 원하는 목차 디자인을 선택합니다.

❼ 학급 신문에 맞게 목차를 디자인합니다.

❽ 신문 기사 양식을 만들기 위해 하단의 '+ 버튼'을 선택해 빈 페이지를 추가합니다.

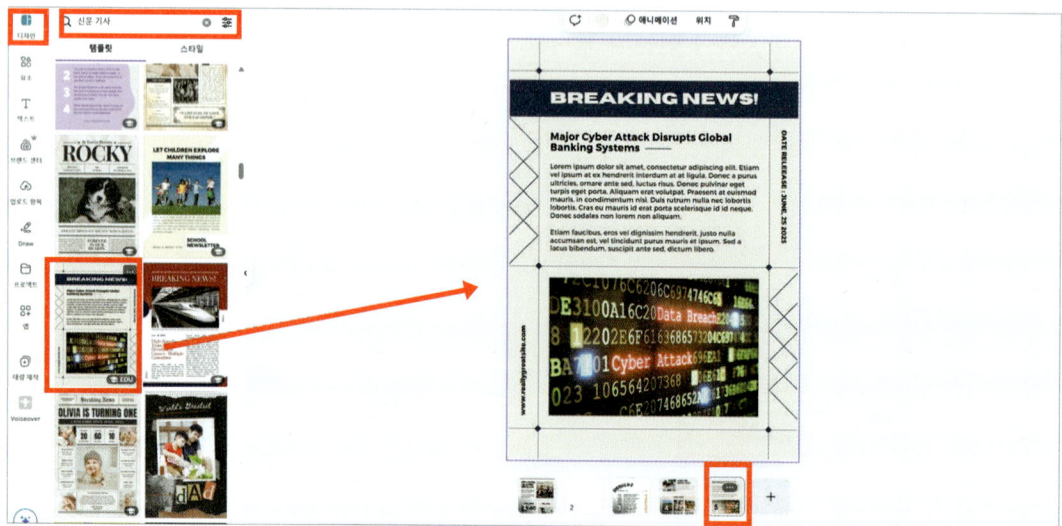

❾ 좌측 메뉴바의 [디자인] 검색창에 '신문 기사' 검색 후 원하는 디자인을 선택합니다.

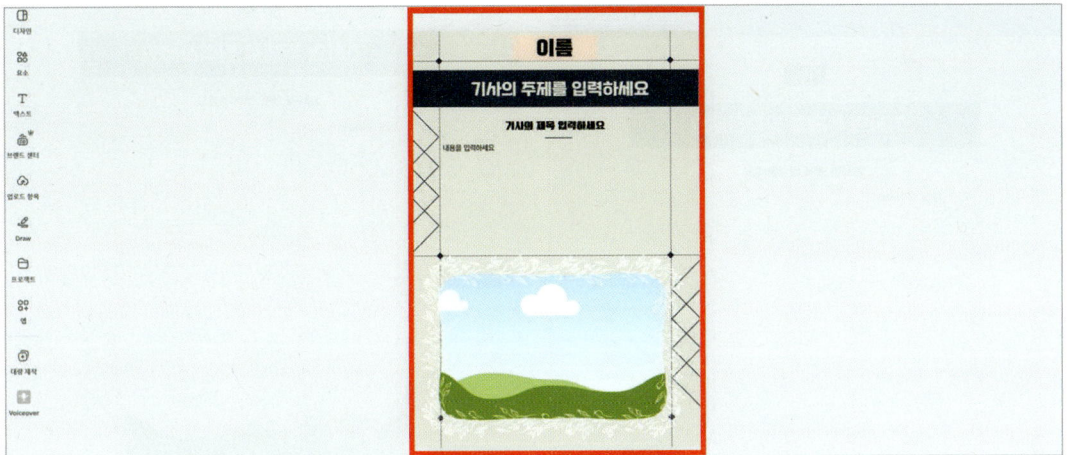

⓾ 학급 신문에 맞게 기사 양식을 디자인합니다.

⑪ 하단의 페이지를 클릭 후 마우스 오른쪽을 눌러 '페이지 복제'를 선택합니다. 학생 수만큼 복제를 합니다.

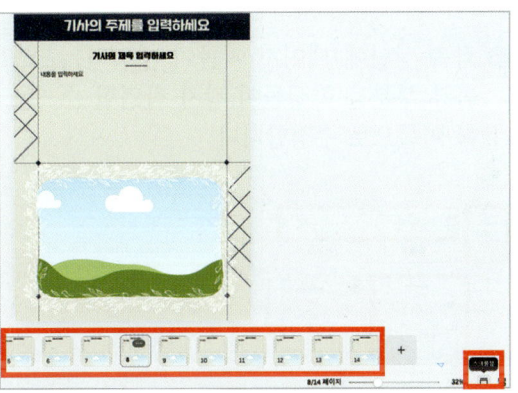

⑫ 복제가 된 것을 확인한 후 우측 하단의 아이콘을 선택해 스크롤뷰 모드로 변경합니다.

⑬ 썸네일뷰에서 스크롤뷰로 변경되었습니다.

⓮ 좌측 상단에 페이지 이름이 제시되는 스크롤뷰 부분을 학생들이 각자 작업할 수 있도록 이름으로 수정합니다.

⓯ 마지막 페이지 에필로그를 추가하기 위해 '+ 페이지 추가'를 선택합니다.

⓰ 좌측 메뉴바의 [디자인] 검색창에 '롤링 페이퍼' 검색 후 원하는 디자인을 선택합니다.

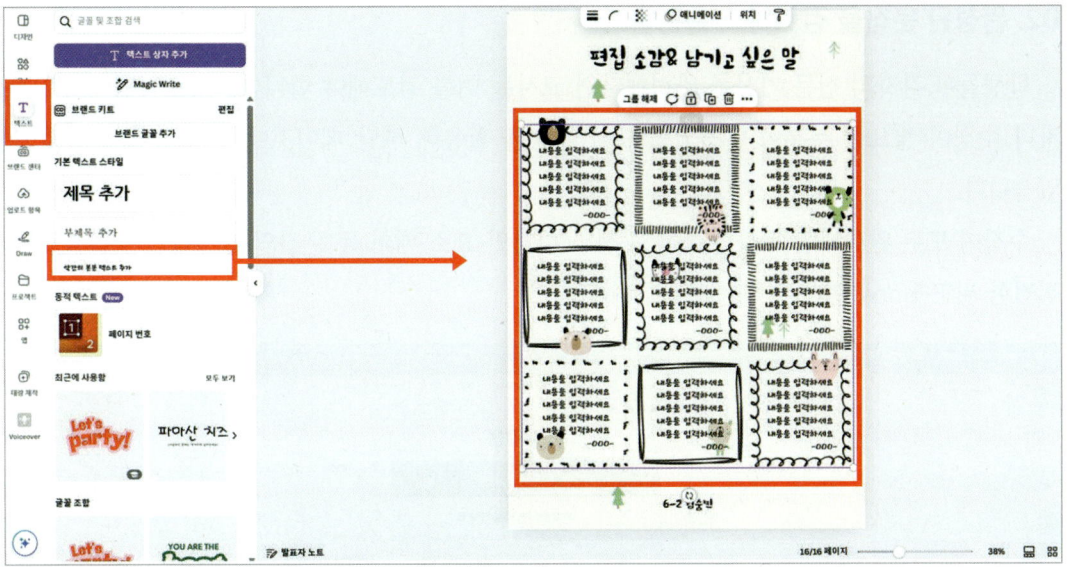

⑰ 좌측 메뉴바 [텍스트]에서 '텍스트 상자 추가'를 선택해 학생들이 소감을 남길 수 있게 배치합니다.

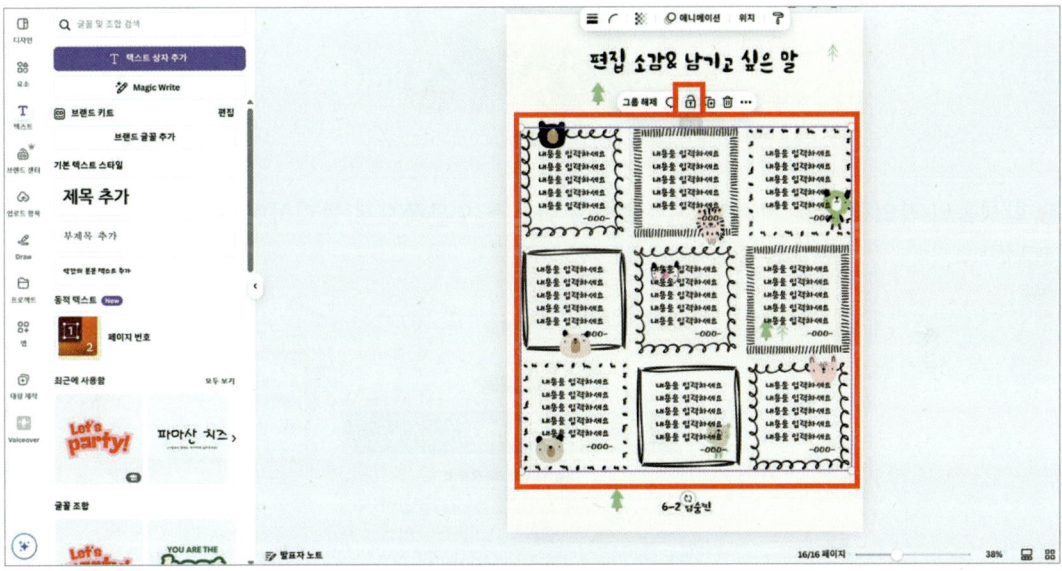

⑱ 추가한 텍스트 상자를 모두 블록 설정한 후 상단 도구바의 자물쇠 모양 아이콘을 눌러 텍스트를 고정시킵니다.

02. 완성된 문집을 검토하고 출판하기

학생들이 각자의 신문 기사를 완성했다면 교사는 이를 검토해야 합니다. 검토 과정에서 오탈자나 수정이 필요한 부분이 발견되면 댓글 기능을 활용해 해당 페이지에 수정 요청을 남길 수 있습니다.

수정이 모두 완료되면 교사는 목차 구성과 디자인 요소 배치 등 문집의 전체적인 흐름을 최종 점검한 뒤 E-book 형태로 책을 출판합니다.

❶ 학생들의 작업물 검토 시 해당하는 요소를 마우스 오른쪽으로 클릭하여 '댓글' 기능을 활용합니다.

❷ 검토 내용을 쓰고 댓글창 오른쪽 아래 화살표를 누릅니다.

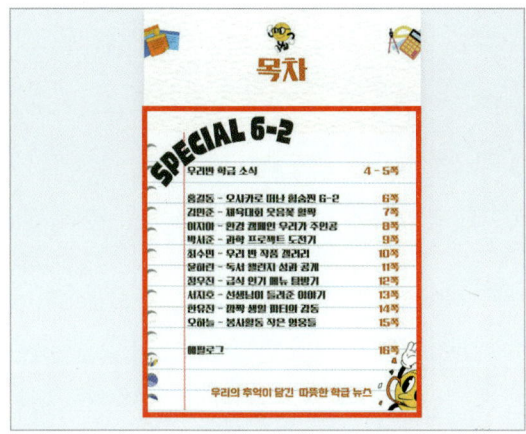

❸ 목차 내용에 이상이 없는지 확인합니다.

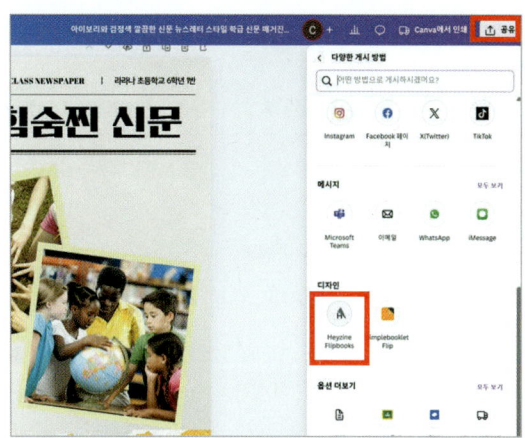

❹ 우측 상단의 [공유]에서 'Heyzine Flipbooks'를 선택합니다.

❺ 페이지 선택에서 '모든 페이지' 선택 후 저장합니다.

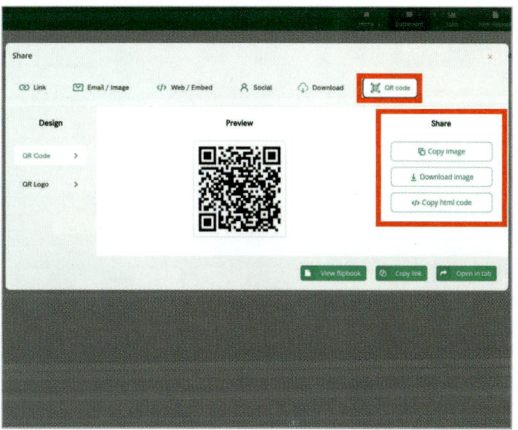

❻ Heyzine Flipbooks 페이지에서 [Share]-'QR 코드' 형태로 저장하여 공유합니다.

    이렇게 다른 반과 차별화된 우리 반만의 특별한 전자 문집을 만들어 보았습니다. 학생들이 스스로 맡은 부분을 작성하며 집중하는 모습을 보면 아마 뿌듯함을 느낄 수 있을 겁니다. 캔바와 함께 더욱 수월한 우리 반 전자 문집 만들기에 도전해 보시기 바랍니다.

CH. 2

캔바와 함께 준비하는 학교 행사

캔바 Docs로
업무와 행사 준비하기 노하우

    캔바를 활용하여 학교 업무와 행사를 효율적으로 준비하는 방법은 무엇일까요? 과거에는 에듀테크 도구가 없었기에 2월 교육과정 수립이나 학습종합발표회 같은 중요한 행사를 준비할 때 교무부장이 모든 문서를 단독으로 관리해야 했습니다. 이러한 과정에서 여러 선생님과의 협업이 필수적이었지만, 문서를 공유하기 위해 USB로 파일을 옮기거나 메신저를 통해 여러 버전의 파일을 주고받아야 하는 등, 번거로움이 많았습니다.

    캔바는 이 같은 문제를 해결할 수 있는 강력한 도구입니다. 캔바의 Docs(문서) 기능은 다양한 템플릿을 기반으로 프레젠테이션, 보고서, 안내문 등 여러 형태의 문서를 손쉽게 제작할 수 있도록 도와줍니다. 특히 실시간 협업 기능을 통해 여러 명의 선생님이 동시에 같은 문서를 편집할 수 있도록 하고, 변경 사항이 즉시 반영되어 효율적으로 협업할 수 있습니다. 캔바 Docs를 활용하면 문서 작성부터 협업, 디자인까지 모두 한곳에서 해결할 수 있습니다. 학교 행사를 준비할 때 업무 효율성이 크게 향상될 수 있겠죠? 그렇다면 함께 캔바 Docs의 다양한 기능을 살펴보고, 이를 통해 학교 행사를 더욱 쉽고 즐겁게 만들어가 볼까요?

캔바 Docs 알아보기

01. 캔바 Docs로 협업할 수 있도록 링크 공유하기

    학교에서 다른 선생님들과 함께 문서를 작성할 때 가장 번거로운 부분은 파일을 주고받고 수정하는 과정입니다. 구글 시트와 같은 공동 작업 도구를 이용하면 이러한 문제를 해결할 수 있습니다. 이와 마찬가지로 캔바에서도 문서의 링크를 공유하여 여러 명의 선생님이 동시에 편집할 수 있습니다. 캔바 Docs로 협업할 수 있도록 링크를 공유하는 방법을 함께 알아보겠습니다.

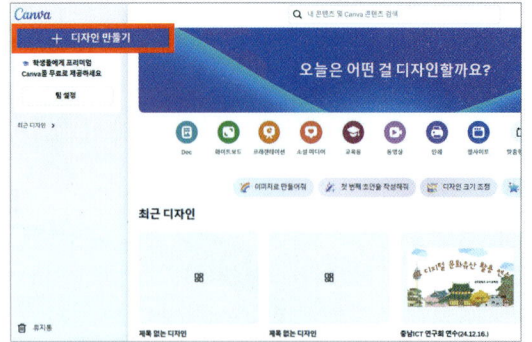

❶ 캔바 홈 메뉴의 [+ 디자인 만들기]를 클릭합니다.

❷ 좌측 메뉴바의 [Docs]를 클릭하고 상단 메뉴의 'Doc'를 선택합니다.

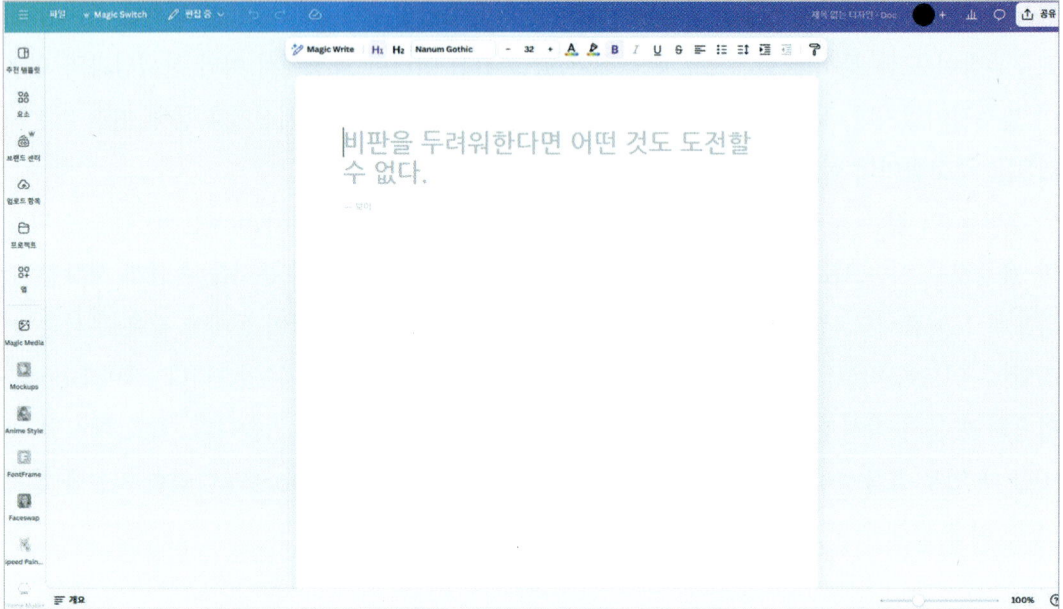

❸ Doc의 기본 화면입니다.

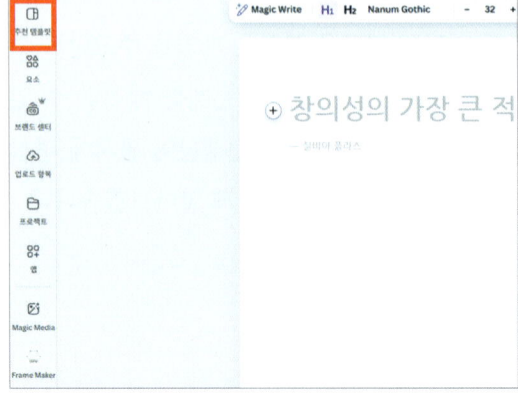
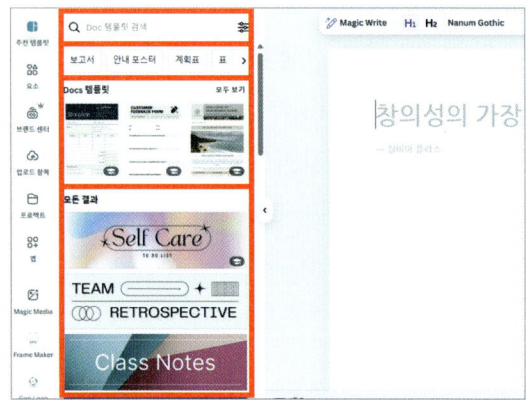

❹ 좌측 메뉴바에서 [추천 템플릿]을 클릭합니다.

❺ 검색창과 다양한 문서 유형이 속성 메뉴로 나옵니다.

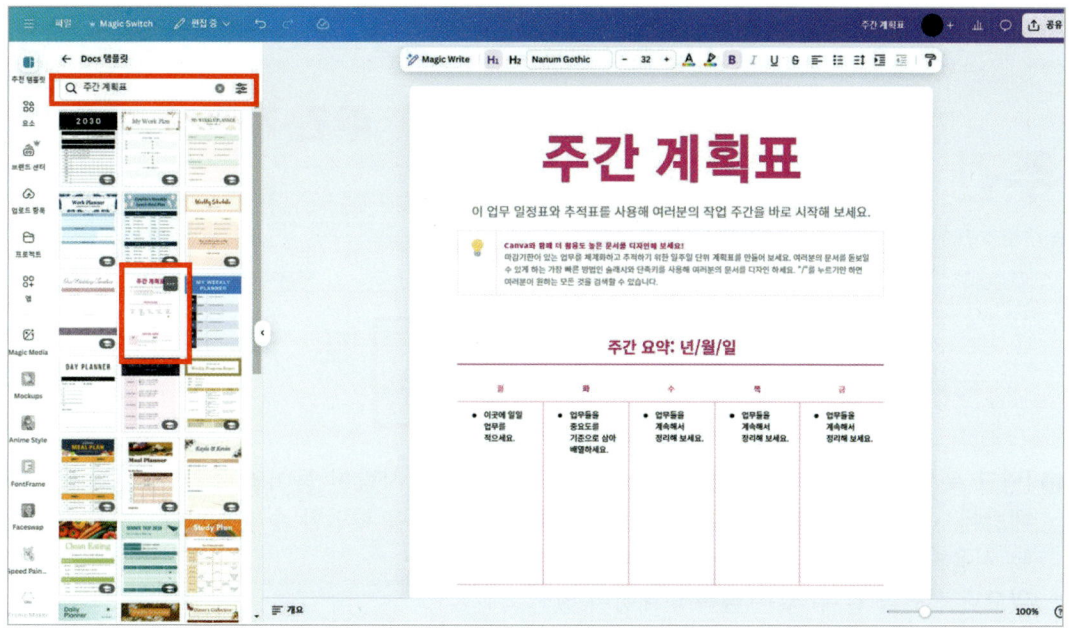

❻ 검색창에 '주간 계획표'를 입력하고, 마음에 드는 문서 템플릿을 하나 고릅니다.

출처: Canva Creative Studio

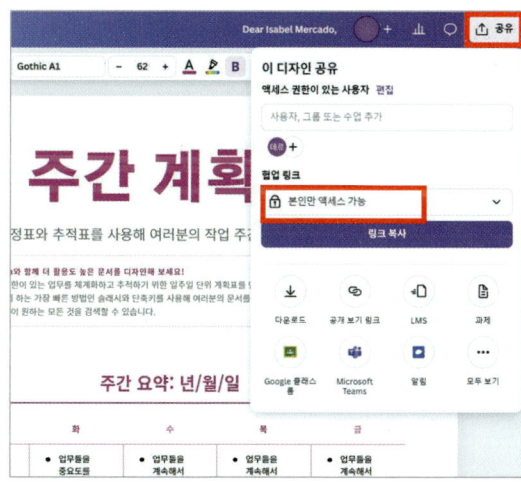
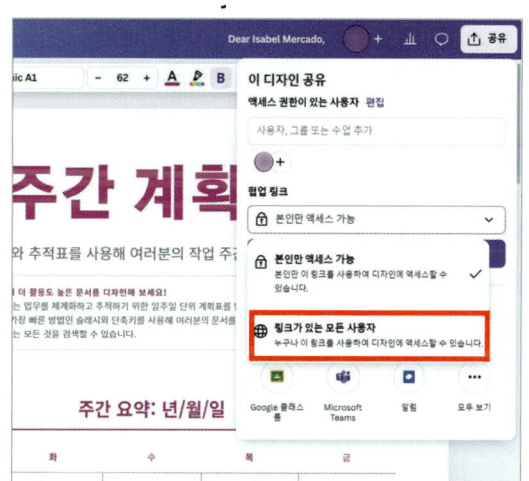

❼ 우측 상단 [공유]를 눌러 '협업 링크'를 살펴봅니다. '본인만 엑세스 가능'으로 세팅되어 있다면 이는 작성자 본인만 문서에 접근할 수 있다는 의미입니다.

❽ '본인만 엑세스 가능' 옆 화살표를 누르면 보이는 드롭다운 메뉴에 '링크가 있는 모든 사용자'라는 항목이 나옵니다. '링크가 있는 모든 사용자'를 선택하면 링크를 누른 사용자들이 문서에 접근할 수 있습니다.

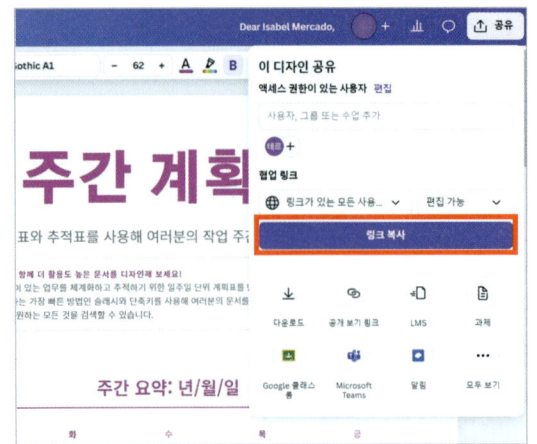
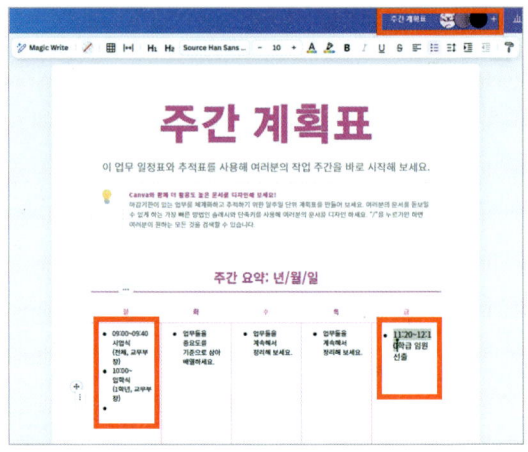

❾ [링크 복사]를 누른 다음 협업을 원하는 상대방에게 링크 주소를 보냅니다. 링크가 있는 사용자는 문서를 수정하거나 삭제할 수 있으니 신원을 알 수 없는 불특정 대상이 있는 곳에 링크를 공유하면 안 됩니다. 자신이 협업하기 원하는 사람에게만 링크를 보내도록 합니다.

❿ 다수의 사람이 들어와 주간 계획을 작성하는 모습을 확인할 수 있습니다.

02. 캔바 Docs 유용한 템플릿 추천

■ Cleaning Checklist Doc in Beige Rustic Illustrated Style 템플릿

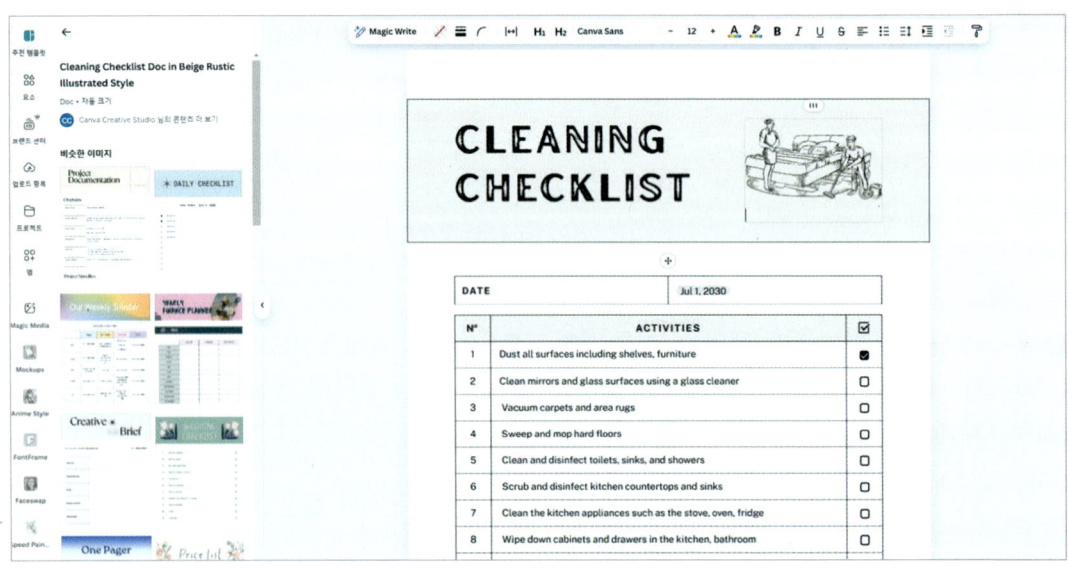

출처: Canva Creative Studio

캔바의 Cleaning Checklist Doc in Beige Rustic Illustrated Style 템플릿은 청소 목록을 작성하는 데 유용합니다. 이를 변형하여 입학식 준비 체크리스트로 활용할 수 있습니다. 해당 템플릿을 통해 입학식 준비 과정을 체계적으로 관리하고, 필요한 작업을 한눈에 파악할 수 있습니다.

입학식 준비 체크리스트 활용 방법

1. 템플릿 선택 및 커스터마이즈

- 캔바에서 Cleaning Checklist Doc in Beige Rustic Illustrated Style 템플릿을 선택합니다.
- 템플릿의 제목을 '입학식 준비 체크리스트'로 변경하고, 디자인 요소를 입학식 테마에 맞게 수정합니다.

2. 주요 준비 항목 추가

- 입학식 준비에 필요한 주요 항목을 리스트에 추가합니다.
    - 행사 계획 수립: 입학식 일정 및 프로그램 구성
    - 장소 준비: 강당 또는 교실의 청소 및 장식
    - 물품 준비: 학생 명찰, 안내 책자, 기념품 등 준비
    - 리허설 진행: 진행 순서 및 역할 분담 확인
    - 안전 점검: 비상구 및 안전시설 확인

3. 세부 항목 및 담당자 지정

- 각 주요 항목별로 세부 작업을 나열하고, 담당자를 지정하여 책임감을 부여합니다.
- 예를 들어, '장소 준비' 항목 아래에 '무대 배치', '음향 장비 설치', '좌석 배치' 등의 세부 항목을 추가하고, 각 항목마다 담당 교사를 지정합니다.

4. 진행 상황 표시

- 각 항목 옆에 체크박스를 넣어 완료된 작업은 표시할 수 있도록 합니다.
- 진행 상황에 따라 체크박스를 업데이트하여 전체 준비 과정을 시각적으로 파악할 수 있습니다.

이러한 방식으로 캔바의 청소 체크리스트 템플릿을 입학식 준비에 맞게 바꾸어 활용하면, 체계적이고 효율적으로 준비할 수 있습니다. 시각적으로도 깔끔하고 보기 좋은 체크리스트를 통해 모든 준비 사항을 한눈에 확인할 수 있으며, 입학식 당일에 발생할 수 있는 혼선을 최소화할 수 있습니다.

■ 하늘색 분홍색 빨간색 밝고 현대적인 스타일의 뉴스레터 사보 전문 문서 Docs 템플릿

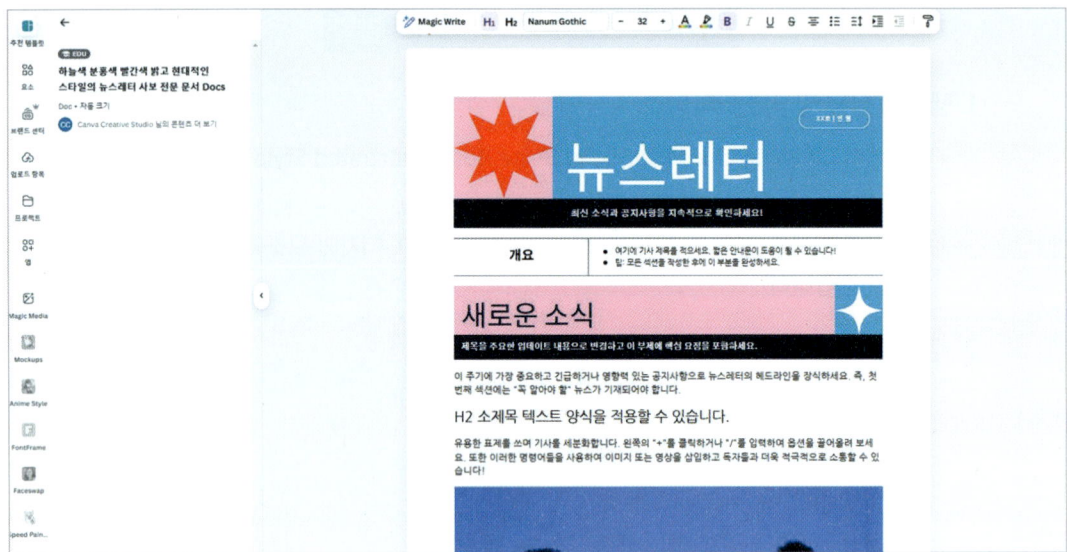

출처: Canva Creative Studio

캔바의 뉴스레터 템플릿을 우리 반 교실 소식지로 활용할 수 있습니다. 소식지 이름을 우리 반 이야기, 행복한 교실 소식, 배움 나눔 소식, 꿈꾸는 교실, 함께하는 교실 이야기 등으로 정하여 꾸밀 수 있습니다.

> **뉴스레터 활용 방법**
>
> 1. 뉴스레터 기획 및 준비
>   - 발송 목적 정하기 - 학생 공지, 학급 활동 공유
>   - 주요 내용 정리 - 학급 소식, 행사 안내, 학생 작품 소개
>   - 발송 일정 결정 - 주간, 격주, 월간 등 정기 발송 일정 설정
>
> 2. 캔바에서 뉴스레터 디자인 선택
>   - 캔바 접속하기
>   - 뉴스레터 검색 후 학급 분위기에 맞는 템플릿 선택
>   - 색상, 글꼴 등을 학급 개성에 맞게 변경

3. 뉴스레터 내용 작성

- 제목: [학급 이름] 소식지, 우리 반 이야기
- 인사말: 담임 선생님의 짧은 인사말
- 이번 주, 이번 달 주요 소식: 학급 행사, 체험학습, 발표회
- 주요 공지사항: 숙제, 시험 일정, 준비물
- 학생 활동 및 성과 공유: 우수한 작품, 학생 인터뷰, 칭찬 릴레이
- 학부모 코너: 가정에서 함께할 수 있는 활동 안내
- 예고: 다음에 다룰 예정인 내용

4. 뉴스레터 디자인 편집

- 사진 추가: 학급 활동 사진, 작품 사진
- 다양한 요소 활용: 학생들에게 친숙한 색상과 아이콘으로 꾸미기
- 가독성: 글씨 크기, 줄 간격 조절하여 가독성을 높이기

5. 뉴스레터 검토 및 수정

- 오타 & 문법 점검
- 사진 및 레이아웃 확인
- 학급 분위기에 맞는 디자인인지 체크
- 다른 선생님, 학생들과 피드백 주고받기

6. 뉴스레터 저장 및 공유

- PDF: 이메일, 인쇄용
- JPG/PNG: 학급 홈페이지, SNS 공유용

7. 뉴스레터 피드백 및 개선

- 학생들의 반응 확인
- 다음 뉴스레터에 반영할 점 기록

　　캔바의 뉴스레터를 우리 반 소식지에 맞게 바꾸어 활용하면 학생들의 학급 참여도가 높아지고, 학급 공동체 의식을 강화할 수 있습니다.

캔바 Docs 실무 활용법

01. 플래너 만들기

캔바 Docs에서는 월간 계획표, 주간 계획표, 하루 계획표 등 다양한 목적과 목표에 딱 맞는 맞춤형 플래너를 디자인할 수 있습니다. 다만 캔바 Docs는 페이지를 추가할 수 없어 문서 템플릿 디자인이 다를 경우 하나씩 따로 만들어야 합니다. 한 달, 한 주, 하루 계획표를 각각 따로 만들어주면 됩니다. 그럼 캔바 Docs를 활용해 나만을 위한 유용한 플래너를 만들어볼까요?

■ **월간 플래너 만들기**

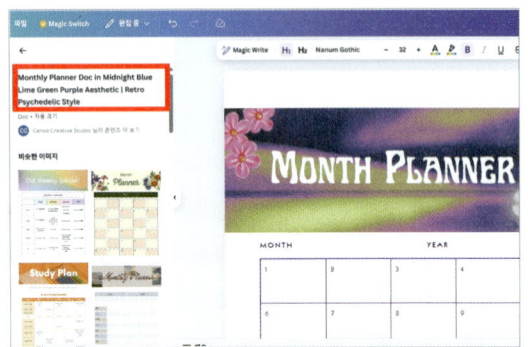

❶ 검색창에 '월간 플래너'를 입력하고 마음에 드는 템플릿을 선택합니다.

*검색어: 월간 플래너 / monthly planner

출처: Canva Creative Studio

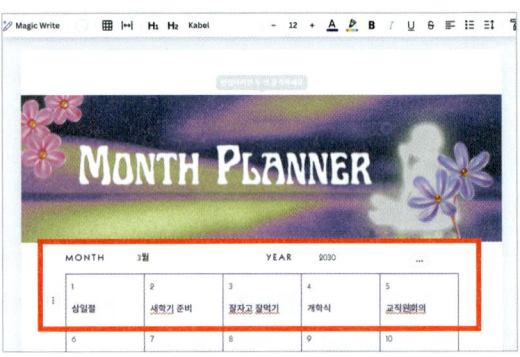

❷ 캔바 플래너에서 년, 월, 일에 할 일을 입력만 하면 되어 매우 편리합니다.

*입력 예: 3월 초에 할 일 적기

■ **주간 플래너 만들기**

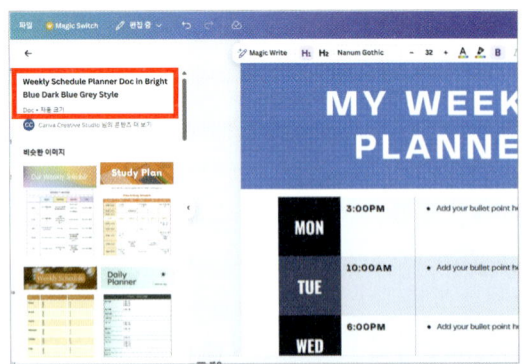

❶ 검색창에 '주간 플래너'를 입력하고 마음에 드는 템플릿을 선택합니다.

*검색어: 주간 플래너

출처: Canva Creative Studio

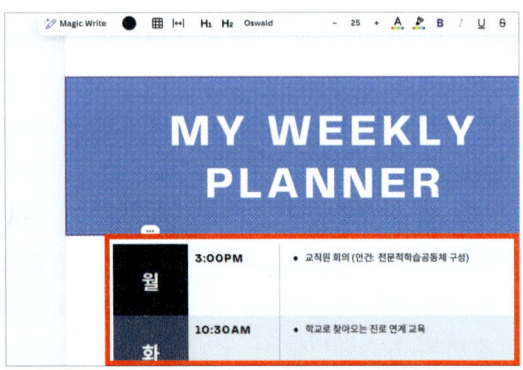

❷ 내용을 자신의 주간 계획에 맞게 바꿔봅시다.

■ 일일 플래너 만들기

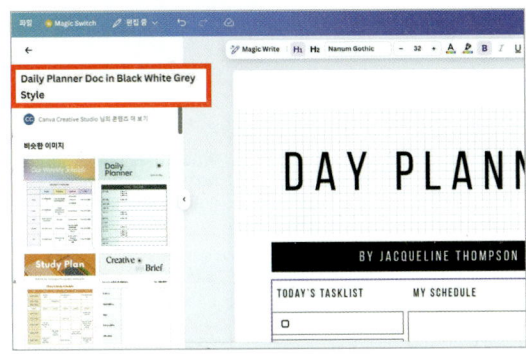

❶ 검색창에 '하루 계획'을 입력하고 마음에 드는 템플릿을 선택합니다.

*검색어: 하루 계획

출처: Canva Creative Studio

❷ 내용을 자신의 하루 계획에 맞게 바꿔봅시다. 교사일지처럼 학생 활동이나 출결 상황을 기록해 볼까요?

02. 설문지 만들기

학교 업무를 진행하면서 교원과 학부모의 다양한 의견을 수렴해야 하는 일이 많습니다. 이는 2022 개정교육과정에서 학교자율시간이 도입되면서 더욱 강조된 부분입니다. 효과적이고 효율적인 설문지 작성이 무엇보다 중요합니다. 캔바 Docs를 활용해 설문지를 작성하는 방법을 함께 알아보겠습니다.

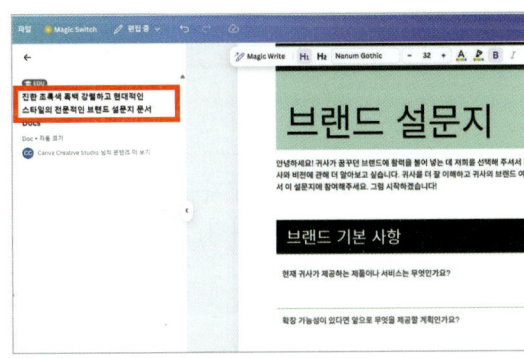 

❶ 검색창에 '설문지'라고 입력하고 마음에 드는 템플릿을 선택합니다.

*검색어: 설문지

출처: Canva Creative Studio

❷ 설문지 제목을 바꾸기 위해 '브랜드 설문지' 부분을 더블클릭하면 글자를 편집할 수가 없다고 나옵니다. 해당 부분은 삭제합니다.

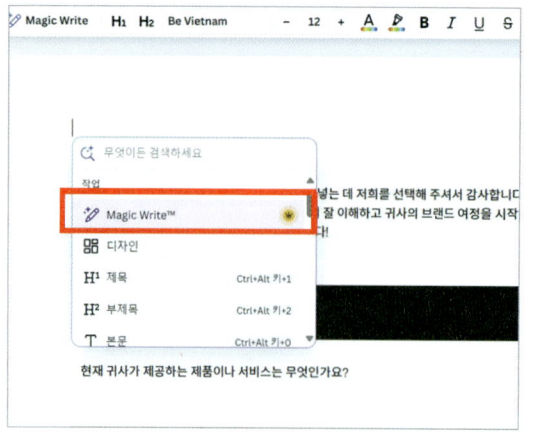

❸ 문서 빈 곳에서 +를 선택하고 'Magic Write'를 누릅니다. 유료 기능입니다.

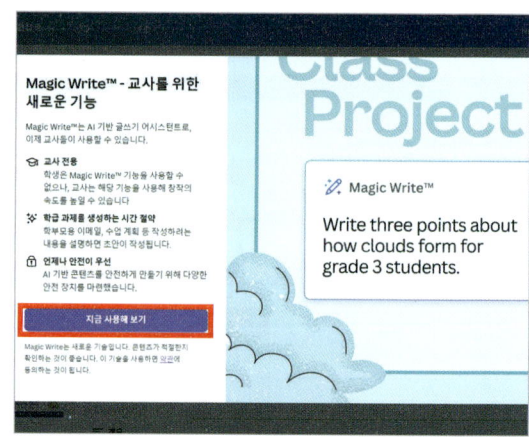

❹ Magic Write의 설명을 읽어보고 [지금 사용해 보기]를 누릅니다. 만일 이전에 해당 기능을 사용한 경험이 있다면 설명이 나오지 않습니다.

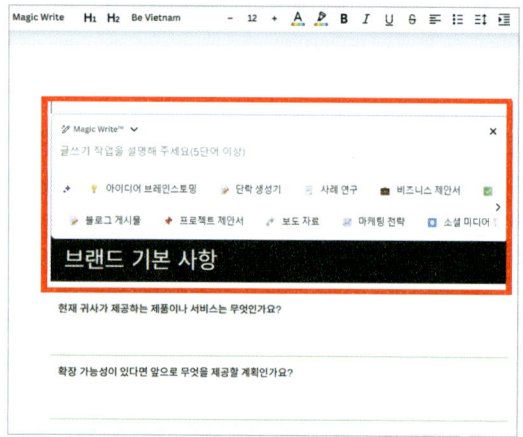

❺ 원하는 글쓰기 작업에 대해 작성한 뒤 [생성하기]를 클릭합니다.

*입력 예: 학교자율시간 설문지

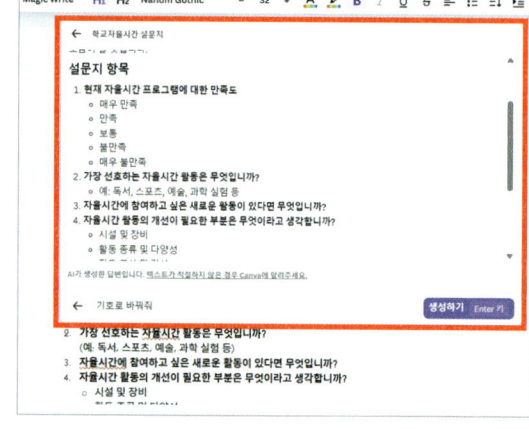

❻ Magic Write에서 학교자율시간 설문지에 관한 내용을 추천해줍니다.

캔바 Docs는 제목 디자인을 바꾸기는 어렵지만 Magic Write 기능을 이용하면 내용을 쉽게 추가하거나 수정할 수 있습니다.

03. 회의 안건 문서 제작하기

다음은 캔바 Docs를 활용해 학교에서 가장 많이 쓰이는 회의 안건 문서를 제작하겠습니다.

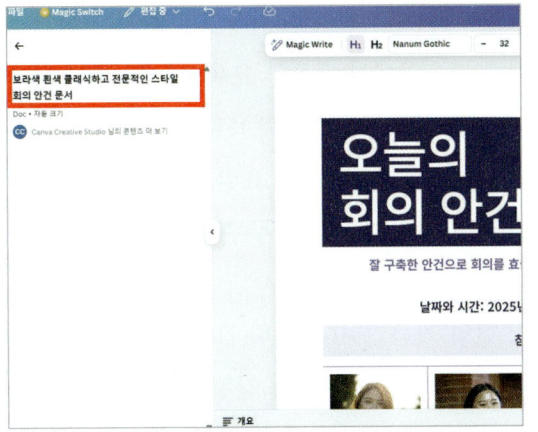

❶ 추천 템플릿 검색창에 '회의'라고 입력하고, 마음에 드는 템플릿을 선택합니다.

*검색어: 회의
출처: Canva Creative Studio

❷ 회의 안건, 날짜, 시간, 참석자, 목표, 장애물, 실행 항목, 기타 알림 사항이 기본적으로 나와 있습니다.

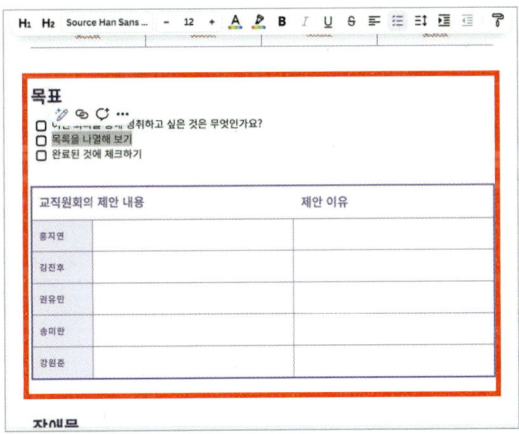

❸ 내용을 알맞게 바꿔봅시다.

* 예: 원탁회의 최근 사항 → 교직원 회의 제안 내용
* 예: 분위기 점검 → 제안 이유

❹ 회의 내용 작성에 Magic Write 기능을 쓰면 내용을 추천해줍니다.

학교에서는 교직원 회의를 통해 여러 가지 내용을 결정합니다. 회의 안건 문서를 캔바 Docs로 깔끔하게 만들어 볼까요?

캔바 Docs 협업 기능 응용법

01. 2월 만들어가는 교육과정 자료 취합하기

2월 만들어가는 교육과정은 첫날 교직원 소개, 업무와 학년 발표를 시작으로 학교 교육과정과 교사 교육과정의 틀을 작성하는 과정입니다. 이때 교육청에서 제공한 교육과정 및 주요 업무계획을 소개하고, 이후 업무별 협의가 진행됩니다. 예를 들어 학년군 체육활동 날짜를 언제로 정할지, 수업 나눔 주간을 언제로 운영할지, 예술 수업을 몇 학년, 어느 요일, 몇 교시에 배정할지 등 다양한 협의 안건이 논의됩니다. 과거에는 이러한 협의 내용을 교무부장이 개별적으로 파일을 수집하여 정리해야 했기에 많은 시간이 소요되었습니다.

이러한 번거로움을 해결하는 것이 바로 캔바의 협업 기능입니다. 캔바 Docs의 협업 기능을 활용하면 여러 사람이 동시에 작업할 수 있어 문서 공유와 수정이 훨씬 간편해집니다. 특히 여러 사용자가 동시에 하나의 문서를 편집할 수 있어 업무 효율성이 크게 향상됩니다.

캔바에서 협업 또는 개별 작업을 지시하는 방법은 크게 4가지가 있습니다.

- 학급 개설: 학급을 개설하여 특정 그룹의 사용자가 문서에 접근할 수 있도록 설정합니다.
- 접근 권한 부여: 특정 사용자에게 직접 문서 접근 권한을 부여하여 협업을 진행합니다.
- 협업 링크 생성: 공유 가능한 링크를 생성하여 권한을 부여하고 공동 작업을 진행합니다.
- 페이지별 권한 부여: 특정 페이지에 대한 개별 접근 권한을 설정하여 필요한 부분만 편집할 수 있도록 조정합니다.

이 중에서 협업 링크를 생성하는 방법을 자세히 알아보도록 하겠습니다.

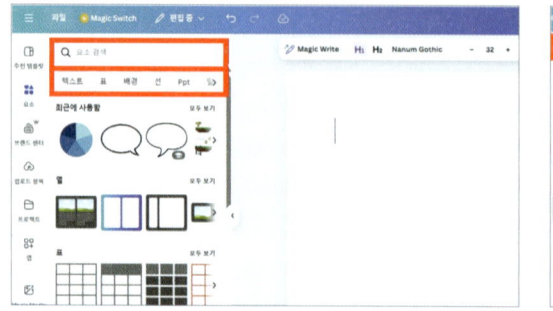 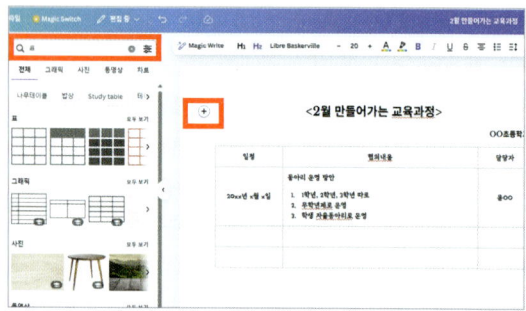

❶ [+ 새로운 디자인]으로 Docs를 만듭니다. 문서 여백을 클릭하여 '2월 만들어가는 교육과정'을 입력하고, 3행 4열 표를 만듭니다. 협의 내용과 담당자를 적으면 누가 작성했는지 알 수 있습니다.

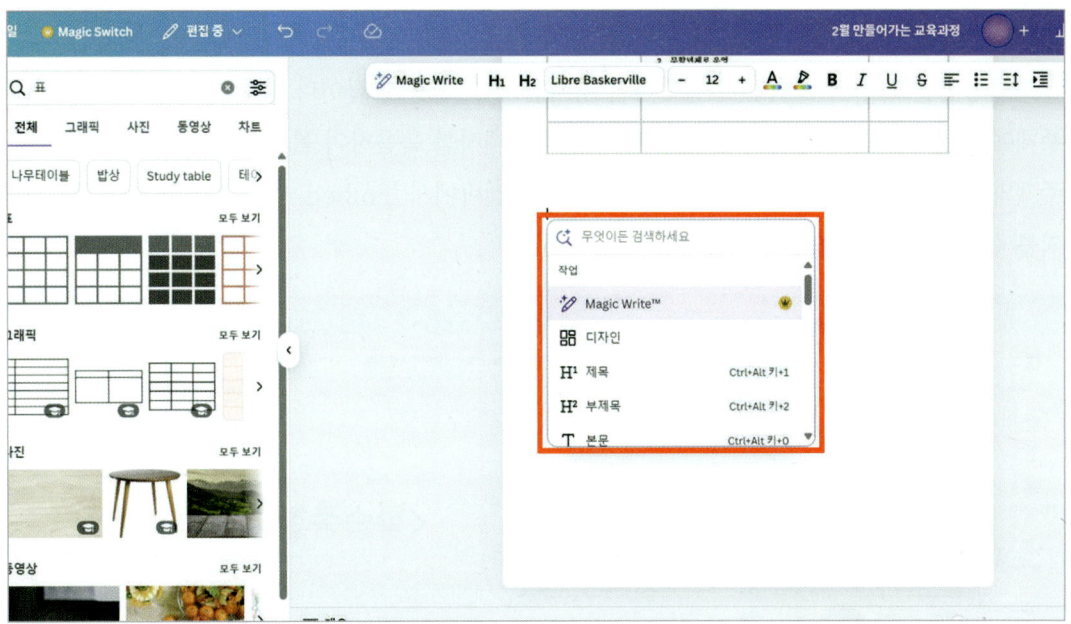

❷ + 버튼을 누르면 나오는 드롭다운 목록에서 내가 원하는 요소를 추가할 수 있습니다.

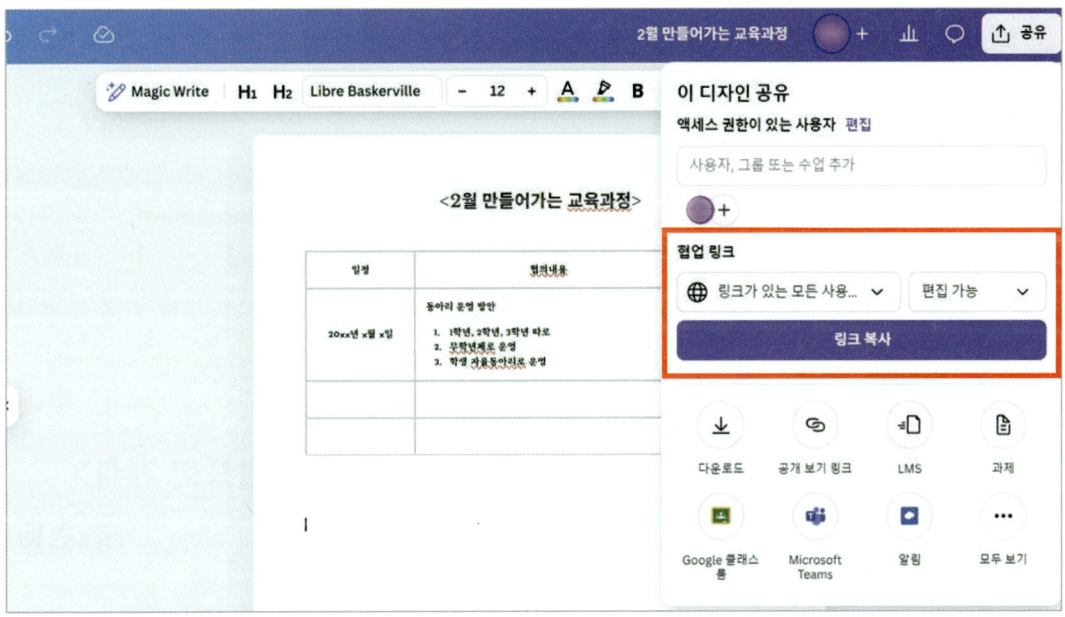

❸ 문서가 완성되었으면 [공유]에서 '링크가 있는 모든 사람'을 선택합니다. [링크 복사]를 누른 뒤 링크 주소를 공유합니다. 협업할 필요가 없는 문서는 '편집 가능'을 '보기 가능'이나 '댓글 가능'으로 바꿀 수 있습니다.

02. 학습종합발표회 콘텐츠 추가하기

학습종합발표회 역시 협업이 필수적인 행사입니다. 보통 학급이나 학년에서 주제를 정하고, 주제에 맞는 음악을 결정합니다. 연극이 주제라면 대사를 녹음하여 틀기도 합니다. 그런데 발표 주제와 자료를 모으려면 시간이 많이 소요됩니다. 캔바에서 'Embed' 앱을 사용하면 음악, 이미지를 쉽게 가져와 협업할 수 있습니다.

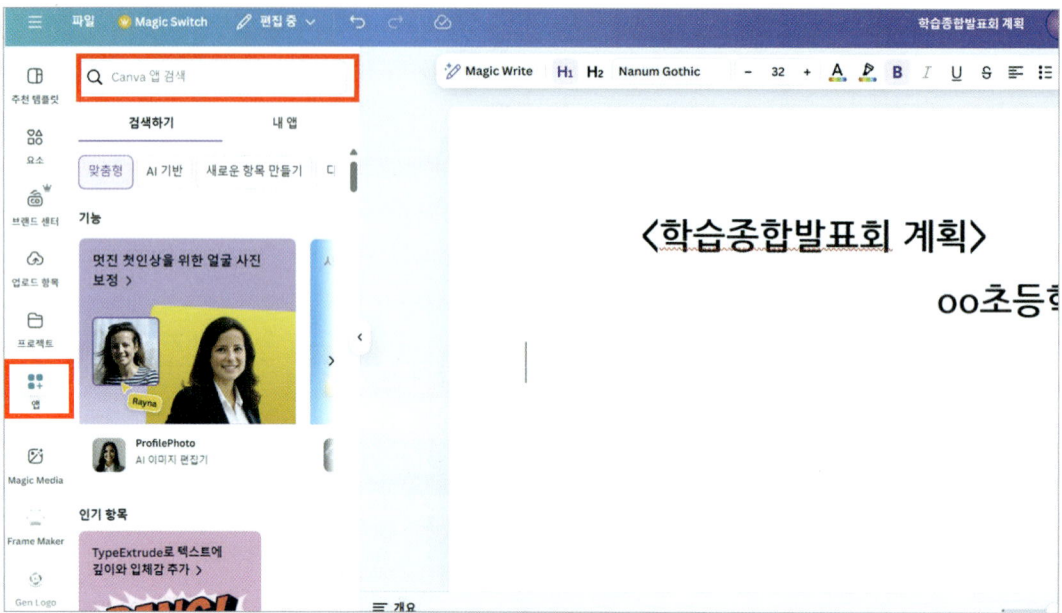

❶ 좌측 메뉴바에서 [앱] 검색창에 'Embed'를 입력합니다.

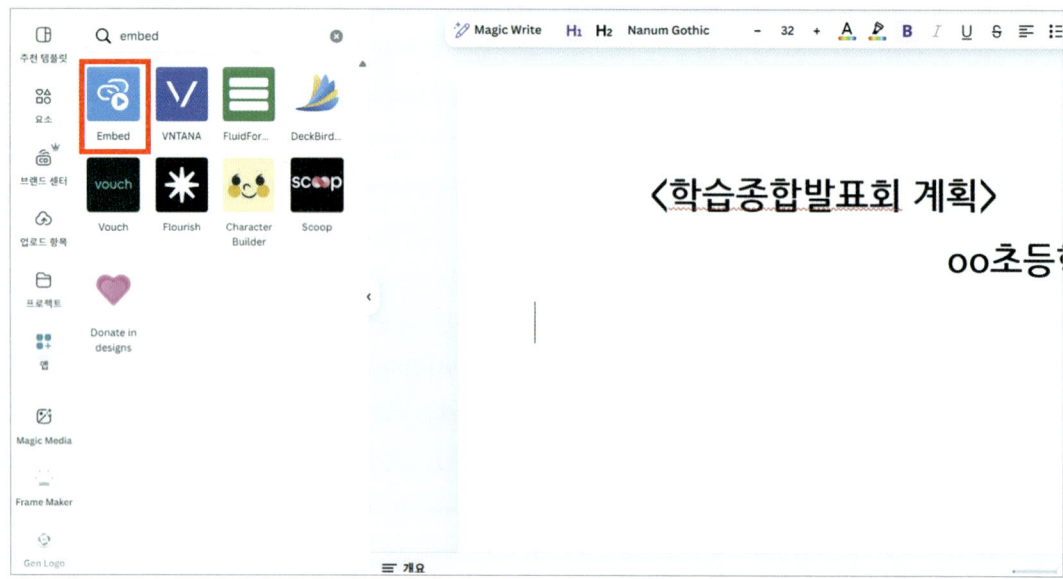

❷ Embed 앱 아이콘을 선택하여 열어줍니다.

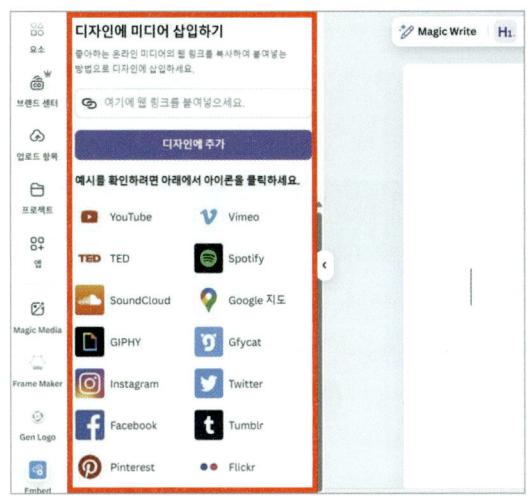 

❸ YouTube, Vimeo, TED, Spotify, Sound Cloud, Google 지도, GIPHY, Gfycat, Instagram, Twitter, Facebook, Tumblr, Pinterest, Flickr 등의 콘텐츠를 넣을 수 있습니다.

❹ 예시 목록에서 'YouTube'를 클릭하면 캔바 유튜브 동영상이 뜹니다. 원하는 웹 링크를 넣습니다.

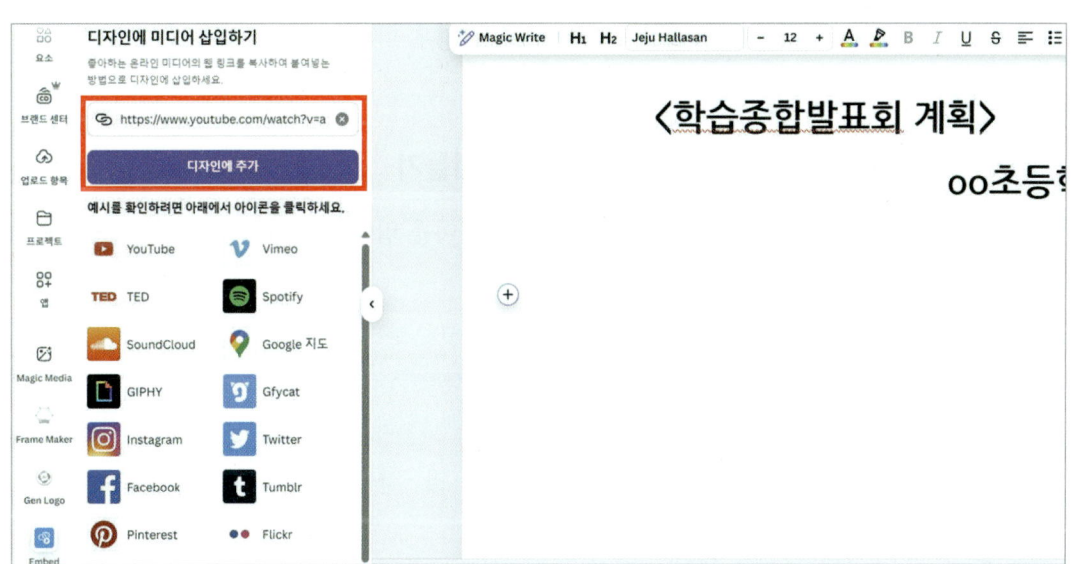

❺ 원하는 유튜브 주소를 입력창에 붙여넣고 [디자인에 추가]를 누릅니다.

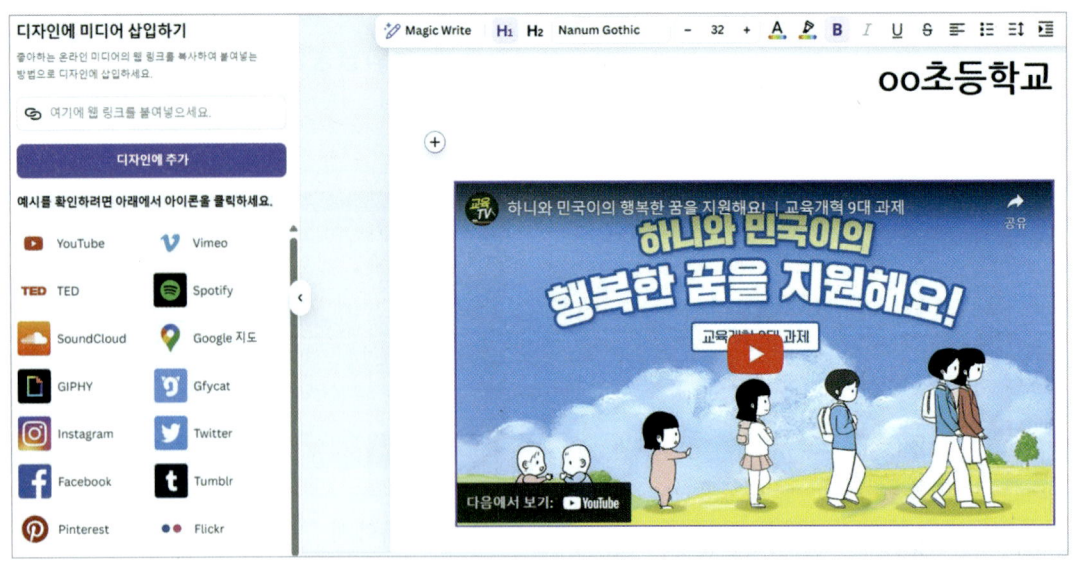

❻ 유튜브 동영상이 추가되는 것을 확인할 수 있습니다.

출처: 교육부 유튜브

이렇게 선생님들이 원하는 주제에 맞는 음원(유튜브 동영상)을 넣으면, 학습종합발표회를 쉽게 준비할 수 있습니다. 유튜브 동영상을 찾기 어려운 경우 다른 선생님들께 도움을 요청할 수 있습니다.

03. AI 이미지 생성기로 학습종합발표회 이미지 만들기

캔바는 AI 이미지 생성기를 제공합니다. 원하는 명령어를 입력하면 쉽게 이미지를 만들 수 있습니다.

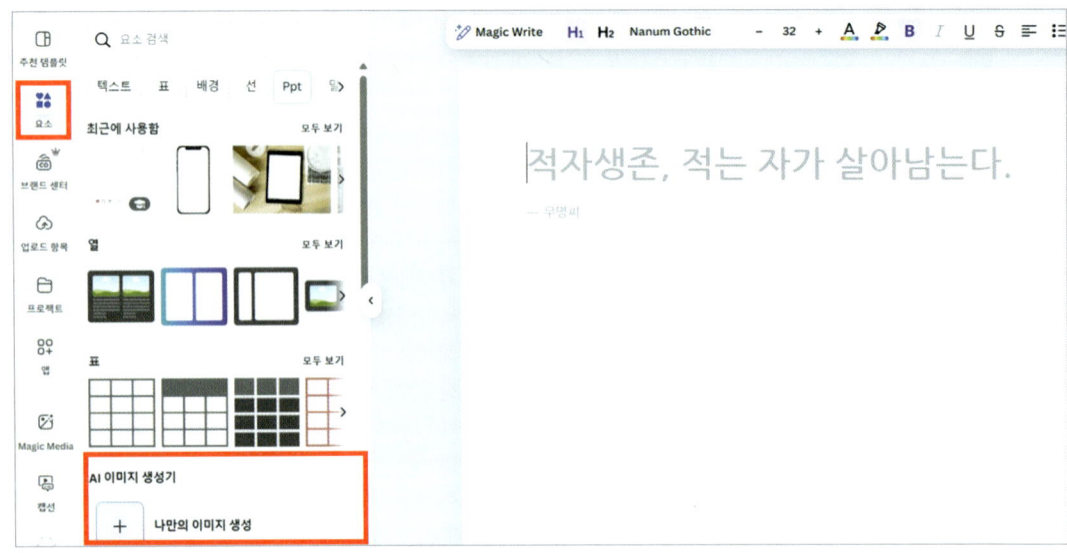

❶ 좌측 메뉴바의 [요소]를 누르고 'AI 이미지 생성기'에서 '+ 나만의 이미지 생성'을 클릭합니다.

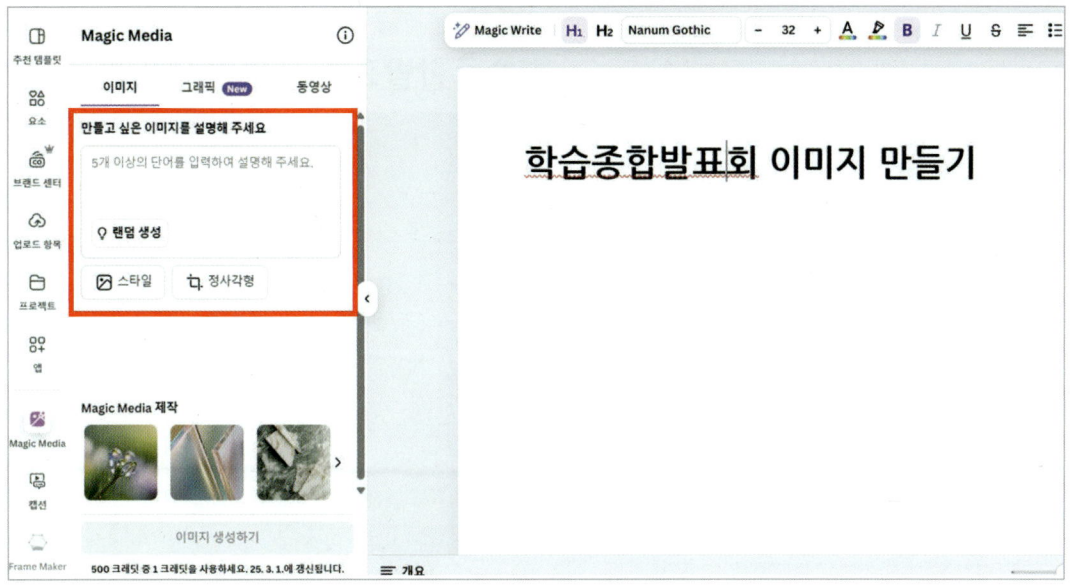

❷ 만들고자 하는 이미지에 대한 설명문을 자세히 작성합니다.

　*입력 예: 기타를 치는 우리 반 학생들

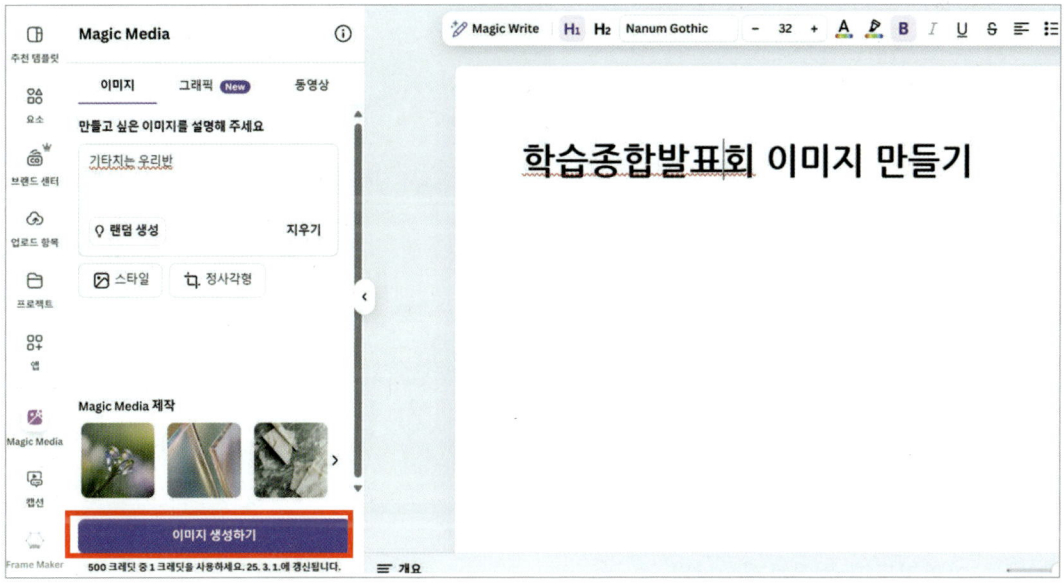

❸ [이미지 생성하기]를 클릭합니다.

❹ 원하는 이미지를 선택합니다. 마음에 들지 않으면 [다시 생성하기]를 클릭합니다.

❺ 다른 이미지도 만들어보겠습니다.

　*입력 예: 학생들이 연극 공연을 하는 모습

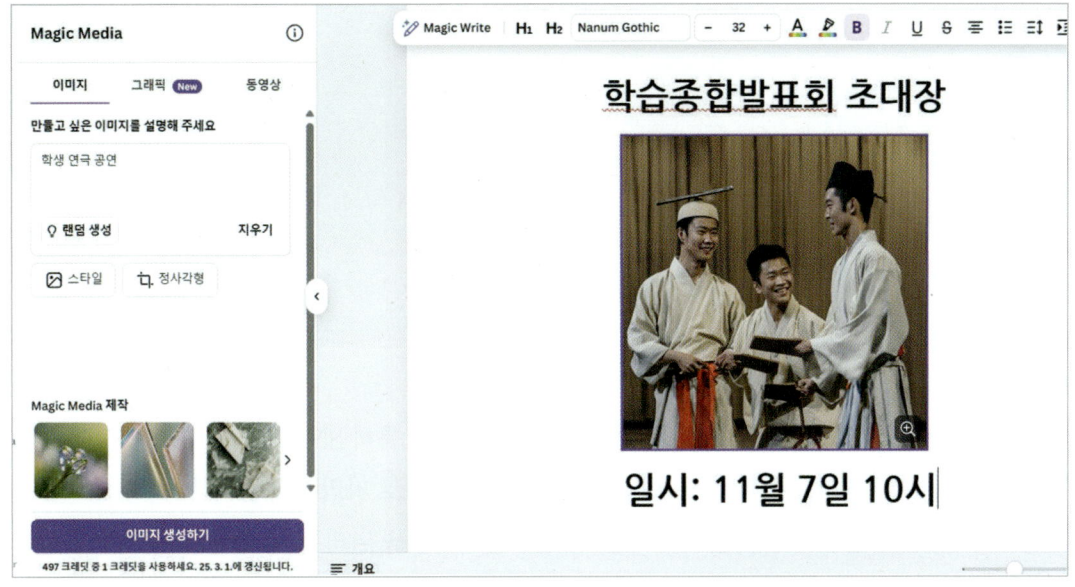

❻ 학습종합발표회 초대장에 AI가 만든 이미지를 넣으면 초상권 문제없이 자유롭게 활용할 수 있습니다.

지금까지 캔바 Docs를 활용하여 학교 업무와 행사를 효율적으로 진행하는 방법을 살펴보았습니다. 캔바 Docs를 실제 업무에 바로 적용하여 업무 효율성을 높일 수 있길 바랍니다.

SNS 게시물 디자인하기

디지털 시대에 효과적인 홍보는 필수 요소가 되었습니다. 특히 SNS를 통한 홍보는 정보를 빠르게 확산시키고 다양한 대상과 소통할 수 있는 강력한 도구로 자리 잡았습니다. 그중 인스타그램은 시각 중심의 콘텐츠 플랫폼으로 학교 행사나 공지사항을 알리는 데 매우 유용하게 활용할 수 있습니다.

인스타그램 게시물 제작하기

01. 인스타그램 게시물 만들기

❶ 캔바 메인화면에서 [+ 디자인 만들기]를 선택합니다.

❷ 검색창에 '인스타그램' 검색 후 다양한 인스타그램 템플릿 중 '인스타그램 게시물(4:5)'을 선택합니다.

❸ 좌측 메뉴바 [디자인] 검색창에 '알림장' 검색 후 원하는 템플릿을 선택합니다.

❹ 템플릿 속 텍스트 상자를 더블클릭해 내용을 수정합니다.

❺ 텍스트 상자를 더블클릭해 제목을 수정합니다.

❻ 상단 도구바 '색상' 아이콘을 클릭하여 사진 색상에서 원하는 색을 선택해 디자인에 어울리는 색상으로 변경합니다.

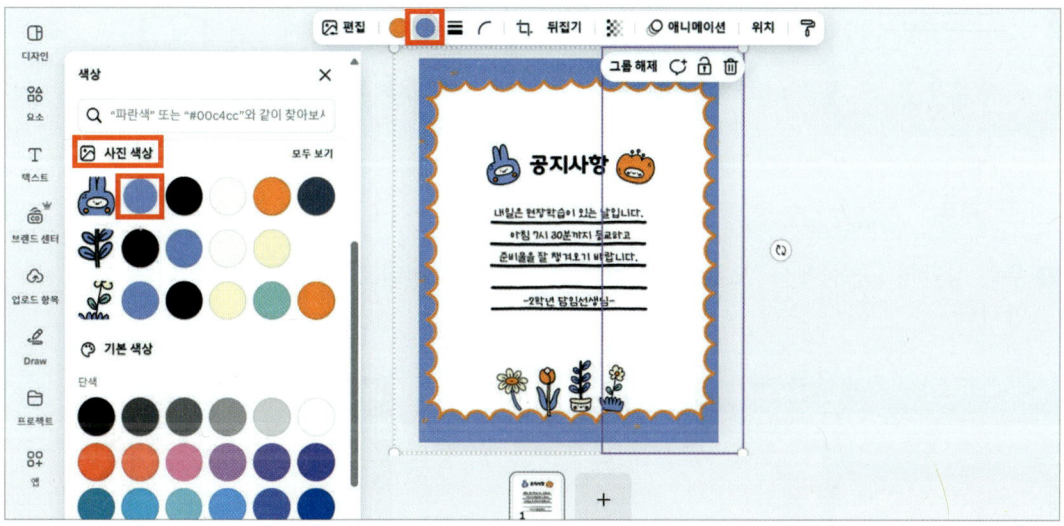

❼ 기존 템플릿의 초록색을 하늘색으로 변경한 모습입니다.

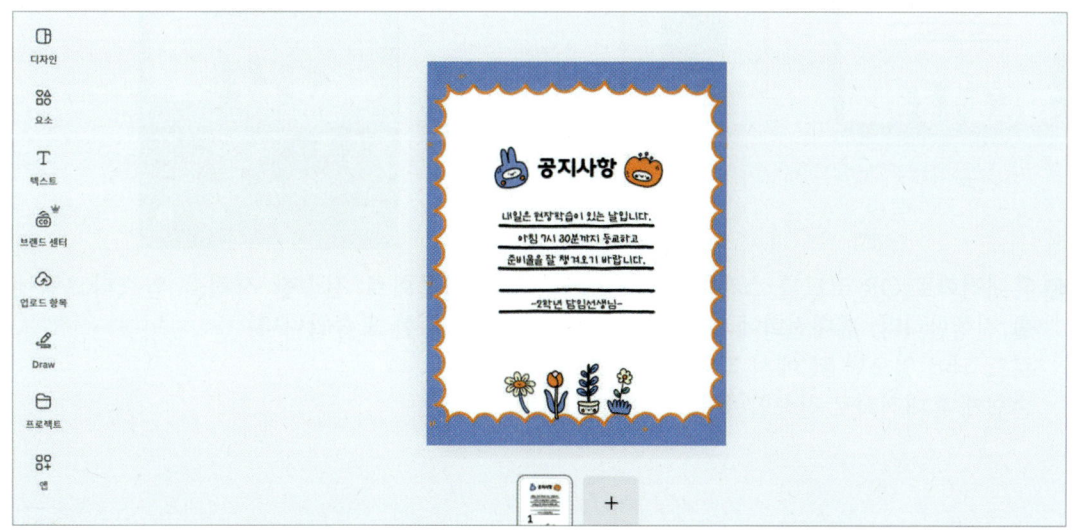

❽ 인스타그램에 업로드할 공지사항 게시물이 완성되었습니다.

02. 완성된 게시물 인스타그램에 업로드하기

캔바로 디자인한 인스타그램 게시물을 효율적으로 공유하는 방법을 살펴보겠습니다. 캔바에서는 다양한 공유 옵션을 제공하며 특히 QR 코드 기능을 활용하면 모바일 기기로 빠르게 전송할 수 있습니다.

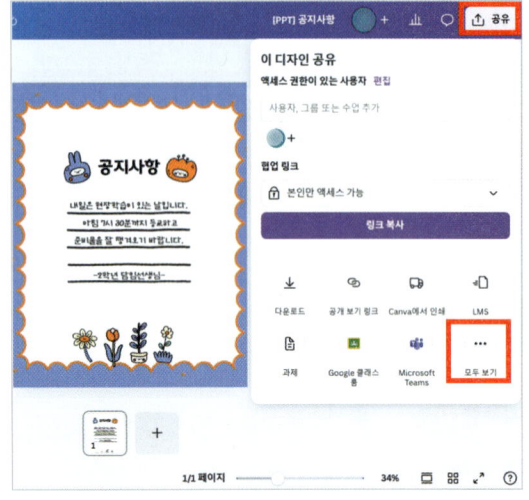

❶ 우측 상단의 [공유]에서 '모두 보기'를 선택합니다.

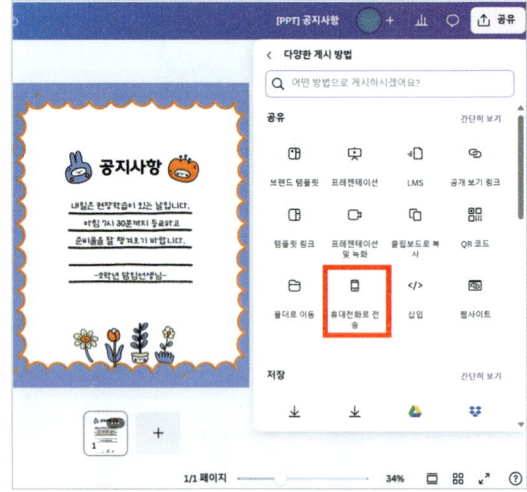

❷ '휴대전화로 전송'을 선택합니다.

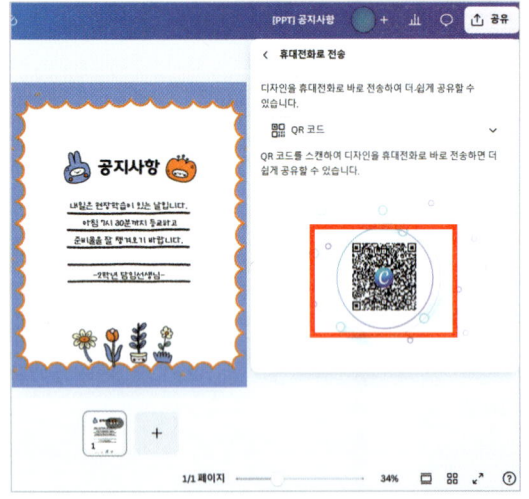

❸ 휴대전화로 QR 코드를 스캔하여 다운로드를 진행합니다. 휴대전화에 캔바 앱이 다운로드 되어 있으면 PC에서 작업한 게시물을 손쉽게 휴대전화로 전송할 수 있습니다.

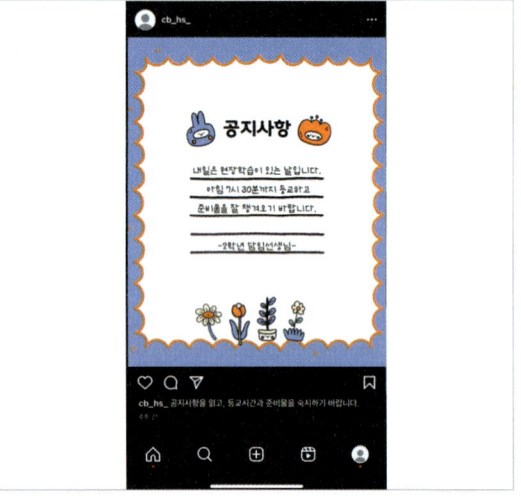

❹ 휴대전화로 전송한 사진을 인스타그램에 업로드한 모습입니다.

Magic Studio 기능으로 SNS 사진 편집하기

01. 배경 제거

Magic Studio의 배경 제거는 한 번의 클릭으로 사진의 배경을 제거하여 원하는 요소만 강조할 수 있습니다.

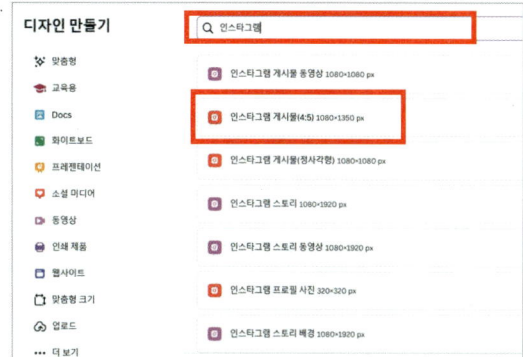

❶ 캔바 메인화면에서 [+ 디자인 만들기]를 선택합니다.

❷ 검색창에 '인스타그램' 검색 후 다양한 인스타그램 템플릿 중 '인스타그램 게시물(4:5)'을 선택합니다.

❸ 좌측 메뉴바 [요소] 검색창에 'Pomeranian' 검색 후 원하는 사진을 선택합니다.

❹ 사진 클릭 후 상단 도구바의 [편집] 선택, Magic Studio의 '배경 제거'를 선택합니다.

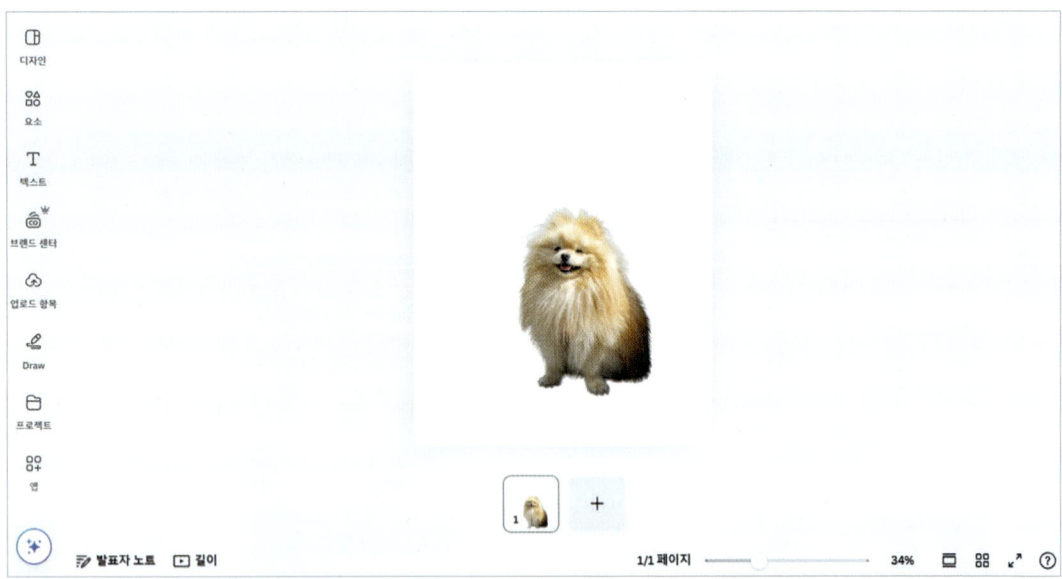

❺ 배경이 깔끔하게 제거된 모습입니다.

02. Magic Eraser

Magic Studio의 Magic Eraser는 이미지에서 특정 부분을 지우고 깨끗한 배경을 만들 수 있습니다.

❶ 좌측 메뉴바 [요소] 검색창에 'Photo of People Doing Jump Shot on Beach' 검색 후 원하는 사진을 선택합니다.

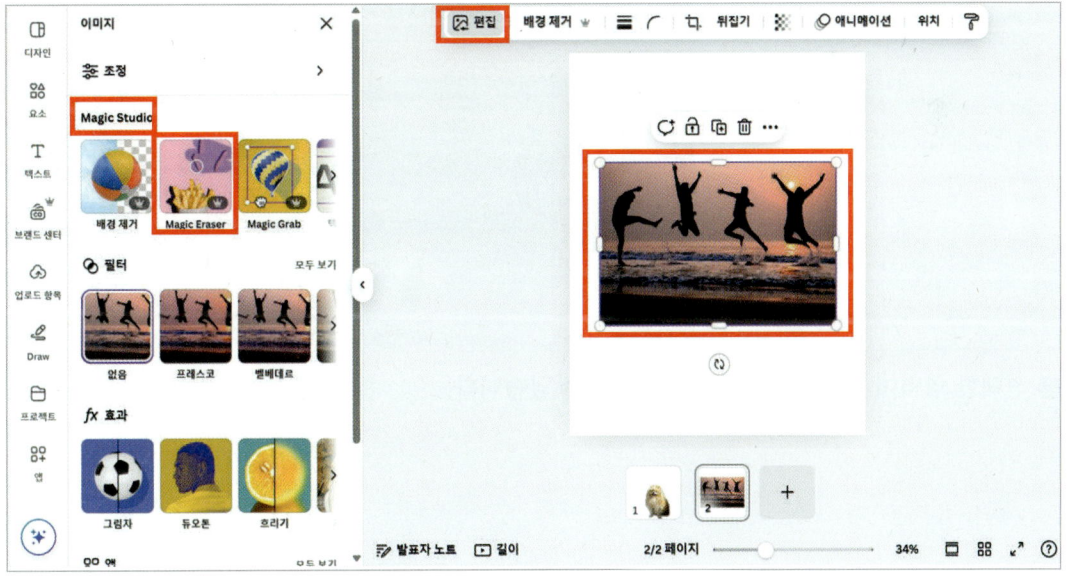

❷ 사진 클릭 후 상단 도구바의 [편집] 선택, Magic Studio의 'Magic Eraser'를 선택합니다.

❸ '지울 영역을 선택하세요'에서 [클릭]을 누르고 지우고 싶은 영역을 마우스로 선택한 뒤 [지우기]를 선택합니다.

❹ 선택한 영역이 깔끔하게 지워진 것을 볼 수 있습니다.

03. Magic Grab

Magic Studio의 Magic Grab은 사진 속 개체를 자동으로 인식하고 이동하거나 크기를 조정할 수 있습니다.

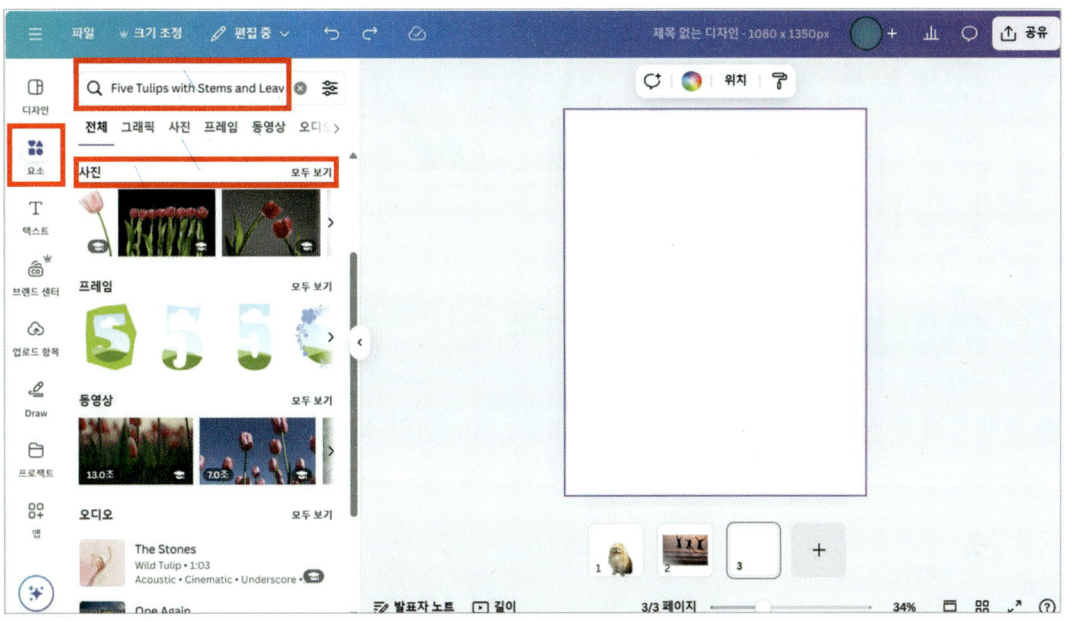

❶ 좌측 메뉴바 [요소] 검색창에 'Five Tulips with Stems and Leaves' 검색 후 사진 '모두 보기'를 선택합니다.

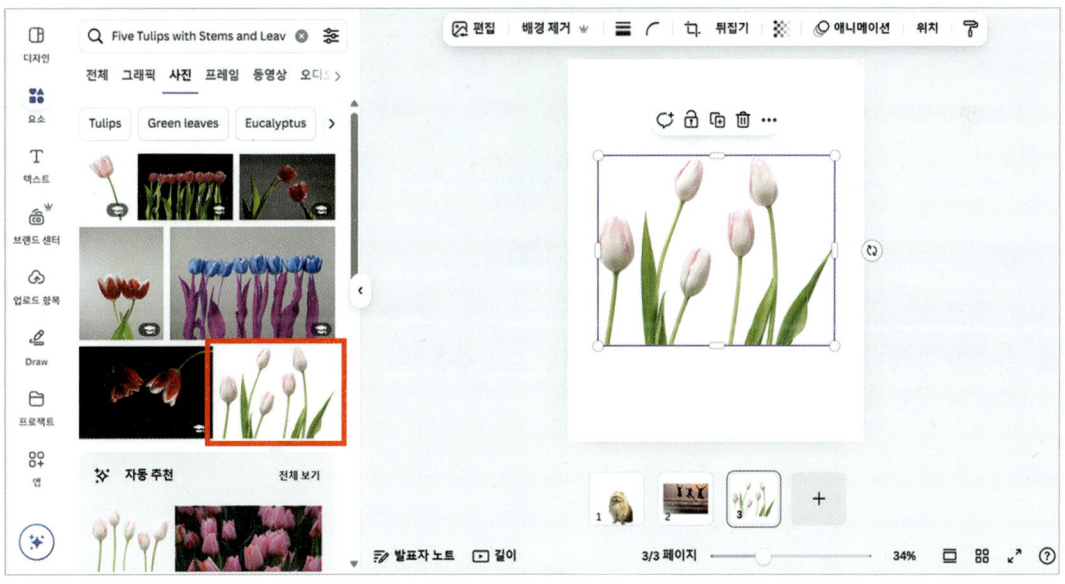

❷ 분홍색 튤립 사진을 선택합니다.

❸ 사진 클릭 후 상단 도구바의 [편집] 선택, Magic Studio의 'Magic Grab'를 클릭합니다.

❹ '추출할 개체를 선택하세요'에서 [클릭]을 누르고 추출하고 싶은 영역을 마우스로 선택한 뒤 [추출하기]를 선택합니다.

❺ 추출된 이미지를 이동하고 싶은 곳으로 드래그합니다.

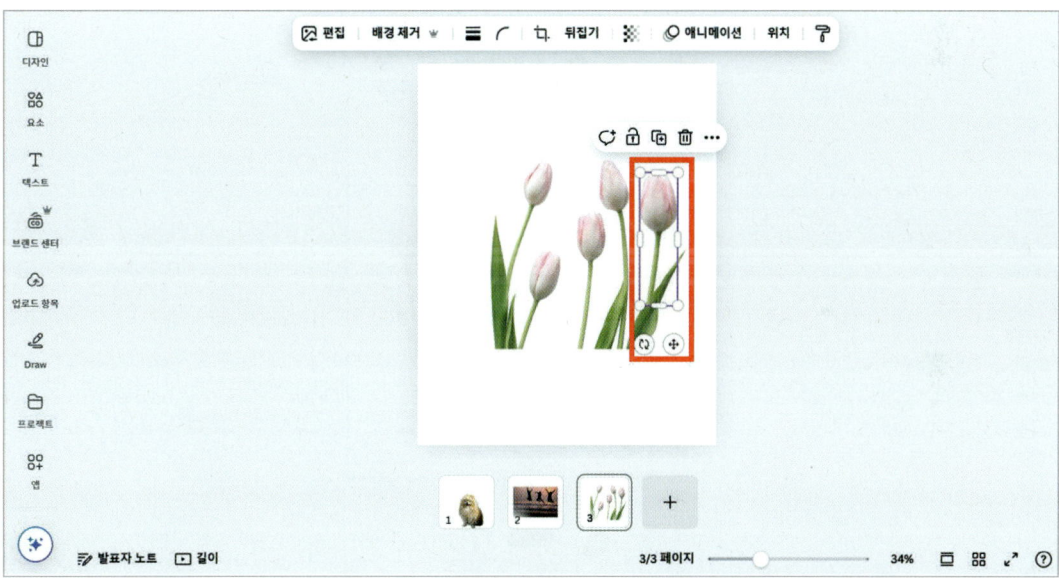

❻ 추출된 이미지가 이동되었습니다. 추출된 이미지의 레이어를 편집해 보겠습니다.

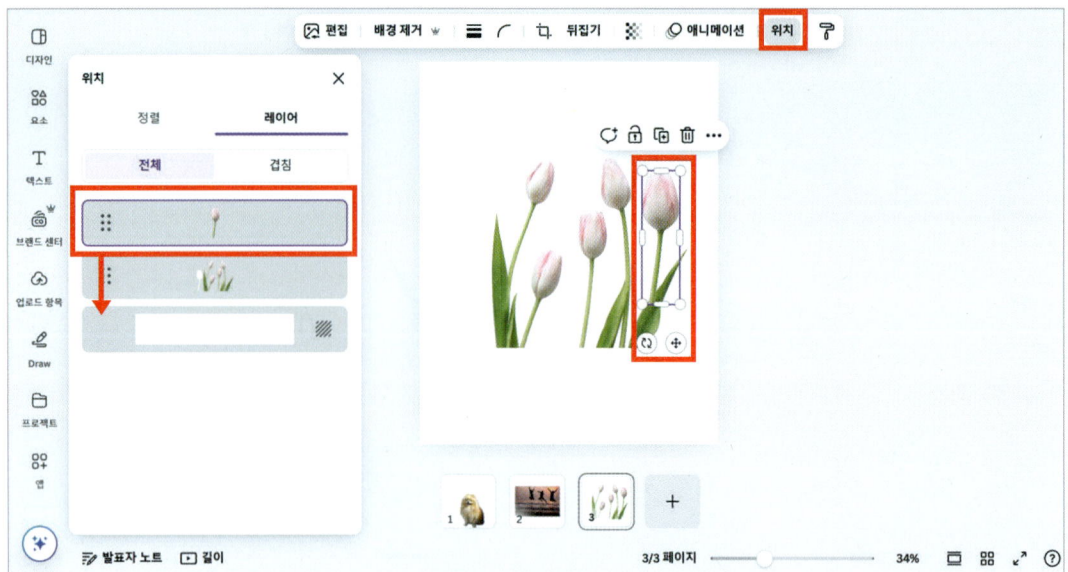

❼ 추출한 이미지를 클릭하고 상단 도구바 '위치'에서 원하는 레이어를 선택한 뒤 마우스로 드래 그하여 위치를 변경합니다.

❽ 자연스럽게 편집된 이미지를 볼 수 있습니다.

04. 텍스트 추출

Magic Studio의 텍스트 추출은 이미지 속 텍스트를 자동으로 감지하여 편집할 수 있는 텍스트로 변환합니다.

❶ 좌측 메뉴바 [요소] 검색창에 'Thank you text heart' 검색 후 원하는 사진을 선택합니다.

❷ 사진 클릭 후 상단 도구바의 [편집] 선택, Magic Studio의 '텍스트 추출'을 선택합니다.

❸ [모든 텍스트]-[추출하기]를 선택합니다.

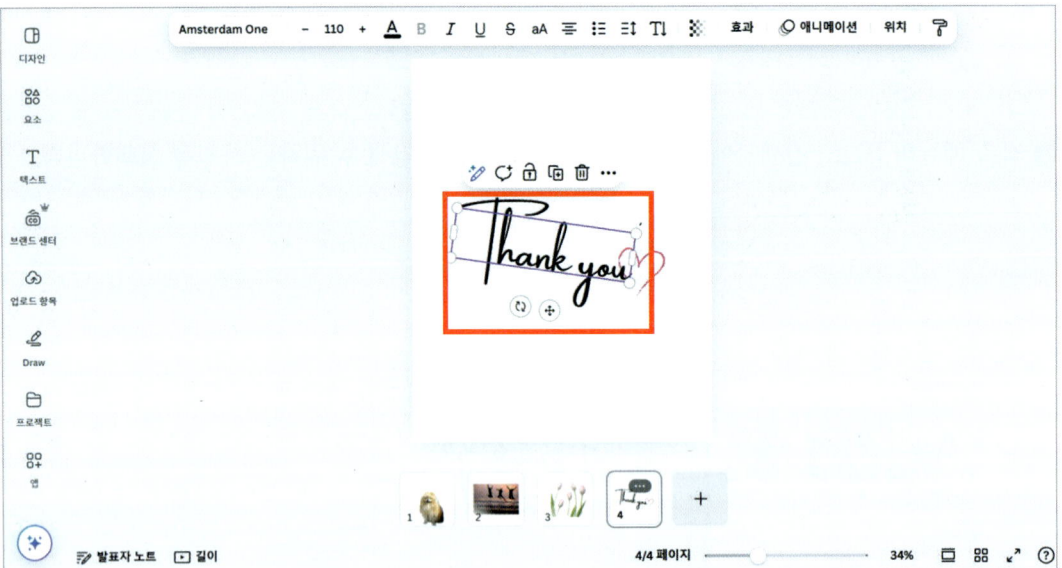

❹ 이미지에서 텍스트가 추출되었습니다.

❺ 추출된 텍스트 상자에 새로운 텍스트 'good luck!'을 입력합니다.

❻ 추출된 이미지 배경을 삭제하면 깔끔하게 생성된 텍스트를 확인할 수 있습니다.

05. Magic Edit

Magic Studio의 Magic Edit는 사진의 특정 부분을 원하는 스타일로 변경하거나 추가적인 요소를 적용할 수 있습니다.

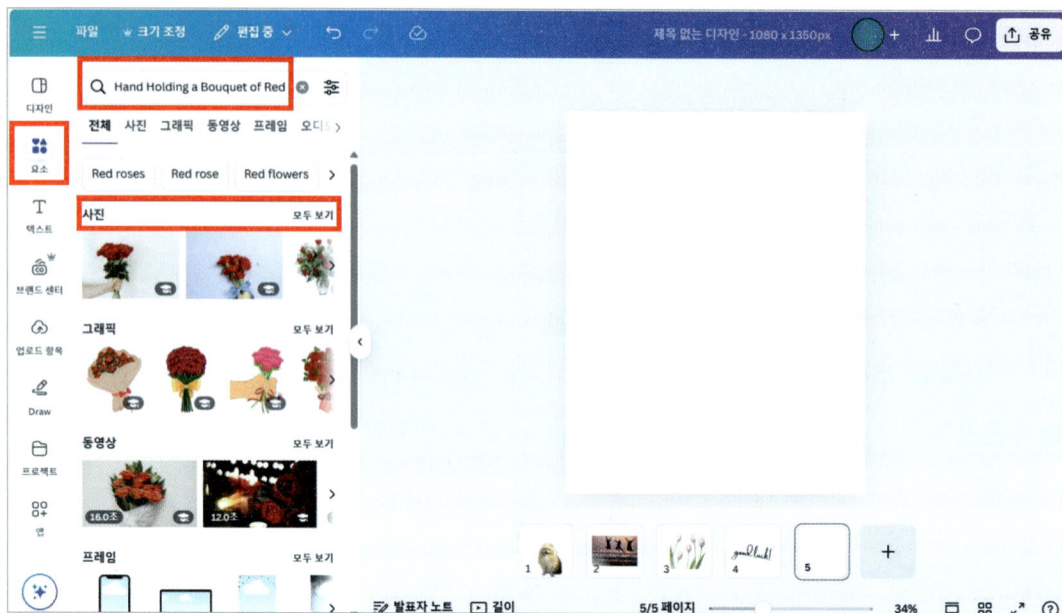

❶ 좌측 메뉴바 [요소] 검색창에 'Hand Holding a Bouquet of Red Roses' 검색 후 사진 '모두 보기'를 선택합니다.

❷ 원하는 사진을 선택합니다.

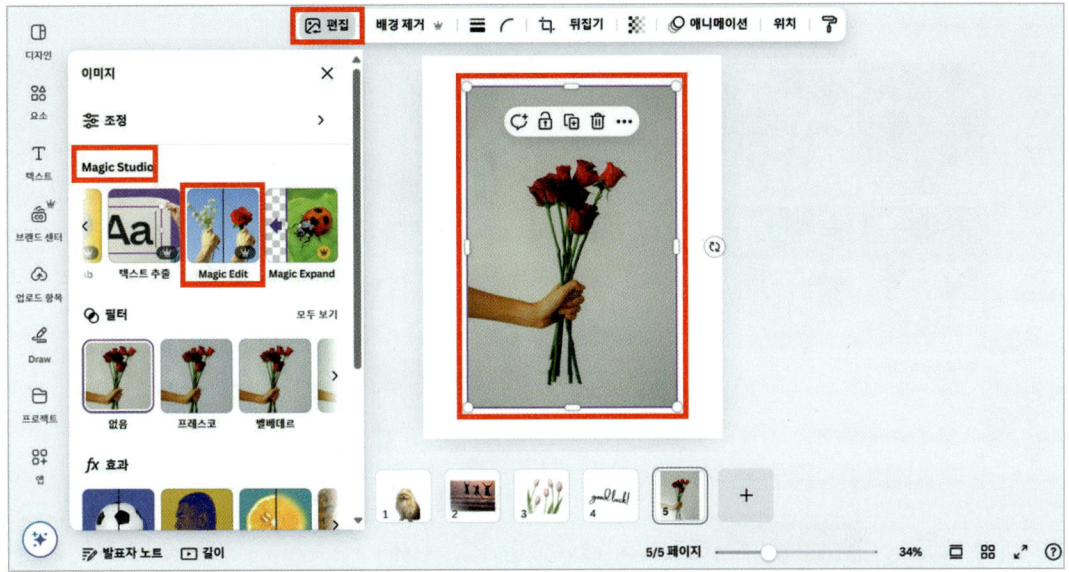

❸ 사진 클릭 후 상단 도구바의 [편집] 선택, Magic Studio의 'Magic Edit'을 선택합니다.

❹ [브러시]를 선택하고 브러시 크기를 '100'으로 입력한 다음 '어떻게 편집할지 설명해 주세요' 입력란에 '장미를 해바라기로 바꿔줘' 입력 후 [생성하기]를 선택합니다.

❺ 생성된 사진 중 마음에 드는 사진을 클릭한 후 [완료]를 선택합니다.

06. Magic Expand

Magic Studio의 Magic Expand는 사진의 크기를 확장하여 부족한 배경을 자연스럽게 채울 수 있습니다.

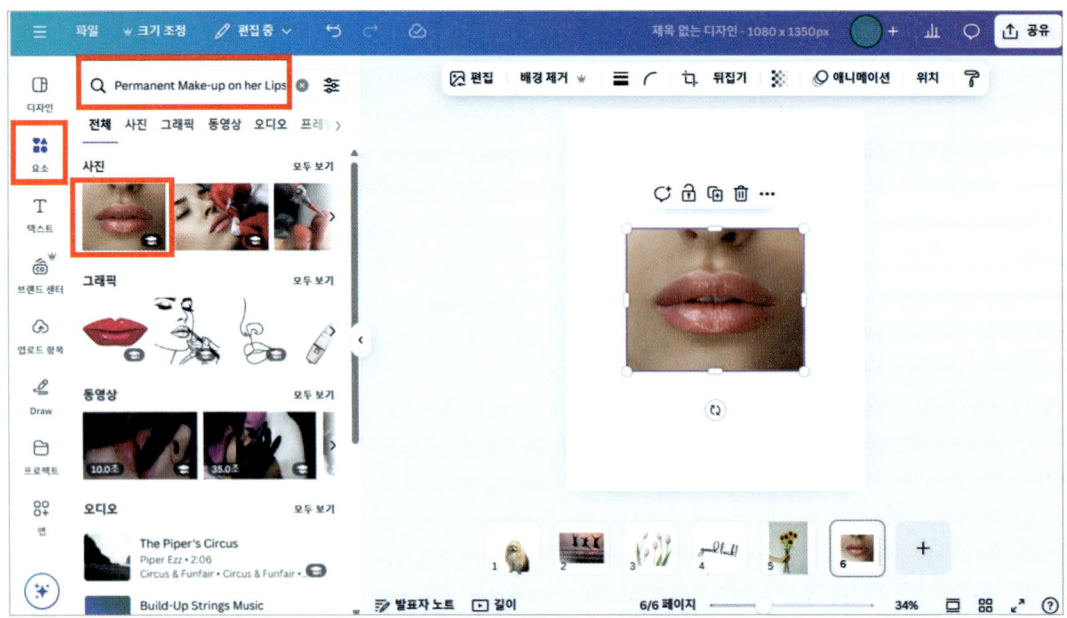

❶ 좌측 메뉴바 [요소] 검색창에 'Permanent Make-up on her Lips' 검색 후 원하는 사진을 선택합니다.

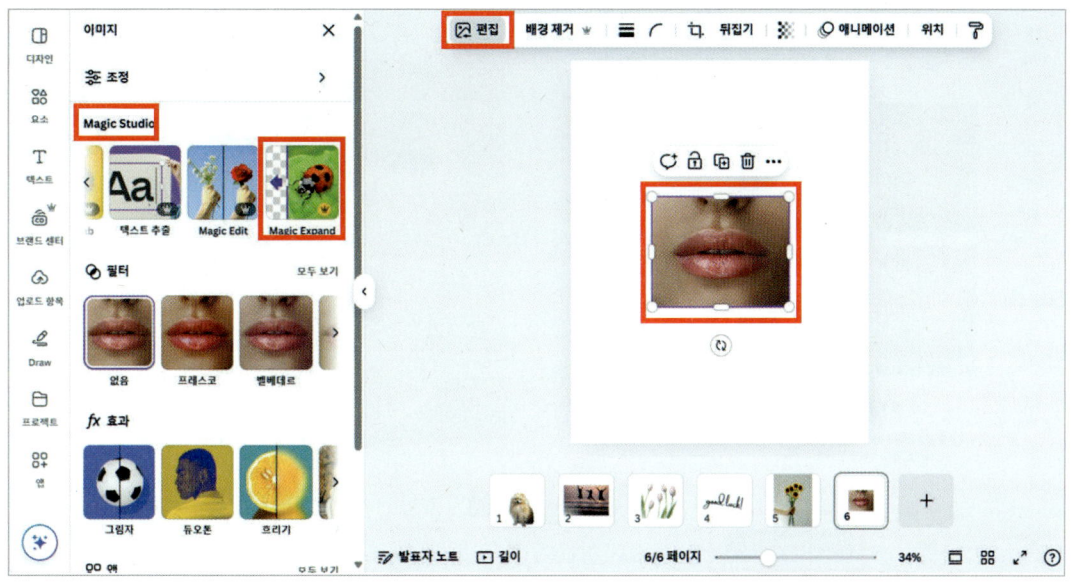

❷ 사진 클릭 후 상단 도구바의 [편집] 선택, Magic Studio의 'Magic Expand'을 선택합니다.

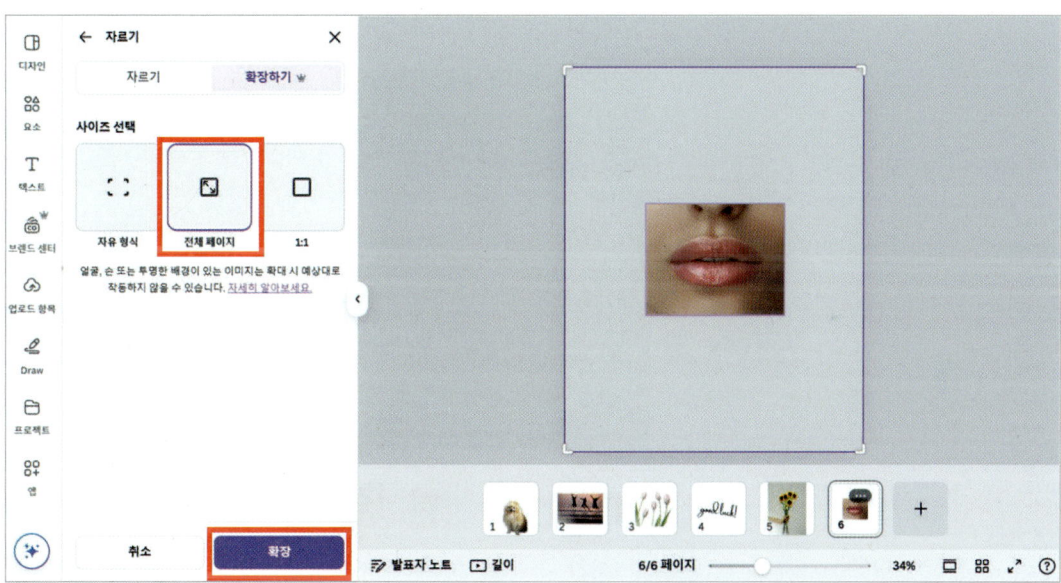

❸ 사이즈 선택에서 '전체 페이지'를 클릭한 후 [확장]을 선택합니다.

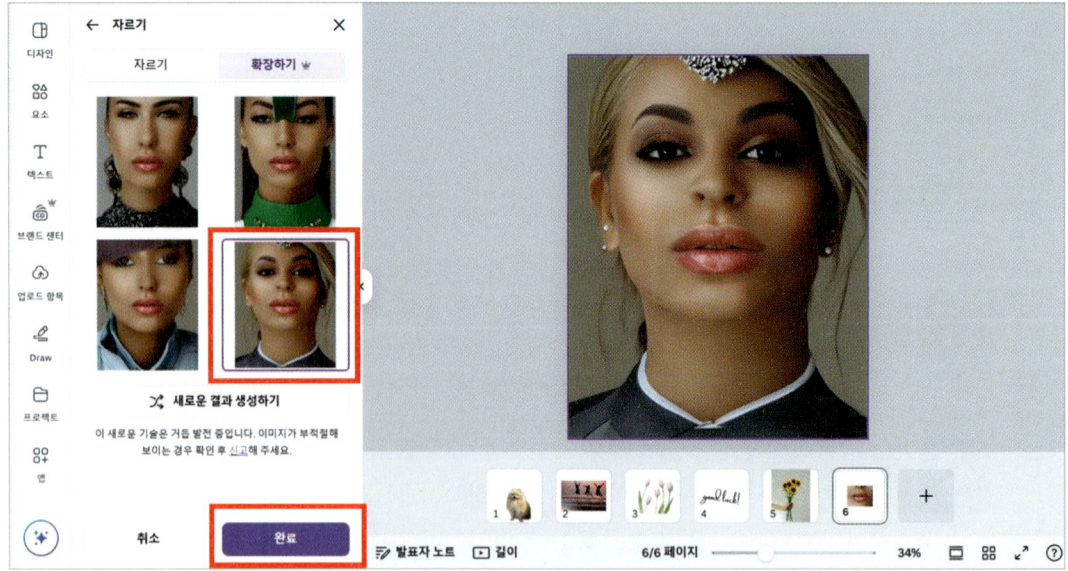

❹ 생성된 사진 중 마음에 드는 사진을 선택한 후 [완료]를 누릅니다.

❺ 이미지가 깔끔하게 확장되었습니다.

학교 인스타그램 계정 게시물 제작하기

01. 축제 홍보 게시물 제작 및 업로드

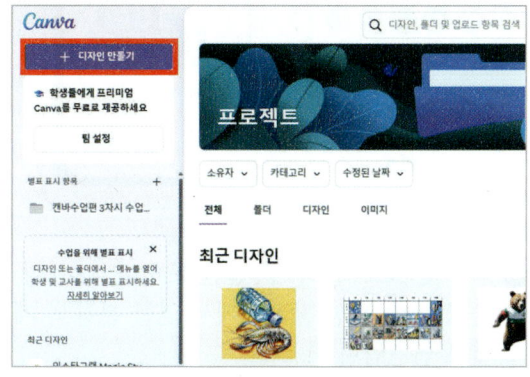

❶ 캔바 메인화면에서 [+ 디자인 만들기]를 선택합니다.

❷ 검색창에 '인스타그램' 검색 후 다양한 인스타그램 템플릿 중 '인스타그램 게시물(4:5)'을 선택합니다.

❸ 좌측 메뉴바 [요소] 검색창에 '개강총회' 검색 후 원하는 템플릿을 선택합니다.

❹ 템플릿의 텍스트 상자를 축제 문구에 맞춰 수정합니다.

❺ 템플릿 클릭 후 상단 도구바의 '색상'을 선택해 색상 팔레트에서 진한 갈색 계열로 변경합니다.

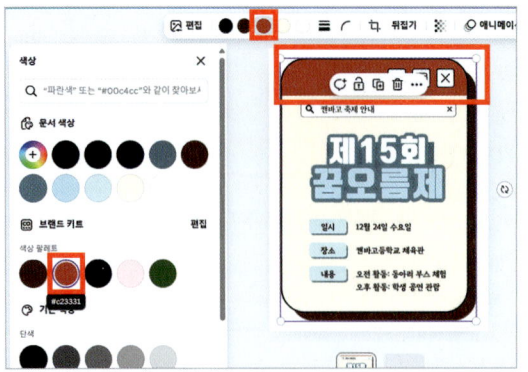

❻ 템플릿 요소를 클릭하고 상단 도구바의 '색상'을 선택해 색상 팔레트에서 진한 빨간색 계열로 변경합니다.

❼ 템플릿 요소 클릭 후 상단 도구바의 '색상'을 선택해 색상 팔레트에서 연한 분홍색 계열로 변경합니다.

❽ '제15회' 텍스트 상자 클릭 후 상단 도구바의 '효과'에서 색상을 진한 녹색 계열로 변경합니다.

❾ '꿈오름제' 텍스트 상자 클릭 후 상단 도구바의 '효과'에서 색상을 진한 빨간색 계열로 변경합니다.

❿ '꿈오름제' 텍스트 상자 클릭 후 상단 도구바를 눌러 텍스트 색상을 하얀색으로 변경합니다.

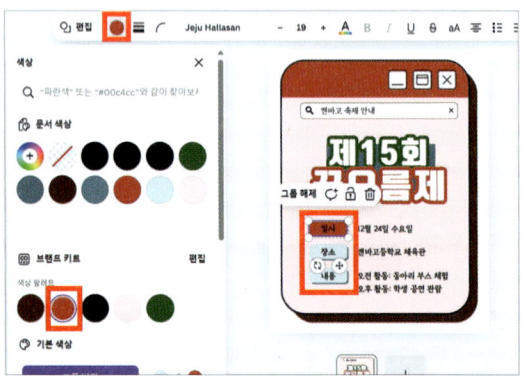

⓫ '일시', '장소', '내용' 요소 클릭 후 상단 도구바의 색상을 진한 빨간색 계열로 변경합니다.

⓬ '일시', '장소', '내용' 요소 클릭 후 상단 도구바를 눌러 그림자 색상을 진한 갈색 계열로 변경합니다.

⓭ '제15회 꿈오름제' 뒤편에 있는 불필요한 개체를 삭제하기 위해 상단 도구바의 '위치'를 선택합니다. 불필요한 개체의 레이어를 확인할 수 있습니다.

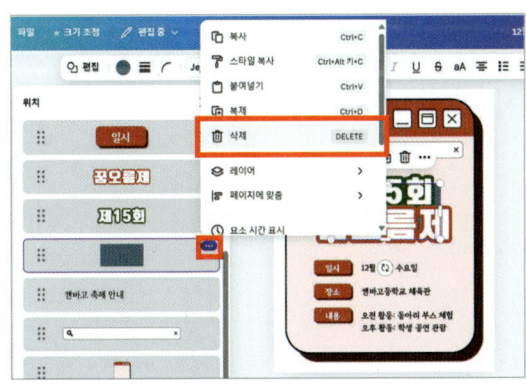

⓮ 불필요한 개체의 우측 상단의 점 3개 아이콘을 눌러 '삭제'를 선택합니다.

⓯ 좌측 메뉴바 [요소] 검색창에 '크리스마스' 검색 후 그래픽 '모두 보기'를 선택합니다.

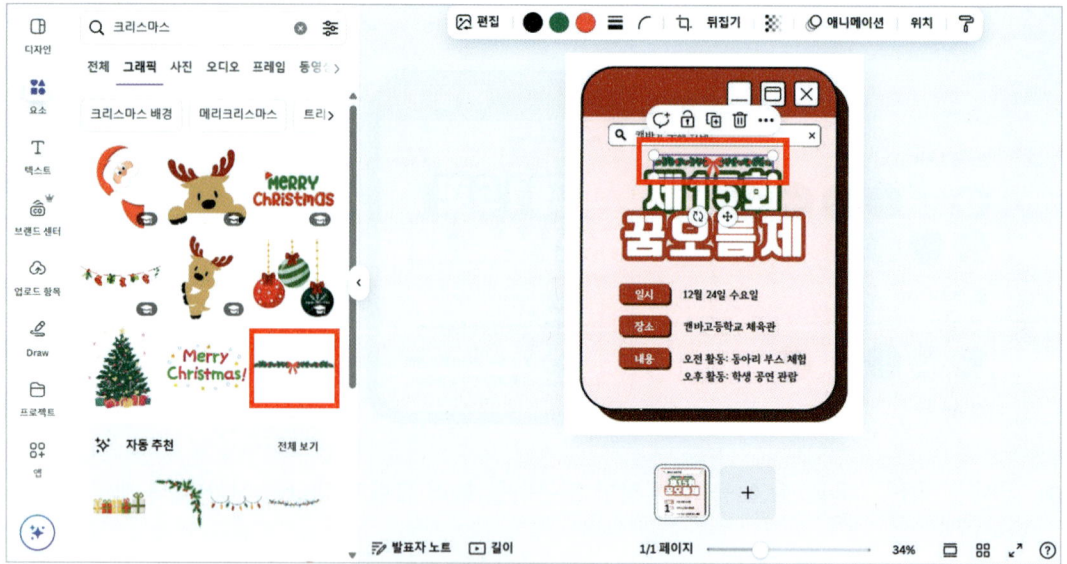

⓰ 원하는 그래픽을 선택해 위치를 조정합니다.

⓱ 인스타그램에 업로드 할 학교 축제 홍보 게시물이 완성되었습니다.

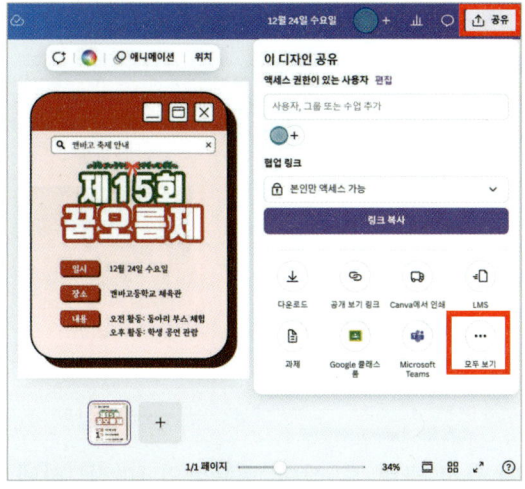

⑱ 우측 상단의 [공유]에서 '모두 보기'를 선택합니다.

⑲ '휴대전화로 전송'을 선택합니다.

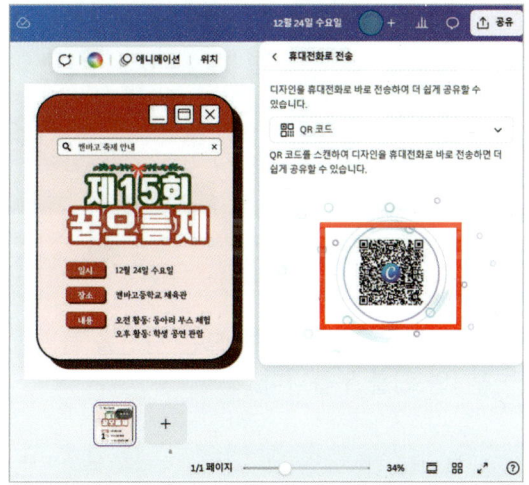

⑳ 휴대전화로 QR 코드를 스캔하여 다운로드를 진행합니다. 휴대전화에 캔바 앱이 다운로드 되어있으면 PC에서 작업한 게시물을 손쉽게 휴대전화로 전송할 수 있습니다.

㉑ 휴대전화로 전송한 사진을 인스타그램에 업로드한 모습입니다.

02. 학교 행사 사진 편집 및 업로드

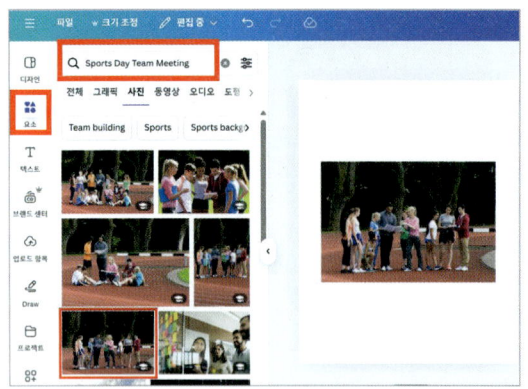

❶ 좌측 메뉴바 [요소] 검색창에 'Sports Day Team Meeting' 검색 후 원하는 사진을 선택합니다.

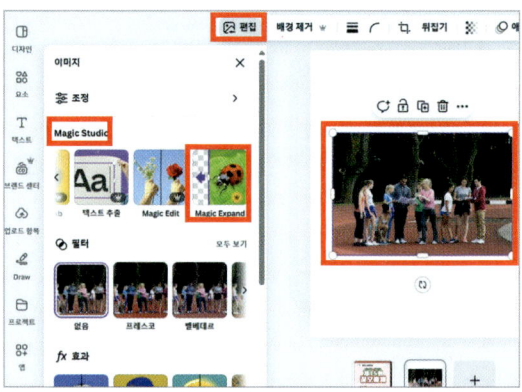

❷ 사진 클릭 후 상단 도구바의 [편집] 선택, Magic Studio의 'Magic Expand'를 선택합니다.

❸ 사이즈 선택에서 '전체 페이지'를 클릭한 후 [확장]을 선택합니다.

❹ 생성된 사진 중 마음에 드는 사진을 클릭한 후 [완료]를 누릅니다.

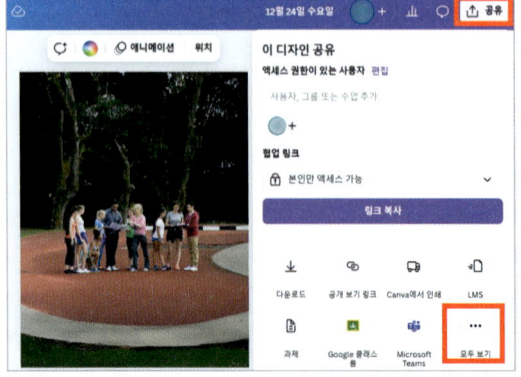

❺ 사진 편집이 완료되었으면 우측 상단의 [공유]에서 '모두 보기'를 선택합니다.

❻ '휴대전화로 전송'을 선택합니다.

❼ 휴대전화로 QR 코드를 스캔하여 다운로드를 진행합니다. 휴대전화에 캔바 앱이 다운로드 되어있으면 PC에서 작업한 게시물을 손쉽게 휴대전화로 전송할 수 있습니다.

❽ 휴대전화로 전송한 사진을 인스타그램에 업로드한 모습입니다.

우리 반 이벤트 기획하기

우리 반 파티 초대 티켓 만들기

01. 파티 초대 티켓 디자인하기

학생들과의 관계를 돈독히 하고, 학급 친목을 다지기 위하여 학급 파티 행사를 기획하는 경우가 있습니다. 이때 파티의 분위기와 기대감을 높이기 위한 좋은 방법 중 하나는 바로 초대 티켓을 제작하는 것입니다. 단순한 공지 대신 직접 만든 초대장을 배부하면 학생들의 흥미를 유도하고 행사를 더욱 특별하게 느끼게 할 수 있습니다.

캔바의 티켓 디자인 템플릿을 활용하면 학급 파티 초대 티켓을 손쉽게 제작할 수 있습니다. 티켓 디자인은 행사 컨셉에 맞춰 꾸미는 것이 중요한데요. 예를 들어 핼러윈 파티라면 유령이나 호박 같은 디자인 요소를 활용할 수 있고 여름방학 캠프라면 시원한 느낌의 색상을 활용하는 것이 좋습니다.

캔바에서는 다양한 스타일과 테마의 템플릿을 자유롭게 변형할 수 있어 창의적으로 디자인을 응용해보는 것도 좋은 방법입니다. 이제 우리 반만의 특별한 파티 초대 티켓을 직접 만들어보며 즐거운 분위기를 함께 준비해 보겠습니다.

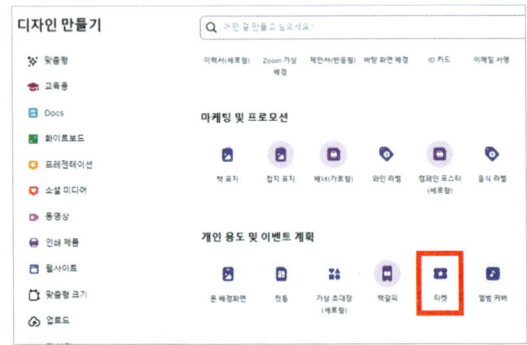

❶ 캔바 메인화면에서 '더 보기'를 선택합니다.

❷ 개인 용도 및 이벤트 계획의 '티켓'을 선택하여 디자인 페이지를 만듭니다.

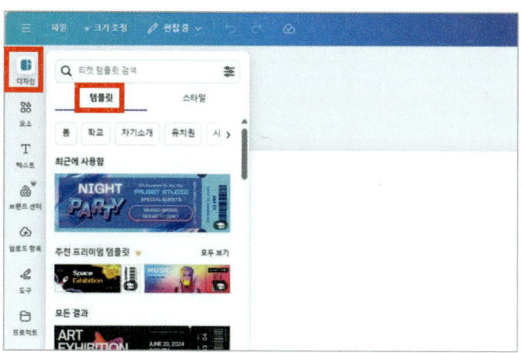

❸ 좌측 메뉴바 [디자인]에서 '템플릿'을 클릭해 마음에 드는 티켓 디자인을 선택합니다.

출처: 캔바 크리에이터 ElenaDoroshArt

❹ 이때 기획하고자 하는 행사와 이미지가 비슷한 템플릿을 선택하는 것이 좋습니다.

❺ 티켓 디자인에 있는 텍스트를 선택하여 행사의 내용에 맞게 변경합니다.

❻ 티켓 안의 요소를 클릭하면 나오는 도구바를 사용하여 글꼴을 바꿉니다.

❼ 초대장을 받을 사람의 이름을 입력합니다.

❽ 'party'라는 문구를 'camp'로 바꾸려고 합니다. 해당 요소는 텍스트가 아니라 그래픽 이미지로 이루어져 있기 때문에 이 요소를 바꾸려면 그래픽 이미지를 삽입해야 합니다.

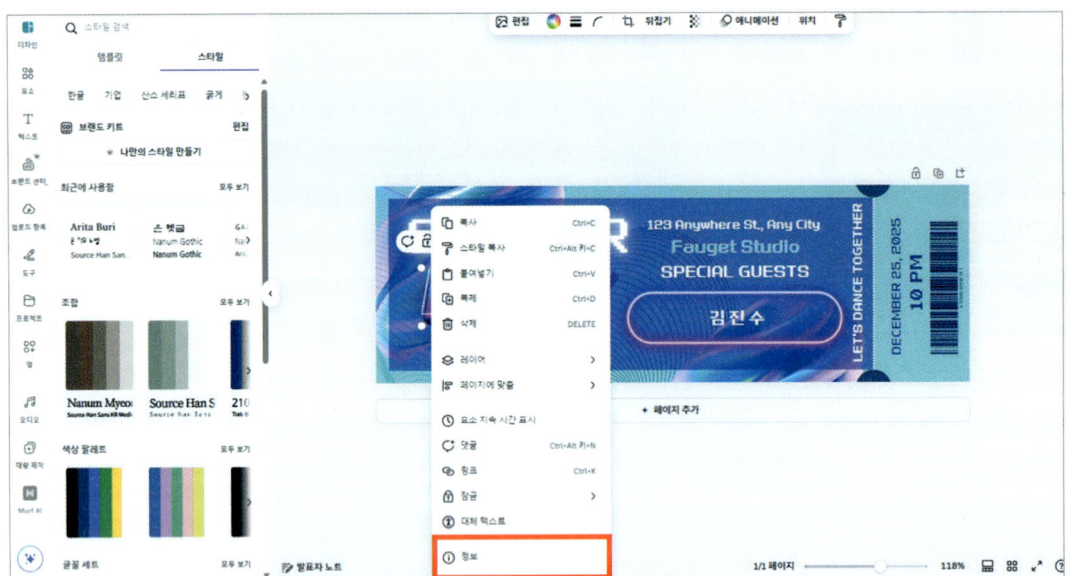

❾ 해당 그래픽 이미지의 다른 알파벳 그래픽이 있는지 확인하기 위해 'P' 그래픽을 클릭해 마우스 오른쪽을 누르고 '정보'를 선택합니다.

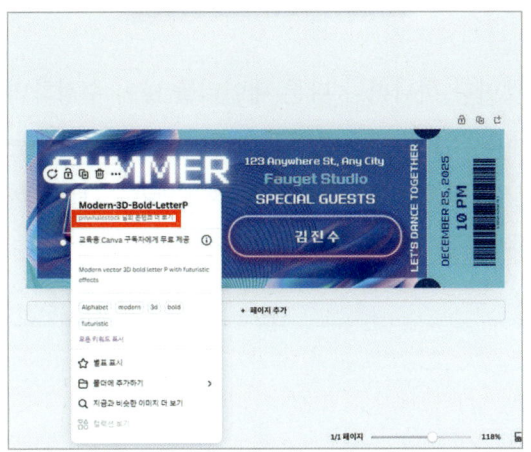 

❿ 해당 그래픽의 창작자 정보가 나옵니다. 해당 창작자의 콘텐츠 더 보기를 클릭하면, 이렇게 같은 글씨체의 다른 디자인이 있는 것을 확인할 수 있습니다.

출처: 캔바 크리에이터 pinwhalestock

⓫ 'party'라는 그래픽 요소를 'camp'로 바꾼 모습입니다.

⓬ 행사명, 행사 장소, 티켓 발행번호, 이름까지 모두 수정한 초대장입니다.

02. 티켓 대량 제작하기

초대 티켓은 여러 명에게 배부해야 하는데, 티켓마다 하나하나 다른 데이터를 넣어 수정하면 오랜 시간이 걸립니다. 캔바의 대량 제작 앱은 반복적인 작업을 줄이고 제작 시간을 단축하는 데 유용한 기능입니다. 동일한 템플릿을 사용하면서도 각기 다른 데이터를 적용해야 할 때 특히 효과적입니다. 이 기능을 활용하여 티켓을 대량 제작하는 방법을 알아보겠습니다.

❶ 앞서 제작한 티켓 디자인에서 장소, 티켓 발행번호, 이름, 이미지를 변경해 보겠습니다.

❷ 대량 제작 시 티켓마다 다른 이미지를 삽입하고 싶다면 우선 이미지가 들어갈 공간에 프레임을 만들어야 합니다.

❸ 좌측 메뉴바 [요소]의 프레임에서 원하는 프레임을 선택합니다.

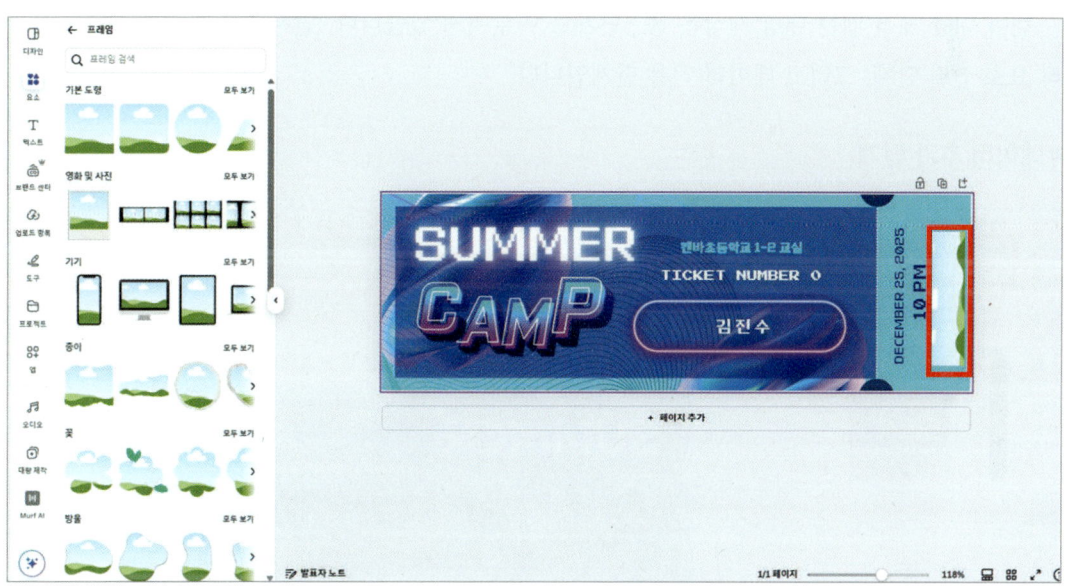

❹ 이미지가 들어갈 위치, 크기에 맞추어 프레임을 배치합니다.

❺ 좌측 메뉴바 [앱] 검색창에 '대량 제작' 입력 후 해당 앱 아이콘을 클릭하여 열어줍니다.

　캔바 대량 제작 앱은 대량 제작은 총 3단계로 이루어져 있습니다. 먼저 데이터 추가 단계, 데이터 요소 연결 단계, 그리고 데이터 적용 단계입니다.

■ 데이터 추가 단계

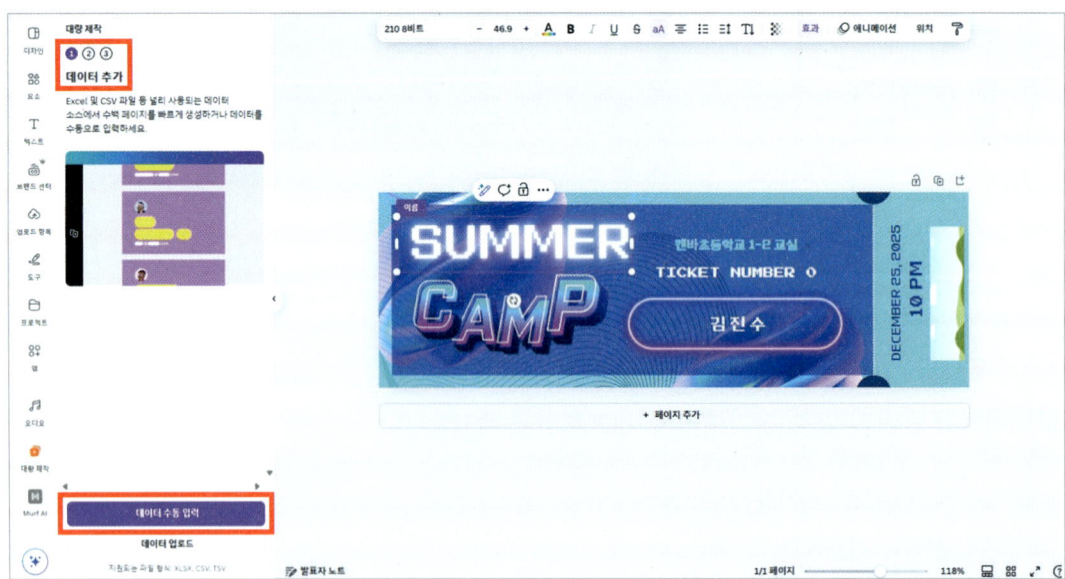

　먼저 데이터를 추가하는 방법으로는 데이터를 수동으로 입력하는 방법과, 엑셀과 CSV 파일을 이용하여 작업한 데이터를 업로드 하는 방법이 있습니다. '데이터 수동 입력'을 선택하여 데이터를 수동으로 입력해 보겠습니다.

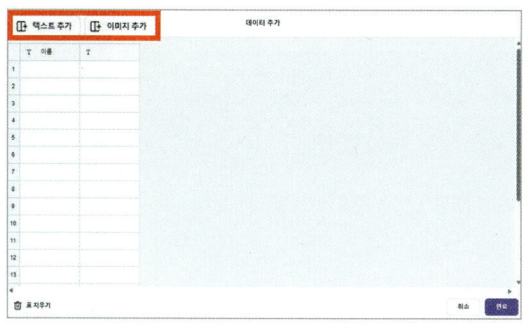

❶ 새 창이 뜨면서 '텍스트 추가', '이미지 추가'를 할 수 있습니다.

❷ 장소, 이름, 발행번호, 이미지 데이터가 추가될 수 있도록 표를 만듭니다.

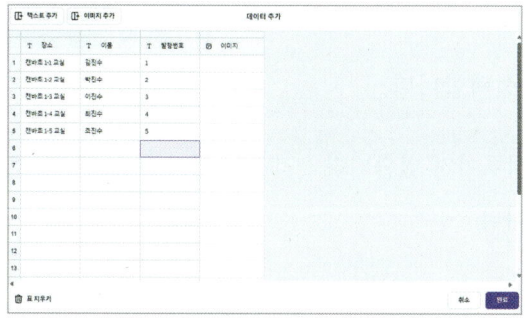

❸ 내용 셀을 더블클릭하여 데이터를 입력합니다.

❹ 이미지 데이터는 이미지 셀에 마우스를 올리면 '+ 버튼'이 생깁니다. 해당 버튼을 선택하여 이미지를 업로드합니다.

❺ 컴퓨터 자체에 저장된 이미지 파일을 업로드하는 것은 불가능합니다. 이전에 업로드되어 캔바 계정에 저장되어 있는 이미지 파일만 가져올 수 있습니다. 원하는 이미지를 선택해 줍니다.

❻ 해당 작업을 반복하여 이미지를 추가한 모습입니다.

❼ 데이터 입력이 끝나면 우측 하단의 [완료]를 선택합니다.

캔바 대량 제작 앱은 대량 제작은 총 3단계로 이루어져 있습니다. 먼저 데이터 추가 단계, 데이터 요소 연결 단계, 그리고 데이터 적용 단계입니다.

■ 데이터 요소 연결 단계

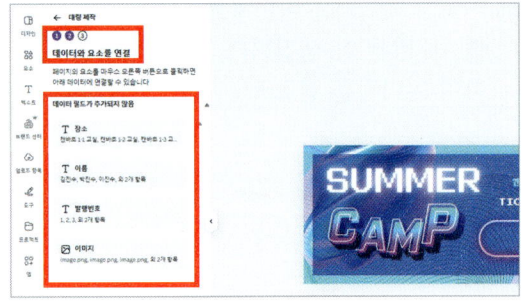

❶ 두 번째로 데이터와 요소 연결 단계입니다. 앞서 작성한 장소, 이름, 발행번호, 이미지 필드가 보입니다. 작성한 데이터 필드와 내가 디자인한 페이지의 요소를 연결합니다.

❷ 제작한 티켓 속 '캔바 초등학교 1-2 교실' 요소를 클릭하면 나오는 상단 도구바에서 '데이터 연결'을 선택합니다.

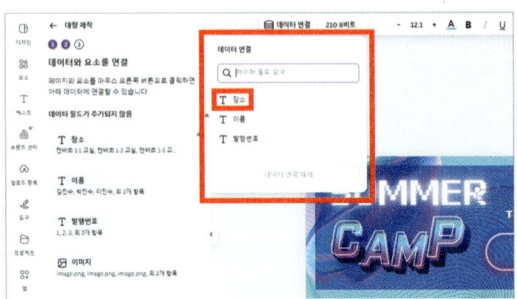

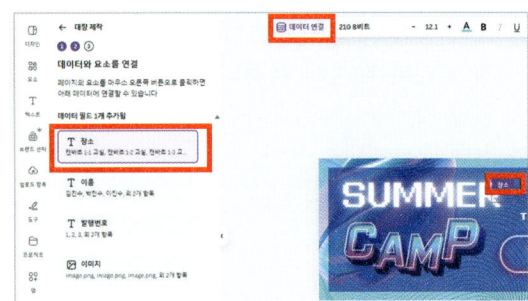

❸ 데이터 연결에서 '장소'라는 데이터 필드를 선택하면 티켓에 들어갈 '장소' 요소와 데이터 필드가 연결된 것을 확인할 수 있습니다.

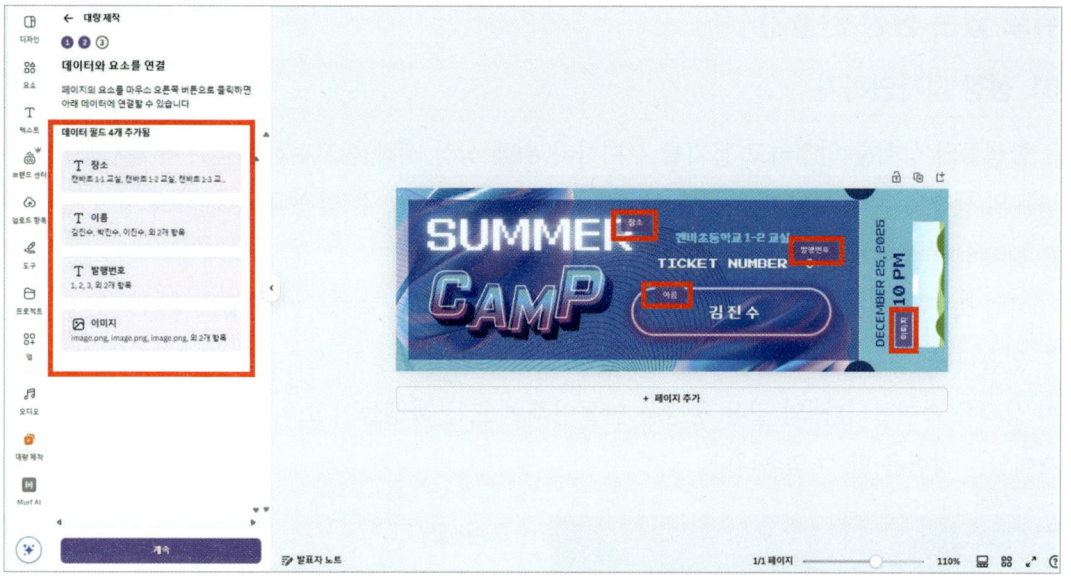

❹ 데이터 연결을 완료한 모습입니다.

■ 데이터 적용 단계

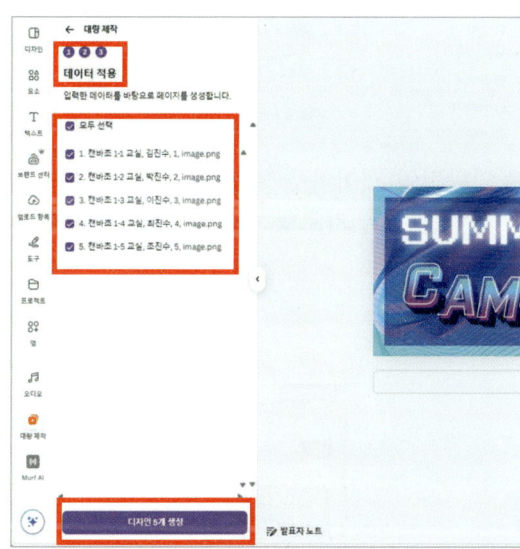

❶ 마지막으로 데이터 적용 단계입니다. 데이터를 5개를 입력했기 때문에 총 5개의 디자인이 생성됩니다. [디자인 5개 생성] 버튼을 누릅니다.

❷ 입력한 데이터의 개수만큼 티켓이 대량 제작됩니다.

위트 있는 상장 만들기

01. 상장 디자인하기

학생들의 성취를 인정하고 동기를 부여하기 위해 상장 제작을 고려하는 경우가 많습니다. 학생들은 상장을 통해 특별한 의미를 부여하고, 성취감을 느낄 수 있습니다. 캔바의 상장 템플릿을 활용하면 손쉽게 맞춤형 상장을 제작할 수 있습니다.

이때 학업 성취도와 연관된 상장 외에도 위트 있는 상장을 제작하면 학생들이 즐거움을 느낄 수 있습니다. 예를 들어 '밥상 - 언제나 밥을 맛있게 먹고 건강한 식습관을 지녀 쑥쑥 자랐기에 이 상장을 수여합니다.'와 같은 상장을 만들어주면 모든 학생들이 소외감을 느끼지 않으면서도 재미있는 경험을 할 수 있습니다.

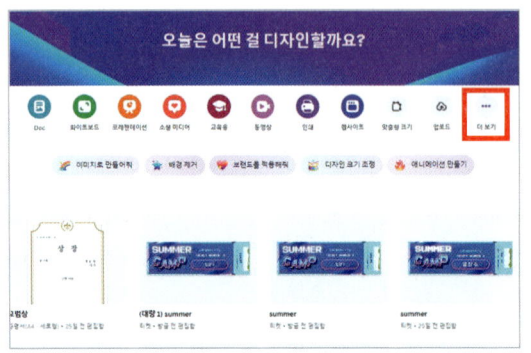

❶ 캔바 메인화면에서 '더 보기'를 선택합니다.

❷ 일반적인 레이아웃 및 크기에서 '수료증'을 선택합니다. 가로형 수료증 형태를 선택해도 좋습니다.

❸ 좌측 메뉴바 [디자인]의 '템플릿'에서 원하는 상장 템플릿을 선택합니다. 직접 요소를 추가하여 디자인을 수정할 수 있습니다.

출처: 캔바 크리에이터 mindminds

❹ 상장 번호, 상 이름, 학년 반, 이름, 상장 내용의 내용을 바꾸어 사용합니다.

02. 상장 대량 제작하기

이번에는 종업식 상장을 대량 제작해 볼까요? 엑셀 CSV 파일을 업로드하여 자동으로 상장을 생성하는 방식으로 진행해 보겠습니다. 엑셀에서는 데이터 셀을 드래그하여 여러 정보를 손쉽게 복사하거나 수정할 수 있기 때문에 캔바 페이지에서 하나하나 직접 입력하는 것보다 훨씬 효율적이고 편리하게 활용할 수 있습니다.

주의할 점은 캔바의 대량 제작 앱은 아직 한글 호환성이 부족하여 한글로 작성된 엑셀 데이터를 업로드하면 캔바 화면에서 글자가 깨질 수 있다는 점입니다. 영문으로 작성된 엑셀 데이터를 업로드하면 정상적으로 대량 제작이 가능합니다.

따라서 이번 활동에서는 엑셀 데이터를 업로드하는 기본적인 방법만 살펴본 뒤, 실제로는 엑셀에서 작성한 데이터를 복사해 캔바의 데이터 수동 입력 창에 붙여넣는 방식으로 진행하고자 합니다. 이 방법을 사용하면 한글 데이터도 깨지지 않고 안정적으로 대량 제작을 할 수 있습니다.

■ 엑셀 데이터 업로드 방법

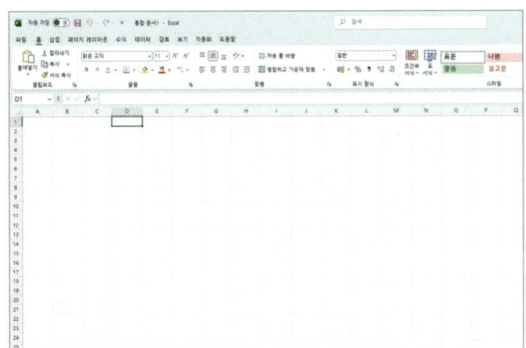

❶ 엑셀 프로그램을 실행합니다.

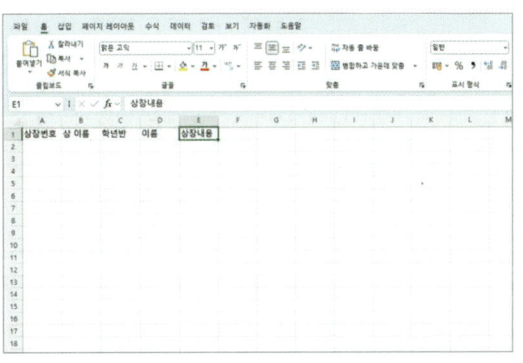

❷ 상장에 입력할 요소인 '상장 번호, 상 이름, 학년 반, 이름, 상장 내용' 열을 만듭니다.

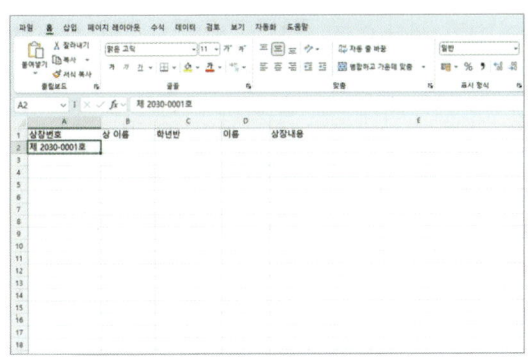

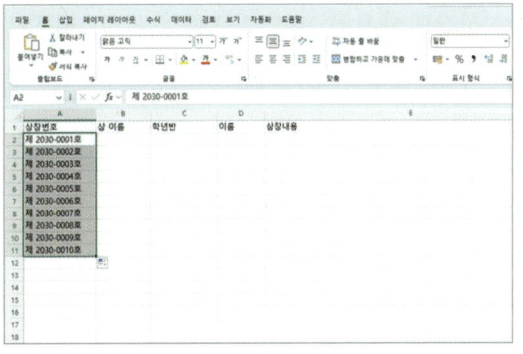

❸ 상장 번호를 하나 입력한 후 셀을 클릭하면 나타나는 '+ 버튼'을 마우스로 누르고 아래 방향으로 드래그하면 상장 번호를 자동으로 입력할 수 있습니다.

❹ '상장의 다른 요소들을 추가하기 위해 캔바의 AI 기능인 Magic Write 기능을 활용하겠습니다. 캔바로 돌아와서 좌측 하단 아이콘을 눌러 'Magic Write'를 선택합니다.

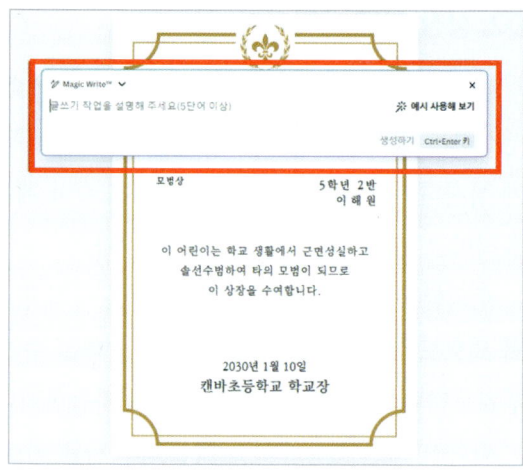

❺ 프롬프트 창이 나타납니다.

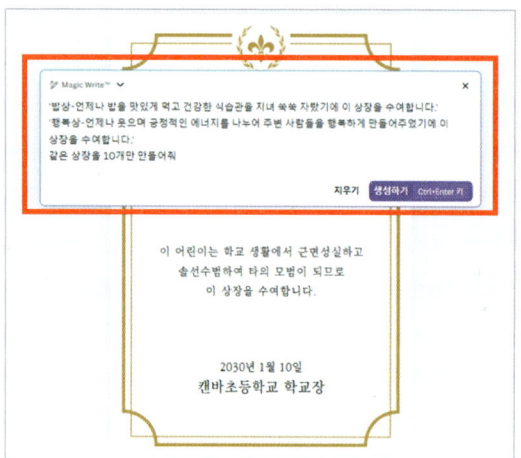

❻ 상장의 내용을 10개 입력합니다.

*입력 예: 밥상-언제나 밥을 맛있게 먹고 건강한 식습관을 지녀 쑥쑥 자랐기에 이 상장을 수여합니다.
행복상-언제나 웃으며 긍정적인 에너지를 나누어 주변 사람들을 행복하게 만들어주었기에 이 상장을 수여합니다.

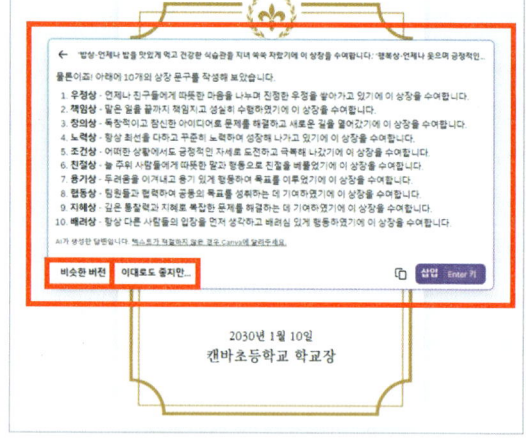

❼ AI가 자동으로 상장 내용을 작성한 모습입니다. 내용이 마음에 들지 않는다면 '비슷한 버전', '이대로도 좋지만…'을 선택하여 재생성할 수 있습니다.

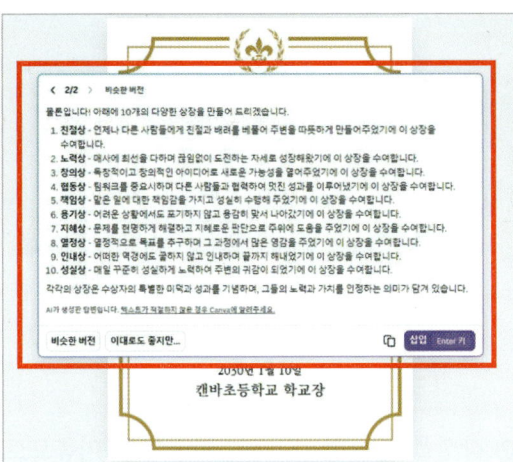

❽ '비슷한 버전'을 클릭하면 앞서 생성한 내용과 비슷한 문구를 재생성합니다.

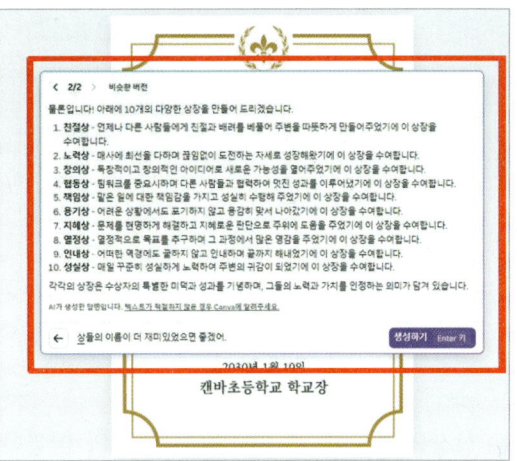

❾ '이대로도 좋지만…'을 클릭하면 AI에게 추가적인 요청 사항을 입력할 수 있습니다. 추가 요청 사항에 '상의 이름이 더 재미있었으면 좋겠어.'라고 입력합니다.

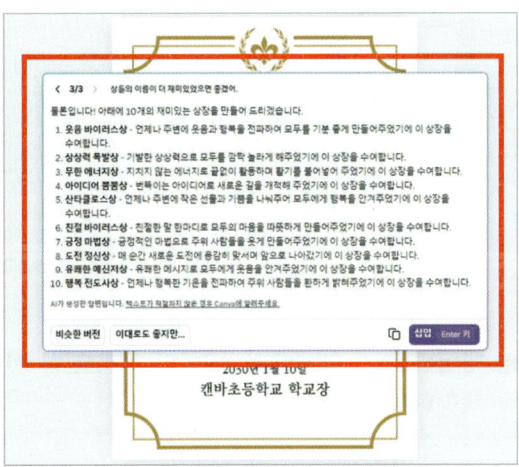

❿ 더 재미있는 상장 문구가 생성되었습니다.

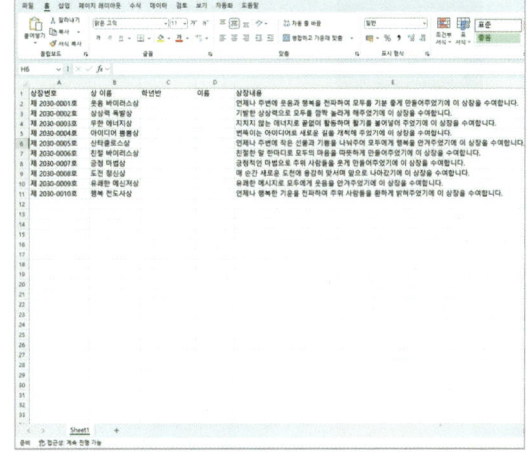

⓫ 다시 엑셀로 돌아와 Magic Write에서 작성한 데이터를 엑셀의 셀에 복사하여 입력합니다.

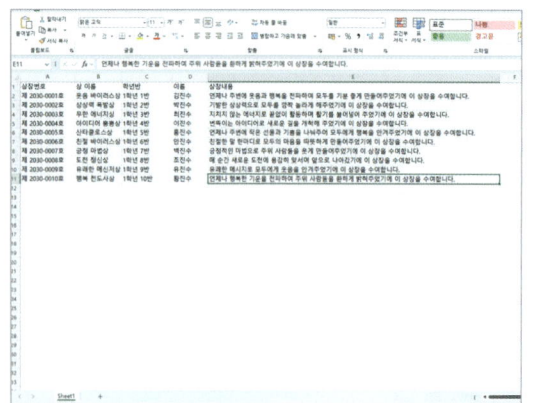

⓬ 상장의 내용과 특징에 맞는 학생의 이름을 입력합니다.

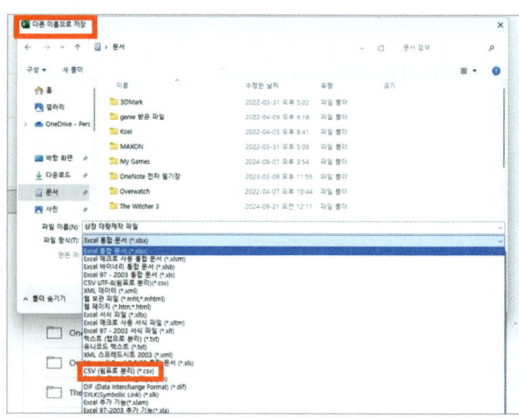

⓭ 작성을 완료한 후 엑셀에서 다른 이름으로 저장하기를 눌러 파일 형식을 'CSV(쉼표로 분리)'로 저장합니다.

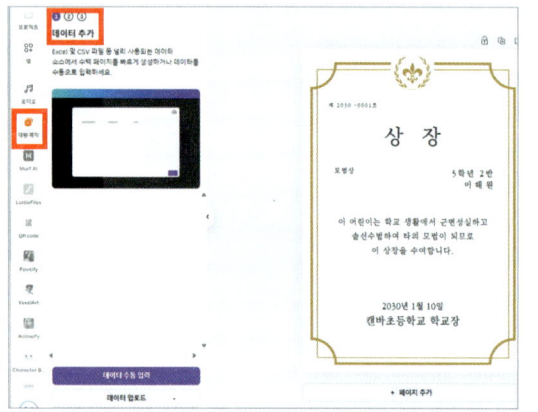

⓮ 캔바로 돌아와 좌측 메뉴바 [대량 제작] 앱을 선택합니다.

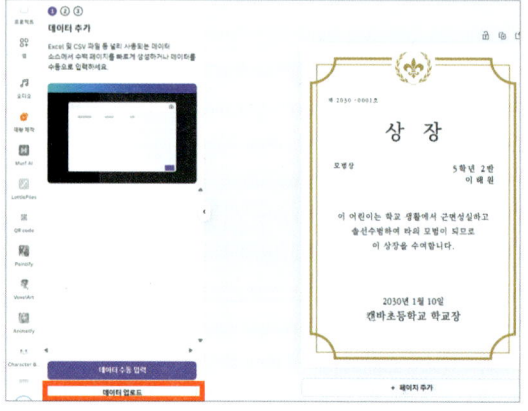

⓯ 데이터 추가 단계에서 '데이터 업로드'를 선택합니다.

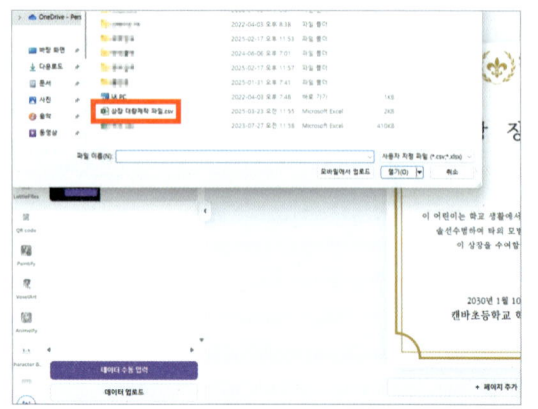

⓯ 앞서 작성한 엑셀 CSV 파일 클릭 후 '열기'를 선택합니다.

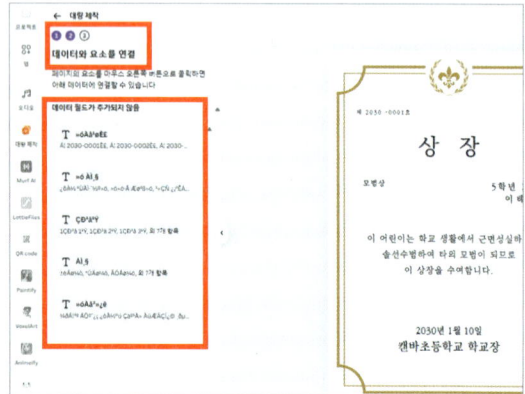

⓰ 티켓을 대량 제작할 때와 같이 상장 번호, 상장명 등 데이터 필드가 나옵니다.

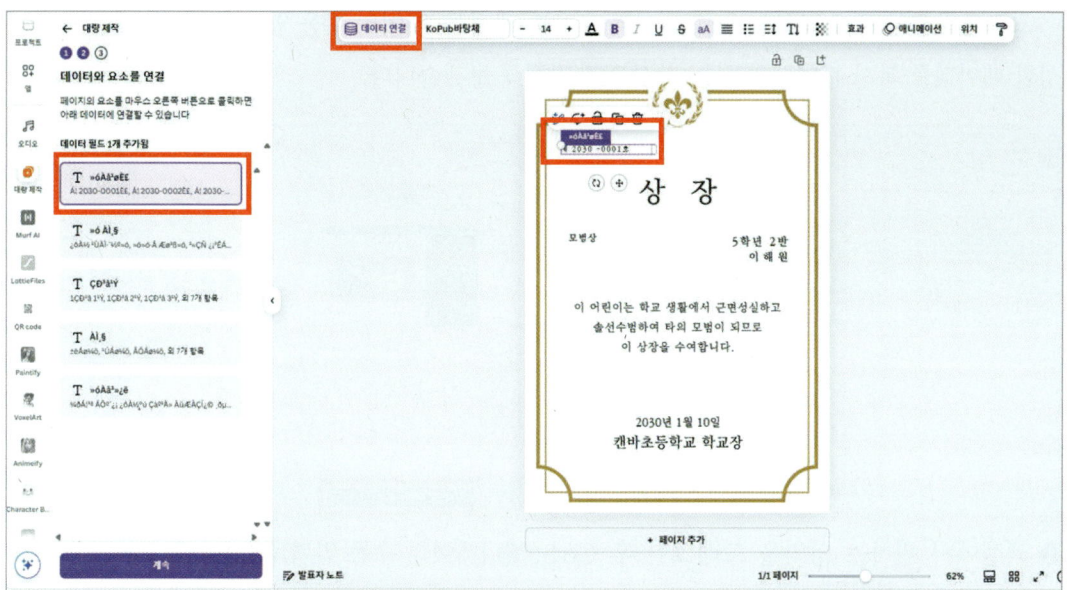

이때 앞서 말했듯이 캔바의 대량 제작 기능은 아직 한글 호환성이 부족하여 업로드 시 글자가 깨지는 현상이 발생할 수 있습니다.

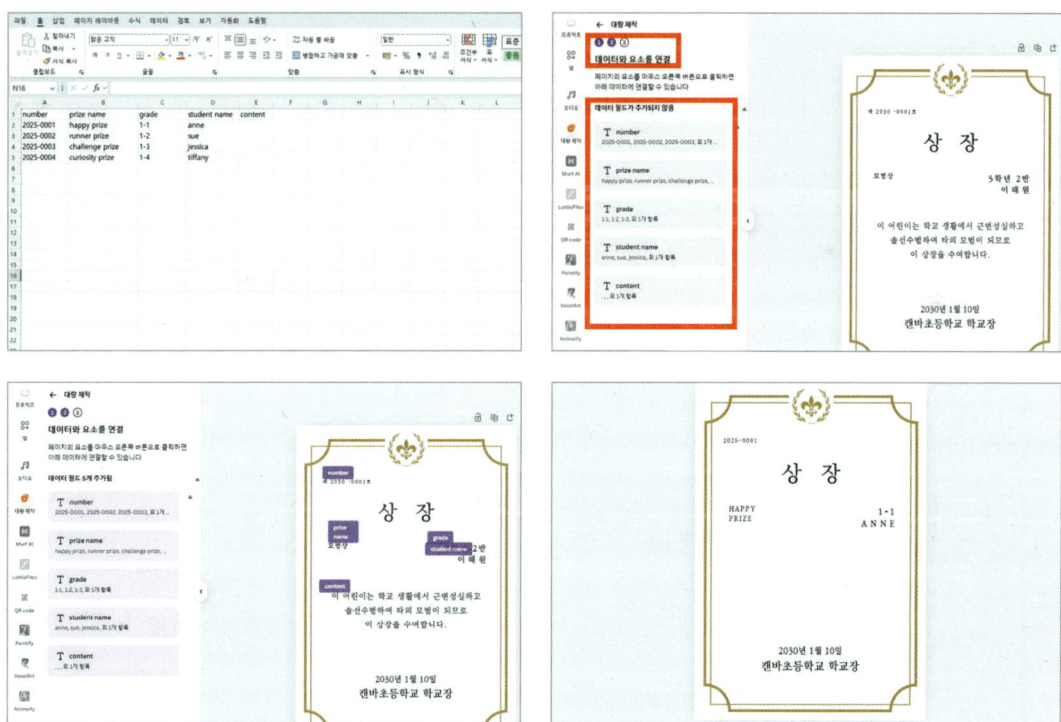

하지만 엑셀 CSV 파일의 데이터 내용이 숫자나 영문이면 이상 없이 진행되기 때문에 데이터 필드와 상장 페이지의 요소를 하나씩 데이터 연결을 해주면 정상적으로 대량 제작할 수 있습니다.

그렇다면 한글로 입력하기 위해 데이터 추가 단계에서 '데이터 수동 입력'을 통해 엑셀에서 작성한 데이터를 복사 붙여넣기 하는 방식으로 진행해 보겠습니다.

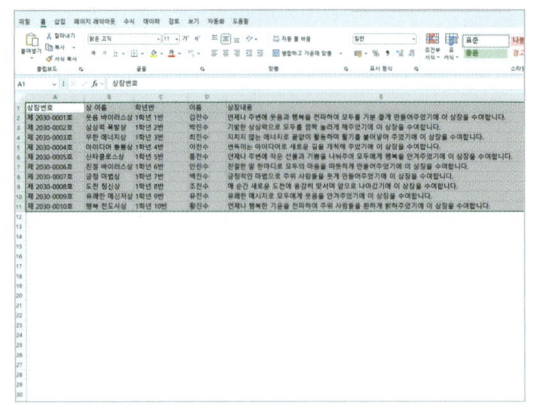 

❶ 엑셀에서 원하는 영역을 드래그한 후 Ctrl + C를 눌러 복사합니다.

❷ [데이터 수동 입력]을 선택합니다.

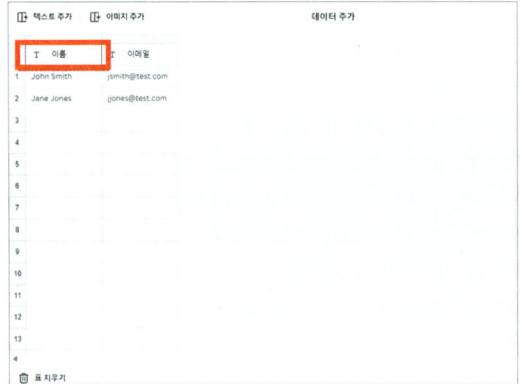 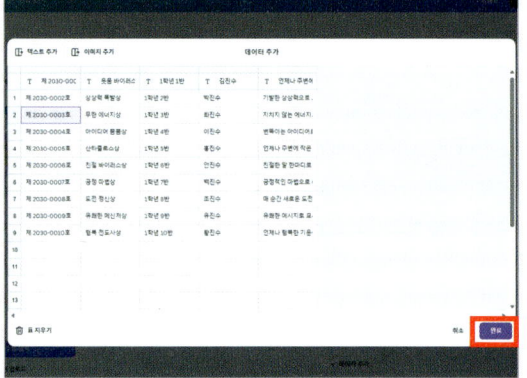

❸ 첫 번째 셀을 클릭하여 Ctrl + V로 붙여넣기를 하면 엑셀에서 작성한 데이터가 입력됩니다.

❹ [완료]를 선택합니다.

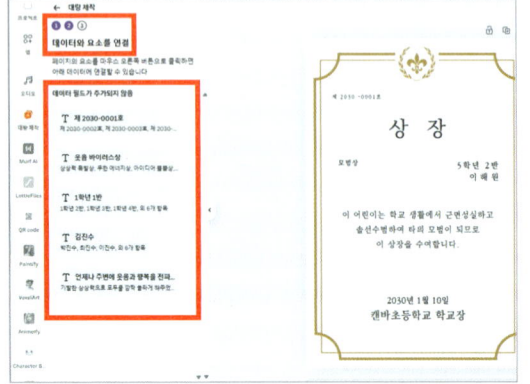 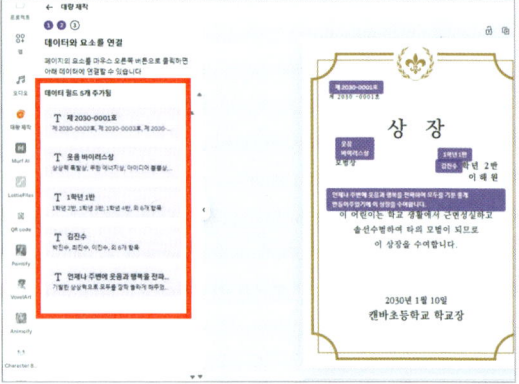

❺ 데이터와 요소 연결 단계에서 작성한 데이터 필드와 내가 디자인한 페이지의 요소를 연결합니다.

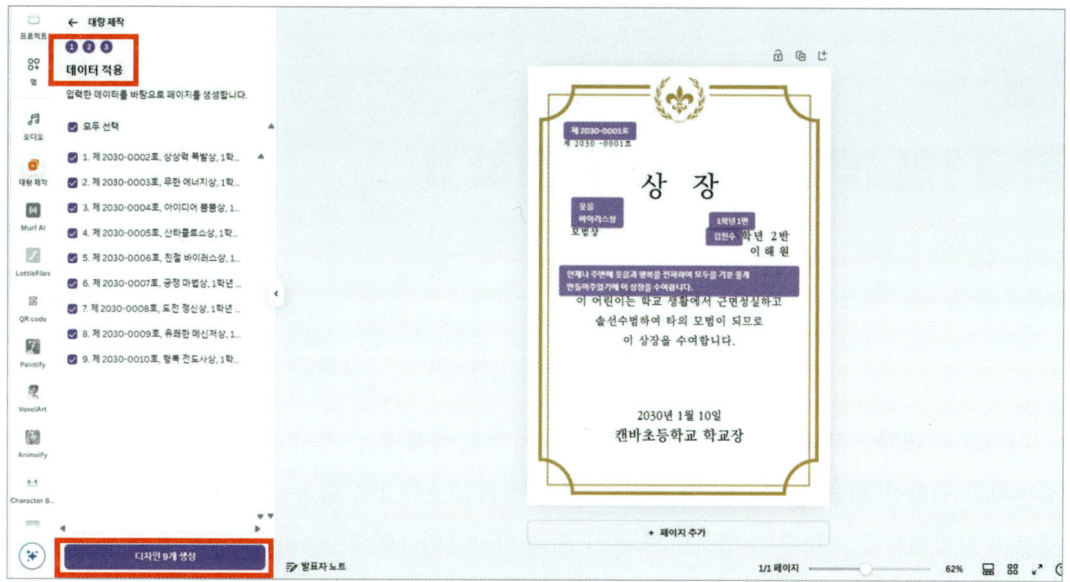

❻ 데이터 적용 단계에서 [디자인 생성]을 선택합니다.

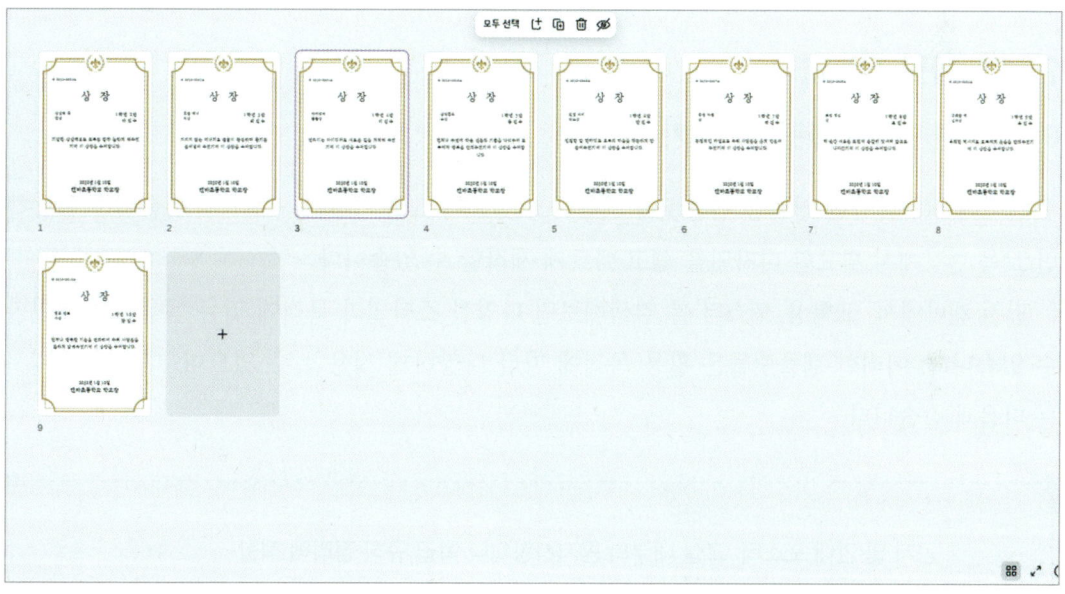

❼ 상장의 대량 제작이 완료되었습니다.

학급 1인 1역 포스터 디자인하기

　디지털 시대가 도래하면서 시각적인 콘텐츠 제작의 중요성이 커지고 있습니다. 교실 환경을 정돈하고 원활한 학급 운영을 위해 많은 학교에서 학급 1인 1역 활동을 진행하고 있습니다. 학생들이 자발적으로 역할을 수행하도록 돕기 위해 학급 1인 1역 포스터를 제작하면 큰 도움이 됩니다. 이때 캔바 활용하면 누구나 손쉽게 전문적인 디자인의 포스터를 제작할 수 있으며 학급 운영의 효율성을 높일 수 있습니다.

인쇄 템플릿 제작하기

01. 다양한 인쇄 템플릿 살펴보기

　캔바에서는 다양한 인쇄용 템플릿을 제공하고 있으며 그중 '교육용 포스터' 템플릿을 활용하면 교육 현장에서 필요한 디자인을 쉽고 빠르게 제작할 수 있습니다.

　먼저 캔바에서 '교육용 포스터'를 검색해보면 다양한 스타일과 목적에 맞는 템플릿을 확인할 수 있습니다. 이러한 템플릿들은 활용 목적에 따라 다양하게 적용할 수 있으며, 대표적인 예시는 다음과 같습니다.

> 1. 공지 및 안내 포스터: 교실 내부의 공지사항이나 학급 규칙 정리에 적합
> 2. 학교 게시판 포스터: 복도나 게시판에 부착할 수 있는 대형 포스터 제작에 유용
> 3. 행사 및 홍보 포스터: 학교 행사나 홍보 자료로 활용
> 4. 정보 제공형 포스터: 교육과정 안내, 안전 수칙 등의 효과적인 전달

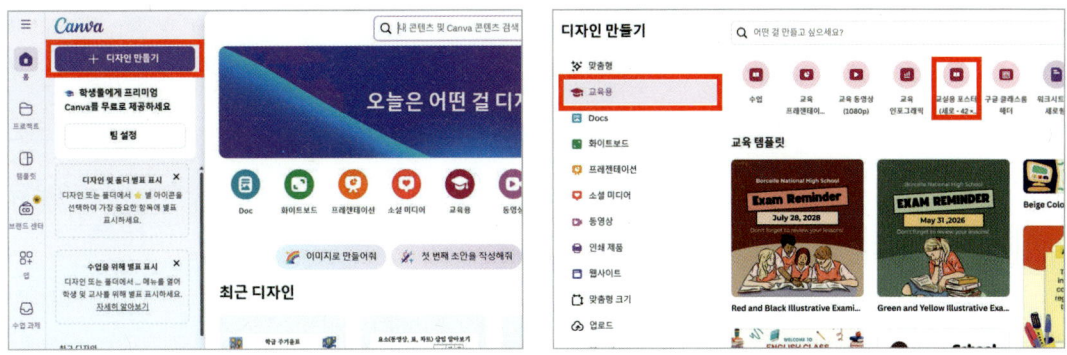

❶ 캔바 메인화면에서 [+ 디자인 만들기]를 선택합니다.

❷ '교육용'에서 '교실용 포스터'를 선택합니다.

02. 학교 교육과정 설명회 포스터 편집하기

학교 행사 포스터는 학생과 학부모 모두가 내용을 쉽게 이해할 수 있도록 깔끔한 디자인과 명확한 정보 전달이 중요합니다. 캔바에서 제공하는 교육용 포스터 템플릿을 활용하면 이러한 요구에 맞춰 디자인을 빠르고 효율적으로 수정할 수 있습니다. 또한 정보를 한눈에 보기 쉽게 정렬함으로써 가독성을 높이고 전달력을 강화할 수 있습니다.

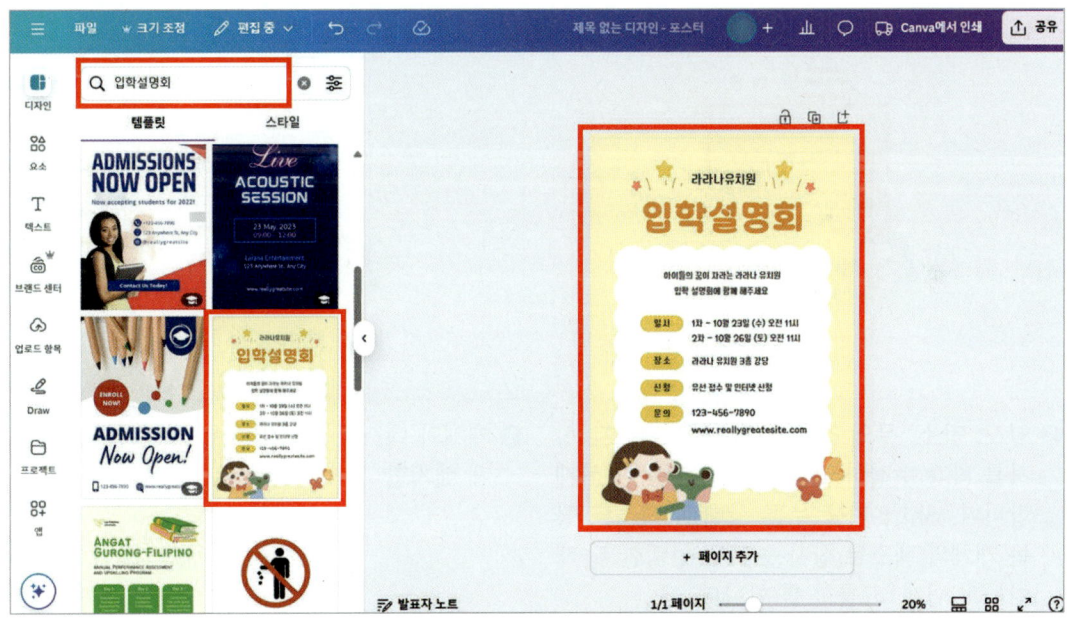

❶ 좌측 메뉴바 [디자인] 검색창에 '입학설명회' 검색 후 원하는 템플릿을 선택합니다.

❷ 텍스트 상자를 더블클릭하여 내용을 원하는 대로 수정합니다.

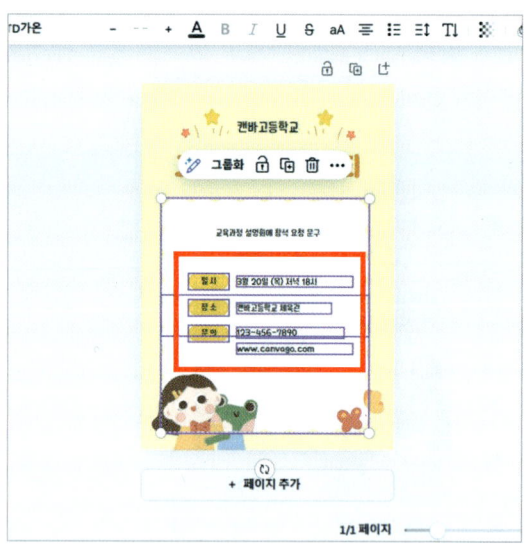

❸ 일시, 장소, 문의 각 항목의 내용 텍스트 상자를 각각 수정하고, 필요 없는 항목은 삭제합니다. Shift 키를 누른 상태로 텍스트 항목 개체와 텍스트 상자를 모두 선택한 뒤 배치하기 쉽게 '그룹화'를 합니다.

❹ 개체와 텍스트 상자 위치를 조정하여 깔끔하게 배치합니다.

❺ 불필요한 그래픽 요소 클릭 후 도구바의 쓰레기통 아이콘을 눌러 삭제합니다.

❻ 좌측 메뉴바 [요소] 검색창에 '고등학생' 검색 후 그래픽에서 원하는 그래픽을 선택합니다.

❼ 좌측 메뉴바 [요소] 검색창에 'leaf cute' 검색 후 그래픽 '모두 보기'를 선택합니다.

❽ 그래픽을 추가해 원하는 위치에 배치합니다.

❾ 추가한 그래픽을 클릭하고 상단 도구바 '뒤집기'-'수평 뒤집기'를 선택하여 대칭되는 형태로 배치할 수 있습니다.

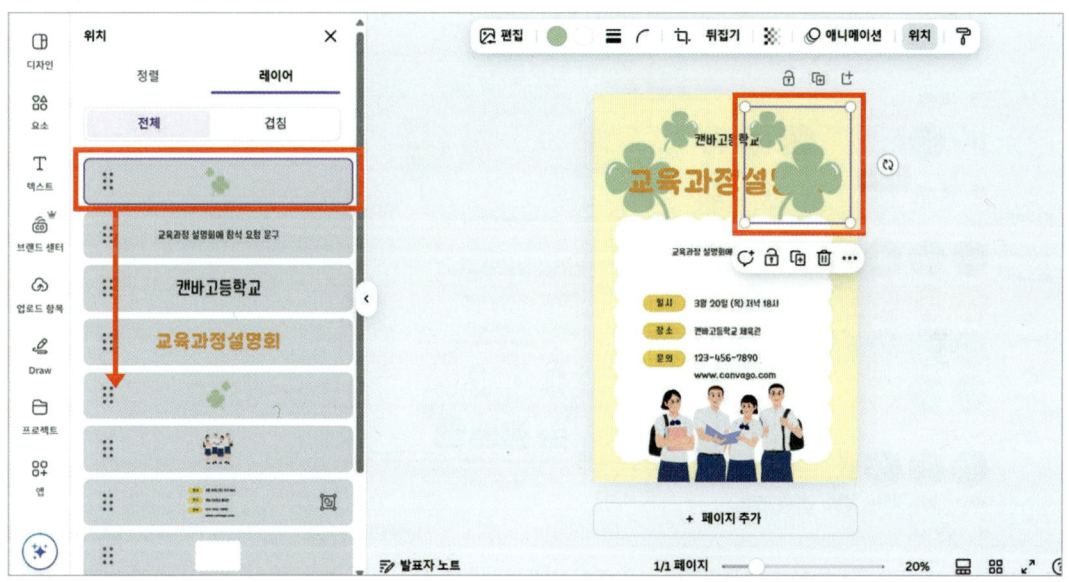

❿ 그래픽이 텍스트 상자 위에 있어 텍스트를 가릴 때는 레이어를 수정하면 됩니다. 해당하는 그래픽을 클릭하여 상단 도구바에서 '위치'-'레이어'를 선택한 뒤 그래픽 레이어가 텍스트 상자의 아래쪽에 위치하도록 드래그합니다.

⓫ 레이어가 조정되어 텍스트가 잘 보입니다.

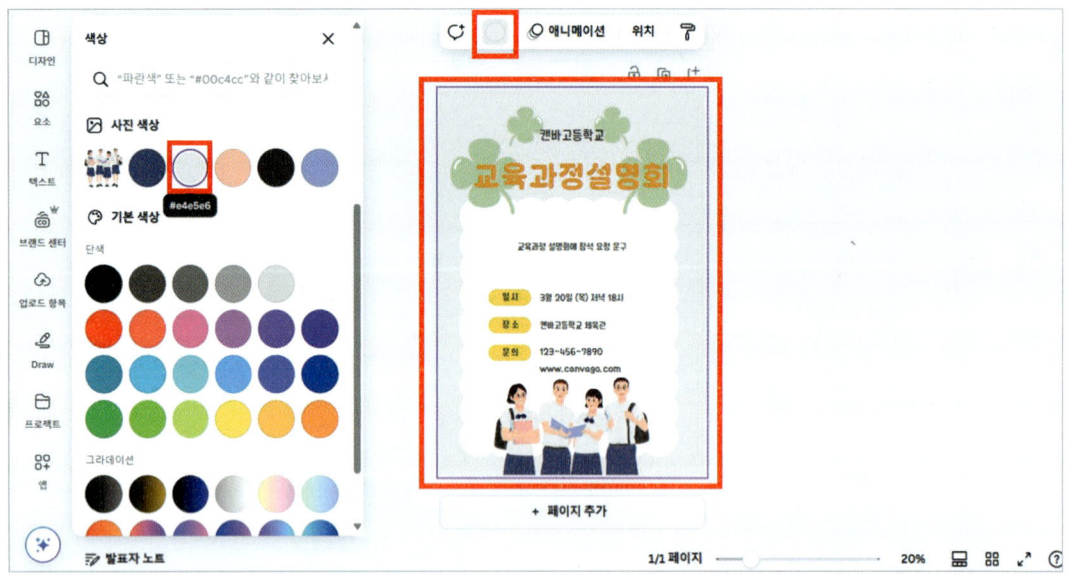

⓬ 포스터 배경을 클릭하고 상단 도구바에서 '배경 색상'을 누른 뒤 '사진 색상'에서 밝은 회색 계열로 수정합니다.

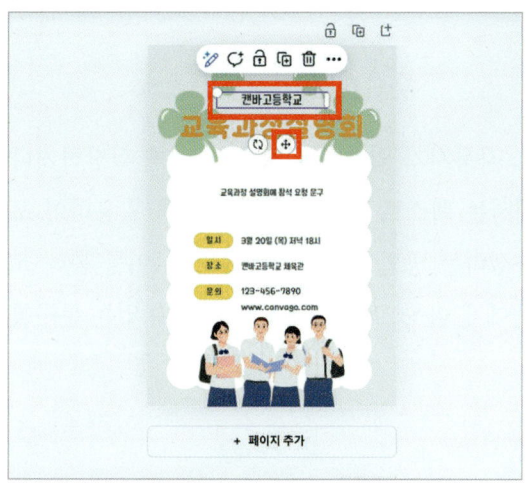

⓭ 깔끔한 배치를 위해 '캔바 고등학교' 텍스트 상자 위치를 아래로 배치합니다.

⓮ '교육과정 설명회' 텍스트 상자를 클릭하고 상단 도구바 '텍스트 색상'에서 '사진 색상'을 짙은 파란색으로 수정합니다.

⓯ 일시, 장소, 문의 항목 개체를 클릭하고 마찬가지로 상단 도구바를 이용해 색상을 밝은 회색으로 수정합니다.

Magic Write 알아보기

01. 텍스트 확장, 짧게 줄이기 기능 알아보기

Magic Write는 AI 기반의 텍스트 편집 도구로, 사용자가 입력한 문장을 더 길게 확장하거나 간결하게 줄이는 기능을 제공합니다. 이번 활동에서는 텍스트 확장과 축약 기능을 활용하여 포스터 문구를 조정하고 내용을 보다 효과적으로 구성하는 방법을 익혀보겠습니다. 이를 통해 교사들은 포스터의 메시지를 스스로 편집하며 학생들에게 더 쉽고 명확하게 전달할 수 있는 문구를 만들 수 있습니다.

❶ Magic Write로 수정할 텍스트 상자를 클릭합니다.

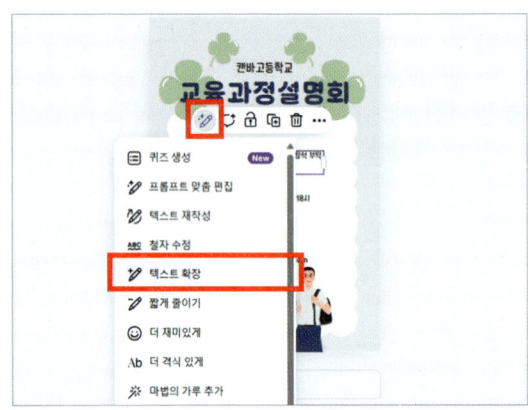

❷ 반짝이는 펜 모양 아이콘을 선택하고, '텍스트 확장'을 누릅니다.

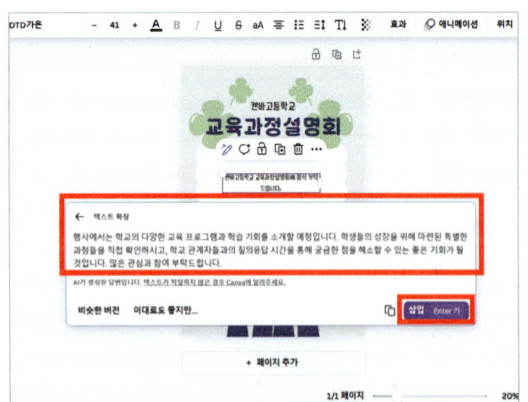

❸ 텍스트가 확장된 결과를 확인하고 [삽입]을 선택합니다.

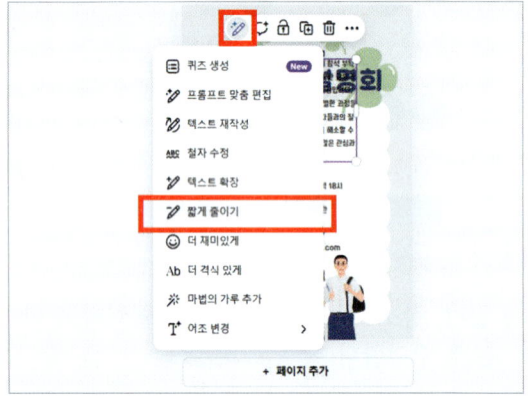

❹ 이번에는 텍스트를 짧게 줄여보겠습니다. 수정할 텍스트 상자 클릭 후 반짝이는 펜 모양 아이콘을 누른 다음 '짧게 줄이기'를 선택합니다.

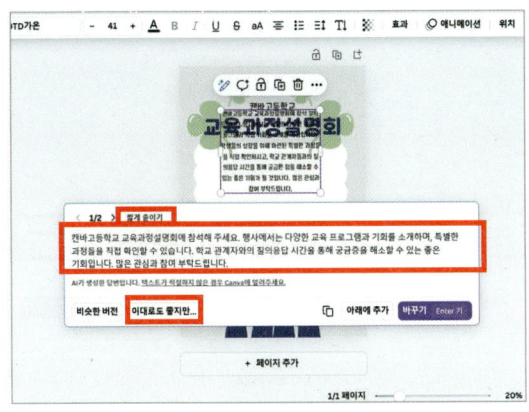 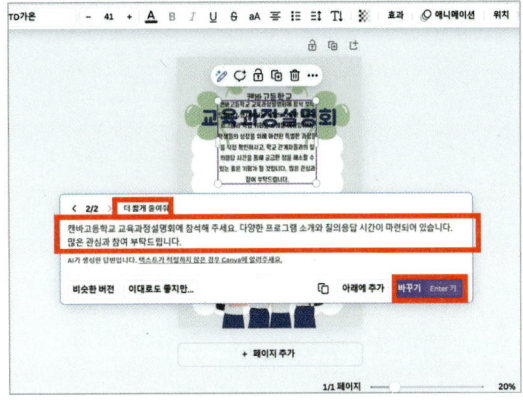

❺ 짧게 줄이기 결과를 확인하고 추가로 수정해 보겠습니다. 하단의 '이대로도 좋지만...'선택합니다.

❻ 프롬프트에 '더 짧게 줄여줘'라고 입력하고 '생성하기'를 클릭하면 선택하면 화면과 같은 창이 열립니다. 마음에 든다면 [바꾸기]를 선택합니다.

02. 더 재미있게, 더 격식 있게 기능 알아보기

Magic Write의 '더 재미있게', '더 격식 있게' 기능을 활용하면 포스터 문구의 톤 앤 매너를 쉽게 조정할 수 있습니다. 실제로 문장을 더 재미있게 또는 더 격식 있게 수정해보며, 포스터의 분위기와 목적에 맞는 문구 구성 방법을 익혀보겠습니다. 이 과정을 통해 교사들은 전달하고자 하는 메시지를 상황에 맞게 조율할 수 있고, 학생들이 이해하기 쉽고 공감할 수 있는 창의적인 표현으로 다가갈 수 있습니다.

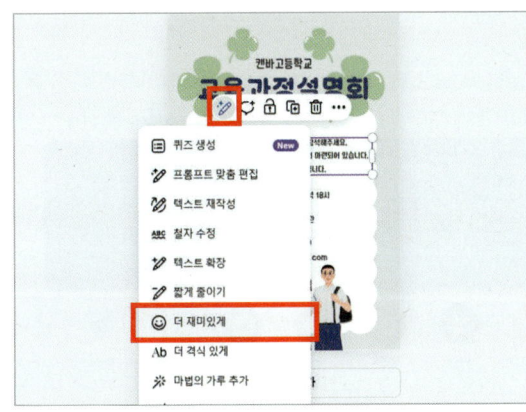 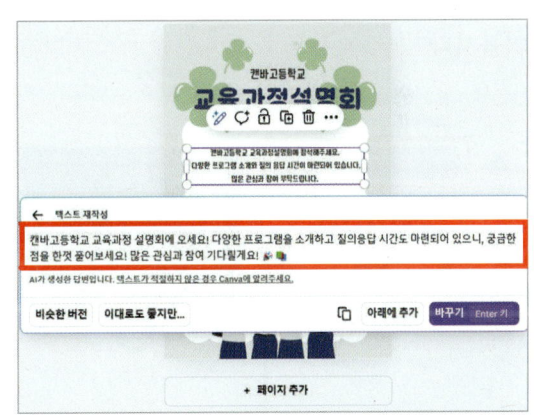

❶ 수정할 텍스트 상자를 클릭한 뒤 반짝이는 펜 모양 아이콘을 누르고 '더 재미있게'를 선택합니다.

❷ 더 재미있게 수정된 텍스트를 확인합니다.

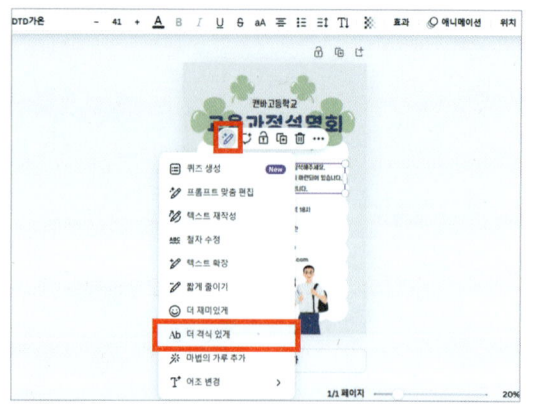
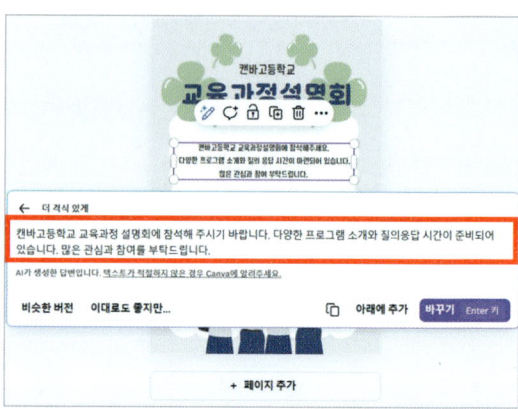

❸ 수정할 텍스트 상자를 클릭한 뒤 반짝이는 펜 모양 아이콘을 누르고 '더 격식있게'를 선택합니다.

❹ 더 격식있게 수정된 텍스트를 확인합니다.

학급 1인 1역 포스터 제작하기

01. 학급 1인 1역 포스터 편집하기

지금부터 교실에 부착할 학급 1인 1역 포스터를 직접 제작해 보겠습니다. 교육용 워크시트 템플릿을 활용하여 각 학생의 역할을 한눈에 확인할 수 있도록 디자인하고, 생동감 있는 아이콘과 일러스트를 더해 포스터에 활기를 불어넣을 수 있습니다. 표 형태로 역할을 정리하여 구분을 명확히 하고 텍스트를 입력하여 학생들이 쉽게 이해할 수 있는 완성도 높은 포스터를 만들어봅시다.

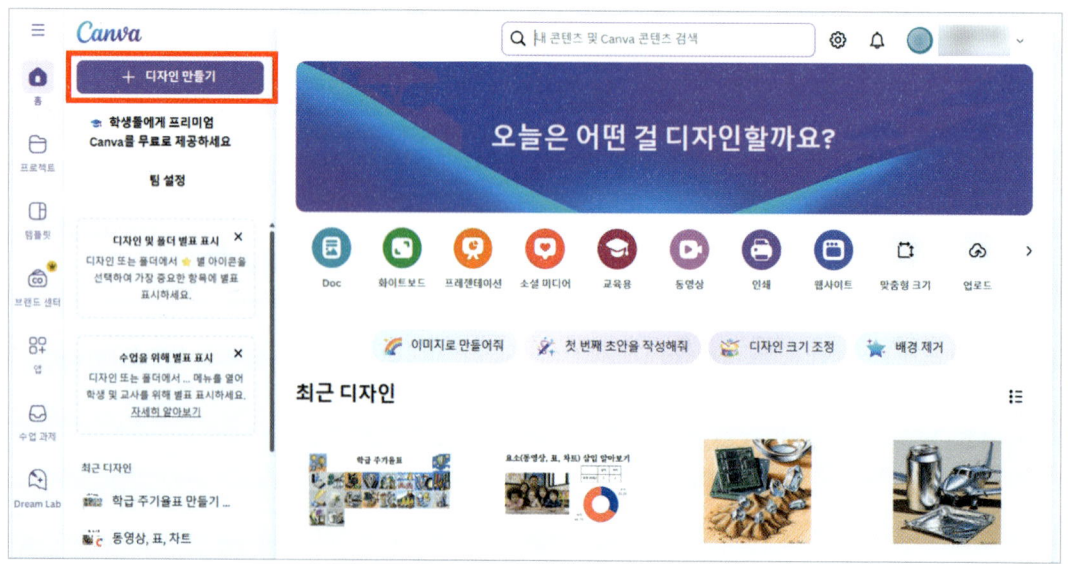

❶ 캔바 홈 메뉴의 [+ 디자인 만들기]를 선택합니다.

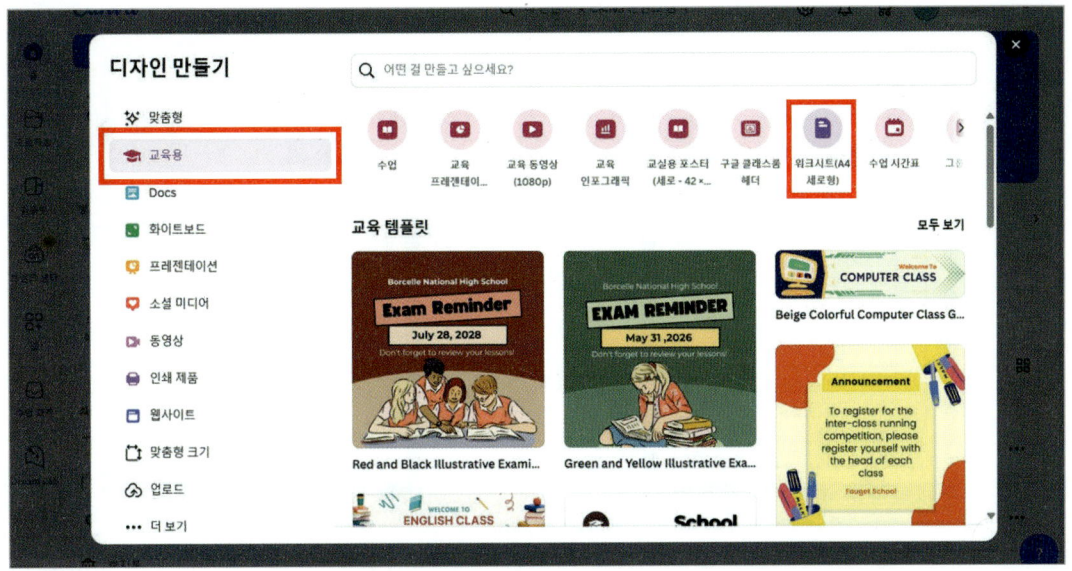

❷ '교육용'에서 '워크시트(A4 세로형)'를 선택합니다.

❸ 좌측 메뉴바 [디자인] 검색창에 'Guided Reading Conference Log English Worksheet in Colorful Table Style'을 검색한 후 원하는 템플릿을 선택합니다.

❹ 제목 텍스트 상자를 '학급 1인 1역'으로 수정합니다.

❺ 제목 아래 텍스트 상자를 '학급 내 역할을 성실히 수행하기 바랍니다.'라고 수정합니다.

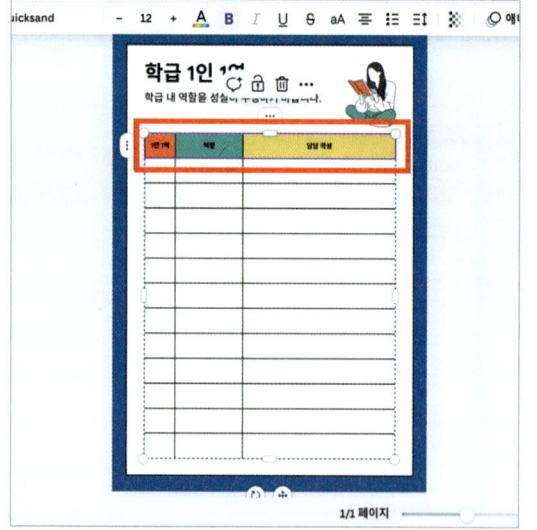
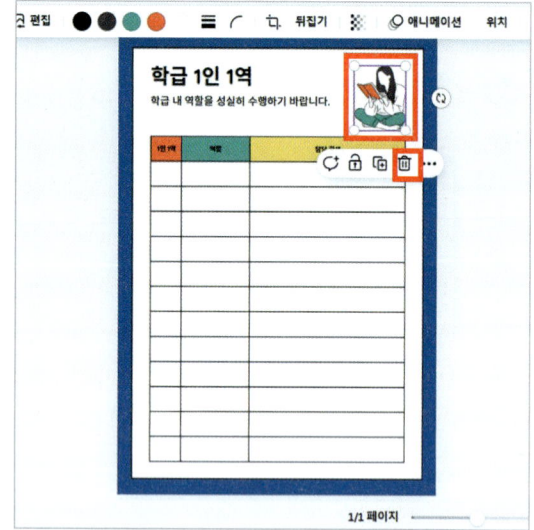

❻ 표 안의 텍스트를 '1인 1역', '역할', '담당 학생'으로 각각 수정합니다.

❼ 내용과 맞지 않는 그래픽은 삭제합니다.

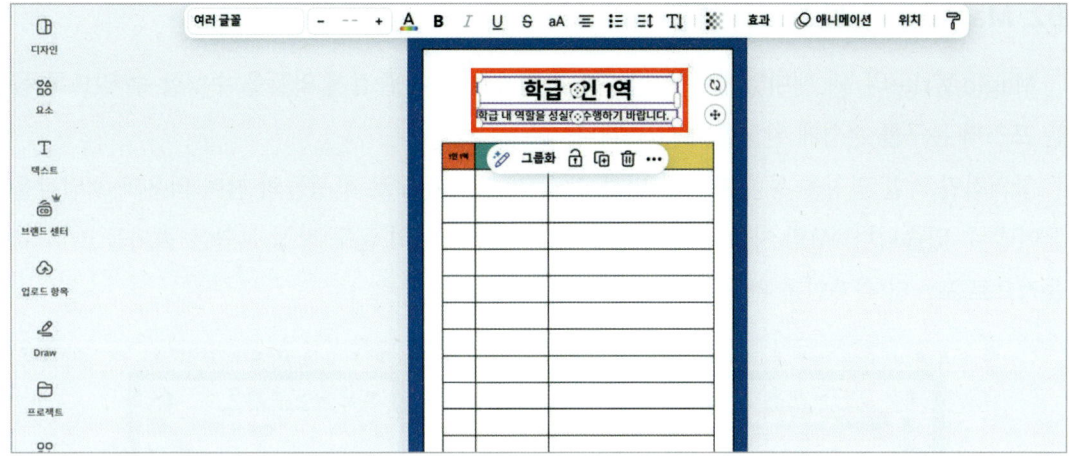

❽ 각 텍스트 상자의 위치를 깔끔하게 배치합니다.

❾ 좌측 메뉴바 [요소] 검색창에 '청소하는 학생' 검색 후 그래픽에서 요소를 추가하고 원하는 위치에 배치합니다.

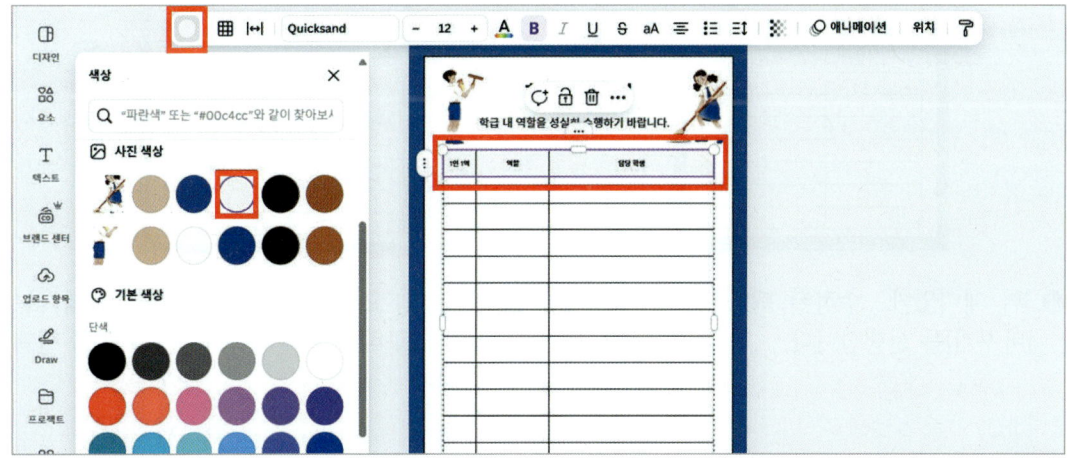

❿ 기존 표의 셀 색을 바꾸고 싶으면 상단 도구바 '색상'의 '사진 색상'에서 연한 회색 계열로 변경합니다.

02. Magic Write로 포스터 내용 더하기

　Magic Write의 '더 재미있게' 기능을 활용하면 학생들이 즐겁게 역할을 수행할 수 있도록 돕는 포스터 문구를 손쉽게 완성할 수 있습니다.

　창의적인 역할 명칭을 통해 재미를 더하고, 동기 부여 문구로 학생들의 참여 의욕과 책임감을 끌어낼 수 있습니다. AI의 자동 추천 기능을 활용하면 교사의 문구 작성 부담은 줄어들고 더 효율적으로 포스터 디자인을 완성할 수 있습니다.

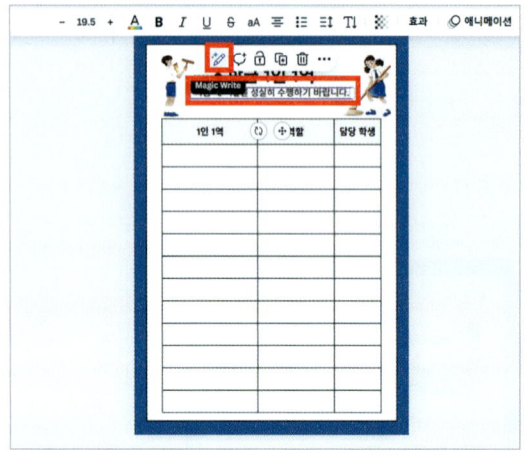

❶ Magic Write로 수정할 텍스트 상자를 클릭한 뒤, 반짝이는 펜 모양의 아이콘을 선택합니다.

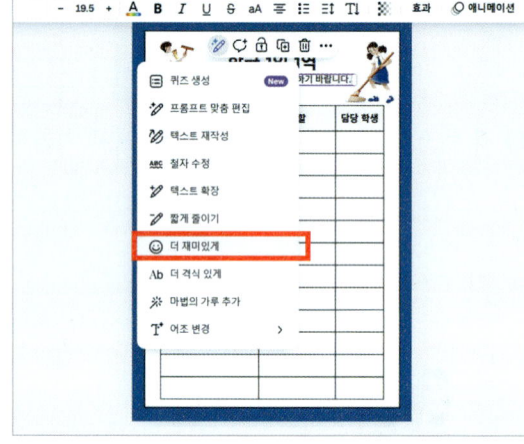

❷ '더 재미있게'를 선택합니다.

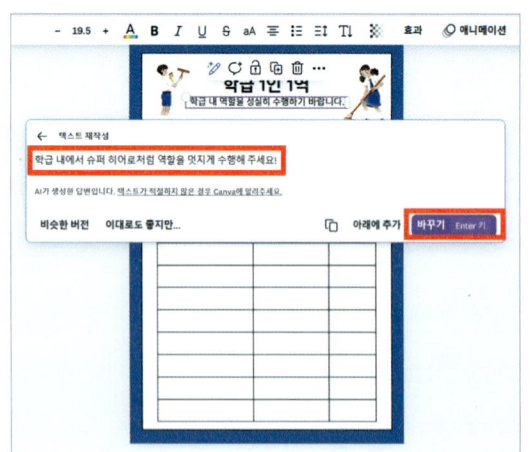

❸ '더 재미있게' 수정된 텍스트를 확인하고 [바꾸기]를 선택합니다.

❹ 캔버스의 요소를 모두 드래그하여 선택하고 상단 도구바의 자물쇠 모양의 '잠금'을 선택합니다.

❺ '잠금'을 적용한 모든 요소가 편집 불가능한 상태로 바뀝니다.

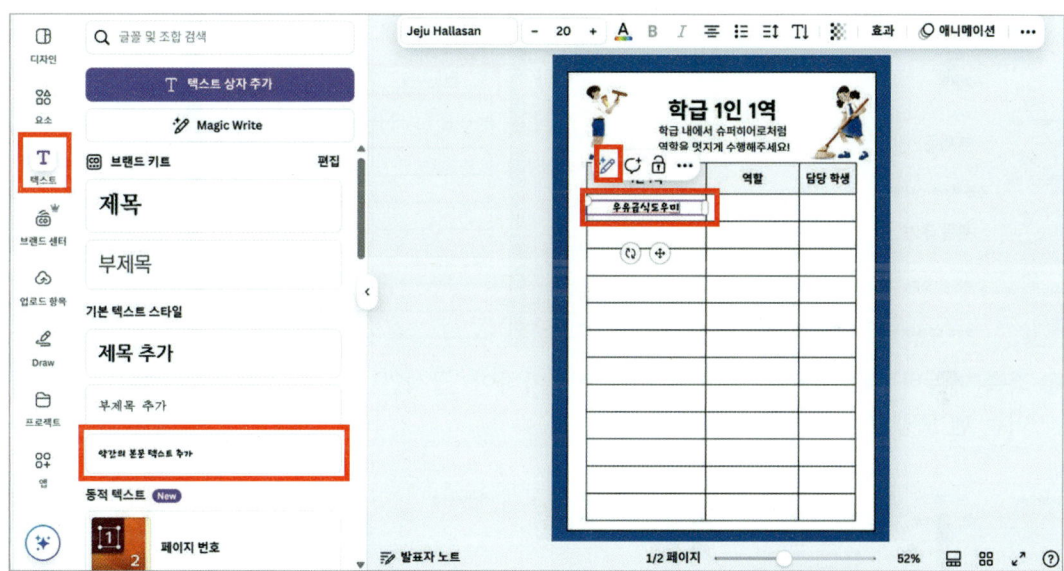

❻ 좌측 메뉴바 [텍스트]에서 텍스트 상자를 추가하여 '우유급식도우미' 입력 후 반짝이는 펜 모양 아이콘을 선택합니다.

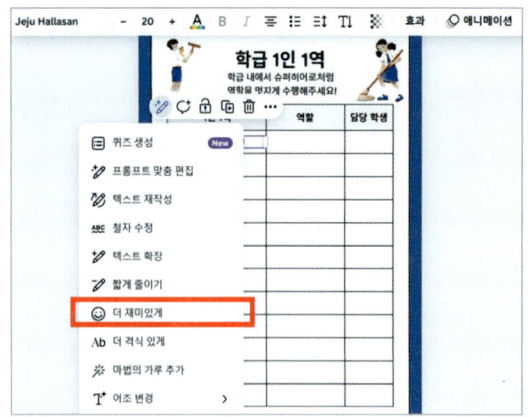
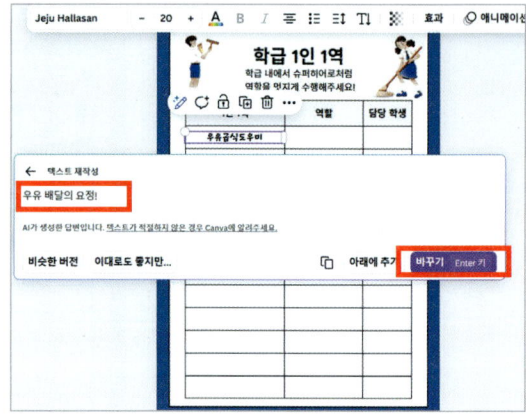

❼ '더 재미있게'를 선택합니다.

❽ '더 재미있게' 수정된 텍스트를 확인하고 [바꾸기]를 선택합니다.

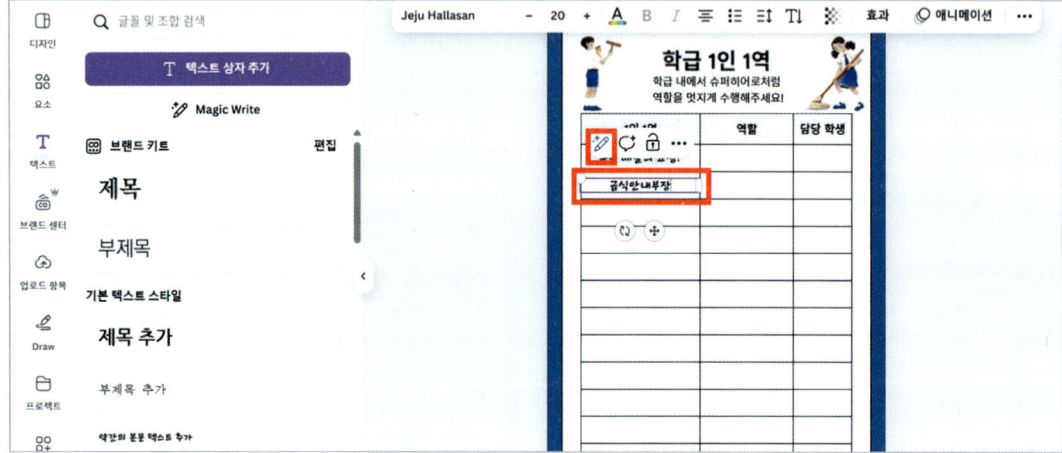

❾ 좌측 메뉴바 [텍스트]에서 텍스트 상자를 추가하여 '급식안내부장' 역할을 입력한 다음 반짝이는 펜 모양의 아이콘을 선택합니다.

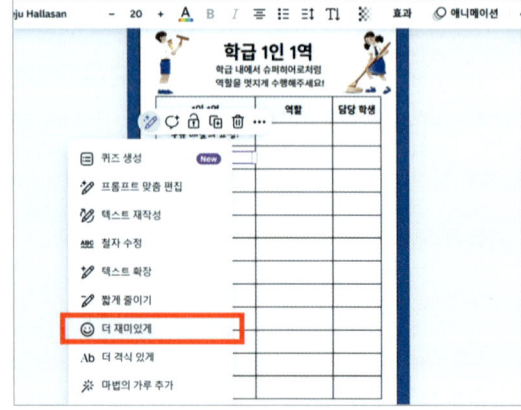
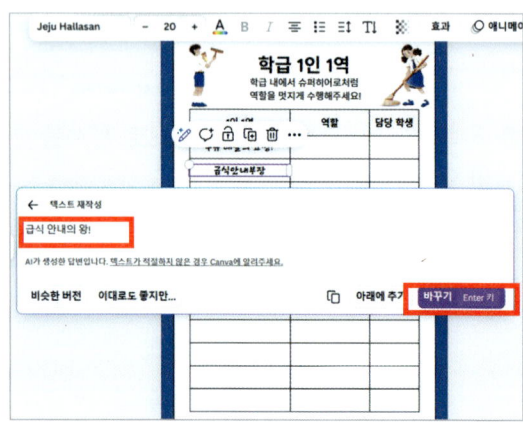

❿ '더 재미있게'를 선택합니다.

⓫ '더 재미있게' 수정된 텍스트를 확인하고 [바꾸기]를 선택합니다.

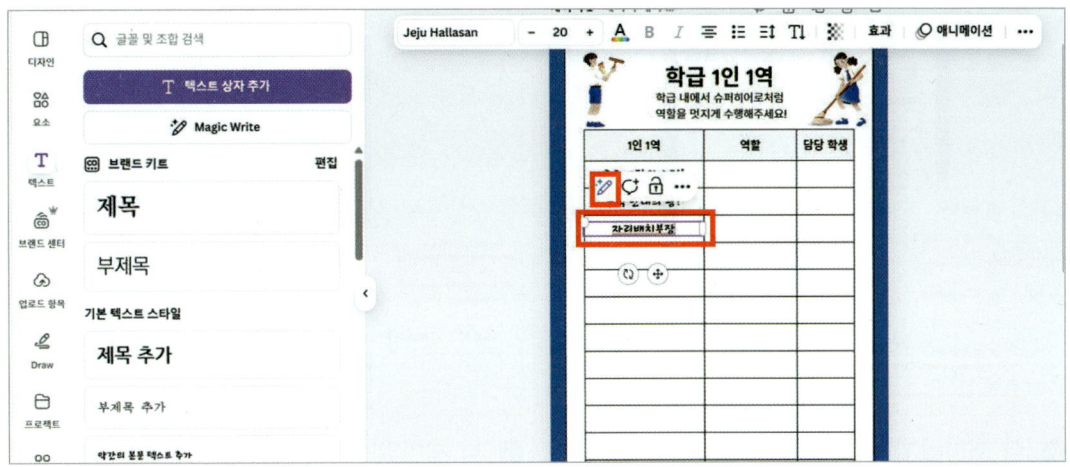

⓬ 마찬가지로 텍스트 상자를 추가해 '자리배치부장'을 입력한 다음 반짝이는 펜 모양의 아이콘을 선택합니다.

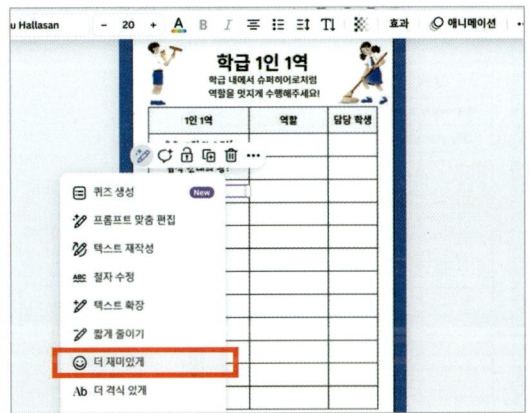

⓭ '더 재미있게'를 선택합니다.

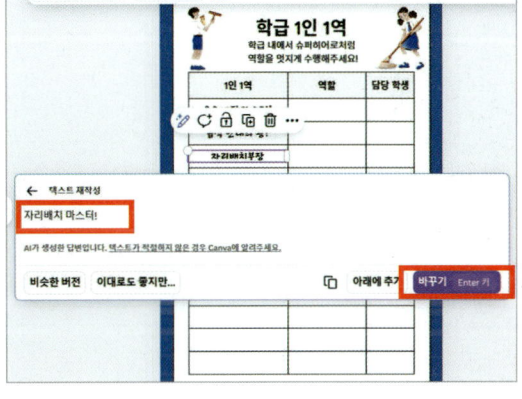

⓮ '더 재미있게' 수정된 텍스트를 확인하고 [바꾸기]를 선택합니다.

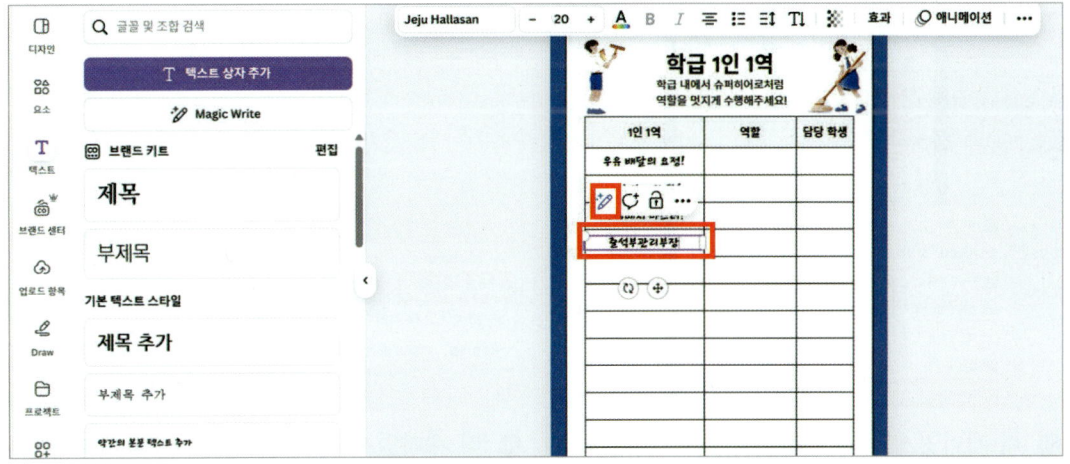

⓯ 다시 텍스트 상자를 추가하여 '출석부관리부장'을 입력한 다음 반짝이는 펜 모양의 아이콘을 선택합니다.

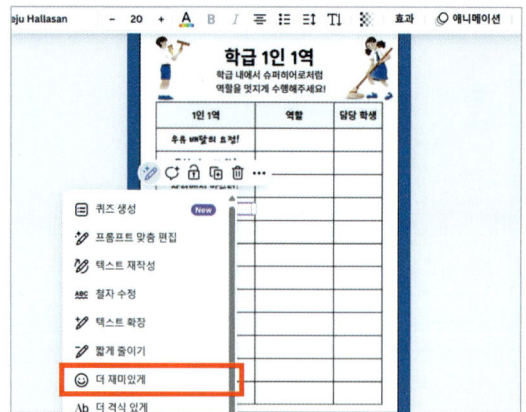

⑯ '더 재미있게'를 선택합니다.

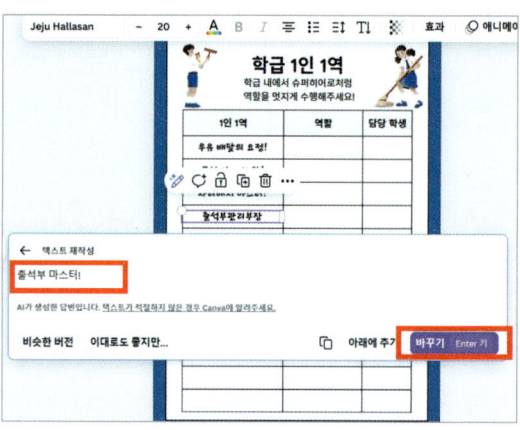

⑰ '더 재미있게' 수정된 텍스트를 확인하고 [바꾸기]를 선택합니다.

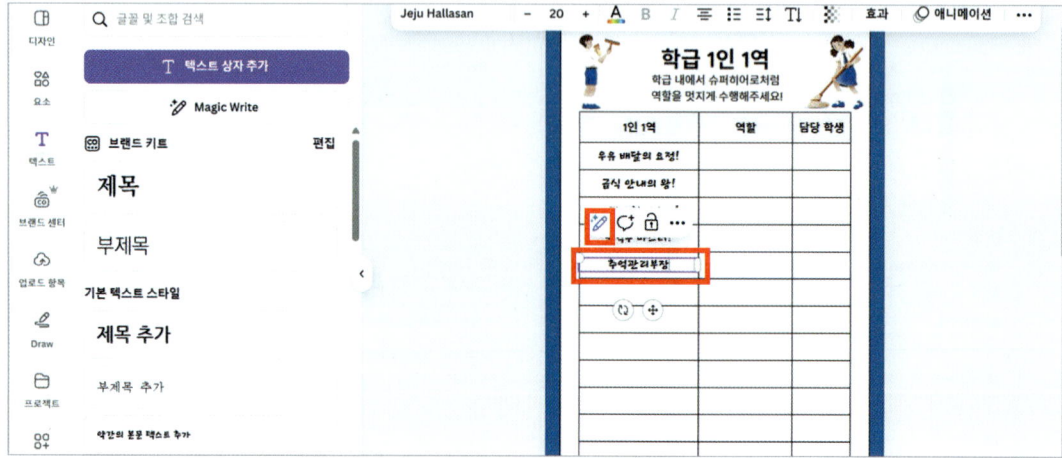

⑱ 다시 텍스트 상자를 추가하여 '추억관리부장'을 입력한 뒤 반짝이는 펜 모양의 아이콘을 선택합니다.

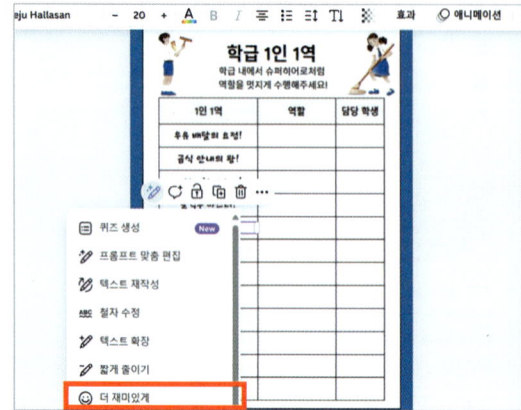

⑲ '더 재미있게'를 선택합니다.

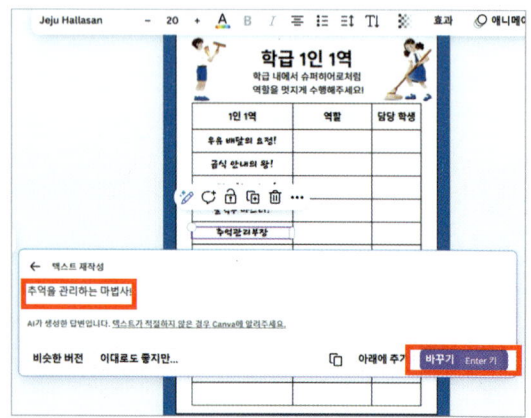

⑳ '더 재미있게' 수정된 텍스트를 확인하고 [바꾸기]를 선택합니다.

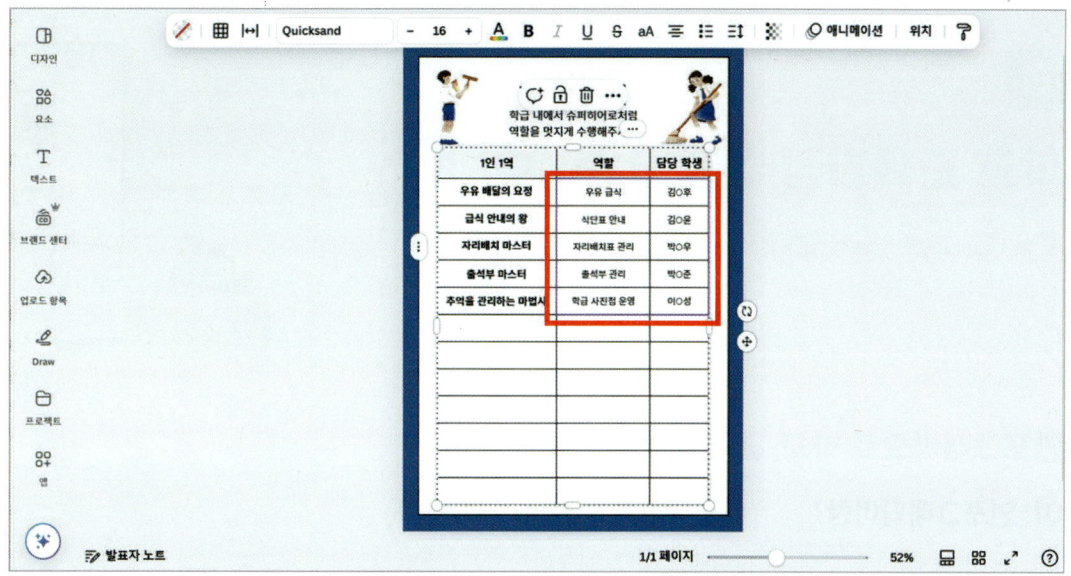

㉑ Magic Write를 이용하여 5가지 1인 1역의 명칭을 재미있게 수정했습니다. 표에 1인 1역에 대한 역할과 담당 학생을 작성합니다.

㉒ 이와 같은 방법으로 반복하여 학급 1인 1역 포스터를 완성합니다.

학교 교육과정 설명회 준비하기

인포그래픽으로 학교 교육과정 설명회 준비하기

01. 인포그래픽이란?

인포그래픽(Infographics)은 정보와 그래픽의 합성어로 복잡한 데이터를 시각적 요소를 통해 쉽게 이해할 수 있도록 표현한 그래픽을 의미합니다. 차트, 아이콘, 이미지 등을 활용하여 방대한 정보를 간결하고 명확하게 전달하는 데 사용됩니다.

좋은 인포그래픽의 조건

1. 명확한 목적과 대상 설정: 무엇을 전달할 것인지, 그리고 누구에게 전달할 것인지가 분명해야 합니다. 목적과 대상이 명확할수록 정보의 핵심을 효과적으로 전달할 수 있습니다.

2. 정확하고 신뢰할 수 있는 정보 제공: 시각적으로 아무리 매력적인 자료라도 데이터가 부정확하거나 신뢰할 수 없다면 정보의 가치는 크게 떨어집니다. 따라서 인포그래픽에 담기는 모든 내용은 검증된 출처를 바탕으로 작성되어야 하며, 사실에 기반한 정보를 전달해야 합니다.

3. 간결하고 직관적인 디자인: 복잡하고 화려한 구성보다는 핵심 정보를 강조한 간결한 디자인이 더 효과적입니다. 색상, 아이콘, 도형, 레이아웃 등을 적절히 활용하여 시각적 집중도를 높이고 정보가 자연스럽게 읽히도록 구성해야 합니다.

02. 캔바 인포그래픽 요소 알아보기

캔바는 인포그래픽을 손쉽게 제작할 수 있도록 다양한 템플릿과 요소를 제공합니다. 캔바의 인포그래픽 메이커를 활용하면 복잡한 정보를 간결하고 빠르게 전달할 수 있습니다. AI를 활용하여 데이터 시각화에 적합한 다양한 요소를 쉽게 추가할 수 있으며 자동 추천되는 요소를 응용하여 정보를 시각적으로 보기 좋게 구성할 수 있습니다.

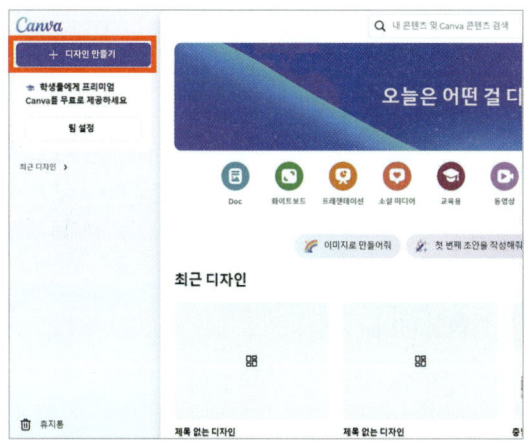

❶ 캔바 메인화면에서 [+ 디자인 만들기]를 선택합니다.

❷ 검색창에 '인포그래픽'을 검색하고 다양한 형식 중에서 '인포그래픽 800×2000 px'를 선택합니다.

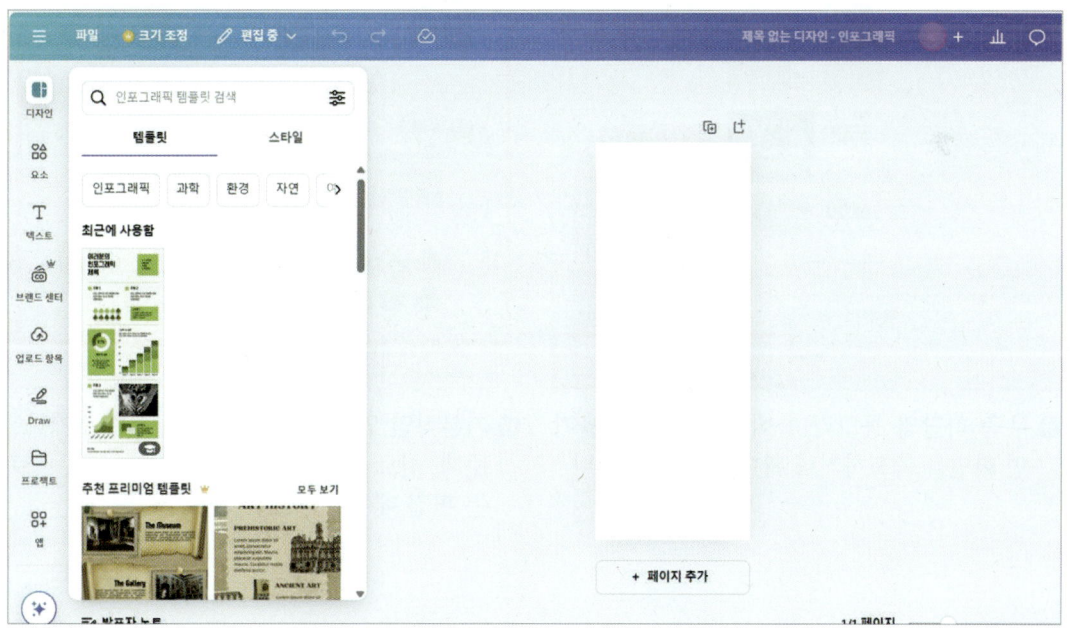

❸ 인포그래픽 기본 화면이 나옵니다.

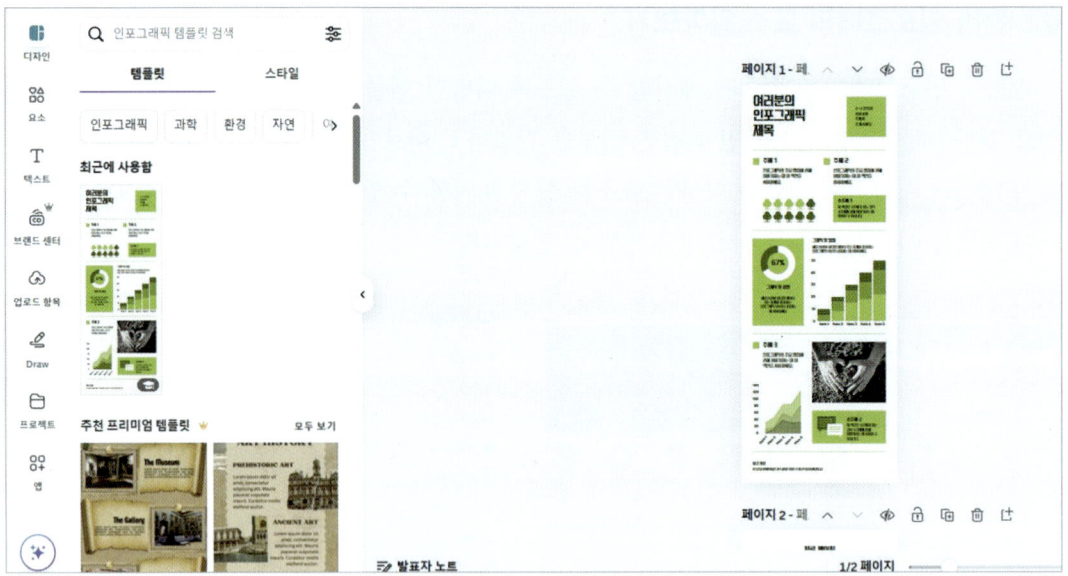

❹ 다양한 인포그래픽 중에서 원하는 인포그래픽을 선택합니다.

출처: Canva Creative Studio

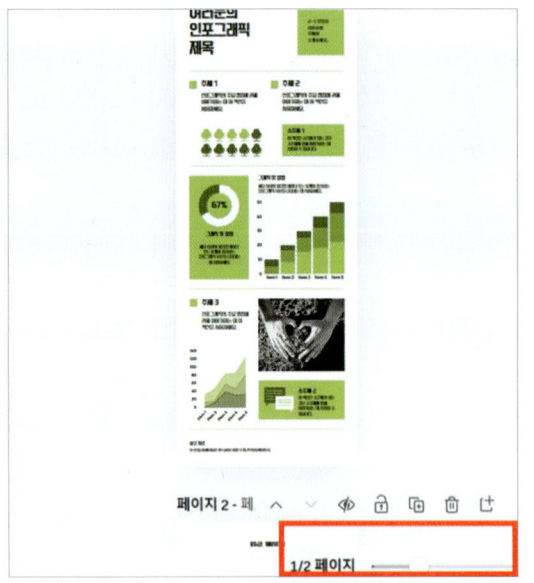

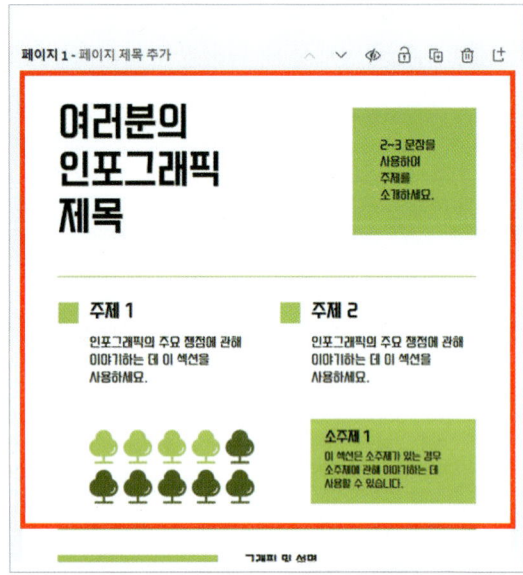

❺ 우측 하단의 동그라미 버튼을 좌우로 옮기면 화면을 축소하거나 확대할 수 있습니다.

❻ 기본적인 인포그래픽은 제목, 주제 소개, 소주제, 차트 등으로 구성되어 있습니다. 차트는 편집 메뉴가 따로 있습니다.

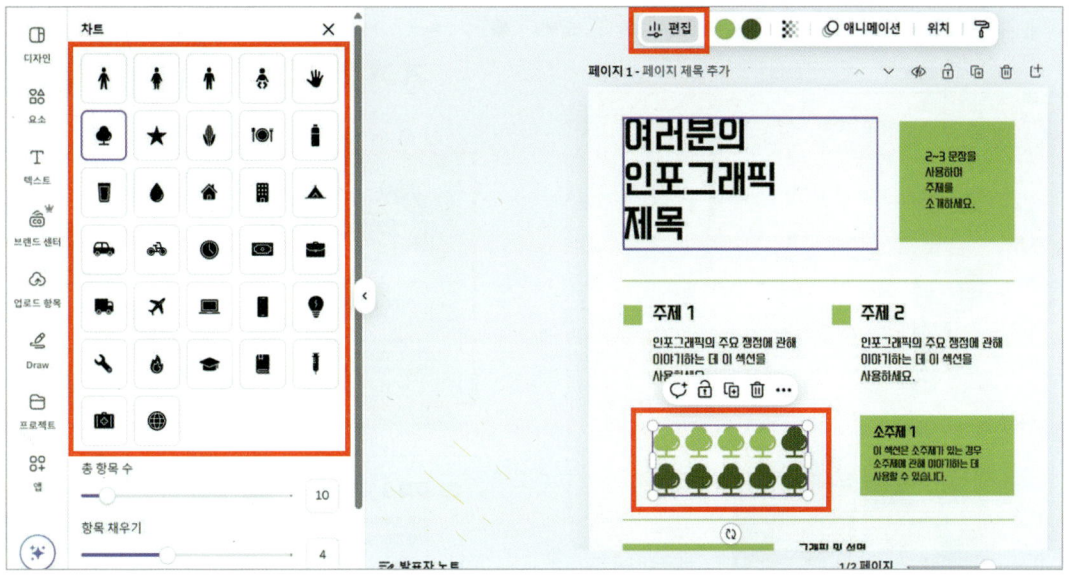

❼ 그림 차트 클릭 후 상단 도구바의 '편집'을 선택하면 좌측 속성 메뉴에 다양한 그림이 나옵니다.

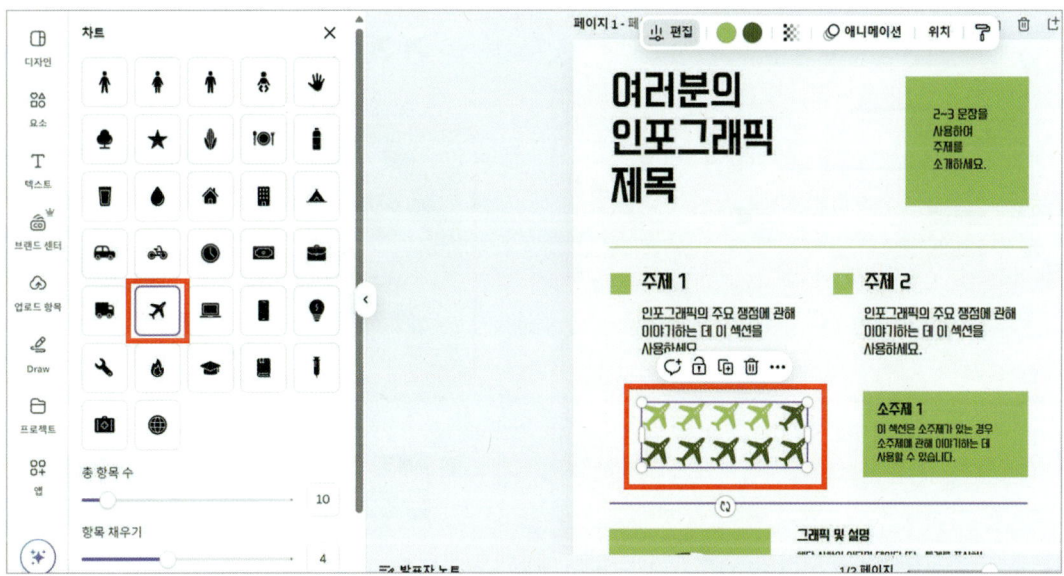

❽ 원하는 모양을 누르면 차트 안에 있는 그림이 비행기 모양으로 바뀝니다. 이때 좌측 속성 메뉴 하단을 보면 총 항목 수, 항목 채우기, 간격을 조정할 수 있습니다.

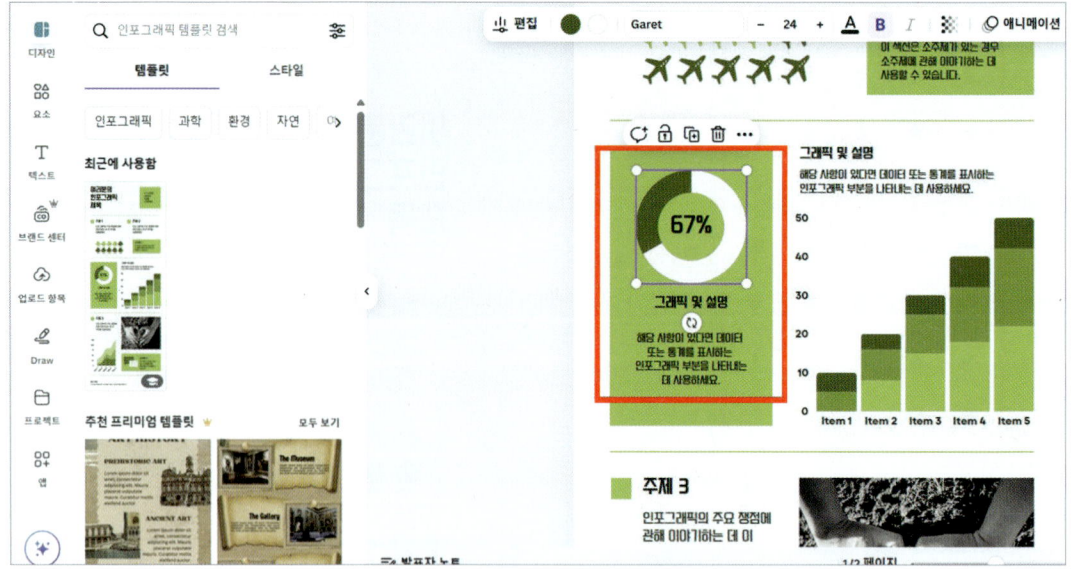

❾ 원형 그래프를 클릭하여 상세 내용을 수정할 수 있습니다.

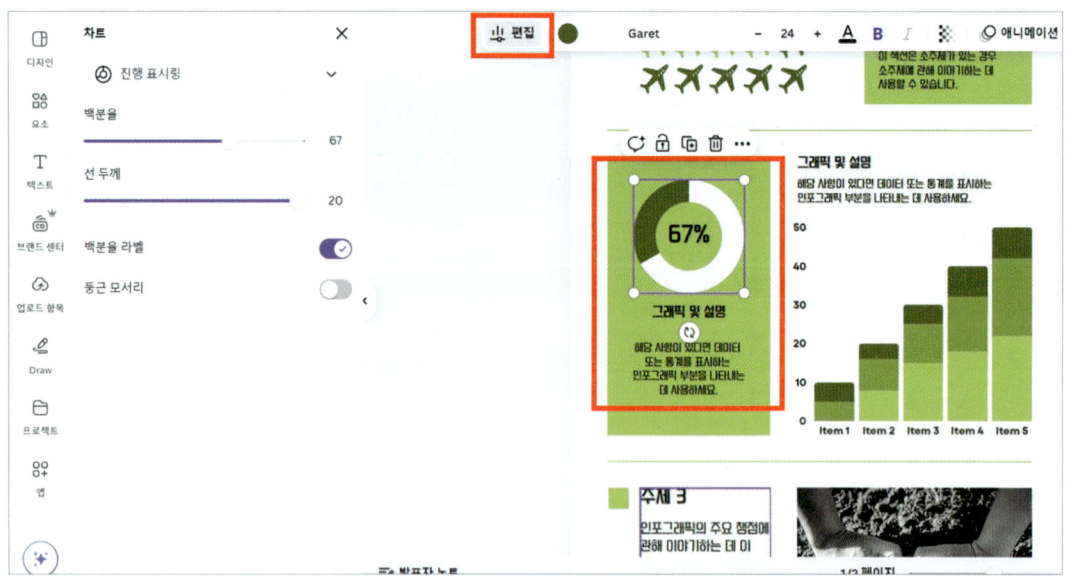

❿ 원형 그래프 클릭 시 나타나는 상단 도구바에서 '편집'을 선택합니다. 그래프의 모양, 백분율, 선 두께 등을 편집할 수 있습니다.

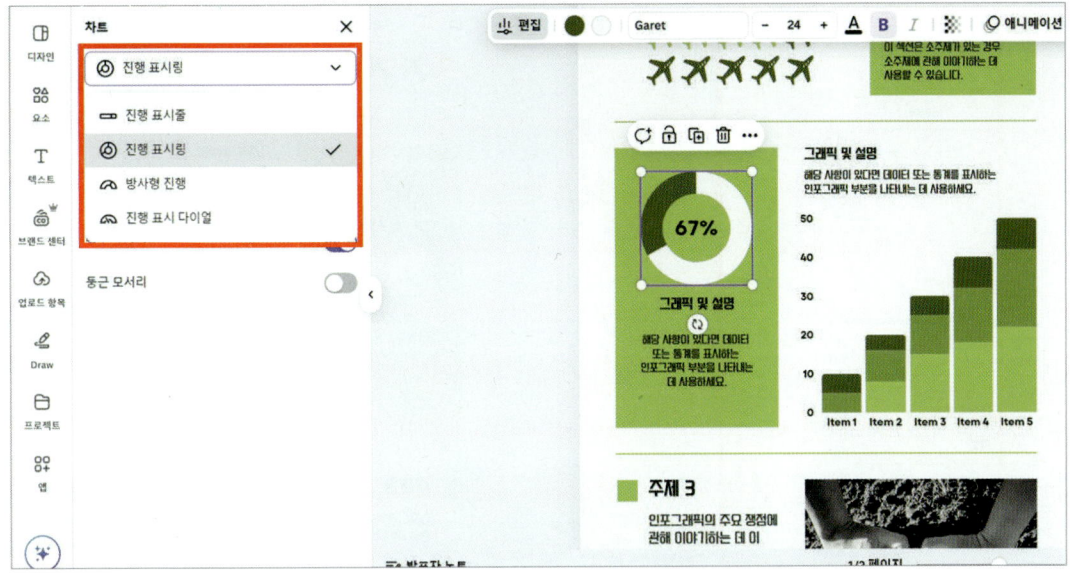

⓫ '진행 표시링' 드롭다운 목록에는 진행 표시줄, 방사형 진행, 진행 표시 다이얼이 있어 형태를 바꿀 수 있습니다.

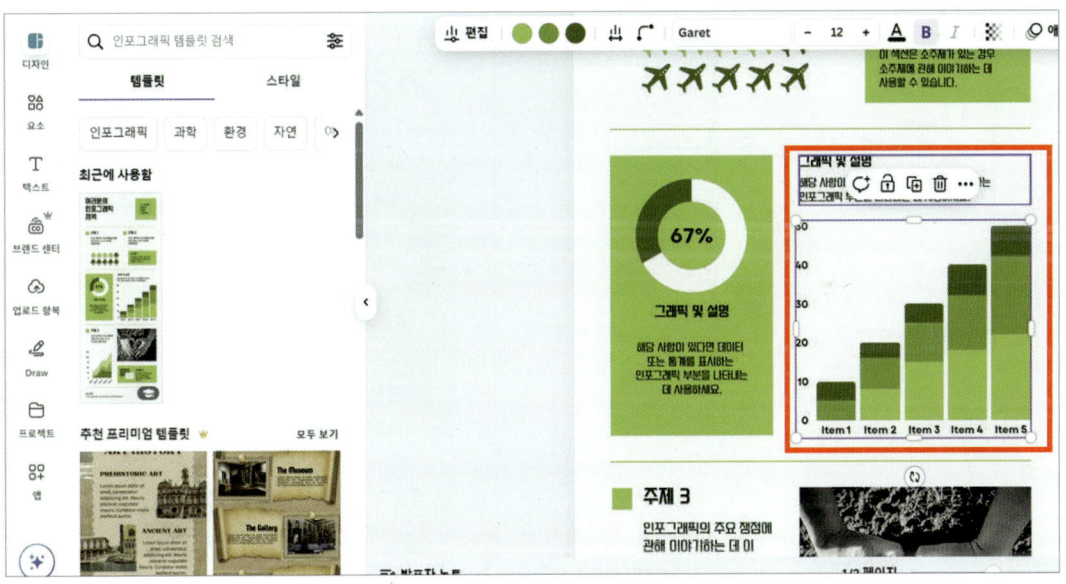

⓬ 막대 그래프 역시 상세한 내용을 수정할 수 있습니다.

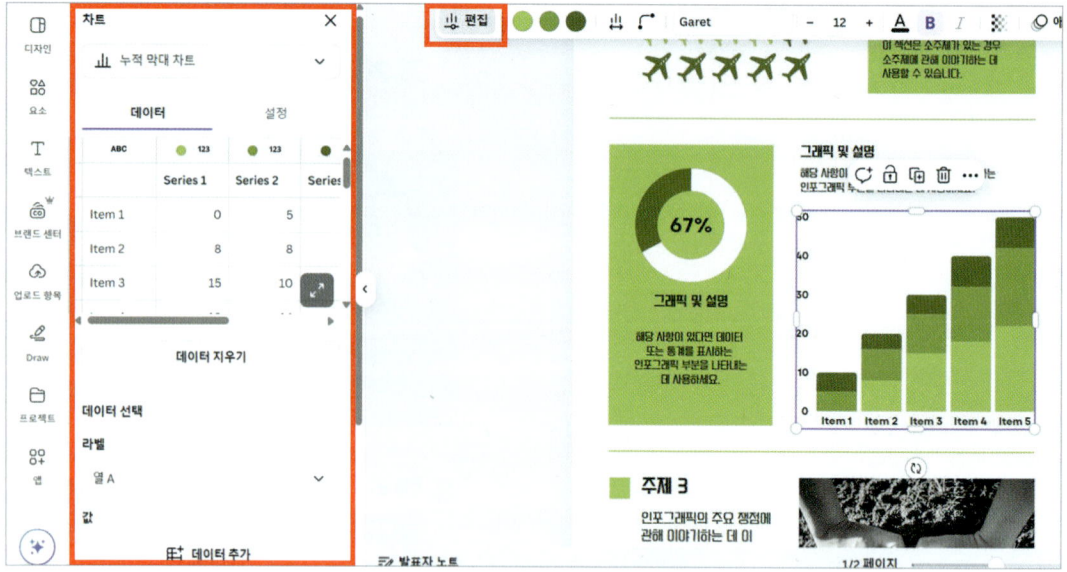

⓭ 막대 그래프 클릭 시 나타나는 상단 도구바에서 '편집'을 선택하면 좌측 속성 메뉴에서 각 데이터별 이름, 수치, 색상, 라벨 등을 바꿀 수 있습니다.

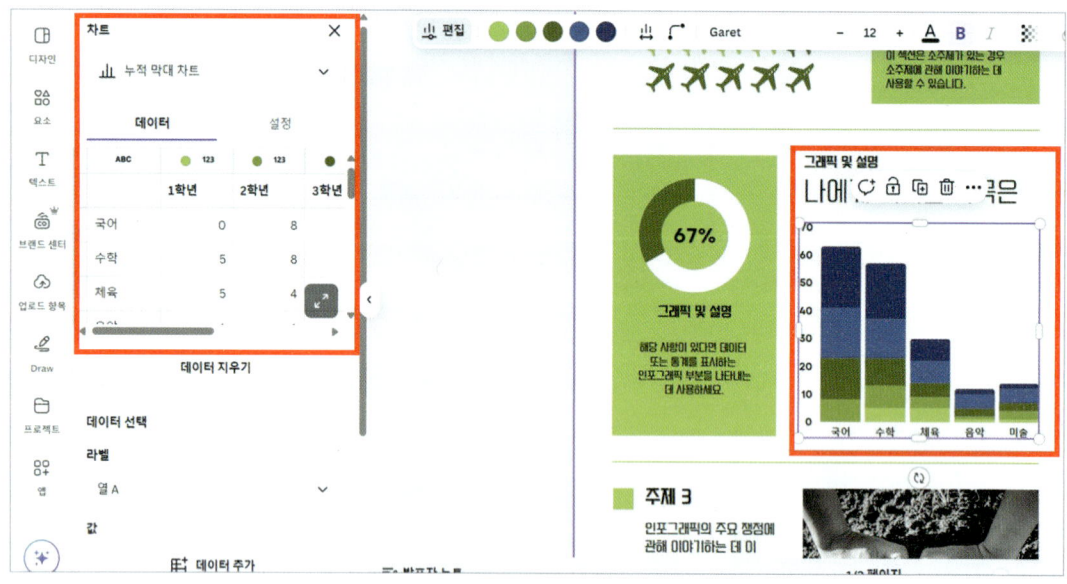

⓮ 데이터 수정 시 그래프의 변화를 바로 확인할 수 있습니다.

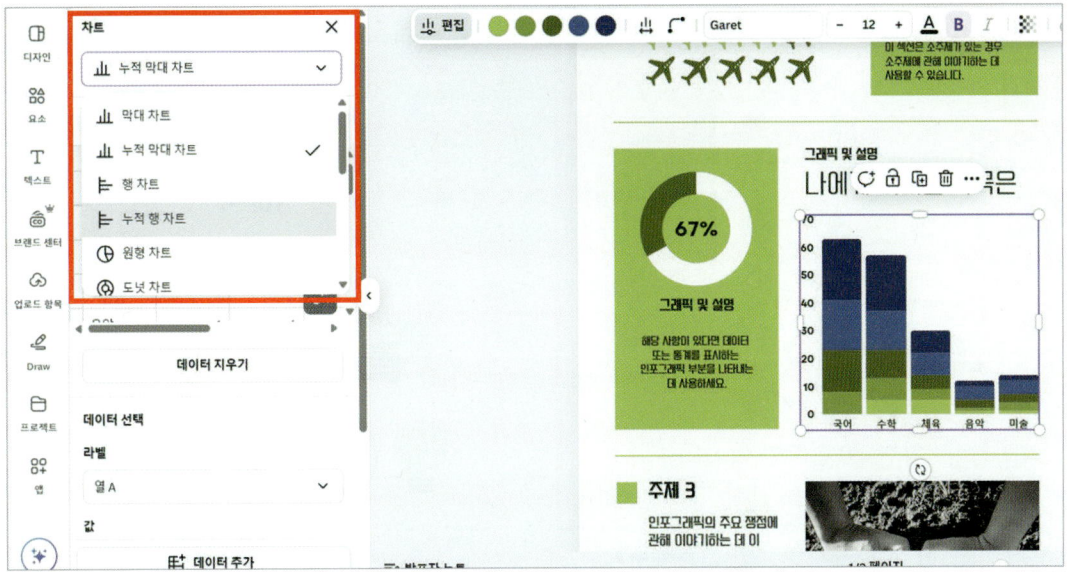

⑮ '누적 막대 차트' 드롭다운 목록에 나오는 다양한 차트 중 원하는 차트를 선택하여 변경할 수 있습니다.

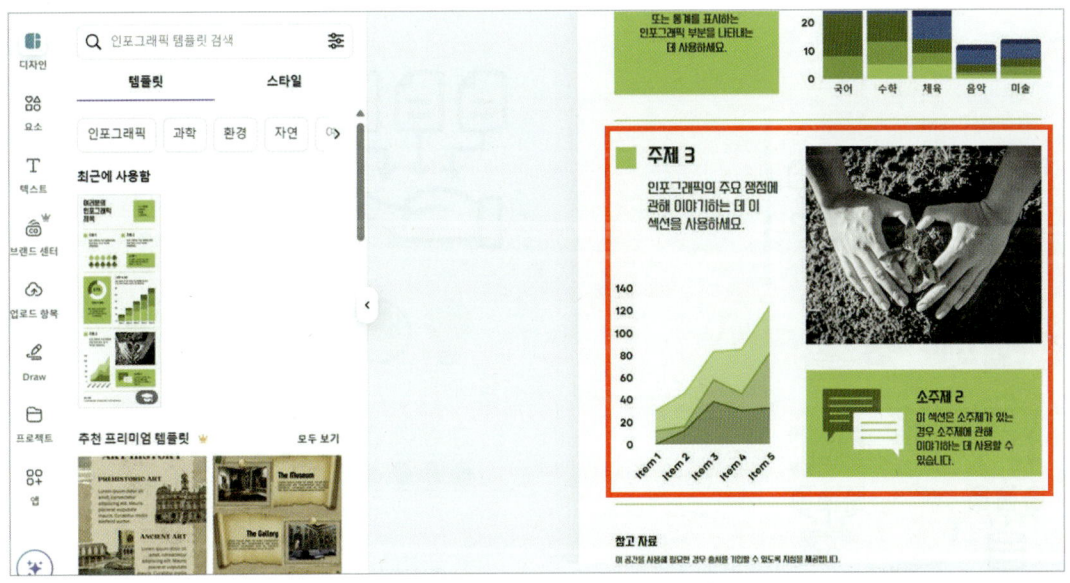

⑯ 하단에는 면적 차트와 사진이 있습니다.

⓱ 2페이지에는 차트 제공자가 추가로 사용할 수 있는 요소들이 모여 있습니다. 이렇게 세트화된 요소를 사용하고 싶다면 좌측 메뉴바 [요소]의 컬렉션에서 '모두 보기'를 선택합니다.

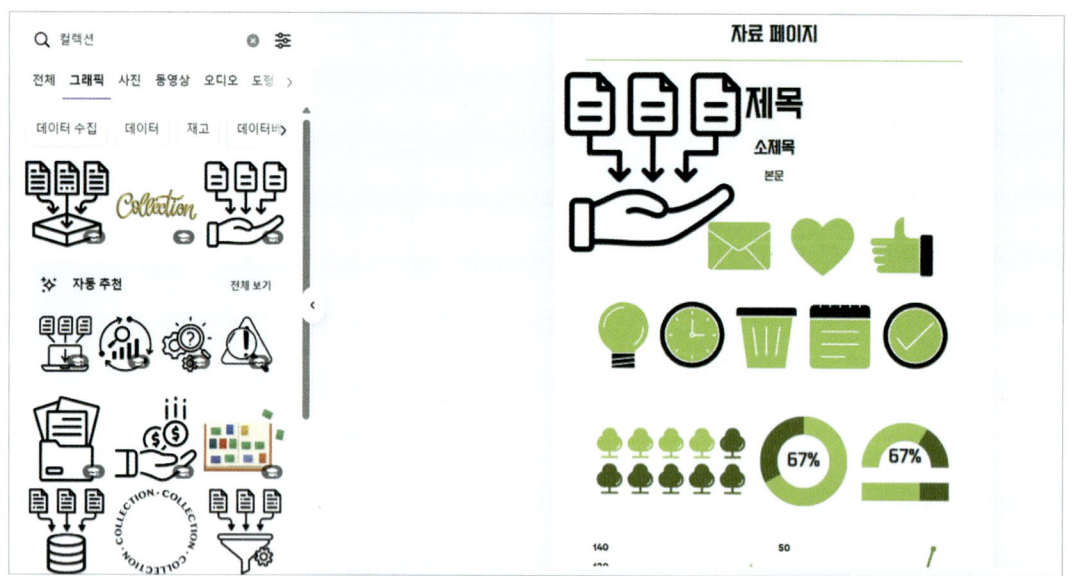

⓲ 통일성 있는 요소를 활용하면 깔끔하고 멋진 인포그래픽 디자인을 완성할 수 있습니다.

03. 학교 교육과정 설명회 자료 만들기

캔바의 인포그래픽 기능은 아이디어를 시각적으로 계획하고 구성하는 데 유용합니다. 설문조사와 차트를 활용하여 학교 교육과정 설명회 자료를 제작하는 방법을 알아보겠습니다.

 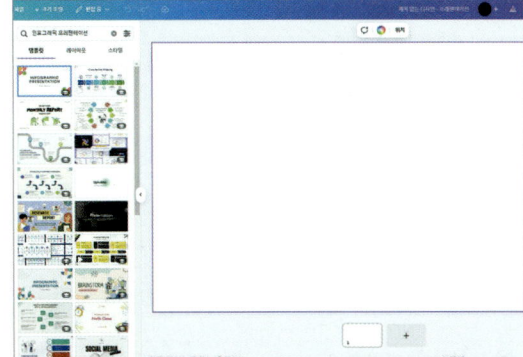

❶ 캔바 메인화면에서 [+ 디자인 만들기]를 눌러 '인포그래픽 프레젠테이션(16:9)' 디자인을 생성합니다.

❷ 인포그래픽 프레젠테이션의 기본 화면입니다.

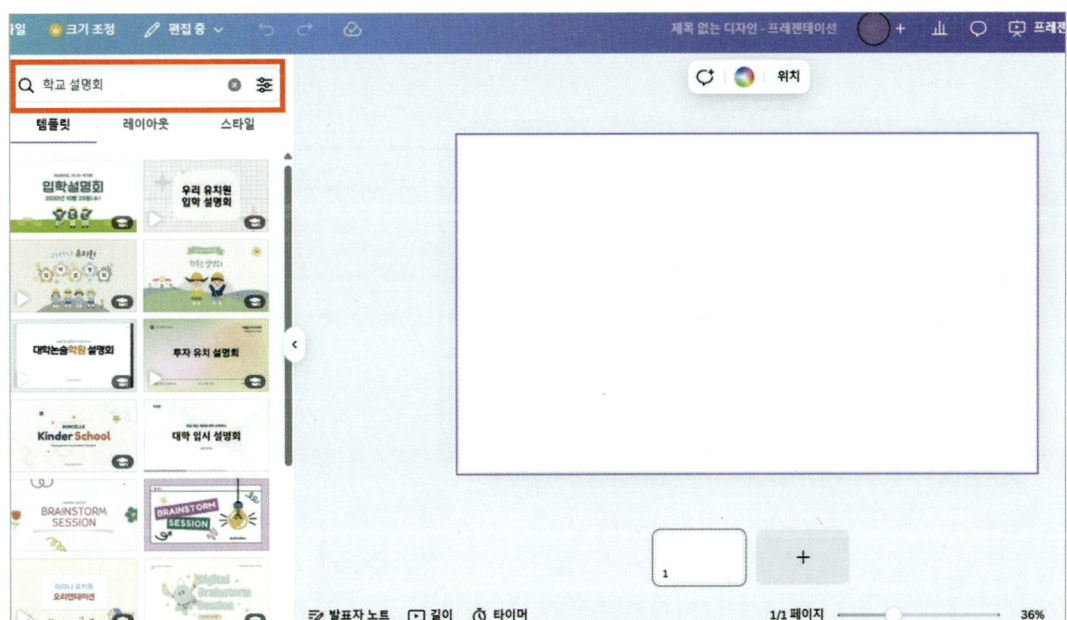

❸ 좌측 메뉴바 [요소]의 템플릿 검색창에 '학교설명회' 검색 후 원하는 템플릿을 선택합니다.

❹ 검색한 템플릿 중 1개의 페이지만 추가할 수 있고, 모든 페이지를 추가하는 것도 가능합니다. 여기서는 1개의 페이지만 추가합니다.

출처: 캔바 크리에이터 omonot

❺ 타이틀을 수정하고 하단의 '+ 버튼'을 눌러서 페이지를 추가합니다.

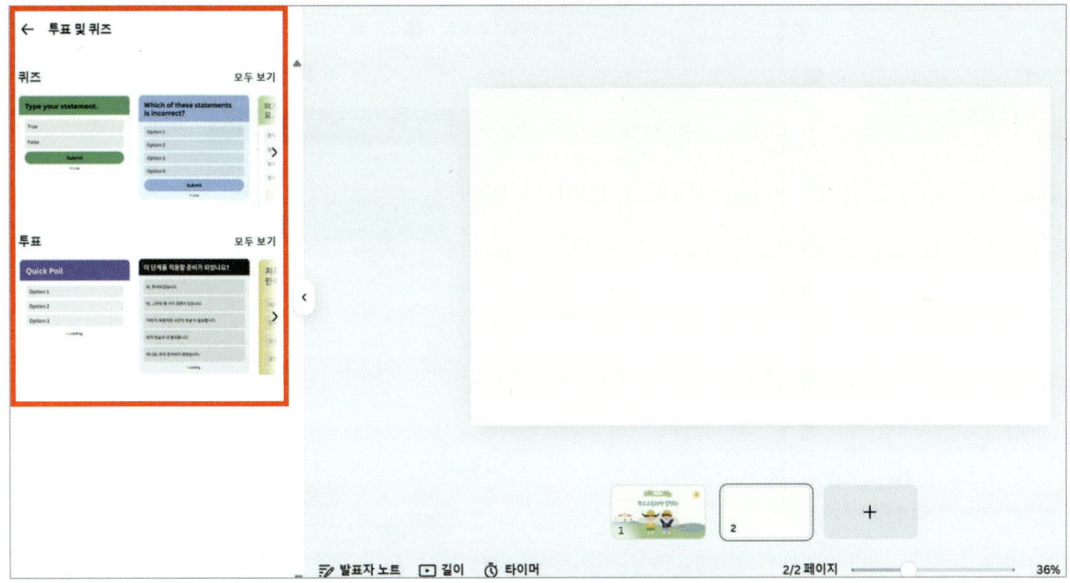

❻ 좌측 메뉴바 [요소]에서 '투표 및 퀴즈'의 '모두 보기'를 선택합니다.

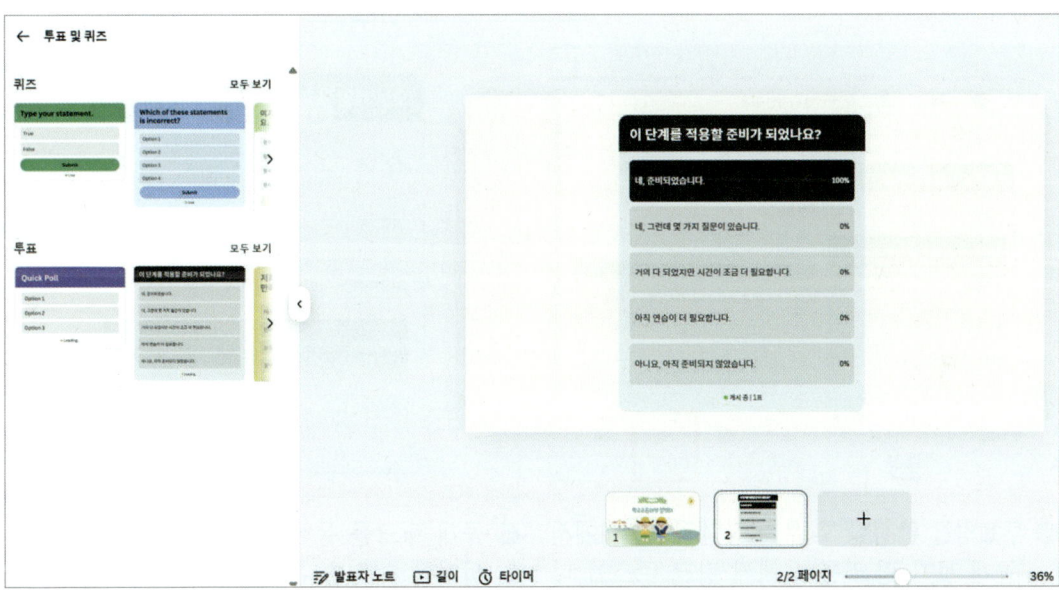

❼ 투표에서 원하는 디자인을 선택하여 아트보드에 삽입합니다.

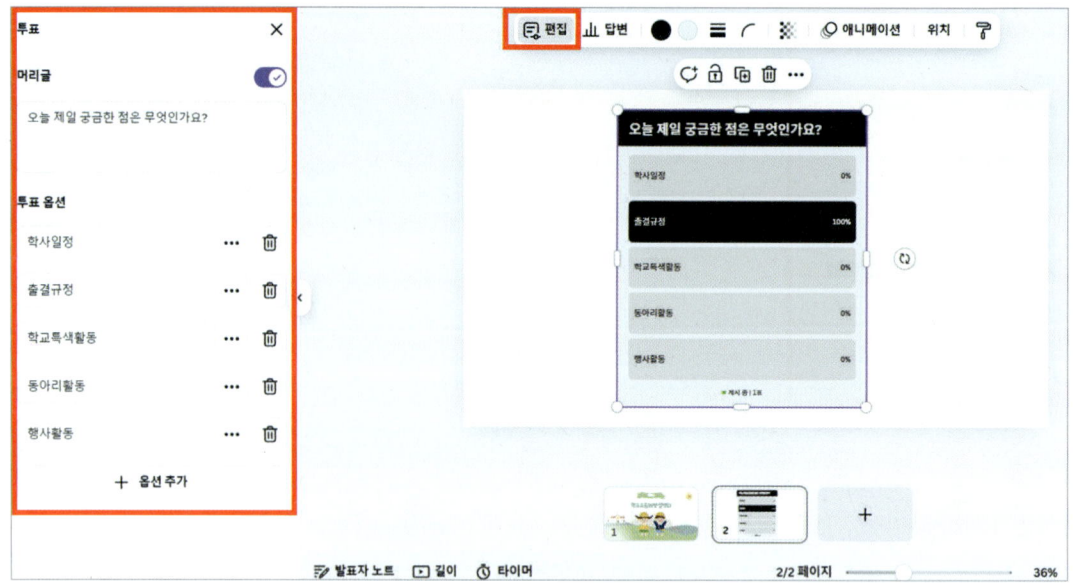

❽ 투표창을 클릭해 상단 도구바 '편집'을 선택하면 좌측 속성 메뉴에서 투표의 제목, 답변 등을 수정할 수 있습니다.

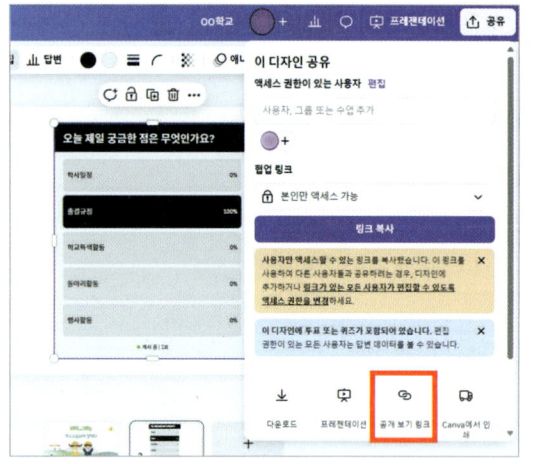
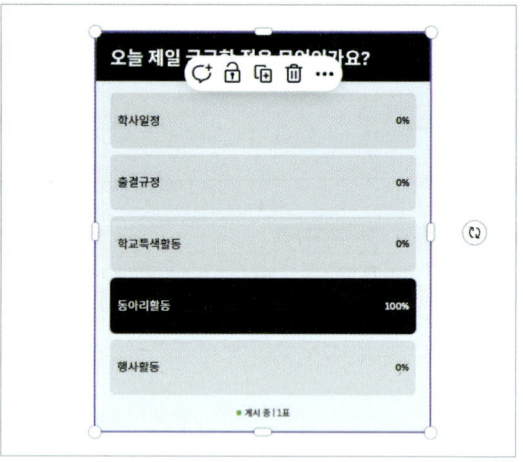

❾ 투표창을 완성한 후 우측 상단의 [공유]에서 '공개 보기 링크'를 선택해 링크 주소를 다른 사람들에게 공유하여 투표를 할 수 있게 합니다.

❿ 공개 링크를 통해 방문자는 투표의 답변을 선택할 수 있습니다.

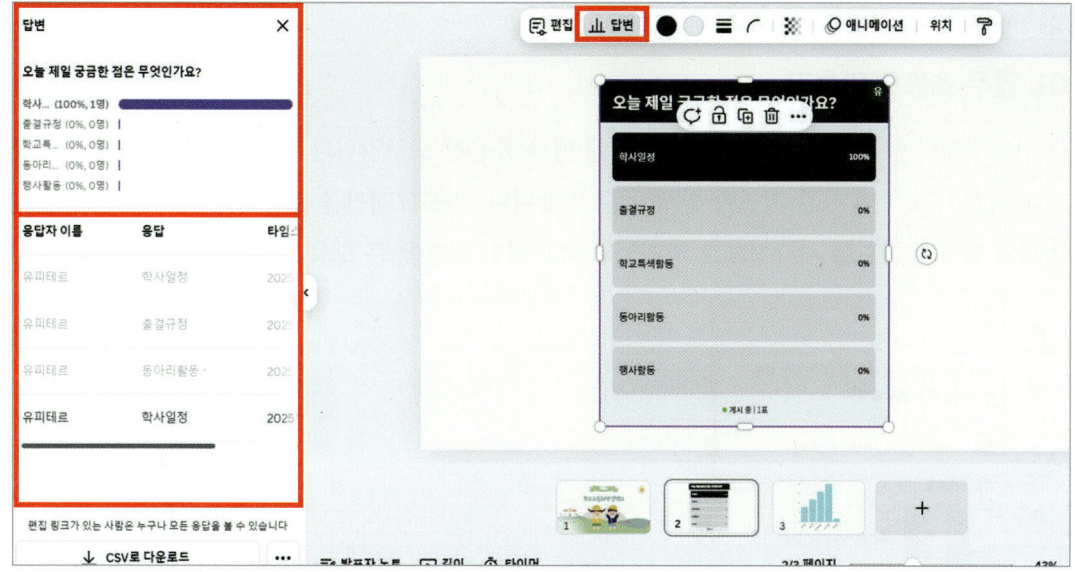

⓫ 상단 도구바의 '답변'을 선택하면 결과를 볼 수 있습니다.

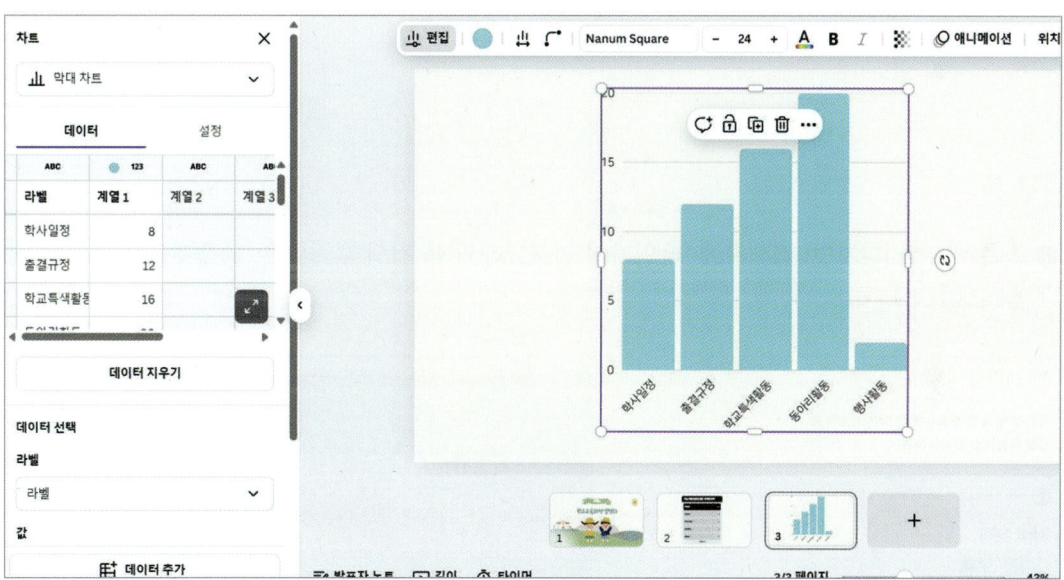

⓬ 투표 결과로 차트를 만들 수 있습니다.

업무에 인포그래픽 활용하기

01. 업무 흐름도 만들기

인포그래픽은 업무 흐름도를 작성하는 데 매우 유용한 도구입니다. 업무 진행 시 순서를 명확히 파악하지 못하면 시간 지연이 발생할 수 있습니다. 인포그래픽을 활용하여 학교 교육과정 설명회의 업무 흐름도를 시각적으로 정리하면 효율적인 진행에 큰 도움이 됩니다.

❶ 좌측 메뉴바 [디자인] 검색창에 '타임라인 인포그래픽'을 검색 후 원하는 템플릿을 선택합니다.

출처: Canva Creative Studio

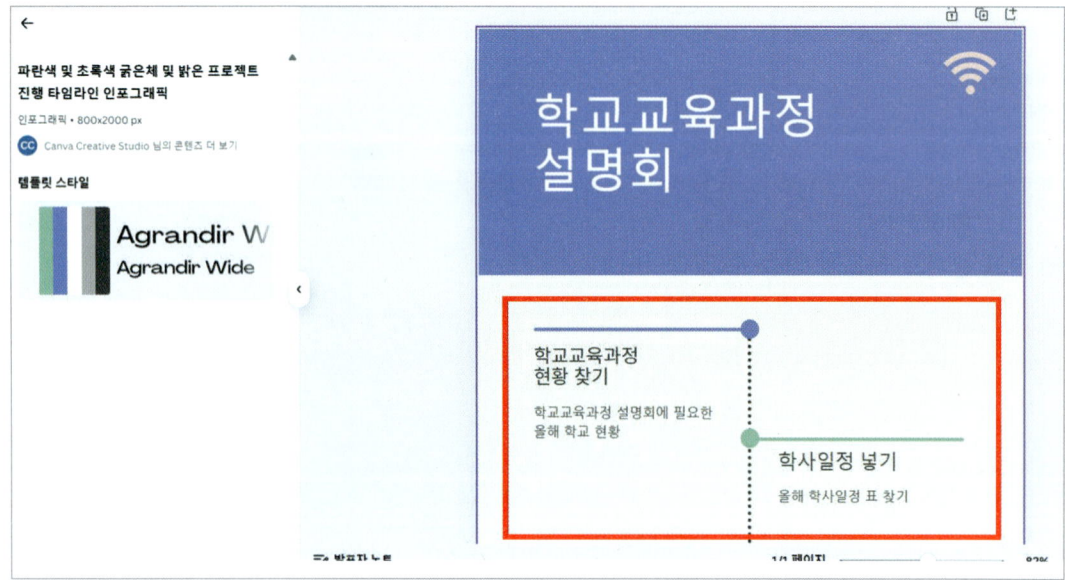

❷ 템플릿의 내용을 학교 교육과정 설명회 업무로 수정합니다.

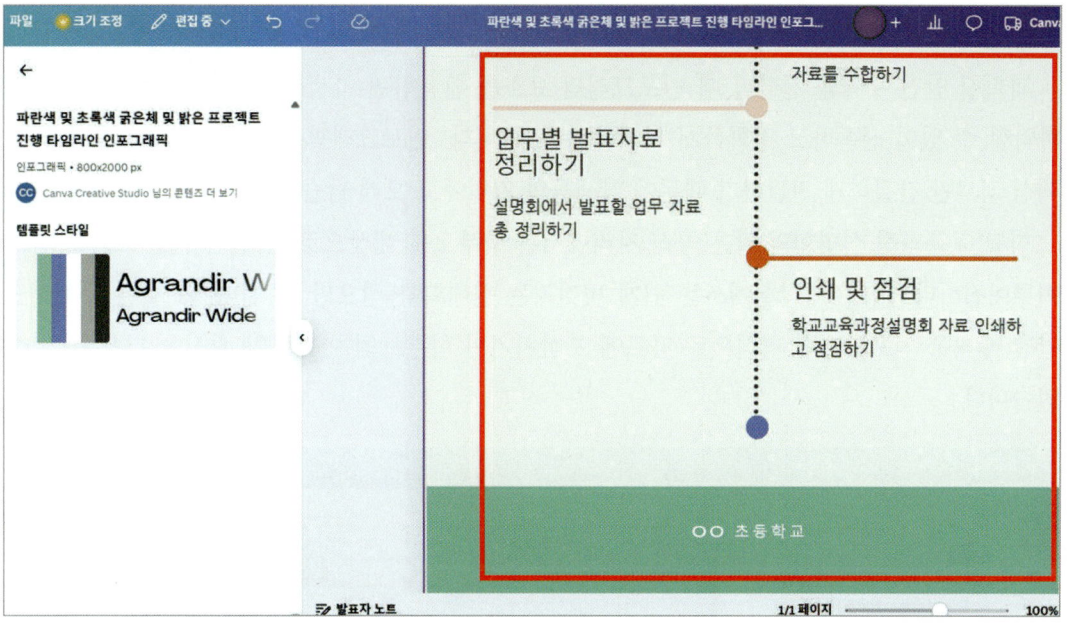

❸ 템플릿 타임라인의 내용도 목적에 맞게 수정합니다.

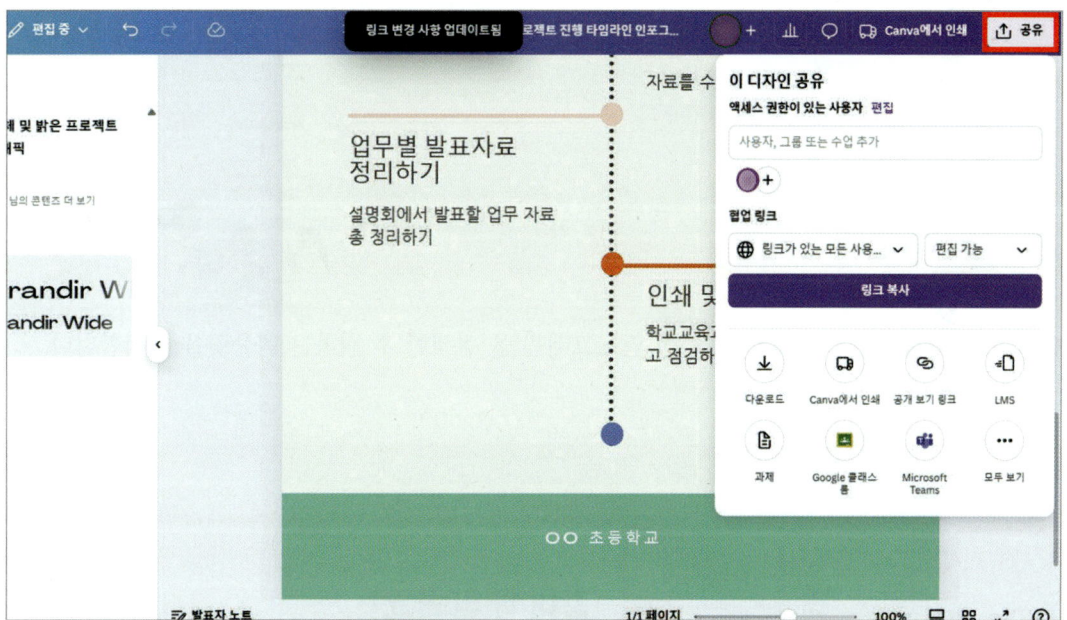

❹ 우측 상단의 [공유]를 눌러 설명회를 같이 준비할 교직원에게 협업 자료를 보냅니다. 수정할 부분이나 추가할 부분이 있을 경우 실시간 협업이나 댓글 달기 기능을 활용할 수 있습니다.

02. 과학실 안전 수칙 만들기

과학실 안전 수칙을 전달할 때 인포그래픽 요소를 활용하면 학생들이 복잡한 내용을 한눈에 파악할 수 있어 신속하고 정확하게 이해할 수 있습니다. 인포그래픽은 시각적 집중도를 높이고 핵심 정보만 간결하게 전달하기 때문에 학생들의 기억에도 오래 남습니다.

학교 교육과정 설명회와 같은 공식 자리에서는 학부모를 대상으로 한 실험 안전 교육도 함께 이루어집니다. 이때 '과학실에서는 쉽게 벗겨지는 실내화를 신으면 안 된다.'와 같은 구체적인 안전 수칙을 인포그래픽 형식으로 자료에 포함시키면 학부모의 이해도와 관심을 더욱 높일 수 있습니다.

❶ 좌측 메뉴바 [요소] 검색창에 '안전 인포그래픽'을 검색한 후 원하는 템플릿을 선택합니다.

출처: 캔바 크리에이터 Educate Creatively

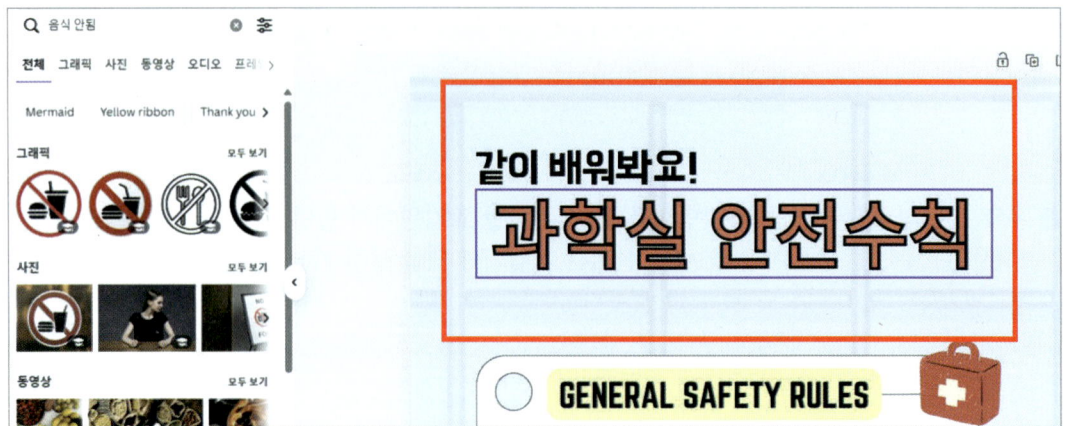

❷ 과학실 안전 수칙에 맞게 내용을 수정합니다.

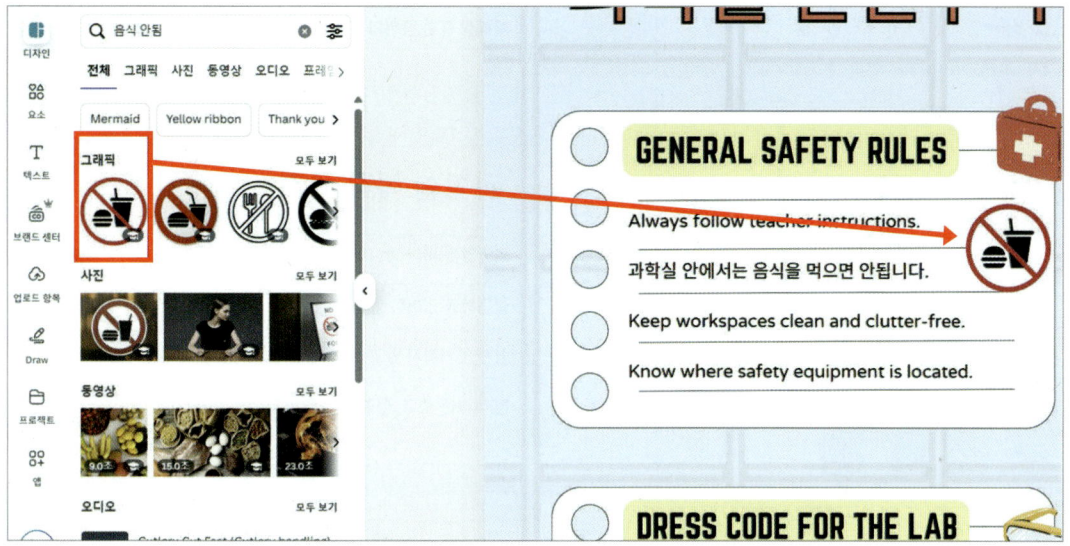

❸ 좌측 메뉴바 [요소]의 그래픽에서 내용에 맞는 그래픽을 찾아 삽입합니다.

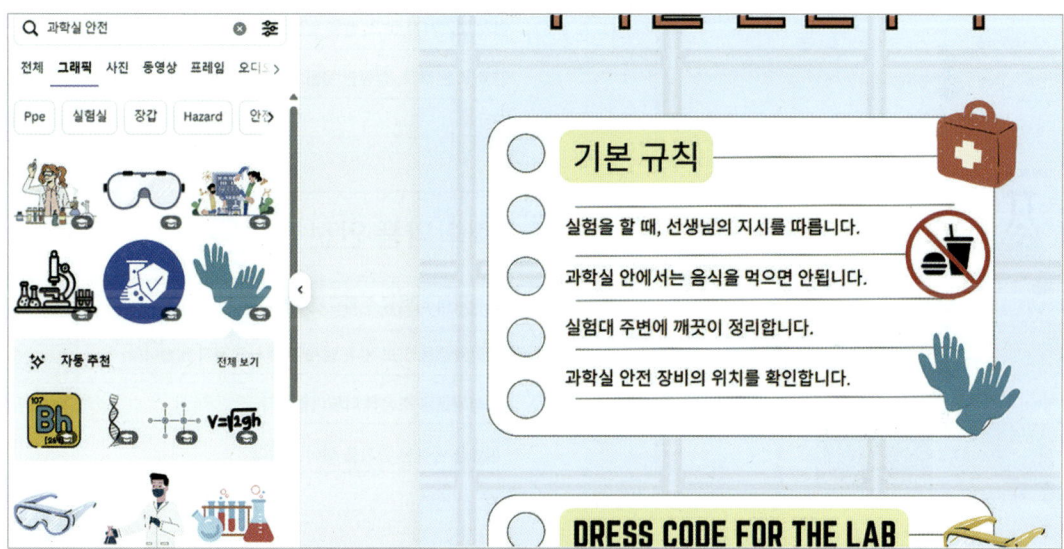

❹ 과학실 기본 규칙의 내용을 편집하고 어울리는 그래픽을 함께 넣어줍니다.

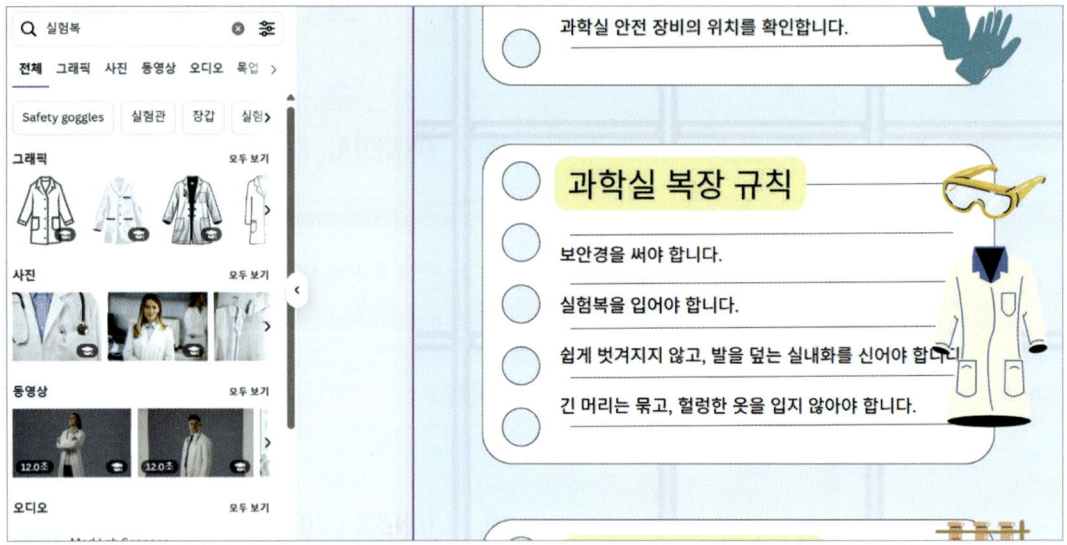

❺ 과학실 복장 규칙의 내용을 편집하고 어울리는 그래픽을 함께 넣어줍니다.

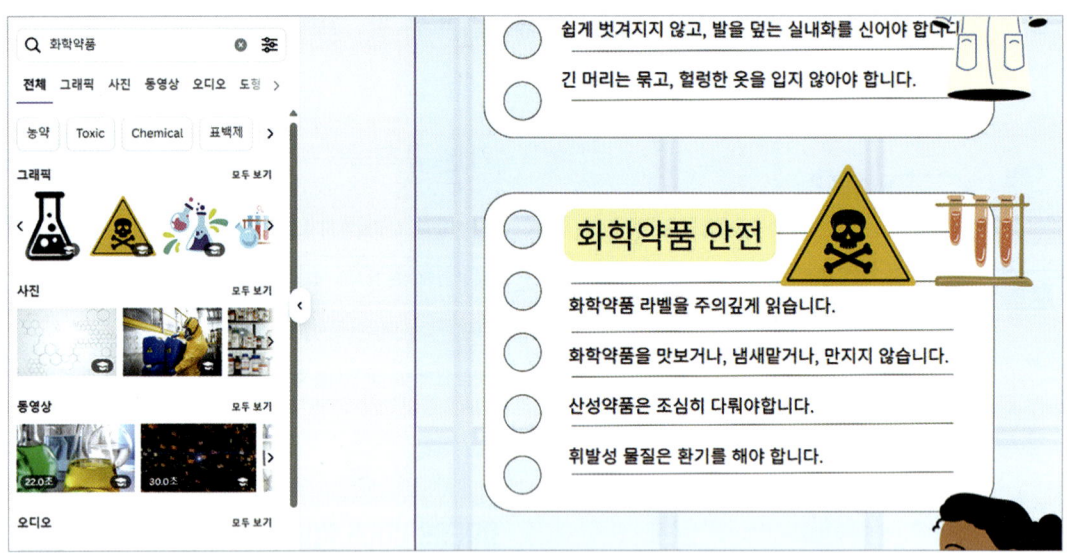

❻ 화학 물질 안전 수칙의 내용을 편집하고 어울리는 그래픽을 함께 넣어줍니다.

가상 인물로 학교 교육과정 설명회 발표하기

01. Voice 앱 사용 방법

캔바에서는 입력한 텍스트를 가상의 인물이 대신 말해주는 다양한 Voice 앱을 제공합니다. 이를 통해 학교 교육과정 설명회 등에서 가상 발표자를 활용한 영상을 제작할 수 있습니다. 무료 앱과 유료 앱이 섞여 있으므로 앱 사용 정책을 확인하고 필요할 때 효율적으로 활용하면 됩니다. 지금부터 Voice 앱을 활용하여 창의적인 콘텐츠를 제작하는 방법을 알아보겠습니다.

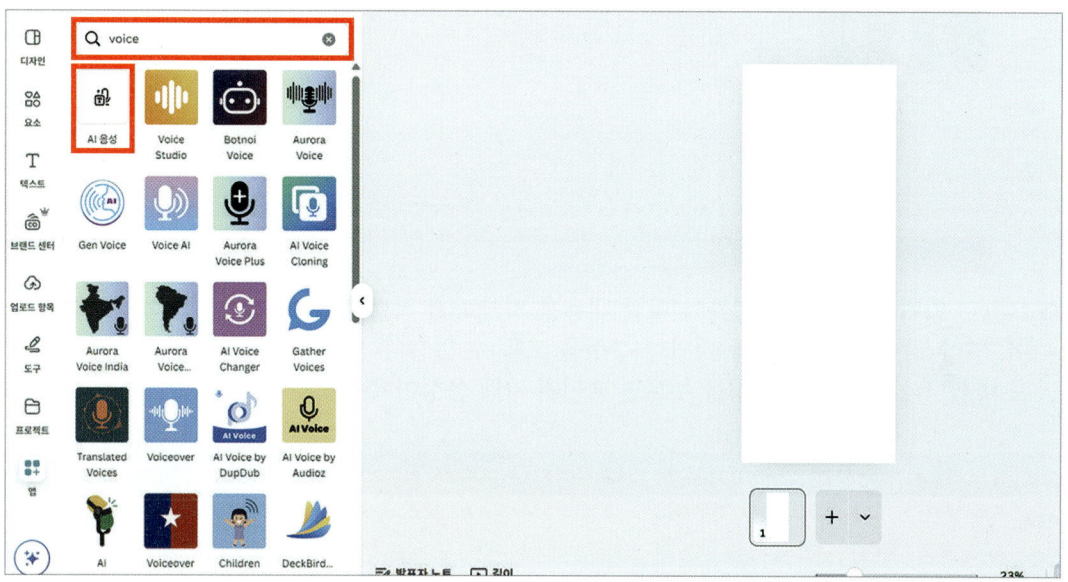

❶ 인포그래픽 디자인을 생성한 후, 좌측 메뉴바 [앱] 검색창에 'voice'를 검색해 'AI 음성' 앱을 선택합니다.

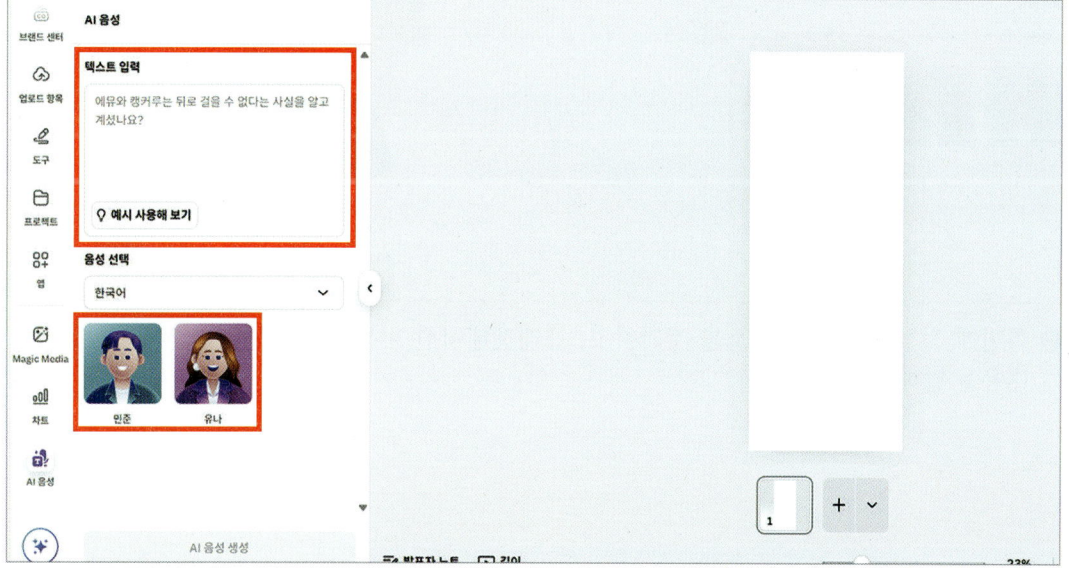

❷ AI 음성 앱에 들어가면 텍스트 입력란과 음성 선택, 가상의 인물이 나옵니다.

❸ 텍스트 입력란에 가상의 인물이 말할 내용을 자세하게 적습니다. '음성 선택'을 누르면 한국어, 영어, 중국어, 일본어 등 다양한 음성을 고를 수 있습니다. 음성 선택에 따라 가상의 인물도 바뀝니다. [AI 음성 생성]을 누르면 페이지 아래 음성이 추가됩니다.

❹ 화면에 적절하게 그림 요소를 추가하고, 프레젠테이션 버튼을 누르면 가상의 인물이 발표 내용을 말해줍니다.

❺ 캔바는 AI 음성 앱 외에도 목소리를 생성할 수 있는 다양한 앱을 제공합니다. 좌측 메뉴바 [앱] 검색창에서 Gen Voice 앱을 선택합니다.

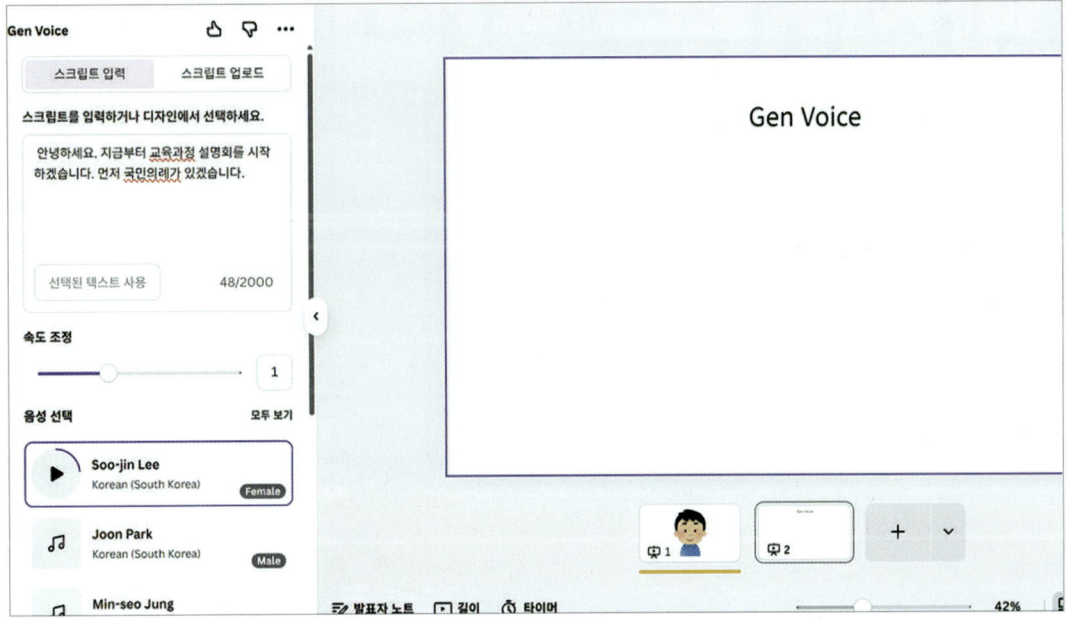

❻ Gen Voice 앱은 다른 앱보다 음성 선택폭이 더 다양하고 말투가 자연스럽습니다. 사용자의 음성을 업로드하는 것도 가능합니다. 매일 일정 크레딧을 무료 제공하며, 음성을 생성할 때마다 크레딧을 차감합니다.

CH. 3
캔바로 자료 제작하는 방법

수업 영상 제작 비밀: 캔바 프레젠테이션 녹화 활용법

캔바 프레젠테이션 알아보기

01. 캔바 프레젠테이션의 강점

프레젠테이션(Presentation)이란 발표자가 청중 앞에서 자신의 지식, 정보, 아이디어 등을 시각 자료와 말로 효과적으로 전달하는 행위를 의미합니다. 교사의 경우 매일 수업 시간마다 자연스럽게 프레젠테이션을 하고 있는 셈입니다. 캔바를 활용하면 교직 업무와 떼려야 뗄 수 없는 프레젠테이션 발표 자료 제작과 관리 효율을 높일 수 있습니다.

많은 사람이 마이크로소프트의 파워포인트 프로그램을 이용해 프레젠테이션 자료를 제작합니다. 흔히 PPT라고 부르기도 하는데 이는 파워포인트의 줄임말입니다. 파워포인트는 뛰어난 기능과 안정성을 자랑하며 호환성도 높아 다양한 환경에서 활용할 수 있습니다. 여러 가지 장점이 있어 사람들에게 널리 사랑받고 있죠. 하지만 캔바 역시 파워포인트 못지 않게 뛰어난 장점을 가진 도구입니다.

💬 캔바 프레젠테이션의 강점과 특징

강점	특징
접근성	온라인 기반으로 언제 어디서든 작업 가능
	자동 저장 기능으로 파일 유지 관리가 쉬움
편리성	다양한 템플릿을 활용하여 손쉽게 자료 제작 가능
	직관적인 인터페이스로 누구나 쉽게 사용 가능
디자인 기능	이미지, 아이콘, 폰트 풍부한 디자인 요소 사용 가능
협업기능	여러 명이 동시에 작업이 가능한 실시간 협업 기능 지원
	다른 사람들과 링크 등을 통해 작업 공유 및 관리 용이
활용성	소셜 미디어와 연동하여 바로 공유 및 게시 가능
	PPTX, PDF 등 원하는 파일 형식으로 다운로드 가능

02. 캔바 프레젠테이션 사용 방법

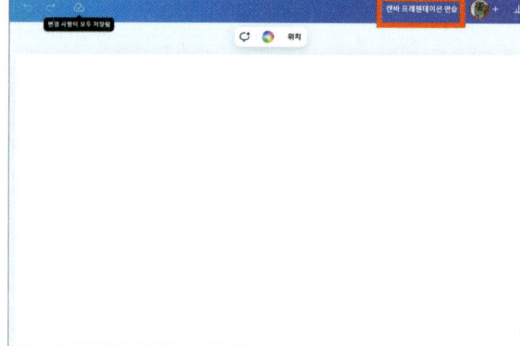

❶ 캔바 메인화면 [+ 디자인 만들기]에서 '프레젠테이션(16:9)'을 선택하여 디자인을 생성합니다.

❷ 프레젠테이션 편집 화면입니다. 우측 상단의 제목을 '캔바 프레젠테이션 연습'으로 변경합니다.

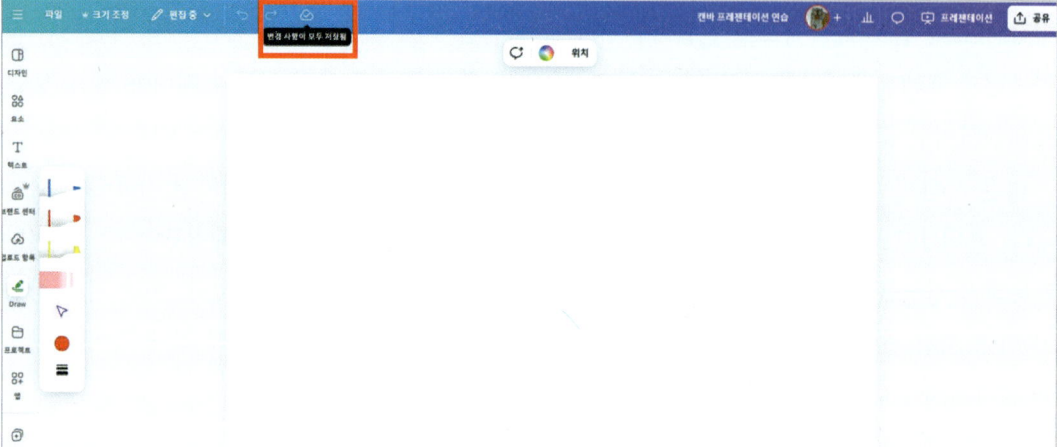

❸ 캔바 프레젠테이션 작업 화면은 자동으로 저장됩니다.

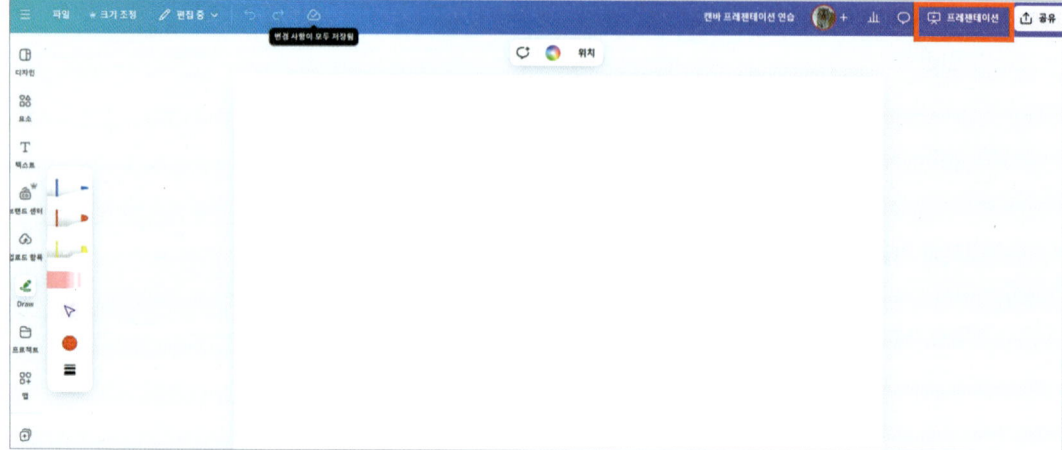

❹ 프레젠테이션을 실행하고 싶다면 우측 상단의 '프레젠테이션'을 클릭하면 됩니다.

■ **슬라이드 추가 및 삭제**

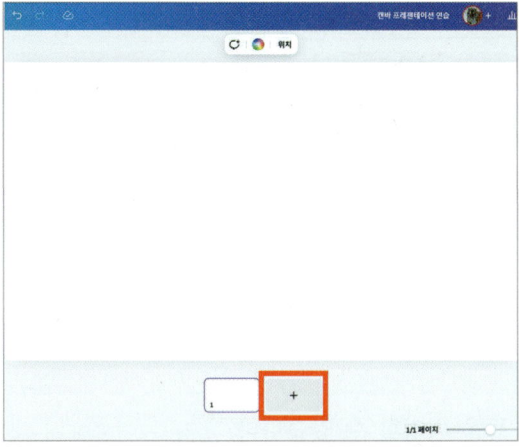 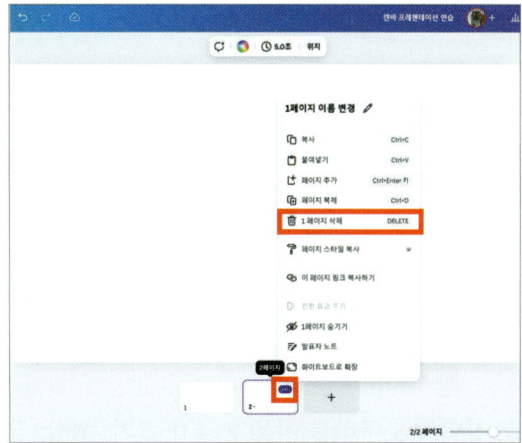

❶ 아트보드 하단의 '+ 버튼'을 클릭해 슬라이드를 추가합니다.

❷ 슬라이드를 삭제하고 싶다면 삭제하려는 슬라이드 썸네일의 점 3개 아이콘을 눌러 '페이지 삭제'를 선택합니다. 혹은 Delete 키를 눌러 삭제할 수 있습니다.

■ **텍스트 추가 및 편집**

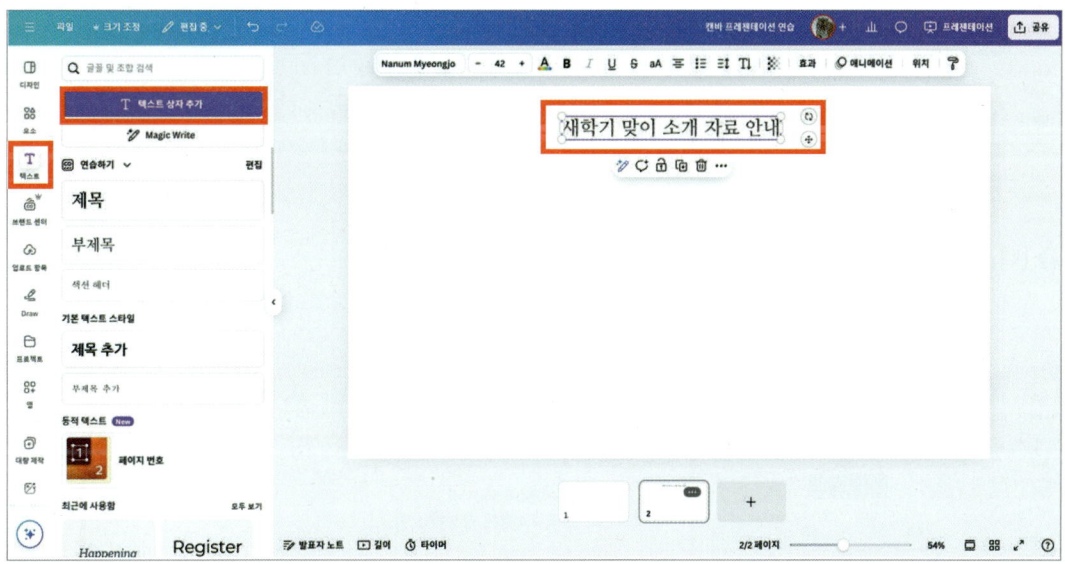

❶ 좌측 메뉴바 [텍스트]에서 [텍스트 상자 추가]를 선택합니다. 텍스트 상자에 내용을 입력한 후 드래그하여 원하는 위치로 이동할 수 있습니다.

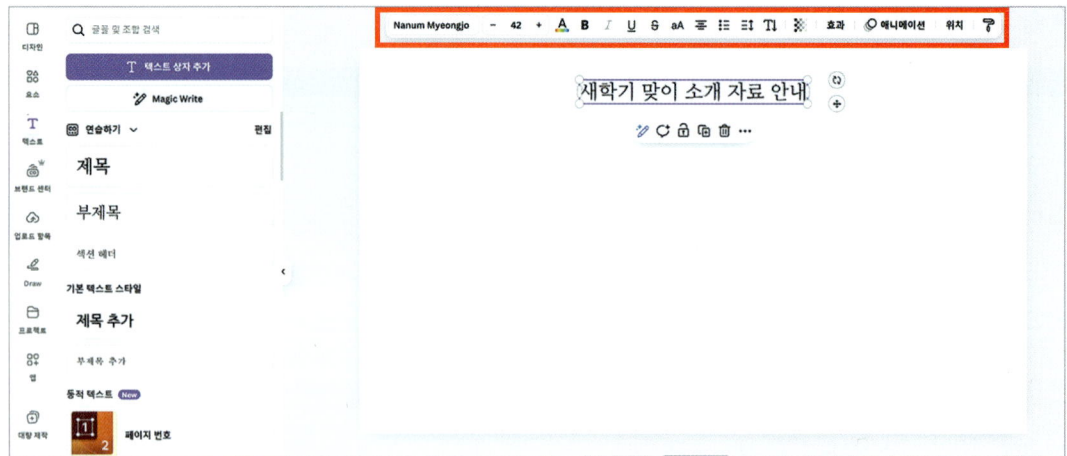

❷ 상단의 도구바를 이용해 글자 크기, 색상, 글꼴 등을 변경할 수 있습니다.

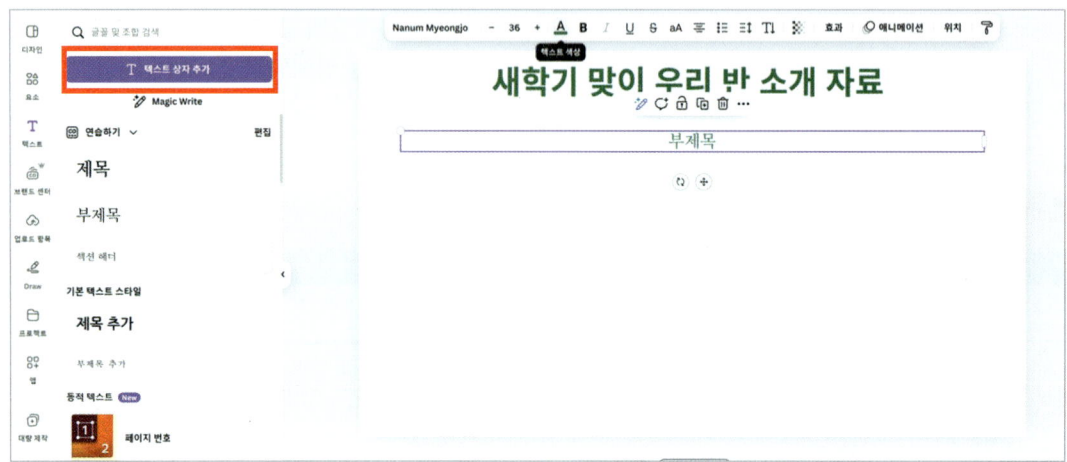

❸ [텍스트 상자 추가]를 선택하여 부제목을 입력합니다.

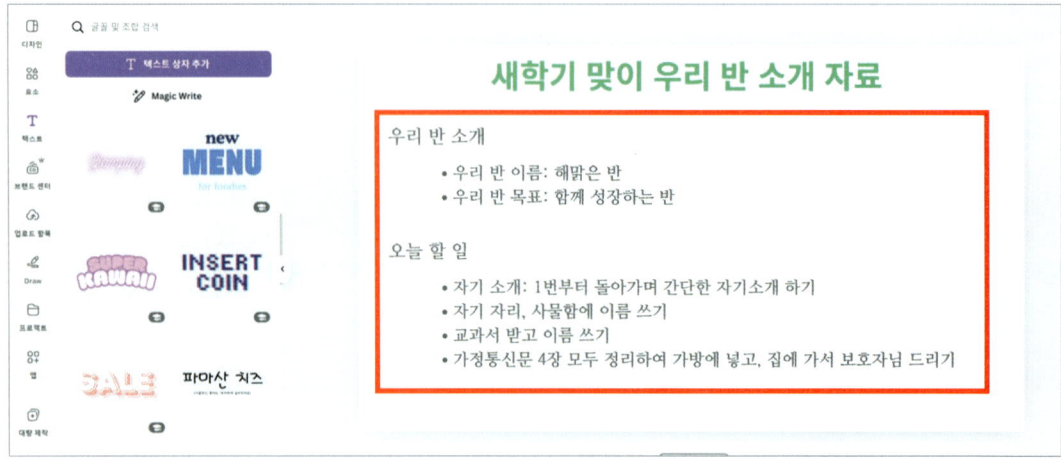

❹ 여러 텍스트 상자를 조합하여 디자인을 완성합니다.

■ 이미지 추가 및 편집

❶ 좌측 메뉴바 [업로드 항목]에서 이미지를 업로드하거나 [요소]에서 사용하고자 하는 이미지를 선택합니다.

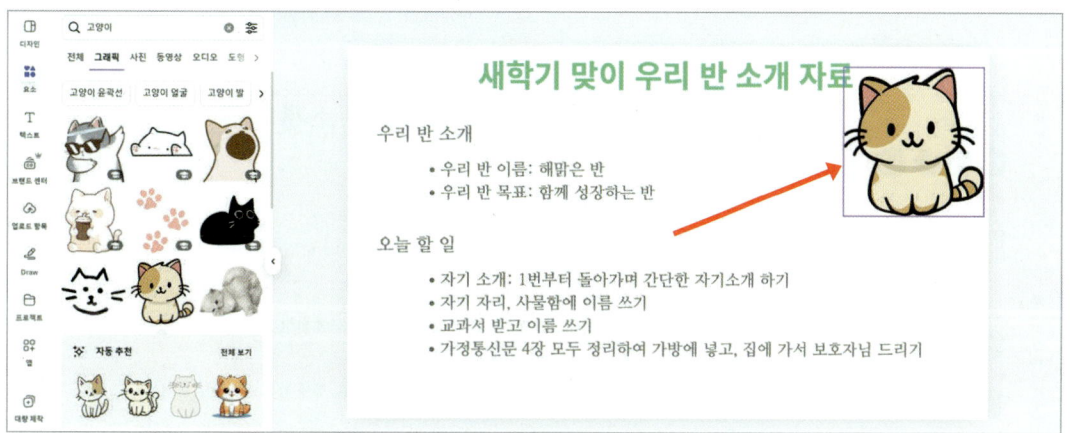

❷ 아트보드에 삽입한 이미지를 클릭하고 드래그하여 적당한 위치로 이동시킵니다.

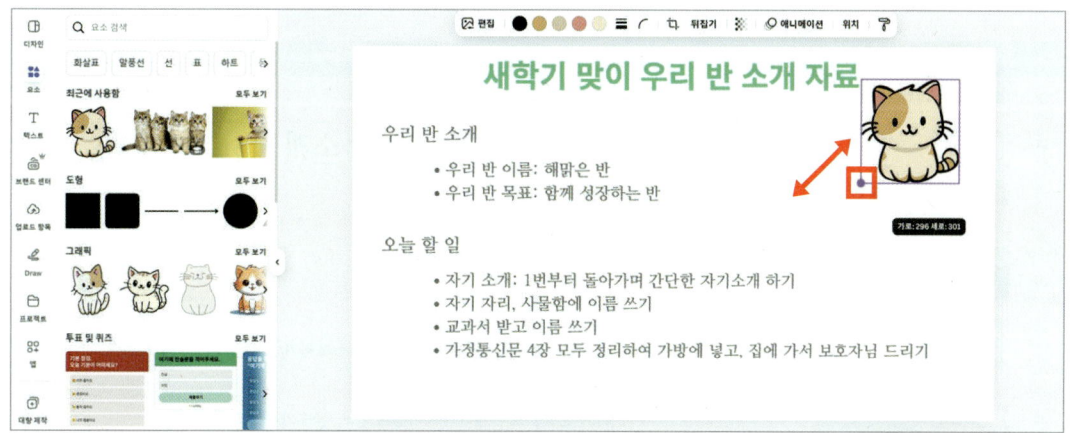

❸ 요소 클릭 시 나타나는 모서리의 동그라미를 잡은 후 드래그하여 요소의 크기를 변경할 수 있습니다.

■ 배경 편집

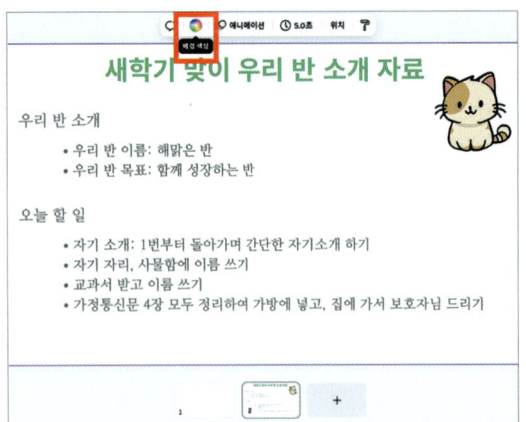 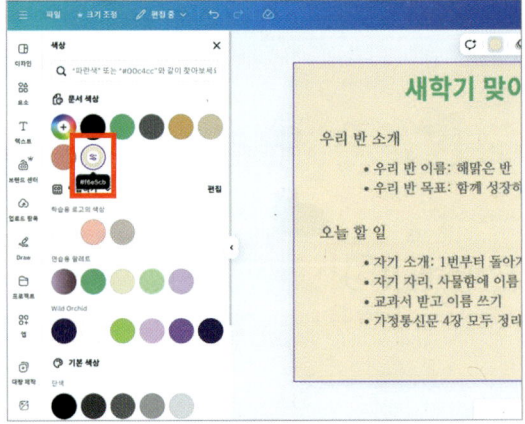

❶ 아트보드의 빈 부분을 누른 후 상단 도구바 '배경 색상'을 선택합니다.

❷ 좌측 속성 메뉴에서 원하는 배경 색상을 선택합니다.

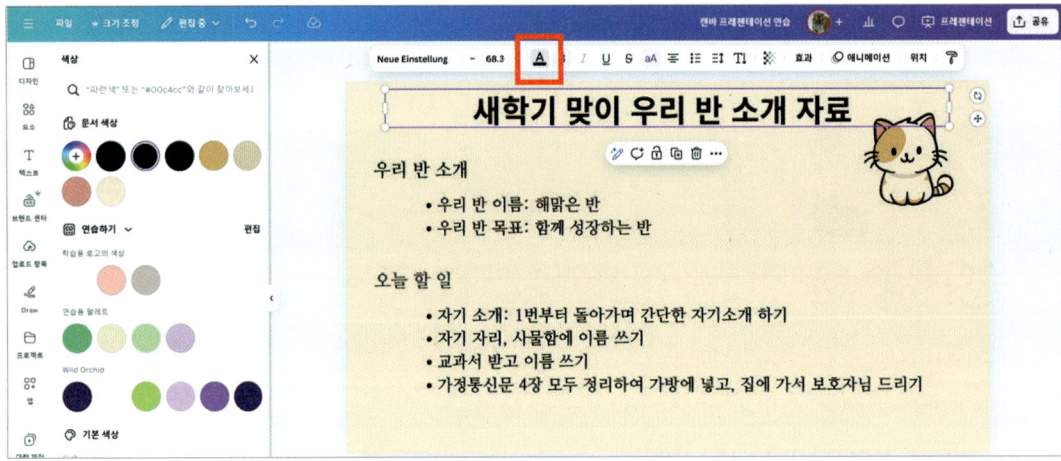

❸ 제목 텍스트 색상은 상단 도구바를 이용해 변경할 수 있습니다.

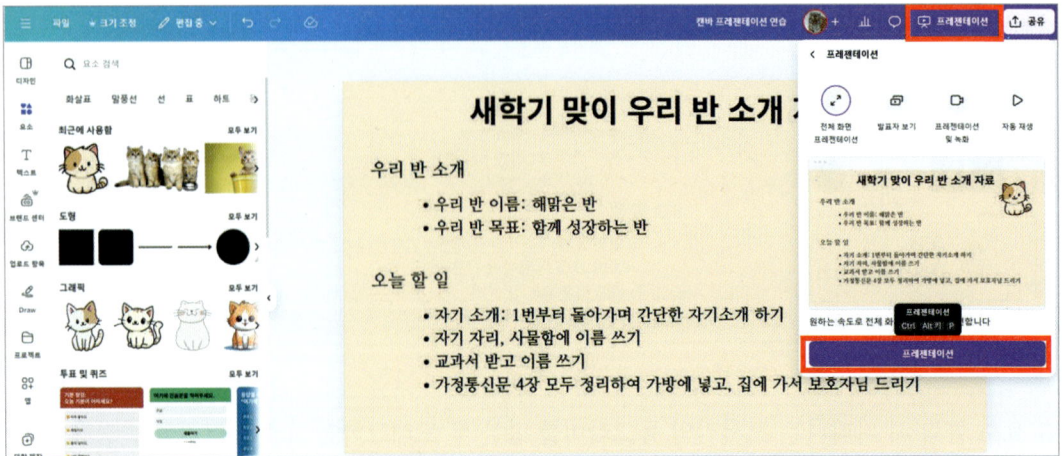

❹ 프레젠테이션을 완성한 뒤 우측 상단의 '프레젠테이션'을 눌러 결과물 확인합니다.

■ 프레젠테이션 공유

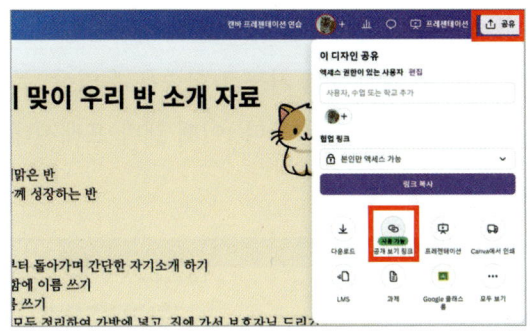 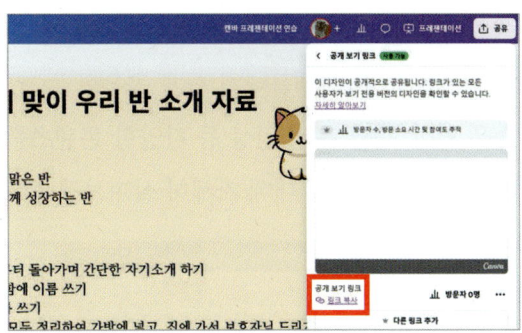

❶ 우측 상단의 [공유]에서 '공개 보기 링크'를 선택합니다.

❷ '공개 보기 링크'에서 '링크 복사'를 누르고 공유하고 싶은 상대방에게 링크를 전달합니다. 해당 링크만 있으면 어디서든 쉽게 프레젠테이션 파일을 볼 수 있습니다.

■ 프레젠테이션 다운로드

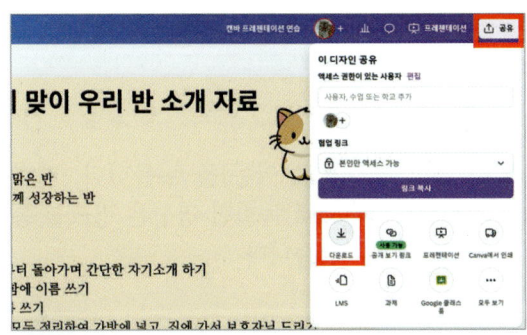 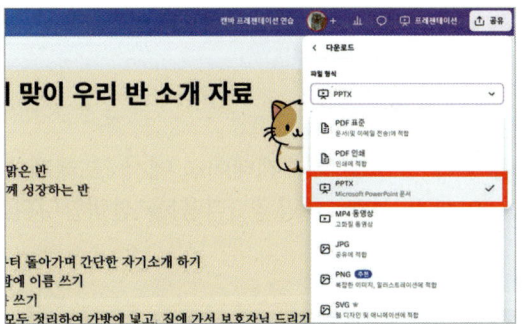

❶ 우측 상단의 [공유]에서 '다운로드'를 선택합니다.

❷ 다운로드 가능한 다양한 파일 형식이 나옵니다. 원하는 파일 형식 클릭 후 '다운로드'를 선택합니다.

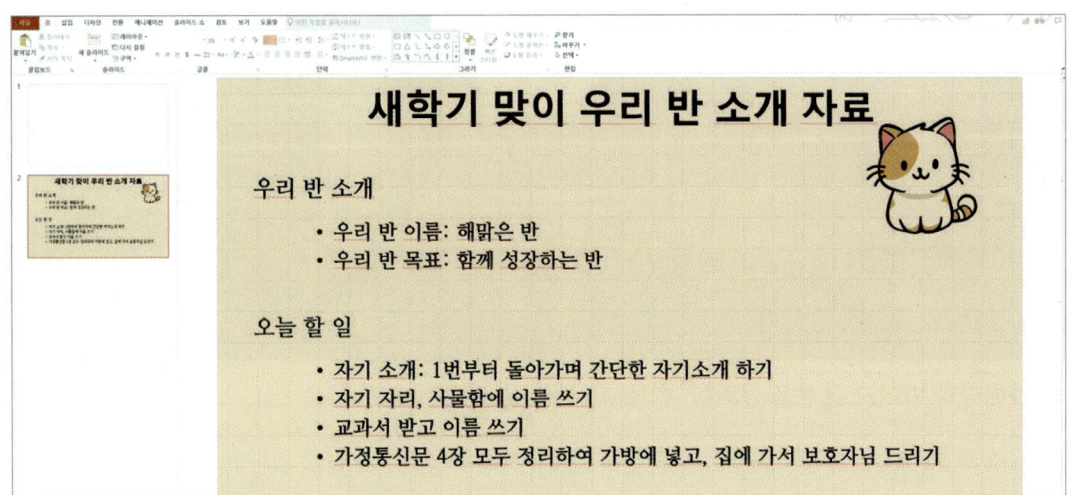

❸ 선택한 파일 형식에 맞게 다운로드 된 모습입니다. 글꼴 및 배경도 편집이 가능합니다.

03. 프레젠테이션 녹화 기능

캔바 프레젠테이션은 녹화 기능을 지원합니다. 교사는 프레젠테이션 자료를 녹화하여 동영상으로 제작한 뒤 학생들에게 쉽게 공유할 수 있습니다. 이를 활용하면 거꾸로 학습용 동영상, 복습용 영상, 학급 운영 영상 등 다양한 콘텐츠를 간편하게 만들 수 있습니다. 이제 캔바 프레젠테이션의 녹화 기능에 대해 자세히 살펴보겠습니다.

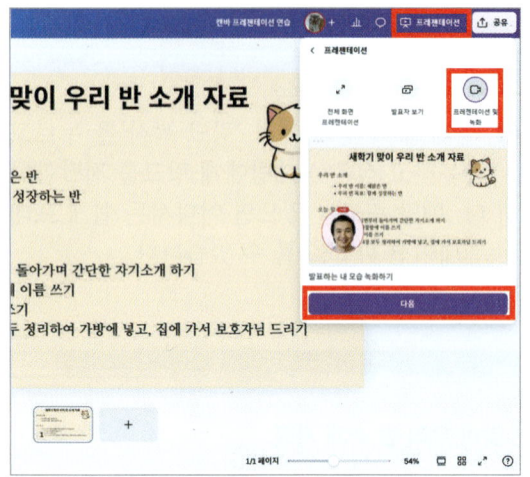
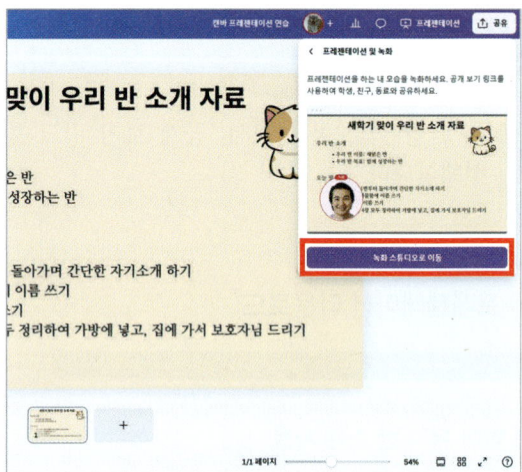

❶ 우측 상단의 '프레젠테이션'에서 '프레젠테이션 및 녹화' 클릭 후 [다음]을 선택합니다. 선택합니다.

❷ [녹화 스튜디오로 이동]을 누릅니다. 캔바 프레젠테이션으로 녹화한 영상은 링크를 통해 공유할 수 있습니다.

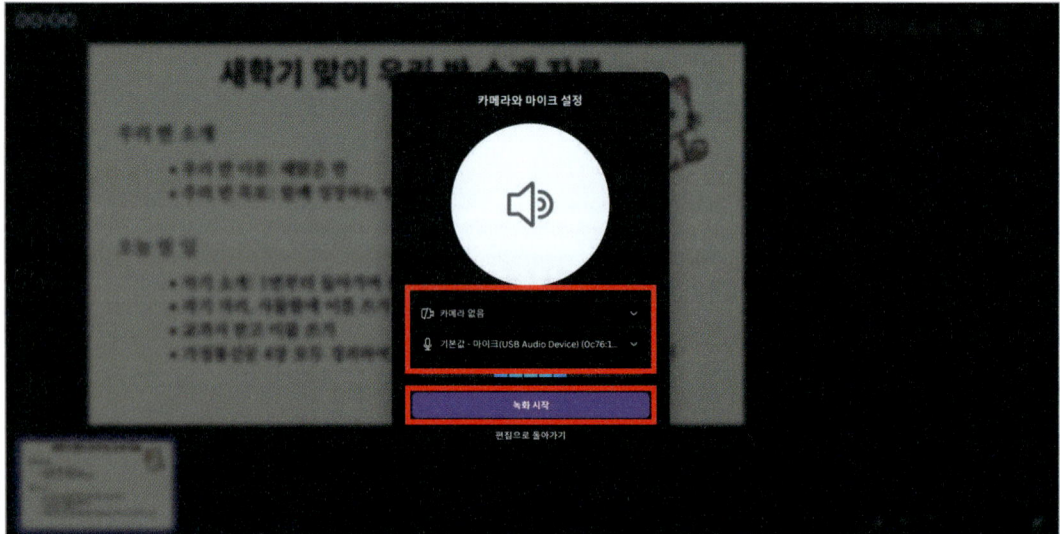

❸ 카메라와 마이크 옵션을 클릭한 후 [녹화 시작]을 누릅니다.

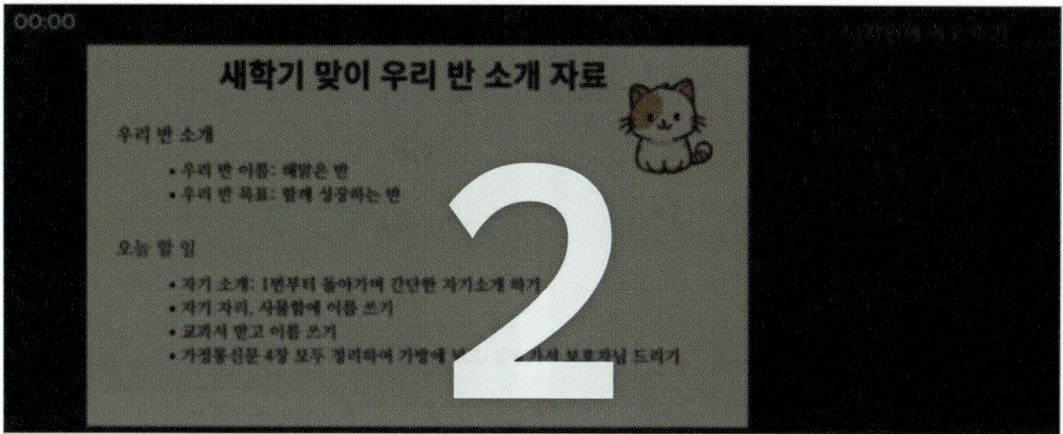

❹ 녹화 시작을 누르면 3초 뒤 녹화가 시작됩니다. PPT 내용을 소리 내어 설명하면 음성이 함께 녹음됩니다.

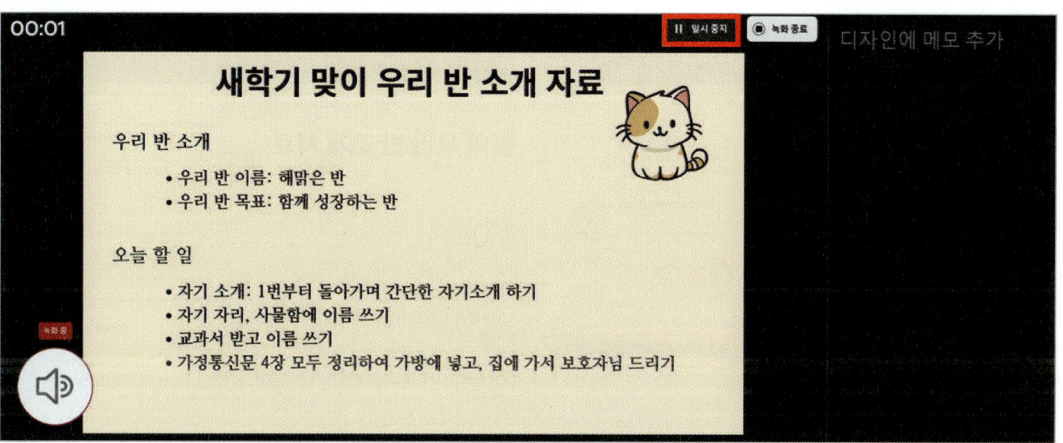

❺ 우측 상단의 '일시 중지'를 선택하면 녹화를 잠시 멈출 수 있습니다.

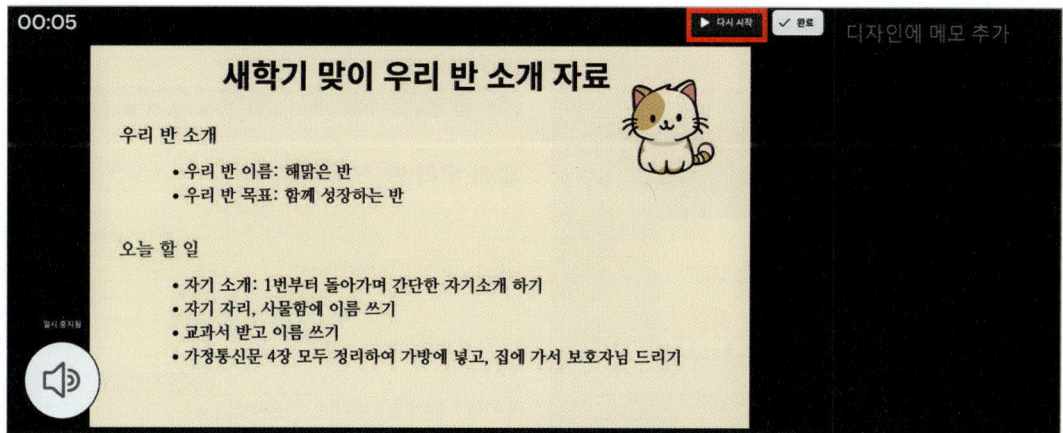

❻ 다시 녹화를 할 준비가 되었다면 '다시 시작'을 눌러 녹화를 진행합니다.

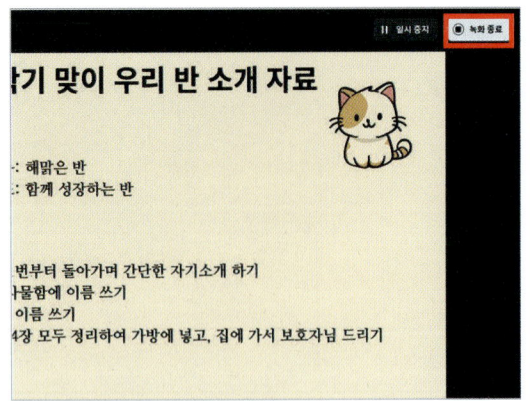 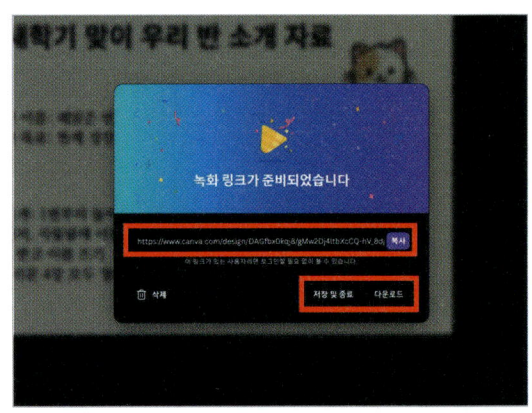

❼ 녹화 완료 후 우측 상단의 '녹화 종료'를 누릅니다.

❽ 녹화한 프레젠테이션을 링크로 공유하려면 링크를 '복사'하고, 동영상으로 저장하려면 '다운로드'를, 편집 화면으로 돌아가려면 '저장 및 종료'를 선택합니다.

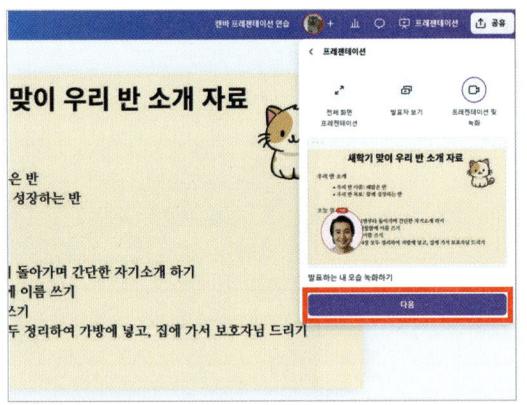 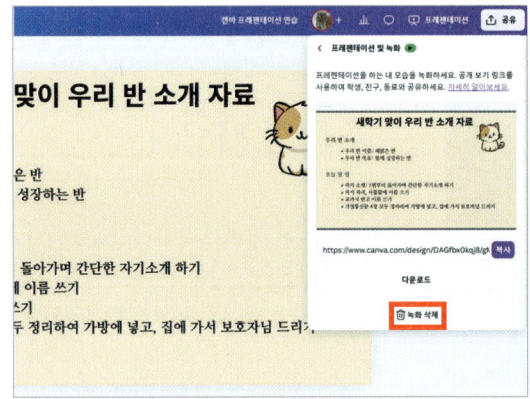

❾ '프레젠테이션'에서 '프레젠테이션 및 녹화'를 선택하고 [다음]을 누릅니다.

❿ [녹화 삭제]를 누르면 기존에 녹화된 내용을 삭제할 수 있습니다.

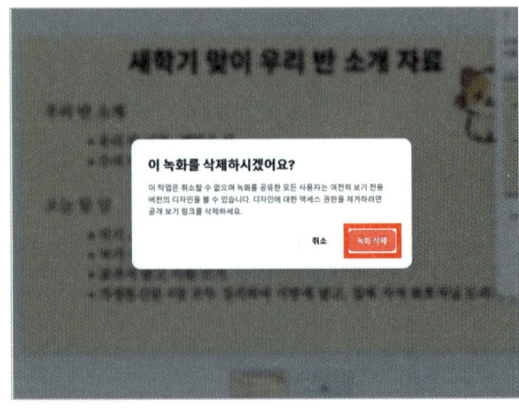 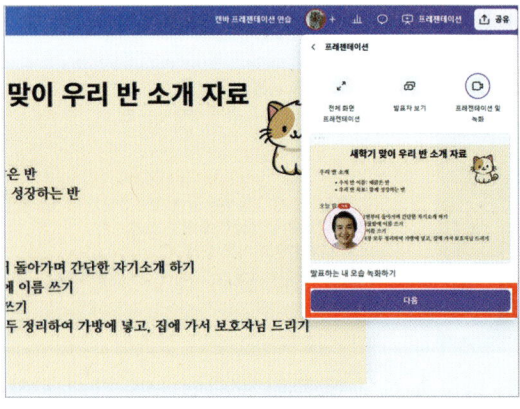

⓫ [녹화 삭제]를 눌러 녹화를 삭제합니다.

⓬ 다시 새롭게 녹화합니다.

학급 안내 동영상 만들기

01. 학급 규칙 소개 자료 만들기

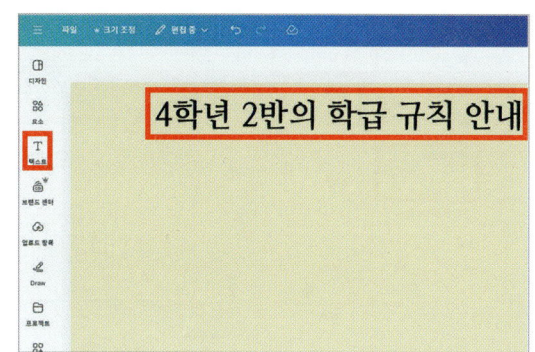

❶ 캔바에서 프레젠테이션 디자인을 생성하고 우측 상단의 제목을 변경합니다.

❷ 좌측 메뉴바 [텍스트]에서 '텍스트 상자 추가'를 눌러 제목을 작성하고 글꼴을 변경합니다.

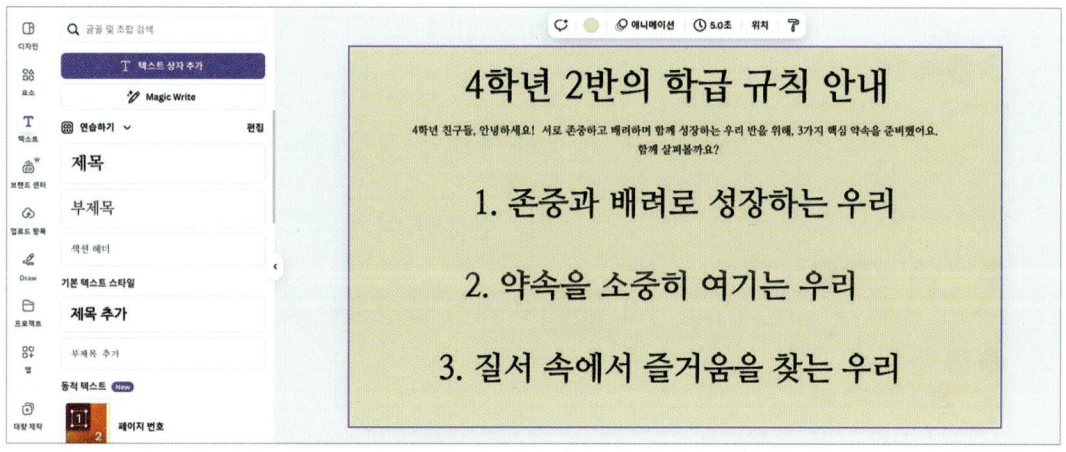

❸ 규칙 내용을 작성하여 내용을 구성합니다.

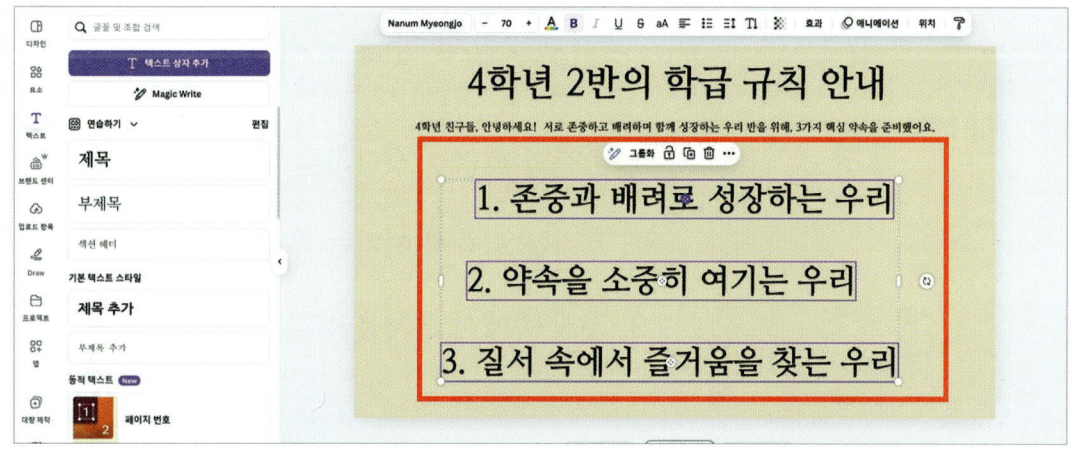

❹ Shift 키를 누른 상태에서 정렬하고자 하는 텍스트 상자를 모두 선택합니다.

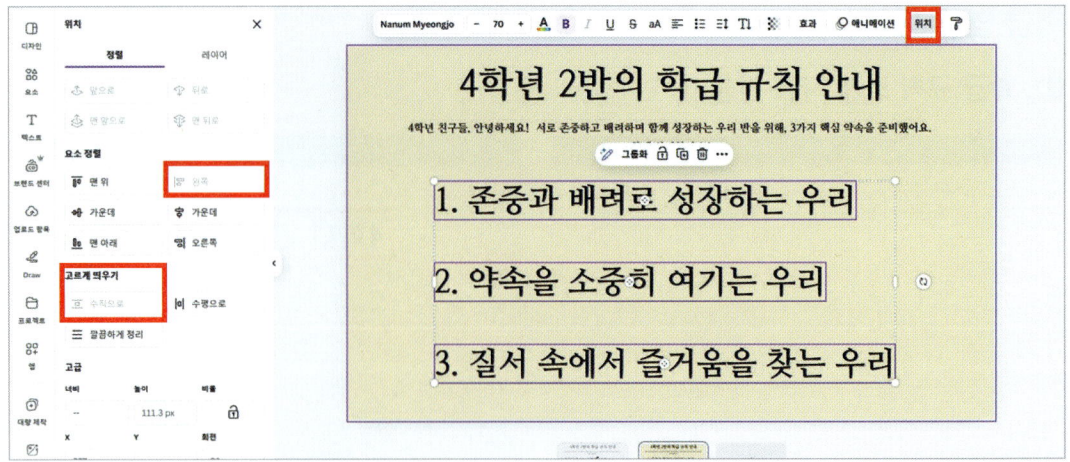

❺ 우측 상단 도구바에서 '위치'를 누르고 요소 정렬에서 '왼쪽' 클릭, 고르게 띄우기에서 '수직으로'를 선택해 텍스트 상자를 정렬합니다.

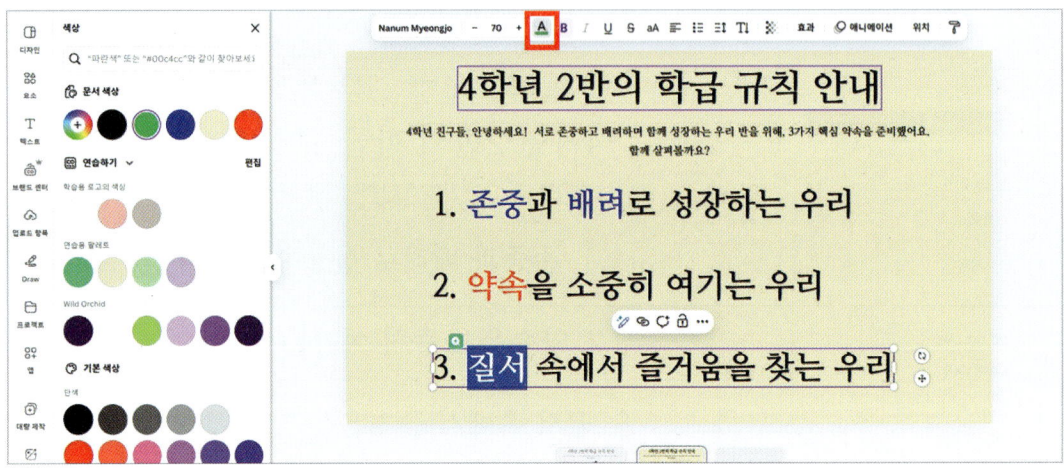

❻ 핵심 단어가 잘 보일 수 있도록 드래그하여 텍스트 색상을 변경합니다.

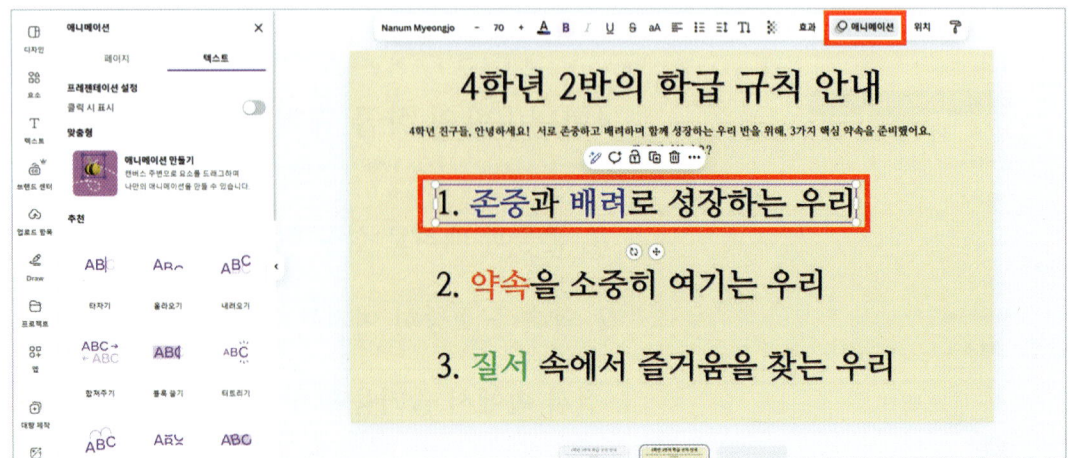

❼ 시각적인 효과를 더할 수 있도록 상단 도구바의 '애니메이션'을 눌러 효과를 줍니다.

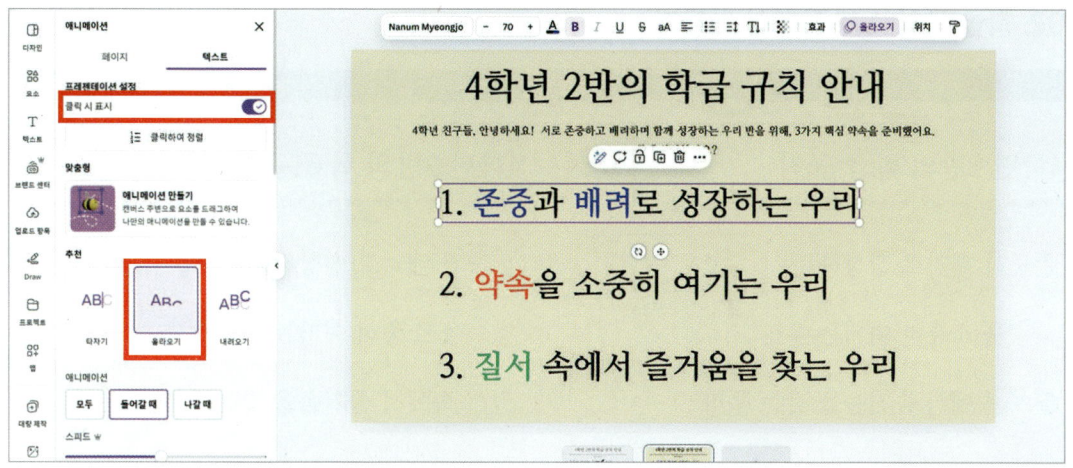

❽ 애니메이션 효과 중 '올라오기'를 적용합니다. 이때 '클릭 시 표시'를 체크하면 해당 애니메이션은 화면을 클릭할 때 작동하게 됩니다.

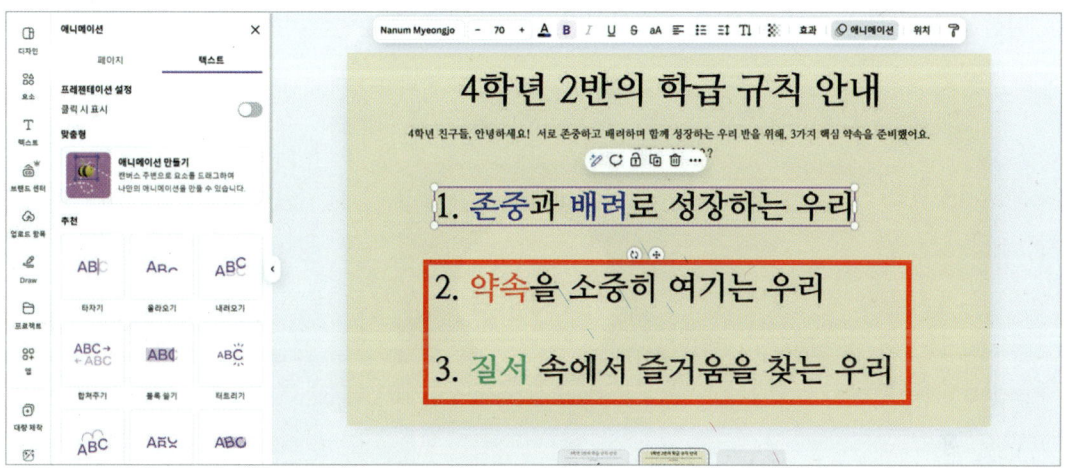

❾ 나머지 텍스트 상자에도 애니메이션 효과를 적용합니다.

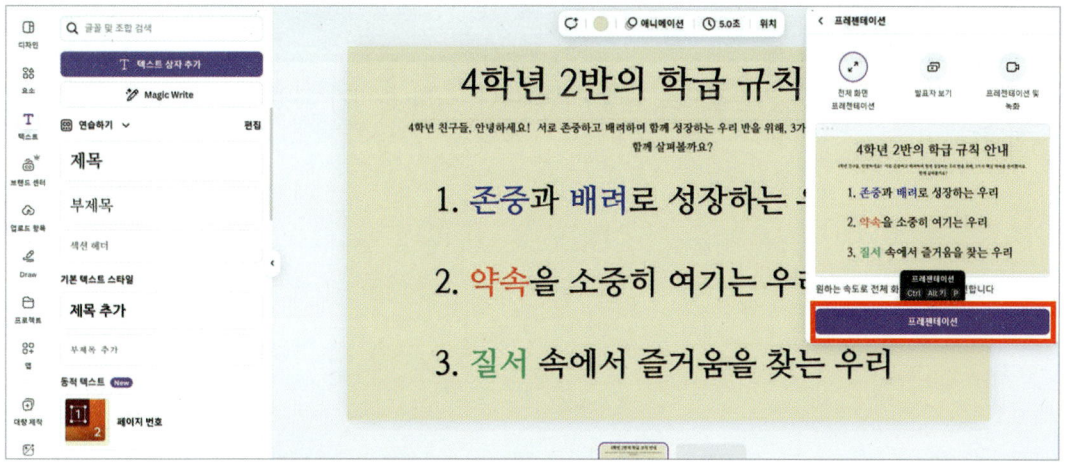

❿ 우측 상단의 [프레젠테이션]을 선택해 결과물을 확인합니다.

02. 학급 규칙 소개 동영상 만들기

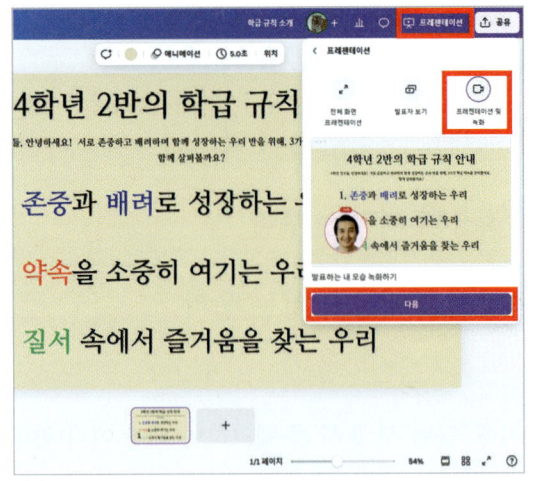 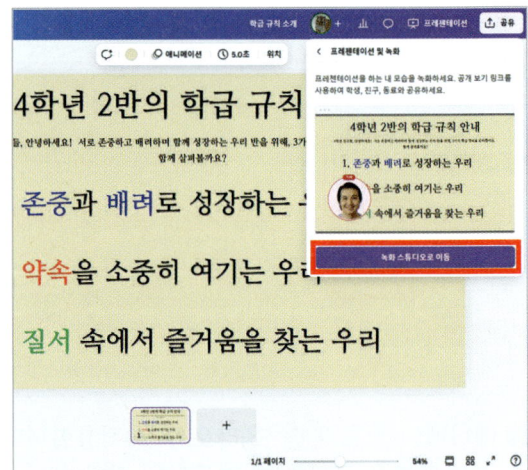

❶ 우측 상단의 '프레젠테이션'에서 '프레젠테이션 및 녹화'를 누르고 [다음]을 선택합니다.

❷ [녹화 스튜디오로 이동]을 선택합니다.

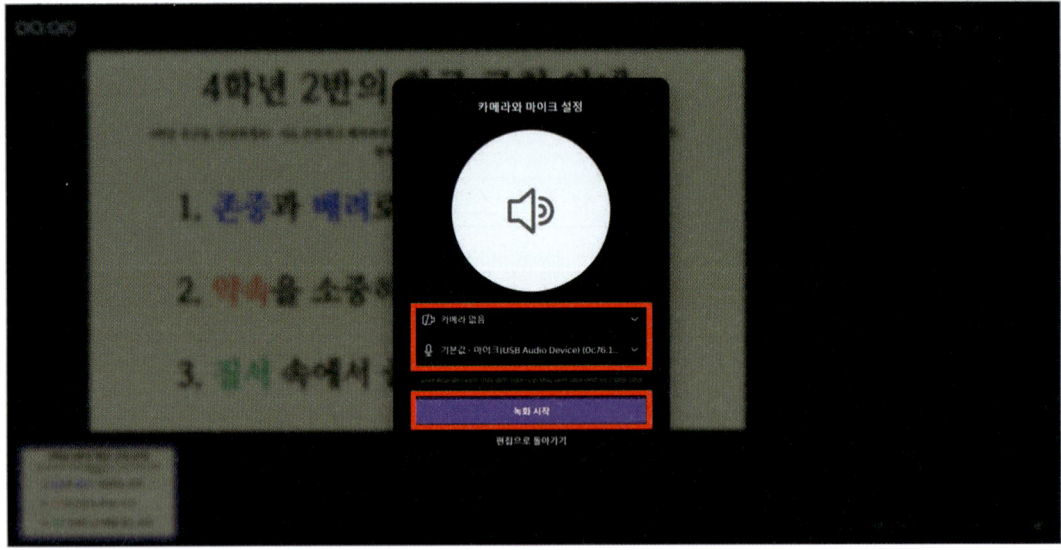

❸ 카메라 없음, 마이크는 기본값으로 설정하겠습니다. 녹화 준비가 되었다면 [녹화 시작]을 선택합니다.

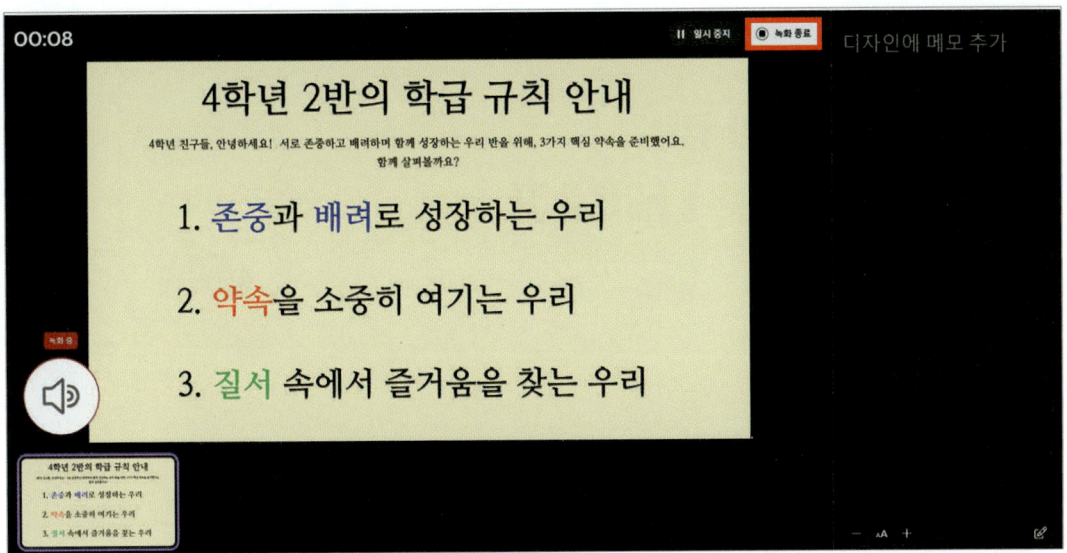

❹ 프레젠테이션 내용을 음성으로 설명하면서 녹화를 진행한 후 '녹화 종료'를 선택합니다.

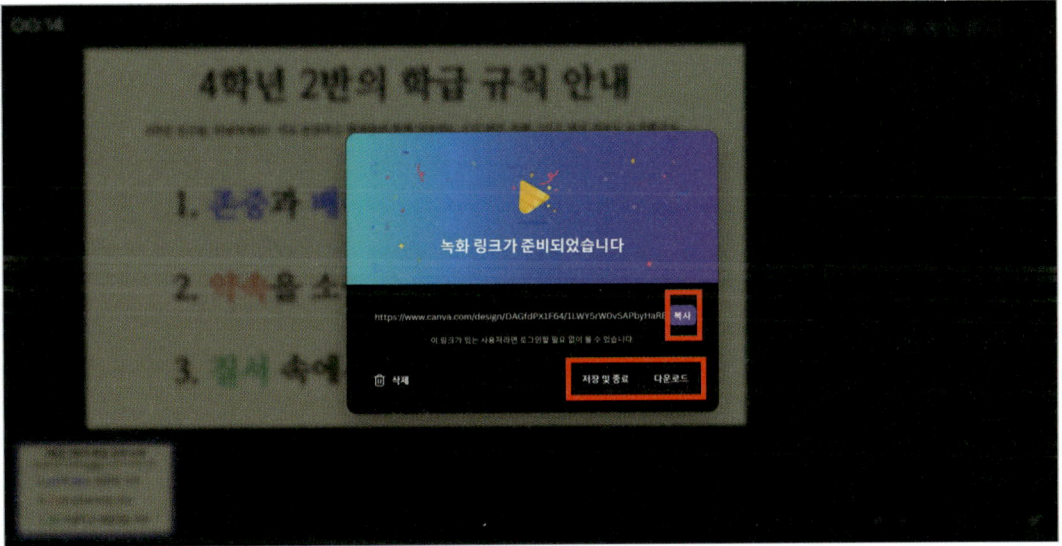

❺ 원하는 다운로드 방법을 선택합니다.

데이터 시각화의 힘!
캔바 차트로 정보 나타내기

캔바 차트(그래프) 알아보기

정보가 넘쳐나는 시대, 우리는 방대한 데이터 속에서 살아가고 있습니다. 하지만 텍스트와 숫자로만 가득한 자료는 그 자체로는 의미를 파악하기 어렵습니다. 이때 필요한 것이 바로 데이터 시각화입니다. 데이터를 시각적인 형태로 전환하면 복잡하고 추상적인 정보도 한눈에 이해할 수 있게 되며 숨겨진 패턴이나 의미를 발견할 수 있습니다.

이러한 데이터 시각화의 중심에는 그래프가 있습니다. 막대 그래프, 꺾은선 그래프, 원 그래프 등 다양한 형태의 그래프는 데이터의 성격에 따라 정보를 효과적으로 전달해 줍니다. 단순히 보기 좋게 꾸미는 것을 넘어 데이터를 통해 전하고자 하는 핵심 메시지를 명확하게 드러내고, 분석 결과에 대한 설득력을 높이며, 나아가 효율적인 의사 결정을 가능하게 하는 강력한 도구입니다.

01. 캔바 차트 활용의 장점

학교 보고서나 연구 보고서를 작성할 때는 복잡한 데이터를 명확하고 설득력 있게 제시해야 합니다. 그래프는 숫자와 텍스트만으로는 전달하기 어려운 정보를 시각적인 형태로 변환하여 독자의 이해를 높이고 분석 결과에 대한 신뢰도를 높입니다. 그리고 이러한 그래프를 가장 쉽고 효과적으로 제작할 수 있는 도구가 바로 캔바입니다. 캔바에서는 '그래프'라는 용어 대신 '차트'라는 표현을 사용합니다. 따라서 표나 숫자 데이터를 시각화하고자 할 때는 캔바 내에서 차트 기능을 활용하면 됩니다.

■ 보고서 정보 전달력 극대화

캔바 차트는 복잡한 연구 데이터나 평가 결과, 통계 자료 등을 시각적으로 명확하게 정리해 나타냅니다. 이를 통해 보고서를 읽는 평가위원이나 동료 교사, 관리자 누구나 핵심 정보를 빠르고 쉽게 파악할 수 있습니다. 특히 연구 보고서 심사와 같이 제한된 시간 안에 내용을 효과적으로 전달해야 할 때 캔바 차트는 매우 유용합니다.

■ 연구 결과의 핵심 메시지 강조

연구 데이터 변화의 흐름, 변수 간의 상관관계, 특이점 등 중요한 분석 결과를 시각적으로 강조함으로써 연구 결과의 핵심 메시지를 명확하게 전달할 수 있습니다. 연구 보고서에서 그래프를 통해 핵심 주장을 뒷받침하는 객관적인 근거를 제시함으로써 보고서의 설득력을 높일 수 있습니다.

■ 보고서 신뢰도 향상

데이터 기반의 캔바 차트 분석 결과를 보고서에 제시한다면 연구 결과 및 주장의 객관성과 신뢰성을 확보할 수 있습니다. 특히 연구 대회나 공모전과 같은 공식적인 심사에서 심사위원들은 데이터 분석의 객관성과 논리성을 중요하게 평가하므로 캔바 차트는 보고서의 신뢰도를 높여 심사에서 긍정적인 평가를 받는 데 기여합니다.

■ 보고서 작성 시간 단축 및 효율성 증대

캔바 차트는 다양한 그래프 템플릿과 직관적인 사용법을 제공해, 복잡한 데이터 시각화 작업을 빠르게 마칠 수 있도록 도와줍니다. 보고서 작성 시간을 단축시켜 업무 부담을 줄이고, 연구 및 분석 작업에 더욱 집중할 수 있습니다.

■ 보고서의 시각적 매력과 주목도 상승

캔바의 풍부하고 전문적인 디자인 템플릿을 활용하면 보고서의 전반적인 디자인 수준을 높여 시각적인 매력을 향상할 수 있습니다. 시각적으로 잘 디자인된 보고서는 평가자의 주목도를 높이고 긍정적인 인상을 심어주어 경쟁력을 높이는 데 효과적입니다.

02. 캔바 차트 사용 방법

그렇다면 실제로 캔바에서 그래프를 어떻게 활용할 수 있는지 구체적으로 알아보겠습니다.

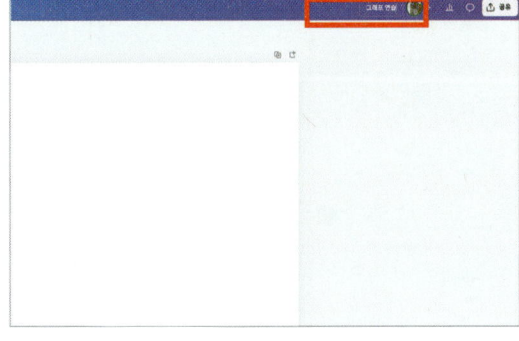

❶ 캔바 메인화면 [+ 디자인 만들기] 클릭 후 검색창에 '그래프'를 검색해 '그래프(1024× 768 px(가로형))'을 선택합니다.

❷ 우측 상단의 제목을 클릭하여 제목을 변경합니다.

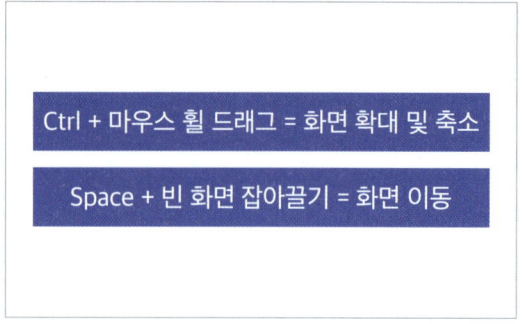 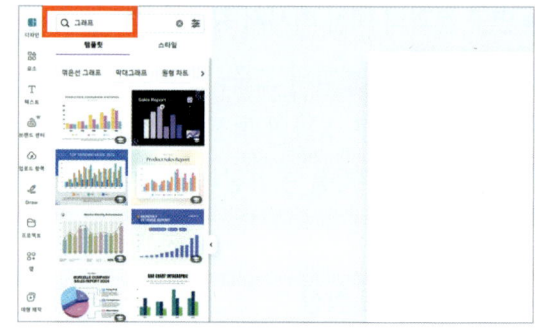

❸ 아트보드에서 확대 및 축소와 화면 이동 조작 방법입니다.

❹ 좌측 메뉴바 [디자인] 검색창에 '그래프'를 검색해 다양한 그래프 템플릿을 확인할 수 있습니다.

❺ 검색창에 'blue modern line bar chart graph'를 검색합니다. 템플릿을 더블클릭하여 아트보드로 삽입합니다.

출처: 캔바 크리에이터 Ermedia Studio

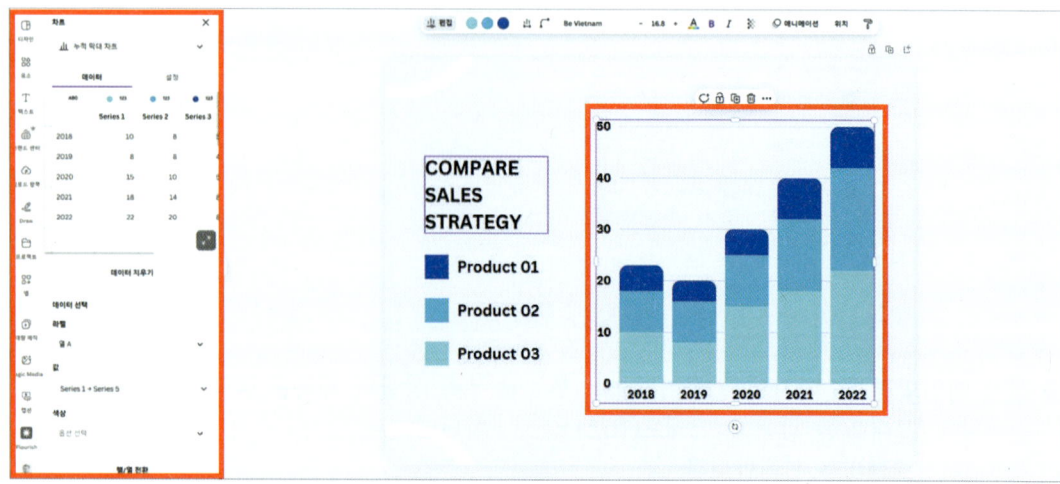

❻ 그래프를 더블클릭하면 좌측에 차트의 상세 정보가 나타납니다.

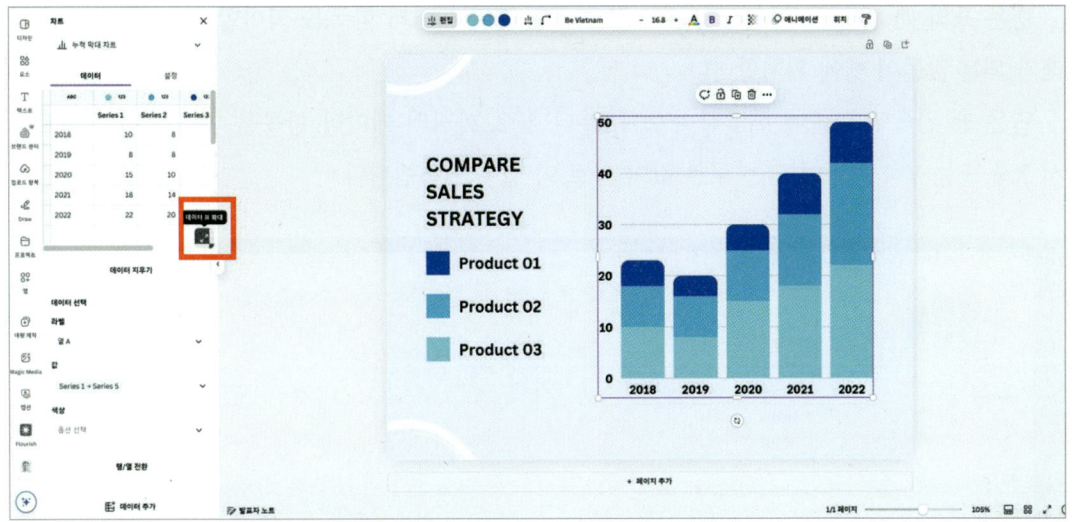

❼ 차트 설정을 통해 그래프의 세부값을 조정할 수 있습니다. 표 우측 하단의 '데이터 표 확대'를 선택하면 표가 화면 전체로 확대됩니다.

❽ 표가 화면 전체로 확대되어 편리하게 표를 편집할 수 있습니다.

■ 행과 열

캔바에서 차트를 만들 때 데이터 입력은 표 형태로 진행됩니다. 표는 일반적인 '행'과 '열'로 구성되어 있는데 각각 차트의 축과 데이터 항목을 구성하는 중요한 요소입니다.

ABC	123	123	123	123	123
	Series 1	Series 2	Series 3	Series 4	Series 5
2018	10	8	5		
2019	8	8	4		
2020	15	10	5		
2021	18	14	8		
2022	22	20	8		

행은 표의 맨 위 가로줄에 해당하며 Series 1~5의 데이터 항목을 의미합니다. 즉 차트의 범례가 되는 값들이 행에 위치합니다.

열은 맨 왼쪽 세로줄에 해당하며 2018부터 2022까지의 데이터 항목을 의미합니다. 차트에서 X축 또는 Y축 기준이 되는 구분 값이 바로 이 열에 입력됩니다.

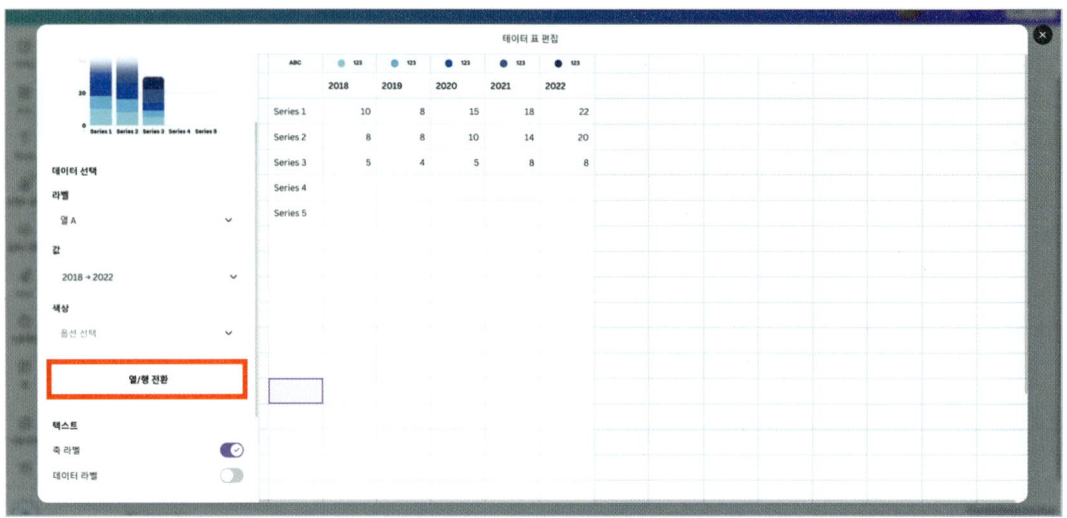

차트 세부 설정 하단의 [열/행 전환]을 선택하면 행과 열을 바꿀 수 있습니다. 이에 따라 그래프의 모습도 변화하게 됩니다.

■ 라벨

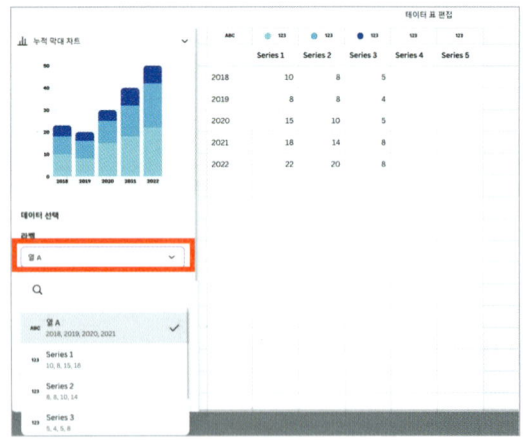 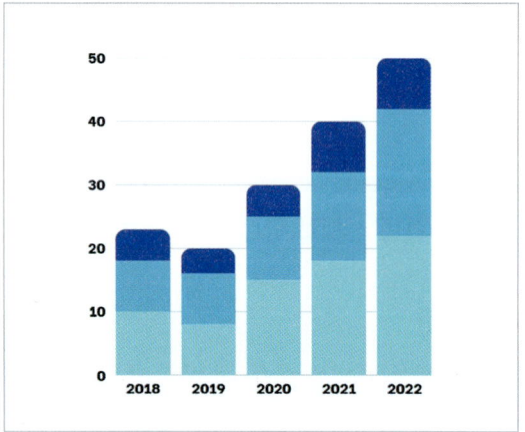

❶ 라벨을 보면 열 A(2018~2022)이고, 값은 Series 1~5입니다.

❷ 라벨은 항목과 동의어입니다. 값은 각 항목의 값입니다. 따라서 위 그래프는 2018~2022 각각의 Series 1~5의 값들을 나타냅니다. Series 4와 Series 5는 비어 있기 때문에 3개만 표시됩니다.

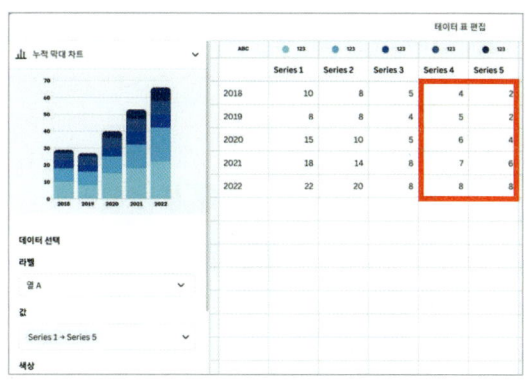
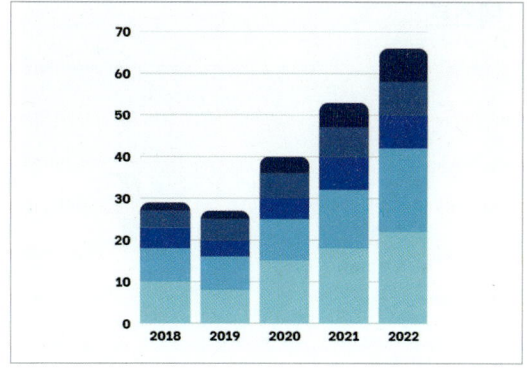

❸ 비어 있는 Series 4와 Series 5에 값을 채워 넣습니다.

❹ 기입한 값에 따라 그래프가 변화된 모습입니다.

■ **색상**

❶ 그래프의 색상을 바꾸고 싶다면 데이터 표 편집 창 상단의 색상 부분을 선택하면 됩니다.

❷ 상단 점 3개 아이콘을 선택합니다.

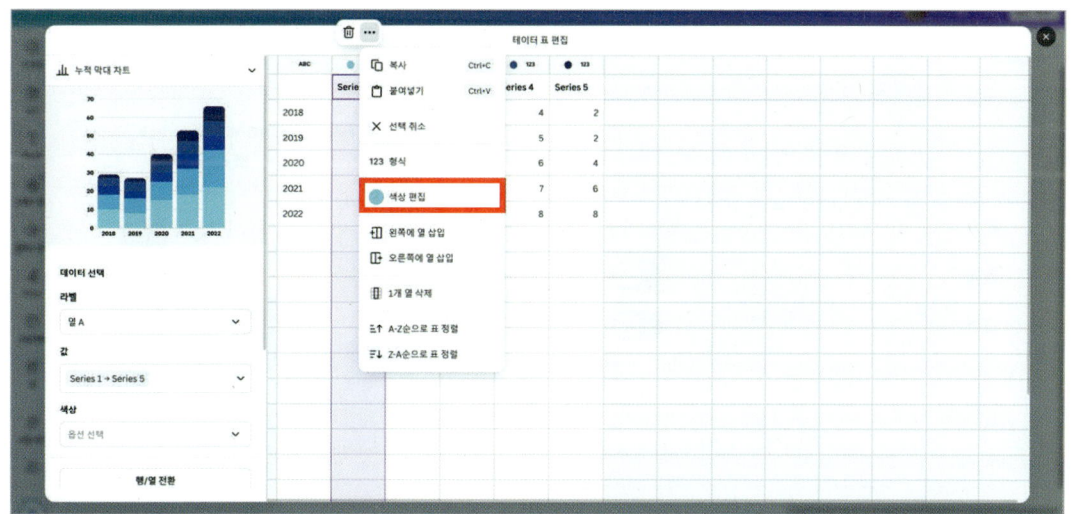

❸ '색상 편집'을 누르고 원하는 색상으로 변경합니다.

■ 텍스트

 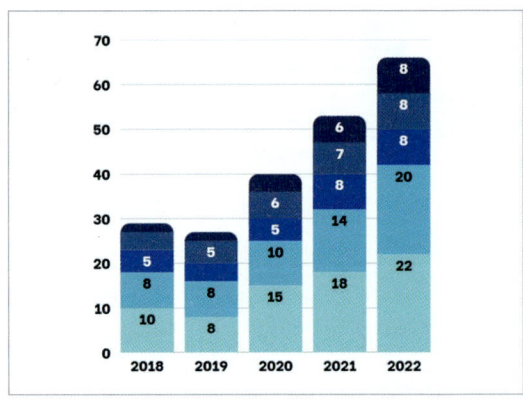

❶ '데이터 라벨'을 체크하면 각 데이터의 개별 값이 그래프에 표기됩니다.

❷ 데이터 라벨 정렬의 맨 아래, 가운데, 종료 부분은 편의에 따라 변경 가능합니다.

 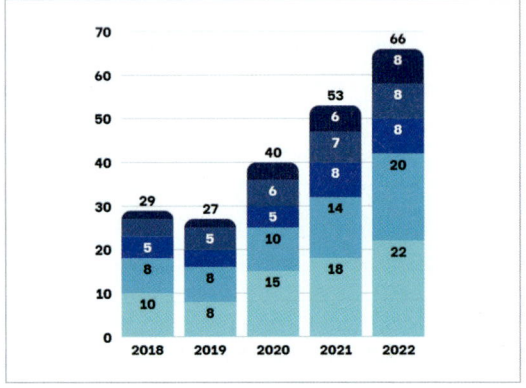

❸ '누적 총합'을 체크하면 각 항목별 총합의 값이 표기됩니다.

❹ 각 항목별 값의 누적 총합이 그래프에 표기된 모습입니다.

■ 요소

 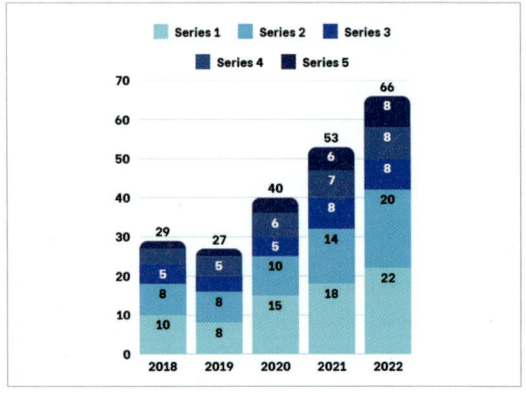

❶ 범례는 기호 등의 뜻을 풀이한 설명입니다.

❷ 범례를 체크하면 색상별로 어떤 Series인지 알 수 있도록 그래프 위쪽에 범례가 표기됩니다.

 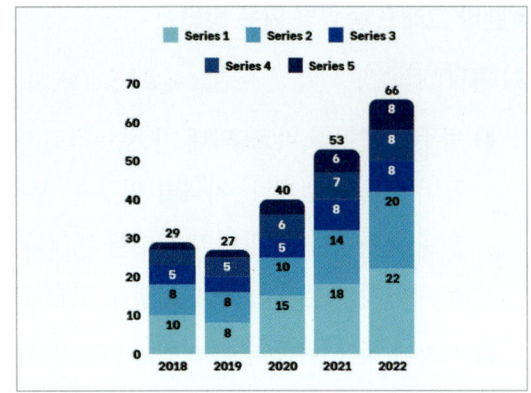

❸ '그리드 선' 체크를 해제하면 그래프의 눈금이 사라집니다.

❹ 그래프의 눈금이 없어진 모습입니다.

03. 캔바 차트 종류

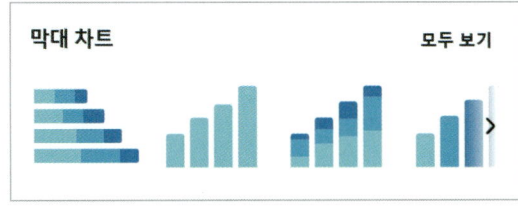 

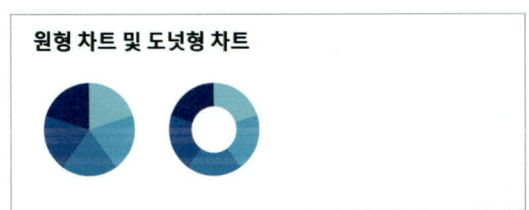 

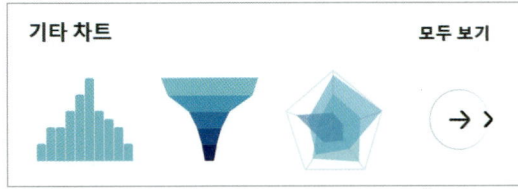

■ **캔바 그래프 종류별 활용 방법**

1) 막대 차트

   ❶ 범주형 데이터 비교: 막대 차트는 서로 다른 범주 간의 값을 비교할 때 효과적입니다. 예를 들어 제품별 판매량, 지역별 인구수, 부서별 예산과 같이 구분된 항목들의 크기를 시각적으로 보여줍니다. 막대의 길이를 비교함으로써 어떤 항목이 가장 큰 값을 가지는지, 순위는 어떻게 되는지 쉽게 파악할 수 있습니다.

   ❷ 시간에 따른 변화 추이 파악: 막대 차트는 특정 기간 동안 데이터 변화 추이를 나타낼 때 유용합니다. 예를 들어 월별 매출액 변화, 연도별 생산량 변화 등을 막대 차트로 나타내어 시간 흐름에 따른 데이터 변화를 쉽게 파악할 수 있습니다.

   ❸ 데이터의 구성 요소 비교: 막대 차트는 전체 데이터에 대한 각 구성 요소의 비율을 비교하는 데 사용될 수 있습니다. 예를 들어 제품별 판매 비중, 연령대별 인구 분포 등을 막대 차트로 나타내어 전체 데이터에서 각 요소가 차지하는 비중을 쉽게 비교할 수 있습니다.

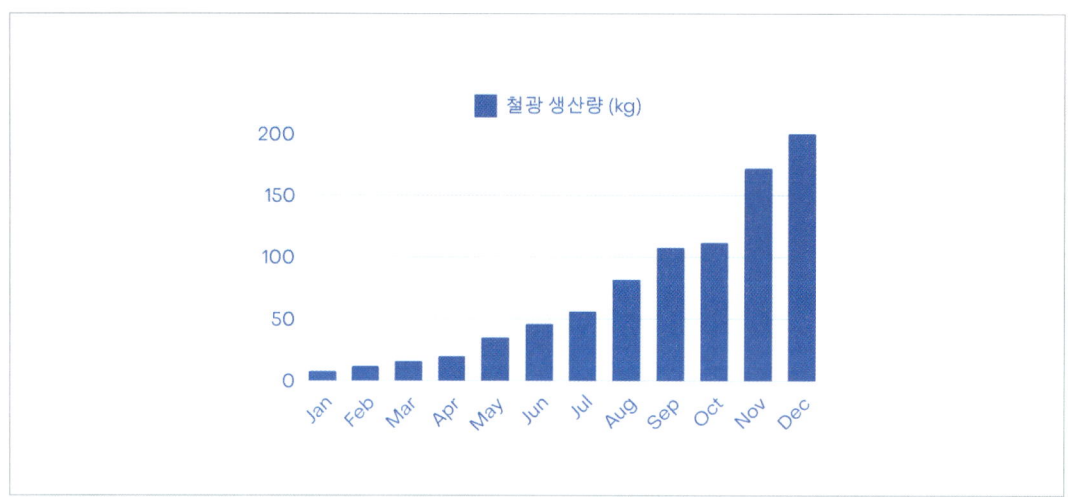

2) 선 차트

   ❶ 시간 흐름에 따른 변화 추이: 선 차트는 시간에 따른 데이터 변화를 명확하게 보여주는 데 효과적입니다. 예를 들어 월별 매출액 변화, 연도별 수출액 변화, 시간별 기온 변화 등을 선 차트로 나타내어 시간 흐름에 따른 데이터 변화 추이를 쉽게 파악할 수 있습니다.

   ❷ 여러 데이터 계열 비교: 여러 개의 선을 사용하여 여러 종류의 데이터 변화 추이를 동시에 비교할 수 있습니다. 예를 들어 A 제품과 B 제품의 판매량 변화 추이를 하나의 선 차트에 함께 나타내어 두 제품의 판매 실적을 비교할 수 있습니다.

❸ 미래 추세 예측: 과거 데이터 추세를 바탕으로 미래값을 예측하는 데 활용될 수 있습니다. 예를 들어 과거 몇 년간의 매출액 데이터를 선 차트로 분석하여 향후 매출액을 예측할 수 있습니다.

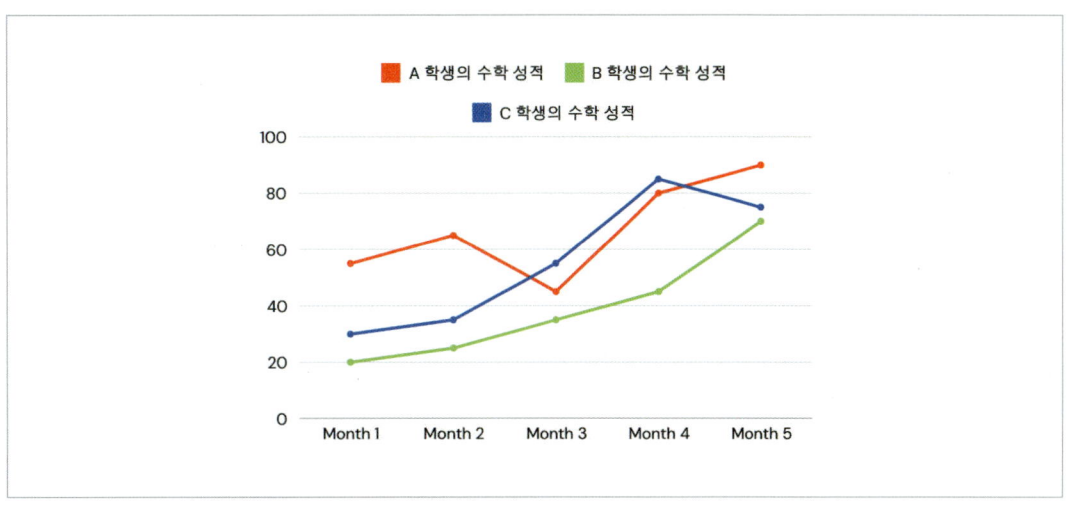

3) 원형 차트

❶ 전체와 부분의 관계: 원형 차트는 원 전체를 100%로 보고 각 부분이 차지하는 비율을 부채꼴 모양으로 나타냅니다. 이를 통해 전체 데이터에서 각 부분이 어느 정도의 비중을 차지하는지 쉽게 파악할 수 있습니다.

❷ 각 부분의 크기 비교: 부채꼴의 크기를 통해 각 부분을 직관적으로 비교할 수 있습니다. 가장 큰 부채꼴은 가장 큰 비중을 차지하는 부분을 나타내고 가장 작은 부채꼴은 가장 작은 비중을 차지하는 부분을 나타냅니다.

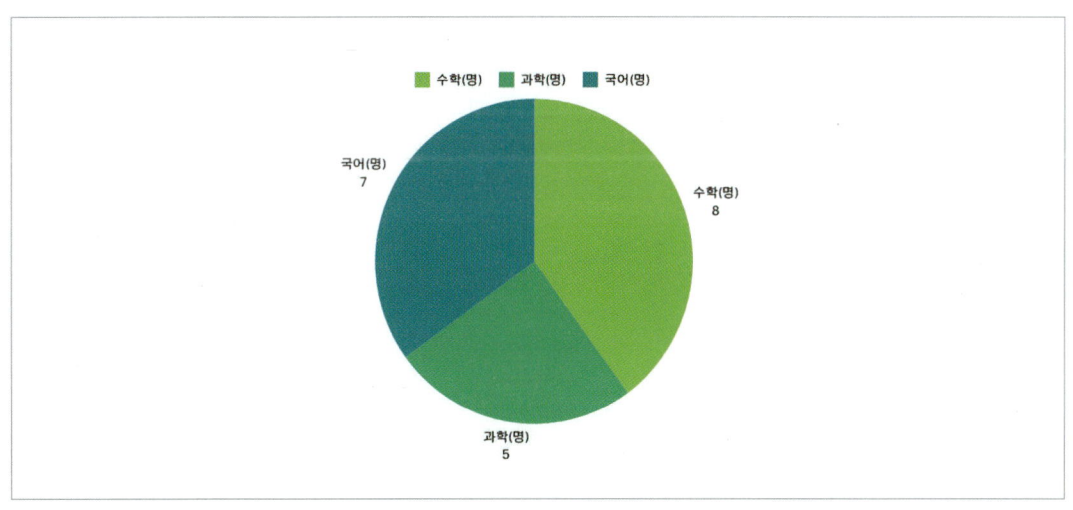

4) 영역 차트

❶ 시간에 따른 변화 추이 강조: 선 그래프와 같이 시간에 따라 데이터가 어떻게 변하는지 흐름을 보여줍니다. 예를 들어 월별 또는 연도별 매출액 변화를 영역 차트로 나타내어 매출액이 늘었는지 줄었는지 추세를 쉽게 파악할 수 있습니다.

❷ 전체 합과 부분의 변화를 동시에 표현: 여러 데이터 종류를 겹쳐서 표시하여 종류별 변화와 함께 전체 합계 변화를 한눈에 보여줍니다. 예를 들어 여러 회사의 시장 점유율 변화를 영역 차트로 나타내어 각 회사의 성장세를 비교하는 동시에 전체 시장 규모가 어떻게 변하는지 파악할 수 있습니다.

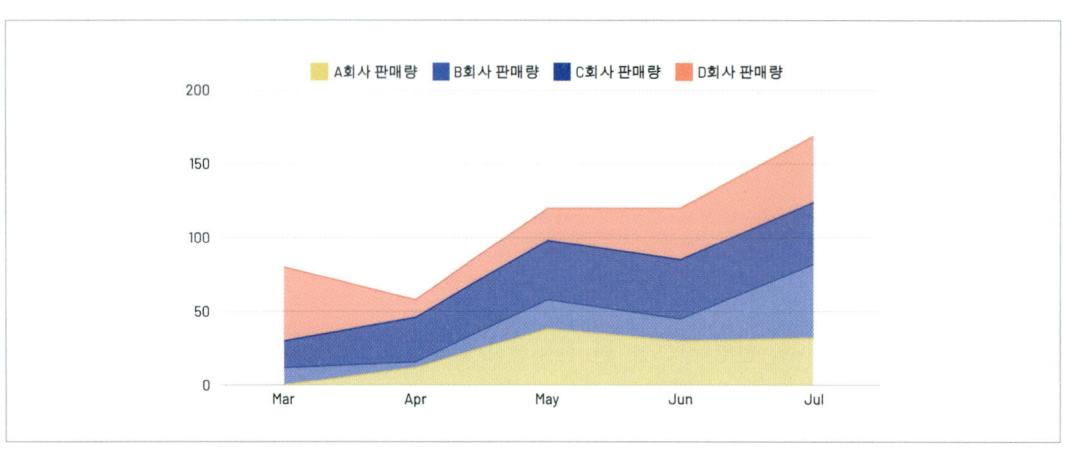

캔바 차트 활용하기

01. 그래프 디자인과 편집

그래프는 표에 정리된 데이터를 보다 쉽게 이해할 수 있도록 시각화하는 도구입니다. 이러한 시각화 도구는 캔바 외에도 다양한 프로그램들이 존재합니다. 하지만 캔바 차트는 그래프 디자인을 자유롭게 변형할 수 있다는 점에서 다른 도구들과 차별화되는 장점을 가지고 있습니다.

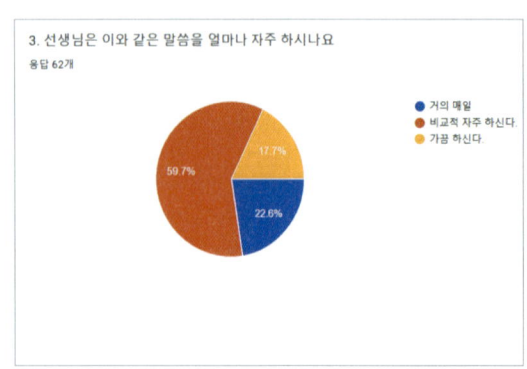
구글 설문지에서 자동 생성된 그래프

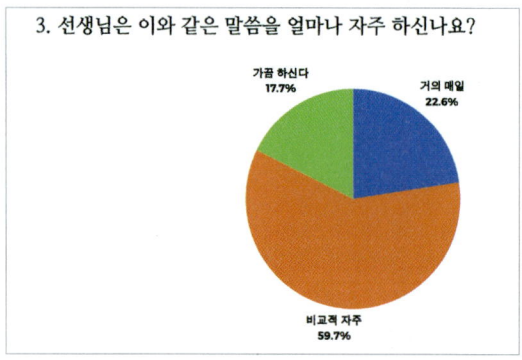
캔바 차트 디자인을 이용한 그래프

두 개의 그래프는 동일한 데이터를 기반으로 만들어진 원형 그래프입니다. 사용 편의성만 놓고 본다면 구글 설문지에서 자동으로 제공하는 그래프가 훨씬 간편합니다. 설문에 응답만 입력하면 QR 코드 등을 통해 자동으로 그래프가 생성되기 때문입니다. 하지만 만약 그래프를 원하는 형태로 가공하고자 한다면 어떻게 해야 할까요? 또 원형 그래프가 아닌 다른 형태의 그래프로 변경하여 표현하고 싶다면 어떻게 해야 할까요? 이 2개의 질문에 답할 수 있는 것은 캔바입니다.

캔바는 디자인 프로그램이기 때문에 그래프도 디자인으로 취급하여 사용자의 취향에 맞게 다양하게 바꿀 수 있습니다. 따라서 캔바는 그래프의 형태나 색상, 글꼴, 구성 요소 등을 자신의 취향과 목적에 맞게 자유롭게 편집하고 변경하고자 할 때 매우 효과적인 도구가 되어 줍니다.

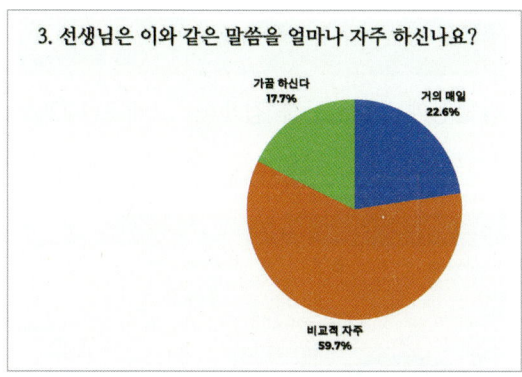

❶ 원형 그래프를 수정해 보겠습니다.

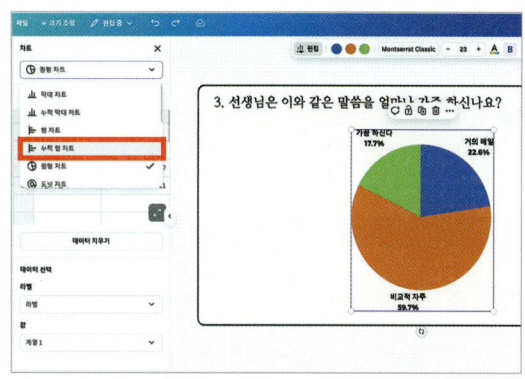

❷ 그래프 클릭 후 '원형 차트' 선택 시 나오는 드롭다운 메뉴에서 '누적 막대 차트'를 선택합니다.

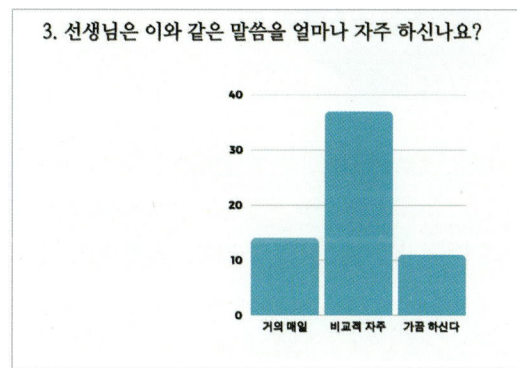

❸ 그래프가 누적 막대 차트로 변경되었습니다.

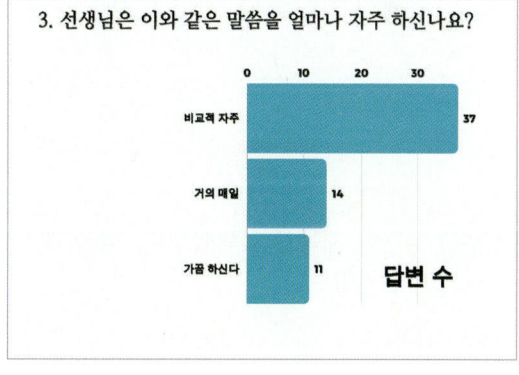

❹ 같은 그래프를 누적 행 차트로 변경한 모습입니다.

이처럼 캔바는 데이터값을 토대로 다양한 형태의 그래프를 만들 수 있습니다. 똑같은 데이터도 어떻게 시각화하는지에 따라 전달되는 바가 다릅니다. 그리고 디자인을 어떻게 구성하느냐에 따라 더욱 효과적으로 정보를 전달할 수 있습니다. 지금부터 캔바 그래프를 편집해 보겠습니다.

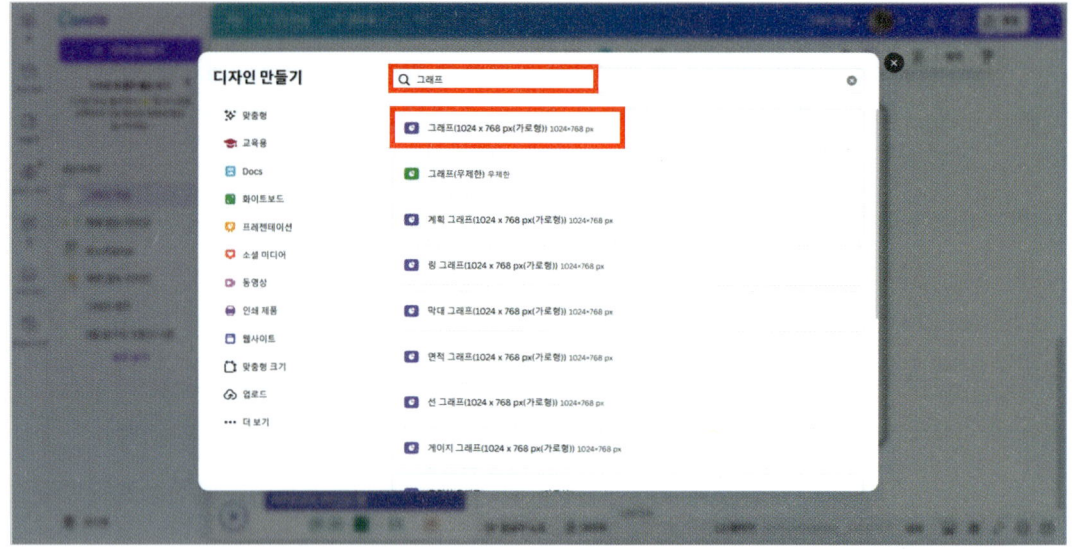

❶ 캔바 메인화면에서 [+ 디자인 만들기] 클릭 후 검색창에 '그래프'를 검색해 '그래프(1024×768 px(가로형))'를 선택합니다.

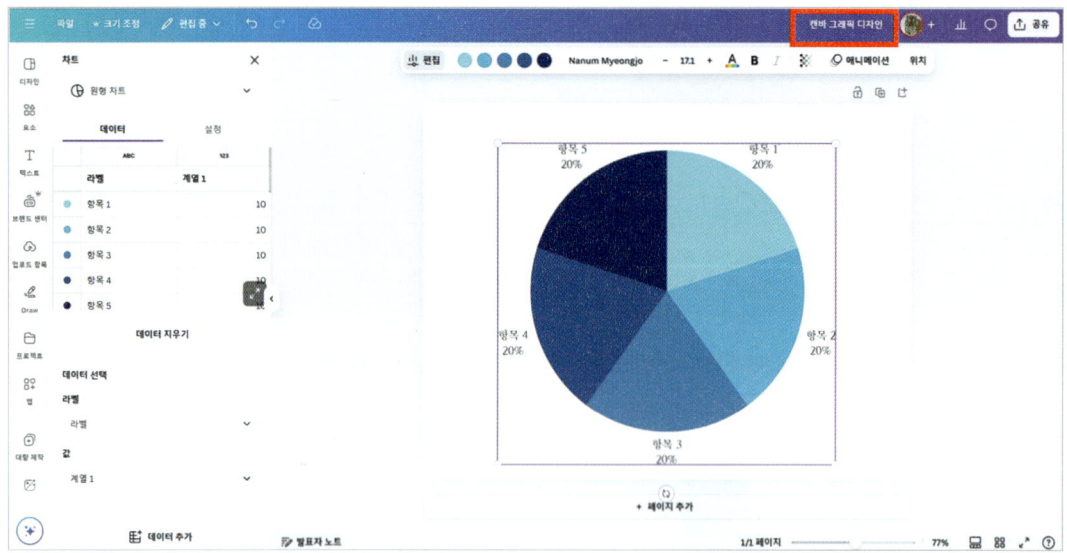

❷ 우측 상단에 제목을 입력합니다. 좌측 메뉴바 [요소]의 '차트'에서 '원형 차트'를 선택해 아트보드에 삽입합니다.

만들어진 원형 차트를 우리 반 학생들이 가장 좋아하는 과목을 주제로 편집하는 연습해 볼까요? 설문조사를 이미 완료하여 데이터가 확보된 상태라고 가정하고 진행하겠습니다.

*설문조사 결과 - 수학: 3, 미술: 3, 영어: 3, 국어: 3, 체육: 8, 기타: 3

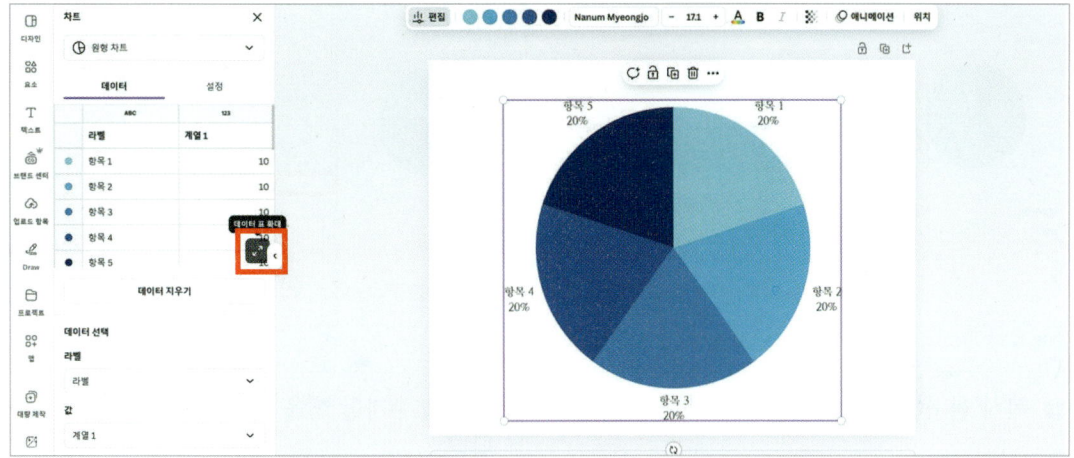

❶ 데이터 편집을 위해 '차트'의 '데이터 표 확대' 버튼을 누릅니다.

❷ 결과는 6개 과목인데 기본 제공 항목은 5개입니다. 아래 빈칸에 항목 1개를 추가해 보겠습니다.

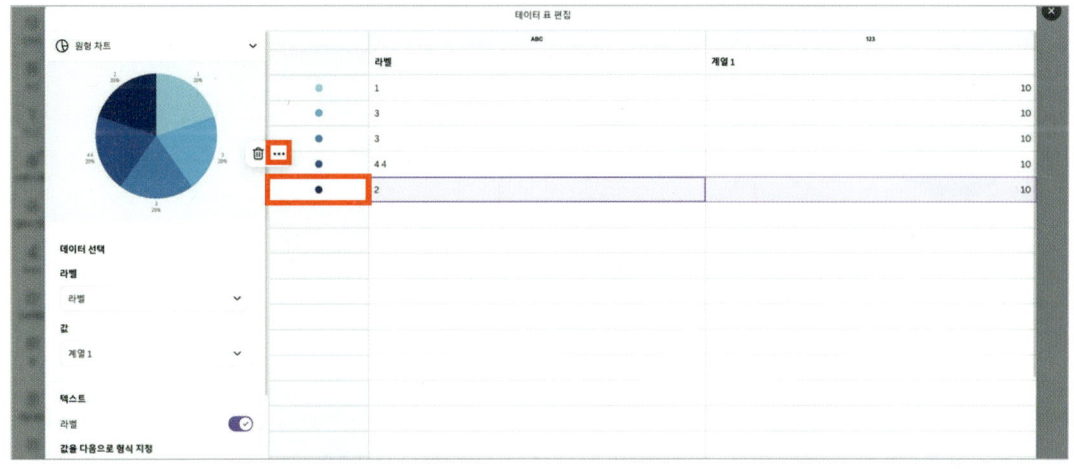

❸ 추가할 항목 위 '색상' 아이콘을 누르면 전체 행이 선택됩니다. 이 상태에서 점 3개 아이콘을 선택합니다.

❹ '복사'를 선택합니다.

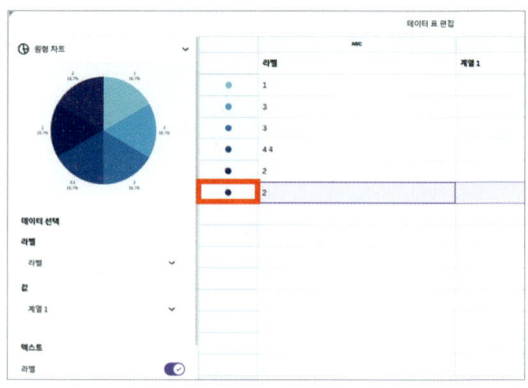

❺ 항목을 추가할 행을 선택 후 Ctrl + V를 누릅니다.

❻ 이제 항목이 6개가 된 모습입니다. 캔바 데이터 표에서는 Ctrl + C와 Ctrl + V로 항목을 복사하고 붙여넣기하여 추가할 수 있습니다.

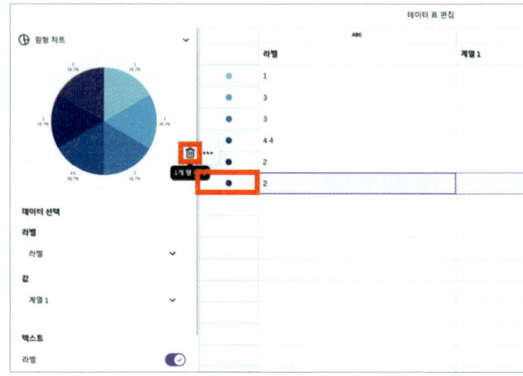

❼ 기존의 행을 삭제하고 싶다면 삭제할 행을 선택한 상태에서 Delete 키를 누릅니다. 상단의 휴지통 아이콘을 눌러 삭제하는 방법도 있습니다.

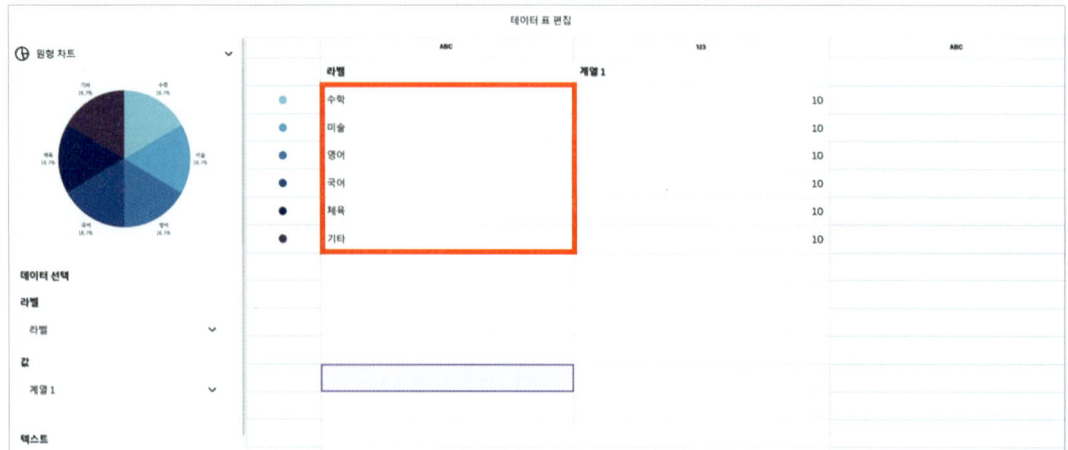

❽ 수학, 미술, 영어, 국어, 체육, 기타까지 설문조사 6개 항목을 넣습니다.

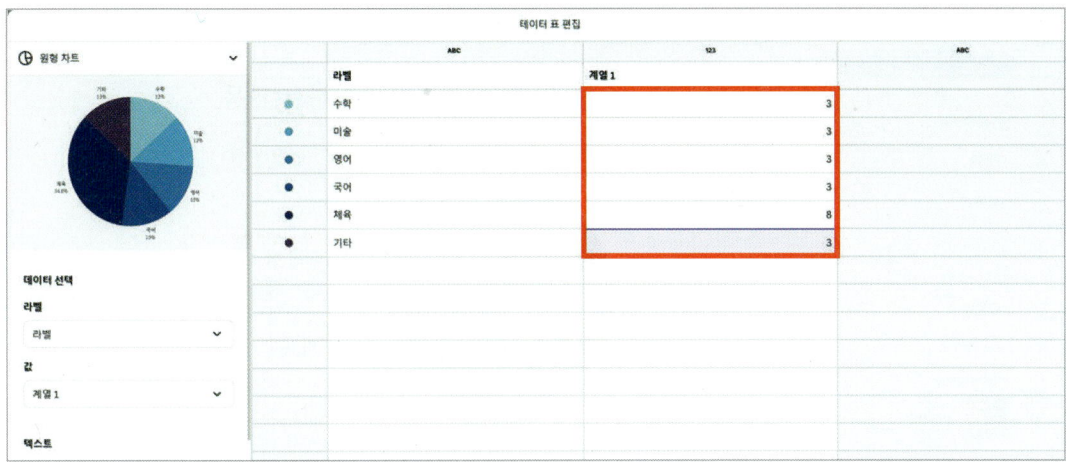

❾ 각 항목별 값을 입력합니다.

　*입력 값 – 수학: 3, 미술: 3, 영어: 3, 국어: 3, 체육: 8, 기타: 3

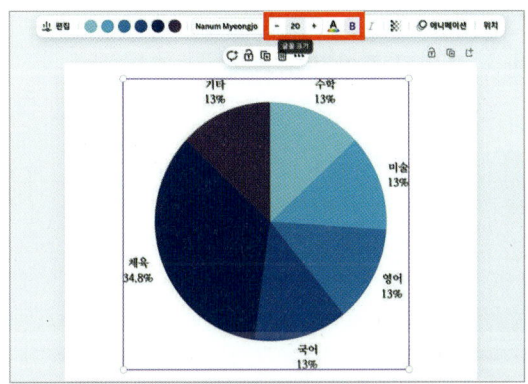

❿ 완성된 차트의 글자가 눈에 들어오지 않는다면 상단 도구바의 '굵게' 표시와 '글자 크기'를 키웁니다.

⓫ 차트의 크기를 줄이고, 위치를 적절히 조정합니다.

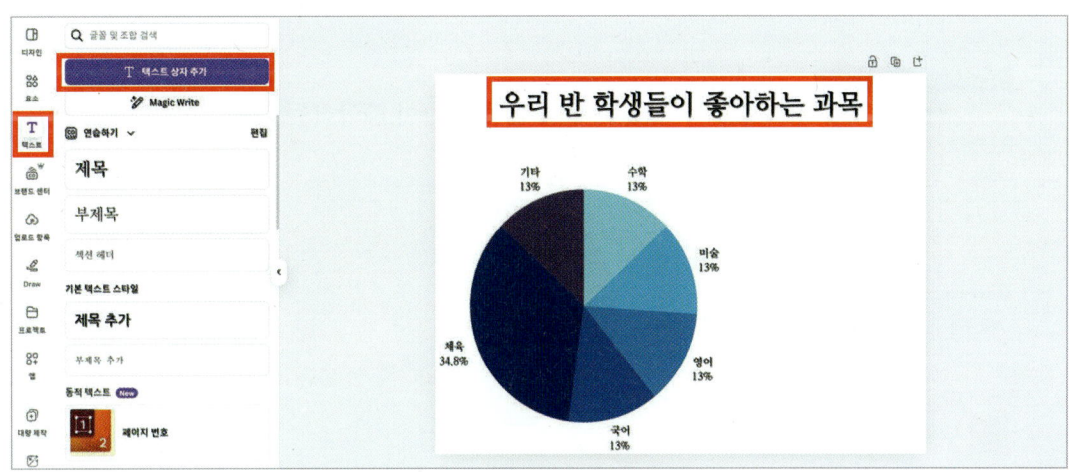

⓬ 좌측 메뉴바 [텍스트]에서 [텍스트 상자 추가]를 선택해 차트 제목을 작성합니다.

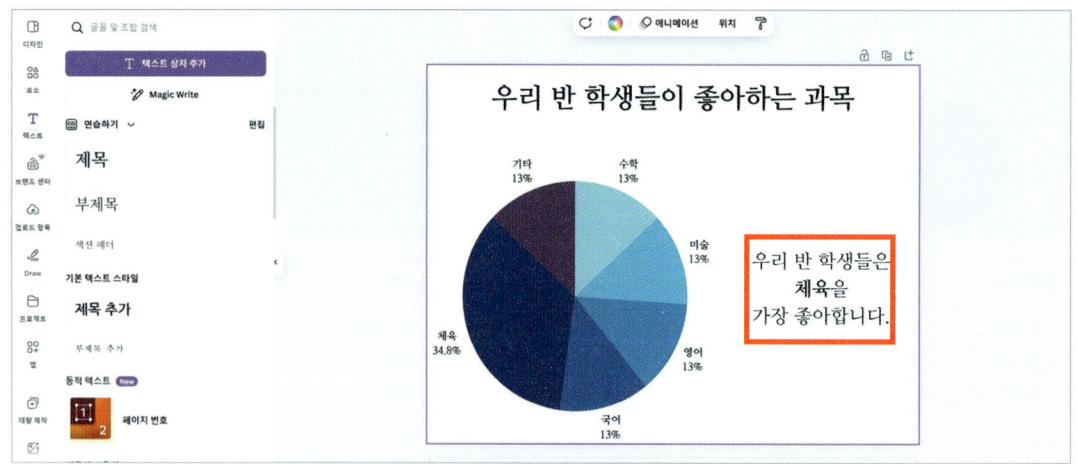

⓭ 우측 빈 공간에 차트에 대한 간략한 설명을 넣습니다.

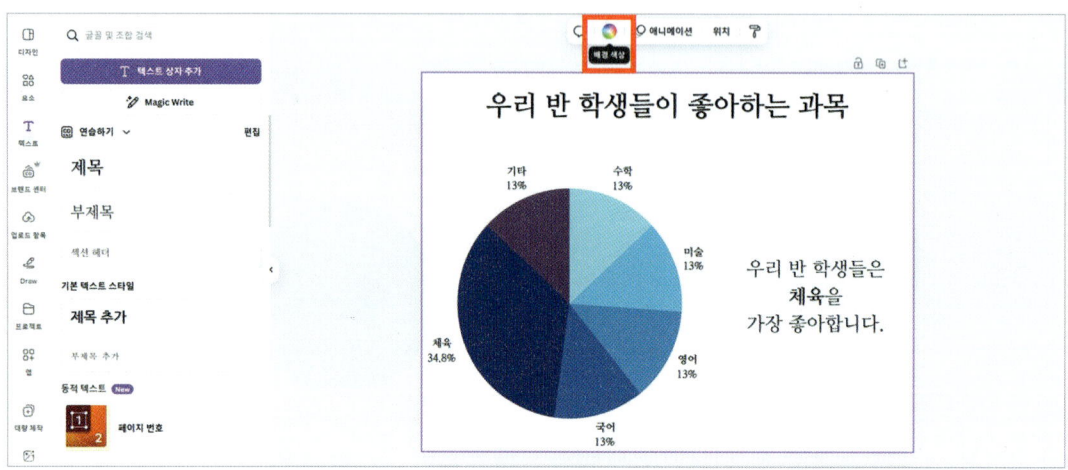

⓮ 배경을 변경하고자 한다면 아트보드 빈 공간을 클릭한 다음 상단 도구바 '배경 색상'을 선택합니다.

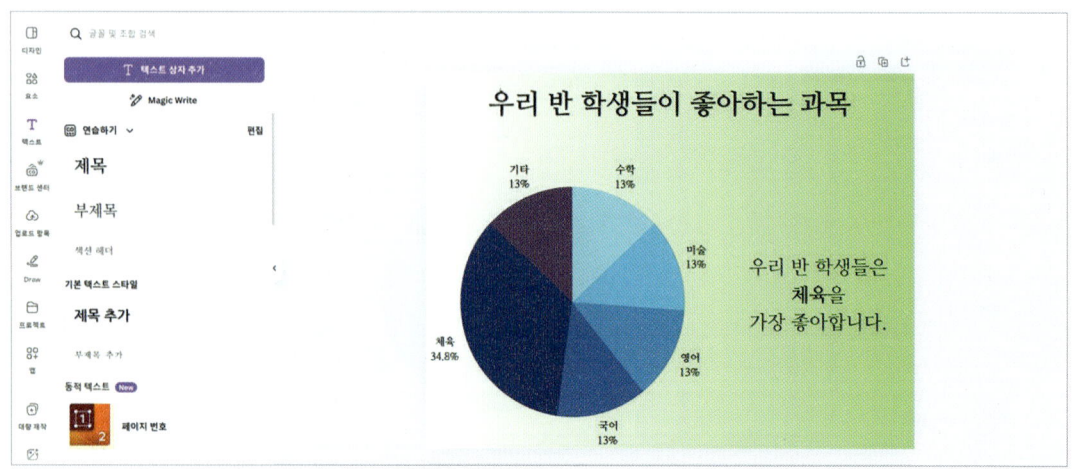

⓯ 원하는 배경을 선택하여 디자인을 바꿉니다. 차트 디자인이 완성되었습니다.

02. 캔바 차트 다운로드 및 보고서 삽입

이번에는 캔바 차트를 이미지 파일로 다운로드하여 보고서 작성에 사용하는 방법을 알아보겠습니다. 캔바는 공유, 링크 공유, 웹 게시, 다양한 형식의 파일로 다운로드 등이 가능하여 디자인 활용성을 제공합니다. 학교 업무를 하다보면 보고서를 쓸 일이 많습니다. 행정 처리부터 연구 보고서까지 업무 및 연구 내용을 알기 쉽게 문서화하는 작업이 생각보다 많지요. 데이터를 시각화하여 표시하는 차트를 활용한다면 설득력 있는 보고서 제작을 할 수 있습니다.

위 보고서는 학력을 주제로 한 연구 보고서입니다. 학생들의 성적 변화를 표 형식으로 정리해 두었기 때문에 내용을 이해하는 데 큰 어려움은 없습니다. 하지만 정보가 직관적으로 한눈에 들어오지 않는다는 점은 아쉬운 부분입니다. 표만으로는 성적의 변화 추이나 비교가 즉각적으로 파악되지 않기 때문입니다.

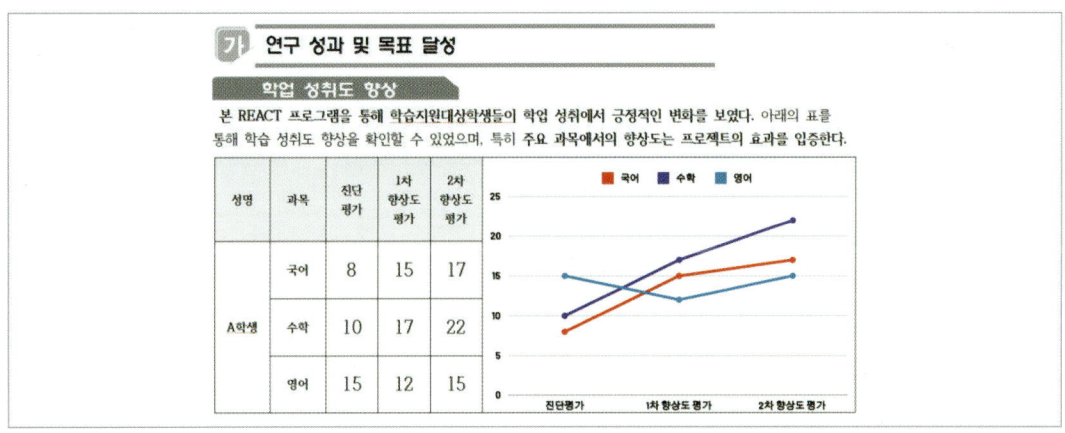

위 설문 데이터를 바탕으로 캔바 그래프 기능을 활용해 만든 시각 자료를 보고서에 삽입해 보았습니다. 두 개의 보고서 중 어느 쪽이 더 눈에 잘 들어오나요? 이처럼 캔바의 차트 다운로드 기능을 활용하면 시각적으로 매력적이고 설득력 있는 보고서 작성이 가능합니다.

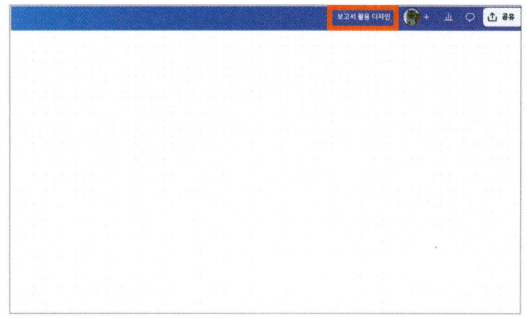

❶ 캔바 메인화면에서 [+ 디자인 만들기]에서 '화이트보드'를 선택해 디자인을 생성합니다.

❷ 국어, 수학, 영어 등 여러 개 과목의 향상도가 시간에 따라 변화하는 것을 나타내야 합니다. 살펴본 차트 중 선 차트 사용이 적절해보입니다.

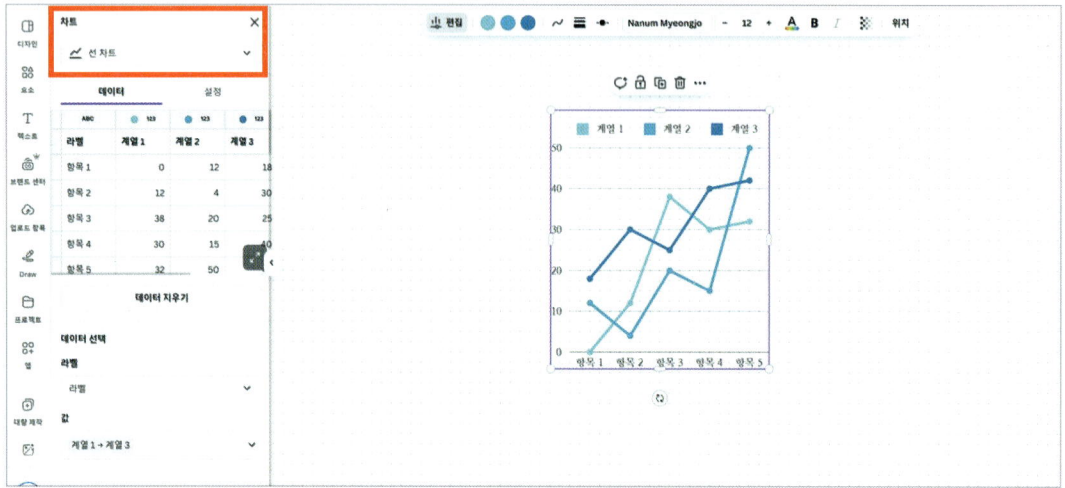

❸ 좌측 메뉴바의 [요소]에서 '차트'에서 '선 차트'를 선택합니다. 다중 요소를 표현할 수 있도록 다중 선 차트를 사용합니다.

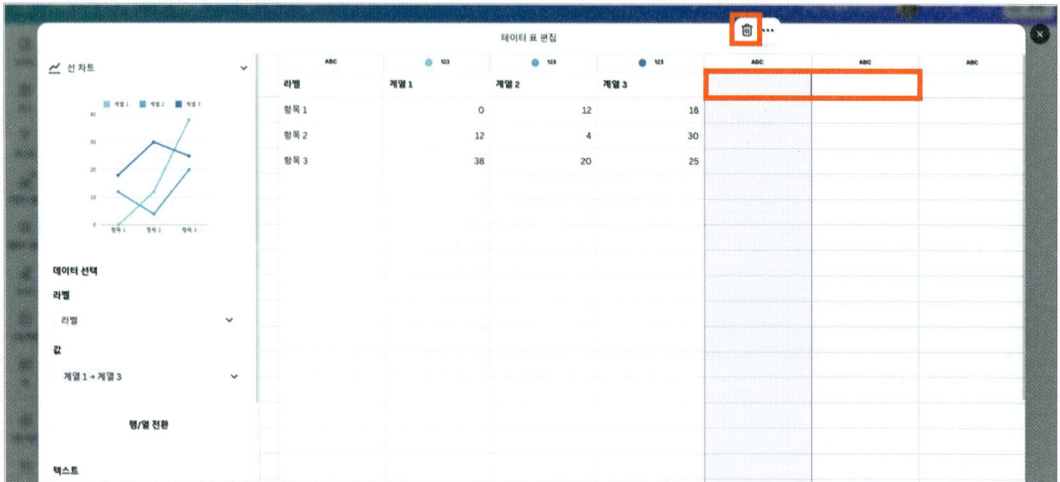

❹ 사용하지 않는 항목 4~5를 제거합니다.

❺ 데이터값을 편집합니다.

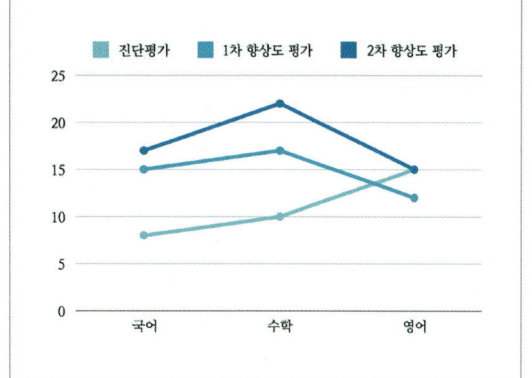

❻ 완성된 그래프의 행과 열이 반대로 되어 있는 모습입니다.

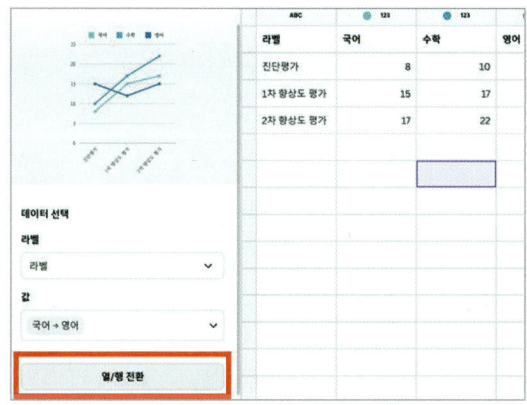

❼ [열/행 전환]을 눌러 그래프 모양을 변경합니다.

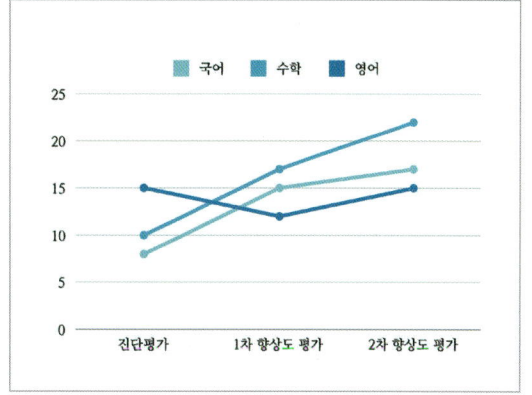

❽ 원하는 모양의 그래프가 생성되었습니다.

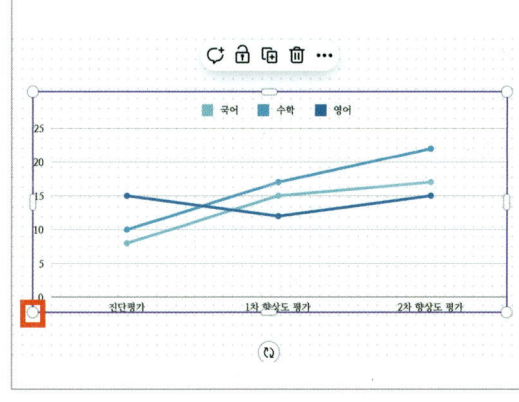

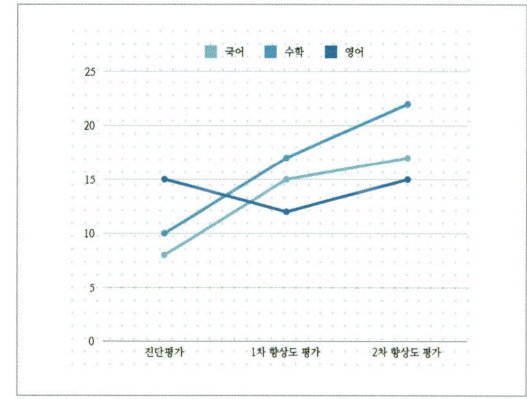

❾ 각 모서리에 있는 흰색 동그라미를 잡고 그래프의 좌우를 조절하여 사용 목적에 맞게 가로·세로 비율 및 크기를 조절할 수 있습니다. 그래프가 완성되었습니다.

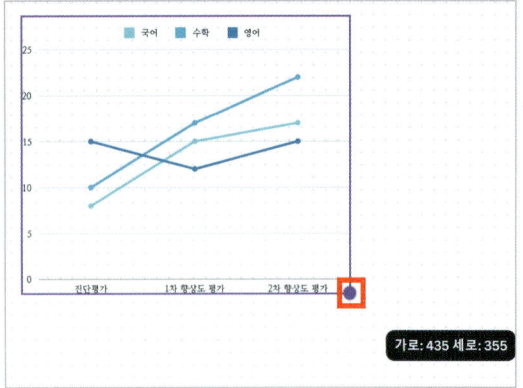 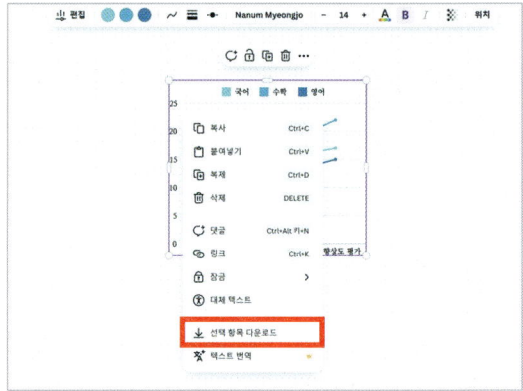

⑩ 그래프 다운 받기 전, 그래프의 크기를 어느 정도 키워줍니다. 그래프 크기가 크면 다운로드 시 해상도가 높아집니다.

⑪ 다운로드 하고자 하는 그래프를 선택 후 마우스 오른쪽을 눌러 '선택 항목 다운로드'를 선택합니다.

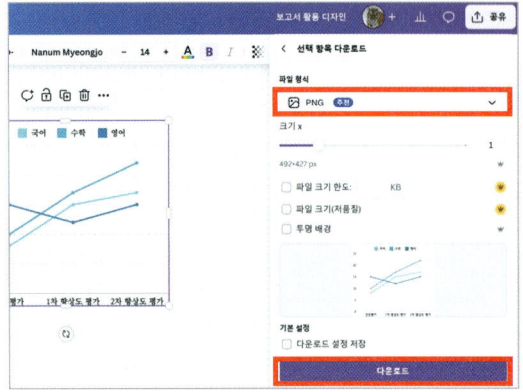 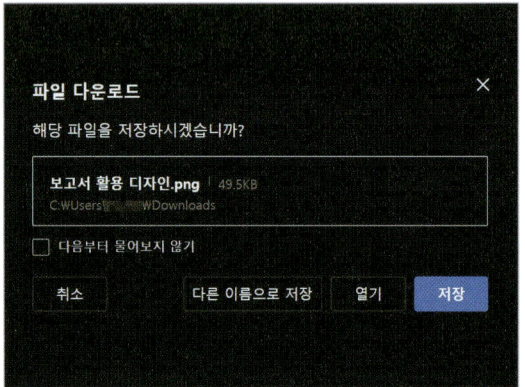

⑫ 파일 형식과 크기 등 세부 설정을 조절한 후 [다운로드]를 선택합니다.

⑬ '다른 이름으로 저장'을 눌러 내가 원하는 파일 이름을 설정하여 파일을 저장합니다.

이렇게 다운 받은 그래프 보고서에 삽입하여 사용하면 설득력 있는 보고서를 작성할 수 있습니다.

쇼츠 퀴즈로 자투리 시간 해결하기

쇼츠 퀴즈 알아보기

01. 쇼츠 퀴즈 형태

쇼츠 퀴즈는 짧고 간결하면서도 시청자의 흥미를 끌 수 있어 인기 있는 콘텐츠 형식입니다. 일반적으로 60초 이내, 9:16의 세로 화면 비율로 제작되며 짧은 시간 안에 정보를 전달하고 반응을 유도하는 데 최적화되어 있습니다. 쇼츠 퀴즈는 대표적으로 다음의 5가지 형식으로 분류할 수 있습니다.

- **객관식 퀴즈**

여러 개의 선택지 중 정답을 하나 고르는 가장 기본적인 퀴즈 형태입니다. 간단하고 명확한 질문을 사용해 짧은 시간 안에 참여자의 집중을 유도할 수 있습니다.

- **참/거짓 퀴즈**

문장이 참인지 거짓인지 판단하는 형식으로 간단하지만 생각거리를 줄 수 있습니다. 예를 들어 '토마토는 과일이다.'와 같이 흥미로우면서도 신선한 문제를 제시한다면 참여자들의 반응을 극대화할 수 있을 것입니다.

- **이미지 퀴즈**

이미지 퀴즈는 이미지를 활용하여 정답을 맞히는 형식입니다. 예를 들어 '이곳은 어디일까요?'라는 질문과 함께 장소 이미지를 제시하기 때문에 퀴즈 이후에도 오래 기억에 남을 수 있습니다.

- **빈칸 채우기 퀴즈**

빈칸 채우기 퀴즈는 '세계에서 인구가 가장 많은 나라는 ____ 이다.'와 같이 문장에서 빠진 단어를 채우는 형식으로, 참여자의 기억력, 이해력을 점검하기에 적합합니다.

■ 랭킹 퀴즈

랭킹 퀴즈는 특정 기준에 따라 순서, 순위를 정하게 하는 형태로 '다음의 역사적인 사건들을 발생한 순서대로 나열하세요.'와 같은 형식으로 만들 수 있습니다.

02. 쇼츠 퀴즈의 주요 구성 요소 알아보기

유튜브 쇼츠, 틱톡, 인스타그램 릴스 등에서 자주 활용되는 쇼츠 퀴즈는 짧고 몰입감 있는 형식으로 시청자의 참여를 적극 유도합니다. 템플릿을 하나 정하여 질문, 선택지, 정답 공개, 음향 효과 등 각 구성 요소를 살펴보겠습니다.

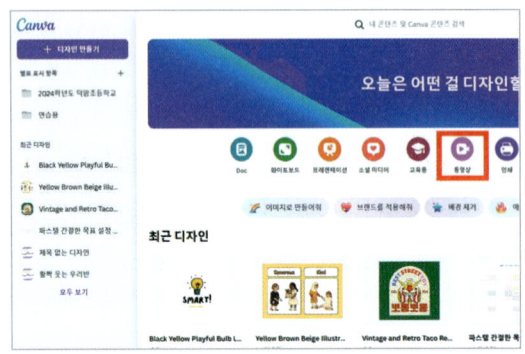

❶ 캔바 메인화면에서 '동영상'을 선택합니다.

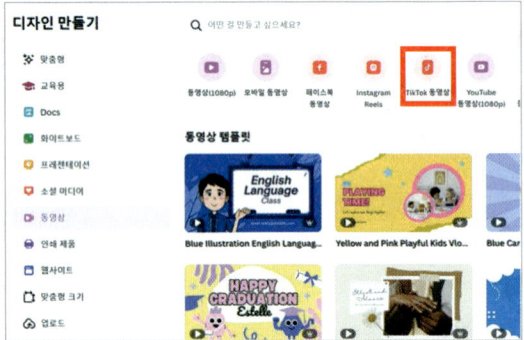

❷ 폼에 해당하는 'TikTok 동영상'을 선택합니다.

❸ 좌측 메뉴바의 [디자인] 검색창에 'Quiz'를 검색해 원하는 템플릿을 선택합니다.

출처: 캔바 크리에이터 FitraFahrezi

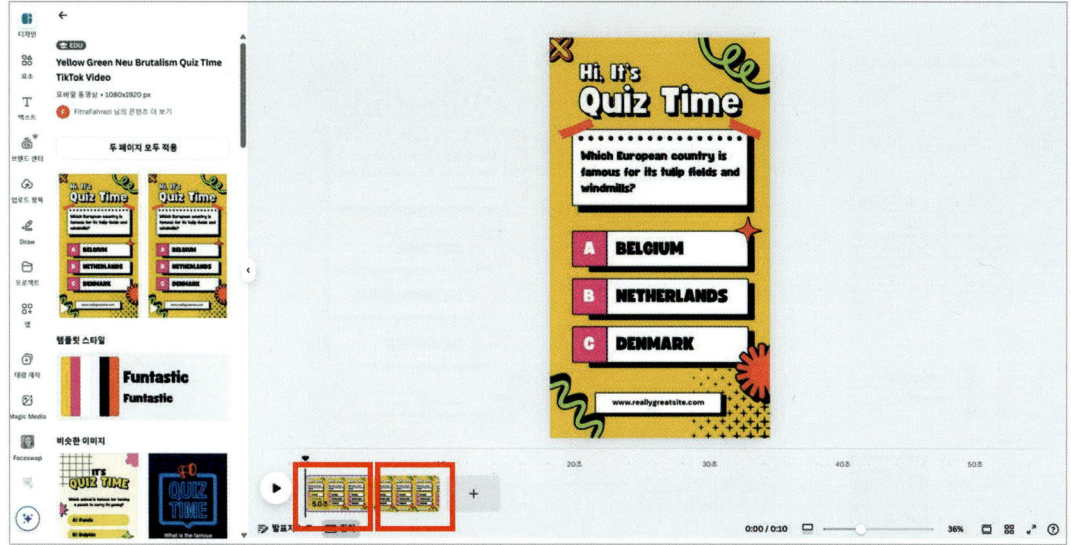

❹ 1페이지는 문제 페이지, 2페이지는 정답 페이지입니다.

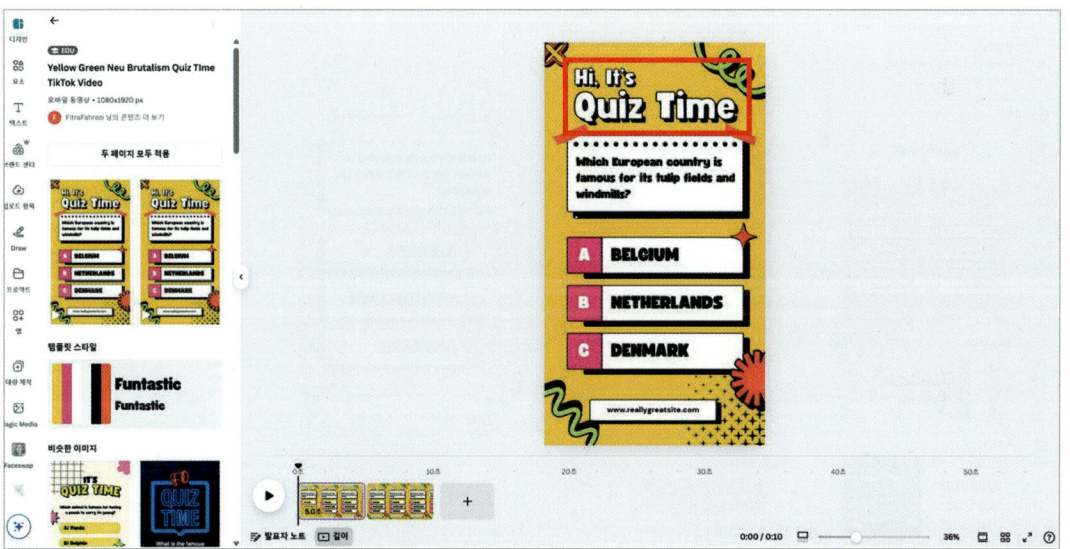

❺ 템플릿 제목에 퀴즈의 주제명을 입력합니다.

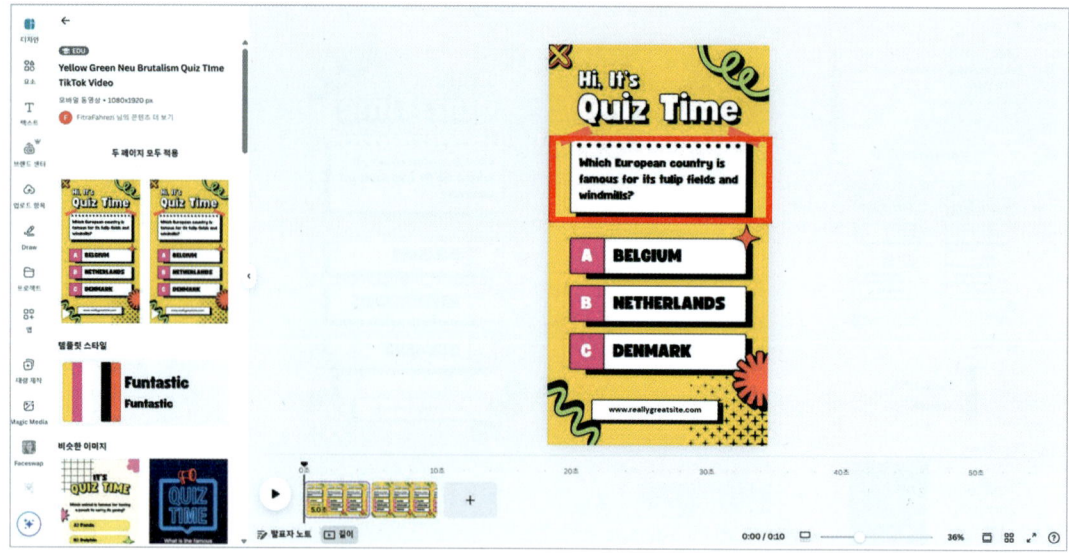

❻ 주제명 아래 문제를 입력합니다.

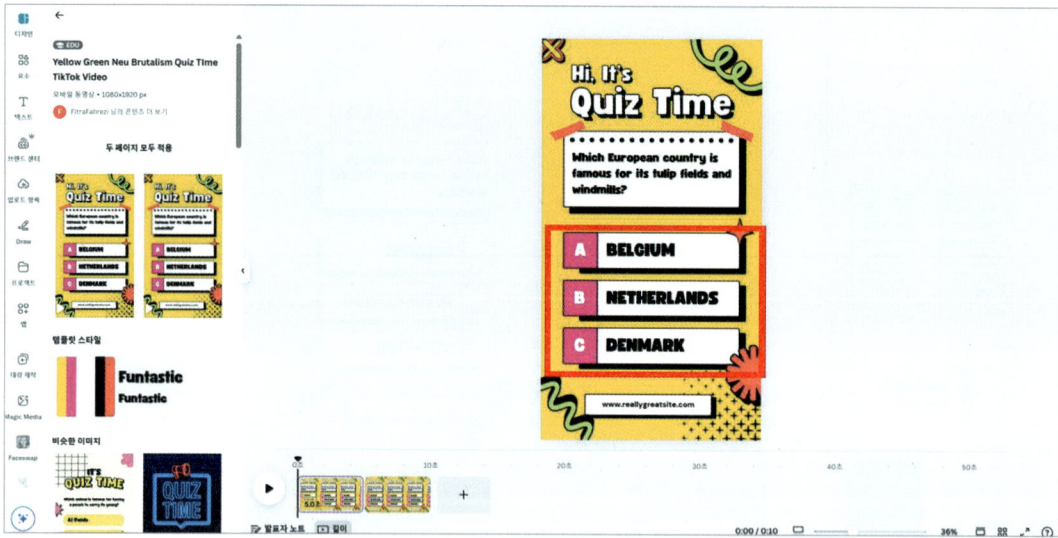

❼ 문제 아래의 항목에 문항을 입력합니다.

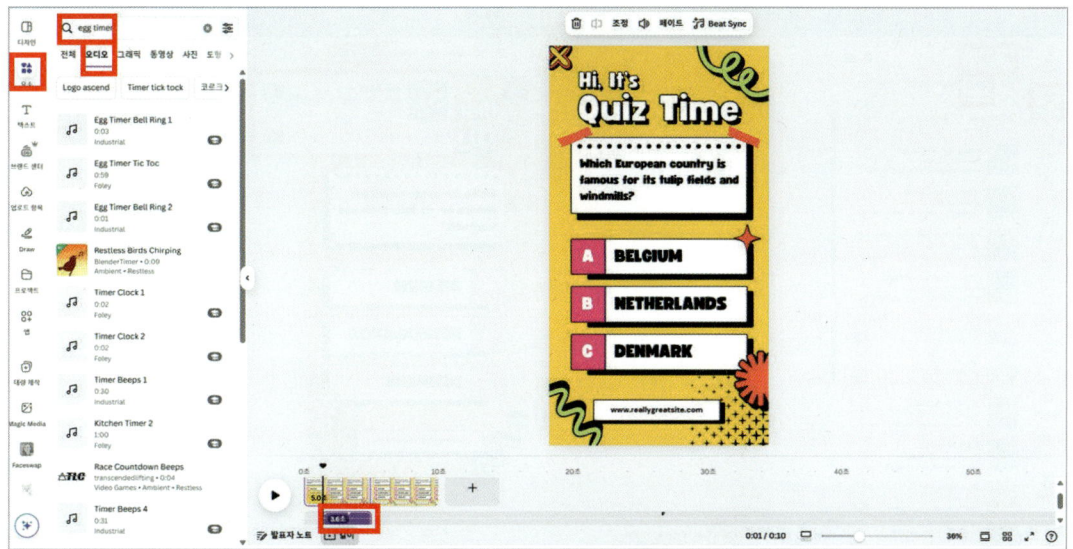

❽ 좌측 메뉴바 [요소]의 '오디오' 검색창에 'egg timer'를 검색해 추가하면 시계 효과음을 낼 수 있습니다. 애니메이션 효과 후에 등장하도록 조절합니다.

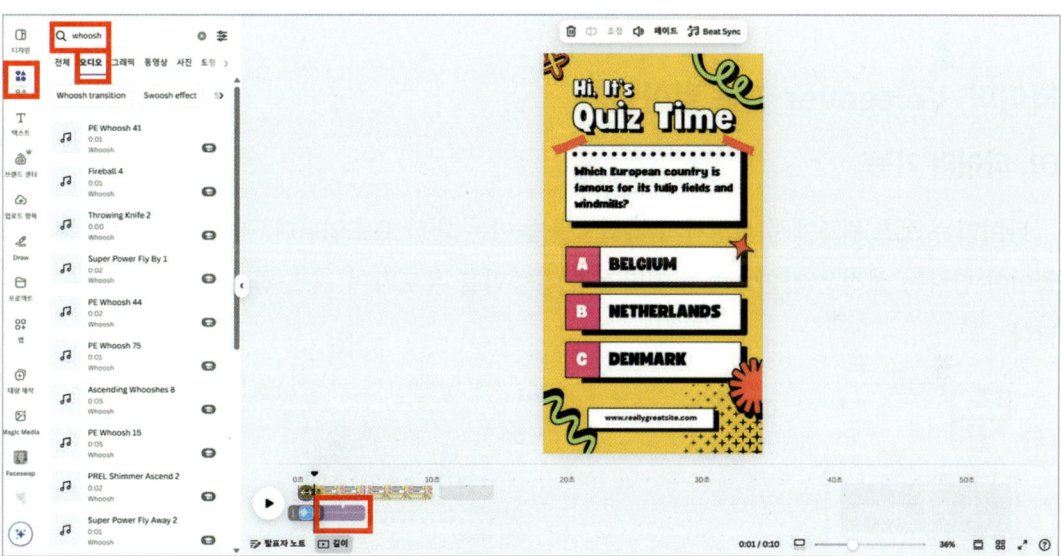

❾ 좌측 메뉴바 [요소]의 '오디오' 검색창에 'whoosh'를 검색하여 추가하면 문제 출제와 동시에 효과음을 낼 수 있습니다.

❿ 오디오에서 배경음악을 추가하고 시간을 조절합니다. 상단 도구바의 'Beat Sync'를 선택하면 음악의 박자에 맞춰 장면 전환이 자동으로 조정됩니다.

타이머, Voiceover 기능 알아보기

01. 타이머 기능

타이머는 쇼츠 퀴즈에서 시청자의 몰입도를 높이는 핵심 요소입니다. 제한 시간 안에 문제를 풀어야 한다는 설정은 자연스럽게 긴장감과 집중력을 유도하며 퀴즈 참여의 몰입도를 높여줍니다.

❶ 좌측 메뉴바 [요소] 검색창에 'timer'를 검색 후 동영상에서 시간에 맞는 영상을 선택합니다.

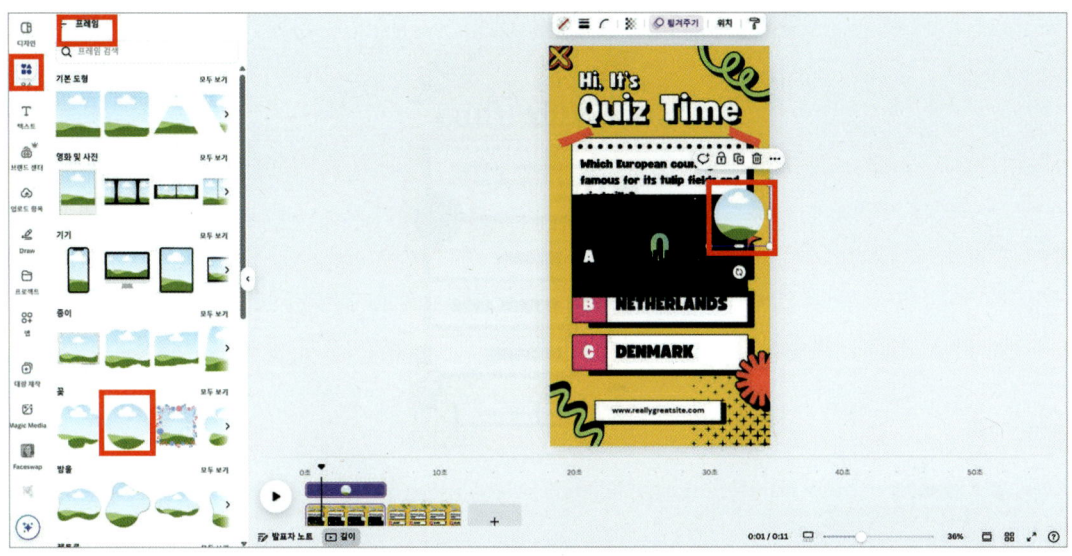

❷ 좌측 메뉴바 [요소]의 '프레임'에서 원하는 프레임을 추가한 후 타이머 동영상을 프레임에 삽입합니다.

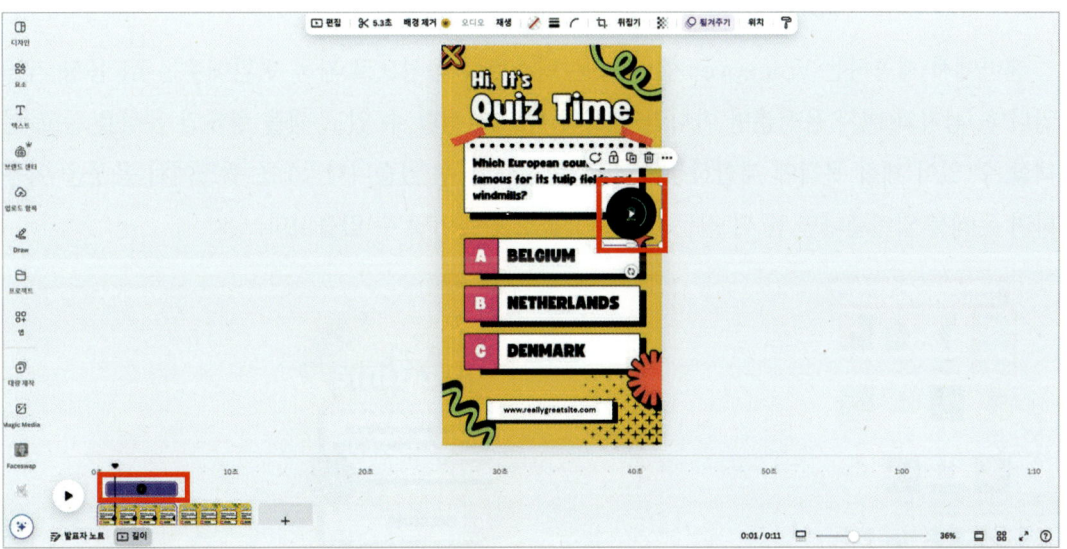

❸ 프레임과 합쳐진 영상을 선택한 후 하단의 타이머 효과음 길이와 똑같이 일치하도록 조정합니다.

❹ 영상을 재생했을 때 정상적으로 작동하는지 확인합니다.

02. Voiceover 기능 알아보기

　캔바에서 제공하는 Voiceover 앱 기능은 텍스트를 음성으로 자동 변환해주는 AI 음성 기능입니다. 남자와 여자 음성뿐만 아니라 음성의 톤도 설정할 수 있고 샘플 형태의 음성을 듣고 선택할 수 있어 제작 목적에 부합하는 목소리를 선택할 수 있습니다. 쇼츠 퀴즈에서 음성을 이용하여 문제를 읽어준다면 좀 더 전문적인 제작물로 만들어낼 수 있습니다.

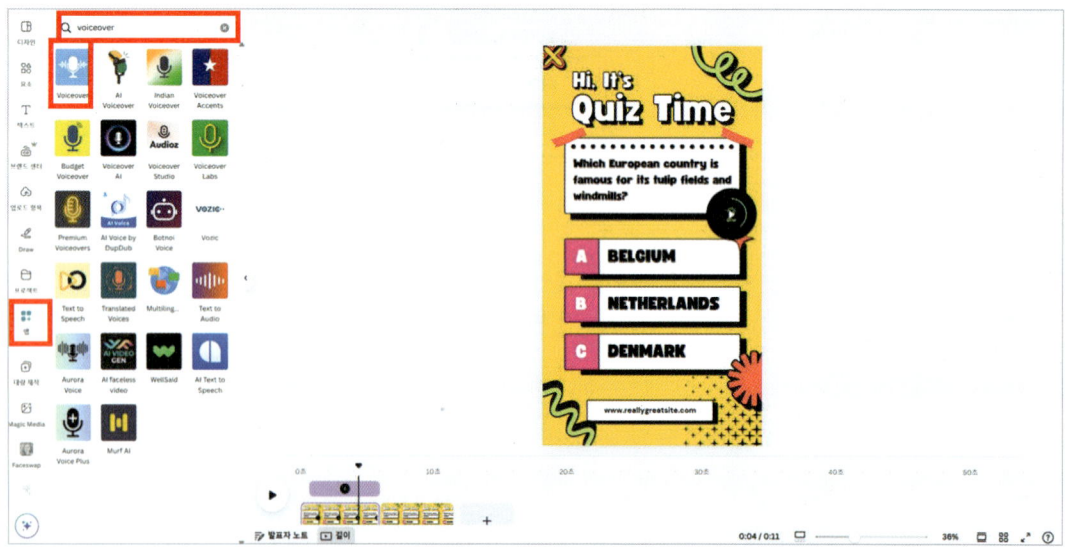

❶ 좌측 메뉴바 [앱] 검색창에 'Voiceover'를 검색 후 해당 앱을 선택합니다.

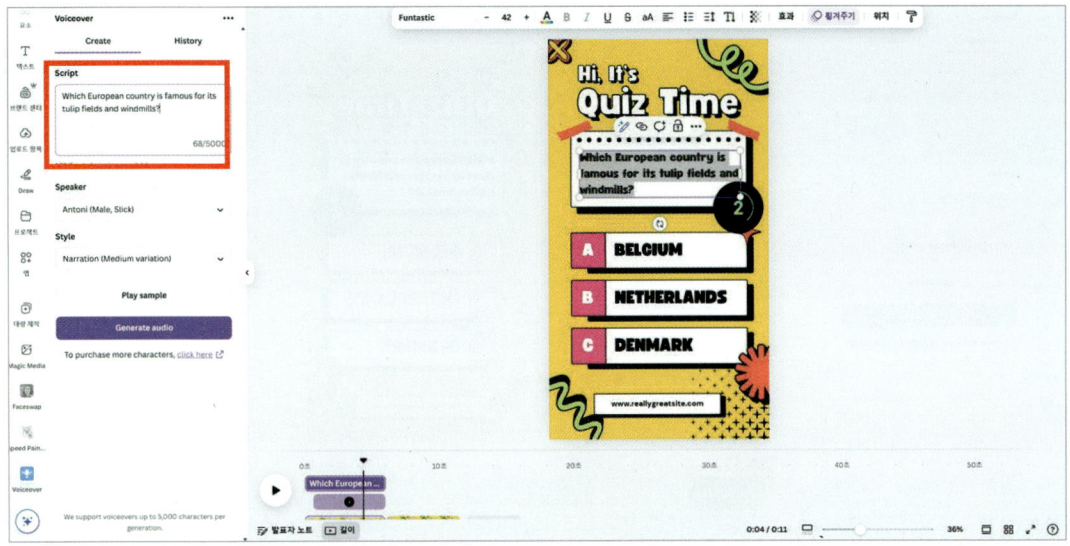

❷ 문제를 복사하여 Script 입력란에 붙여 넣습니다.

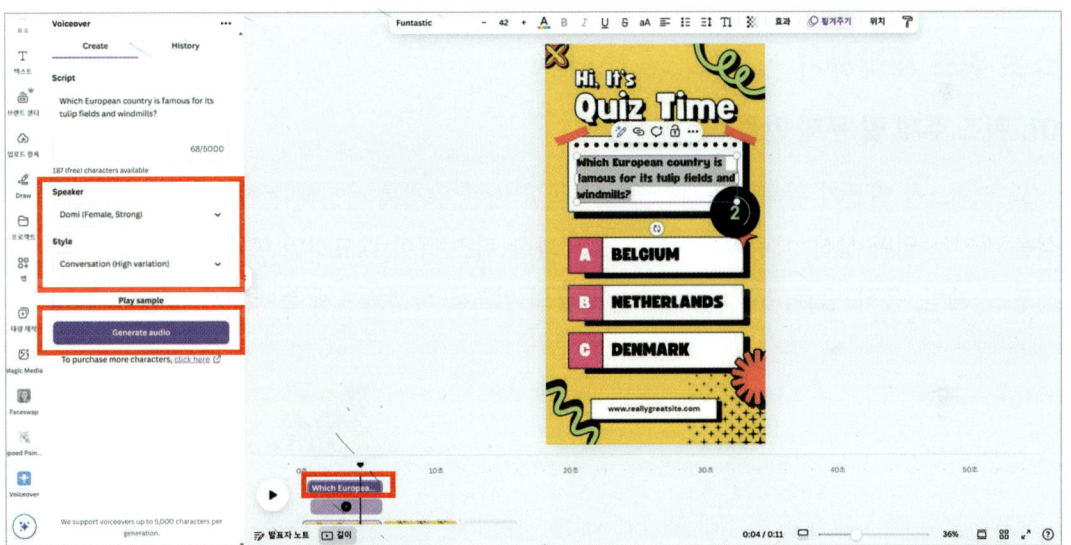

❸ 원하는 목소리, 내레이션 스타일 설정 후 [Generate audio]를 선택해 오디오를 생성합니다.

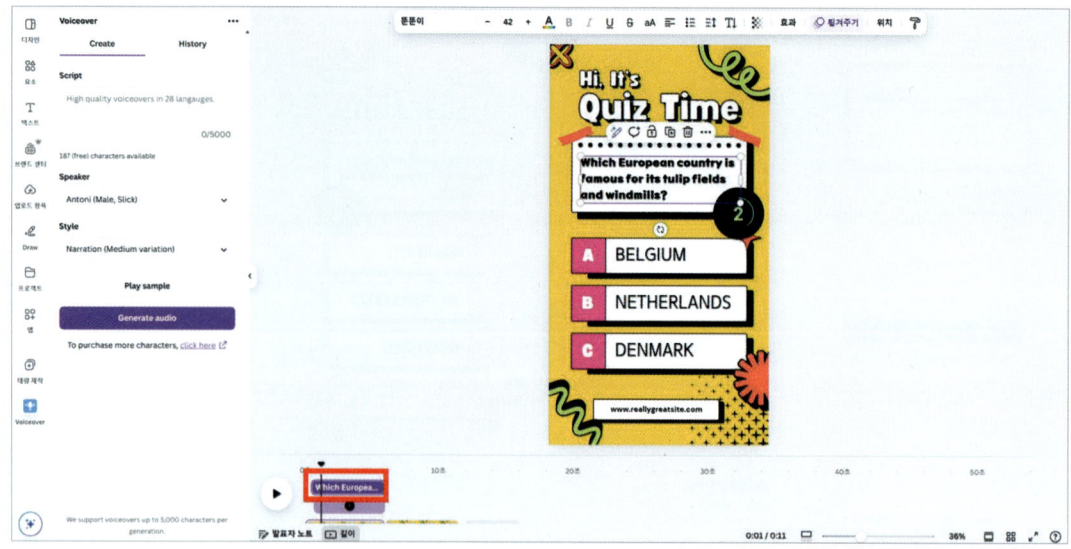

❹ 생성된 오디오가 퀴즈 영상에서 적절한 타이밍에 등장할 수 있도록 위치를 조정합니다.

쇼츠 퀴즈 제작하기

01. 퀴즈 주제 및 문제 만들기

쇼츠 퀴즈를 만들기 위해서는 사람들이 주목할 만한 주제를 선정해야 합니다. 많은 사람이 관심을 가지는 일반 상식, 대중문화, 역사 또는 과학 퀴즈 등이 대표적인 예시입니다. 교실에서는 스포츠, 게임, 음식, 음료, 문화 등 다양한 종류의 퀴즈를 학생들에게 출제할 수 있습니다.

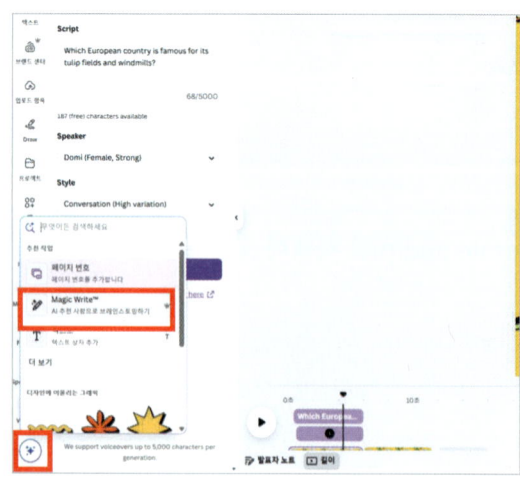

❶ 좌측 하단 아이콘을 눌러 'Magic Write'를 선택합니다.

❷ 프롬프트에 '초등학생이 쉽게 풀 수 있는 세계지리 문제를 객관식 3지 선다형으로 10문제와 답을 표 형식으로 만들어줘.'라고 입력합니다.

❸ 작성해둔 표를 드래그해 복사합니다.

❹ 크롬에 접속하여 우측 상단의 점 9개 아이콘을 클릭 후 'Sheets' 문서를 선택합니다.

❺ '빈 스프레드시트'를 선택합니다.

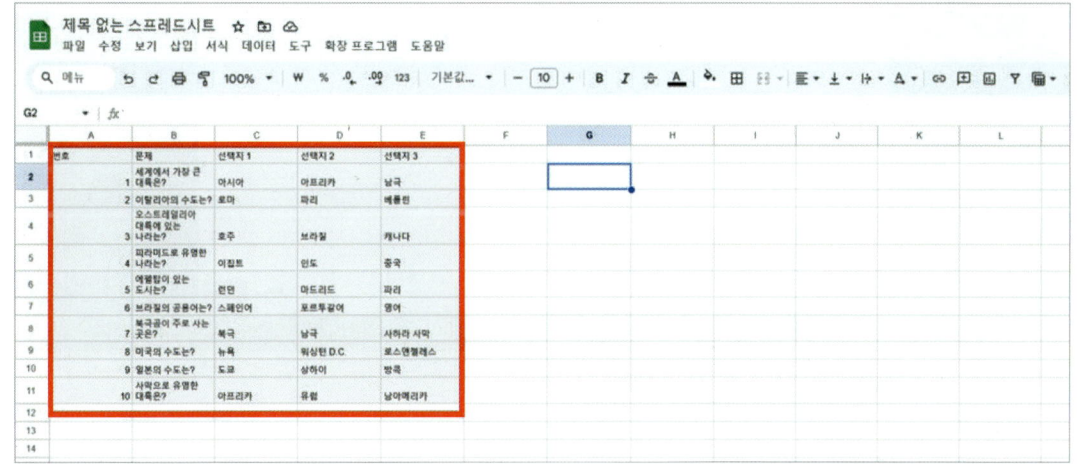
❻ 스프레드시트에 앞서 복사한 내용을 붙여 넣습니다.

02. 템플릿을 활용하여 쇼츠 퀴즈 대량 제작하기

캔바의 Magic Write 기능을 활용하여 제작한 쇼츠 문제 10가지를 표 형식으로 만든 이유는 대량 제작 앱을 활용하기 위함입니다. 캔바에서 제공하는 대량 제작 앱은 반복되는 작업을 줄이고 제작 시간을 절약하는 데 도움을 줍니다. 동일한 템플릿에 데이터만 다르게 입력하는 경우 매우 유용하게 쓸 수 있는 기능입니다.

 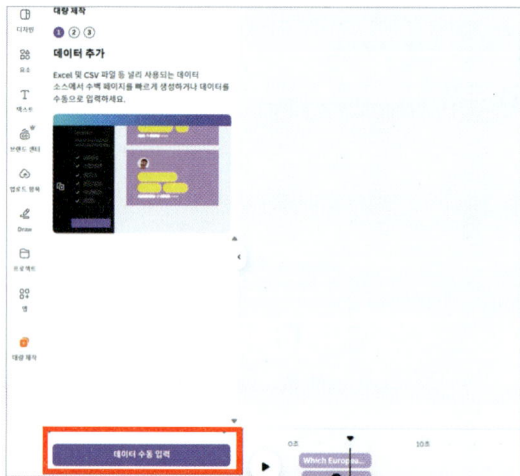

❶ 좌측 메뉴바 [앱] 검색창에 'bulk'를 검색한 후 해당 앱을 선택합니다.

❷ [데이터 수동 입력]을 선택합니다.

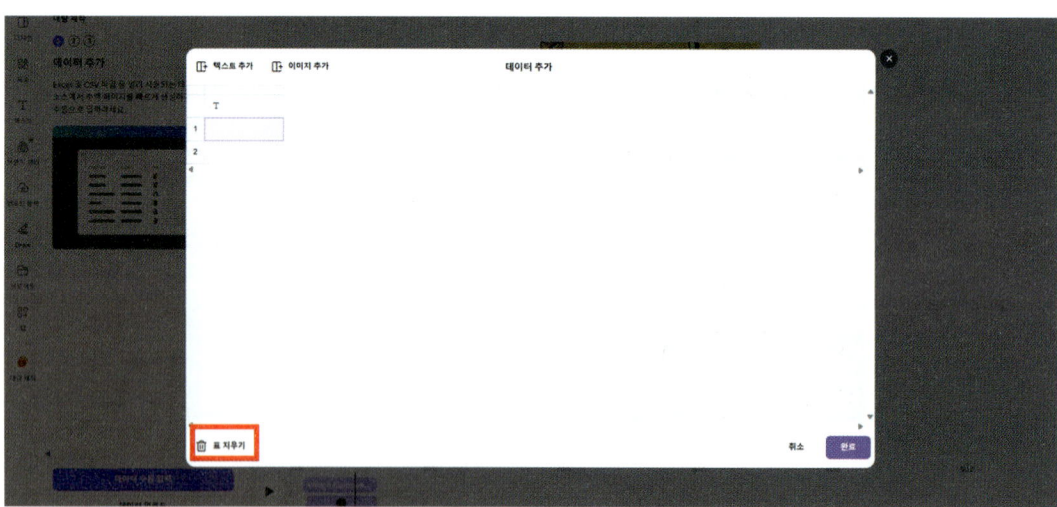

❸ 기존에 입력되어 있던 내용을 삭제합니다.

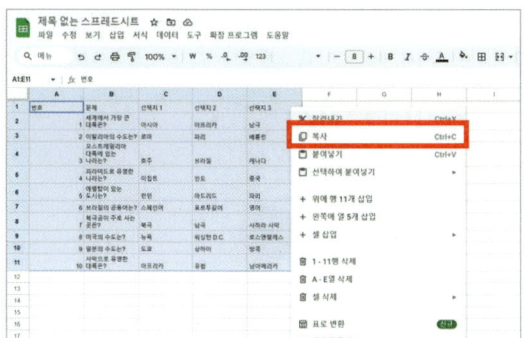 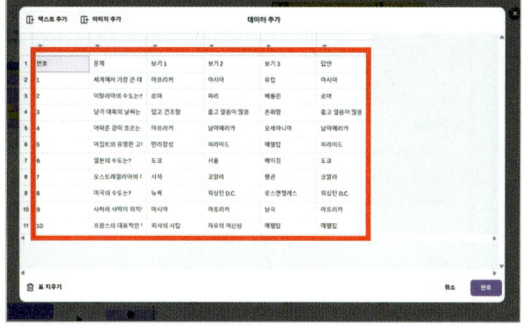

❹ 앞서 작성한 스프레드시트의 내용을 복사합니다.

❺ 캔바 대량 제작 앱에 붙여 넣습니다.

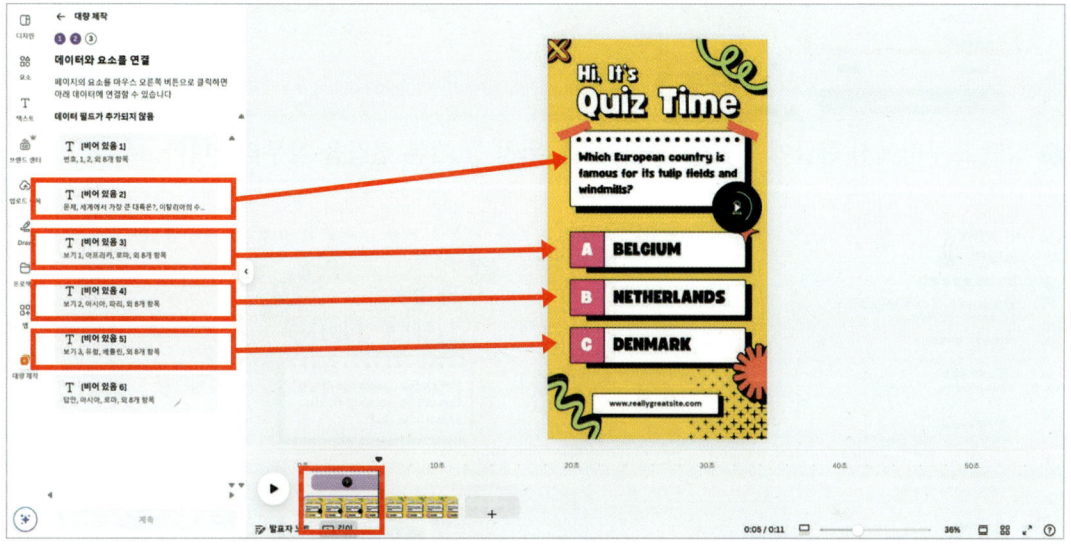

❻ 1페이지에서 문제, 선택지1, 선택지2, 선택지3을 어디에 연결해야 하는지 확인합니다.

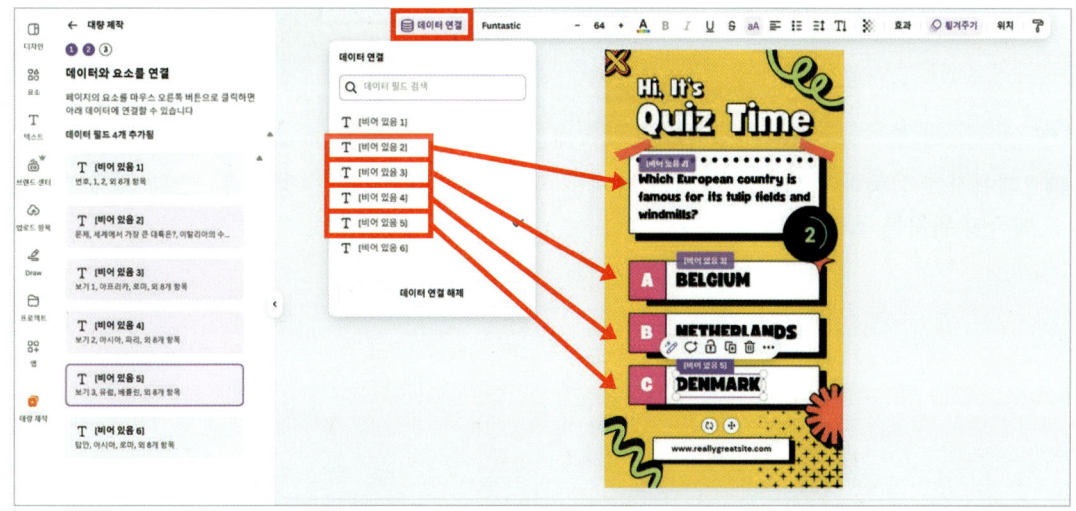

❼ 상단 도구바의 '데이터 연결'을 눌러 각 요소를 데이터와 연결합니다.

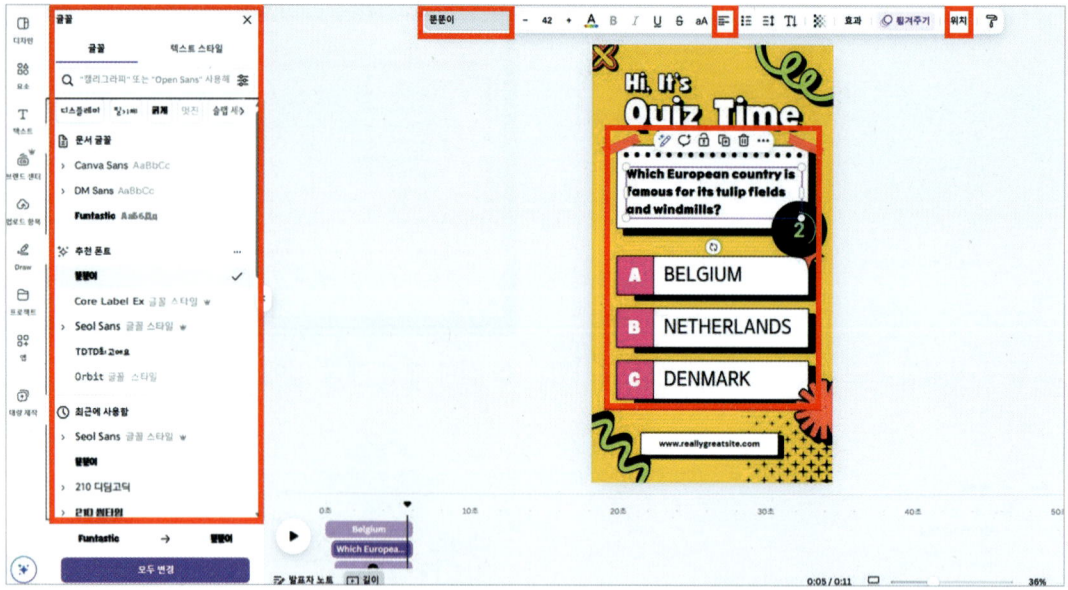

❽ 상단 도구바에서 한글에 적합한 글꼴, 정렬, 위치 등 기본 편집을 마무리합니다.

❾ 2페이지를 선택하여 가운데 보기만 남겨둔 후 'B'를 '정답'으로 수정한 후 '그룹 해제'를 선택하여 위치를 조정합니다.

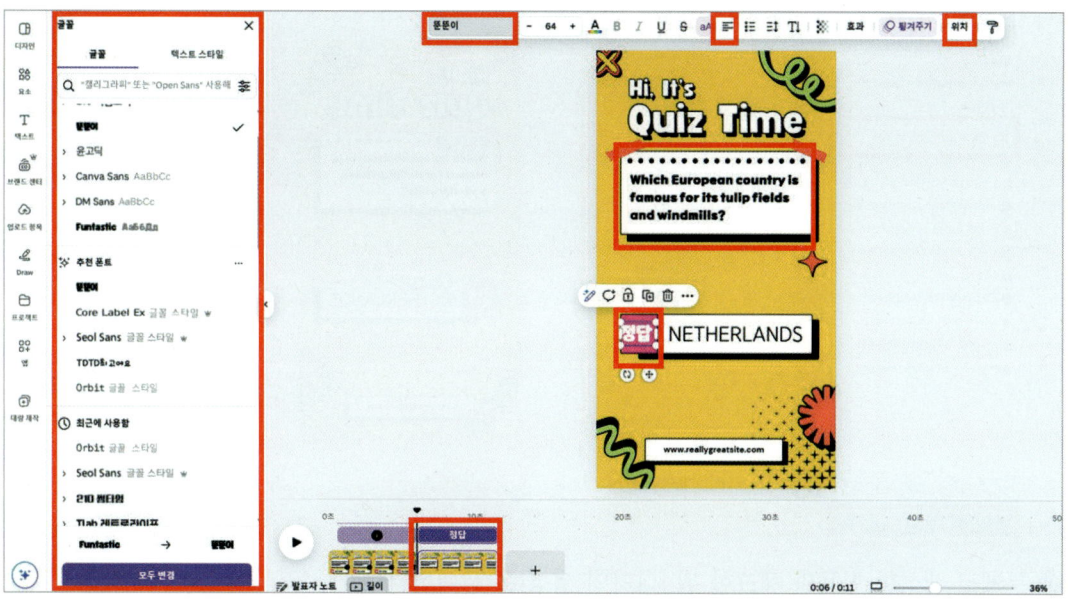

❿ 1페이지와 마찬가지로 상단 도구바에서 한글에 적합한 글꼴, 정렬, 위치 등 기본 편집을 합니다.

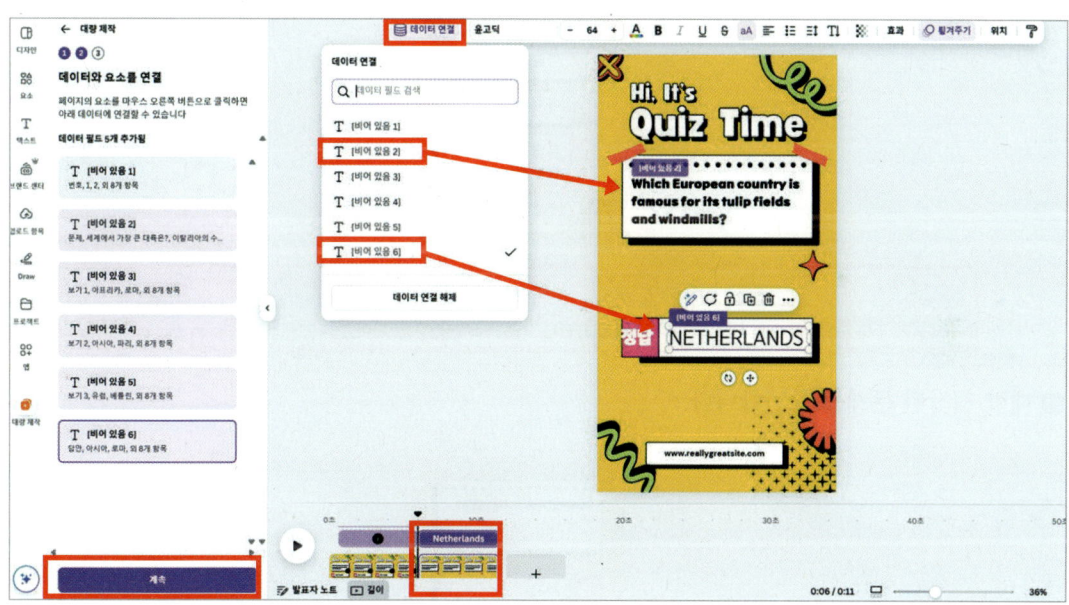

⓫ 각 요소를 클릭하여 상단 도구바의 '데이터 연결' 기능으로 연결한 후 [계속]을 선택합니다.

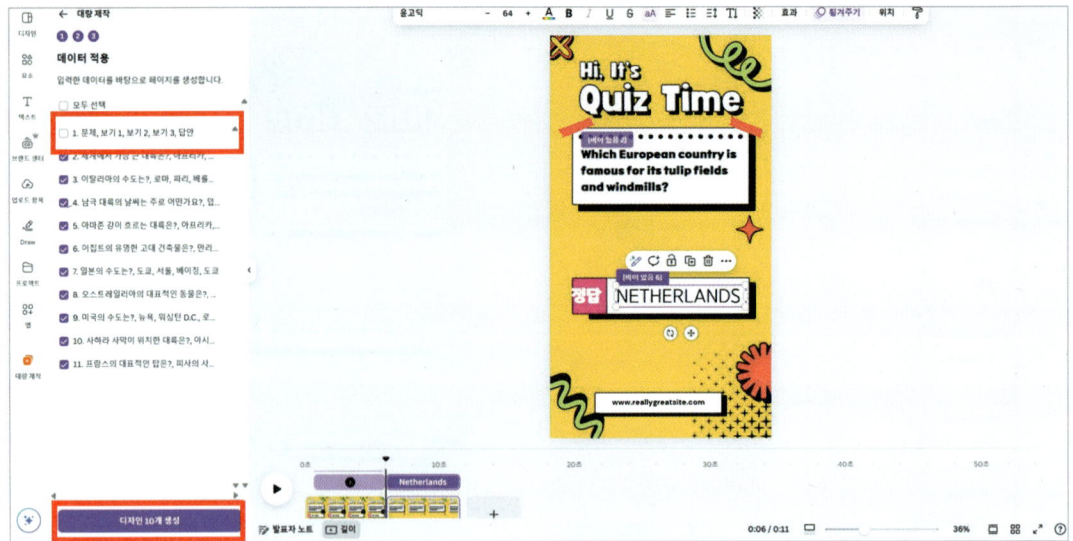

⓬ 문제로 생성할 항목만 체크한 뒤 [디자인 생성]을 선택합니다.

⓭ 대량 제작된 문제를 확인합니다.

⓮ 기존 효과음을 복사하여 문제 페이지에 해당하는 부분에 추가합니다.

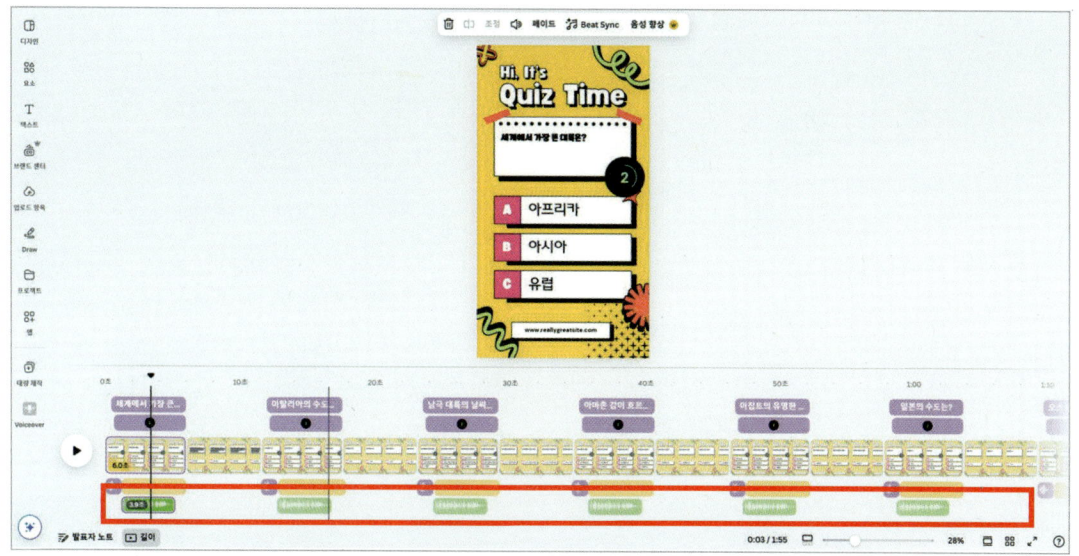

⓯ Voiceover 앱을 활용하여 각 문제마다 음성을 추가할 수 있습니다.

⓰ 기존 효과음을 복사하여 문제 페이지에 해당하는 부분에 추가합니다.

지금까지 쇼츠 템플릿을 활용하여 쇼츠 퀴즈 대량으로 제작하는 기초적인 과정을 배웠습니다. 쇼츠 퀴즈 대량 제작하는 방법이 처음 활용하기에 번거로울 수 있지만 몇 번 활용하다 보면 훨씬 더 효과적으로 시간을 절약할 수 있어 유용합니다.

누구나 쉽게 활용하는 디자인 플랫폼
캔바하는 교사 수업 & 업무

2025년 8월 초판 1쇄

지은이 김주현, 김수진, 서인애, 양진영, 윤혜정, 조창호

기획 박지선
디자인 강소연
일러스트 이유이
펴낸곳 (주)넷마루

주소 08377 서울 구로구 디지털로33길 48 대륭포스트타워7차 20층
전화 02-597-2342 **이메일** contents@netmaru.net
출판등록 제 25100-2018-000009호

ISBN 979-11-93752-11-1 (13370)

Copyright © netmaru, 2025
이 책은 저작권법에 따라 보호를 받는 저작물이므로 무단 복제 및 무단 전재를 금지합니다.

책값은 뒤표지에 있습니다. 잘못 만들어진 책은 구입한 곳에서 바꿔 드립니다.